资本时代

——中国资本市场的战略思考

隆武华 著

中国财政经济出版社

图书在版编目（CIP）数据

资本时代：中国资本市场的战略思考/隆武华著．—北京：中国财政经济出版社，2011.2

ISBN 978－7－5095－2707－8

Ⅰ．①资…　Ⅱ．①隆…　Ⅲ．①资本市场－研究－中国　Ⅳ．①F832.5

中国版本图书馆 CIP 数据核字（2011）第 001995 号

责任编辑：翁晓红　　　　责任校对：韩　淇

封面设计：李运平　　　　版式设计：苏　红

书名题字：陈哲源

中国财政经济出版社 出版

URL：http：//www.cfeph.cn

E－mail：cfeph @ cfeph.cn

社址：北京市海淀区阜成路甲 28 号　邮政编码：100142

营销中心电话：010－88190406　北京财经书店电话：010－64033436

涿州市新华印刷有限公司印刷　各地新华书店经销

787×960 毫米　16 开　59.25 印张　837 000 字

2011 年 4 月第 1 版　2011 年 4 月第 1 次印刷

定价：86.00 元

ISBN 978－7－5095－2707－8/F·2302

（图书出现印装问题，本社负责调换）

本社质量投诉电话：010－88190744

代序

关于对西方成熟市场的学习态度

阅读法国哲学家索雷尔《进步的幻觉》一书，颇为索雷尔宽广独特的想法所感染。索雷尔写道，我们总是觉得，把“最近在世界上声名大噪的舶来品引进到我们的国家来”，无论这种舶来品是以何种方式风行起来的，“就一定会获得成功”。法国从英国、美国和德国“借用了如此之多的制度，其原因正在于此”。他又说，文艺复兴与宗教改革时期的人们走的也正是这条路子。他们对古代文献非常熟悉，相信自己掌握的知识是建立在经验的基础上的。在文艺复兴时期，人们研究更多的是古希腊习俗，而宗教改革时代研究的则是使徒习俗。参与这两项运动的人们，都要求他们的同时代人跟随他们进行复兴古典的运动。索雷尔还说，17 世纪末法国爆发了“古今作家之争”，其影响远远超出了艺术领域。那个时候，法国社会中的人们因为有了新的东西而感到自豪，他们相信，自己的时代不亚于历史学家盛赞的鼎盛时期，甚至还有所超越，“便觉得法国无需要再从别国学习好的模式了，反而其他国家要效仿法国。人类智力作品的价值，从此要按照法国的口味进行评判了。在任何方面，法国都自矜于其自有的文明，不容别人说半个不字”。

历史何其相似！2007 年以来的全球金融危机确实是全球经济实力重新洗牌的好时机。抓住这一千载难逢的机会，办好我们自己的事情，是后进国家赶超先进国家的不二法门。在这个过程中，我们见证了中国经济的率先振兴，见证了中国成为全球最大的出口国、全球最大的汽车消费和生产国、全球最赚钱的银行与全球 IPO 最多的交易所，见证了中国经济超过日本跃居为全球第二大经济体。陶醉于这些“最大”面前，国人就有些陶醉了，忘乎所以了，自高自大了，仿佛找到了索雷尔说的当年法国人那种“自矜”的感觉。

早在 20 世纪 80 年代末期，先师王桧林先生就经常同我们讨论“以夷变夏”还是“以夏变夷”的问题。王先生说，近代以来，都是“以夷变夏”，从人的服饰到人的思想，包括发型，马克思也是西方的，因此中国人整个被“夷化”了。魏源“师夷之长技以制夷”、曾国藩和李鸿章“借师助剿”与洋务运动、康有为和梁启超变法维新与君主立宪、孙中山“三民主义”与“以俄为师”、周恩来和邓小平赴欧勤工俭学运动以及马克思主义在中国的传播，都是在向西方学习和取经。用毛泽东的话说就是学生和先生的关系。当然，毛泽东没有忘记加上一句，先生老是欺侮学生。

改革开放以来，国门重开，学习西方依然是“以夷变夏”。就金融市场的发展来说，我们首先向日本学习，学习日本间接融资制度和主银行制度。1996 年，中国人民银行发布了关于在中国建立主银行制度的“通知”。当然，这个“通知”还没有来得及实施，亚洲金融危机就来了。亚洲金融危机宣告日本模式和东亚奇迹失败，包括日本、亚洲“四小龙”和“四小虎”在内的亚洲许多国家和地区，陷入了间接融资的泥潭，不良资产一剥再剥，日本的政府债务占国民生产总值的比重甚至超过 180%。对于日本的危机，日本野村证券经济学家辜朝明在其新作《大衰退》中干脆把它概括为“资产负债表衰退”。

先生出现了危机，学生怎么办？我们调头向美国学习，学习直接融资体制和机制，借鉴我国香港和台湾地区的经验。证券市场结束试点成为社会主义市场经济重要的组成部分，企业资本结构中有股票融资和债券融资的配置，大型国有商业银行全部改制上市，会计准则日益与国际接轨，公司治理参考了 OECD 公司治理准则，独立董事紧跟着美国变化方向，资产证券化“点石成金”的本领深深地吸引着各方跃跃欲试，集团诉讼的司法救济模式成为证券界、司法界矢志不渝的追求，高盛、摩根士丹利、美林和雷曼成为国人仰慕的著名投行，纳斯达克交易所因实现了科技与资本最佳结合而备受尊崇，融资融券和股指期货被视为股票市场内在的稳定器。正当我们还只学得三分时，美国发生了百年一遇的金融危机。

先生又一次遇险，学生还应该不应该坚持呢？即还要不要学习美国的直接融资制度呢？在这个问题上，似乎分歧不大。因为这次金融危机的原因尽管是多方面的，但是虚拟经济严重脱离实体经济实现自我循环和膨胀，金融创新过度与场外市场缺乏监管，是公认的两个重要的诱导因素。相比之下，我们还仅仅是天真的小学生，没有参与，也不明白。在如何坚持的问题上，争论就大得去了。客气点的人会说，学什么学，我们自己搞不就得了！凶狠点的人会说，美国只有教训，没有经验，没有什么好学的！

在这里，笔者要慎重地告诉大家，从全球的角度来看，1640 年是一个转折点，发生了从东方世界为主导向西方世界为主导的转折。对于中国来说，就是从原来讲究“夷夏”之辩到崇洋媚外，从“以夏变夷”改变为“以夷变夏”，红衣大炮加传教士是早期“以夷变夏”的具体体现。可以不客气地说，从那以后的 370 年来，中国几乎还很少出现原创性的重大制度或技术突破，所有的变革和创新都是在西方已有的制度框架和技术基础上实现的，甚至连就此开展学术研究的语境和氛围都是用英文写成的。在这种情况下，夜郎自大是什么后果，不说自明。对于市场化程度较高、复杂性和敏感性都较大的资本市场来说，更是如此。我们必须承认，我国的资本市场还刚刚开始，要完善我们的制度基础、法制环境和独特的股权文化，首先还得从西方的理论和实践来寻找，还得向成熟市场学习。哪怕是教训，我们也必须认真加以总结，这就是“傻子过年看隔壁”的道理。当然，笔者这样说，一点也不否认，在这个过程中，我们要发挥主观能动性，要注重成熟市场的理论与中国实际的有机结合，要反对教条主义、本本主义等，要建设中国特色资本市场。这一点，在毛泽东阐述中国革命的道理时，已经深入中国的人心。

其实，向别人学习是一种美德，更是借助外力改变思维定式、推动自身进步的原动力。我们可以看到，在近代经济学的演变中，法国人向全世界学习，德国人向英国人学习，美国人向德国人学习，彼得大帝以欧为师，日本人以德为师和以美为师。这些经典案例告诉我们，这些国家向别人学习，不但没有不好意思，而且还学出了模样，实现了跨越。这就是索雷尔强调的舶来品“一定会获得成功”的道理。百川归海，有容乃大。中国自古以来就有“虚怀若谷”、“不耻下问”的传统；列宁也早就说过：“只有用全人类文化知识武装起来的人，才能真正成为共产主义者。”

“悟已往之不谏，知来者之可追”。让我们在学习成熟市场的过程中超越成熟市场吧！

隆武华

2010 年 10 月 18 日晚于深圳云顶翠峰

目 录

第四部分 市场对价：神农尝百草，股改显神功

第五部分 产品创新：务实、多赢、特色、策略、安全

第七部分　互助裂变：揭秘会员制交易所和金融机构股份化的原动力

第八部分　场外市场：把握信息时代与集中统一的主旋律

第九部分　世界城市：依托深港大都会打造深圳金融中心

第一部分

理论向导：尚市场规律，执发展趋势

公司制——生产力社会化的组织形式*

研究现代企业制度，首先要分析现代西方企业制度的公司制和国有制，要深入研究这种生产力社会化的组织形式是怎样随着生产社会化的发展而逐步发展起来的。

一、贸易与交通运输公司的兴起

在西方资本主义发展史上，最早的公司是贸易公司，如14~15世纪意大利的“康孟达”（Commeda），16世纪英国的“商人冒险家”公司、莫斯科尔公司、东方土地公司、几内亚公司，1600年英国东印度公司，1602年荷兰东印度公司，1644年法国的东印度公司与西印度公司。这些公司的产生，是科技进步、生产力发展引起的生产的社会化，要求在流通领域较大规模组织供销的结果。在14世纪前后，意大利的佛罗伦萨出现

* 原载《财政研究资料》（中青年理论讨论会专辑），1994年第29期，1994年10月20日。收入本书时略有补充。

了把纺线和卷线两个过程合起来的自动纺车，还广泛利用水力代替人力来漂洗呢绒。于是，在佛罗伦萨就出现了资本主义萌芽性质的手工业工场。1388 年，佛罗伦萨已有 200 多家较大规模的手工业工场，年产呢绒 8 万匹。呢绒的原料——羊毛来自西班牙、英国和北非，产品则远销英国、法国和中东各地。随着生产的扩大，小规模的贸易单位已不能满足要求。这样，在海外贸易中就出现了“康孟达”的组织。[①] 美国学者推断，“实际上，这种合伙关系，可能是劳动雇佣资本的伪装的借贷关系，或是资本雇佣劳动的伪装的委托人和代理人的关系”。我想，这种推断不无道理，因为它是资本主义萌芽在海外贸易中的表现形式。同样，“康孟达”的委托—代理关系，又使它具有现代公司的某些特征，是生产社会化反映在流通过程的组织形式。[②]

16 世纪，科学的中心转移到英国。在科技进步推动生产力发展的基础上，英国资本主义开始萌芽，资本主义手工业工场出现了，其中尤以毛纺织业、棉纺织业为典型。为了供应棉纺织业所需的大量棉花以及推销毛织品、棉织品，资产阶级迫切需要与生产社会化相适应的大流通形式。东印度公司等就是为了适应这种需要而产生的生产力社会化的组织形式。马克思就曾把东印度公司等说成是“现代股份公司的前驱”。

1688 年，“光荣革命”使英国资产阶级革命成果以君主立宪的形式确定下来，推动了英国资本主义经济的发展。资本主义工场手工业在毛织、麻织与棉织等行业获得蓬勃发展，手工业工场成为资本主义生产的最主要企业组织形式。与之相适应，英国的对外贸易蒸蒸日上，股份公司纷纷成立。到 1695 年，就有 100 个新公司宣告成立。特别是 18 世纪初成立的南海贸易公司（South Sea，即南美洲），该公司股本额较大，股东数极多，

① ［美］金德尔伯格：《西欧金融史》，中国金融出版社 1991 年版，第 268 页。

② 康孟达，属于劳资合伙经营的一种商事契约：一方出资而不参加营业活动，另一方则运用自己的设备条件等从事营业活动。双方按出资数额对盈利进行分配。出资者按出资数额对经营亏损负有限责任，而营业者则负无限责任。它是最早的一种商业合伙形式。后来，这种合伙形式逐渐发展到陆上贸易，最终演变成为隐名合伙和两合公司。

在整个业务经营上，不免失之迂愚、疏忽和浪费。但南海贸易公司的成立及其股票价格的剧升，使股份公司成了一种时髦。据统计，1719 年 9 月 ~1720年 8 月，新成立的贸易公司就有 195 家。诚如马克思所指出的那样，股票发行和进行股票交易方面有“一整套投机和欺诈活动”。[①] 在南海贸易公司的带动下，股票投机相当猖獗，股价增长了 5 倍，其中南海贸易公司股价从每股 128 英镑涨至 1 000 英镑。被卷入漩涡的大物理学家牛顿在事后感叹：“我能计算出天体的运行轨迹，却难以预料到人们如此疯狂。” 1720 年 6 月 9 日，英国政府签署了《泡沫法案》，禁止没有特许状的公司发行可转让的股票。《泡沫法案》使众多依赖股票投机的股份公司倒闭，南海贸易公司也不能幸免。这就是轰动一时的“南海泡沫”事件。[②]

《泡沫法案》的制定与实施，限制了贸易公司的成立与投机。于是，英国在“南海泡沫”事件后，相继出现了持续的“运河热”与“铁路热”。“1600 ~ 1750 年，运输量比过去任何时候增加了 50%”，因此，“加深和开阔航道以及改善河流航行等都提到日程上来了”。而“政府根本没有管这件事”，有钱的“地方上的乡绅和商人”就“自己掏腰包”，出来承担这样一项“冒险事业”，并且渐渐地“取得了很大的成效，结果就出现了合股集资的形式”。[③] 这就是说，疏浚河道使单个资本家不得不走资本联合的道路，从而为采用公司的组织形式来开凿运河提供了榜样。这样，英国《泡沫法案》后涌现的首批公司就是为修筑运河而成立的。在运河公司强有力的组织下，英国的运河开凿取得了辉煌的成绩。据统计，

① 马克思：《资本论》第三卷，《马克思恩格斯文集》（7），人民出版社 2009 年版，第 497 页。

② 18 世纪英国最伟大的诗人亚历山大·蒲柏（Alexander Pope，1688 年 5 月 22 日 ~1744 年 5 月 30 日）写道：“终于，腐败像汹涌的洪水淹没一切；贪婪徐徐卷来，像阴霾的雾霭弥漫，遮蔽日光。政客和民族斗士纷纷沉溺于股市，贵族夫人和仆役领班一样分得红利，法官当上了掮客，主教啃食起庶民，君主为了几个便士玩弄手中的纸牌；不列颠帝国陷入钱币的污秽之中。”

③ ［英］W. H. B. 考特：《简明英国经济史》（1750 ~ 1939 年），商务印书馆 1992 年版，第 78 页。

1730～1790年，英国运河长度增加了1倍，达2 200英里。1791～1794年，又建成了42条新运河，耗资650万英镑。① 这无疑对缓和英国运输紧张局面与推动英国经济发展起了积极作用。更为重要的是，公司介入"运河热"，使原来贸易公司商业资本的性质转变为运河公司产业资本的性质，从而为公司这种社会化大生产的组织形式在资本主义经济中立足打下了基础。这就是马克思所说的，"把股份公司的形式运用于工业，标志着现代各国经济生活中的新时代。一方面，它显示出过去料想不到的联合的生产能力，并且使工业企业具有单个资本家力不能及的规模；另一方面，不应当忘记，在股份公司中联合的不是单个人，而是资本"。②

继"运河热"之后，英国又兴起了"铁路热"。"铁路热"是随着英国煤炭、钢铁等重工业的较大发展而对交通运输业提出的新要求。同样，由于修筑铁路与开凿运河一样，属于经济命脉、基础产业，建设工程大，当时每英里造价达4万英镑，十分昂贵，"所需要的资本数额特别大"，仅靠资本家单个资本是无能为力的，小额资本需要聚集成大额资本，必须采用组建股份公司的办法。英国铁路史专家弗朗西斯这样描述当时的情况："报纸支持这种热狂；政府许可这种热狂；人民不惜为它而解囊。铁路一时蔚然成风，如火如荼。"③ 马克思在《资本论》中记载道，英国在1846～1847年投在铁路上的资本达到7 500万英镑，这些资金来自人们的认股缴款。"人们怀着扩充生产时具有的那种热情，投身于铁路的建设；在这里，工厂主和商人的投机欲望第一次得到满足，并且从1844年夏季以来已经如此。人们尽可能多地认股，这就是说，只要有钱足够应付第一次缴款，就把股份认购下来，至于以后各期股款的缴付，总会有法可想！当以后付款的期限来到时……人们不得不求助信用，商行本来的营业多

---

① ［美］金德尔伯格：《西欧金融史》，中国金融出版社1991年版，第272页。

② 马克思：《法国的动产信用公司》，《马克思恩格斯文集》（2），人民出版社2009年版，第584页。

③ ［英］克拉潘：《现代英国经济史》（上卷），商务印书馆1964年版，第481页。

半也只好为此而失血。”① 据统计，1825～1835 年底，英国国会通过了 54 项各种铁路条例。1836～1837 年，英国国会通过了不列颠 39 项新路线的铁路条例。铁路公司对于铁路建设的巨大成绩由此可见一斑。这种情况在英国如此，在后来的美国和法国也是如此。马克思对股份公司在修筑铁路中的这种作用给予极高的评价，他说：“假如必须等待积累使某些单个资本增长到能够修建铁路的程度，那么恐怕直到今天世界上还没有铁路。但是，集中通过股份公司转瞬之间就把这件事完成了。”② 凯恩斯在谈及这个问题时，也是带着无比崇敬的心情，他说：“在那个年代建立的铁路，就如同埃及的金字塔一样，是一座让后世子孙仰慕的丰碑。”③

不仅如此，相关资料显示，在铁路建设的过程中，比较早地出现了直接融资与间接融资的协调问题。据英国 1847～1848 年“商业危机报告”记载，1847 年 4 月，几乎所有商行都由于它们的一部分商业资本投在铁路上面而开始程度不等地缩小自己的营业规模；有人凭铁路股票按高利息率如 8% 向私人、银行家、保险公司借款；这些商行给予铁路这么多投资，这使他们自己不得不再用汇票贴现的办法，向银行过多地借入资本来继续进行他们本身的业务。对于铁路缴款在整个英国的影响，“商业危机报告”认为一方面“它使银行存款渐渐枯竭”；另一方面“不是削弱了而是加强了银行家的地位。因为货币的实际支出，完全不像货币的缴入那样迅速；因此，在该年初，大多数银行手里都有数额相当可观的铁路基金”。④

---

① 马克思：《资本论》第三卷，《马克思恩格斯文集》(7)，人民出版社 2009 年版，第 458～459 页。

② 马克思：《资本论》第一卷，《马克思恩格斯文集》(5)，人民出版社 2009 年版，第 724 页。

③ [英] 凯恩斯：《和约的经济后果》，华夏出版社 2008 年版，第 15 页。

④ 马克思：《资本论》第三卷，《马克思恩格斯文集》(7)，人民出版社 2009 年版，第 462～463 页。

二、卡特尔、辛迪加、托拉斯与康采恩的流行

尽管公司制在贸易、交通运输领域成为一种普遍的企业组织形式，但直到19世纪初，“制造业却一般是在没有公司组织的条件下进行的”。[①]这种情况，英国如此，其他国家也是如此，它与产业革命刚刚起步密切相关。19世纪30年代，以蒸汽机为动力的产业革命完成了。由于机器代替了手工，社会分工越来越细，越来越精，一个产品从零部件生产到出厂，需要经过一系列工艺过程，形成一套流水生产线，生产单位愈来愈多。同时，分工愈细，单一化、标准化、专业化就愈成为生产的通用原则，相互依赖的生产单位就必须以愈来愈多的协作为前提。这就要求生产组织的集中化，以便提高规模经济效益。因此，产业革命的结果，就是使制造业摆脱了一厂一矿的局面，生产规模愈来愈大。关于这一点，法国经济史家保尔·芒图在《十八世纪产业革命》一书中写道：“从经济观点上看，产业革命的特点就是资本的集中和大企业的形成，而大企业的活动不但不是一种例外的事实，而且还有变成工业的正常形式的倾向。”[②] 保尔·芒图的这一论断无疑是正确的。

随着生产社会化程度的不断提高，资本主义所固有的生产的社会化与资本主义私人占有之间的矛盾愈发尖锐。于是，资本主义经济危机周期发作并日趋沉重。在经济危机期间，“大鱼吃小鱼”、“小鱼吃虾米”的现象更时时发生。这样，就造成资本主义大企业规模越来越大，生产越来越集中。诚如列宁所强调的，“集中发展到一定阶段，可以说，就自然而然走到垄断”。[③] 资本主义最早的垄断形式是卡特尔。1862年，普鲁士“铁血宰相”俾斯麦上台，厉行国家干预，侧重发展重工业特别是军事工业。

① ［英］克拉潘：《现代英国经济史》（中卷），商务印书馆1975年版，第179页。
② ［法］保尔·芒图：《十八世纪产业革命》，商务印书馆1983年版，第387页。
③ 《列宁选集》（第二卷），人民出版社1972年版，第740页。

1865年，在德国鲁尔煤业与钢铁业中最早出现了4个卡特尔，如德意志钢铁联合组织等。1870年，俾斯麦挑起普法战争，向法国勒索了50亿法郎的战争赔款，吞并了法国重工业基地阿尔萨斯和洛林，从此，德国开始了跳跃式发展阶段，采矿、冶金、建筑等方面都得到蓬勃发展，出现了“开业热”。1870～1874年，德国全国新设公司857个。垄断组织也在不断增长，到1875年，卡特尔已有8个。1877年又出现了莱茵—威斯特伐利亚煤矿业卡特尔，1879年出现了洛林—卢森堡生铁销售卡特尔。上述卡特尔都是生产同一商品（如煤、铁）的若干工业公司，为垄断某一特定市场而组成的企业联合，它们在划分销售市场、限制生产数量、规定统一售价等方面达成协议。参加卡特尔的企业，在经济上与法律上仍保持独立，仅仅需要信守协定。如有违反，就要被处罚金，或被剥夺享有的权利。因此，卡特尔还只是一种比较松散的垄断组织形式，很不稳定。

1873年，西方资本主义世界发生了经济大危机。在德国，危机使“单个企业由于原料价格高、成品价格低而纷纷倒闭”，在钢铁工业中，只剩下几个大煤业公司与大铸钢厂。① 为了渡过危机，遗存下来的大公司就掀起了缔结垄断协定的高潮，出现了辛迪加的垄断组织。如德国的煤业辛迪加、钢业辛迪加，以及1879年出现了碳酸钾辛迪加。组成辛迪加的企业，在生产和法律上仍然保持独立，但在商业上失去独立性。它们销售产品和采购原料的业务，都由辛迪加的总办事处统一管理，盈利按协议规定的份额进行分配。由于辛迪加这种形式有利于垄断市场，抬高价格，而且参加者不与市场直接联系，因此，辛迪加比卡特尔更加紧密，也较稳定。

19世纪末20世纪初，西方资本主义国家发生了第二次产业革命。电代替蒸汽成为重要能源，石油开始成为重要能源，并在化工、塑料、炸药、绝缘物质、人造纤维等方面取得突破性进展。随着科学技术日新月异

① ［德］海曼：《德国大钢铁工业中的混合企业》，转引《列宁选集》（第二卷），人民出版社1972年版，第741页。

的发展，社会分工更加专业化，几乎是每一项新的发明都带来一门新兴产业，诸如电力工业、石油工业、染料工业、汽车工业等。适应这批新兴产业生产力社会化需要，一批新公司脱颖而出，如德国的西门子公司与电气总公司，美国的通用电气公司、贝尔电话公司，德国的拜耳化学公司，美国的标准石油公司等。由于资本有机构成的程度愈来愈高，这些公司拥有的不变资本数量日益巨大，不变资本（指生产资料）的转移比较困难，于是在激烈的竞争中，就形成了比卡特尔、辛迪加更稳定的垄断组织形式——托拉斯。1882 年，美国资本家约翰·洛克菲勒用了 10 年时间，掌握了绝大部分的石油份额，遂把自己创设的美孚石油公司改组为托拉斯。参加托拉斯的企业在经济上和法律上已失去原有的独立性，须将各自所有的股票全部交出，成为托拉斯的股东。每一参加者，只有通过拥有大量股票才能取得对托拉斯的控制权。美孚石油托拉斯成立后，垄断利润十分优厚，1900～1907 年，优先股票每年获得的股息均在 40% 以上，故托拉斯成为美国企业追求的目标。继美孚石油公司后，炼糖、榨油、冶铅、酿酒等托拉斯相继成立，美国成为“托拉斯国家”。托拉斯在美国拥有如此重大的影响力，引起了方方面面的注意。列宁当时就强调：“关于资本主义问题的提法，不估计到托拉斯的作用，却说‘资本主义的特点是无计划性’，那是不能令人满意的。”① 美国新闻记者亨利·德马雷斯特·劳埃德在《反共和国的财富》一书中，写出了一份对托拉斯的起诉书，呼吁解散托拉斯：“我们在被自己手中的剑刺死的时刻，必须控制它，或者占有它，或者毁灭它。”洛克菲勒针对这句话答道：“美国月季美人在壮丽的光辉和芬芳的香味中产生，给观赏者带来欢乐，其所以如此，是以牺牲它周围的早期的花苞为代价的。在经济生活中也是一样。这是自然法则和天理所致。”

随着资本主义工商业的发展，资本主义银行业有了长足的发展。英格

① 《列宁全集》（第 29 卷），人民出版社 1985 年版，第 435～436 页。

兰银行、法兰西银行、德意志银行及法国动产信用公司，都是实力雄厚的股份银行。法国动产信用公司（Credit Mobilier）创立于1852年，原始资本为6 000万法郎，发行总额大于原始资本9倍即近6亿法郎的债券。它除了充当一般信贷的中介外，还广泛投资于铁路、运河、矿山、船坞、轮船、冶金工厂和其他工业企业，并利用这些企业的有价证券在证券交易所疯狂投机。法国动产信用公司的成立及其上述活动，当时就引起了马克思的高度注意。马克思认为："Credit Mobilier是现代最不寻常的经济现象之一，应当最认真地加以研究。没有这种研究，就既不可能判明法兰西帝国的前途，也不可能理解在整个欧洲出现的普遍的社会震荡的症状。"① 马克思还指出，法国动产信用公司的创立，表明"特种工业巨头出现了"，从而造成了"寡头董事会"与"实际工作的公司管理人员和职员组成的官僚集团"的分离。根据这种认识，马克思把法国动产信用公司称作是"皇帝的社会主义"、"奇妙的混合体"，甚至是"规模巨大的骗人的康采恩"。②也就是说，法国动产信用公司的创立，表明银行资本对产业资本有所控制的趋势。因此，法国动产信用公司就成为"康采恩"的雏形。

19世纪末20世纪初，随着银行的集中与托拉斯化，银行资本与工业资本融合的趋势增强，"康采恩"已成为经济生活的显著事实。在德国，有德意志银行、"贴现公司"、西门子公司；在美国，有摩根财团、洛克菲勒财团、杜邦财团、梅隆财团等。正因为有这些财团做后盾，"大企业，尤其是大银行，不仅直接吞并小企业，而且通过'参与'小企业资本、购买或交换股票，通过债务关系等等来'联合'小企业，征服它们，吸收它们加入'自己的'集团，用术语说，就是加入自己的'康采恩'"。③ 这样，"康采恩"就成为资本主义生产方式下生产力高度集中、社会化程度更高的社会组织高级形式。它不仅是经济上的霸主，控制与左

① ② 《马克思恩格斯全集》(12)，人民出版社1962年版，第26页、第37页。
③ 《列宁选集》(第二卷)，人民出版社1972年版，第754页。

右经济生活，而且“绝对不可避免地要渗透到社会生活的各个方面去，而不管政治制度或其他任何‘细节’如何”。[①] 从这种意义上说，不了解“康采恩”就无法理解西方资本主义国家的政治和经济。

三、资本主义国有制

在自由资本主义时代，亚当·斯密自由放任的“看不见的手”在英、美、法等国影响十分深远。即使是亚当·斯密主张由政府兴办的一些基本的公共事业，诸如前面所说的运河与铁路，也都是资本家个人掏腰包或采用股份公司的形式兴办的。这个传统在受国家干预思想影响较多的德国首先被突破。据记载，德国“自19世纪80年代以来，凡危机时期都是对企业实行国家控制的时期，在此期间，国家取代了某些破产的企业主；而经济复苏时期又都是再私有化的时期，在此期间，国家将重新盈利的企业转让给资本家”。[②] 随着自由资本主义过渡到帝国主义，自由放任的“看不见的手”已无法解决资本主义固有的生产的社会化与资本主义私人占有之间的矛盾。这就需要由“看得见的手”即国家干预来调节，从而为国家垄断资本主义的产生提供了条件。

1908年，英国自由党政府建立了伦敦港湾局，这是英国近代最早的国有企业。由于港湾局是在亚当·斯密的故乡——英国建立的，故其影响远远大于德国。第一次世界大战期间，各帝国主义国家出于扩军备战的需要，着手建立与军火生产有关的国有企业，如德国1914年设立的工业企业联合股份公司（简称“维亚克公司”）与购买的“希贝尼亚煤矿公司”等。战争期间，无线电通讯事业得到迅速发展。由于广播属于大众传播媒介，英国政府为避免其商业性经营，遂于1926年成立英国广播公司（BBC）来接管广播业。同年，英国保守党政府还建立了中央发电局，以

---

① 《列宁选集》（第二卷），人民出版社1972年版，第779页。

② ［法］夏尔·贝特兰：《纳粹德国经济史》，商务印书馆1990年版，第133页。

实现发电的标准化和国家对电力的全面控制。

1929 ~ 1933 年，资本主义世界发生了空前的大危机。各帝国主义国家为摆脱危机，纷纷求助于“看得见的手”，厉行国家干预。而兴办国有企业则是国家干预的方式之一。在美国，有著名的“田纳西工程”。在英国，张伯伦政府于 1933 年建立了伦敦客运局（接管伦敦所有公共汽车、无轨电车、有轨电车和地铁）与英国海外航空公司。在德国，纳粹则疯狂扩军备战，大力扩张与军工生产有关的国有企业。到 1934 年，德国拥有的国有企业为 201 家，1935 年为 207 家，1936 年为 285 家，1937 年为 302 家，1938 年为 333 家，1939 年达 372 家。① 在法国，社会党政府为了缓和人民反对大垄断组织的斗争，于 1936 年掀起了第一次国有化浪潮，对铁路、航空、部分军火厂等实行国有化，建立了法国国有铁路公司，控制了两大飞机制造厂，并以股份有限公司的形式将部分军事工业变成国有公司。美、英、德、法等国的上述举措，确实在一定程度上缓和了经济危机，对此持怀疑或否认态度，都是不实事求是的。之所以这样，是因为资本主义国有制作为生产力社会化的组织形式，比起资本主义私人垄断组织的卡特尔、辛迪加、托拉斯和康采恩来，其社会化程度又高了一些。从这种意义上说，国家垄断资本主义是当代资本主义生产关系在资本主义生产方式范围内力图适应生产力发展要求的一种形式，是当代资本主义生产关系的局部调整和变革。但是，如果有谁据此论证国家垄断资本主义消灭了资本主义所固有的矛盾，那将是大错特错的理论混乱。关于这一点，恩格斯在《反杜林论》中已作了十分明确的阐述。他指出：“无论向股份公司的转变，还是向国家财产的转变，都没有消除生产力的资本属性。在股份公司的场合，这一点是十分明显的。……现代国家，不管它的形式如何，本质上都是资本主义的机器，资本家的国家，理想的总资本家。……资本

① ［法］夏尔·贝特兰：《纳粹德国经济史》，商务印书馆 1990 年版，第 134 页。

关系并没有被消灭，反而被推到了顶点。”① 恩格斯的这段话，现在看来仍有生命力。

第二次世界大战期间，以核武器、火箭技术、激光等为先导的军事高科技获得了迅猛发展，掀起了第三次科学技术革命。战后资本主义各国纷纷把这种军事高科技实行军转民、军民结合，从而使社会生产力得到史无前例的高速度发展。在这种社会生产力高速发展面前，私人资本（包括私人垄断资本）的力量显得苍白无力。于是，各资本主义国家财政资本就参与进来，或者直接拨款兴办或扩大国有企业。这方面以前联邦德国、意大利为典型，如意大利于1953年专门设立了国营碳化氢公司，主要经营石油、天然气、石油化工、原子能等新兴工业；或者由政府出面向垄断组织加工订货，提供种种优惠条件，这方面以美国为典型，美国大部分常规武器与战略武器就是采用这种方法生产的。这样，以第三次科学技术革命为纽带，资本主义国有制有了一个比较大的发展。

战后资本主义国有制获得发展的另一条途径，就是私营企业国有化。这以法国、英国最为典型。如1945~1946年，法国政府颁布一系列国有化法律，先后将雷诺汽车公司、法兰西电力公司、法兰西煤炭煤气公司、法兰西银行、国民工商银行等以及30多家保险公司收归国有。英国也于1946~1948年先后颁布一系列国有化法律，将英格兰银行及煤炭、民航、公路、铁路、电力、天然气等行业实行国有化。到20世纪70年代，资本主义国有企业投资占社会投资总额的比重，法国为33.5%，英国为30%，意大利为28%，联邦德国为22.7%，日本为24.1%，美国为18.4%。国有经济在重要经济部门的比重，多的达100%，少的也在25%以上。②

随着资本主义军事高科技转为民用以及国有制的发展，以美国为首的西方资本主义国家经济有了飞速发展。据统计，1950~1969年，主要资

① 《马克思恩格斯文集》(9)，人民出版社2009年版，第295页。

② 简新华：“试析中西所有制形式的演变及启示”，《经济日报》，1993年12月29日。

本主义国家工业生产年平均增长率都比较高，其中美国为5.4%，日本为15.4%，法国为5.7%，联邦德国为8.6%，英国为3.2%，意大利为8.4%。① 资本主义国有制的采用，生产关系的某些调整，也为这种发展提供了条件。但是，好景不长，资本主义国有制及凯恩斯主义并不能给资本主义带来千年太平，到20世纪70年代，西方资本主义经济便陷入“滞胀”的泥潭，即出现了生产下降、失业上升、物价持续上涨的局面。在这种情况下，资本主义国有企业出现大面积亏损。如英国煤炭行业长期不景气，并导致煤炭工人的大罢工；联邦德国铁路每年亏损达40多亿马克，大众汽车公司1982年亏损了3亿马克。于是，在西方经济学中，主张自由放任、反对国家干预的新自由主义思想重新抬头，表现为货币主义、供给学派的崛起。在政治上，保守党内阁重新执政，英国撒切尔夫人一马当先，自1979年起开始推行国有企业私有化政策。据统计，1979～1989年，英国共出售了50多家国有企业，资产达250亿英镑。接着，联邦德国总理科尔于1982～1988年出售了4家大公司的国有股票，总收入达66亿马克。②

就在英国撒切尔夫人实行私有化之后，法国却掀起了第三次国有化浪潮。1981年2月，法国政府将拥有2 000名以上职工的工业企业收归国有，银行业全部实行国有化。结果有11家工业集团、39家大银行等实行国有化。经过这次国有化后，法国政府直接、间接控制的企业达4 300多家。全国飞机制造业营业额的84%、钢铁工业的80%、化纤工业的75%、军火工业的74%、冶金和有色金属加工工业的66%、化学工业的52%、电子工业的49%、玻璃工业的35%掌握在政府手中。③ 1986年，法国新政府上台，一反国有化政策，推行大规模私有化政策，出售了11家国有公司与国有银行，资产金额约1 100亿法郎，私有化程度相当于英

① 《经济研究》编辑部编：《论当代帝国主义》，上海人民出版社1984年版，第74页。

② 简新华：“试析中西所有制形式的演变及启示”，《经济日报》，1993年12月29日。

③ 魏礼群等：《市场上的国有企业》，人民出版社1992年版，第6页。

国撒切尔政府的全部私有化程度。需要指出的是，尽管撒切尔夫人等人的设想是那么美好，但国有企业私有化后，其经济效益并没有改善，资本主义经济仍在徘徊、停滞之中艰难度日。

总之，通过上述历史，我们可以看出，公司制绝不仅仅是简单的法律规定，而是生产力社会化的组织形式。它是随着科学技术的进步、生产力的发展而产生的生产组织规模化、集约化、系统化的结果。它虽然不能解决资本主义固有矛盾，但确实促进了生产的社会化，有利于社会化大生产的原料供应、商品销售、资源开发与综合利用，有利于不断采取新技术、新工艺，革新技术，提高劳动生产率与规模经济效益。更由于这些组织形式的垄断程度高，它既有获得垄断利润的实力，又有指导价格水平、左右市场的能力。因此，以公有制为主体的社会主义中国，如能在社会主义国家宏观调控下，利用公司制的这些组织形式，使之形成合理利用社会资金、执行产业政策、优化资源配置、稳定市场的制导力量，对正在建立的有中国特色的社会主义市场经济体制将是非常有意义的。

关于马克思所有制理论的札记*

所有制理论是马克思主义经济学的基本理论。这一理论的提出及其运用，对国际共产主义运动产生了深远的影响。近年来，我国经济学界在这一重大理论问题上出现了很大的争论，其中有不少真知灼见，也不乏对马克思所有制理论的种种曲解，诸如“所有制结构论”、“所有制手段论”，以及用产权或所有权概念来替换所有制概念等等。因此，我们有必要重温马克思关于所有制理论的一些论述，以正本清源，为社会主义改革事业服务。

一、所有制理论的提出

所有制理论是由马克思主义的创始人卡尔·马克思提出并加以系统化的。在此以前，占统治地位的是以《罗马法》为基础的绝对的所有权观念。空想社会主义思想家圣西门、傅立叶、欧文等虽提出过对未来社会所有制的一些设想，但终未形成系统理论。

1836年10月，马克思转入柏林大学法律系，攻读法律。在柏林大学的第一学年，马克思曾把《罗马法全书》最重要的头两卷译成德文，并阅读了与《罗马法》有关的大量文献资料。《罗马法》特别强调私有财产的权利是“任意使用和支配的权利，是随心所欲地处理什物的权利”。①《罗马法》这种无限的、绝对的对物支配之权的所有权观念，对近代欧洲大陆各国产生了深远的影响，构成欧洲大陆法体系。马克思这一时期对

---

* 原载《财政研究资料》第22期，1995年8月10日。

① 《马克思恩格斯全集》(1)，人民出版社1956年版，第382页。

《罗马法全书》的翻译和研究，为他以后提出所有制理论提供了基本素材。

1842年10月25日，马克思开始在《莱茵报》上发表自己撰写的《第六届莱茵省议会的辩论》(《关于林木盗窃法的辩论》)。在这篇论文中，马克思针对莱茵省议会把捡拾枯枝和盗窃林木都“当作盗窃”一事，指出：“如果对任何侵犯财产的行为都不加区别、不给以较具体的定义而一概当作盗窃，那么，任何私有财产不都是赃物吗？我占有了自己的私有财产，那不就是排斥了其他任何人来占有这一财产吗？那不就是侵犯他人的所有权吗？”接着，马克思指责普鲁士国家为“私有制的利益”，“把穷人的习惯权利变成了富人的独占权”，并尖锐指出：“把林木占有者的奴仆变成为国家权威的代表的这种逻辑，使国家权威变成林木占有者的奴仆。整个国家制度和各种行政机构的作用都应该脱离常规，都应该沦为林木占有者的工具；林木占有者的利益应该成为左右整个机构的灵魂。一切国家机关都应成为林木占有者的耳、目、手、足，为林木占有者的利益探听、窥视、估价、守护、逮捕和奔波。”[①] 马克思的这篇文章，无论在马克思主义革命实践还是马克思主义革命理论上均有不可磨灭的价值。从革命实践上说，这是马克思第一次挺身捍卫人民群众的物质利益，实现了他自中学时代就立下的“最能为人类福利而劳动”的宏愿，也是马克思把自己的利益与广大无产阶级利益紧密结合的起点。从理论上看，马克思通过林木盗窃问题考察普鲁士国家的所作所为，已隐约感到国家是执行私有制统治的工具，这就进一步动摇了马克思对黑格尔唯心主义理想国家观的信仰，推动他去重新认识国家的本质。

1843年3月17日，马克思因“现行书报检查制度的关系”，声明退

---

① 《马克思恩格斯全集》(1)，人民出版社1956年版，第139页、第147~148页、第160页。

出《莱茵报》编辑部，并决定“从社会舞台退回书房”。[①] 马克思投入了浩瀚的书海，阅读了24部多卷本的历史著作，留下了厚厚5本的读书札记，即著名的《克罗茨纳赫笔记》。[②] 从目前国内已发表的第四本笔记以及关于其他笔记的诸多介绍中，我们可以看出，马克思主要是围绕社会经济过程和社会政治过程展开摘录和评论的，内容涉及从公元前罗马帝国时期起到近代英、法资产阶级革命为止的25个世纪的世界历史事件。通过对世界历史的考察，马克思彻底认识到黑格尔国家观念的错误。马克思提出，“黑格尔把国家观念的因素变为主语，而把国家存在的旧形式变成谓语”，“可是，在历史现实中，情况恰恰相反：国家观念总是国家存在的（旧）形式的谓语”。[③] 不仅如此，马克思还进一步分析道，“英国的代议制建立在地产的基础之上。地产的巩固是立宪君主制的基础”。这样，马克思就首次明确阐述了经济基础决定上层建筑、社会存在决定社会意识的唯物史观。在这种认识的基础上，马克思第一次提出了所有制问题。在第二本《克罗茨纳赫笔记》中，马克思在摘录的主题索引上列出了“所有制及其结果”一栏，并针对法国资产阶级革命中“没收教会财产”的历史事实，提出，“其中包括重大矛盾，一方面宣布私有财产不可侵犯，另一方面又牺牲私有财产”。在第三本笔记中，马克思又写道，“现代私有制体系是长期发展的产物”。[④] 在第四本笔记中，马克思摘录了“土地所有制关系”的论述，他写道：“就是在德国，公共所有制，或者说由于

---

① 马克思：《政治经济学批判》，人民出版社1964年版，第2页。

② 1957年，意大利学者德拉·沃尔佩在其所著《卢梭和马克思》一书中，把《克罗茨纳赫笔记》作为马克思最重要的文本之一来研究。德拉·沃尔佩的学生科莱蒂把这部笔记称为马克思“关于政治和国家的非常成熟的理论”著作，进行了进一步研究。在英语世界中，较早对这部笔记进行系统研究的是以色列学者阿维内里，他在1968年出版的《马克思的社会和政治思想》一书中，认为这部笔记是马克思“最系统的论述政治理论的著作”。到1970年，这部笔记的英文版才首次编辑出版。1989年以来，各国马克思主义者在反思苏东剧变的教训时，广泛论及国家与市民社会等问题，这部手稿才引起较大范围的注意。

③ 《马克思恩格斯全集》（40），人民出版社1982年版，第368页。

④ 《马克思1843年克罗茨纳赫摘录笔记》，选自《马恩列斯研究资料汇编》（1981年），第19页、第12页。

畜牧业受到农业的限制而减少的马尔克，因为遭到暴力的掠夺，也已经逐渐变成了私有的地产。对土地的个人所有制的关系和性质，起初是由占有者的身份关系决定的，而到后来，这一点就取决于土地关系。”① 在第五本笔记中，马克思摘录了有关德国“上古的制度”的一些论述，马克思断言：“上古的制度：总的说来，土地所有制总是德国制度的基础。”②

透过马克思以上诸多摘录与评论，我们认为，尽管《克罗茨纳赫笔记》尚不是马克思的成文著作，但笔记中关于所有制的思想至少包含了三个方面的内容：其一，在人类历史上存在着公有制与私有制两大类型的所有制形式，在公有制向私有制的转化中，“暴力”起了重要作用；其二，资本主义所有制代替封建主义所有制，只是以一种私有制形式代替另一种私有制形式；其三，所有制是国家政治制度的基础。也正是根据上述分析，我们认为，《克罗茨纳赫笔记》标志着马克思所有制理论的正式提出。

也就是在克罗茨纳赫，马克思撰写了《黑格尔法哲学批判》的长篇论文。在这篇文章中，马克思明确宣布：“要获得理解人类历史发展过程的锁钥，不应当到被黑格尔描绘成‘整个大厦的栋梁’的国家中去寻找，而应当到黑格尔所轻蔑的‘市民社会’中去寻找。”接着，马克思就国家制度和私有财产的关系作了阐述。马克思提出：“独立的私有财产或‘真实的私有财产’，不仅是‘国家制度的支柱’，而且还是‘国家制度本身’。”“整个国家制度都建立在私有财产的基础上。在那里，私有财产是一个普遍的范畴，是一种普遍的国家联系。”③ 马克思的这种认识，事实上是对他在《克罗茨纳赫笔记》中萌芽的唯物史观的进一步提炼。同时，

---

① 马克思：《克罗茨纳赫笔记（第四本）》，选自《马列著作编译资料》（11），第44页。

② 《马克思1843年克罗茨纳赫摘录笔记》，选自《马恩列斯研究资料汇编》（1981年），第18页。

③ 《马克思恩格斯全集》（1），人民出版社1956年版，第380页。

既然私有财产是国家制度的支柱，那么，“什么是私有财产”就成为马克思所有制理论必须回答的一个问题。马克思提出：“私有财产的真正基础，即占有，是一个事实，是不可解释的事实，而不是权利。只是由于社会赋予实际占有以法律的规定，实际占有才具有合法占有的性质，才具有私有财产的性质。”① 马克思把私有财产说成是“不可解释的事实”，说明马克思此时对私有财产的看法仍没有摆脱《罗马法》及资产阶级法学家、经济学家的影响。当然，马克思在文章中曾明确表示：“我们透过私有财产听到了人心的跳动，这就是人对人的依赖。”②马克思的这个表述很有意义，它说明马克思已看到了在私有财产中人与物的关系的背后隐藏着人对人的关系，这无疑是一个巨大的理论进步。

二、所有制理论的形成

1843 年 10 月，马克思移居巴黎，开始研究政治经济学。他研读了让·巴·萨伊、费·斯卡贝尔、亚当·斯密、大卫·李嘉图的著作，形成为“巴黎笔记”。在对萨伊《政治经济学概论》一书的摘录中，马克思认识到：“私有制是政治经济学并不加以论证，但是构成政治经济学基础的一个事实……因此，没有私有制，也就没有政治经济学，这一来，全部政治经济学所依存的，是一个没有必然性的事实。”③ 马克思的上述立场很有意义，一方面，它表明马克思一接触到政治经济学，就对其本质有深刻的认识；另一方面，它又表示马克思开始修正和放弃私有财产“是一个不可解释的事实”的观点。同时，我们还应当看到，马克思在摘录中，对“劳动创造价值”的观点十分欣赏并予以接受，这又使马克思从事政治经济学的研究有了一个基本前提。

---

① ② 《马克思恩格斯全集》(1)，人民出版社 1956 年版，第 372 页、第 382 页。

③ ［苏］卢森贝：《十九世纪四十年代马克思恩格斯经济学说发展概论》，三联书店 1956 年版，第 56 页。

1844 年夏，马克思撰写了《1844 年经济哲学手稿》，这是马克思第一部以经济学为主要内容的著作。在这部著作中，马克思对资产阶级的政治经济学进行了批判。他开宗明义地宣布“国民经济学从私有财产的事实出发，但是，它没有给我们说明这个事实”，因此，摆在我们面前的一个重要任务，就是“现在必须清楚私有制”。① 为此，马克思使用了“异化劳动”的概念。他提出，所谓“异化劳动”，就是说“劳动所生产的对象，即劳动的产品，作为一种异己的存在物，作为不依赖于生产者的力量，同劳动相对立”。②通过对“异化劳动”的分析，马克思对私有财产作出如下结论：“私有财产是外化劳动即工人同自然界和自身的外在关系的产物、结果和必然后果。”③ “异化劳动”的引入，是马克思对资产阶级哲学家、经济学家洛克、卢梭、亚当·斯密、黑格尔等劳动财产权的批判的继承与发展。洛克、卢梭等人标榜劳动财产权，宣称：“我们不能撇开劳动去设想新生的私有观念。我们不能理解一个人要把原非自己创造的东西据为己有，除了因添加了自己的劳动之外，还能因添加了什么别的东西呢?”④ 但是，洛克、卢梭等不能解释或根本不解释“我的仆人所割的草皮”也是“我的财产”⑤ 这个与劳动所有权相矛盾的事实。从这种意义上说，马克思的“异化劳动”主张的提出，本身就是一个发展。不仅如此，马克思还通过对“异化劳动”的分析，为我们提供了三点很有价值的思想：第一，探讨私有财产的本质，只能到资本与劳动对立的经济学中去寻找，不能到法学中去寻找；第二，马克思提出了人的类本质的思想；第三，共产主义是对私有财产即人的自我异化的积极扬弃。

1844 年 9 月，马克思与恩格斯合写了《神圣家族》一书（主要部分是马克思写的）。在这部著作中，马克思对蒲鲁东《什么是财产?》一书

---

① ② ③ 《马克思恩格斯全集》(42)，人民出版社 1979 年版，第 89 ~ 90 页、第 91 页、第 100 页。

④ 卢梭：《论人类不平等的起源和基础》，广西师范大学出版社 2002 年版，第 123 页。

⑤ 洛克：《政府论》（下篇），北京出版社 2007 年版，第 32 页。

作了高度评价。马克思指出："私有制的实质问题是政治经济学和法学的根本问题，蒲鲁东则对政治经济学的基础即私有制做出了批判的考察，而且是第一次带有决定性的、严峻而又科学的考察。"蒲鲁东"从私有制的运动造成贫困这个事实出发，得出了否定私有制的结论"。[①] 当然，马克思也同时看到，蒲鲁东的这个小册子有许多模糊及错误的认识，如蒲鲁东使用的"拥有"与"不拥有"的概念，表明蒲鲁东"对政治经济学的批判还受着政治经济学前提的支配"；再如蒲鲁东提出的"平等占有"的主张，表明蒲鲁东"仍以政治经济学的占有形式来表现实物世界的重新争得"，没有"用恰当的话来表达自己的这个思想"。马克思通过对蒲鲁东的超越，得出了私有财产的本质是"人对人的社会关系"的正确结论。尽管此时马克思对私有财产的本质的揭示还局限在"异化"的观点中，我们仍然认为它具有十分重要的理论价值，预示着马克思科学所有制理论已是呼之欲出了。

1845 年 9 月，马克思、恩格斯合作撰写了《德意志意识形态——对费尔巴哈、布·鲍威尔和施蒂纳所代表的现代德国哲学以及各式各样先知所代表的社会主义的批判》。在这一部著作中，马克思在阐述生产力与生产关系这一历史唯物主义基本原理的基础上，对私有财产的本质有了新的认识。马克思指出："私有财产是生产力发展到一定阶段上的必然的交往形式，这种交往形式在私有财产成为新出现的生产力的桎梏以前是不会消灭的，并且是直接的物质生活的生产所必不可少的条件。""财产是和一定的条件，首先是同以生产力和交往的发展程度为转移的经济条件相联系的，而这种经济条件必然会在政治上和法律上表现出来。"[②] 马克思这种把私有财产看成为一种经济关系、看成是生产力发展结果的观点，表明马克思已完全放弃了自己用"异化劳动"

---

① 《马克思恩格斯文集》(2)，人民出版社 2009 年版，第 39 页、第 42 页。

② 《马克思恩格斯全集》(3)，人民出版社 1960 年版，第 410 ~412 页。

来解释私有财产的思想，标志着马克思正确的私有财产观的形成。正是在这种认识的基础上，马克思强调指出："一个民族的生产力发展的水平，最明显地表现在该民族分工的发展的程度上。""分工发展的各个不同阶段，同时也就是所有制的各种不同形式。这就是说，分工的每一阶段还根据个人与劳动的材料、工具和产品的关系决定他们相互之间的关系。"① 马克思的这段话，一方面以分工为中介，阐述了所有制同生产力的关系，确定了"所有制是现存生产工具的必然结果"的正确结论；另一方面又说明了所有制通过人对物（"劳动的材料、工具和产品"）的关系反映出的人与人的关系。这样，马克思就基本上揭示了所有制的本质。不仅如此，在这一部著作中，马克思还根据生产力水平对各个不同历史时期的所有制形式作了区分。马克思指出，在人类历史上，大致有五种所有制形式，第一种所有制形式是"部落所有制"，"它是与生产的不发达的阶段相适应的"；第二种所有制形式是"古代公社所有制和国家所有制"；第三种所有制形式是"封建的或等级的所有制"；第四种所有制形式是现代资本主义所有制；第五种所有制形式是共产主义所有制。尽管马克思此时的表达还不是十分严谨，但基本上是正确的。除此之外，马克思还认识到，由于生产力发展的不平衡，在一个历史时期内，会有多种所有制形式存在。如在"古代公社所有制和国家所有制"之下，"仍然保存着奴隶制"，但这种奴隶制"是作为一种反常的、从属于公社所有制的形式发展起来的"。② 这就是马克思生产方式一元论的最初萌芽。后来马克思曾明确表示："在一切社会形式中都有一种一定的生产支配着其他一切生产的地位和影响，因而它的关系也支配着其他一切关系的地位和影响。这是一种普照之光，一切其他色彩都隐没其中，它使它们的特点变了样。这是一种特殊的以太，它决

① 《马克思恩格斯全集》(3)，人民出版社1960年版，第24~25页。

② 《马克思恩格斯全集》(3)，人民出版社1972年版，第25页。

定着它里面显露出来的一切存在的比重。”① 正因为马克思在《德意志意识形态》一文中比较全面地阐述了所有制问题，因此，我们把《德意志意识形态》的发表看成是马克思所有制理论形成的标志。

三、所有制理论的意义

上面我们以大量的笔墨分析和考察了马克思所有制理论的提出及形成的过程。通过这个考察，我们不难得出以下结论：

第一，所有制理论是对资产阶级法学家、经济学家所有权观念的扬弃。马克思所有制理论的形成经历了一个相当艰难的探索过程。

第二，所有制理论在生产力与所有制之间辩证关系的问题上，始终认为所有制是生产力发展的必然结果，有什么样的生产力就有什么样的所有制形式，其中与最先进生产力水平相适应的所有制形式即生产关系总和，构成社会基本经济形态，这种经济形态使一个历史时代与另一个历史时代相区别，并且在这种所有制形式没有成为生产力发展的桎梏以前是不会消灭的。

第三，所有制理论认为，由于生产力发展的不平衡，就决定生产关系的多层次，即一个社会基本经济形态中会有多种所有制形式。但是这并不等于说这多种所有制形式都是平起平坐的，它们之间是有主次之分的，其中与最先进生产力水平相适应的那种所有制必然居于支配与领导地位。

① 《马克思恩格斯选集》（第二卷），人民出版社 1995 年版，第 109 页。

关于虚拟资本和国际游资问题研究*

100多年前马克思提出的虚拟资本，在现代经济中，无论是规模还是速度都远远快于实体经济增长。虚拟资本何以能够迅速膨胀，它和泡沫经济的产生是什么关系？随着全球生产能力的相对过剩，大量积聚的剩余资本在全球到处游动，形成了国际游资。国际游资的大规模不规则流动，是否20世纪90年代以来国际金融危机频繁爆发、世界贫富两极分化不断加剧的根源？一些发达国家特别是美国，长期以来不遗余力地推行商品、劳务和贸易自由化，处心积虑地鼓吹金融资本贸易自由化，他们的目的何在？放纵美元贬值是否美国既定战略？在成为全球金融体系不稳定的重要因素的同时，是否也会失手做“搬起石头砸自己的脚”的蠢事？

当今世界，经济全球化趋势已经和正在给各国经济发展带来深刻影响。作为世界第二大经济体和全球最大的新兴市场，中国既面临着新的发展机遇，也面临着严峻挑战。对于上述问题，我们应该坚持从马克思主义的立场、观点和方法出发，结合世界经济发展实际深入研究和分析。一方面，我们要充分利用人类文明的一切成果，积极融入世界经济发展的潮流，这对实现中华民族的伟大复兴是十分必要的；另一方面，对虚拟资本、国际游资和经济全球化的本质应该有清醒的认识，既要防止虚拟资本的过度膨胀，又要提高对国际游资冲击的防御能力，真正做到扬长避短、趋利避害，努力使我国的资本市场发展得更快、更好、更健康。

一、“虚拟资本”在现代经济中的表现

马克思在《资本论》第三卷中指出，虚拟资本（Fictitious Capital）

* 本文定稿于1999年12月26日。收入本书时补充了一些新资料。

包括股票、债券等。他认为，虚拟资本是在资本所有权和经营权分离的基础上，资本所有者以股票、债券等形式持有的，有权取得未来剩余价值的凭证。虚拟资本是信用资本化的产物，其实质是相对于产业资本的生息资本的派生形式。

虚拟资本的出现，首先在于它的有用性。它是适应实体经济发展的需要，随着股份制的建立与迅速扩张而产生的。欧洲工业革命开始后，社会化大规模生产需要通过股票、债券的形式，把分散的单个资本集中起来，实现资本的规模化和社会化，完成单个小资本所不能进行的事业。马克思曾明确指出，公共有价证券与银行汇票有本质差别，“一般是一切颠倒错乱形式之母”，“这里决不排除股票也只是一种欺诈的东西”。① 也就是说，虚拟资本存在着固有的欺诈性和投机性。由此可见，虚拟资本从一开始就具有两重性。当虚拟资本与实体经济相适应时，有助于实体经济提高效率，实现良性发展；当虚拟资本过度膨胀，偏离实体经济发展需要时，将对实体经济产生负面影响。

在现代经济中，虚拟资本无论在形式上还是在规模上，与马克思时代相比，已经发生了深刻变化。在形式上，虚拟资本在股票、债券等基础证券的基础上，又派生出了期货、期权、掉期等衍生证券。据统计，国际金融市场上金融衍生品的品种超过1 200种。金融衍生工具运用杠杆原理以小搏大，虚拟性更强，风险性更大。与实体经济相比，影响虚拟资本的因素很多，如利率、汇率、收益预期、市场信心以及政治形势等因素，都对虚拟资本的价格决定产生重大影响。因此，虚拟资本的价格具有极大的不稳定性。在规模上，全球股票市场的总市值已超过全球GDP；全球金融衍生品交易额由1991年的7.9万亿美元上升到1997年的40.9万亿美元，增长了5倍多，为同期全球出口总额6.8万亿美元的6倍。2001～

① 马克思：《资本论》（第三卷），《马克思恩格斯文集》（7），人民出版社2009年版，第529页。

2009年，全球利率及货币互换、信用违约互换和股权衍生品的年末名义价值从72万亿美元增长到440万亿美元，增长了5倍。[①] 其中美国是虚拟资本最为发达的国家，据美国联邦储备局（简称“美联储”）资金流量表，截至2010年6月底，股票总市值为19万亿美元，公司债券余额为4.3亿美元，国债余额达到10.4亿美元，抵押贷款余额为14万亿美元。[②]

虚拟资本在现代经济中的急剧膨胀，有着复杂的政治经济根源。

（一）虚拟资本自我循环的特征所致

马克思认为，股票只是有权取得未来剩余价值的所有权证书。按照马克思的观点和分析方法，各种有价证券的价格实际上代表着对未来收入的预期，表现为人们对尚未真正创造出来的价值的提前承认，是把未来的价值加入到现实价格决定中，使得证券交易额急剧放大，虚拟资本迅速膨胀。在马克思时代，虚拟资本有它的独特的运动，主要体现为通过信用投机膨胀。马克思指出，商业信用在产业关系本身范围内进行：“每一个人都一只手借入，另一只手贷出。借入和贷出的东西有时是货币，但更经常的是产品。”伴随着银行信用，投机就产生了。银行的目的在于便利营业。但一切便利营业的事情，都会便利投机。“营业和投机在很多情况下紧密地结合在一起，很难说营业在哪一点终止，投机从哪一点开始。”第二次世界大战后，虚拟资本开始逐步脱离于实体经济，脱离于基础证券，自我循环的比重越来越大。据相关统计，到20世纪80年代末，在虚拟资本的交易量中，只有不到12%是围绕实体经济服务的，其他均为虚拟经济本身的自我循环。根据世界贸易组织公布的数据，1995年全球商品贸易和服务贸易额不到6万亿美元，而全世界一天的外汇交易额为1.6万亿美元，全年累计外汇交易额是世界贸易额的80～100倍。这样货币购买货

① http：//isda. org/statistics/pdf/isda－market－survey－historicaldata. pdf.

② Flow of Funds Accounts of the United States Flows and Outstandings Second Quarter 2010, http：//www. federalreserve. gov/releases/z1/Current/z1. pdf.

币成为决定汇率的主要因素。①

（二）与黄金脱钩后导致美元虚拟化与无限发行

美元作为国际储备货币，在布雷顿森林体系下是与黄金挂钩的。到了20世纪60年代末，在德国和法国采取每月一次用结余美元兑换美国黄金的行动，致使美国黄金储备急剧下降。在这种情况下，美国参议院于1968年3月12日以39票对37票通过对美元黄金后盾的取消。1971年8月15日，美国尼克松政府宣布“新经济政策”，决定暂时中止美元与黄金或其他储备资产之兑换，史称“尼克松冲击”。对于这一事件的深远影响，过去始终评论不到位。现根据接触的材料明确几个关键环节：

1. 美国再一次公开赖债。美国一向有赖债的传统，独立战争前，欧洲债务人一进入美国的某些州，就受到5年免债的保护。独立战争以来，美国人每每通过危机洗劫欧洲投资人。这一次由于美元不可兑换，意味着“美国在公私账户上欠下外国人500亿美元的短期债务，不可用来索取美国的黄金储备”。②

2. 购买美国国债成为债权国无奈的选择。不能索取黄金的美元，可以用于购买美国的出口商品、支付对美国公私债权人的当期债务、投资于美国政府和公司证券，以及购买法律未加禁止的企业控股权，否则被视为“敌视美国”。③ 当然，债权国可以不买美国国债，这样美联储可以开动印钞机。这就是美国流行的“我们的货币，你们的问题”的精彩解释。

3. 成为美元得以独步世界的起点。美元失去了黄金的物质支撑，却没有改变其世界储备货币的地位，借助美国国家信用为后盾，美元在全球向更高的目标迈进。作为美元与黄金脱钩的政策设计者、后来任美联储主

---

① 戴晓芙、胡令远：《日本式经济·政治·社会体系——21世纪的课题与展望》，上海财经大学出版社2002年版，第14页。

② NOMURA：Is Debt Relief as Apple Pie? Maybe George Bailey was Right, May 2009.

③ ［美］迈克尔·赫德森：《金融帝国——美国金融霸权的来源与基础》，中央编译出版社2008年版，第238页。

席的沃克尔就说过："这真是很讽刺，在没有黄金支撑的时代，人们持有美元的愿望比起有黄金支撑的时代还要强烈。"①

4. 货币发行从此不受限制。在尼克松宣布新经济政策前 6 天，美元在欧洲和日本的主要金融市场上正处于严重压力之下，美元实际上更不值钱，但按照国际货币基金组织的安排，无数美元被各国中央银行买进。②到了 20 世纪 70 年代末，世界主要经济体确定了浮动汇率制度。这就为货币供应的快速增长提供了条件。据统计，20 世纪70～90年代，西方主要发达国家实体经济增长了 6 倍多，而货币量却增长了 100 多倍。美国则更是如此，1980～2010 年，美国 M2 供应量从 1.7 万亿美元增长到 8 万亿美元（见图 1）。为应对 2007 年以来的次贷次债危机，美联储更是实施了量化宽松的货币政策，大量购买金融机构的抵押贷款等有毒资产，直接购买美国财政部债券增发货币，致使美联储资产负债表急剧膨胀。2010 年 6 月底，美联储资产达到 2.4 万亿美元，较 2004 年增长 181%（见图 2）。

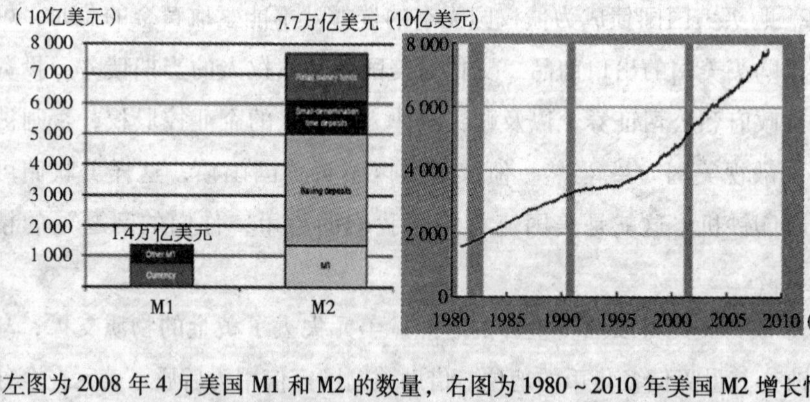

左图为 2008 年 4 月美国 M1 和 M2 的数量，右图为 1980～2010 年美国 M2 增长情况

资料来源：http：//www. newyorkfed. org/aboutthefed/fedpoint/fed49. html.

图 1　美国货币供应量的巨大变化

① ［美］克雷格·卡明：《美元还能挺多久》，中国人民大学出版社 2009 年版，第 78 页。

② 张清：《应对危机——尼克松政府对外经济战略与政策研究（1969～1972 年）》，南京大学出版社 2009 年版，第 172 页。

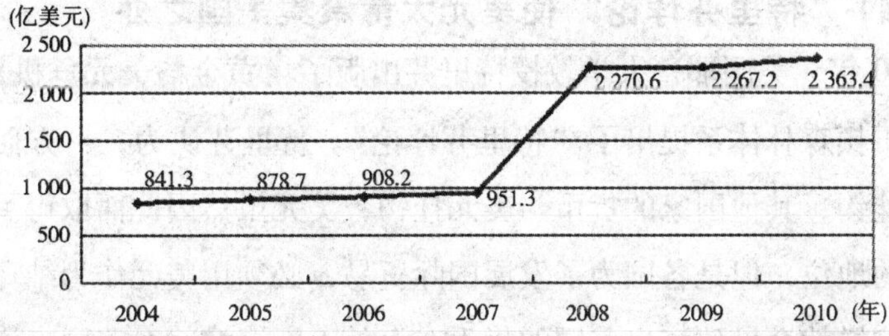

资料来源：Flow of Funds Accounts of the United States Flows and Outstandings, Second Quarter 2010, September 17, 2010, http://www.federalreserve.gov/releases/z1/Current/z1.pdf.

图2 次贷次债危机期间美联储金融资产突飞猛进

（三）直接导致了全球黄金价格、资产价格的急剧上涨

1977年6月，美国加尼福利亚大学教授诺伊·W. 加斯托姆（ROY W. JASTRAM）出版《黄金常数》一书，这本书被“欧元之父”蒙代尔视为“一项非常精彩的研究成果”①，它计算了英国自16世纪、美国自19世纪以来的物价水平。2009年，吉尔·雷朗（Jill Leyland）对此书做了一个补充。他们发现，1560～1914年，英国物价指数几乎保持不变。1931年英国脱离金本位制以后，特别是1971年钉住美元本位制以来，该时期属于英国历史上最剧烈的通胀时期，1971年之后的1/4世纪里，英国物价水平上涨了7.5倍。而美国物价水平的走势与英国非常相似（见图3）。

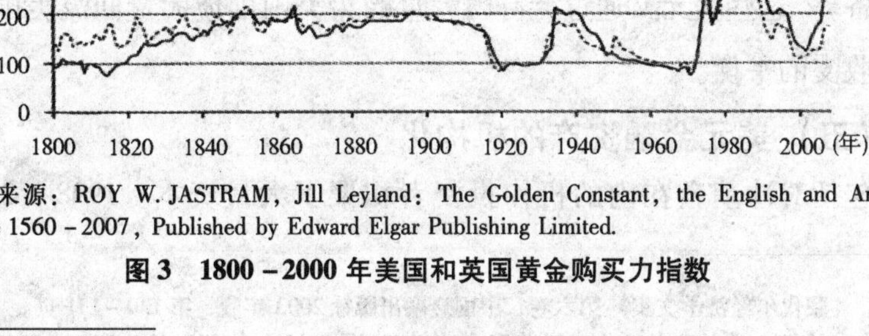

资料来源：ROY W. JASTRAM, Jill Leyland: The Golden Constant, the English and American Experience 1560－2007, Published by Edward Elgar Publishing Limited.

图3 1800－2000年美国和英国黄金购买力指数

① 《蒙代尔经济学文集》第六卷，中国金融出版社2003年版，第122页。

（四）“特里芬悖论”使美元大量聚集美国之外

1960 年，美国耶鲁大学教授特里芬出版了《黄金与美元危机》一书，针对布雷顿森林体系提出了“特里芬悖论”。特里芬认为，一方面，美元与黄金挂钩，其他国家的货币与美元挂钩，美元虽然因此而取得了国际核心货币的地位，但是各国为了发展国际贸易，必须用美元作为结算与储备货币，这样就会导致流出美国的货币在海外不断沉淀，对美国来说就会发生长期贸易逆差；另一方面，作为国际货币核心的前提，美元必须保持币值稳定与坚挺，这要求美国必须是一个长期贸易顺差国。这两个要求互相矛盾，形成悖论。与第二次世界大战后短暂的“美元荒”相比，美元大量流向海外成为正常情况。1997 年 3 月 12 日，“欧元之父”蒙代尔在美国演讲时提到，美元是所有人的第二货币，就像英语是所有人的第二语言一样。美联储创造的货币都跑到哪里去了？他论证道，美国银行体系以外的货币总量高达 4 000 亿美元。美国有发达的信用卡和银行转账体系，相对于美国人的收入而言，他们持有的现钞货币很少。没有人准确知道 4 000亿美元钞票跑哪里去了。据国际货币基金组织的研究人员估计，4 000亿美元钞票中，只有 10% ~15% 在美国流通，其他全部在美国以外流通，不仅仅是国外中央银行，还包括旅行者、贩毒集团、逃税人和外国商业银行。[①] 数据显示，1982 ~2005 年，美国对外输出美元从 55 亿美元增加到 7 915 亿美元，增长了 143 倍。从 1982 年开始，美国通过经常项目的持续逆差，总共向外输出了 5. 2 万亿美元，累计形成了 3. 1 万亿美元的官方外汇储备。[②] 这些美元又通过持有国大量购买美国国债大量回流美国，实现国际收支的平衡。

（五）美元金融资产的机构化

包括对冲基金在内的机构投资者积聚了大量资本。1998 ~2007 年，

---

① 《蒙代尔经济学文集》第六卷，中国金融出版社 2003 年版，第 130 ~131 页。

② 刘均胜：《金融全球化：短期资本流动风险》，社会科学文献出版社 2009 年版，第 180 页。

全球对冲基金的数量从3 000家增加到9 000多家，管理的资产接近2万亿美元，较1990年增长了50多倍（见图4）。根据国际货币基金组织提供的数字，1975～1993年，美国300家大基金的总资产由5 350亿美元增长到72 000亿美元，相当于GDP的比例由30%增长到110%。21世纪以来，机构化成为西方金融市场的突出特点。以美国为例，2005～2007年，包括退休基金在内的养老基金持有的金融资产从9.1万亿美元上升到10万亿美元；包括货币市场基金在内的共同基金从8.3万亿美元上升到11.2万亿美元；包括政府机构在内的政府支持企业从6.4万亿美元上升到8.4万亿美元。这些机构资金尤其是对冲基金，对虚拟资本膨胀起到了推波助澜的作用。

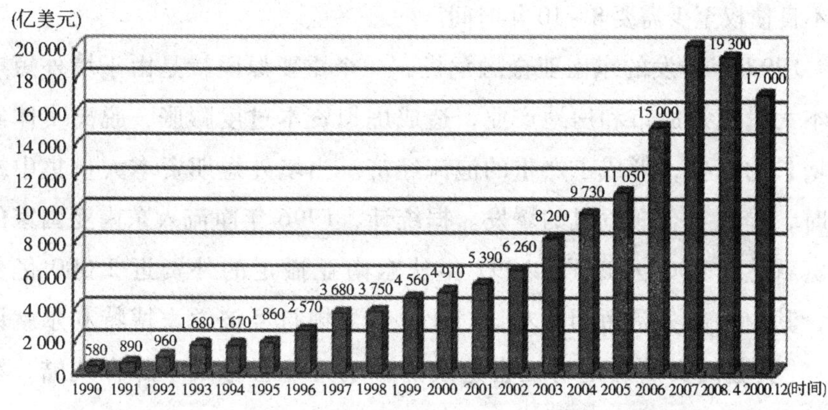

资料来源：Peter J. Wallison and Robert E. Litan: Competitive Equity A Better Way to Organize Mutual Funds, http://www.highbeam.com/doc/1G1－167162140.html.

图4 1990～2008年全球对冲基金资产增长情况

虚拟资本的两重性在现代经济中表现得更为充分。一方面，通过资本市场，虚拟资本在超前性配置资源、降低交易成本和提高实体经济效率方面，继续发挥着积极作用；另一方面，由于其过度膨胀，对实体经济所造成的危害也越来越明显。最集中地表现为，当虚拟资本膨胀程度超过经济所能承受的范围就会产生泡沫经济，出现金融危机，对实体经济造成巨大的破坏。

从一些发生泡沫经济国家的情况看，教训是十分深刻的。20 世纪 80 年代中期，随着日本企业业绩好转和银根的一再放松，巨额资金大量流入股市和房地产业，使股价和房地产价格一涨再涨。有资料表明，1985～1989 年，日经指数由 12756 点上升到 38916 点，增长了 2.1 倍；股票总市值由 196 万亿日元增加到 630 万亿日元，增长了 2.2 倍。日本的泡沫经济从 1990 年起开始破灭，到 1998 年，股指跌破 14000 点，跌去 20000 多点；房地产价格也连跌 7 年，一些大城市的商业用地价格跌回到了 1985 年的水平。这种以股价、地价同时暴涨暴跌为特征的“泡沫经济”的破灭，对日本经济造成了严重打击，出现了典型的日本式的资产负债表衰退。据统计，泡沫破灭使日本银行不良资产达 83 万多亿日元，要消化这些不良债权至少需要 8～10 年时间。

1997 年爆发的东南亚金融危机，一个重要原因就是由于境外短期资本大量流入股市和房地产业，造成虚拟资本过度膨胀，脱离实体经济增长的需要，形成了严重的泡沫经济。当境外短期资本大量集中抽逃时，导致了金融危机的爆发。据统计，1996 年净流入东南亚国家的外资就达 1 000 亿美元，1997 年从东南亚撤走的外资近 2 000 亿美元，其中大部分是短期资本。对此，世界银行经济学家博特利尔就说过：“资金的突然撤走对社会造成的影响可能会像战争那样残酷，在某种意义上比战争还严重。”

21 世纪百年一遇的全球性金融危机，发端于次级住房抵押贷款，形成了一条民间野生金融河。这个影子银行系统，其核心就是虚拟资本在缺乏监管下的自我膨胀和自我循环。在房地产泡沫破灭后，经过无数次打包的抵押债务债券（CDO）成为“毒资产”，把这一产业链上的抵押贷款公司、经纪公司、投资银行、商业银行、保险公司和对冲基金等一个个拖下水，形成系统性金融瘫痪，造成美国金融大本营华尔街火烧赤壁、片甲不留的局面（见图 5）。

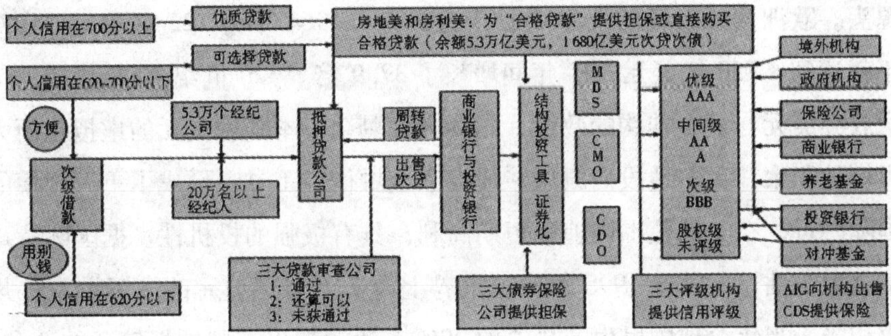

图5 美国次贷次债生产线的完整产业链

汲取日本、东南亚国家和地区以及美国次贷次债危机的教训，我们可以得出这样的结论：实体经济是虚拟资本的基础，虚拟资本与实体经济相结合而存在、相分离而发展。虚拟资本与实体经济相适应，有助于促进实体经济的发展；如果虚拟资本过度膨胀，则必然形成泡沫经济，而泡沫经济是不可能持久的。泡沫一旦破灭，就会给实体经济造成巨大灾难。

二、国际游资不规则流动对世界经济的影响

国际游资（Hot－money），一般是指在国际上出没于各国证券外汇市场的短期资本，是利用国际资本市场汇率、利率或金融资产价格的波动，以牟取高额利润为目的，进行短期性投机的资本。

国际游资形成于欧洲美元市场。20世纪60年代，美国国内剩余资本为寻找短期高利的投资回报而滞留欧洲。不少经济学家认为，欧洲美元市场发展的主要有利因素是美国银行制度僵化，而欧洲的银行能够并且愿意在相对狭窄的利差基础上运作的事实，这一情形“使得该市场能够对有关的三个主要集团——美元存款的所有者、作为中介机构的欧洲银行和最终借款人——提供利益”。① 但无可否认，欧洲美元市场成为国际游资的

① ［美］理查德·M. 莱维奇：《国际金融市场价格与政策》，中国人民大学出版社2002年版，第289页。

源头。欧洲美元市场的资本增长十分迅速，1964 年为 122 亿美元，1979 年就达到 4 750 亿美元，15 年间增长了 37.9 倍。① 20 世纪 70 年代初，美国放弃美元与黄金挂钩的政策，国际大量剩余资本随着美元的虚拟化而大规模地积聚，更多地投向股票、债券和金融衍生工具，形成了更大规模的国际游资，在全球范围内追逐短期高利，具有极强的投机性。据国际货币基金组织估计，截至 1998 年底，世界上有 7 万多亿美元的国际游资，规模相当于当年全球国民生产总值的 20%，远远超出各国外汇储备的总和。而且游资可以在瞬间利用金融衍生工具的“放大”效应，用较少的本金控制几十倍、几百倍甚至几千倍于已的资金。如美国长期资本管理公司 1998 年用募集的 22 亿美元作抵押，买入总值为 1 200 亿美元的证券，再将这些证券抵押，进行总值为 12 500 亿美元的其他融资活动。在 2007 ~ 2009 年全球金融危机中，美国五大投资银行的平均杠杆率超过 35 倍，房地产抵押担保巨头房地美的杠杆率达到 68 倍。

国际游资在全球的大规模不规则流动，主要是由于经济全球化、金融自由化、美元虚拟化，以及全球缺乏合理的金融新秩序和有效监管。在信息不对称的情况下，各国综合国力、市场成熟度和监管水平有较大差距，国际游资大规模不规则流动，只能造成大资本冲击小市场，结果是世界财富向发达国家转移，留给弱小国家的只能是金融危机和经济衰退。

近些年来，一些发达国家主要是美国，极力推行国际金融贸易自由化，为国际游资鸣锣开道。实际上，这种金融自由化和国际游资的流动，与美国的利益是紧密联系在一起的。根据经济开放理论，一国经济开放必须遵循的顺序，先是引进外国直接投资，再是贸易项下的自由兑换，最后到时机成熟时才是资本项下自由兑换和资本市场开放。而资本市场开放，必须建立在本国资本市场与国际资本市场的成熟度相接近，建立在国际资本有序流动的基础上。纵观世界各国，美国也不例外。工业革命时期，英

---

① 隆武华：《外债两重性——引擎？桎梏?》，中国财政经济出版社 2001 年版，第 98 页。

国经济学家亚当·斯密一直鼓吹自由贸易，而在当时经济相对落后的德国，其经济学家李斯特则强调国家经济。美国早期虽然有农业立国与工业立国之争，但实行的政策却是国家关税保护。第二次世界大战以后，美国实力增强，开始极力推行贸易自由化。但在资本市场的开放方面，美国实际上到1967年还对资本流出实施管制，1974年才取消。20世纪80年代初，全世界允许资本自由流动的只有美国、英国、瑞士三国；1984年德国加入；直到90年代初日本才决定加入。90年代后，国际游资“纠错”理论大为流行，这个理论由国际著名“炒家”索罗斯提出，得到了当时美联储主席格林斯潘的赞同。索罗斯认为，游资对经济泡沫国家进行冲击，会洗去这些国家的经济泡沫，重建经济结构平衡。这种理论，实际上是在为美国资本家和国际游资辩护。

在资本市场开放中，一些发展中国家特别是东南亚国家过多地看到了资本市场开放有利的一面，而没有看到在本国资本市场不成熟和国际游资缺乏有效监管的情况下，开放资本市场将造成的严重后果。这些国家的“金融早熟”，使它们丧失了对国际游资冲击的防御能力。它们虽然在商品市场上靠廉价劳动力生产出低价产品，能够在国际市场上与发达国家相抗争，但是，在过早地开放资本市场方面却都栽了大跟头。在本国资本市场成熟度低，又缺乏合理的国际金融秩序、缺乏对国际游资国际监控的情况下，这种“金融早熟”催生式的资本市场开放，只能有利于国际游资和金融大国，对经济小国则必然造成灾难性后果。在这一点上，俄罗斯的教训更加深刻。前苏联曾是世界上唯一能够与美国抗衡的核大国。在与美国长期的冷战中，前苏联没有被美国所压倒，但却由于人云亦云而落入了“自由货币主义”的陷阱。在国内改革道路选择方面，放弃了1977年宪法规定的苏共对苏联社会的领导和指导作用，听信了美国的蛊惑性宣传，采取了“休克疗法”，导致了债务缠身、金融危机和经济的严重倒退。在美国的“金融核弹”进攻面前，前苏联被彻底击垮了，“一切希望都开始破灭”，陷入“大动荡的十年”。关于这一点，前苏联总理雷日科夫1995年曾经无限辛酸地引证俄罗斯诗人列夫索罗金所写的诗：“战胜所有苦难的俄罗斯，将再一次迎来旭日东升。多么想把事业进行到底——可我在地球上没有来生。”①

从国际游资的本质和大规模不规则流动的实际结果看，国际游资虽然客观上加速资本流动，对资源配置可以起到一定的作用，但从根本上讲，对世界经济造成的破坏是巨大的。

（一）造成发展中国家经济结构不合理

国际游资以嗜利为主，不可能用于经济开发和投资。在一国繁荣时，国际游资大量涌入，对一国的市场造成信息不对称，导致资源错配，结构不合理。如 1997 年初，当时东南亚国家计算机芯片生产能力严重过剩，房地产业价格暴涨，就与国际游资密切相关。

（二）成为引发金融危机的导火索

发展中国家经济发展中存在的结构性问题，是可以通过自身调整逐步解决的。国际游资的大规模冲击，使结构性矛盾集中爆发，不仅达不到调整结构的目的，而且对股市、汇市、金融体系形成巨大冲击，引发金融危机直至经济体系的崩溃。

（三）造成国际金融市场剧烈动荡

在整个 20 世纪 90 年代，由于对国际游资缺乏监管，游资无序流动，只要在键盘上敲几下，上千亿美元的资金顷刻间就可转移到世界任何地方，造成金融恐慌。21 世纪以来，这种无序流动的数量更为庞大。据估计，非法流入所有发展中国家的资本在 2002 年为 4 354 亿美元，2006 年达到 1.06 万亿美元。同时，资本外逃数从 92.3 亿美元上升到 2 076 亿美元。② 资本非正常的大规模流入和流出，使得世界上每隔一两年就发生一次金融危机。如 1992 年是英国和意大利；1995 年是墨西哥和阿根廷；

---

① ［俄］尼·雷日科夫：《大动荡的十年》，中央编译出版社 2006 年版，第 187 页、第 479 页。

② Dev Kar and Devon Cartwright – Smith：Illicit Financi Flows from Developing Countries：2002 – 2006，Global Financial Integrity，http：//www. gfip. org/storage/gfip/executive% 20 – % 20final% 20version% 201 – 5 – 09. pdf.

1997 年是东南亚国家；1998 年是俄罗斯和巴西。

（四）形成国际金融霸权

表面看来，资本无国界，但事实上，大量的国际游资同发达国家特别是美国有着千丝万缕的联系。美国正是通过这些国际游资形成其金融霸权地位，来对付发展中国家。在泰国金融危机中，当以索罗斯为首的国际游资向泰铢发起进攻时，美国穆迪公司宣布降低对泰大城、京都和泰军人三家银行的信用评级，两者配合得天衣无缝。国际货币基金组织要求泰国允许外国对泰国商业银行持有的股份高于 25% 的限额，在泰国政府不能接受的情况下，标准普尔就宣布降低泰国主权外债信用等级，迫使泰国不得不接受，表现出十足的金融霸权的面目。《华尔街日报》资深记者克雷格·卡明这样形象地说过："事实上，几十年来，美国只做了三件事情：一是快速部署全球各地的强大军事力量；二是印发美元来购买其他国家为其生产的一切产品；三是设计出各种令人炫目的、以美元为标价的投资产品，使花出去的美元回流，从而维持其经常账户和资本账户的平衡。"①

（五）加剧全球贫富两极分化

国际游资的大规模不规则流动，造成了世界财富转移，使穷国更穷，富国更富。在这方面，对冲基金首当其冲。据统计，1992～1998 年，全球大部分对冲基金回报率低的为 30% 左右，最高的则超过 300%。在 1997 年东南亚金融危机中，美国的老虎基金和量子基金回报率都在 50% 以上。对冲基金高额的回报率，实际上是对受危机打击国家财富的掠夺。对冲基金冲击造成的财富转移还只是一部分，更多的则是对危机国家经济本身的打击。据世界银行估计，在亚洲金融危机中，泰国、马来西亚、韩国、印度尼西亚等国的经济损失超过 2 万亿美元，按美元计算的人均收入倒退了数年甚至 10 年左右。马来西亚总理马哈蒂尔在危机发生后说，马来西亚的 10 年努力付之东流。全球财富不断向少数寡头集中，向发达国家集中，

---

① ［美］克雷格·卡明：《美元还能挺多久》，中国人民大学出版社 2009 年版，第 46 页。

世界两极分化日益严重。据《福布斯》杂志统计，世界最富有的225位寡头积聚了超过1万亿美元的财富，相当于世界发展中国家25亿人口年平均收入的总和；世界前3位首富积聚的财富，相当于阿富汗、也门等48个落后或发展中国家财富的总和。两极分化是当今世界政治、经济不稳定，经济危机和战争的根源，是资本主义制度本身所无法解决的。对此，新加坡前总理李光耀曾说过，日益加大的收入不平等现象，可能使资本主义的成功毁于一旦。就连索罗斯本人也公开表示出对资本主义自毁趋势的担心。

（六）招致百年一遇的全球金融危机

2007年以来的美国金融危机，本质上是美国泡沫经济的堆积与全球经济增长格局的扭曲，外在的表现却是中东石油美元、亚洲贸易盈余美元和美国债务赤字三大资金的不平衡运动。危机迅速波及美国以外的金融机构，造成全球金融危机，一些外汇短缺的新兴市场国家，比如匈牙利、冰岛、波兰、巴基斯坦等率先陷入金融动荡中，沦为国际货币基金组织和国际社会救济的对象，欧洲债务危机甚至超过美国成为欧元经济体的致命伤，原因主要有三个方面：一是这些国家都或多或少直接购买了美国的次贷和次债，即所谓为美国“埋单”；二是本国经济存在结构性缺陷；三是资金外逃，在“资金逃往质量”的定律下，[①] 留下的痛苦就只有新兴市场来承担了。当然，在这次金融危机中，以美国为首的发达国家也受了重伤。这就不得不令人反思。这个反思的成果，笔者会有一部专著来全面分析。在这里只引用日本著名经济学家官崎义一的一个论证，他说：“美国、日本在20世纪80～90年代的萧条都与金融自由化有密切关系，属于复合萧条。”[②]

---

① “资金逃往质量”（flight to quality）是国际金融中一个著名的概念，主要是指在金融动荡和金融危机中，资金从其他金融市场逃往国债市场，从新兴市场逃往成熟市场，从其他货币逃往美元和黄金，以寻求资金安全的避风港。

② ［日］官崎义一：《泡沫经济的经济对策——复合萧条论》，中国人民大学出版社2000年版。

亚洲金融危机后，世界许多国家的政府和有识之士都在呼吁尽快建立世界金融新秩序。[①] 中国政府呼吁国际社会建立国际金融新秩序，强调“在一些国家和地区发生与蔓延的金融危机，暴露了国际金融体制存在突出问题。因此，进行国际金融体制改革，促进国际金融稳定发展，已势在必行。应采取有效措施，加强对国际金融资本流动的监管，遏制国际游资的过度投机，提高对金融风险的预测、防范和救助能力”。世界银行首席经济学家斯蒂格利茨强调，国际游资正在破坏着全球经济的稳定，应该考虑控制短期资本流动。美国麻省理工学院的经济学家克鲁格曼在其新著《萧条经济学的回归》中说，摆脱了桎梏的资本市场没有高效地分配全球的储蓄和刺激经济增长，而是过于频繁地鼓励游资投机性地流入和流出，破坏了经济的稳定。因此，新兴国家在避免金融危机方面，实行暂时的资本控制可能将是有益的。美国国际经济研究所所长弗雷德·伯格斯坦等也承认，国际资本结构应予改变，要减少短期资本的比例。

从以上对国际游资本质的分析和对世界经济造成的破坏性影响来看，我们可以得出这样的结论：国际游资就像世界幽灵，嗜利成性。必须在遵循平等互利原则和有国际社会广泛参与的基础上，通过发达国家和发展中国家的平等对话与协商，探讨建立符合各方利益的国际金融新秩序，加强对国际游资的全球监管。在我国资本市场还不成熟的情况下，切不可过早开放。资本市场的开放进度，必须与综合国力、市场法制、监管能力和人员素质的提高程度相适应。我们既要利用好国际资本市场，同时更要切实有效地提高对国际游资冲击的防御能力，保证国家金融安全。

---

① 2008 年的全球金融危机加速了这一过程，20 国集团首脑峰会也就此做了一些制度安排，主要是增加发展中国家的话语权。但要真正建立起世界金融新秩序，依然是一个相当漫长和相当艰难的过程。

正确认识和处理我国证券市场发展中的若干重大关系*

正确认识和处理好证券市场发展中的若干重大关系，对于进一步推进我国证券市场的健康发展，更好地为国民经济发展服务，具有十分重要的意义。借鉴西方成熟市场的经验，结合我国资本市场发展的实际，我们认为，事关我国证券市场发展的关系主要有：规范与发展、市场机制与政府干预、证券市场发展与国有企业改革、证券市场与技术创新、保护投资者利益与维护社会公共利益等五大关系。

一、规范与发展的关系

回顾我国证券市场的历史，在过去20年的时间里，证券市场经历了发展、规范、在不断规范的基础上进一步发展的过程。证券市场规范与发展的实践充分证明，规范是前提、是基础；发展是关键、是目的。没有发展就谈不上真正的规范；没有规范就不可能健康地发展。规范与发展的关系，是我国证券市场若干重大关系中最基本的关系。

发展是关键、是目的。1990年12月，在深圳证券交易所和上海证券交易所刚刚成立时，上市公司仅十几家，总市值十几亿元，两市日均交易量不足1亿元。对于我国究竟要不要发展证券市场，社会上也存在较大争议。1992年邓小平同志在南方谈话中强调指出："证券、股市，这些东西究竟好不好，有没有危险，是不是资本主义独有的东西，社会主义能不能

* 本文原稿定稿于2000年1月10日。收入本书时更新了数据、补充了新材料、整理了注释。

用？允许看，但要坚决地试。”① 邓小平同志的讲话，解放了人们的思想，消除了认识上的禁锢，为证券市场的发展奠定了坚实的基础。同年6月9日，江泽民同志在中央党校省部级干部进修班上发表讲话，明确提出：“努力建立健全市场体系，在继续发展商品市场特别是生产资料市场的同时，积极培育包括股票和债券等有价证券的金融市场，发展技术市场、劳务市场、信息市场、房地产市场。”②

经过20年的发展，我国初步形成了包括主板、中小企业板、创业板和代办股份报价系统在内的有机联系的多层次市场体系。截至2010年10月12日，我国证券市场的上市公司已达1 977家，股票总市值25万亿元，投资者开户数超过1.8亿户；境内证券市场累计融资5万亿元。在市场规模不断扩大的同时，法律法规体系不断完善，证券中介服务体系逐步健全，交易和结算等主要技术手段达到了国际先进水平。证券市场的伟大实践使我们越来越深刻地认识到，发展是第一要务，是证券市场的生命线。只有发展，才能不断拓展和完善证券市场的各项功能，特别是为解决历史遗留问题奠定坚实的基础；只有发展，才能充分发挥优化资源配置、调整经济结构的作用，确实推动科技与资本的最佳结合；只有发展，才能使虚拟资本更好地服务于实体经济，推动国有企业改革、国有银行改制和国民经济发展。1998年5月28日，江泽民同志为《证券知识读本》题写书名，并批示，实行社会主义市场经济，必然会有证券市场；建立发展健康、秩序良好、运行安全的证券市场，对我国优化资源配置、调整经济结构、筹集更多的社会资金、促进国民经济的发展具有重要的作用；要求进一步发展和完善我国的证券市场，使之更好地为当前国有企业的解困和发展服务，更好地为改革开放和现代化建设服务。③ 2007年10月，胡锦涛总书记在党的十七大报告中明确指出：“推进金融体制改革，发展各类金

---

① 《邓小平文选》第三卷，人民出版社1993年版，第373页。

② 《江泽民文选》第一卷，人民出版社2006年版，第204页。

③ 周正庆：《证券知识读本》，中国金融出版社2006年版。

融市场，形成多种所有制和多种经营形式、结构合理、功能完善、高效安全的现代金融体系。提高银行业、证券业、保险业竞争力。优化资本市场结构，多渠道提高直接融资比重。”①

规范是前提、是基础。证券市场是一个风险相对较高的市场，我国证券市场作为一个新兴市场，是在计划经济的环境中诞生的，风险与不确定性更大。在我国证券市场的发展初期，由于法规不健全，监管不到位，运作不够规范，暴露出许多问题，有些甚至十分严重。1992 年深圳“8·10 事件”，1995 年上海“3·27 国债期货事件”，1998 年“琼民源事件”和“红光事件”，1999 年“东方锅炉事件”，以及各种证券欺诈、内幕交易、操纵市场等行为，严重损害了投资者利益。为了加强监管，规范市场，促进证券市场在规范的基础上健康发展，党和国家采取了一系列政策和法律措施。1992 年成立了国务院证券委员会和中国证券监督管理委员会，1993 年制定了《股票发行与交易管理暂行条例》，1994 年实施了《中华人民共和国公司法》（以下简称《公司法》）；1997 年对证券市场开展了五项清理整顿工作，即清理整顿场外非法股票交易、清理整顿证券经营机构、清理整顿证券交易中心、整顿和规范期货市场、清理规范原有投资基金。1999 年是中国证券市场发展史上比较独特的年份，标志着证券市场的规范发展达到了一个新水平。一是《中华人民共和国证券法》（以下简称《证券法》）正式实施，使证券市场运作纳入了法制化轨道；二是证券监管体制进行了重大改革，建立了全国集中统一的证券监管体制，为加强监管提供了体制保证。实践证明，只有规范，才能防范和化解风险，保证证券市场有序、健康运行；只有规范，才能体现公开、公平、公正原则，切实保护好广大投资者的利益；只有规范，才能逐步提高我国证券市场的国际化水平，不断走向成熟。

21 世纪以来，在我国加入 WTO 的大背景下，证券市场一手抓发展，一手促规范，强化基础性制度建设，在规范和发展方面均取得了重大进展。

---

① 本书编写组编：《十七大报告辅导读本》，人民出版社 2007 年版，第 26 页。

（一）资本市场法制建设取得重大成就

2005年，全国人大高票通过对《公司法》和《证券法》的修订，以适应日益发展的证券市场的需要。这样就形成了以新的《证券法》、《公司法》和《中华人民共和国证券投资基金法》（以下简称《证券投资基金法》）为主体，以《期货交易条例》、《证券公司监管条例》、《证券公司风险处置条例》和《上市公司监管条例》等行政法规为补充，300多件部门规章和规范性文件相配合的证券期货市场法律制度体系。

（二）多层次市场体系初步构建

围绕落实《中华人民共和国中小企业促进法》（以下简称《中小企业促进法》）和国家自主创新战略，借鉴境外成熟市场的经验，重点探索了证券市场对中小企业和科技创新的支持途径和方式，推出中小企业板，建设创业板，推进中关村科技园区企业进入股份报价系统的试点，初步构建了中国特色的多层次资本市场体系，并在发行体制改革方面进行深入探讨，分步推行发行制度的市场化改革，逐步完善新股定价和发行机制。

（三）股权分置改革基本完成

2005年4月，股权分置改革试点工作启动，经过流通股股东与非流通股股东的对价谈判，到2007年底，沪深两市共有1 298家上市公司完成股权分置改革，占应股改公司数的98%。股权分置改革解决了我国证券市场一个最大的历史遗留问题，我国证券市场与海外成熟市场的“差异”得以消除，这为全面实现证券市场的机制转换和功能发挥打下了坚实的基础。

（四）证券执法和投资保护力度不断强化

严格执法是维护证券市场“三公”原则的有效保障，也是保护投资者合法权益的重要途径。中国证监会系统进一步完善执法体系，推行“查、审分离”模式，及时查处违法违规行为。仅2008~2009年，中国证监会新立案192起，涉及信息披露违法违规、内幕交易、操纵市场、非法证券投资咨询等；办结案件236起，移送公安机关案件及线索471起。与此同时，中国证监会成立了证券投资者保护基金和期货投资者保护基金，积极开展投资者教育，与最高法院配合开展投资者证券民事诉讼。

（五）大力发展机构投资者

证券投资基金产品创新方兴未艾，基金规模稳步扩大，合格境外投资者继续壮大，社保基金、保险资金和企业年金相继直接投资股市，机构投资者初步形成了多元化的发展格局，成为资本市场的重要投资力量。截至2009年底，全国证券投资基金管理公司为60家，管理证券投资基金557只，基金资产净值总额为2.68万亿元，占沪深流通市值的17.7%。机构投资者持股比例占流通市值的近70%。①

（六）提高上市公司质量工作全面起步

通过不断完善并促进上市公司规范运作的综合监管体系，集中解决上市公司资金被占用和上市公司违规担保问题，上市公司结构不合理、经营稳定性差的不利局面正逐步扭转。截至2006年底，已有399家上市公司完成“清欠”或进入“清欠”程序，涉及资金390亿元，涉及资金占用的上市公司家数和占用资金额同比分别下降93%和84%。

（七）证券公司综合治理工作取得显著成效

2004年8月~2007年8月，中国证监会尝试建立了客户保证金第三方存管制度，成立了投资者保护基金公司，建立起市场化的证券市场风险处置和应急机制，把有限赔付制度的推进和证券公司不良资产的逐步清理有机结合，逐步清理和化解“问题券商”，使证券公司经营状况有所改善，有效防范和化解了行业风险。截至2007年底，106家证券公司总资产为17 313亿元，净资产为3 447亿元，分别较2003年底增长了354%和282%。

（八）创新驱动金融产品日益多样化

创新是证券市场发展的灵魂。经过20年的发展，我国证券市场的产品日益丰富。除了股票和国债外，企业债券、公司债券、中小企业捆绑债

---

① 中国证券监督管理委员会编：《中国证券监督管理委员会年报》（2009），中国财政经济出版社2010年版，第19~20页。

券和资产证券化债券有所突破；基金产品更加丰富多彩，封闭式、开放式、上市开放式、交易所交易基金、新式封闭式基金均取得较大发展；为配合股权分置改革，权证市场得以诞生，并一度十分活跃；在商品期货得到比较充分发展的基础上，我国的融资融券开始试点，股指期货得以顺利推出。

总之，我国证券市场在20年的发展中，虽然在规范和发展两个方面都取得了很大的成绩，但从总体上看，我国证券市场“新兴加转轨”的特征并没有发生改变，证券市场在规范和发展过程中存在的问题还很多，与国民经济发展的要求相比还有较大差距。比如，证券市场的法律法规还不够健全，某些方面的监管措施还不够完善；部分上市公司质量不高，一些中介机构内控机制尚未真正建立；一些发达国家直接融资与间接融资比例大体各占一半，而我国企业直接融资比例还不到10%，包括公司债券在内的债券市场严重滞后。中央提出“坚持用发展的办法解决前进中的问题”，始终强调发展是执政党执政兴国的第一要务，强调要用科学发展观来统率国民经济全局。这是对小平同志“发展是硬道理”思想的进一步丰富。这就要求认真贯彻《公司法》和《证券法》，依法治市，加强管理，在规范的基础上，加快证券市场的发展，扩大直接融资比例，在发展中解决存在的问题，把我国证券市场建设成功能完善、结构合理、强大的资本市场，使证券市场为国民经济发展服务。

二、证券市场机制与政府干预的关系

政府和市场的关系是一个恒久的理论话题，留下了丰富、广泛而深刻的经济学、法学和政治学的学术文献，重农学派、曼德维尔、亚当·斯密、萨伊、李嘉图、巴师夏、西尼尔、马歇尔等站在市场一边，重商主义、费里埃、西斯蒙第、李斯特、罗雪尔、汤因比、边沁、韦伯、米契尔、凯恩斯等站在政府一边，争鸣不已。政府和市场的关系更是一个常新的实践课题，富兰克林、俾斯麦、拿破仑、罗斯福、斯大林等人更是把政府的作用发挥到了极致。事实上，在人类历史上，“看不见的手”与“看得见的手”循环交替，共同推动经济社会发展。

据英国学者考证，“自由放任”这个词，是法国国王路易十四时代一位“头脑最聪明，说话最直率”的商人对当时法国财政大臣库尔伯特说的。主张国家干预的库尔伯特问这个名叫 Le Gendre 的商人：“你想要我帮你什么?”这个商人回答说：“别干涉我们!”（Laissez nous faire）。因此，自由放任“基本规则是政府不应该做或尝试去做任何事情；在这种情形下，政府的座右铭或警句应该是——保持沉默。农业、手工制作和商业呈给政府的请求是谦和有理的，就像第奥根尼向亚历山大大帝所做的请求一样：‘不要挡住我的阳光’”。①

在西方，证券市场走了一条自下而上的市场化主导的发展道路。即便这样，我们依然可以看到西方政府在证券市场上的作为，这就是在过去100年间，政府围绕为金融行业提供良好服务这个基本原则，重点开展三个方面的工作。

（一）培育市场主体

在证券交易所设立的早期，政府债券是其主要品种，政府债务主导了世界资本市场，荷兰阿姆斯特丹交易所、英国伦敦证券交易所和美国纽约证券交易所都是如此，伦敦证券交易所的国债市场还享有“金边债券”的美誉。公共基础设施成为债券发行的最大客户。19 世纪最大的资本运作浪潮——巴拿马和苏伊士运河、横穿西半球和欧亚大陆的铁路、海运、采矿业和石油工业以及国家电力系统，这些公共基础设施业也产生了最大的债务。全球金融业最喜欢公共部门的债券和贷款。

（二）不断探索适应证券监管的途径和方式

证券交易所属于“私人俱乐部”，按照诸如“梧桐树协定”要求会员自律，没有专门的监管机构。在美国，“1900 年，股市几乎不受管制，只有极少数的制约交易的惯例和规章”。美国证监会承认，20 世纪 20 年代，

① ［英］加文·肯尼迪：《亚当·斯密》，华夏出版社 2009 年版，第 289 ~291 页。

在鱼龙混杂的证券市场，依靠光彩夺目、虚幻的利润承诺，公司经常可以卖出股票和债券，而不需要向投资者披露任何有价值的信息。这些状况导致了1929年股市大崩溃。[①] 1929~1933年的经济危机，使"整个美国广受损害"。当时的美国总统胡佛信守自由放任政策，他在事后的回忆录中写道："我的倾向是，让美国的各种机构和各州政府自己管住自己，让纽约交易所享有章程规定的全部权力，管理自己的会员，防止权力被滥用于操纵市场，违背公众利益。"当时纽约证券交易所主席理查德·惠特尼"许下了一大堆诺言，但是，一个也没有兑现"。[②] 罗斯福总统上任后，促使美国国会通过《银行法》、《证券法》和《证券交易法》等，成立美国证券交易委员会，建立了以信息披露为主体内容的证券发行注册登记制度，主要依靠法律手段对银行、证券等金融市场实施严格的监管，重点打击内幕交易、操纵市场和证券欺诈等违法行为。"华尔街在其150年的历史上首次发觉身边站了一个警察。"[③] 20世纪70年代，美国发生了"里根革命"，简政和裁人成为放松监管的主要落实手段，混业经营和鼓励创新成为基本的价值选择。这又在一定程度上造成违法违规行为在华尔街的泛滥，系统性风险在累积。2002年的《萨班斯法案》重在强化内部控制与公司治理；2010年的《华尔街改革和投资者保护法案》，更是重新确定了从严监管的原则，把过去没有纳入监管的对冲基金、场外衍生品和评级机构正式纳入监管，突出解决金融机构大而不能倒的问题。

（三）不同凡响的调控方式与危机处理

归纳起来，大体有4种不同的调控方式。

1. 在市场出现较大波动时，对政策有重要影响的人物通过发表有关讲话、意见等方式，利用舆论和新闻媒介对市场施加影响。比如美联储前

---

① "美国证券交易委员会和小企业——小企业筹资及相应联邦证券法规指南"，美国证券交易委员会网站。

② ［美］乔尔·塞里格曼：《华尔街的变迁：证券交易委员会及现代公司融资制度演进》，中国财政经济出版社2009年版，第41页。

③ ［美］查尔斯·R. 盖斯特：《百年华尔街》"导言"，中国财政经济出版社2000年版。

主席格林斯潘自任职以来，对于股市有较大影响的讲话就有 20 多次，人们把这种现象戏称为“格林斯潘效应”。①

2. 对市场主要参与机构进行指导或规劝。比如日本对股市有专门的“窗口指导”制度，即当市场主要参与者在市场上超买或超卖时，证券监管机构就对其进行有约束性的规劝。

3. 利用利率升降等手段对股市进行调控，把股市作为制定货币政策的重要依据之一。这种做法在欧美等国家极为普遍。

4. 政府采取直接入市的办法进行干预。比如亚洲金融危机爆发以来，许多国家和地区的政府都采取措施对证券市场进行干预，保护证券市场，使国民经济免受损失。1998 年当美国对冲基金出现危机时，由美联储出面组织救助。2008 年，面对金融危机，美国实施了直接游资、接管金融机构和购买金融机构毒性资产的方式，进行强有力的政府干预。

所有这些，都说明了在市场失灵的情况下，为了弥补市场的失灵和缺陷，政府对其进行间接或直接干预是重要的，也是非常必要的。

新中国建国以来，我国模仿前苏联逐步建立社会主义计划经济体制。就是在这个时候，也没有停止对市场规律的探索。“价值法则是一个伟大的学校”，这是 1959 年毛泽东同志的一个重要批注，毛泽东强调：“算账才能实行那个客观存在的价值法则。这个法则是一个伟大的学校，只有利用它，才有可能教会我们几千万干部和几万万人民，才有可能建设我们的社会主义和共产主义。否则一切都不可能。”② 邓小平同志对计划和市场进行了深入而富有成效的思考，他强调：“社会主义也有市场，资本主义也有计划，计划和市场都是手段。”江泽民同志指出：“充分发挥市场机制的作用和加强宏观调控，都是建立社会主义市场经济体制的基本要求，二者缺一不可，绝不能把它们割裂开来，甚至对立起来。单纯强调这一

① 1994 年格林斯潘在英格兰银行成立 300 周年纪念会上提出，股票和资产价格在推动经济增长方面发挥着越来越重要的作用，强调中央银行应对资产价格予以更多的关注。

② 《毛泽东文集》第八卷，人民出版社 2009 年第 10 次印刷，第 34 页。

面、轻视或者忽视另一面，都不利于改革和发展大业。”[①] 2004 年，《中华人民共和国行政许可法》（以下简称《行政许可法》）开始实施。该法对行政许可的设立前提有了明确规定：公民、法人或者其他组织能够自主决定的；市场竞争机制能够有效调节的；行业组织或者中介机构能够自律管理的；行政机关采用事后监督等其他行政管理方式能够解决的。对于这部法律，相关市场主体寄予厚望，希望它能够成为我国正确处理政府与市场关系时应该遵守的基本准则。

我国证券市场是社会主义市场经济的重要组成部分，正确处理市场机制与政府干预的关系，也是证券市场的内在要求。从西方证券市场政府与市场的关系中，我们可以深切地感到，证券市场是市场经济中最重要的要素市场，市场化程度最高，具有自身的发展规律和价格形成机制、供求平衡机制、竞争机制、自律机制、创新机制等。对于这些规律和机制，必须尊重它、了解它、把握它，而决不能扭曲甚至违背它，否则将会受到规律的惩罚。

1998 年和 1999 年，我国证券市场在按经济规律办事方面做出了积极的努力。比如，按照《证券法》的要求，改革了股票发行体制，新股发行方式取消了额度和家数指标分配办法，实行由证券公司推荐、发行审核委员会审核、市场确定发行价格、中国证监会核准的办法。为贯彻落实《行政许可法》，中国证监会取消了 42 项行政审批项目，制定并发布了《中国证监会行政许可实施程序规定》、《中国证监会行政许可执法监督暂行规定》，组建专门的行政许可受理机构，集中统一受理工作，有效地推进了行政审批制度改革，进一步规范了政府的行为，全面推动了证券市场的依法行政。

当然，我们强调市场机制，决不忽视政府干预的作用。市场机制和政府干预，在维护市场正常秩序、促进证券市场健康发展方面，二者相辅相成、缺一不可。市场经济中存在着经常性的市场失败和缺陷，市场并不能

① 《江泽民文选》第一卷，人民出版社 2006 年版，第 467 页。

始终保证资源得到最优配置，有时也会造成资源错配和低效，即所谓“市场失灵论”。要保证经济体系的高效运行和社会资源的有效配置，就要求有相应的政府干预，对市场存在的盲目性、自发性和滞后性的一面加以指导和调控。证券市场由于存在着明显的信息不对称等因素，加上金融手段的不断创新、市场的不确定性和交易过程中投机行为的存在，更容易受到市场失灵的冲击，导致资源配置效率的降低。我国实行的是社会主义市场经济体制，因而在处理市场机制与政府干预、公平与效率、协调各种利益关系方面，有条件比西方国家做得更好和更有成效。我国证券市场是社会主义市场经济体系的重要组成部分，既要发挥市场机制的作用，又要实行宏观调控，这是证券市场发展的内在要求。

20 年来，在证券市场建设中，中国证监会扮演了市场体系建设者、制度和规则制定者、市场监管者、创新驱动者的多重角色，在市场机制发育十分不健全的情况下，为中国证券市场的起步、发展做了大量有益的探索，积累了许多有益的经验。在“规范与发展关系”中，笔者已经详细阐述了 21 世纪以来证券市场规范发展的 8 个主要方面，从某种意义上讲，这 8 个方面也是中国证监会妥善处理政府与市场关系的重要方面。需要说明的是，在证券市场发展初期，市场波动较大，保持市场相对平稳的运行，也是政府义不容辞的责任。比如说，在 1996 年和 1997 年股市过热的情况下，政府采取了禁止信贷资金违规流入股市，禁止国有企业炒作股票等政策措施，抑制了股市泡沫；1998 年进行的五项清理整顿，有效地防范和化解了市场的潜在风险，提高了市场的规范化程度；1999 年根据证券市场发展的现实需要，及时调整政策，允许国有企业、国有控股企业和上市公司等“三类”企业有条件地投资股票市场；允许保险资金通过购买证券投资基金间接进入股市；允许符合条件的证券公司进入银行同业拆借市场融资等，扩展了资金渠道，活跃了市场，使证券市场在 1999 年获得了较大发展。

当前，我国证券市场已经成为全球最大的新兴市场，总市值居全球第二位。在这种情况下，更要充分发挥市场机制作用，这是充分发挥市场在资源配置中基础性作用的必然要求，尽可能减少政府对市场的影响，并在必须干预时注意方式方法，进一步提高政府干预的艺术，正确引导证券市场的发展。一是要为证券市场的发展创造良好的法律法规和宏观政策环境。市场经济是法制经济，证券市场的法制建设任重道远。二是更多地运用经济和法律手段，及时调节市场运行中出现的各种问题。三是要创造一切条件放松管制，特别是要创造条件向注册制过渡，以便把更多的精力、时间和资源放到打击违法违规行为上来。四是坚持用正确的舆论来引导市场，大力弘扬股权文化，引导和教育广大投资者进一步树立理性投资观念，树立风险意识。

三、证券市场发展与国有企业改革的关系

公有制为主体、多种所有制经济共同发展，是我国社会主义初级阶段的一项基本经济制度。在这一制度下，公有制经济是社会主义制度的经济基础，是国家引导、推动、调控经济和社会发展的基本力量，是实现广大人民群众根本利益和共同富裕的重要保证。从这种意义上讲，证券市场发展与国有企业改革的关系，是我国证券市场不同于其他国家所特有的关系。证券市场为国有企业改革服务，是由国有企业在国民经济中的地位和国有企业改革的目标所决定的；证券市场的发展也离不开国有企业改革，国有企业改革为证券市场提供了众多运作规范、发展前景良好的国有控股上市公司，成为证券市场健康发展的基石。二者相互推动，共同发展。

证券市场为国有企业改革服务，一是有利于巩固和增强公有制的主体地位。国有企业特别是国有大中型企业，是我国国民经济的重要支柱，是综合国力的主导力量。国有企业通过股份制改制发行上市，可以吸引和组织更多的社会资本，放大国有资本的功能，提高公有经济的控制力、影响力和带动力。二是有利于促进国有企业建立现代企业制度。公司制是现代企业制度的一种有效组织形式，公司法人治理结构是公司制的核心。国有企业通过公司制改造，建立起公司内部法人治理结构，将促进国有企业管

理和经营机制的彻底转变，增强市场竞争能力，提高经济效益。三是有利于推进国有企业战略性重组。目前国有企业分布面广、低水平重复建设的不合理现象十分严重。通过收购兼并、重组联合等形式，进行资产重组和结构调整，盘活存量资产，有进有退，有所为有所不为，是实现国有企业战略性重组的重要手段。在这个过程中，证券市场能够为国有企业实现战略性重组提供重要的资本运作场所。四是有利于国有企业恢复和发挥其潜在的优势。在国有大中型企业中，有相当部分具有良好的发展前景，但长期以来，由于缺少资本金、资产负债率过高而陷入困境。这些国有企业通过发行上市，利用证券市场进行直接融资，增加资本金、降低负债率，就完全有能力摆脱困境，恢复生机与活力。

我国证券市场20年的发展实践证明，证券市场已经在推动国有企业改革方面和保值增值等方面发挥了积极的作用。1990～2005年，近1 400家上市公司通过首发融资和再融资累计达到9 300亿元，其中900家为国有控股及参股的上市公司，累计融资额为6 500亿元，占总融资额的69.8%。经测算，这900家公司在上市时的平均每股净资产为1.15元，到2005年6月30日，平均每股净资产为2.84元，国有股账面价值达到9 866亿元，资产增值2.48倍。若以4.95元/股的市场价格计算，国有股的市值为1.72万亿元，资产增值4.32倍。截至2009年12月30日，国有控股A股上市公司达951家，市值16.3万亿元，占同期A股上市公司总数的56%、市值的68%。全国范围内国有控股上市公司资产总额、营业收入、实现利润分别达到全部国有企业的29.2%、40.9%和54.4%。

需要特别强调的是，证券市场极大地推动了我国国有银行的改革和发展，为中国银行业成为全球最赚钱的银行打下了坚实的基础。最近10年来，上市银行仅通过IPO融资就增加了3 174亿元的净资本，超过净资产的11%，若加上配股、增发、可转债等再融资手段，股票市场为上市银行提供了超过净资本20%的资金。截至2009年末，中国银行业总资产规模达到了78.77万亿元，税后利润6 684亿元，2005～2009年总资产复合增长率为20.4%。全部商业银行五级分类不良贷款余额4 973亿元，不良贷款率由2005年12月31日的8.61%下降至2009年12月31日的1.58%（见表1）。

表1　中国主要商业银行利用证券市场筹资情况

证券简称	首发募集资金（亿元）	所有者权益（亿元）	占比（%）
浦发银行	40.00	680.87	5.87
华夏银行	56.00	302.34	18.52
民生银行	41.30	888.94	4.65
招商银行	109.50	927.83	11.80
南京银行	69.30	121.68	56.95
兴业银行	159.96	595.97	26.84
北京银行	150.00	375.78	39.92
农业银行	685.29	3 429.25	19.98
交通银行	252.04	1 644.25	15.33
工商银行	466.44	6 789.34	6.87
光大银行	189.10	481.21	39.30
建设银行	580.50	5 590.20	10.38
中国银行	200.00	5 453.94	3.67
中信银行	133.51	1 070.08	12.48
深发展A	0.14	204.70	0.07
宁波银行	41.40	97.42	42.50
合计	3 174.48	28 653.81	11.08

注：所有者权益是截至2009年底的数据。
资料来源：Wind资讯。

证券市场发展同样离不开国有企业改革。我国建设社会主义市场经济体制，最为关键的因素就是国有企业与市场经济的结合，二者结合的程度、结合的好坏，直接决定着我国社会主义市场经济体制是否健康、是否充满活力，也直接决定着证券市场这一市场经济最高形态的好与坏、有效还是无效。我们可以看到，我国证券市场的发展与国有企业改革已经开始走上良性互动的轨道。在外部条件未完全具备的情况下，我国证券市场得以诞生，主要就是为了适应国有企业的股份制改革，可以这样说，国有企业的改革直接催生了证券市场。在 20 世纪 90 年代，我国上市公司 80%以上是由国有企业改制而来的，大多数国有控股上市公司都是国民经济各行业的排头兵和地方经济的龙头企业，成为推动证券市场发展的源头活水。国有企业改革是一场广泛而深刻的变革，是整个经济体制改革的中心环节，证券市场只有紧紧围绕和服务于这个中心环节，才能在推动国有企业改革的同时，使自身得到发展。离开了这个中心环节，证券市场就不可能得到很好的发展。

随着证券市场的壮大和国有企业改革的深入，我们要进一步把证券市场的发展与国有企业改革更加紧密地联系起来。一是要改革和完善股票发行上市制度，继续选择一批具有巨大发展潜力、经济效益好、符合上市条件的大型国有企业，重点支持其改制上市。二是选择一部分已上市和新上市、信誉好、潜力大的大型国有上市公司，在不影响国家控股的前提下，采取回购、配售等方式，变现一部分国有股，盘活存量，促进国有经济实现战略性调整，真正做到有所为，有所不为。三是要鼓励上市公司进行资产重组，积极引导上市公司通过兼并、收购、租赁、托管等多种方式，对产品有市场、有销路，但缺乏资金的国有企业实施重组，使它们尽快摆脱困境。四是允许具有行业地位、技术优势和发展前景的国有控股上市公司增发新股，加强企业未来的竞争力和成长性。

需要特别强调的是，国有企业在我国证券市场中的这种特殊地位，往往又成为影响证券市场发展的“普照之光”，使我国证券市场在某种程度上得了“国企病”，有人称之为中国证券市场的“悖论”，① 成为证券市场规范发展的重大包袱。西方一些学者提出，中国存在着脆弱的国有银

① 黎元奎：“中国证券市场政府监管的五大悖论”，人民网，2006 年 4 月 11 日，http://theory.people.com.cn/GB/49154/49155/4287950.html。

行、脆弱的国有企业和脆弱的政府（财政赤字）的“困难三角”，担心中国出现金融危机。[①] 我们认为，这种担心对于证券市场也是适用的。当务之急，首先是相关各方要痛下决心，确保国有企业的改革要到位，特别是要打破国有企业官本位体制，杜绝没有按现代企业制度规范的国有企业进入证券市场，及时果断处理证券市场重大违法违规行为。其次是国有资产监管部门要配合证券监管部门，对国有上市公司提出明确、严格和具体的要求，确保国有上市公司作为证券市场一个平等的主体，尊重市场规律，按市场规律办事，讲规矩，讲诚信，绝不允许把自己凌驾于证券市场其他主体之上。再次是国有企业要逐渐从垄断、半垄断中走向市场，努力打拼市场、锻造技术、鼓励创新、谋划长远，使自己成为赚钱的高手和创造利润的机器，真正成为受投资者追捧的蓝筹股。最后是证券市场要督促国有上市公司建立健全大股东回避、累积投票、定期分红、股票期权等制度，建立健全公司治理与内部控制机制，承担上市公司的社会责任。只有认真做到上述各点，证券市场和国有企业才会互利双赢。

四、证券市场与技术创新的关系

技术创新是指科学技术的发展及其带来的技术变革在经济中的运用。在现代经济中，科学技术依托包括创业投资在内的证券市场，实现资本与技术的最佳结合，是科技进步和技术创新的重要条件。这里首先涉及到股权与债权的区别。一般来说，股权持有人是剩余索取人，一旦公司进入清算程序，公司必须先向其所有债权人进行支付后，才能向股权持有人进行支付。与之相适应，股权持有人拥有的是公司的所有权，可直接从公司利润的增加或者资产的升值中获益，而债权人作为借款人不能分享这一利益，只能获取固定支付的金额。我们可以看到，高新技术的开发和成果转化，需要进行长期的研究和试验，需要大量的资金投入，同时也面临极大

① 詹姆斯·迪：“中国能否避免金融危机”，《金融参考》2000年第1期。

的风险。这种高投入、高风险的特点，传统的中短期信贷间接融资是无法满足其需要的。天使资本、创业投资和证券市场以自身的资本性质和结构，能够为技术发明和创新提供长期直接融资，并最大限度地分散风险，满足高新技术产业发展的需要。

一些发达国家的经验表明，高新技术与证券市场相结合，是推动高新技术产业发展的成功之路。近代以来的运河热、铁路热以及一系列产业革命能够结出累累的果实，资本市场对这些创新的推动功不可没。1838 年，电报发明人莫尔斯成立了电报公司，一是为了筹措民间资金，二是为了寻求美国国会的支持。正如美国人哈尔·海尔曼所强调的："然而有哪个精神正常的商人会为这样的一个奇思异想而花钱投资呢?"① 除了依赖创业者和他周围的亲朋好友外，莫尔斯到 1845 年才吸引到少部分投资者，集资 15 000 美元，组成了电磁电报公司。1866 年，电报公司成功地在纽约证券交易所上市，才真正使美国电报产业得以发展壮大。电报如此，电话的发明与普及更是如此。1876 年 8 月 1 日，贝尔公司正式成立，当时仅仅只有 778 部电话可用，并且急需用钱。于是，电话发明人贝尔的夫人策划了一个招股计划，计划发行股票 5 000 股。大体安排如下：贝尔先生 10 股，贝尔夫人 1 497 股，贝尔的岳父喀第勒·哈伯德先生 1 387 股，哈伯德夫人 100 股，托马斯·萨德斯 1 497 股，助手托马斯·沃森 499 股，另外 10 股写在哈伯德弟弟名下。大约在 1881 年，贝尔公司成为上市公司，才得以站稳脚跟，从而支撑起美国庞大的电话产业。② 同样的案例还有：莱特兄弟造飞机依托专利致富；波音以创新方式一边制造飞机，一边实现产业化等，这些都是相当精彩的资本与科技结合的财富故事。

20 世纪 80 年代特别是 90 年代以来，西方主要国家积极推进直接融资制度，发展高科技。在这方面，美国纳斯达克市场做得很成功，微软、

① ［美］哈尔·海尔曼：《技术领域的名家之争》，上海科技文献出版社 2008 年版，第 39 页。

② 关于电报、电话的发明与证券市场的神奇故事，可以参见笔者《投资创业板：创业企业发行上市与创业板财富机会》一书，此书由清华大学出版社 2010 年 4 月出版。

戴尔、思科等一大批高科技中小型公司脱颖而出。美国已经形成了天使资本、创业投资、创业板和创业者的良性互动格局。一方面，证券市场带动了对高科技的投入，促进了高科技企业的发展。1999 年，有两位美国学者做了一项很有意义的研究，他们发现，在 1978 ~ 1996 年间的美国，如果有创业投资背景的 IPO 家数增多，就会引发创业投资承诺投资额的增多（见图 1）。另一方面，高科技企业借助资本市场快速发展，又推动了证券市场的飞跃。微软的成长是一个很好的例子。1985 年，微软公司作为一个小公司，收入仅为 1.4 亿美元。1986 年上市时收入不超过 2 亿美元，每股收益不过 1 美分。但通过上市，微软得到了惊人的发展，20 世纪 90 年代中期，微软公司就成为全球市值最大的公司，比尔 · 盖茨成为全球首富（见图 2）。微软的神话使纳斯达克市场享有“孵化高科技企业”的美誉。

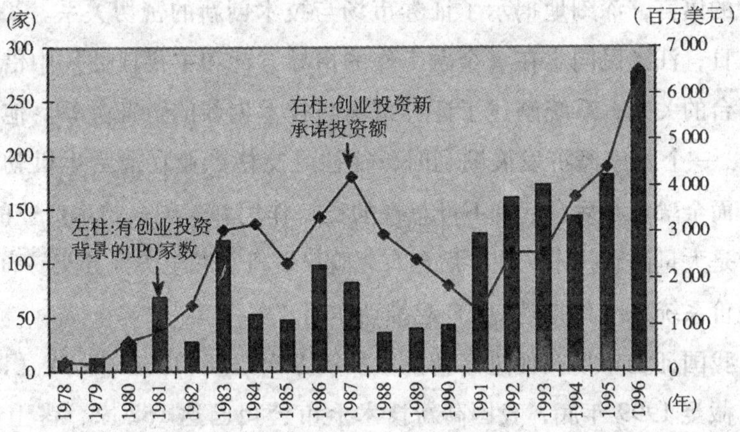

资料来源：Ronald J. Gilson，Bernard Black：Does Venture Capital Require an Active Stock Market? http：// papers. ssrn. com/paper. taf? abstract_ id = 219174.

图 1　1978 ~ 1996 年美国创业投资背景的 IPO 越多，创业投资投入的金额越多

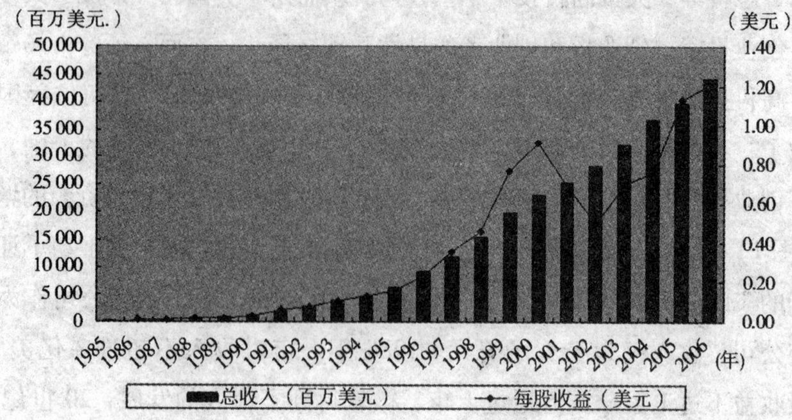

图2　1985～2006财年微软公司收入及每股收益增长情况

1999年4月13日，朱镕基总理在参观美国纳斯达克市场时，曾在贵客留言簿上题词："科学与金融的纽带，运气与成功的摇篮"。这一富有哲理的语言，深刻地揭示了证券市场与技术创新的密切关系。2002年2月5日，江泽民同志在《金融工作的指导方针和主要任务》中借用前台和后台的关系，系统阐述了证券市场与技术创新的辩证关系。他强调指出："一个国家经济发展顺利时，往往是支柱产业在前台生机勃勃地发展，而金融业在后台起着不可忽视的支持作用。美国高技术产业的发展，前台是大量高新技术产业，后台有风险投资机制和全美证券交易商协会自动报价系统（'纳斯达克'）起推动作用。"①

我国证券市场在促进高新技术发展方面已经和正在发挥着积极的作用。截至1999年底，我国高新技术上市公司已达162家，占上市公司总数的17.8%，从证券市场募集资金478亿元。证券市场对高新技术产业发展的促进作用，主要表现在以下四个方面：一是有利于推动企业快速发展、提高效益；二是有利于建立现代企业制度，推动高新技术产业化；三是有利于形成以企业为主体、以资本为纽带、以市场为导向的运行机制，使科研院所、高等院校和高新技术上市公司的企业化经营相

① 中共中央文献编辑委员会编：《江泽民文选》第三卷，人民出版社2006年版，第428页。

互依托，有效地解决我国长期以来科技与经济“两张皮”的问题，极大地促进高新技术成果迅速转化为现实生产力，实现产业化、商品化；四是有利于通过资产重组用高新技术改造传统产业，充分挖掘出被重组企业原有的技术优势，还将高技术上市公司的高技术成果运用于被重组企业，提高了产品的技术水平，使产品实现跳跃式的更新换代，推动传统产业升级。

正是因为证券市场与技术创新有着如此神奇的效力，这些年来，我国一直在探索证券市场与科技结合的途径和方式。2004 年设立了中小企业板，到 2010 年 10 月 19 日，中小企业板有上市公司 486 家，累计筹资 3 471 亿元，其中高科技公司 356 家，占 73%。2009 年 10 月，历经 10 年筹备的创业板得以成功启动，首批上市公司达到 28 家，1 年内达到 130 家，累计筹资 927 亿元，其中高科技公司 110 家，占 87%。据统计，在所有 A 股公司中，有 27% 属于新兴公司，创业板的新兴公司占到 43%。所有这些，有力地推动了中国国家自主创新战略的实施。

五、保护投资者利益与维护社会公共利益的关系

保护投资者利益与维护社会公共利益的关系，是世界各国证券市场共同面对的重大问题。正确认识和处理保护投资者利益和维护社会公共利益的关系，事关证券市场的健康发展与社会政治经济的长期稳定繁荣。

从保护投资者利益与维护社会公共利益的关系看，证券市场要以保护投资者利益为核心，以维护社会公共利益和促进社会经济全面进步为目的。证券市场的发展离不开千千万万投资者的参与，保护广大投资者利益，有利于增强全社会对证券市场的信心，进一步吸引更多的投资者，更好地发挥证券市场的功能，推动社会经济的全面发展；维护社会公共利益，加强对证券市场的监管和规范，形成良好的证券市场秩序，保持整个社会经济秩序的稳定，才能最终有利于包括投资者在内的广大

社会公共利益的实现。从这个意义上说，保护投资者利益与维护社会公共利益本质上是一致的。2002 年 2 月 5 日，江泽民同志在《金融工作的指导方针和主要任务》中明确金融监管的目标："要依法维护金融市场公开、公平、有序竞争，有效防范系统性风险，保护存款人、投资者和被保险人的合法权益。要把这个目标体现在金融监管的各个环节，贯穿到金融工作的各个方面。"① 胡锦涛总书记在党的十七大报告中提出，要创造条件让更多群众拥有财产性收入，让投资者分享中国经济增长和改革开放的成果。

我国证券市场是社会主义市场经济的重要组成部分，发展证券市场的目的，就是为了推进我国社会主义现代化建设事业。20 年来，我国在保护投资者利益和维护社会公共利益方面做出了很大努力。实践已经证明，我们完全有可能在切实保护投资者利益和维护社会公共利益方面做得更好。1999 年 7 月 1 日实施的《证券法》开宗明义："为了规范证券发行和交易行为，保护投资者的合法权益，维护社会秩序和社会公共利益，促进社会主义市场经济的发展，制定本法。"把保护投资者利益与维护社会公共利益提到立法的高度，这为保护广大投资者的合法权益，维护市场正常秩序和"三公"原则，提供了法律保障。2006 年 1 月 1 日新修订的《证券法》再一次重申了这一原则。中国证监会在其网站显著位置刊出"保护投资者利益是我们工作的重中之重"，并接受国际证监会组织关于证券监管的三大原则，这三大原则的首条就是保护投资者利益。

当然，投资者利益与社会公共利益有时也存在着矛盾。投资者更多地关心自身利益和眼前收益，关注当前市场股价的波动变化，对市场的长远发展、市场结构与体制的变动，也多是从自身的利益加以考虑。然而，为了保证证券市场的长期稳定发展，维护社会公共利益，有时可能

① 中共中央文献编辑委员会编：《江泽民文选》第三卷，人民出版社 2006 年版，第 432 页。

难免对投资者的眼前利益产生影响。比如，1986 年英国推出《金融服务法》，进行了在当时被称为“大爆炸”的金融体制改革，由过去以证券业自律管理为主转变为以政府集中统一监管为主。这次改革虽然对投资者的短期利益产生了一定影响，但对巩固伦敦国际金融中心地位、保持英国证券市场的健康发展和维护社会公共利益，都是十分有利的。1997 年我国政府为抑制股市过热，采取了一系列措施，及时防范和化解了金融风险，保证了证券市场的健康发展。如果当时不及时采取措施，任股市泡沫膨胀，则势必造成日后股价大幅波动甚至酿成股灾。这不仅会对社会公共利益造成损害，而且最终将在更大程度上损害投资者的利益。2004 年以来，中国证监会下大力气推动保证金第三方存管，成立中国证券投资者保护基金公司，推进保证金有限保护制度。2007 年，针对股票市场过热的情况，监管当局提醒投资者，“股市有风险，入市需谨慎”，中央相关部委采取了一系列包括印花税、利率在内的调控政策，体现了短期利益与长远利益的统一。当然，我们必须看到，证券市场上有少数人经常通过违法违规手段获取利益。这实际上是对广大投资者和社会公共利益的极大损害，与《证券法》中所讲的保护投资者合法权益相悖。对于这些少数人的非法利益，不是保护的问题，而是要依法严厉查处。

在新的形势下，正确认识和处理保护投资者利益和维护社会公共利益关系，总的原则是：在维护社会公共利益的前提下，要使广大投资者的合法权益得到最充分的保护。这就要求在制定政策、法规时，既要注重保护好广大投资者的利益，也要着眼于整个市场的长远健康发展和维护好社会公共利益。只有切实地做到这一点，才能得到包括投资者在内的广大人民群众的拥护。在保护投资者利益方面，需要进一步改进和完善对投资者尤其是对中小投资者的特别保护制度，主要包括加强和改善上市公司首次和持续信息披露制度、上市公司股利分配制度、对公司小股东的保护制度、证券经营机构的约束制度，以及研究建立对受损害者提供赔偿制度等问题。在维护社会公共利益方面，需要在保持良好的社会经济秩序的基础上，更好地考虑利用证券市场促进国民经济发展以及区域经济的均衡发展；还应考虑通过税收等社会再分配措施，协调好各方面的利益关系。

总而言之，建设有中国特色社会主义证券市场的过程，是我们的认识由必然王国向自由王国渐进的过程。我们要始终抓住那些带方向性、全局性、根本性的重大关系问题进行深入研究，增强工作的原则性、系统性、预见性和创造性，为把我国证券市场建设成世界一流的证券市场而做出不懈努力！

并购改变证券市场定价标准*

“并购”概念确确实实成为近期我国证券市场的一大热点。从胜利股份股权之争到北大方正的举牌较量；从党的十五届四中全会关于国有企业改革“有进有退”决定到《上市公司收购管理办法》的发布；从《关于向外商转让上市公司国有股和法人股有关问题的通知》到《利用外资改组国有企业暂行规定》，以及借鉴我国台湾地区合格境外投资者制度等，并购的春风扑面而来。可以说，推动上市公司收购兼并和重组已成为提升上市公司价值，增加我国证券市场整体价值的一项重要政策和发展战略。在证券市场并购的脚步越来越近，外资并购如春潮涌动的时刻，包括上市公司、证券公司、投资者在内的市场参与者，应该积极主动去参与，把握由并购带来的机遇，分享并购价值。

一、并购是提升上市公司价值和增加市场价值的基本途径

并购是西方经济生活中习以为常的事件，已经深深融入西方社会文化。无论是翻阅《华尔街日报》，还是观看西方股票市场的潮起潮落，你都可以随时感到那浓浓的并购硝烟扑面而来。19 世纪美国标准石油公司、通用电器公司、福特汽车公司和杜邦化学公司的产生，20 世纪美国微软公司和思科公司的成长与成为全球最大公众公司，21 世纪初时代华纳巨型集团的诞生等，都是通过某种程度或某种方式的并购成长起来的。截至 2002 年 10 月，全球经历了 5 次并购浪潮。以美国为例，在前 4 次并购浪潮中，企业并购数量在高峰期年均分别为 530 起、916 起、1 650 起和

* 本文定稿于 2002 年 11 月 30 日。

3 000起，涉及的金额年均达300亿美元。20世纪90年代兴起的第5次浪潮声势更大，1990年，全球并购额为4 490亿美元，1996年突破1万亿美元，1998年达到2.5万亿美元，1999年为3.1万亿美元，2000年更达到创记录的3.46万亿美元。2001年受全球经济衰退的拖累，全球并购额下降到1.74万亿美元，2002年头9个月又较2001年同期下降33.3%，仅为9 021亿美元。

为什么并购会如此昌盛且经久不衰？如何解释这种普遍现象背后的根源？经济学家们进行了大量有益的探索。尽管对并购还没有达成共识，但从这些探索中我们作出基本的判断。早在100多年前，马克思通过对资本积累、资本积聚和资本集中的分析与比较，认为并购是社会化大生产和科技革命迅猛发展的必然产物。他还用大量生动的事例，揭示了资本主义社会中“大鱼吃小鱼、小鱼吃虾米”的现实，集中阐述了并购产生和发展的社会经济根源。第二次世界大战后，西方经济学家对并购的探索多了起来，有的从效率角度出发，提出了并购的管理协同效应理论、经营协同效应理论、财务协同效应理论、多样化经营理论和价值低估理论，试图论证并购产生和发展的必然性、必要性；有的从信息理论、代理成本理论、市场势力理论以及再分配理论出发，试图论证和挖掘隐藏在并购背后的真正动因。有些经济学家则围绕兼并事实和数据，研究兼并与宏观经济和商业周期的关系，他们建立了各种各样的假说，试图说明兼并活动与持续的经济增长以及经营环境的显著变化紧密联系在一起。他们发现，股票价格上涨（下跌）后1个季度内往往出现兼并活动的增加；兼并活动与先前的债券收益率变化负相关；兼并活动与股票价格的变化都领先于工业产量的变化；兼并常常会迅速增强一个企业进入正在扩张的市场的能力；兼并是购买厂房和设备的一个低风险的替换方法。

正因为每一次技术革命、每一次政府管制规则的调整或大的经济周期都带来一次企业并购的浪潮，因此，美国最有成就的并购交易者布鲁斯·瓦瑟斯坦称颂并购是“商业变革不可或缺的传导器”，强调有5种因素在推动着兼并活动不断发展：“管制和政治的改革、技术革新、金融市场的波动、领导者的地位，以及扩大规模与精简裁员之间的背离。”① 面对一次又一次并购机会，西方证券中介机构紧抓不放，穿针引线，不遗余力，既大力拓展业务空间，又获得可观的收益。也就在一次又一次花样翻新的并购中，一批又一批上市公司迅速崛起，证券市场的整体价值得以成倍增长；一个又一个股市神话被创造出来，投资者因此受惠无穷。1932 年，美国纽约股市市值最高时只有不到 90 亿美元，到 2002 年 9 月，美国纽约股市总市值达到 11 万亿美元。在这个过程中，美国经济奇迹由此诞生，美国资本市场的神圣殿堂得以确立。

需要说明的是，不管经济学家对并购的善恶美丑有着截然不同的认识，也不管政府对并购是采取鼓励的态度还是持反对的立场，并购始终在曲折中向前发展。对于这种发展，我们可以从两个方面来理解。

从微观上看，并购是企业得以成长壮大的基本途径，它大大缩短了企业成长的历程。首先，并购始终是企业实施扩张战略的最主要手段。其次，并购扩大了市场准入的途径，降低了交易费用。通过上市公司并购重组，企业以较小的成本实现快速扩张和成长的飞跃；并购重组降低了市场准入的门槛，扩大了市场进入的渠道。最后，并购市场给企业经营管理层以压力，从而从外部迫使企业管理层讲究诚信，改善公司治理。因为被收购的企业，对其管理层来说在某种程度上意味着“下课”，并且还很难“上岗”。20 世纪 80 年代末西方国家公司治理浪潮的兴起，就与企业并购有着直接的联系。

从宏观上讲，并购在推动上市公司价值成长、优化市场结构方面发挥着不可替代的作用：一是加速产业结构调整，进而实现市场结构调整；二是进一步完善市场的资源配置功能，提高市场效率；三是有利于建立市场的优胜劣汰机制，提升上市公司质量，优化上市公司结构。除此之外，并购还是经济全球化的主要武器之一，成为反映全球经济调整的主要经济指标。有人曾断言，学者们津津乐道的汇价、利率、油价、贸易等国际经济

① 布鲁斯·瓦瑟斯坦：《大交易：兼并与反兼并》导言，海南出版社 2000 年版。

指标，已经不能反映真实的全球经济的本质，并购将提供一个独特的视角，帮助人们在动态过程中把握内在变化的轨迹，捕捉外部表现的规律。

二、并购改变了上市公司与证券市场成长道路

我国的并购与证券市场共同成长，“收购战”、“协议转让”、“借壳上市”、“股权之争”、“共同举牌”，这些都让投资者心动和向往，已经成为证券市场一道亮丽的风景线。有资料显示，自1999年以来3年半的时间内，上市公司发布的有关并购、重组的公告多达4 000多条。据有关方面统计，1998~2002年9月，仅深圳市场就有234家上市公司发生收购重组事项，涉及股数235亿股，涉及金额271亿元。从并购类型上看，主要可以分为五大类：一是国有法人并购，这一类最多，约占总数的63%；二是民营企业并购，如托普软件入主川长征，涉及上市公司约60家；三是外资并购，如福特汽车公司并购江铃汽车，共涉及7家上市公司；四是金融资产管理公司入主上市公司，如长城资产管理公司入主渝钛白、华融资产管理公司入主ST中华等；五是管理层收购（MBO）等，如粤美的、深方大等。

实证研究表明，并购后的上市公司总体业绩有较大的改善，出现了通过并购有效提升上市公司价值、并进而增强市场价值的良好态势。据测算，2001年，并购的上市公司主营业务收入较并购前平均增长26%，2002年上半年净利润较重组前全年净利润平均增长54%。同时，上市公司并购也有效提升了上市公司的市值，在2001年大盘下跌30%左右的情况下，并购公司平均市值较并购前增长5%以上。进一步的研究还表明，上市公司并购价值的提升，除了引进资产和优势资源等短期因素外，更多的是通过强化管理、引进先进技术、理念和机制等带来的，具有长期性和战略性。

并购案例让我们明白了并购的真正威力和巨大潜能。正因为如此，并购就被罩上了许多美丽的光环，比如说，“并购是资本市场永恒的主题”、

"并购是证券市场独特的风景线"、"兼并已经成了商业变革不可或缺的传导器"等等。目前，推动上市公司并购和重组，已成为提升上市公司价值、增加我国证券市场整体价值的一项重要政策和发展战略；在这个前提和基础上，并购还将给我们带来不能用数据表示的无形的价值。

（一）并购改变了上市公司价值评估的标准

在传统的证券市场上，价值取向是围绕股票发行即IPO进行的，一切以市盈率的高低作为衡量标准。并购市场的发展，打破了以市盈率为定价依据的传统思维，使定价方式多样化。一是需要考虑到收购人的战略目标和意图。如福特汽车公司入主江铃汽车，主要是看重江铃汽车的营销网络和进入中国汽车市场的机会；新桥投资集团入主深发展，主要是看中由此走进中国的银行业。在这种情况下，并购价格肯定就会溢价。二是需要考虑进入证券市场的机会成本和时间成本。我国证券市场发行审核采取实际审核的核准制，千军万马过新股发行上市的独木桥，不确定因素很多。通过买壳入主上市公司，就不失为一条捷径。尽管有些壳净资产已经为负数，但入主者依然愿意溢价购买。这是发行制度不能适应证券市场发展需要的重要表现。

（二）并购开辟了以市场手段调整经济结构的新途径

过去，经济结构的调整主要采取行政划转和关闭的方式，要么因"拉郎配"造成"两张皮"，要么代价过大。通过并购，可以有效借助资本市场，通过市场手段有进有退，实现优胜劣汰或强强联合，达到以资本为纽带组织社会化大生产的目标。

（三）并购开辟了一条不需要IPO就可以进入证券市场的低成本的通道

通过并购，降低了市场的进入门槛，扩大了市场准入的范围，拓展了优质的社会资产、先进的科学技术、良好的管理经验和灵活的经营机制进入上市公司的途径。一方面，它可以促进优秀企业取代劣质企业，运用市场手段，实现资源的最佳配置；另一方面，它又可以使优质企业以低成本借助资本市场快速发展，夯实证券市场的基石。

（四）并购创建了引入民营经济和外资为证券市场增加动力和活力的机制

民营经济和外资是我国改革开放以来最有活力和生机的经济成分，它们已经在我国经济中发挥越来越重要的作用。《上市公司收购管理办法》、《关于向外商转让上市公司国有股和法人股有关问题的通知》和《利用外资改组国有企业暂行规定》的发布，使中国证券市场能够吸纳我国国民经济中的活力和世界经济发展中的活力，从而为我国证券市场的发展提供新的动力。

三、合格境外投资者制度对股指和市盈率的影响

我国对于引进合格境外投资者（QFII）制度，政府和市场存在着博弈。政府看来，QFII 引进了资金和管理经验，长期利好，短期也利好。市场却不这么看，认为是长期利好，短期利空，它意味着我国股票市场将与国际接轨，迫使股票市场的市盈率下降，引起股价下跌。对于这个问题，需要明确以下几点：

（一）QFII 的进入与外资并购一样，会更多地考虑进入的机会成本

在中国经济高速增长和中国证券市场加快发展的大前提下，引进合格境外投资者，可以使其分享到中国经济增长和证券市场增长的实际好处。在这种情况下，外商在定价问题上就不只是考虑现有市盈率的指标，部分溢价对于他们来讲是能够接受的。

（二）市盈率的下移有多种方式

经济发展带来的上市公司质量的提高，是市盈率下移的根本途径，更何况外资的进入有助于经济的发展和上市公司质量的提高。我国台湾地区 1991 年 1 月 3 日实行 QFII 制度，市盈率从 1991 年的 32.1 倍下降到 2001

年的16.2倍，但台湾的股指从总体上看是在上涨，这是因为上市公司价值提高的幅度超过了市盈率增长的幅度。

（三）应辩证看待股指下降

我国台湾在实行QFII制度时，股指确实在半个月内最多下降了25.6%。对于这种下降，我们应该辩证地看待：一是台湾股市的波动性一直比较大，上下波动2000点是经常现象；二是与1990年台湾股市从9853点持续下跌到年底的4530点相比，1991年台湾股指上涨了8%；三是1990年台湾股市最低收于2596点，与其最高点12495点相比，振幅达381%，而1991年1月台湾股市最低为3316点，最高为4456点，振幅只有34.4%（见图1）。

图1　1991年台湾地区引进QFII制度前后股指日变化图

（四）QFII发挥作用有一个过程

开始时外资流入量一般不会太大，因此从短期看，对市场的影响确实有限。如台湾1991年QFII申请数为25件，核准数为19件，汇入净额为4.48亿美元，1992年净汇入也不过8.78亿美元，到1993年才达到27.9亿美元。

（五）2002年11月7日，我国大陆在党的十六大前夕宣布引进QFII制度

在党的十六大前夕宣布引进QFII制度，意在给党的十六大“献礼”。但市场并不买账，11月8日，上证指数高开1570点后旋即低走，最低时为1517点，较7日收盘价跌幅达2.38%，全天收于1522点，跌2.06%。11月26日，上证综指收于1371点，较11月7日下跌了11.8%。下跌的程度尽管少于台湾地区，但趋势是一致的，并且主要是受心理因素影响（见图2）。这样的情况，我们事后才发现，如果以前对我国台湾地区市场有更多的了解，特别是台湾地区实施QFII后股指持续下跌，那么就会建议相关部门不要在这个节骨眼上出台QFII政策了。当然，这是后话，算是“事后诸葛亮”。

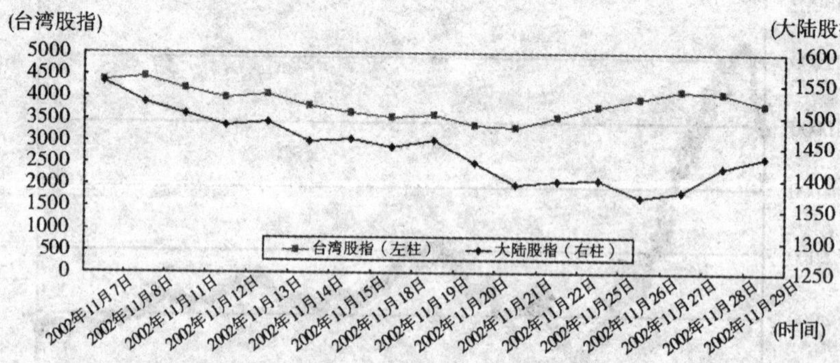

图2 我国大陆和台湾地区引进QFII制度后股票指数下跌对比图

西方金融市场发展和变化的九大趋势*

20 世纪 90 年代以来，伴随着金融自由化和经济全球化，金融国际竞争达到白热化的程度，各个国家更是积极推进金融市场建设、谋划资本市场战略布局，把金融和资本市场发展战略提到前所未有的水平。在激烈的竞争中，一些经得起实践检验的规则和规范逐步成为惯例。结合资本市场的新变化，可以把西方金融市场的发展归纳为九大趋势。

一、多元化竞争性金融中介机构的共存（Co－exist）、转化（Conversion）与混业（Mixed Managing）

早在 20 年前，一提到我国的金融中介机构，我们自然而然地想到了几家国有银行。但是在 21 世纪初，金融机构已经扩大到商业银行、证券公司、信托公司、保险公司、基金公司等。在西方，这种状况在 20 世纪初特别是六七十年代已经形成为定式，呈现为多元化竞争性金融中介机构共存和转化的局面。

金融中介机构的种类由原来的单一银行体系过渡到商业银行、储蓄银行、房屋建筑会、信用社、投资银行或证券公司、保险公司、信托公司、投资公司和基金公司等金融机构的长期共存与竞争的局面。这些金融机构有如金融业超级市场或金融百货公司，经营的“金融商品”名目繁多，琳琅满目。比如 20 世纪 80 年代末 90 年代初，日本金融业的商品已达百种，除债券、股票与证券投资信托等金融市场产品外，银行存款有 17 种，邮政储蓄有 9 种，信托投资有 9 种，生命

* 本文定稿于 2003 年 9 月。

保险有5种。这些金融中介商品，可以满足各种各样投资者对其金融资产在流动性、收益性和安全性方面的要求。伴随着信息技术的发展和金融创新品种的不断涌现，21世纪的投资者面临的选择无疑是更加丰富和更加便利了。

从金融机构的组织形式上即公司的治理结构来看，西方金融机构主要以两种模式在运作，一是股份制公司，二是互助公司。在西方，互助金融机构主要是指房屋建筑会（Building Society）、互助储贷协会和储蓄银行、相互保险公司（Mutual Insurance）、信用社、益友社（Friendly Union）、证券期货交易所等。股份公司和互助公司长期存在，并相互转化。如生命保险公司在成立之时，有的采取互助公司形式，有的采取股份公司形式；在其经营过程中，有时为了防止敌意收购，从股份公司转化为互助公司，即实现互助化；有时为了筹集外部资金，又从互助公司转化为股份公司，即实现股份化。

20世纪90年代中期以后，金融机构混业经营日益流行。一是原有的全能银行模式（Universal Banking Model），如德国的银行全能制继续保持强劲发展势头。二是分业经营的国家如美国、日本和英国等纷纷通过立法打破分业模式，或者允许银行、证券、保险、信托等金融机构跨行业混业经营；或者允许存在母银行模式（Bank Parent Model），由商业银行直接投资控股证券公司、保险公司等，这时商业银行已经异化；或者允许存在金融控股公司模式，将商业银行、证券公司、信托投资公司等金融机构共同置于金融控股公司名下，各金融机构相对独立运作，实现混业经营。

二、金融市场门类齐全，多层次资本市场体系初具规模

金融市场是资金融通的市场，既包括货币市场，又包括资本市场。随着金融市场的发展与扩大，可以拿到金融市场中出售的金融资产越来越丰富，成立专门的分支市场的要求越来越迫切，从而使金融市场呈现广泛

性、多样性和多层次性。

一是金融市场的广泛性。我们可以看到，在西方金融市场中，货币市场、股票市场、债券市场、黄金市场、票据市场、外汇市场、商品市场、期货市场等应有尽有，品种十分丰富。

二是金融资产的多样性。在货币市场上，伴随着金融创新，各种货币市场工具不断涌现。如国库券、大额银行存单、商业票据、承兑汇票、回购协定和联邦基金等。据统计，1970～2000 年，美国主要货币市场工具年末余额从 1 970 亿美元增长到 39 480 亿美元（见表 1）。再如，截至 2001 年 10 月 30 日，经美国商品期货交易委员会（CFTC）批准的芝加哥期货交易所（CBOT）的期货和期权品种有农产品、能源产品、金属产品、金融产品、畜产品等近 250 个品种。[①]

表 1　　1970～2000 年美国主要货币市场工具（年末余额）

（单位：10 亿美元）

货币市场工具 \ 年份	1970	1980	1990	1993	2000
美国政府国库券	81	216	527	715	647
可转让大额银行存单	55	317	543	381	1 053
商业票据	33	122	557	550	1 619
银行承兑汇票	7	42	52	32	8
回购协定	3	57	144	168	366
联邦基金	16	18	61	62	60
欧洲美元	2	55	92	63	195
合　计	197	827	1 976	1 971	3 948

注：2000 年商业票据数为 1999 年 5 月末数。

三是股票市场的多层次性。根据投资者分类与风险偏好的不同，根据

① 中国证监会期货监管部编：《中国期货市场品种研究》，中国财政经济出版社 2002 年版，第 200～206 页。

中小企业和大企业融资需求的不同，西方成熟资本市场均或早或迟建立了多层次资本市场体系。在美国，大公司到纽约股票交易所上市，成长性小企业到纳斯达克挂牌；纳斯达克又分为小型市场和全国市场；其他还有地方性交易所、OTCBB 市场、Pink 市场、风险资本市场等。在日本、德国和法国，交易所市场划分为一部和二部。如法国一部标准很高，面向法国大公司和外国公司，要求公司市价总值达到 7.5 亿 ~8 亿欧元，同时几乎所有的公私债券均在一部发行。二部设立于 1983 年，面向中型公司，要求最低市值为 1 200 万 ~1 500 万欧元，同时二部也接纳从一部下市的企业。1996 年，法国设立新市场，2002 年将新市场合并到交易所主板中。日本东京交易所于 1961 年设立二部，1999 年设立面向增长型公司的 Mothers 市场，场外店头市场自 1963 年起设立，1983 年重组，1998 年改名为佳斯达克市场。

三、日德间接融资模式让位于英美直接融资模式

按照融资渠道的不同，金融系统通常可以分为日德间接融资模式和英美直接融资模式。如果从更高层面的国家战略来说，英美模式旨在推动企业成长，运用市场手段，注重经济的微观基础，注意拓展直接融资，资产负债率较低；日德模式旨在动员各方力量，推进投资的增长，注重基础设施的建设，注重扶持重点行业和产业，资产负债率较高，企业间相互持股较多。据资料记载，1853 年英国大约有 1/4 的资本积累通过伦敦股票交易所筹集，到 1913 年上升到 1/3。在美国，从 20 世纪 60 年代中期到 80 年代中期，通过发行证券筹集的资金占企业营运资金的20% ~40%，高于通过银行贷款进行的融资。可以看到，美国和加拿大的企业资金来源中，通过金融市场筹集到的资金相当于通过金融中介所筹集到的资金，而日本、德国、法国和意大利则是后者大大高于前者（见表2）。

表2 主要发达国家企业资金来源结构 （单位:%）

	美国	英国	加拿大	日本	德国	法国	意大利
金融市场	13	8	19	7	3	13	13
金融机构	12	24	21	59	23	46	39
外部融资	25	32	40	66	26	59	52
其他	0	-7	6	0	12	-5	4
外部融资合计	25	25	46	66	38	54	56
内部融资	75	75	54	34	62	46	44

注：表中美国为1944~1990年平均数，其他国家为1970~1985年平均数。

资料来源：R. Glenn Hubbard, 1994, Money, the Financial System and the Economy, Addison - Wesley Publishing Company. 转引自秦国楼：《现代金融中介论》，中国金融出版社2002年版，第98~99页。

20世纪90年代以前，日本模式受到推崇。此时的日本企业家和商人腰缠坚挺的日元，在世界各地横冲直撞。日经指数曾上冲40000点，日本主银行制度成为各国模仿的样本。比如《经济学家》杂志就曾对亚洲国家金融管制作出积极评价：“1945年以来发展最快的发展中国家的政府，已经通过对金融体系的控制而将自己置于经济舞台的核心。储蓄总是根据国家的投资计划，被配置给那些指定的产业。”①

20世纪90年代以后，日本泡沫经济破灭，股市10年下跌，并一度跌破10000点大关，银行不良债务怎么都理不清，日元贬值到1美元兑150日元以下。1997~1998年的亚洲金融危机，也给这种银行主导的融资模式以巨大冲击。据介绍，韩国前30名大公司的平均债务与股东权益比率超过333%，有些公司甚至高达3 000%~8 000%，而美国的平均指标接近100%。这反映了韩国企业和银行的非理性借贷行为，成为投资效率低下和金融危机的温床。而此时，美国则是10年连续高速增长，成为世界独霸。据统计，1973~1995年，美国非农业部门生产率平均为1.4%；

① “Now for the next miracle… Finance in the Far East: A Survey”, The Economi st, 13 November, 1982. 转引自王曙光：《金融自由化与经济发展》，北京大学出版社2003年版，第74页。

1995～1999 年平均为 2.8%。

在这种情况下，英美模式得到了社会各界特别是经济学家的肯定。关于这一点，可以从瑞士国际管理发展学院每年的国际竞争力排名中看得一清二楚。从表 3 可以看出，1994 年，美国和日本金融体系国际竞争力分别位居全球第 1 位和第 2 位；到 2000 年，美国金融体系国际竞争力继续保持全球第 1 位的地位，而日本金融体系则下降到全球第 22 位。

表 3　　1994～2000 年美国和日本金融体系国际竞争力排名

年份	1994	1995	1996	1997	1998	1999	2000
美国	1	1	1	1	1	1	1
日本	2	2	2	5	23	25	22

资料来源：中国人民大学竞争力与评价研究中心研究组：《中国国际竞争力发展报告（2001）——21 世纪发展主题研究》，中国人民大学出版社 2002 年版，第 191 页。

正因为如此，包括日本、德国、法国等在内的许多国家改变国家发展战略，致力于发展本国证券市场，力图通过市场推动微观主体企业的成长。我们可以看到，德国和法国自 20 世纪 90 年代中后期以来，资本市场的改革不遗余力，开辟针对成长性中小企业的新市场，整顿和重新布局股票市场结构，大力发展期货市场，并取得了巨大成绩。日本在认识到发展中小企业直接融资体系的重要性和紧迫性后，相继设立了多家专门针对中小企业的新市场。如 1997 年 7 月，日本证券业协会设立未登录股票或特则股票（Green Sheet）市场，为未上市未上柜公司的股票提供交易场所；1999 年 10 月，名古屋证券交易所设立增长公司市场（Centrex 市场）；11 月，东京证券交易所设立高增长新兴股票市场即 Mothers 市场。另外，札幌证券交易所设立了 Ambitious（アンビシャス）市场，福冈证券交易所设立了 Q 板市场；大阪交易所与纳斯达克市场合作建立纳斯达克日本市场。日本店头市场也在 1998 年底改名为佳斯达克市场（JASDAQ）。

四、世界主要发达国家虚拟资本已经大大超过实体经济

虚拟资本是在资本所有权和经营权分离的基础上，资本所有者以股票、债券等形式持有的，有权取得未来剩余价值的凭证。与实体经济相比较，影响虚拟资本的因素很多，如利率、汇率、收益预期、市场信心以及政治形势等因素，都对虚拟资本的价格决定产生重大影响，这就决定虚拟资本的价格具有极大的不稳定性。因此，我们对虚拟资本的认识需要确切把握其两重性：虚拟资本与实体经济相适应，有助于实体经济提高效率，实现良性发展；当虚拟资本过度膨胀，偏离实体经济发展需要时，将会对实体经济产生巨大的影响。

20 世纪 70 年代以来，伴随着布雷顿森林体系的崩溃和美元的虚拟化，截止到 2001 年底，全球 GDP 总量为 30.99 万亿美元，股票市场市价总值为 28.88 万亿美元，债务证券总额为 41.79 万亿美元，场外衍生品合约总额为 114.89 万亿美元，交易所衍生品合约总额为 9.41 万亿美元。也就是说虚拟经济总量已经是实体经济的 6.29 倍。即使不计衍生品合约价值，美国虚拟经济总量是实体经济总量的 3.21 倍，欧盟 15 国为 2.35 倍，日本为 2.21 倍。如果将银行资产计算在内，则美国、欧盟和日本的金融总资产分别是实体经济的 5.40 倍、6.51 倍和 5.19 倍。①

五、机构投资者成为金融市场的主体

随着市场经济的深入发展及其在全球的逐渐普及，社会分工和专业化程度不断提高，经济的货币化程度不断加深，金融商品的品种和数量越来越多、越来越丰富，人们的财富由过去的桌椅板凳、彩电冰箱、电脑汽车

① 国际货币基金组织 2003 年 3 月发布的《全球金融稳定报告》，http://www.imf.org/external/pubs/ft。

变成对各种金融资产的持有。同时，我们还发现这样一个事实，在金融中介日益发达的情况下，居民家庭金融资产更多地委托给金融中介，于是出现了金融资产的机构化和机构投资者迅速崛起的局面。

在美国，金融中介机构主要有商业银行、储蓄银行、信用合作社、保险公司、养老基金、互助基金等。这些机构所持有的金融资产在过去30年中得到了快速增长。1970年，商业银行金融资产为5 170亿美元，2000年6月达到62 000亿美元，增长近11倍；人寿保险公司的金融资产增长了近15倍；互助基金增长了近100倍（见表4）。

表4　　美国主要金融中介机构资产量（年末余额）（单位：10亿美元）

资产量 \ 时间	1970	1980	1990	1993	2000年6月
商业银行	517	1 481	3 334	3 869	6 200
储贷协会和互助储蓄银行	250	792	1 365	1 033	1 200
信用合作社	18	67	215	281	400
人寿保险公司	201	464	1 367	1 792	3 200
火灾和事故保险公司	50	182	533	637	900
养老基金（私人）	112	504	1 629	2 336	N. A
州及地方政府退休基金	60	197	737	1 065	N. A
金融公司	64	205	610	658	1 000
互助基金	47	70	654	1 523	4 700
货币市场互助基金	0	76	498	559	1 600

资料来源：米什金：《货币金融学》，中国人民大学出版社1998年版，第34~35页。2000年6月的数据依据美国纽约联邦储备银行：The Role of Depository Institutions in the Financial System, October 12, 2001, http://app. ny. org.

这些机构所持有的金融资产又大量投资于资本市场，成为资本市场主要的机构投资者。美国、英国等成熟股票市场在1998~2002年，机构投资者持有的股票市值始终保持在50%左右。就新兴市场国家韩国而言，1987~2003年3月底，上市公司由50家增加到685家，市价总值由1 087

亿韩元上升到258.7万亿韩元。其中，个人投资者持有的股票数由1987年的62.4%下降到2001年的38.5%；银行机构则由5.6%上升到11.5%（见表5）。

表5 1987～2001年韩国股票持有结构表（按持股数占股份总数的百分比）

（单位:%）

年份＼机构	政府与公共机构	银行机构	证券公司	投资信托公司	保险公司	个人投资者	外国投资者	其他
1987	0.1	5.6	2.6	0.8	4.4	62.4	3.3	20.8
1989	11.8	3.2	5.1	2.7	2.6	54.6	2.1	18.0
1990	10.3	7.3	4.8	8.2	5.5	46.0	1.7	16.4
1993	8.6	10.7	4.7	6.2	5.8	37.6	8.7	17.8
1995	8.0	11.2	2.9	6.3	5.7	36.4	10.1	19.5
1996	7.4	10.6	2.2	5.8	6.5	34.3	11.6	21.8
1997	6.6	9.4	2.1	2.7	6.3	39.8	9.1	24.0
1998	17.3	3.6	1.3	2.0	3.6	38.8	10.4	23.0
1999	17.7	3.5	0.8	4.8	1.8	39.0	12.4	20.0
2000	12.7	5.3	1.1	4.2	1.0	37.7	13.8	24.2
2001	7.3	11.5	0.9	2.6	1.8	38.5	14.7	22.8

资料来源：Korea Stock Exchange：《Fact Book》（2002），PP. 71，http：//www. kse. or. kr/upload/madang/1056096240862. pdf.

六、市场份额的集中化趋势

作为推动金融证券业前进的动力源之一，信息技术革新使得证券发行与投资这一虚拟经济形式从“少数富人的游戏”发展成为深入千家万户的社会行为。同时，信息技术的发展，还将对整个金融市场产生革命性的变革。它将实物凭据送进博物馆，用电子货币打造无现金和支票的未来社会，证券、保单发行的无纸化，网上交易虚拟化，电子支付便捷化，形成开户、登记、过户、清算、交收和信息披露等电子化一条龙服务体系，使过程大大简化，范围大大拓展。

在这种情况下，整个金融证券行业的运作成本（包括交易成本和服务成本）大幅降低，规模经济效应更加显现，金融中介机构和金融市场的集中度均在上升。让我们来看几组数据：首先是一些巨型金融集团总资产的膨胀，如瑞士联合银行总资产达6 700亿美元，相当于瑞士国民生产总值（GNP）的2.13倍；美国花旗集团总资产为7 000亿美元，相当于美国GNP的9.1%（见表6）。其次是生命保险保费收入的国家分布，美国、日本和英国前三位即占全球生命保险总收入的66.2%（见图1）。再次是美国生命保险公司的集中程度，前10位保险公司直接保费收入占全美直接保费总收入的35.56%，前20位占到54.45%（见表7）。最后是各国国内交易所走向集中，除交易所的数目在减少外，交易量和市值均向少数交易所集中。2001年，全球股市总市值接近30万亿美元，而市值超过1万亿美元的有6家，它们占全球总市值的70%以上，其中纽约证券交易所占36.7%。

表6　20世纪90年代末一些巨型金融集团总资产占所在国国民生产总值比重

金融中介机构	总资产（亿美元）	机构所在国GNP（亿美元）	总资产/GNP（%）
瑞士联合银行	6 700	3 135	213.7
法国BNP－巴黎银行	7 700	15 269	50.5
德意志银行	8 200	23 195	35.4
意大利圣保罗银行	3 146	11 554	27.2
意大利联合信贷银行	2 860	11 554	24.8
日本瑞穗集团	11 764	47 723	24.7
英国劳合集团	2 368	11 457	20.7
日本樱花银行	8 260	47 723	17.3
美国花旗集团	7 000	76 901	9.1

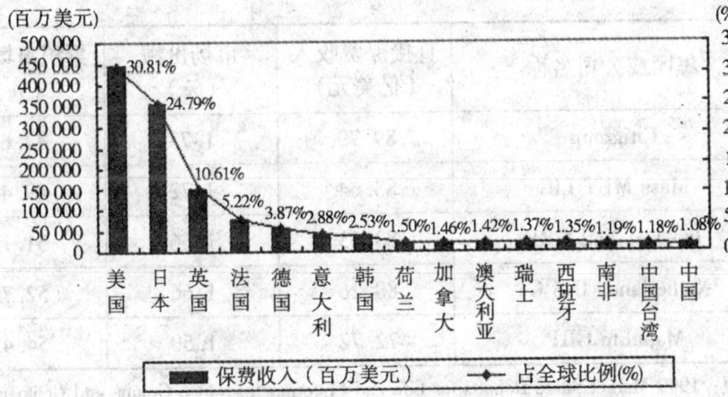

图1 2001 年全球前 15 大生命保险国家和地区保费收入及占比

表7 1999 年美国前 20 位生命保险公司及其市场份额

序号	集团或公司名称	直接保费收入（亿美元）	市场份额（%）	累积市场份额（%）
1	Metropolitan GRP	279. 58	5. 78	5. 78
2	American Internl GRP	207. 50	4. 29	10. 07
3	Aegon USA INC GRP	180. 16	3. 72	13. 79
4	Hartford Fire & Cas GRP	172. 93	3. 60	17. 39
5	Prudential of Amer	172. 92	3. 57	20. 96
6	Cigna Health GRP	159. 35	3. 29	24. 26
7	Nationwide Corp.	150. 52	3. 11	27. 37
8	Aetna	144. 84	2. 99	30. 36
9	American Gen GRP	128. 29	2. 65	33. 01
10	New York Life GRP	123. 22	2. 55	35. 56
11	John Hancock GRP	110. 75	2. 29	37. 85
12	Equitable Life NY	109. 72	2. 27	40. 12
13	Pacific Life INS Co.	92. 48	1. 91	42. 03
14	GE Global GRP	92. 37	1. 89	43. 94
15	Allstate INS GRP	91. 34	1. 86	45. 83

续表

序号	集团或公司名称	直接保费收入（亿美元）	市场份额（%）	累积市场份额（%）
16	Citigroup	89.79	1.73	47.68
17	Mass MUT LIC	83.64	1.72	49.41
18	Jackson Natl GRP	83.15	1.66	51.13
19	Netherlands INS Co	80.26	1.66	52.79
20	Manulife GRP	72.72	1.50	54.45

资料来源：1999 Market Share Reports for Life and Fraternal Insurance Groups and Companies，http：//www. naic，org/publications/research.

七、放松管制与金融自由化趋势

从西方国家金融监管的历史看，大体经历了自律、管制和放松管制三个阶段的演变过程，即走了一条否定、肯定、再否定的螺旋式发展的道路。

20 世纪 30 年代以前，这是以自律为基础的自由放任时期。根据古典经济学的理论，政府只充当“守夜人”的角色。对证券市场来说，没有专门的监管机构，证券交易所多属于私人俱乐部，按照诸如“梧桐树协定”要求会员自律。如在美国，“1900 年，股市几乎不受管制，只有极少数制约交易的惯例和规章”。

20 世纪 30 年代到 90 年代中期，这是对金融市场实行严厉管制的时期。1929～1933 年的经济危机使“整个美国广受损害”，促使美国政府通过《银行法》、《证券法》和《证券交易法》等，从法律上对银行、证券等金融市场实施严格的管制。用当时人的话说：“华尔街在其 150 年的历史上首次发觉身边站了一个警察。”①

20 世纪七八十年代，以美国为首的西方主要国家开始放松管制，着手推进金融自由化。一方面，西方世界积极倡导和推动浮动汇率制度、利

① 查尔斯·R. 盖斯特：《百年华尔街》导言，中国财政经济出版社 2000 年版。

率自由化与佣金自由化，使金融自由化有了一个良好的基础；另一方面，通过法律途径解除过时或不必要的管制，比如说1980年《放松对存款机构管理与货币管制法》，1982年的《加恩-圣杰曼存款机构法案》，这两个法案打破了美国金融机构之间严格的业务划分，使储蓄机构与商业银行的区别趋于消亡。在这种情况下，一系列金融创新得以产生，衍生工具得以出现。

20世纪90年代后，西方主要国家通过完成法律的修订重塑金融体系，进入了大规模放松管制的阶段。如欧洲相继通过了欧盟《投资服务指令》、[①] 法国《金融活动现代化法案》、[②] 德国《第三金融市场推进法》[③] 以及英国《金融服务与市场法案》。[④] 这些法案与美国1999年的《现代金融服务法》[⑤] 一起，打破了20世纪30年代建立的金融分业经营的樊篱，大力推进金融自由化，构筑了以混业经营为主导的金融市场新格局。

八、充分发挥外部监管、行业自律和内部治理的综合协调作用

建立和健全外部监管机制，充分发挥行业协会和交易所等自律组织的作用，完善金融中介的内部治理机制，是西方成熟市场针对金融中介机构单个个体而采取的具体监管措施，其目的是为了形成外部监管、行业自律和内部治理三方协调发展的良性互动局面。

一是有针对性地强化监管组织机构。我们可以看到，世界绝大部分国家或地区，要么建立了各种各样的监管机构，要么建立了一体化的金融监管机构，形成了竞争性和一体化的金融监管机构并存的局面。在美国，有

① The Investment Services Directive of 1996 in the European Unions.
② The Modernization of Financial Activities Act of 1996 in French.
③ The Third Financial Market Promotion Act of 1997 in Germany.
④ The Financial Services and Markets Act of 2001 in United Kingdom.
⑤ The Gramm – Leach – Bliley Act of 1999 in United States.

所谓八大监管机构之说，联邦储备委员会（FRB）、证券交易委员会（SEC）、商品期货交易委员会（CFTC）、财政部货币监理署（OCC）、储蓄监理局（OTS）、联邦存款保险公司（FDIC）、国家信用合作社管理局（NCVA）、州银行和保险委员会等。英国在2000年以前是多种金融监管机构，从2001年开始，以金融服务局（FSA）为一体化的监管，实行集中统一的领导。同时，随着金融自由化和全球化，全球市场必然要求地区合作、全球合作与全球监管。于是在双方协议的基础上，全球多边国际金融机构开始发挥越来越重要的作用。如巴塞尔银行监管委员会（BCBS）、国际清算银行（BIS）、国际货币基金组织（IMF）、世界银行（WB）、国际证监会组织（IOSCO）、国际保险监管者协会（BAIS）等。

二是以资本充足性为中心完善风险控制指标体系。风险控制指标有财务指标，有透明度指标，也有预警指标，其中财务指标中的资本充足性是核心指标。尽管每个国家的资本充足率各不相同，但重视的程度是一致的。在美国，早在1922年，纽约证券交易所便对其会员公司实行交易所自己的资本充足性规定，要求公司总资产（权益头寸加上顾客应收账款）最低资本充足比率为10%。1934年《证券交易法》确定的资本充足要求禁止任何证券公司或经纪公司的总计负债超过其净资本的20倍。20世纪70年代，美国证券交易委员会根据国会要求其对顾客证券和基金的使用与保管进行监管的授权，实行了两项重大改革，首先于1972年采纳了顾客保护细则，对证券公司使用顾客基金为公司业务融资进行限制，并将顾客账户全部分离出来。其次于1975年对其净资本细则进行了修正，增添了对所有证券商均适用的“统一净资本细则”。金融全球化要求各国监管当局采取措施以协调其业务活动，相关的国际组织应运而生，如1975年巴塞尔委员会成立，1983年国际证券委员会组织正式成为国际组织。于是，风险控制指标就有了国际标准，如巴塞尔协定和新资本充足率。不仅如此，他们分别就银行、证券和保险的监管采取合作行动，共同协调在国际银行业、证券业、场外衍生品市场和保险业方面的监管立场。如巴塞尔委员会下的银行、证券和保险监督局等共同针对“监管金融集团”提出

“三方集团报告”。巴塞尔委员会对金融集团的这种立场，得到国际证券委员会的认可。①

三是以打击三大违规事件为目标净化金融市场环境。在金融市场中，内幕交易、操纵市场和欺诈是三大违规事件，也是各国监管当局共同面临的三大难题。为此，各监管当局和国际组织对这三大违规事件进行了认真研究和界定，使其有可操作性。尤其可贵的是，通过不懈的努力，各监管当局找到了对付这三大违规事件的处罚方法和相关制度措施，初步形成了以民事诉讼制度与官方处罚制度相结合的应对办法。处罚是否起作用，关键看处罚是否能超过其违规所得。而建立在“深口袋理论”基础上的民事诉讼机制，可以通过诉讼形式，使金融市场的违规者负担无限责任，从而起到较大的惩戒作用。同时，监管当局的市场禁入、处罚和诉讼手段，以及配合民事诉讼的取证制度，也能对违规者起到一定的惩戒作用。

四是落实金融中介的内部治理和内部控制机制。内部治理是基础，金融市场能否有效与公正，关键在于参与主体内部治理的完善。在这方面，成熟市场已经有了一整套制度，主要有：（1）建立防火墙（中国墙）制度；（2）严格基金、银行、保险的投资比例控制制度；（3）坚持保证金制度与融资融券比例限制；（4）建立逐日盯市制度与会员结算制度；（5）强化信用体系建设与黑名单制度；（6）强化公司治理及相关的制约机制。我们可以看到一个十分有趣的现象，自20世纪90年代中期以来，伴随着英国Cadbury报告（1992年）、Greenbury报告（1995年）、Hampel报告（1998年）的出现和“OECD公司治理原则”（1999年5月）被各方接受，公司治理运动在全球兴起。同时，各种各样的公司治理论坛得以兴起，如世界银行有专门的法人治理结构论坛（CGF）、美国的“国际公司治理网络”（ICGN）、欧洲的“欧洲公司治理网络”（ECGN）、英国的

① 报告就整个集团广阔前景的评估达成一致，要求通过联合监管或单独相加监管的方式，对集团资产进行评估，并确认评估金融集团资产的6种办法。国际证券委员会于1992年发布“金融集团监管准则”。参见《金融市场风险及监管》附录4，宇航出版社2003年版。

"英联邦公司治理协会"（CACG）、日本的"日本公司治理论坛"等。据初步统计，到目前为止，外部相关机构提出的公司治理准则约80个，著名大公司提出的公司治理准则约200个。

另外，根据国际会计标准与披露标准，提高金融市场的透明度和可比性，依赖标准普尔、穆迪公司、欧洲戴米诺等国际著名风险评估机构，强化信息披露制度，健全退出制度，加强市场与新闻媒体的约束，也是外部监管和内部治理协调的重要内容。

九、防范系统风险，保护消费者权益

防范风险是金融市场发展的前提，金融越发展，防范和控制风险的任务就越繁重。美国联邦储备委员会主席曾说过："我们可以公平地说，这种由快速膨胀的金融产品而导致的全球金融市场的高效性，也恰恰同时能够以不为上一代人所知的方式，以更快的速度在整个金融体系传递错误。"[①] 金融市场监管的国际经验反复表明，风险的防范与控制不能搞运动，不能凭兴趣，更不能靠人治，而必须有一套严密的科学的法律制度安排。金融的脆弱性与金融无小事，各国对金融安全网的建设都十分重视。因为金融是否安全，不仅直接涉及消费者权益的保护，而且也是防范系统风险的本质要求。因此，自20世纪90年代以来，"金融安全网"（Financial Net）一词十分流行。

金融安全网是针对金融业整体而言的，立足于防范金融系统风险，与单个企业风险控制相比，层次更高，涉及面更宽，有着多种多样的制度安排。从西方国家的经验看，推进金融安全网建设，至少需要在三个方面下工夫：一是要建立和健全市场的保值增值机制；二是要完善金融中介机构的最后贷款人机制；三是要建立金融中介机构消费者资产的保险机制。

---

① 理查德·德尔：《金融市场风险及监管——欧美日的经验和规定》，宇航出版社2003年版。

保值增值机制是否构成一国金融安全网的一部分，首先涉及对衍生品的认识问题。就衍生品的本质而论，它旨在规避风险而不是制造风险，具有回避经营风险、发现未来价格、锁定生产成本、节省交易费用和培植市场秩序等功能。从这一点出发，积极推进衍生工具市场的建设，不仅使金融市场功能更健全，而且等于给金融市场上了一把“安全锁”，使金融市场具有了内在稳定器的功能。也只有在这个基础上，才可以从积极的角度来规范衍生品市场，采取一系列措施有条不紊地进行防范和控制市场风险的工作。自1848年美国芝加哥期货交易所建立以来，西方成熟市场根据上述理解，很好地发挥了期货市场在保值增值、控制风险方面的积极作用。资金和风险经常是“捆绑”在一起，同时通过金融系统转移，金融世界中的很多金融合约是关于转移风险，而不是转移资金的。对保险合约和担保是这样，对期货、互换和期权这样的衍生产品也是这样。

最后贷款人制度是金融中介机构出现流动性困难时中央银行的贷款救济制度，它有利于金融中介机构克服暂时的困难，渡过难关。最后贷款人制度可以区分为国内和国外两种。在国内一般以各中央银行为主体，在国际上一般以国际货币基金组织为救助主体。同时，为了防止金融危机的传播，许多国家特别是区域内国家签订了双边货币互换与回购协议，共同对付国际投机者对各国货币与汇率的冲击。另外，货币市场与资本市场结算制度的集中、国际清算银行体系的建立，也有利于金融中介机构的风险控制。

在防范系统性风险的措施中，最重要的应该算金融中介机构消费者资产的保险制度。在这里，最为常见的是银行存款体系。目前，全世界已经有100多个国家相继建立了这样的体系。随着银行存款保险的延伸，许多国家和地区保险制度覆盖了银行、证券、保险、信托及其他金融领域。

以美国为例，1933年美国国会通过《银行法案》，建立储蓄存款保险公司，以便在银行破产时对存款者进行保护；1934年美国国会通过《全国住房法案》，建立联邦储贷保险公司，对在联邦储贷协会存款的居民提供保险；1970年，美国国会修订《联邦信用社法案》，设立联邦信用社管理局，建立全国信用社股份保险基金（NCUSIF），给信用社提供保险制度；1974 年，美国国会通过《雇员退休收入保险法案》，建立退休收益保险公司。因此，将赔偿机制引入证券投资领域，是完善投资者保护体系的必要步骤。1970 年 12 月，美国国会通过《证券投资者保护法》，标志着其证券投资者赔偿机制的正式确立。该法可以被视为美国 1934 年《证券交易法》对投资者实施保护的延伸。

英国在 1998 ~2001 年 2 月实施“投资者补偿计划”（Investor Compensation Scheme，ICS），2001 年 2 月以后成立“金融服务补偿计划有限公司”（the Financial Services Compensation Scheme Limited，FSCS）；欧盟从 1998 年 9 月开始实施“投资者赔偿计划”（Investor – Compensation Schemes）；加拿大于 1969 年设立了“加拿大投资者保护基金”（Canadian Investor Protection Fund，CIPF）；澳大利亚于 1987 年建立国家保证基金（National Guarantee Fund，NGF）。其他如日本、中国香港和台湾地区以及菲律宾、印度和土耳其等，均设立类似的保险或赔偿机构。

广场协议与日本式泡沫破灭*

1985年广场协议后，日本经历了一个罕见的日元升值时期。伴随着货币升值，在宽松货币政策刺激下，以股票和地产为龙头，日本进入了泡沫经济时代，“许多人都痴迷于经济泡沫”。进入20世纪90年代，首先是股市泡沫破灭，接着是地产泡沫破灭，把银行、证券、保险、养老基金等全部带进了坟墓。总结广场协议下日本式泡沫的兴起与破灭的过程，对于今天的中国格外有意义。

一、广场协议升值日元引来日本泡沫经济

1985年9月22日，美国财政部长詹姆斯·贝克、日本大藏省大臣竹下登以及联邦德国、法国和英国的财政部长和中央银行行长在纽约广场饭店举行会议，签署了广场协议。广场协议要求5国政府联合干预外汇市场，诱导美元对主要货币的汇率有秩序地贬值，以解决美国巨额贸易赤字问题。

对于日元升值，当时的日本政府从“争取成为与其经济实力相适应的政治大国”的角度出发，采取了积极的姿态。据记载，关于美元之外的货币升值一事，日本是最乐意帮助的。日本大藏省大臣竹下登就明确表示，他可以接受日元10%～20%幅度的升值。广场协议前，美元兑日元在1美元兑250日元上下波动，广场协议正式签订的第2天，美元兑日元的汇率立即下跌了4.3%；同年10月底，美元共贬值了12%，变为1美元兑换205日元；1986年9月为1美元兑153日元；1987年最低为1美元兑120日元。广场协议不到3年，日元兑美元升值1倍（见图1）。

---

* 本文是《证券市场导报》2006年第6期“编者絮语”。收入本书时有较多补充。

1970～1994年，日元对美元升值了250%，这是美国贸易伙伴国货币的最高升幅，被美国经济学家麦金农视为“日元升值综合征”。①

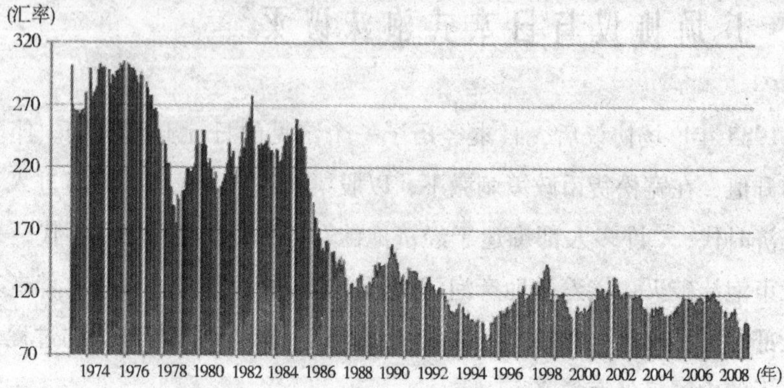

图1　1974～2008年美元兑换日元的汇率变化图

日元升值直接带来了日本式泡沫。日本银行家八城政基就说过：“1986年和1987年，几乎所有的日本人都深信经济会永不停止地上升。这段时间，许多人都痴迷于经济泡沫，完全失去了他们的理性判断力。”②

首先是货币的持续升值。1993年为1美元兑111.08日元，1994年为102.18日元，1995年为93.96日元，日元升值趋势大体持续了10年之久，日本所持有的美元资产随之大幅度贬值。据日本机构的统计，广场协议导致日本对外净资产的汇率损失累计约为3.5万亿日元，包括日本许多保险公司在内的机构投资者损失惨重。

其次是货币供应的过分扩张。为防范“日元升值萧条”，日本期望以内需主导经济增长，实施相当宽松的货币政策，央行连续5次下调利率，利率水平由1985年的5%降至1987年的2.5%，以后又有下降。“超低利率”使金融贷款大量增加，20世纪80年代初，贷款额度与国民生产总值

① 麦金农：《麦金农经济学文集》第五卷，中国金融出版社2006年版，第9页。

② ［英］吉莲·泰特：《长银新生：泡沫中的金融战争》，上海远东出版社2008年版，第32页。

的比例为50%左右，到80年代末升至100%。

再次是股市的持续上扬。1985～1989年，日元升值幅度接近1倍，日经指数年底收盘价从13113点上涨至38915点，升幅达196.7%，是1980年的4倍（见图2）。东京证券交易所总市值是日本国民生产总值的1.3倍，成为全球最大市值的股票交易所，占全球股票市场总市值的42%。对此，日本"举国欢腾"，认为"这是日本独特金融体系的胜利"。① 在这个时候，居然有107位股票方面的专家一致认为，股指还会走高，将在1991年刷新记录，站到41000点。

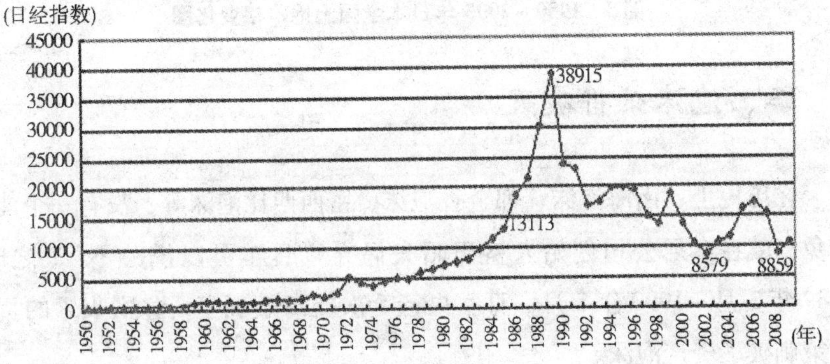

资料来源：东京证券交易所：Fact Book，2010，http：//www. tse. or. jp/english/market/data/factbook/b7gje60000003·32－att/fact_ book_ 2010. pdf。

图2　1950～2009年日本日经225指数收盘价走势

最后是地产泡沫巨大堆积。1985年，日本东京都的商业用地价格指数为120.1（1980年为100），1988年暴涨到334.2，3年间暴涨了近2倍，东京都中央区的地价上涨了3倍。就日本全国土地价格来说，1991年达到最高峰，较1980年增长了1倍（见图3）。日本制造了世界上空前的房地产泡沫。同时，日本商人还夹着坚挺的日元购买了美国10%的不动产。

① 阿列克斯·科尔：《犬与鬼》，中信出版社2006年版，第58页。

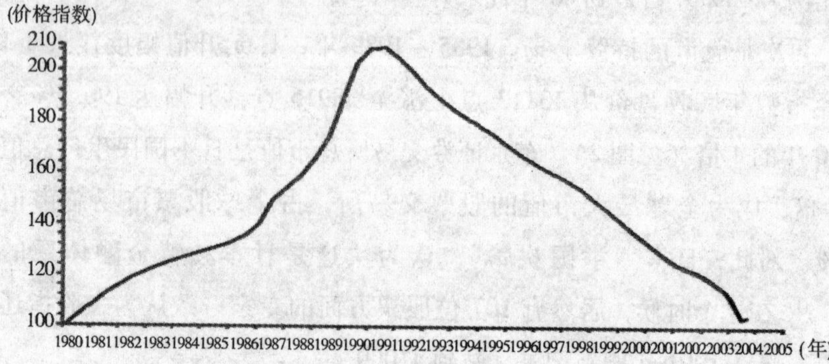

图3　1980～2005年日本全国土地价格变化图

二、泡沫必将破灭

在历史上，南海泡沫、郁金香泡沫、密西西比泡沫等，没有一个能够幸免。就在索尼公司创始人盛田昭夫倡导“日本可以说‘不’”之时，1989年3月～1990年8月，日本央行5次提高贴现率，急剧收紧的货币政策刺破了资产泡沫。

（一）股票市场一路下滑

1990年日经指数收于23849点，1992年收于16925点，最低时为2003年4月收于7607点，2008年底为8859点。

（二）房地产价格连续14年下跌

与1991年相比，日本住宅地价已经下跌了46%，基本回到了地产泡沫产生前的1985年的水平；商业用地价格下跌了约70%，为1974年以来的最低水平。

（三）银行不良资产持续攀升

日本人有个很不好的习惯，为了保护自己人不惜成本，日本的银行界更是一个“不透明的世界”，大藏省、日本银行和各家金融机构都在尽可能地掩盖问题。1992～2003年3月，日本全国的金融机构冲销了100万亿日元的不良资产，不良债权余额依然高达44.5万亿日元。据日本野村证券经济学家辜朝明的估计，仅土地与股票两类资产就造成了令人难以置信的1 500万亿日元的损失，这个数字相当于日本全部个人金融资产的总和。①

（四）财政危机若隐若现

从1993年开始，日本政府开始实行综合经济对策，由财政出资或举债来进行公共投资。1985～1996年，日本国债余额从134 431万亿日元增加到240 501万亿日元，增长了78.9%。到2009年底，日本国债余额已经相当于国民生产总值的189.3%，到了难以为继的地步（见图4）。

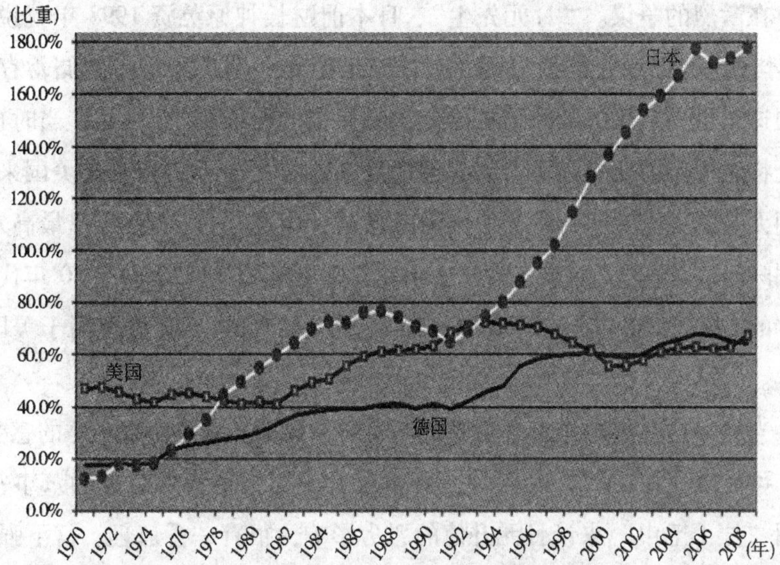

资料来源：http：//en. wikipedia. org/wiki/File：PublicDebtTriade. PNG.

图4 日本、美国和德国国债余额分别相当于各自国民生产总值的比重

（五）产业的空心化

日本成为用汇率换算起来世界上劳动工资成本最高的国家，由此造成

---

① ［美］辜朝明：《大衰退——如何在金融危机中幸存和发展》，东方出版社2008年版，第13页。

许多产业部门价格竞争力降低，许多厂家把生产能力向海外转移。1985年日本的海外生产比率为3%，1993年达到7.4%，1996年达到9%，20世纪末达到13%～14%，设备投资的二成至三成都在海外进行。

三、间接融资体系使日本失去翻本的机会

广场协议是使日本经济进入十多年低迷期的罪魁祸首，还是为日本企业走向世界、在海外进行大规模扩张提供了良机？日本境内外有关各方始终存在激烈的争议。“日元先生”、日本前财长神原英资1998年就说过：“日本是世界上最大的债权国，有最充足的外汇储备和最多的储蓄存款，美国这个世界上最大的净债务国应该是繁荣的榜样吗？”当然，当时也有评论将这种压力比喻为“金融黑船的到来”。① 对于欧美特别是美国来说，它们无疑是赢家，当年欧美的舆论就强调，这是“过去40年里最高水准的国际经济合作”。从事实的演变来看，则更是如此：20世纪80年代末，日本的GDP相当于美国的70%；20年后，日本的GDP仅相当于美国的40%。

当然，这些都是从宏观角度来考察的，如果从企业微观主体的感受来看，可能更真切一些。1994年，日本尼桑汽车公司负责财务的董事宫下借用“拧干毛巾”来谈日元升值的恶劣影响，很有一番道理。宫下强调：“关键在于进一步降低成本。但在汽车行业，这样做就像在拧干毛巾。如果每辆车的成本能减少1 000日元到2 000日元，我们就大喜过望了。假定每辆车的出口价大约为1.5万日元，这意味着日元对美元每升值1元就损失1.5万日元；如果升值10日元，那么将损失15万日元。在厂里我们千方百计地将每辆车的成本减少上千、上百以至几十日元，但汇率波动却野蛮地对我们加征了10万日元的税收。这严重挫伤了厂里降低成本的斗

① ［日］泷田洋一：《日美货币谈判——内幕20年》，清华大学出版社2009年版，第26页。黑船是指日本幕府末期对欧美轮船的称呼，尤指欧美列强驶往日本的军舰。

志和士气。企业管理层对此采取了多项措施，其中包括重组企业和关闭工厂。但关闭工厂不过相当于每辆车节省成千上万日元的成本，只要汇率上升 10 日元，这一切就会消失得无影无踪。"①

广场协议与日元升值的故事，是笔者经常讲的"温水煮青蛙"的故事。在这里，笔者把广场协议与日本式泡沫联系起来，只是想阐述这样一个简单的道理：汇率问题牵一发而动全身，在本币升值预期情况下，往往会成为一个国家资产泡沫膨胀的最直接诱因。在这个问题上，笔者算是比较早的提醒者之一。从总体上看，随着中国国力的日益强大，人民币升值也是一个必然的过程，有如美国超过英国的过程中美元相对于英镑升值是一个道理。这是今天的中国与 20 世纪 80 年代日本的相似之处，问题只是升值多少。此其一。其二，美国迫使别国货币升值的时候，一般都发生过金融危机。20 世纪 80 年代美国发生了储贷协会危机，这被美国人视为"金融大灾难"，美国银行界由于自身的坏账问题而苦苦挣扎，而日本的银行则如日中天，几乎囊括了全球前十大银行。这一次美国发生百年一遇的次贷次债危机，贝尔斯登公司、雷曼公司倒闭，"两房"被接管，美国保险集团和花旗银行成为僵尸金融机构，美国的元气受到重创。最近，韩和元先生出版《中国经济将重蹈日本覆辙?》一书，纵横比较，千叮万嘱，要求中国在新经济面前像美国那样从大处着眼，而不是像日本那样囿于战术层面的操作，以免坠入日本式的窠臼，② 可谓用心良苦。

当然，上述的相同还只是表面现象。事实上，中国和日本的情况至少有四点不同。

（一）日本长期受美国控制，基本上不能算是一个独立的国家

澳大利亚国立大学亚太研究中心教授加文·麦考马克（Gavan McCor-

---

① 麦金农：《麦金农经济学文集》第五卷，中国金融出版社 2006 年版，第 57 页。

② 韩和元：《中国经济将重蹈日本覆辙?》，中国商业出版社 2010 年版，第 244 页。

mack）强调“日本是一个傀儡国家”。他引证道，麦克阿瑟将军曾说：“以现代文明的标准来衡量，如果说我们的发展好比处于45岁的成年，而他们（日本人）则好比一个12岁的孩子。”日本防卫省首任防卫大臣久间章生2003年承认：“日本别无选择。毕竟，日本就像美国的一个州。”日本最杰出的老一代政治家后藤田正晴（Gotoda Masaharu）在2004年痛心疾首地写道：“日本已沦为美国的仆从国或者说属国（Zokkoku）。”① 这一点非常重要，曾参与日本战后众多经济决策的日本资深官厅经济专家宫崎勇就承认：“日本是必须配合美国采取各种稳定措施的嘛！”② 而中国却不然，中国可以独立决定自己的政策，可以既斗争又团结，以斗争促团结。

（二）日本是一个以主银行制度主导下的间接融资为主体的国家

据东北财经大学刘昌黎的研究，1993年，90%以上的日本企业都有主银行，其中东京证券交易所一部上市公司的97.9%、二部上市公司的98.1%、股份未公开企业的91.9%都有主银行。有1家主银行的企业为60.7%，有2家主银行的企业为24.5%，有3家主银行的企业为9.5%，有4家主银行的企业为2.9%，有5家以上主银行的企业为2.4%，每家企业平均有1.6家主银行。③ 主银行制度内部性、封闭性、不完全竞争性，把主银行与贷款企业的风险完全捆绑在一起，使单个企业的违约风险变成银行风险，再转变为国家风险。中国1996年曾经打算学习日本的主银行制度，没有来得及，亚洲金融危机就发生了，彻底暴露了主银行制度的内在矛盾，中国明智地放弃了日本模式，转而向美国模式取经，在直接融资体系方面已经取得很大进展。

---

① ［澳］加文·麦考马克：《附庸国：美国怀抱中的日本》，社会科学文献出版社2008年版，第2～3页。

② ［日］宫崎勇：《日本经济政策亲历者实录》，中信出版社2009年版，第170页。

③ 刘昌黎：《论日本的主银行制度及其变化与改革》，见戴晓芙、胡令远编：《日本式经济·政治·社会体系——21世纪的课题与展望》，上海财经大学出版社2002年版，第217～218页。

（三）日本法人交叉持股只为控制上市公司

在日本，法人是股票市场的主宰，法人的长期股票投资不是为了获取股票投资收益，而是以强化企业间的结合关系为目的。无论股票价格如何变幻，法人都绝少进入股票市场。据东京证券交易所年报，1949～2009年，日本事业法人持股量比重从5.6%上升到22.4%，最高年份甚至达到26%以上。对于日本这种企业组织结构，美国人视之为“异质性的资本主义”，美国人迈克尔·格拉克干脆把它称为“联盟资本主义”。[①] 这种大量交叉持股的行为，造成了日本股票市场的畸形，埋下了系统性风险的巨大隐患。

（四）日本社会结构相对稳定

日本当时已经基本完成了工业化，日元成为国际货币，日本极力打造日元国际地位，社会结构相对稳定。而此时的中国，还处于工业化过程中，人民币也还不是国际货币，国际货币力量还难以直接决定人民币的汇率。尽管我们要推进人民币国际化，但与当年日本日元国际化的宏大目标相比，保经济金融安全，始终还是中国第一位的目标。

正是因为上述种种不同，日本容易不自觉地成为“青蛙”，而中国则不容易被捧杀，特别是有日本式教训在前。当然，我们要对当今国际金权帝国和强权政治特别小心，在后金融危机时代全球金融重新洗牌的重要时刻，美国经常账户赤字的严重程度已经非20世纪80年代中期可比，2006年接近8 000亿美元，2008年为7 000亿美元（见图5），如何权操我手，应付有方，谨防算计，变得至关重要。在这里慎重提醒，相关各方宜深思、宜慎重，警惕“日本式陷阱”，不仅需要勇气，更需要智慧与综合对策。如果在我国出现这种情况，其后果将比日本严重100倍。

---

① ［美］迈克尔·格拉克：《联盟资本主义：日本企业的社会组织》，重庆出版社2003年版。

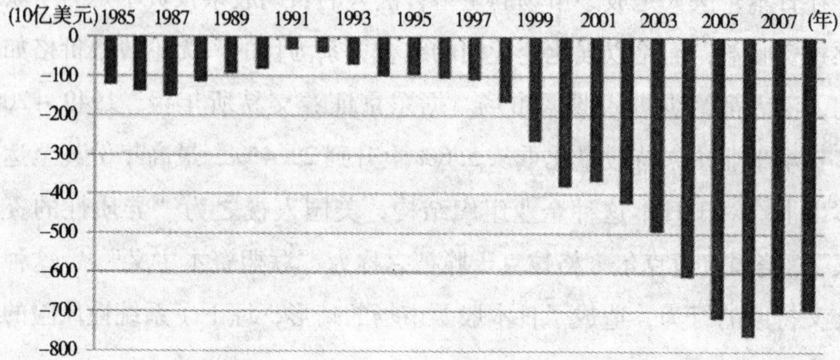

图 5　1985～2008 年美国经常账户赤字

四、直接融资比间接融资更重要

改革开放 30 年，中国经济保持相对平衡的发展，这主要归功于改革开放释放了中国人的勤奋与创造力，同时别人的金融危机也给我们以警示。1996 年，当我们准备学习日本主银行制度时，亚洲金融危机爆发，日本的银行坏账吓坏了中国的官员和银行家。此路不通，改学美国直接融资模式，这是中国证券市场 20 年取得不俗成就最为重要的战略因素。这一次美国金融危机，让我们明白房地产泡沫与虚拟资本的自我循环也是危险万分的，我们的资本市场还要大发展，但是完全脱离实体经济的需要，仅仅为了创新而创新则是不可取的。因此，中国应抓住虚拟资本要为实体经济服务这个战略大局，依托资本市场促进自主创新战略，推动战略性新兴产业发展，加快经济增长方式的转变。尽管我们有了 20 年证券市场发展的实践，但对于直接融资与间接融资的关系，特别是直接融资为什么优于间接融资，并没有完全清醒的认识。相反，在日本，态度十分明确，从上到下，都是如此。一个日本企业家这样说过："美国人完全搞错了——

我们日本人不喜欢资本市场；我们喜欢我们的银行！”① 2006年以来，笔者在全国各地特别是在广东进行了无数次的演讲和座谈，考察了无数家企业，宣传直接融资和资本市场的功能。在这里，借助于总结日本和美国的经验教训，笔者尝试从国家的角度和企业的角度两个方面，提出并提炼自己的一些看法。

（一）直接融资晚于间接融资，是为了克服间接融资的许多障碍和问题而进行的人类社会最为重要的金融创新

与间接融资累积风险相比，直接融资具有独特的风险分散功能。在间接融资体系下，表面看来是银行不良资产的增加，实际上一旦银行大而不能倒，这些风险最终需要国家来承担，这在日本表现得最为充分。而直接融资比间接融资更能支持创新。据英国经济学家希克斯的实证研究，在工业革命时期，银行远离创新，而资本市场却支持创新。这是因为直接融资有一种风险分担、收益共享机制，它们更有动力通过支持创新谋求发展，而银行面对的是固定的利息收入和不确定的风险损失。

（二）资本市场是市场化资源配置的主要载体，而银行更多地体现了政府的控制

20世纪30年代以前，日本金融体系与西方差别不大，但20世纪30年代以后，为适应军国主义侵略扩张的需要，日本走上了依赖银行发展的道路。第二次世界大战后，美国纵容了这种发展道路，日本形成了独特的主银行制度，以适应日本政府对经济社会生活的强干预。在资本市场的发展方面，由于严格的信息披露和全社会公开监督机制的存在，讲究规范、程序、公开和透明，因而不受日本人的喜欢，日本人喜欢的是银行！

（三）全球500强公司几乎都是上市公司

企业外部资本来源主要包括股权、债券和贷款，相对而言，股权融资

① ［英］吉莲·泰特：《长银新生：泡沫中的金融战争》，上海远东出版社2008年版，第238页。

属于资本性融资，这种融资绝不可以简单地用银行贷款的金额来比较，因为后者是需要还本付息的，两者根本不能同日而语。不仅如此，资本市场还给企业建立了一个融资和再融资平台，一个兼并和收购的工具，这是企业做强做大的不二法门。企业为了上市，需要按资本市场规范自己的行为，讲究诚信，并且讲究诚信会受到奖励。这种激励和约束机制是间接融资不可比拟的。至于财富效应、广告效应、避险与对冲效应，更是现代企业须臾不可离开的。

（四）直接融资实现了多种功能的聚集

1. 国债市场成为核心金融市场。长期以来，政府的融资方便与国债市场核心金融市场的地位，是所有政府致力于拓展和维护的重要工作，因为国债收益率曲线被视为金融市场基准曲线，是危机中的安全岛和避风港。

2. 私有化和股份化一浪接一浪。20 世纪 80 年代以来的西方国有企业私有化浪潮与 20 世纪 90 年代以来的互助金融机构股份化浪潮，进一步巩固了资本市场在经济生活中的地位，突显了资本市场作用的无可替代性。

3. 所有金融机构登陆资本市场。2000 年以来，伴随着美国《金融服务现代化法案》的生效，银行、证券、保险、信托、资产管理、创业投资、抵押贷款公司等几乎所有金融机构都到资本市场上市，利用资本市场充实资本，化解金融风险。

4. 资本市场机构化与广泛性日益突出。一方面，金融机构大量介入资本市场，金融资产的机构化成为突出趋势；另一方面，又存在金融脱媒的现象，广大投资大众直接投资于股票、基金和债券，资本市场具有广泛的参与性和教育性。

股份制：历久弥新的企业组织形式*

股份制诞生于17世纪地理大发现后激烈的贸易争夺战中。为开拓新市场，打开从海上通往东方的贸易通道，西欧商人们热衷于远洋商旅探险。当时的远洋航程耗时长、风险大，商人们便尝试向社会公众筹资以分散风险。1600年著名的英国东印度公司“衔玉而生”，成为首批股份公司的代表。筹资的便利和巨额的投资回报，很快使股份制成为社会的宠儿，其他地方也相继出现了股份制的热潮。

股份制解决了社会化大生产的资本来源问题。到1695年，英国约有100家新的股份公司，资本额达450万英镑。18世纪下半叶，英国开始了工业革命，大机器生产逐步取代了工场手工业。在这场变革中，股份制立下了汗马功劳，特别是推动了银行、铁路、运河及一些公共事业部门的迅猛发展，为工业化铺平了道路。西方经济学家将股份制视为新时代的伟大发明，其重要性近乎于蒸汽机和电力，改变了人类文明的进程，马克思称“通过股份公司转瞬之间就把这件事完成了”。

股份制为家族企业挣脱“富不过三代”的魔咒打开了空间。家族企业始于埃及和罗马，是起源最早的企业组织形式。客观地说，家族企业有其固有优势，如运行效率高、保密性好、机制灵活等，至今在很多国家和行业中还占有重要地位。但随着时代发展，家族企业透明度低、家长作风严重、资金来源有限、人才难以为继等矛盾突显出来，“富不过三代”几乎成了许多欧美家族企业摆脱不了的梦魇，上市（going public）就成为必然选择。

股份制使西方国有企业经过“私有化”而重焕生机。西方国有企业

* 本文是《证券市场导报》2007年第3期“编者絮语”。

大量产生于第二次世界大战后凯恩斯主义盛行时期。据统计，20 世纪 70 年代末，西欧诸国中国有企业产值平均占工业总产值的 30% 以上。不可否认，国有企业在推动战后经济的重建中做出过巨大贡献。然而随着第三次科技革命的到来，其弊病也逐渐显露，成了国民经济的包袱。不得已，西欧各国纷纷对国有企业进行了"私有化"改革。"私有化"的核心是股份制，国有企业采取董事会领导下的经理负责制，议会以出资人的形式对国有企业进行管理。"私有化"给经济注入的新的活力，事实上就是股份制的活力。

股份制成为会员制金融机构改革的首选目标。会员制企业组织形式在西方金融发展史上占有过重要地位。如日本顶尖的保险公司都曾是会员制的相互保险公司，英国房屋建筑会曾占到英国整个住房抵押贷款的 23%。20 世纪 80 年代以来，情况发生了很大变化。各种会员制机构如互助银行、房屋建筑会以及信用社和相互人寿保险公司等纷纷变身为股份制企业。证券期货交易所也开始了股份化（Demutualization）的浪潮。从巴黎到伦敦，从东京到纽约，交易所的股份化成为一道风景线。

诚如温家宝总理所指出的，我国目前的社会主义制度还不够完善、不够成熟。事实上，相对于生产力的不发达，制度、体制的不发达对于中国的发展更是桎梏。早在 15 世纪，中国的科技水平举世瞩目，农耕、铸铁、水利、航海、陶瓷、丝绸、火药、印刷等成就遥遥领先于世界，可是中国始终未能叩开工业革命的大门，反倒是 18 世纪的英国开启了产业革命的先河。这里面原因很多，也很复杂，但没有股份制这种有活力的组织形式肯定是重要因素。改革开放近 30 年，中国经济的成就举世瞩目，归结到一点，就是靠体制和制度的保障。其中，以股份制为代表的企业组织形式的创新，解放了压抑已久的生产力，使企业真正具备了活力，插上了腾飞的翅膀。上市公司更成为股份制的最高级形式。

市场经济的微观单位是企业，自主创新的主体也必须是企业。建设社会主义和谐社会，落实科学发展观与自主创新国家战略，更离不开企业的发展壮大。可以相信，股份制这种企业组织形式几经磨难，历久弥新，必将助我国企业实现飞速发展，必将助中华民族实现伟大复兴，在神州大地展现出更新、更强的生命力！

卢森堡资本市场的奇迹*

卢森堡是西欧的一个小国，但人均国内生产总值位居全球第二，仅次于百慕大地区；购买力仅次于英国伦敦，是欧洲第二富裕地区。在刚刚公布的瑞士洛桑国际管理学院2007年“全球竞争力年度报告”中，卢森堡由2006年的第9名一跃成为第4名，仅次于美国、新加坡和中国香港。更为重要的是，卢森堡是欧洲仅次于伦敦和巴黎的第三大金融中心、世界第七大金融中心，是交易所债券市场十分发达、全球存托凭证（GDR）数量最多的地区以及全球第二大投资基金管理中心。1999年，经济合作与发展组织的研究员对全球金融市场的发育程度进行了研究，发现卢森堡金融资产总余额占国民生产总值的比重在全球最高，达到4 172%（见图1）。

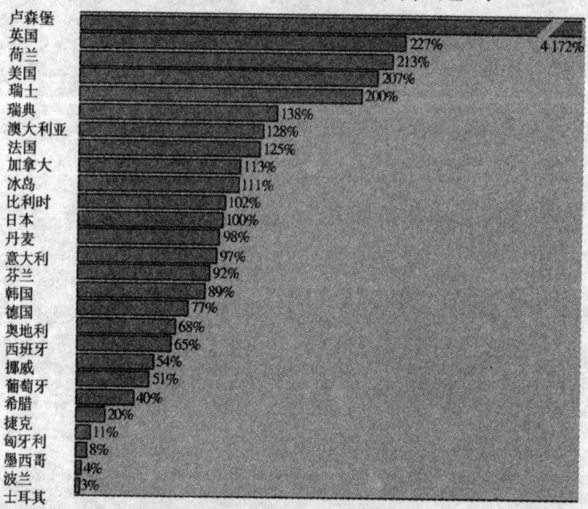

资料来源：Recent Trends：Institutional Investors Statistics，http：//www.oecd.org/dataoecd/9/16/2444676.pdf.

图1　1999年西方主要国家金融资产总余额相当于国内生产总值的比重

---

* 本文是《证券市场导报》2007年第6期“编者絮语”。

早在1927年，卢森堡就建立了证券交易所。现阶段，卢森堡证券交易所分为两个层次：一个是主要市场，遵照欧盟规则，在此发行的证券须同时满足在欧盟其他成员国发行和交易证券的要求；另一个是次要市场，2005年7月开设，只需要遵照交易所规则，证券发行人不需要提供符合国际财务报告准则（IFRS）要求的财务信息。经过这些年的发展，卢森堡交易所已成为欧洲乃至全世界证券上市与交易的主要场所，100多个国家4 100多家公司的近40 000只有价证券在此上市交易，成为欧洲证券交易的一个重要平台。

一、卢森堡交易所债券市场位居全球第一

1969年4月，世界第一笔外汇债券在卢森堡发行。此项创举使得卢森堡证券交易所从大量涌入的欧洲货币中获益匪浅，这些货币被转化为欧洲债券，被世界各地的债权人所认购，证券交易所开始逐渐扮演国际角色，成为欧洲债券的“晴雨表”。1970年1月，由16个国家的94家银行出资，在卢森堡设立了塞德尔股份公司，专门承办欧洲债券买卖的结算工作。2006年，卢森堡交易所上市债券数量共计28 625只，市值达5.68万亿欧元，筹资额共计1.07万亿欧元，均名列全球第一，分别占全球债券市场的26%、31%和45%。

二、卢森堡交易所挂牌交易的全球存托凭证数量位居全球第一

由于其较低的上市门槛和廉价的上市费用，卢森堡交易所颇得亚太地区中小企业的青睐。截至2006年，在卢森堡证券交易所及其报价系统（Quotation Line）上市的境外公司存托凭证总数为196只，绝大部分来自亚太地区新兴市场。其中印度占58%，中国台湾地区占21%，韩国占8%，三者市值总和占到总市值的72%。

三、卢森堡是全球第二大投资基金管理中心

1962 年卢森堡批准了第一只投资基金，20 年之后，投资基金在卢森堡开始迅速发展。1988 年，卢森堡设立了投资基金协会（ALFI）以促进其行业发展。2000 年 7 月，20 个在 1 个以上的欧盟国家发行投资基金的机构中，有 18 个以卢森堡为基地，跨边境投资基金销售排名第一。这使得卢森堡基金产业迅速超过法国，多数欧盟国家在此登记发行其基金产品，成为继美国之后世界第二大投资基金业务管理中心。截至 2006 年，卢森堡拥有 8 500 多家基金管理公司、2 100 多只投资基金，管理的净资产达 1. 65 万亿欧元，是其国内生产总值 360 亿美元的 44. 4 倍。

卢森堡能够取得如此骄人的成绩，因素有多方面：一是稳定的宏观经济政策、外汇兑换与资本流动的完全自由；二是金融业筹资成本低、经营环境宽松以及“筑巢引凤”的优惠政策；三是证券交易手续简便、费用低廉；四是便利的地理位置，特别是拥有掌握多种语言、素质良好的从业人员，使其人力资源优势十分明显。凡此种种，使卢森堡金融业在 20 世纪 60 年代末、70 年代初迅速崛起，私人银行业务、投资基金管理、欧洲债券发行与买卖等业务很快成为卢森堡的支柱产业，并吸引了许多国家和地区的金融机构、上市公司和其他发行人到卢森堡开展业务，从而促进了金融业的大发展。

卢森堡，这个国土面积略大于深圳、人口仅 46 万、缺乏健全产业结构的弹丸小国，正是凭着它异常发达的金融业在激烈的国际竞争中始终处于领先地位，吸引着全球越来越多的公司在其注册、上市，越来越多的投资人投入更多的资金以追求更大的回报。由此，卢森堡资本市场值得我们认真研究和重视。

中国特色资本市场*

开辟了中国特色社会主义道路，形成了中国特色社会主义理论体系，党的十七大报告对改革开放的总结，对于我们科学把握中国特色资本市场的特征、规律与任务，深入探索中国特色资本市场的理论，提供了强大的思想武器。

中国资本市场是一个"新兴加转轨"的市场。社会主义初级阶段的基本国情与长期性，赋予了中国资本市场新兴市场的市场秉性和与众不同的时代特色；计划经济向市场经济过渡及经济转型的艰巨性，增添了中国资本市场发展的复杂性和不平衡性；中国改革开放和以西为师，决定了中国资本市场向成熟市场学习的趋向性和长期性。中国特色资本市场是"普照之光"，成为新时期新阶段推进与谋划资本市场改革与发展的根本依据。

一、始终服务于中华民族的伟大复兴，是资本市场繁荣昌盛的根源

一个强大的经济体必然会有一个功能强大、结构合理的资本市场。中华民族正迈向伟大的民族复兴征途，加快转变经济发展方式，完善社会主义市场经济体制，走中国特色新兴工业化道路，推进社会主义新农村建设，引导生产要素跨区域合理流动，需要资本市场充分发挥在要素配置中的统筹、调配和枢纽作用，提供强大资金支持，提供规范约束机制。

---

* 本文是《证券市场导报》2007年第11期"编者絮语"。

二、支持和支撑国家自主创新，是资本市场肩负的神圣的历史使命

提高自主创新能力，建设创新型国家，已经成为国家发展战略的核心，已经成为提高综合国力的关键。在世界经济发展史上，通过资本市场促进科技与资本的最佳结合，已经演绎了一场又一场波澜壮阔的历史画卷。“往者之可鉴，来者犹可追”，中国资本市场应当成为支持自主创新的重要平台。这是中国特色自主创新道路对中国资本市场的特殊要求。

三、国有经济与资本市场共生互赢，是资本市场赖以壮大的重要条件

公有制为主体、多种所有制经济共同发展，是我国的基本经济制度。这使中国资本市场在服务对象与服务范围上与成熟市场有重大差异。国有经济要适应资本市场的发展，要主动成为资本市场平等的一员，一切按资本市场的规矩办事，同时也亟须利用资本市场增强国有经济活力、控制力和影响力。

四、正确处理政府与市场的关系，是资本市场的重大课题

政府和市场的关系，是政治学、经济学和行政法学永恒的主题。在成熟市场，自由放任与有限政府使政府与市场有规可循、分工明确。在我国，政府强势色彩还比较浓厚，市场发育还不够充分，如何辩证地处理政府与市场的关系，是中国特色资本市场必须直面的挑战。不管怎样，对于市场规律和机制，政府必须尊重它、了解它、把握它，而决不能扭曲甚至违背它，否则将会受到规律的惩罚。

五、保持庞大散户订单处理能力，是资本市场技术系统保持先进性的强大动力

中国是世界上的人口大国，有着东方人传统的亲力亲为的理财方式和观念，这决定了散户投资者数量庞大，需要交易系统具备非常强大的持续订单处理能力。如深交所第 4 代交易系统持续订单处理能力为 2.1 万笔/秒。在资本市场未来发展相当长的一段时间内，庞大散户订单的格局不会改变。保持强大的订单处理能力始终是中国特色资本市场安全运行的基础和条件。

六、解决中小企业直接融资问题，是资本市场长期而艰巨的任务

20 世纪 70 年代以来，成熟市场纷纷降低门槛、放宽条件、简化程序，推进中小企业的上市融资工作。截至 2006 年底，全球共有 41 个创业板市场，上市公司超过 1.4 万家，总市值达到 4.54 万亿美元。中国中小企业占全部企业数量的 99%，提供 75% 的新增就业岗位，开发 65% 的专利和 80% 的新产品，占总产值的 66%，占外贸出口的 62%，提供 46% 的税收。服务于中小企业直接融资，应该成为中国特色资本市场的基本任务。

西方金融理论两个根本转变*

什么导致了经济增长和人类繁荣？这是经济学中最重要的问题之一。这当中，经济与金融的关系一直就是西方金融理论中一个十分重要又颇具争议的热门话题。通过对西方金融经济学的梳理，笔者把它概括为两个转变：一是从实物增长理论占主导转变为以货币增长理论为主导；二是从间接融资为主导转变为以直接融资为主导。相对于第一个转变，第二个转变更加曲折，更有价值，它涉及对资本市场在国民经济中的地位和作用的评价问题。经过反思两个转变，可以得出如下结论：作为资本资源的主要组成部分和市场经济中主要的要素市场，资本市场不仅影响、制约和支配着资本资源的合理流动与布局，而且是调动、配置和融合各种核心资源的桥梁和纽带，已经和必将在一个国家的社会、政治、经济生活中发挥不可替代的核心作用。本文根据现有的资料对西方金融经济学的两个转变作一阐述，作为资本时代充分发挥资本市场直接融资功能之借鉴。

一、实物增长理论到货币经济增长理论的转变

在西方经济增长理论中，20 世纪五六十年代是一个显著的标志。在此之前，实物增长理论占据主导地位，货币被视为面纱，金融处于附属和被支配的地位而被忽视。1953 年，美国著名经济学家戈德史密斯在“发达国家的金融结构与经济增长”一文中说过，经济增长是一个复杂现象，由物质的、技术的因素以及大众心理素质等“一些基本因素”所决定或影响，金融“显然属于次要力量的作用”。对解释经济增长的特性和速度的差异来说，“恐怕金融因素将是一项太无力和愚钝的工具”。根据这个

* 本文定稿于 2003 年 8 月，2010 年 9 月收入本书时进行了较大修改和补充。

判断，戈德史密斯在1962年开始写作《金融结构与金融发展》一书时还断定，“迄今为止，在现代经济理论体系中，还没有一种关于金融结构与发展的理论”，他正在写作的这本书“只能说是一个开头”。① 著名经济学家卢卡斯甚至认为，在分析经济增长的各因素中，忽视金融部门不会失去太多的解释力。在此之后，金融发展与经济增长的关系成为各方关注的重点，货币经济增长理论开始占主导地位，金融在现代经济中核心作用的理论逐步得到阐发。需要说明的是，上述划分并不表明经济学家没有进行探索，特别是分析金融与经济的关系，离不开对货币的本质和功能的认识与分析，离不开资本形成理论及资本形成机制的阐发，这是实物经济增长理论转向货币增长理论的重要前提。在此，笔者根据接触的材料，对西方经济学家对上述问题的探索进行简要的叙述。

（一）资本形成是实物增长理论转化为货币增长理论的前提条件

所谓实物增长理论，是指经济学家们普遍关注经济增长的实物方面。有专家认为，在唯计划、唯资本和唯工业化思想的指导下，金融因为是工业化、计划化和资本积累的工具，而处于附属和被支配的地位，其发展被忽视。② 具体来说，这些经济学家主要是阐述资本积累、人口增长和技术进步等实际变量同长期的经济发展和国民收入增长的关系。从古典和新古典经济学强调劳动、资本和土地三要素，到马克思的劳动工具、劳动对象和劳动者等生产力三要素；从熊彼特的创新理论，到发展经济学的“贫困恶性循环理论”、“缺口理论”、“起飞”理论；从马尔萨斯的人口论，到罗马俱乐部的增长极限论等等，各派经济学家强调资本形成、技术进步、劳动者素质等在经济发展中各自的独特作用。当然，也有人力图总结出某种理想的似乎适用全球的“超级原则”，而无论历史、地理条件以及

① ［美］雷蒙德·W. 戈德史密斯：《金融结构与金融发展》，上海三联书店、上海人民出版社1990年版，序言第4页，正文第3页。

② 陈雨露、汪昌云：《金融学文献通论（宏观金融卷）》，中国人民大学出版社2006年版，第445页。

发展阶段如何。这些原则包括：激励措施、产权保障、合同的执行和法治、竞争的力量、有力的预算约束等。

诚如索洛所说："对经济增长理论感兴趣的人是喜欢建立模型的人。"① 我们可以看到，一些西方经济学家在对经济增长的资源制约与路径方式的探讨中，逐步形成了丰富多彩的现代经济增长模型。

哈罗德－多马经济增长模型把资本作为直接考察的唯一的生产要素，强调投资在经济增长过程中的关键作用，认为投资具有"需求效应"和"供给效应"等双重效应。1950～1975 年期间，哈罗德－多马经济增长模型成为发展经济学文献当中极具影响力的模型，并且是经济规划框架中一个关键的成分。

在索洛、米德和卡尔多经济增长模型中，更多地强调技术进步、劳动力质量的提高比增加资本对经济增长的作用更大，要求发展中国家不能把本国经济的发展仅仅依赖于资本和劳动力的增长上，要更多地研究如何在现有工业的基础上逐步提高劳动生产率、技术和教育程度，以技术进步函数取代一般的生产函数，把促进生产力增长的技术进步与资本积累联系起来。②

罗宾逊在资本积累模型中提出，当人口增长率等于资本增长率时，经济处于充分就业均衡，也就是处于"经济天堂状况（State of Economic Bliss）"或"黄金时代"。罗宾逊把均衡增长的决定因素分为七大类：（1）技术条件；（2）投资政策；（3）节俭条件；（4）竞争条件；（5）工资协议；（6）融资条件；（7）初始资本存量以及过去经验形成的预期状况。

在这些因素中，资本因素格外引人注目。美国经济学家阿瑟·刘易斯在 1955 年就说过："经济增长不仅仅是制度变化的结果。经济增长可能由

① ［英］布莱恩·斯诺登、霍华德·R. 文：《现代宏观经济学：起源、发展和现状》，凤凰出版传媒集团，江苏人民出版社 2009 年版，第 583 页。

② 郭庆旺：《现代经济增长模型比较研究》，东北财经大学出版社 1995 年版，第 48 页。

于资本形成的增加而发生，由于得到新技术知识而发生，或者也可能由于其他并非渊源于制度变化的原因而发生。”① 他特别强调，辛勤劳动与资本形成是经济增长的一个绝妙公式，没有辛勤劳动的资本形成也会产生巨大的增长，而没有资本形成的辛勤劳动对发展做出的贡献则微不足道。相对于亚当·斯密、大卫·李嘉图和卡尔·马克思强调的劳动价值论，相对于约瑟夫·阿洛伊斯·熊彼特的技术创新驱动论，刘易斯则更加强调资本的作用，并且由抽象的资本转变为实在的资本形成，把资本形成作为经济增长的条件之一，内涵和外延更加丰富，实现方式更加便捷。对于资本形成的起源、发展、内涵和外延，无论是西方学者还是东方学者，都没有进行系统而明确的整理，根据现有的材料进行简要的回顾和总结，就显得十分必要。

1. 资本形成理论。

（1）资本的概念从物质资本扩展到教育、经验和健康等形式的人力资本，这是西方经济学家近200年探索的智慧结晶。亚当·斯密说过，在任何一种需要特殊技艺和技能的行业，一个花费很多劳动和时间接受教育的人，可以看作是一台昂贵的机器。可以肯定地预料，他所学会的工作的收入要高于普通工人的通常收入，将补偿其全部受教育费用，并获得至少与同等价值资本相同的普通利润。马歇尔在《经济学原理》中也强调，在所有资本中，最有价值的是投资于人的资本。到20世纪下半叶，经过舒尔茨、贝克尔和明塞尔等经济学家的努力，一种比较完整的人力资本理论得以形成。

（2）资本形成概念的提出合理地引导出资本形成机制，这是西方经济学家在资本问题上取得的最为重大的突破。亚当·斯密早就说过，资本积累与经济增长率成正比例，资本积累的大小是经济增长率高低的关键。马克思经典作家在此基础上更关注资本积聚，强调股份公司的作用。尽管

---

① ［美］W. 阿瑟·刘易斯：《经济增长理论》，上海三联书店、上海人民出版社1994年版，第176页。

如此，资本形成理论却是由发展经济学家提出并加以论证的。1943 年，发展经济学先驱、平衡增长理论先驱保罗·罗森斯坦·罗丹（Paul Rosenstein Rodan）发表“东欧和东南欧国家的工业化问题”一文，提出了“资本形成大推进”理论。他认为，发展中国家要从根本上解决贫穷落后问题，关键在于实现工业化，破除资本形成不足的障碍。罗丹承认，在增加资本形成的过程中，必须达到足够的规模，分散的、小规模的、个别部门的投资不能形成经济发展的氛围、给工业化带来足够的动力。接着，经济学家罗斯托提出了“起飞理论”。罗斯托强调，一国实现经济“起飞”的条件有三：即投资率达到 10% 以上，这最为关键；建立起能带动整个国民经济发展的主导部门综合体系；必须伴随制度和意识形态上的变革。

罗格纳·纳克斯（Ragnar Nurkse）被认为是资本形成理论的早期开拓者之一。1953 年，纳克斯发表《不发达国家的资本形成》一书，探讨了贫困的根源。他认为，发展中国家之所以贫困，是因为其经济中存在若干互相联系、互相作用的“恶性循环力量”在作用，其中最主要的就是贫困的恶性循环。由此他得出了著名的结论：“一国穷是因为它穷。”在他看来，所谓“资本形成”（Capital Formation），是指社会不把它的全部现行生产活动用于满足当前消费的需要和愿望，而是以其一部分用于生产资本品：工具和仪器、机器和交通设施、工厂和设备等各式各样可以用来大大增加生产效能的真实资本。“资本形成”一词有时被用于包括物质资本，也包括人力资本，即在技能、教育及健康等方面的投资，这是一种非常重要的投资形式。他强调：“资本形成过程的实质，是将社会的部分资源抽调出来增加资本品存量，以便使将来可消费产品的扩张成为可能。”

1956 年，理查德·R. 纳尔逊（Richard R Nelson）在《不发达国家的一种低水平均衡陷阱理论》中提出，发展中国家的人口过快增长是阻碍人均收入提高的“陷阱”，必须进行大规模的资本形成，使投资和产出的增长超过人口增长，才能跳出“陷阱”，实现人均收入的大幅提高和经济增长。1957 年，莱宾斯坦（Leibenstein）提出了“最小临界努力”理论，扩展了“低水平均衡陷阱”理论。“低水平均衡陷阱”的产生，是因为经济中存在的“降低收入的力量”大于“提高收入的力量”，使人均收入滑回“陷阱”。摆脱“陷阱”必须有一个初始阶段的大规模投资，形成一个最小临界努力，使“提高收入的力量”大于“降低收入的力量”，推动经济跳出“陷阱”。

2. 资本形成机制。需要进一步说明的是，资本形成理论摆脱了抽象谈论资本的固有毛病，深化了人类对资本的认识。但是无可否认，如果不能继续细化到资本形成的制度机制层面，金融对经济增长的作用方式和微观运行机制就难以表现出来。在西方经济学家看来，资本形成就是储蓄转化为投资的过程，主要涉及三个问题：必须有储蓄可资利用；必须有投资需求；两者结合的途径和方式。进一步分析发现，上述三者的相互依存、相互作用和相互制约的辩证关系，就构成资本形成机制。

（1）储蓄供给水平最终决定着资本形成的数量。国民收入中扣除消费以后的剩余才是储蓄，它是人们放弃现期消费的结果。因此，储蓄是资本形成的物质基础，是资本形成的供给力量，超过储蓄供给的投资需求没有现实物质基础。

（2）投资需求是储蓄转化为实际投资的动力。这又包含两重含义：一是投资需求与储蓄能力的量的匹配，投资需求不足，现实的储蓄供给也难以形成实际投资；二是储蓄供给与投资需求的物质结构是否匹配，不仅制约着当期资本形成的量，动态地看还制约着后期资本形成的质与量。

（3）资本形成机制至少应该包括三个层次的良性互动：宏观层次、中观层次和微观层次。宏观层次形成机制是指国家宏观政策与储蓄供给、投资需求、储蓄向投资转化三者之间相互依存、相互作用与相互制约。国家宏观经济政策包括产业政策、外贸政策、收入分配政策、财政政策和货币政策等。中观层次形成机制是指这种机制在不同区域，各级政府、不同市场间等层面的展开。微观层次形成机制是指以自我行为决定的利益最大化的微观经济主体在资本形成上的作为。在资本形成机制的三个层次中，较高的维度构成较低的维度的外部环境，较低的维度是较高的维度的基础。

（二）刺破"货币面纱"，把货币因素引入经济增长模型中

要破解和评估金融在经济增长中的动力问题，还需要解决货币理论中最基本的"什么是货币"以及"为什么要用货币"等重大问题。我们可以看到，在实物增长理论中，一些经济学家对信用和货币以及它们同经济的关系也进行了一些研究，逐步形成了货币面纱论、货币非面纱论、信用媒介论、信用创造论和信用调节论等理论。鉴于货币非面纱论比较新颖、比较独特，对于西方实现从实物增长理论转变为货币增长理论有突出贡献，其他理论在国内已经有较多介绍，这里重点介绍威克赛尔的货币非面纱理论。

货币面纱论主要代表人物有大卫·休谟、萨伊、约翰·穆勒和费雪等人。1752年，休谟发表"论货币"一文，完整地提出货币数量论。1803年，萨伊出版《政治经济学概论》一书，提出"生产给产品创造需求"这个"看起来似乎很离奇的结论"的萨伊理论，并断言："在以产品换钱、钱换产品的两道交换过程中，货币只一瞬间起作用。当交易最后结束时，我们将发觉交易总是以一种货物交换另一种货物。"① 货币面纱论在西方经济学中长期占据主导地位。他们的主要观点是，货币与商品的交换实质上是商品与商品的交换，货币本身没有价值，它只不过是一种便利交换的手段，对经济不发生任何实质性的影响，货币就像罩在实物经济上的一层面纱。有人甚至断言，"货币其实是多余的"。货币面纱论在许多方面与信用媒介论有相似或相通之处。

德国著名社会学家齐美尔在1900年出版的《货币哲学》一书中强调："占有货币比占有任何其他东西对我们都意味着更多，因为货币毫无保留地服从于我们；但占有货币又比任何其他占有对我们意味着更少，因为货币缺乏任何除了纯占有之外还能使人有所得的内容。在拥有货币的时候，我们拥有的比任何其他东西都多，但我们从货币之中得到的却比从所有其他东西之中得到的都少。"这一段话听起来十分拗口，从实质上说，

① ［法］萨伊：《政治经济学概论》，商务印书馆1997年2月第6次印刷，第142～144页。

可以归结为货币面纱理论。

1898 年，瑞典学派的鼻祖威克赛尔出版《利息与价格》一书，围绕市场利率和自然利率的关系来阐发“积累过程理论”，挑战萨伊定律和货币面纱论，阐述了货币非面纱论。威克赛尔强调，货币不是覆盖在实体经济上的一层面纱，货币在资本形成和资本转移过程中会对经济有主动和实质性的影响。当然，货币对物价水平进而对经济的影响过程是间接的，即货币供应量的变化要影响到利率水平，影响到投资，从而对实体经济的过程发生影响。据介绍，威克赛尔属于李嘉图学说的“精深研究者和赞赏者”，他自己承认受到英国经济学家图克的启发，循着李嘉图“这位大师的足迹前进”。尽管这样，货币非面纱理论却是威克赛尔的独创，“他的科学天才，使他对于价格体系变动的特性和形态达到深刻的观察”，首度在货币数量论上加上了利率因素，明确提出了“利率是商品价格的调节者”。他写道：“我们得出的结论是：只要市场情况没有变动，信用机构所布置的利率，其任何恒久性的降落，不论怎样微细，将促使一般价格水平在一个持续的、带几分均一的情况下，上涨到无限制程度。同样的，当利率上涨时，不论怎样微细，若持续到足够地长久，将促使一切货物和劳务的价格不断地、无限制下降。”

研究发现，在当时的历史背景下，资本主义固有的商业周期与经济危机周期发作，许多西方经济学家或者不愿承认，或者视而不见，而威克赛尔则倾注了心血，在其论文“恐慌之谜”中提出，通过机敏的信用政策，至少在多数情况下，可以防止这种动荡渐趋猛烈。以此为基础，威克赛尔进一步提出，要建立一个稳定的价值尺度，使价格维持在不变的平均水平。他分析道：“我们自己研究的结果说明，这样一个目的不但在理论上，而且在实际上可以达到的。”只不过：“在我们的时代里，只是由于时机不很迫切，却把最重要的经济因素，纯粹听任机会支配，这是与我们的时代不相称的。”为此，威克赛尔倡导“遵循着合理途径的货币改革”，表示“向着经济的或科学的国际团结前进的第一个新的步骤，我都热烈欢迎”。当然，威克赛尔没有忘记提醒，不可以为价格稳定就可以克服经济萧条，切不可“希望从货币的处理中出现奇迹”，因为“货币是不会生儿育女的，即使会的话，贵金属和银行券是寒不可以为衣、饥不可以为食的”。①

对于货币数量论，威克赛尔作了较多的阐述，从中可以看出他对货币数量论的态度及其对货币数量论的发展。威克赛尔在自序中写道：“如果数量论是错误的，或是在相当程度上错误的，那么到目前为止，关于货币还只有一个错误的理论，还没有正确的理论。”“直到今天，即使是最杰出的经济学家，大部分也还缺乏真实的、合乎逻辑的货币理论，这并非过甚其词。”一方面，威克赛尔肯定了货币数量论的正确性：“我认为不能否认，在一定情况下，数量论是可能正确的，不论怎样，它带有高度的真理。”另一方面，他认为当时反对数量论的“这些意见没有什么成就；数量论还是不能就抛弃在脑后的。……无论如何，比较地说，到目前为止对于一般价格水平的动荡所提出的所有解释方法中，数量论还是最适当的；实际上它是唯一的能够在若干程度上试图作出合理解释的。我们必须有耐心，希望由于对一些基本论据的进一步精密分析，能够除去这个理论所无疑存在的一些缺点”。正是威克赛尔把利率因素导入货币数量论中，不仅发展了货币数量论，而且使西方经济学理论在货币领域跳出了自由放任的泥潭，走上了国家干预主义的道路，形成了以调节利息率为中介的宏观货币政策主张，成为从亚当·斯密过渡到凯恩斯的重要桥梁，从而注定要在西方经济学发展史上具有划时代的意义。一方面，威克赛尔的学说经过瑞典经济学家缪尔达尔、林达尔等人的发展，建立了宏观动态均衡学说，形成为瑞典学派；另一方面，凯恩斯发现并重视威克赛尔的思想，成为凯恩斯主义的理论渊源之一，故货币非面纱论可以归入信用调节论中。

信用媒介论的主要代表人物是亚当·斯密、大卫·李嘉图、约翰·穆勒。斯密就强调：“货币是流通的大轮毂，是商业上的大工具。像一切其

---

① ［瑞典］威克赛尔：《利息与价格》，商务印书馆2007年10月北京第8次印刷，第5页、第15～16页、第81页、第156～158页。

他职业上的工具一样，那是资本的一部分，并且是极有价值的一部分，但不是社会收入的一部分。把收入分配给应得收入的人，固然是靠了铸币内含金块的流通，但那金块，绝不是社会收入的一部分。”① 正因为如此，在这些经济学家看来，信用在生产中起着媒介作用，它使资本从一个人手中转移到另一个人手中，从一个国家转移到另一个国家，从而影响生产的发展。但是，这些经济学家强调，不论银行间接金融还是证券直接金融，都只有充当储蓄和投资间的信用中介功能，没有信用创造功能。

信用创造论的主要代表人物有约翰·劳、亨利·桑顿、麦克鲁德、熊彼特、阿伯特·韩、菲力普斯等。他们认为，信用就是货币，货币就是资本，资本就是财富，通过存款创造、信用保证金制度与货币信用化，就能达到扩大信用繁荣经济的目的。在这些代表人物中，德国金融理论家阿伯特·韩“无疑有在现代金融理论史上占据卓越地位的权利”，韩的信用创造论的核心思想是“资本形成不是储蓄的结果，而是信用提供的结果”，“假如说需求对生产是第一性的，则信用提供对资本形成也是第一性的。若是没有信用提供，则任何资本商品都不能生产，因而资本形成即不可能。信用供给之能引起资本形成，恰如需求之能引起生产一样”。②

信用调节论的主要代表人物是霍曲莱、凯恩斯、汉森和萨缪尔森等。他们认为，经济周期的变动是由于信用的扩张或收缩造成的；治理有效需求不足，需要运用宏观经济政策特别是货币政策，通过货币供应量的增减作用于利息率的升降，从而影响投资。美国经济学家汉森虽然曾把金融政策比作“一个脆弱的芦苇”，完全“不足以为依靠”，但却在提出“补偿性财政政策”的同时，提出了“补偿性的金融政策”，即在经济衰退时期，扩大信贷规模，降低利率，刺激投资和消费；在经济繁荣时期，缩小

---

① ［英］亚当·斯密：《国民财富的性质和原因的研究》（上卷），商务印书馆 2008 年 7 月北京第 15 次印刷，第 268～269 页。

② 哈柏勒：《韩的银行信用之国民经济的理论》，转引自《曾康霖著作集》（六）“信用论”，中国经济出版社 2004 年版，第 160 页。

信贷规模，提高利率，抑制投资和消费。①

20 世纪 60 年代以后是西方经济增长理论的重要发展时期，金融发展与经济增长的关系成为各方关注的重点，货币经济增长理论开始占主导地位，金融在现代经济中核心作用的理论逐步得到阐发。这些理论主要包括：托宾把金融发展纳入经济增长理论，并提出“托宾反论”；麦金农和肖提出发展中国家“金融压制”和“金融深化”理论；约翰·格利和爱德华·肖提出“资产转换”功能说，形成工商企业直接向消费者和银行局出售它们的初级证券的直接金融与间接金融；② 戈德史密斯围绕金融结构做文章，强调“最重要的也许是金融工具的规模以及金融机构的资金与相应的经济变量之间的关系”；风险分担功能说和降低交易成本功能说；信息经济学对金融学的决定性影响；米什金等人金融机构观；博迪和默顿的金融功能观；以及金融阻滞论、金融约束论、金融风险理论和金融危机论等。

货币经济增长理论强调，实物增长理论主要是注意经济增长的实物方面，忽视了货币方面，“从某种意义上说来是不完善的”。③ 1955 年，美国经济学家托宾发表了《动态总体模型》一文，针对索洛经济增长模型，提出一个单一的总体模型，“既顾及各要素间的相互替代，又考虑到货币的作用”，④ 从而首次把货币因素引入经济增长的研究中。接着，托宾于 1965 年再次发表《货币和经济增长》一文，通过引入可支配收入这一新概念，初步奠定了货币增长理论的基础。需要说明的是，托宾的研究却得出“托宾反论”。一方面，货币经济中人们的可支配收入往往大于实际经济中的实物收入，货币中的储蓄往往大于实际中的储蓄；另一方面，货币中的储蓄却

---

① 《曾康霖著作集》（六）“信用论”，中国经济出版社 2004 年版，第 168 ~ 169 页。

② ［美］约翰·格利和爱德华·肖：《金融理论中的货币》，上海三联书店，上海人民出版社 2006 年版，第 77 页。

③ H. 旺：《经济增长》（1971 年），转引自伍海华编著：《西方货币金融理论》，中国金融出版社 2002 年版，第 275 页。

④ 托宾：《经济学论文集》（第一卷，英文版），第 115 页，转引自伍海华编著：《西方货币金融理论》，中国金融出版社 2002 年版，第 275 页。

不能像实物经济中的储蓄那样全部转化为投资，因而货币的引入降低了资本密集度的均衡值，人均资本在货币经济中反而比在实物经济中少。

托宾的分析框架和方向无疑是正确的，被视为开创了西方货币理论研究的新阶段，但"托宾反论"却令许多经济学家不能接受。以此为基础，各派经济学家根据自身的立场和认识，从不同的角度对此加以进一步的阐述，形成了多种多样的货币经济增长理论。就金融发展与经济增长的关系来说，首先涉及的是金融发展与经济增长是相互矛盾论还是相互促进论，其次涉及金融发展的供给主导（Supply - leading）理论还是需求遵从（Demand following）理论。

相互矛盾论认为，发展中国家经济结构上的刚性及低供求弹性、经济发展水平的落后等，决定其金融市场尤其是证券市场上供给及相应需求的相对不足；而市场供给及相应需求的相对不足，又决定其对应的价格参数不能真正地达到促进现代经济发展的目的。

相互促进论认为，通过金融市场活动不仅为发展中的经济运行造就一个价格参数确定的环境，且可积累必要的资本，促进经济增长；而经济发展的结果可通过相应的扩散及滴注经济效应而有效地刺激金融市场供给与需求，从而导致金融市场的迅速发展。

供给主导理论强调金融发展在动员储蓄、管理风险、便利交易等方面的积极作用，认识到金融市场增强了小额储蓄者聚集资金的能力，鼓励了生产的专业化、企业的发展和新技术的采用，实现了资本的有效配置，并通过金融中介部分解决了信贷市场的逆向选择问题。

需求遵从理论强调实际部门的增长方便了金融部门的发展，经济增长必然会新增对金融服务的需求，因此金融发展经济是附属于经济发展的。[①]

就金融发展作用于经济增长的方式来说，有货币余额影响论、金融结

① 史永东、武志："我国金融发展与经济增长关系的实证分析"，载于《金融学前沿问题探讨》（下），北京大学出版社 2002 年版。

构主义、金融压抑主义、金融机构观和金融功能观等。在此，笔者仅介绍货币余额影响论和金融结构主义。金融机构观和金融功能论将在第二个转变中谈到。

货币余额影响论的主要代表有帕廷金、莱福哈里、约翰逊等人。他们就“托宾反论”反问道：“如果货币进入经济的唯一作用是降K（资本劳动比），并从而降低人均产出和人均消费，它为什么还会被引入？货币经济的优越性又在哪里呢？”[①] 在他们看来，之所以会出现“托宾反论”，是因为托宾忽视了货币余额本身应“作为一种消费品和一种生产资料”的事实。通过分析货币作为一种消费品的实际余额对经济增长的影响，分析货币作为一种生产资料的实际余额对经济增长的影响，他们得出了货币的生产服务含义，强调货币使较大规模的专业化生产和较大范围的交易成为可能，弥补了托宾理论的缺陷，使新古典的货币增长理论发展得比较完善。

金融结构主义的主要代表是雷蒙德·戈德史密斯（Goldsmith），他于1934～1941年供职于美国证券交易委员会。1969年，戈德史密斯出版《金融结构与金融发展》一书，系统地探讨了金融资源和传递渠道对经济增长的速度和性质的影响。戈德史密斯把各个国家的金融结构分为三类：第一类，金融相关比率比较低，[②] 约在1/5～1/2之间，债权凭证远远超出股权凭证而居于主导地位，在全部金融资产余额中金融机构所占比例较低，商业银行在金融机构中占据了突出地位，属于金融发展初级阶段。第二类，金融相关系数依然较低，债权凭证仍然大大超过股权凭证，银行仍然在金融机构中居于主导地位，但政府和政府金融机构发挥了更大作用，

① 帕廷金：《货币经济学研究》（1972年），转引自伍海华编著：《西方货币金融理论》，中国金融出版社2002年版，第278页。

② 按戈德史密斯的定义，这一比率是某一时点上现存金融资产总额（含有重复计算部分）与国民财富，即实物资产总额与对外净资产的和之比。该比率的变化反映的是金融上层结构与经济基础结构之间在规模上的变化关系，它大概可以被视为金融发展的一个基本特点。在一定的国民财富或国民产值的基础上，金融体系越发达，金融相关系数也越高。该比率达到1～1.5之间时，该比率就将趋于稳定。

大型股份公司已经大量存在。第三类，金融相关比率较高，约在1左右，债权仍占金融资产总额的2/3以上，但股权证券对债权证券的比率已有所上升，金融机构在全部金融资产中的份额也已提高，金融机构日趋多样化，这导致了银行体系地位的下降以及储蓄机构和私人及公共保险组织地位的上升。

戈德史密斯强调，金融领域中，金融结构与金融发展对经济增长的影响，“如果不是唯一的一个最重要问题，也是最重要问题之一”。写到这里，戈德史密斯笔锋一转，又写下了这段文字：“我们将会很遗憾地发现，由于经济增长理论目前的状况，以及目前对金融发展缺乏足够透明的历史研究，我们不可能在这一领域得到明确的答案。打算寻找简单的、不含糊的和放之四海而皆准的答案的读者，可以不往下读了。在经济增长与金融发展的关系问题上，尽管经济增长是一个如此复杂的现象，但可以肯定，金融结构对经济增长具有巨大的促进作用，因为金融结构改善了经济的运行，为资本转移提供了便利。”他强调，在大多数国家，如果对近数十年间进行考察，就会发现经济与金融的发展之间存在着大致平行的关系。一是随着总量的和人均的实际收入及财富的增加，金融上层结构的规模和复杂程度亦增大，并且在一国的经济发展进程中，金融上层结构的增长比国民生产总值及国民财富所表示的经济基础结构的增长更为迅速。二是经济飞速增长的时期也是金融发展速度较高的时期。当然，戈德史密斯承认：“我们无法弄清这种联系究竟意味着什么：到底是金融因素促进了经济的发展呢，抑或金融发展是由其他因素引起的经济增长的一种反映？”①

需要特别提到的是，西蒙·库兹涅茨现代经济增长理论实现了实物增长与货币增长的有机结合。库兹涅茨用数据来考察“增长率的长期趋势”，结果显示“没有对罗斯托的‘起飞’理论提供支持”，“也无助于格

① ［美］雷蒙德·W. 戈德史密斯：《金融结构与金融发展》，上海三联书店、上海人民出版社1994年版，第41～42页。

申克龙的假设”。[①]为此，他得出结论，由于国家数目相对较少与能起作用的变量相对较多，由于国家大小、地理位置、历史前提和进入现代时期的历史条件各不相同，由于增长阶段所处的年代多种多样，就决定了反映现代经济增长的经验肯定也是多种多样的，在这种背景下，经济增长就不可能出现以经验为根据的一组共同特征。尽管这样，库兹涅茨依然强调，在这些力量当中，经济增长的核心是技术进步和制度变革。库兹涅茨说，在现代经济增长中，创造出“新”产品的技术革新是具有突出地位的。技术上的创造发明，伴随而来的常常是生活条件的改变，无论它们是创制出了新产品抑或是为老产品提供了新的制造方法都是这样。[②]在制度创新中，证券交易所等制度安排成为推动经济增长的重要因素。库兹涅茨强调：“蒸汽机于18世纪末的发明、19世纪的应用，影响了许多国家经济增长的结构和经济增长的速率，在技术发明领域相继出现的电力、内燃机和核能也同样如此；在社会方面出现的现代公司、中央银行、证券交易所和现代贸易联盟等具有与蒸汽机的发明和使用相同的作用。”[②] 这样，库兹涅茨就实现了实物增长理论与货币增长理论的有机统一。

二、以间接融资为主导转变为以直接融资为主导

检索西方经济学著作，可以发现，在西方金融理论中，有一个“比较金融系统”理论，区分为银行为主的体制和市场为主的体制。但总体上看，间接融资在相当长的时期内占据着主导地位。包括米什金在内的大部分经济学家眼中的金融，主要是银行主导的间接金融。20世纪90年代以后特别是亚洲金融危机之后，日德模式声名狼藉，英美模式受到更多经

① ［美］西蒙·库兹涅茨：《各国的经济增长》，商务印书馆2007年7月北京第4次印刷，第53～54页、第407页。罗斯托著有《起飞进到持续增长的经济学》，格申克龙著有《经济落后的历史透视》，分别提出起飞理论和落后性理论。

② 何正斌编著：《经济学300年》第三版（下），湖南科学技术出版社2010年版，第73页。

济学家和更多经济体的仰慕，直接融资体制在全球主要经济体的社会经济生活中渐渐成为主流。

(一) 股票市场在西方早期学者眼中消极作用多于积极作用

1900 年，德国著名社会学家齐美尔出版了《货币哲学》一书，以其敏锐的洞察力，试图通过货币这单独的例证而深入到生活的“每一个细节”中。齐美尔强调货币对经济生活所具有的特殊意义，重点阐述了两个观点：第一，货币向相对小的几个地方聚集。齐美尔强调，随着一个国家的经济越来越以货币为基础，金融活动也日益向货币流通的大型交汇点集中。这是货币流通的独特之处。这种独特之处产生了两个效果，一是城市成为金融交易的场所，伦敦在成为英格兰的心脏和大脑之前，“一直以来都被视为英格兰的钱包”；二是金融交易集中有利于抑制金融寡头。齐美尔观察到，金融交易集中在证券交易所里进行，恰恰具有制衡个人通过货币发挥其优势的效果。因为货币的力量在证券交易所这个中心机构得到了客观化，构成了比最有权势的个体都强大的力量和规范，防止富裕的个人和家庭“决定世界历史进程这样的事情再度发生”。第二，证券交易所成为金融交易的中心。齐美尔写道：“对所有有些相互关系最有表现力的象征就是证券交易所。证券交易所是金融交易的中心。在那里，各种经济价值和利益，都被彻底简约化而以货币表达出来。证券交易所及其代理机构都达到了最紧密的地域性集合，以便以最迅速的方式进行结算、分配和平衡。把价值浓缩成为货币的形式，把金融交易浓缩成为证券交易的形式，货币的这种双重效用，可以使各种价值在最短的时间内流经最多人的手。”① 当然，齐美尔没有忘记提醒，证券交易波动起伏的行情表现出来的经常是种种主观、心理动机，其极端性与独立不羁跟任何客观根据全然对不上号。

1908 年，当时还不太出名的英国经济学家凯恩斯就开始炒外汇和股

---

① ［德］G. 齐美尔：《货币哲学》，贵州出版集团、贵州人民出版社 2009 年版，第 705 ~ 709 页。

票，并且“豪赌”过。他自己承认：“我今天早晨躺在床上好几个小时，阅读那些伦敦股票市场上的股民们关于概率的哲学的文字。”在别人眼中，“投机买卖改善了他的经济学，而经济学又改善了他的投机能力”。①也就是说，凯恩斯对于证券市场不陌生。在《货币论》一书中，凯恩斯承认“现代投资市场实在可以称得上是奇观”。一方面，证券市场确实便利了投资。凯恩斯说，证券交易所把许多投资每天都重新估价一次，使得私人总有机会改变自己已投的资本，既方便人与人之间旧有投资的转让，又形成新建企业与购买现成企业的选择机制。同时，股票价格代表了证券市场的平均预期：“如果有一新事业，费用很高，但只要能用其股票在证券交易所发出去，马上就有利可图，那么也未尝不可进行。”② 凯恩斯运用股票市场拓展“新事业”的认识，应该说代表当时经济学家对股票市场功能作用的最充分的肯定。另一方面，证券市场的投机性却使得经济体系变得很不稳定。凯恩斯说：“如果投机只是企业洪流中之一点波澜或者入场，那倒没什么害处；但如果企业成为投机漩涡中的水泡，情况就严重了。如果一个国家的资本发展变成为游戏赌博的副产品，那么这件事情大概很难做好。”在凯恩斯看来，投资市场的组织越进步，那么投机支配企业的危险系数就越大。这两个方面的纠缠，使凯恩斯一边称颂“华尔街的成就”，说华尔街的正当社会功用在于引导新投资，这是自由放任式的资本主义的辉煌胜利；一边称呼纽约证券交易所是“游戏赌博场所”，强调这个世界最大的投资市场之一有“罪恶”。③ 在《货币通论》中，凯恩斯继承了《货币论》中对证券市场的双重评价。凯恩斯强调，华尔街的成就不仅在于发挥了合理地引导新的投资的作用，也在于它为大多数人创造了投机的平台。“投机是证券市场交易活动的一种基本活动形式，这种

---

① ［英］罗伯特·斯基德尔斯基：《凯恩斯传》，生活·读书·新知三联书店2007年2月北京第2次印刷，第163页、第313页。

② ［英］约翰·梅纳德·凯恩斯：《货币论》第二卷，陕西师范大学出版社2008年版，第89页。

③ ［英］约翰·梅纳德·凯恩斯：《货币通论》，人民日报出版社2009年版，第94页。

起因于人性弱点的投资是投资市场不可避免的。”如果投机仅是企业的一个部分，将不足以影响大局。一旦投机成为企业生存的主要支柱，则事态将有所变化，这就如同将企业乃至一个国家的发展当作一场赌博的游戏在玩，十分危险，而资本此时已变为对弈的赌资。①

英国经济学家琼·罗宾逊（Joan Robinson）把金融分为银行贷款与生财市场（即资本市场）。对银行和其他金融中介机构，她是持肯定立场，强调“金融机构是随同工业而一起发展的，它用多种多样方式为贷款提供便利。而且，一个庞大的机构和许多兴旺的职业环绕着把借贷双方拉拢在一起的行业建立起来，大量资金用于融通资金”。对于证券市场，琼·罗宾逊至少是持保留态度的，并引进凯恩斯赌博游戏的观点来佐证。她说，证券交易所主要是为食利者提供一种便利，在买卖第二手债券的营业方面发展起来大量高报酬的职业，证券交易所的主要经济作用是保护和膨胀食利者的财富，而不是为工业或政府融通资金。生财市场不稳定对工业投资起着破坏作用。证券交易所的不稳定可能发展到一种极端病态情形，它可能成为工业活动起伏不定以外的一个独立的不稳定性的根源。②

早期学者特别是著名经济学家的上述认识，其实一点也不奇怪，它与初期证券市场上巨大的投机联系在一起。可以这样说，早期证券市场的典型投机行为是早期经济学家们抨击股市的鲜活而感性的素材。

1. 荷兰郁金香泡沫。17 世纪上半叶，荷兰发生了郁金香泡沫，来自东方、花园中简简单单的郁金香花朵，成为人们争相抢购与攀比的对象。手工业者、船员、农民、泥炭搬运工、小伙、姑娘、烟囱清洁工，甚至贵族和商人等，都被郁金香热潮所裹挟，“每个人都想增加郁金香花球的储量，毕竟这种花球预兆着一份利润”。当整个国家都沉醉于“人们对郁金香花的热情永远不会褪去”这一骗人的幻想中时，郁金香不再是一种财

---

① 约翰·梅纳德·凯恩斯：《货币通论》，人民日报出版社 2009 年版，第 160 ~ 161 页。

② ［英］琼·罗宾逊、约翰·伊特韦尔：《现代经济学导论》，商务印书馆 1991 年版，第 283 ~ 291 页。

产投资，而只是供路人欣赏的花朵，泡沫破灭了。马克思·威尔斯在《尼德兰的郁金香花狂热》一书中写道：“早在那个时候，人们就在整个骗人的交易所游戏中使用各种手段和花招。只不过股票在那时候被称为‘郁金香’，这就是区别所在。”①

2. 密西西比泡沫与新股申购中的“出租驼背”。18 世纪头 10 年，法国发生了“出租驼背”的“新兴行业”。这事与信用创造论的主要代表人物约翰·劳（John Law）有关。约翰·劳是当时法国的财政部长，号称“我就是经济”。他除了通过纸币信用缓解法国财政危机外，还拥有开发殖民地的密西西比公司的垄断权。为获得密西西比公司的股票，来自巴黎、法国其他各省和整个欧洲的赌徒、冒险家和商人，都汇集到法国巴黎场外交易市场所在的甘康普瓦大街，排着长队彻夜守候，准备申请密西西比公司的股票。一位英国使馆的职员形容道：“从清晨到深夜，这里聚满了王族子胄、大臣公爵以及贵夫人，一言以蔽之，囊括了整个巴黎的体面人物。他们变卖资产，典当珠宝，为的是购买密西西比公司的股票。”投资者为了在第一时间填妥表格，一群失业的驼背人将自己出租，让其驼背作为填写表格的写字台。举目望去，街上一片凹凸不平的驼背，堪称古今奇观。据记载，密西西比公司的股票每股定价为 500 里弗尔，最高曾达到每股 9 000 里弗尔，跌破每股 1 000 里弗尔后“一文不值”。“出租驼背”的可怕收场，可以从巴黎人为约翰·劳撰写的墓志铭中看出一二：“这里安息的是一个著名的苏格兰人，他是独一无二的算术家，并且用自己的代数学法则使法国人民倾家荡产。”②当时还流传着一首打油诗：“这是一块令人惊叹的密西西比土地，它因股票交易而出名。这个交易充满了欺骗和狡诈，挥霍了数不尽的金银财宝。尽管如此，人们还是十分关注股票，它是风，是烟，虚无缥缈！”③

---

① ② ［德］彼得·马丁，布鲁诺·霍尔纳格：《资本战争》，教育出版社 2008 年版，第 43 页、第 60 页。

③ ［英］尼尔·弗格森：《货币崛起：金融如何影响世界历史》，中信出版社 2009 年版，第 120 页。

3. 20世纪20年代美国“大牛市”与大崩盘。20世纪，美国“柯立芝繁荣”带来了“史无前例的大牛市”，① 同时也埋下了1929年华尔街股市崩盘的隐患。面对汹涌股市的魅力，大多数美国公众都无法抵御，“因为他们都是常人，都有一种迅速致富的正常欲望，他们愿意相信与美国黄金未来相关的任何事物。如果股市上涨，公众们就会买进股票，不管预测人士说什么，也不管股市的前景有多么叵测”。②

类似的情况还有：18世纪罗斯柴尔德家族“第六大强国”的兴起；19世纪奥匈帝国维也纳证券交易所的破产及巴拿马运河公司欺骗案；20世纪和21世纪初的新世纪新经济等。从这些案例中，我们可以看到，在这个问题上，人类似乎已经失忆，好了伤疤忘了疼，周而复始地重复着同样的错误。其实，“博傻”的背后是利益的追逐与角逐，反映出有300%的利润就不怕上绞刑架的人性弱点。正如《资本战争》一书作者德国人彼得·马丁所说：“自交易所成立之日起，价值数十亿的投机活动就一次又一次地上演。”③

与此同时，我们还应该看到，在此之前，相关各方对证券市场作了大量生动、直观的描写。这些描写无疑会对早期西方经济学家产生影响，他们对股票市场总体上持否定态度，在很大程度上就是受这些先辈的描写的影响。这些描写在《资本战争》一书中有详细记录。

早在1688年，西班牙人约瑟夫·德·拉·瓦格在荷兰阿姆斯特丹出版了《混沌中的混沌》一书，据说这是第一部介绍交易所投机的书籍。瓦格写道：“随便问一下走在阿姆斯特丹大街上的陌生人，现在何处？这个人就会回答说：‘只不过是在投机商当中’。因为到处都会听到人们在谈论股票。”瓦格描绘了东印度公司商船在大海远航起伏不定，导致东印度公司股票急剧波动和下跌时的情景：“交易所里出现了一片恐慌，一种不可阐释的动荡，好像世界要灭亡，地球要坠落，天空要塌陷一样。”对

---

① ② ［美］弗雷德里克·刘易斯·艾伦：《浮华时代——美国20世纪20年代简史》，上海财经大学出版社，第7页、第220页。

③ ［德］彼得·马丁，布鲁诺·霍尔纳格：《资本战争》，教育出版社2008年版，第2页。

此，瓦格评论道："一个人一旦踏入了交易所的圈子里，他就永远不会再安静下来。他像是蹲在一个监狱里，而这个监狱的钥匙沉在大海里，监狱的门闩永远不能打开。"

1719 年，英国著名作家丹尼尔·笛福在完成《鲁宾逊漂流记》之后，写出《证券交易所剖析》的小册子，反对在英国进行股票交易。在文学家的眼中，股票交易被视为"建立在欺骗之上的交易，采取蒙蔽的手段，通过欺诈手段、欺骗行为、阿谀奉承、伪造、捏造谣言和所有种类的花招得到实施"。

1760 年，外交官罗德·查塔姆（Lord Chatham）对交易所和股票经纪人作如下评论："证券交易所里卑鄙的股票交易经纪人就像利德贺大街上的小偷一样令人蔑视。"利德贺大街是伦敦一条主要街道，历史上是伦敦金融交易所和东印度公司的所在地。

19 世纪 70 年代，德国的一首讽刺诗是这样写的："犹太人在炒股票，基督教徒在炒股票，小商贩和作家在炒股票，旅店店主和代理人在炒股票，律师和抄写员在炒股票，孩子和女人在炒股票。"

20 世纪初，法国首相克里孟梭在法国议会上论证关于巴拿马运河公司破产诱因时强调："在许多年里，巴拿马运河公司就像一个冒险的赌棍一样，下的赌注越来越高，失去的越来越快。它肆无忌惮地贿赂着数百名部长和议员们。在交易所，几乎有一百万无辜的法国人被巴拿马运河公司欺骗。"

1969 年初，美国约翰·布鲁克斯出版了《戈尔康达往事》，集中描述了 20 世纪 20 年代"证交所可以做任何事"。布鲁克斯写道，实际上，1920 年的证交所刚刚大权在握，尚未意识到重责在肩，它可能比其他任何时候都更专断、更傲慢。任何公共规章制度都约束不了它，它自己制定规则，还能根据自己的利益迅速更改规则，以此进行恶意报复，并轻蔑地以极其荒谬的言辞向公众解释。布鲁克斯强调，从本质上来说，证交所相当于赛马场或是轮盘赌的赌桌，为货币风险交易提供了一个自然平台。"投机是三四千圈内人士对五十万左右圈外人士的游戏，游戏规则完全不平等。”圈外人士“只被允许看到部分自己的牌，而他们的专业对手却能看到所有参与者的牌，包括他们自己的牌”。对于外界的质疑，证交所的雇用经济学家出面予以辩护，称投机和赌博之间有一系列细微差别，从其作用来说，投机是“有益的”，因为它“创造了这个国家”，而赌博却相反，是“有害的”。①

当然，也有一些正面的评论。18 世纪上半叶，约翰·霍顿就曾为股票买卖进行辩护。当时，霍顿在英国出版了一份名叫《贸易与经济》的报纸。他认为，尽管在这个领域里可能蔓延了一些弊病，但是人们不应该把这些弊病同交易所买卖相提并论。如果仅仅因为其中一些人品行恶劣，就将所有人都说成是魔鬼，那是不客观的。霍顿强调，堕落的贪欲吞噬了优秀的国民特性，蔓延的痴迷使他们带着疯狂的渴望，正是这种荒诞与惊狂，大众才钻进了阴谋者布好的罗网中。这一评价颇有见地，但并没有得到多少同时代人的认同。

1900 年，一位法国数学博士路易·巴舍利耶完成了他的博士论文“投机的理论”。此文对萨缪尔森研究股票价格行为和有效市场理论产生很大影响。1938 年，约翰·威廉姆斯出版《投资的价值理论》一书，正式对传统经济学家关于金融市场的思维进行挑战。1952 年，哈里·马科维茨提出了现代证券组合理论。1958 年，莫迪利安尼和默顿·米勒发明了公司资本结构与市场价值不相干理论（M&M 理论）。1965 年，尤金·法玛正式提出有效市场假说。20 世纪 70 年代初，费雪·布莱克、迈伦·斯科尔斯和罗伯特·默顿共同发表了期权定价模型。西方经济学家的逐步转变特别是 20 世纪 60 年代以来的重大转变，与证券市场发生的根本性变化有很大关系。据统计，1960 ~ 1968 年间，纽约证券交易所的股票年交易量从 380 亿美元增加到 1 450 亿美元，增加了近 4 倍；1960 ~ 1969 年，在美国证券交易委员会每年注册的新证券数目从 1 426 只增加到3 645只，

① 约翰·布鲁克斯：《戈尔康达往事——1920 ~ 1938 年华尔街的真实故事》，上海财经大学出版社 2008 年版，第 16 ~ 17 页、第 52 ~ 53 页。

新发行证券从144亿美元增加到868亿美元。

总体上看，西方社会对证券市场这种相对悲观的描写，深深地影响了早期的经济学家，甚至到20世纪80年代，还在对美国货币金融学产生影响。1984年，美国经济学家弗雷德里克·S. 米什金出版了《货币金融学》教科书，该书被视为当代西方金融学的两大学派之一。尤其引人注目的是米什金提出的“8个谜团”和4个结论。“8个谜团”是：（1）为什么在美国和其他国家中，股票市场作为融资渠道，其重要性要逊于其他渠道呢？（2）为什么企业不更广泛地运用可流通证券来为其活动融资呢？（3）为什么金融中介机构和间接融资在金融市场上如此重要？（4）是什么使得银行在金融体系的运作中如此重要？（5）为什么金融市场在世界各地均受到严格的管理？（6）为什么只有规模巨大、信誉卓著的公司才有能力在证券市场上融资？（7）为什么抵押是债务合约如此重要的一个特征？（8）为什么债务合约如此复杂并有限制性？[①] 4个主要结论是：（1）发行股票并非工商企业融资的最重要来源；（2）发行可流通证券不是企业为其经营活动融资的主要方式；（3）间接融资比直接融资的重要性大出数倍；（4）银行是工商业外源融资的最重要来源。

为了回答这些谜团，米什金在1995年《货币金融学》版本中，借助于交易成本和信息成本进行了分析，强调交易成本是金融市场的一个主要问题。交易成本使得许多小额储蓄者和借款者无法直接进入金融市场。比如说，在现实生活中，绝大多数美国家庭从未持有过任何证券。而金融中介机构利用规模经济的优势，能更好地开发出专业技术来降低交易成本，从而储蓄者和借款者能从金融市场得益。

我们认为，米什金的分析反映了一部分事实，但却有明显的错误。

错误之一，把保险公司、养老基金、互助基金等机构投资者视为金融中介机构，把它们持有的债券和股票作为间接融资看待。事实上，作为资本市场重要的机构投资者，保险公司等持有股份的增长，正好是资本市场

① ［美］米什金：《货币金融学》，中国人民大学出版社2002年版，第183～184页。

走向成熟的重要标志。

错误之二，将信息不对称引起的逆向选择与道德风险运用于证券市场，认定普通股的道德风险问题会更严重，使得公司很难通过发行股票来筹资，这就决定证券市场不会运行得很好。大量的事实表明，间接融资与直接融资均存在上述问题，由于资本市场的透明度比较高，发行人和上市公司受到来自方方面面的约束，因而可以比银行系统更多地弱化这些问题。

当然，我们也看到，20 世纪 70 年代以后，随着货币市场工具的日益增多、共同基金的发展、风险投资的兴起和股票市场的兴旺，金融市场更多地为人们所理解和接受。米什金的《货币金融学》并不否认金融市场的作用，认为有效运行的金融市场改善了社会上每个人的经济福利。金融市场是资金由多余者向短缺者转移的市场。金融市场如债券市场和股票市场，在引导资金由那些不能将其投入生产性用途的人的手中转向那些能将其投入生产性用途的人的手中方面，发挥着重要作用。金融市场为整个经济增加生产和提高效率做出了贡献。同样，金融市场使消费者能更好地利用购买时机，从而直接提高了他们的福利。①

（二）西方学者在实证中提炼和肯定资本市场的作用

在西方，比较早地阐述金融对经济增长起促进作用的经济学家首推熊彼特。1911 年，熊彼特提出创新性毁灭，强调金融部门与实物经济良性互动，认为良好的融资体系会提高创新的概率，加速经济增长。熊彼特十分看重的是，创新过程中需要善用别人的钱。受熊彼特思路的启发，经济增长和金融发展的关系开始进入经济学家视野。

戈德史密斯《金融结构与发展》从比较金融的角度进行了实证研究，是比较有代表性的著作。在戈德史密斯看来，金融工具可分为第一性和第二性证券。国债、企业债和股票属于第一性证券，银行存单、保险单、金融债券属于第二性证券，它们共同构成金融上层建筑。金融上层建筑加速经济增长和提高经济效益的程度，视其促使资金导向最佳使用者的程度而

① ［美］米什金：《货币金融学》，中国人民大学出版社 2002 年版，第 21 页。

定，资金投放于经济体系中能产生最高社会效益的地方，金融上层建筑发挥的作用就大。当然，戈德史密斯也提醒，如果考察数十年的变动情况，在大多数国家都能观察到经济和金融发展带来了经济增长，也有可能是金融的发展仅仅反映了经济增长，而经济增长的主要源泉可能还要从另外的地方去寻找。

更为重要的是，西方经济学家对资本市场的认识是在对工业革命的实证研究中发现的。以瓦特发明蒸汽机为标志，第一次工业革命拉开帷幕，这是继农业的发明之后经济史上最重大的具有划时代意义的事件。对于工业革命中的发明与创新，银行采取的是回避的态度，而资本市场却采取了支持态度。英国经济学家希克斯在1969年的这一发现，打破了西方经济学家长期以来对证券交易市场投机的关注，把研究视角深入到证券市场对社会经济特别是科技发明的独特机制上，具有开创性的意义。也正是这一发现，希克斯得出结论，新技术的发明不会引发18世纪英格兰的工业革命。没有资本市场，投资者不愿意向大型、长期项目投资，因此，工业革命必须等待金融革命。更有意思的是，英国18世纪末出现了“运河热”和“铁路热”。按照古典经济学家的假设，兴办公共工程是政府的责任。但是在实际生活中，“政府根本没有管这件事”，银行家们令人惊奇地袖手旁观，资本市场为运河和铁路狂热解囊。据英国经济史专家的研究，有钱的“地方上的乡绅和商人”“自己掏腰包”，出来承担这样一项“冒险事业”，并且渐渐地“取得了很大的成效，结果就出现了合股集资的形式”。①

1971年12月，斯蒂格利茨就“信息与资本市场”发表演讲，开诚布公地提出：“股票市场是否就是个赌场？一心要在市场中取胜的人们，会不会花费了太多的资源去取得信息？真的有可能在市场中取胜吗？这几个问题的答案对于如何评价经济中股票市场的作用是非常重要的。”在提出

① ［英］W. H. B. 考特：《简明英国经济史》（1750～1939年），商务印书馆1992年版，第78页。

这些问题后，斯蒂格利茨马上回答道，按照新古典经济理论，股票市场是联系消费者和厂商的一条重要渠道，股票市场原则上应当为企业作出正确的投资决策提供信号。经过认真的、建立在模型基础上的分析，斯蒂格利茨强调他建立的模型尽管“是高度理想化的”，但却“奠定了一个基础，使我们能够更好理解企业和资本市场许多方面的行为”。斯蒂格利茨得出如下结论：（1）纯粹的证券交易市场不是纯粹赌博市场；（2）证券市场的交易和行为，可能归因于一部分投资者的非理性行为，以及其他理性投资者想要利用这种非理性的行为；（3）资本市场的一个重要功能就是为新的企业提供资助；（4）平均而言，拥有信息的投资者一定能够从投资信息中获得回报，由于信息不完美导致所承担的额外风险就形成了社会成本；（5）企业家自己所持有的股权比例、资产负债比例、投资水平，这些传递企业特征的信息，可能影响企业的行为。1984 年，斯蒂格利茨就“信贷市场与资本控制”发表自己的看法。他强调，过去在讨论资本市场的功能时，一般都认为资本市场能执行以下一些独特职能：在竞争性的资金使用者和用途之间配置稀缺的资本，为管理者提供信号以引导其作出正确的投资决策。对于所有权和经营权分离的大公司，如何实施资本控制，斯蒂格利茨进行了考察。他发现，尽管法律将控制管理层的责任赋予股东，不过从某种程度上讲，是银行和其他贷款人在控制管理者，而不是股东在控制管理层。为此，他结合监管成本，提议进行两项制度改革，即必须要让那些能进行控制的人有很强的激励去做这件事。他认为，有两种机构具有这种激励：银行和（作为工人代表的）工会。①

美国学者钱德勒是最早研究现代公司制度的先驱。通过研究，他发现了铁路股票对于现代金融体制的作用。1987 年，钱德勒在研究美国铁路起源时发现，铁路建设对资本的需求直接导致了美国金融业的根本变革。钱德勒强调，铁路公司是美国第一批由外部获得大量资本的私人企业。随

① 《斯蒂格利茨经济学文集》第二卷，中国金融出版社 2007 年版，第 33 ~ 69 页、第 167 ~ 185 页。

着19世纪40年代末期铁路繁荣时期的到来，修筑铁路的资本不可能再像以前一样，向居住在铁路沿线的农场主、商人或制造商筹集，为了筹集铁路建筑所需的资本，发行股票成为最广泛和最有效的方式。而铁路股票的大量发行，也将纽约股票市场的买卖和投机生意带入了现代的模式，这都促使纽约成为美国资本市场的中心。钱德勒的上述研究得到了印证。1994年，美国经济社会学家弗兰克·道宾进行了一项研究，把铁路时代的美国、英国和法国的产业政策进行了全方位对比。道宾发现，在美国，地方政府互相争夺铁路线，并以提供担保或购买股票等方式吸引私人开发商。到1861年，各州和地方政府投入的资金已达到铁路总投资的30%。总体上看，各州和地方政府的投资至少占了美国早期铁路修建资金的一半。①

当然，西方经济学家对直接融资积极作用的肯定，还主要是20世纪90年代以后的事情。在这里，笔者简要介绍一个流派、一种模型和4个观点。

一个流派：西方金融功能学说。当代西方金融学中，除了前面讲到的米什金间接金融理论外，还有另一个重要的流派，这就是管理学院的理论，它以博迪和默顿的金融功能观为代表。金融功能观认为，金融功能比金融机构更稳定，机构是不断变化的，虽然金融功能也在发展，但相对机构而言，它具有更稳定的性质。金融功能论有三个主要观点：一是基金将取代传统金融机构的存款，引起金融负债结构的转变；二是证券将取代传统金融机构的贷款，引起金融资产的转变；三是网络将取代机构，引起传统中介机构的新问题。默顿认为，21世纪商业银行的间接融资功能将衰退，以资本市场为核心的直接金融将取代传统商业银行制度。为此，默顿提出，银行是一个"十分脆弱的体系"，"我们必须抛弃银行"，"未来的金融体系的模式，应当是养老基金和共同基金来承担银行曾经行使过的

① ［美］弗兰克·道宾：《打造产业政策——铁路时代的美国、英国和法国》，上海人民出版社2008年版，第42页。

职能”。①

一种模型：帕加诺模型。1993 年，马尔科·帕加诺通过内生增长理论建立了一种模型，来阐述股票市场对经济增长的作用机制。在帕加诺看来，股票市场作用于经济增长主要通过两大机制来实现：一方面，股票市场有助于促进储蓄向投资的转化。在储蓄转化为投资的过程中，金融体系需要吸收一部分资源以维持自身的运转，股票市场的发展，能够使金融部门所吸收的资源减少，经济增长率就会提高。另一方面，股票市场有利于提高资本配置效率。股票市场可以较为便利地将资金配置到边际产出最高的项目中去，这主要表现在：一是收集信息以对各种可供选择的投资项目进行评估；二是促进创新；三是通过风险分担机制促使个人投资于风险较高但更具生产性的技术，从而提高生产力。②

第一个观点：投资基金制度取代商业银行制度。1995 年，约翰·施梅尔在《芝加哥论坛报》发表“21 世纪银行的命运”一文，介绍了美国商业银行在全部金融资产中比重日益下降的事实。他说，20 世纪初，美国的商业银行几乎拥有全部金融资产，1952 年下降到 48%，1993 年下降到 25%，并有进一步下降的趋势。为此，该文得出结论，在竞争激烈的 21 世纪，银行将面临“消失”的危险。③

第二个观点：证券市场有效弥补银行系统不足。1995 年，世界银行学者米契尔·波尔多（Michael Bordo）通过对 1870 ~ 1980 年美国和加拿大银行制度的考察，得出这样一个结论：在考察期内，加拿大的银行体系在稳定性和效率方面均优于美国。但从经济发展的角度考虑，美国资本市场的发展比任何国家都要广泛和深入，这足以弥补银行制度的不足，美国民众从交易所中得到了很多，并进而带来了美国经济的大发展。④

① 廖理：《探求智慧之旅——哈佛、麻省理工著名经济学家访谈录》，第 91 ~ 103 页，北京大学出版社 2000 年版。

② 张湧：《市场主导型融资模式研究》，学林出版社 2005 年版，第 63 页。

③ 约翰·施梅尔：“21 世纪银行的命运”，《芝加哥论坛报》，1995 年 6 月 18 日。

④ Michael Bordo：Regulation and Bank Stability：Canada and the United States，1870 – 1980.

第三个观点：好的证券市场与坏的证券市场。1993年，德国的证券化率只有24%，法国为36%，日本为71%，美国为82%，英国为140%。据此，全球主要经济体按融资模式区分为日德银行模式和英美市场模式。不少经济学家和法学家力图从理论和实证两个方面对此作一阐述，区分证券市场的好与坏。其中La Porta，Rafeal，Shleifer，Vishny的组合最为有名。他们认为，在证券市场上，信息和情况瞬息万变，利益和矛盾高度汇集，证券执法一要快捷，二要灵活。面对这种情况，普通法明显优于成文法。一是普通法遵循先例的原则，更能适应证券市场的发育与功能完善；二是普通法更加注重发挥市场本身的作用，而成文法的政府干预力度较大；三是普通法对投资者合法权益的保护程度远大于成文法。在实证研究中，他们发现，就股东保护程度来说，普通法国家平均为4，成文法国家平均仅为2；就托宾Q值来说，前者为1.2345，后者仅为1.0936；就现金流/股价来说，前者平均只有0.0972，后者则达到0.1185；就销售收入增长率来说，前者平均为13.50%，后者为9.74%。[①] 基于这些认识，他们认为，从总体上说，建立在普通法系基础上的证券市场大多效率较高，而建立在成文法系下的证券市场总体上效率较弱。

第四个观点：股票市场增强了公司取得长期贷款的能力。2001年，世界银行的两位专家发表了“长期融资的作用：理论与实证”一文，着重研究证券市场的发展对公司债务融资特别是长期债务融资的影响。他们认为，较大的股票市场给企业家提供了多样性选择的机会，因此，在有发达股票市场的国家，公司有更多的刺激将长期债务变为股权融资。然而，不应该忘记，股票市场的信息传播对信贷者也是有用的，它可以大大减少对上市公司的贷款风险。结果，一个活跃股票市场的存在，可能增强公司

---

① 托宾Q值=公司的总市值÷公司的重置成本。一般来讲，托宾Q值>1有投资价值。在合理的范围内，该指标越高越好。现金流/股价的指标越低越好；销售增长率越高越好。Rafael La Porta, Florencio Lopez - de - Manes, Andrei Shleifer, and Robert Vishny: Investor Protection and Corporate Valuation, October 1999, http: //www. economics. harvard. edu/pub/hier/1999/HIER1882. pdf.

取得长期贷款的能力。[①]

至于中小企业直接融资的相关理论，可以参考笔者《投资创业板》和《守望创业板》两书，它们分别由清华大学出版社和中国财政经济出版社出版。

① The Role of Long Term Finance：Theory and Evidence，http：//econ. worldbank. org/external/default/main.

小趋势：西方金融市场最新四重变奏曲*

2007~2008年，在全球金融危机的大背景下，一本名叫《小趋势——决定未来大变革的潜藏力量》的书在国内外走红，比尔·盖茨、比尔·克林顿、托尼·布莱尔等商界和政界名流都对此称颂有加，强调"这本书会让你用一种全新的视角去观察这个世界"。我国著名经济学家王梦奎专门为译作写序，说"这是一本具有敏锐洞察力的著作"，称赞作者善于发现社会生活大潮中新近表现出来的差异，见微知著，"从细微处洞察未来发展"，得出人们不曾注意、或者已经被研究者从不同侧面触及、而"决策者尚未引起关注的趋势"。[①] 借用了"小趋势"来分析金融市场，虽然有邯郸学步的嫌疑，但考虑到金融市场尽管如此重要，但在整个社会趋势面前依然算是小趋势；同时，趋势虽小，却潜藏力量，不可不察。于是就有本文的写作，也可以算是对2003年9月"西方金融市场发展和变化的九大趋势"一文的补充吧。

一、金融市场门类齐全，各种金融工具呈几何级数增长

金融市场是资金融通的市场，既包括货币市场，也包括资本市场。随着分工的细化和专业化，金融市场的发展与扩大主要表现为服务的精细化和金融产品的日益丰富。比如20世纪80年代末90年代初，日本金融业的商品已达百种，除债券、股票与证券投资信托等金融市场产品外，银行

* 本文定稿于2010年10月2日。

① ［美］马克·佩恩、E. 金尼·扎莱纳：《小趋势——决定未来大变革的潜藏力量》，中央编译出版社2008年版。

存款有17种，邮政储蓄有9种，信托投资有9种，人寿保险有5种。

这些金融中介的金融产品，在满足多样化投资者对其金融资产在流动性、收益性和安全性方面的要求的同时，也使金融市场呈现广泛性、多样性和多层次性。伴随着信息技术的发展和金融创新品种的不断涌现，21世纪的投资者面临的选择无疑是更加丰富和更加便利了。

（一）金融市场的广泛性

货币市场、贷款市场、股票市场、债券市场、基金市场、权证市场、保险市场、黄金市场、票据市场、外汇市场、商品市场、期货市场、期权市场和创业投资市场等应有尽有，市场体系日益完善。当然，由于社会经济发展的程度与历史文化传统的不同，西方金融市场又表现出较大的差异性。如美国和英国的股票市场就比德国和日本发展得相对较好，德国和日本更多地依赖于银行贷款等间接融资，即所谓英美模式和日德模式，这是发展程度上的差异。再如美国的创业投资相对发达，而欧洲和亚洲则相对滞后，这反映出金融市场对创新的支持和容忍程度。又如，美国的期权市场比较健全，而德国和我国香港地区则是权证市场比较发达，尽管伴随附认股权公司债的发展，权证市场在美国和日本有过发展，后来却日益萎缩，美国发展起相当成熟的期权市场，这表现出金融子市场的相似性与可替代性。

（二）货币市场工具的多样性

伴随着金融创新，各种货币市场工具不断涌现，如国库券、可转让存单、商业票据、承兑汇票、回购协定和联邦基金等。据统计，1970～2005年，美国主要货币市场工具年末余额从1 970亿美元增长到52 520亿美元，其中2005年商业票据和可转让存单两者占到60%，而银行承兑汇票的流通市值大幅度萎缩（见表1）。2010年8月底，国库券余额为1.8万亿美元，[①] 商业票据市场在2007年最高时余额达到2.6万亿美元，金融危机后又回落到1.5万亿美元。至于期货品种，经美国商品期货交易委员会

① http：//www.treasurydirect.gov/govt/reports/pd/mspd/2010/opds082010.pdf.

（CFTC）批准的芝加哥期货交易所（CBOT）的期货和期权品种，就有农产品、能源产品、金属产品、金融产品、畜产品等近250个。①

表1　　1970～2005年美国主要货币市场工具（年末余额）

（单位：10亿美元）

货币市场工具＼年份	1970	1980	1990	1993	2000	2003	2005
美国国库券	81	216	527	715	647	929	923
可转让存单	55	317	543	381	1 053	1 233	1 742
商业票据	33	122	557	550	1 619	1 289	1 544
银行承兑汇票	7	42	52	32	8	25	4
回购协定	3	57	144	168	366	356	518
联邦基金	16	18	61	62	60	146	83
欧洲美元	2	55	92	63	195	212	438
合　计	197	827	1 976	1 971	3 948	4 190	5 252

资料来源：（1）［美］弗雷德里克·米什金：《货币金融学》，清华大学出版社2009年版，第26页。（2）［美］劳埃德·B. 托马斯：《货币银行学——货币、银行业和金融市场》，机械工业出版社2008年版，第39页。

（三）资本市场工具争奇斗艳

最重要的资本市场工具包括公司股票、债券、抵押贷款、中长期国债、市政债券、州和地方政府债券。2003年，美国公司股票总市值达到15万亿美元，占到全球股票总市值的近2/3。截至2010年6月底，股票总市值为19万亿美元。需要特别说明的是，美国资本市场中，债券市场十分发达，可以说是全球独一无二，2010年6月底总计达到35.3万亿美元。其中国债市场是美国核心金融市场，这里所指的中长期国债主要是适销的部分，达到8.5万亿美元；州和地方政府债券中包括2/3的市政债券，数量达到2.8万亿美元；公司债券为7.3万亿美元，联邦政府机构债

① 中国证监会期货监管部编：《中国期货市场品种研究》，中国财政经济出版社2002年版，第200～206页。

券为2.7万亿美元，货币市场基金为2.8万亿美元。这当中，最引人注目的是资产证券化债券，在“没有什么不可以证券化”的理念推动下，21世纪美国资产证券化产品大放异彩。其中以住房抵押贷款为主体的抵押债券达到9.1万亿美元，以资产抵押债券为主体（含CDO）的债券达到2.5万亿美元，两者在债券市场中居于绝对龙头地位（见表2）。

表2　1996～2010年上半年美国债券市场中的资产证券化证券

（单位：10亿美元）

年份＼资产证券化证券	抵押债券	资产抵押债券	可交易国债	市政债券	公司债券	联邦机构证券	货币市场基金	合计
1996	2 486.1	365.4	3 666.7	1 261.6	2 126.5	925.8	1 393.9	12 226.0
1997	2 680.2	535.8	3 659.5	1 318.7	2 359.0	1 021.8	1 692.8	13 267.8
1998	2 955.2	731.5	3 542.8	1 402.7	2 708.5	1 302.1	1 977.8	14 620.6
1999	3 334.3	900.8	3 529.5	1 457.1	3 046.5	1 620.0	2 338.8	16 227.0
2000	3 565.8	1 071.8	3 210.0	1 480.5	3 358.4	1 853.7	2 662.6	17 202.8
2001	4 127.4	1 281.2	3 196.6	1 603.6	3 836.4	2 157.4	2 587.2	18 789.8
2002	4 686.4	1 543.2	3 469.2	1 763.0	4 132.8	2 377.7	2 545.7	20 518.0
2003	5 238.6	1 693.7	3 967.8	1 900.7	4 486.5	2 626.2	2 519.8	22 433.3
2004	5 930.5	1 827.8	4 407.4	2 030.9	4 801.8	2 700.6	2 904.2	24 603.2
2005	7 212.3	1 955.2	4 714.8	2 226.0	4 965.7	2 616.0	3 433.7	27 123.7
2006	8 635.4	2 130.4	4 872.4	2 403.4	5 344.6	2 651.3	4 008.8	30 046.3
2007	9 142.7	2 472.4	5 075.4	2 618.9	5 946.8	2 933.3	4 171.3	32 360.8
2008	9 101.9	2 671.8	6 082.5	2 680.4	6 201.6	3 210.5	3 790.9	33 739.6
2009	9 187.7	2 429.0	7 610.3	2 811.2	6 869.0	2 727.3	3 127.8	34 762.3
2010	8 941.2	2 284.0	8 469.4	2 833.1	7 270.8	2 716.7	2 828.0	35 343.2

资料来源：US Bond Market Outstanding，http：//www. sifma. org/research/research. aspx？ID = 10806.

（四）股票市场的多层次性与交易的机构化

根据投资者分类与风险偏好的不同，根据中小企业和大企业融资需求的不同，西方成熟资本市场均或早或迟建立了多层次资本市场体系。在美国，大公司到纽约证券交易所上市，成长性小企业到纳斯达克交易所挂牌。自2006年以来，纽约证券交易所开始把触角伸向中小企业，将收购的美国交易所改为创业板市场，在全球范围内抢夺上市资源；纳斯达克申请注册交易所成功，把市场分为全球精选市场、全球市场和资本市场三个层次，并为OTCBB场外市场提供技术系统，形成有效转板机制，注意与创业投资良性互动，从而打造覆盖大中小公司的多层次市场体系。在日本、德国和法国，交易所市场划分为一部和二部，并且尝试建立新市场，为中小企业和创业企业提供融资服务。据国际交易所联合会的统计，截至2010年9月底，全球股票总市值达到30多万亿美元，交易所上市公司达2万多家。如此庞大的总市值，可以分为大股东持有和流通股东持有。在流通股股东中，金融机构名列第一，企业、外国投资者和家庭个人交替列为第二位、第三位和第四位。西方的英国和美国固然如此，东方的日本也不例外。1995年，日本金融机构持有东京交易所流通股的42.8%，2007年为31.1%；企业的持股比例有所下降，分别为27.7%和20.7%；外国投资者的持股比例持续攀升，分别为8.1%和28%；个人投资者的持股比例分别为19.9%和18.1%。①

（五）场外衍生品报复性地增长

风险是从事商业活动的决策者所必须考虑的主要因素之一，也是左右金融行为的关键因素。为规避风险、转移风险和争夺产品的定价权，以远期和期权为基础的衍生品市场应运而生。在衍生品的发展过程中，主要存在着衍生品的交易所市场和场外市场两种类型，大体经历了三个发展阶段。1600年，荷兰郁金香根茎远期和期权合约盛行；1637年冬天郁金香泡沫破灭，价格只有原来的1%，导致合约的违约，给衍生品的场外交易留下了沉重的历史记录。19世纪初，衍生品开始从场外交易的无规则向有规则、有保障的交易所交易转变，其中大部分是以农副产品为基础的期货合约，20世纪七八十年代后金融衍生品开始大流行，几乎所有的衍生

① 伊志宏、张慧莲等：《养老金投资与资本市场》，中国人民大学出版社2009年版，第151页。

品交易均在交易所展开。1991 年，场外市场重新活跃，交易额已经与交易所交易持平。到21 世纪，场外市场的主导地位确立，借助于利率及货币互换、信用违约互换（CDS），场外市场的交易额几乎占到衍生品交易的85%左右。据统计，2001～2009 年，全球利率及货币互换的年末名义价值从69 万亿美元增长到403 万亿美元，增长4.8 倍；信用违约互换从9 189亿美元增加到30 万亿美元，增长31 倍；股权衍生品从2.4 万亿美元增加到6.8 万亿美元，增长1.8 倍。[1] 与此同时，衍生品的使用面越来越广泛。2003 年，在全球500 强公司中，未使用衍生工具的公司只有38 家，仅占8%；到2010 年上半年，未使用的公司下降到29 家，占5.8%。2008 年的全球金融危机集中暴露了庞大的场外衍生品市场不受监管的巨大危害，相关各方正在检讨。强化对场外衍生品市场的监管、大力发展交易所衍生品市场，已经成为各方共识。

二、金融机构多样化、金融资产机构化与机构投资多元化

金融机构又称金融中介，是金融市场运作的基础，包括商业银行、证券公司、信托公司、保险公司、基金公司、投资公司等。它们在经济活动中扮演着重要的角色，没有它们，金融市场就无法把资金从储蓄者手里转移至进行生产性投资的人手中。随着市场经济的深入发展及其在全球的逐渐普及，社会分工和专业化程度不断提高，经济的货币化程度不断加深，金融商品的品种和数量越来越多、越来越丰富，人们的财富由过去的桌椅板凳、彩电冰箱、电脑汽车，变为对各种金融资产的投资。在金融中介日益发达的情况下，居民家庭金融资产更多地委托给金融中介，出现了金融资产机构化和机构投资多元化的趋势。

在金融机构中，最早的和最重要的机构当数银行。1860 年，美国的

---

① http：//isda. org/statistics/pdf/isda – market – survey – historicaldata. pdf.

金融机构主要有三类：一是商业银行，占全美资产份额的 71.4%；二是储蓄机构，占 17.8%；三是保险公司，占 10.7%。1880 年，抵押贷款公司占到 2.7% 的资产份额。1900 年，证券经纪人及经销商占到 3.8% 的资产份额，1922 年上升到 5.3%，1929 年上升为 8.1%。到 1929 年，美国金融机构的结构才算是初步健全，主要表现为商业银行的资产份额日趋下降，其他金融机构的种类多样化，资产份额逐步攀升。截至 2000 年底，商业银行仍为第一大金融机构，但资产份额仅占到 35.6%；第二位是投资公司，包括共同基金和货币市场基金，占 17%；保险公司位居第三，占 16.8%（见表 3）。

表 3　　1860 ~ 2000 年美国各类金融机构的资产份额

金融机构 \ 年份	1860	1880	1900	1912	1922	1929	1939	1948	1960	1970	1980	2000
商业银行（%）	71.4	60.6	62.9	64.5	63.3	53.7	51.2	55.9	38.2	37.9	34.8	35.6
储蓄机构（%）	17.8	22.8	18.2	14.8	13.9	14.0	13.6	12.3	19.7	20.4	21.4	10.0
保险公司（%）	10.7	13.9	13.8	16.6	16.7	18.6	27.2	24.3	23.8	18.9	16.1	16.8
投资公司（基金）（%）	—	—	—	—	0.0	2.4	1.9	1.3	2.9	3.5	3.6	17.0
养老基金（%）	—	—	0.0	0.0	0.0	0.7	2.1	3.1	9.7	13.0	17.4	10.7
金融公司（%）	—	0.0	0.0	0.0	0.0	2.0	2.2	2.0	4.6	4.8	5.1	7.9
证券经纪人及经销商（%）	0.0	0.0	3.8	3.0	5.3	8.1	1.5	1.0	1.1	1.2	1.1	1.5
抵押贷款公司（%）	0.0	2.7	1.3	1.2	0.8	0.6	0.3	0.1	—	—	0.4	0.3
房地产投资信托（%）	—	—	—	—	—	—	—	—	0.0	0.3	0.1	0.2
总计（%）	100	100	100	100	100	100	100	100	100	100	100	100
总计（亿美元）	10	50	160	340	750	1 230	1 290	2 810	5 960	13 280	40 250	147 500

注："-"表示无相关数据。

资料来源：[美] 安东尼·桑德斯、马西娅·米伦·科尼特：《金融机构管理——一种风险管理方法》，人民邮电出版社 2009 年版，第 16 页。

21 世纪之后，美国主要金融机构的金融资产持续增长，市场结构呈现几大特点。

（一）商业银行份额从低位逐年回升

2004 年，商业银行的市场份额仅为 24.2%，为历史上的最低位。之后逐年恢复，到 2010 年 6 月底，商业银行的金融资产达到 14.4 万亿美元，较 2004 年增长 59%，市场份额上升了近 5 个百分点。

（二）基金市场的大发展

截至 2010 年 6 月底，包括货币市场基金、共同基金、封闭式及交易所交易基金在内的基金资产达到 9.8 万亿美元，较 2004 年增长 22.7%，依然保持着第二大金融机构的地位。其中，共同基金是基金市场的主力，占到全部基金市场的 69%。

（三）养老基金和退休基金举足轻重

截至 2010 年 6 月底，私人养老基金、州和地方政府退休基金、联邦政府退休基金累计达到 9.2 万亿美元，较 2004 年增长 7.3%。其中私人养老基金是主体，占 60%。

（四）政府支持企业增长神速

在美国，政府支持企业是特指房利美、房地美、联邦住房贷款银行、农村信贷系统和从事学生贷款的莎莉美。截至 2010 年 6 月底，政府支持企业资产达到 6.8 万亿美元，较 2004 年增长 136%，市场份额上升了近 6 个百分点。

（五）美联储资产的畸形膨胀

美联储金融资产于 2010 年 6 月底达到 2.4 万亿美元，较 2004 年增长 181%，这是美联储量化宽松的货币政策和大量购买金融机构抵押贷款的结果（见表 4）。在金融危机时，可能不得不这样做，如何善后、如何退出、全球会受到何种影响，对美联储来说是一场前所未有的挑战，对于其他国家和地区，更是困扰和严峻的考验。

表4　　2004～2010年6月底美国主要金融机构金融资产余额

（单位：10亿美元）

金融资产余额＼年份	2004	2005	2006	2007	2008	2009	2010
美联储（货币当局）	841.3	878.7	908.2	951.3	2 270.6	2 267.2	2 363.4
商业银行	9 057.8	9 843.7	10 821.0	11 809.5	13 991.1	14 163.0	14 410.6
储蓄机构	1 649.6	1 789.4	1 714.8	1 815.0	1 523.5	1 253.7	1 244.8
信用社	654.7	685.7	716.2	758.7	812.4	882.7	902.9
财产意外保险公司	1 158.0	1 245.0	1 334.6	1 385.3	1 307.1	1 383.4	1 368.1
人寿保险公司	4 133.9	4 353.3	4 687.8	4 952.5	4 523.5	4 825.5	4 884.2
私人养老基金	4 922.4	5 388.6	6 082.8	6 410.6	4 552.7	5 471.0	5 322.5
州和地方政府退休基金	2 577.5	2 721.4	3 089.8	3 198.8	2 324.5	2 685.8	2 556.5
联邦政府退休基金	1 023.3	1 071.5	1 141.1	1 197.2	1 221.2	1 324.4	1 311.0
货币市场基金	1 879.8	2 006.9	2 312.1	3 033.1	3 757.3	3 258.6	2 760.4
共同基金	5 436.3	6 048.9	7 068.3	7 829.0	5 435.3	6 961.6	6 783.1
封闭式及交易所交易基金	245.9	271.4	294.3	317.1	206.9	233.9	230.4
政府支持企业（GSEs）	2 882.9	2 819.4	2 872.9	3 174.3	3 400.0	3 013.8	6 784.9
金融公司	1 858.0	1 856.9	1 891.3	1 911.2	1 851.7	1 662.5	1 643.5

注：根据美联储现金流量表整理，为各年年底数，2010年截至6月底。
资料来源：Flow of Funds Accounts of the United States Flows and Outstandings, Second Quarter 2010, September 17, 2010, http://www.federalreserve.gov/releases/z1/Current/z1.pdf.

金融机构手中的金融资产多了，如何按规矩投资、如何配置资产就变得特别重要。理论上讲，“不能把鸡蛋放在一个篮子里”是分散风险的最佳方式。在实践中，做得比较好的是保险资金。就美国人寿保险公司的资产结构来说，2003年投资于政府债券的资产为11.7%，投资于公司债券和股票的比例为69.6%，剩下的为其他贷款，包括保单贷款，其占比逐年下降，仅为2.7%（见表5）。2004年以来，尽管人寿保险公司的资产增长了18.1%，但结构并没有发生大的改变（见表6）。需要说明的是人寿保险公司对抵押贷款市场的角色。1970年以前，人寿保险公司是抵押贷款市场的重要发行人，表现为在多数年份抵押贷款占到其总资产的30%以上。1970年以后，人寿保险公司在抵押贷款市场的份额大幅下降，2003年以来甚至不到7%，而且主要是购买抵押贷款，而不是直接提供抵押贷款。当然，个别公司如美国国际保险集团（AIG）是一个例外，通过4个渠道介入抵押贷款特别是次级抵押贷款市场，故受到金融危机的冲击和影响也最大。另一个例子就是日本员工养老基金（EPF）的运作，该基金建立于1965年，是日本重要的私人养老基金。一直到20世纪90年代初，该基金均比较保守，养老金主要是放在“一般账户”，顺带购买一些国内债券。90年代末以来，员工养老基金开始较大规模地进入资本市场进行投资。截至2007年底，国内外债券投资占到38%，国内外股票投资甚至超过了债券，占到39.7%（见图1）。

表5　1917~2003年美国人寿保险公司的资产余额及资产结构

资产 年份	总资产（亿美元）	政府债券（%）	公司证券（%）		抵押贷款（%）	保单贷款（%）	其余各种资产（%）
			债券	股票			
1917	59	9.6	33.2	1.4	34.0	13.6	5.2
1920	73	18.4	26.7	1.0	33.4	11.7	6.5
1930	189	8.0	26.0	2.8	40.2	14.9	5.2
1940	308	27.5	28.1	2.0	19.4	10.0	6.3
1950	640	25.2	36.3	3.3	25.1	3.8	4.1
1960	1 196	9.9	39.1	4.2	34.9	4.4	4.4
1970	2 073	5.3	35.3	7.4	35.9	7.8	5.3
1980	4 792	6.9	37.5	9.9	27.4	8.6	6.6
1990	14 082	15.0	41.4	9.1	19.2	4.4	7.8
1995	21 319	18.6	41.4	17.4	9.9	4.5	6.3
2000	31 339	9.3	39.1	31.5	7.5	3.2	9.4
2001	32 246	9.5	41.6	27.9	7.6	3.2	10.1
2002	33 350	12.3	43.4	23.6	7.5	3.1	10.1
2003	38 234	11.7	41.8	27.8	6.8	2.7	9.2

注：保单贷款系指保单持有人将手中的保单作为抵押而获取的贷款。

资料来源：[美] 安东尼·桑德斯、马西娅·米伦·科尼特：《金融机构管理 —— 一种风险管理方法》，人民邮电出版社2009年版，第16页。

表 6　　2004 ~ 2010 年美国人寿保险公司的资产分布

（单位：亿美元；百分比）

年份	总资产	政府及机构债券	市政及公司债券	公司股票	抵押贷款	保单贷款	货币市场基金与共同基金	其余各种资产
2004	41 339	4 390	17 864	10 539	2 733	1 178	1 316	3 318
	100.0%	10.6%	43.2%	25.5%	6.6%	2.8%	3.2%	8.0%
2005	43 533	4 639	18 573	11 618	2 855	1 228	1 225	3 394
	100.0%	10.7%	42.7%	26.7%	6.6%	2.8%	2.8%	7.8%
2006	46 878	4 653	18 561	13 648	3 038	1 326	1 721	3 932
	100.0%	9.9%	39.6%	29.1%	6.5%	2.8%	3.7%	8.4%
2007	49 525	4 535	18 584	14 646	3 262	1 458	2 100	4 483
	100.0%	9.2%	37.5%	29.6%	6.6%	2.9%	4.2%	9.1%
2008	45 235	4 719	18 641	10 017	3 424	1 661	1 602	5 171
	100.0%	10.4%	41.2%	22.1%	7.6%	3.7%	3.5%	11.4%
2009	48 255	5 322	19 905	12 563	3 261	1 535	1 745	3 925
	100.0%	11.0%	41.2%	26.0%	6.8%	3.2%	3.6%	8.1%
2010	48 842	5 405	20 419	12 535	3 180	1 585	1 628	4 091
	100.0%	11.1%	41.8%	25.7%	6.5%	3.2%	3.3%	8.4%

注：根据美联储现金流量表整理，为各年年底数，2010 年截至 6 月底。

资料来源：Flow of Funds Accounts of the United States Flows and Outstandings, Second Quarter 2010, September 17, 2010, http: //www. federalreserve. gov/releases/z1/Current/z1. pdf.

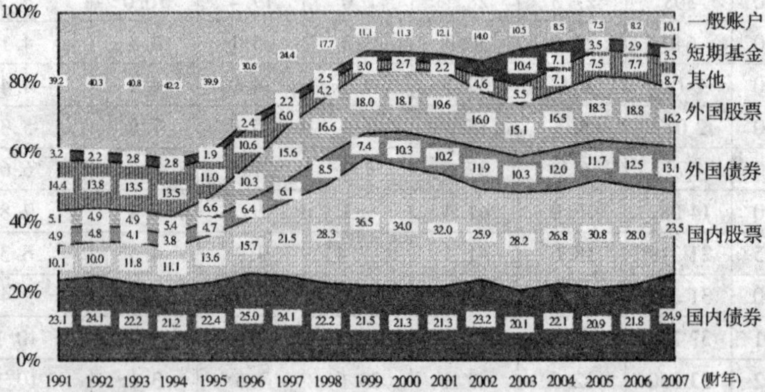

资料来源：Junichi Sakamoto: Policy Action in Private Occupational Pensions in Japan since the Economic Crisis of the 1990s, February 2010, http: //www. oecd. org/dataoecd/44/53/44862093. pdf.

图 1　1991 ~ 2007 年日本员工养老基金投资结构一览

这并不是任何一家金融机构都能做到的。在实践中，美国金融机构的投资既多元，又集中。美国商业银行和储蓄机构大量介入抵押贷款特别是住房抵押贷款算是一个例子。1985 年以后，商业银行的房地产贷款占到银行贷款的 40% 甚至于 50% 以上，储蓄机构 85% 资产是以住房贷款的形式出现的，这表明美国商业银行和储蓄机构严重依赖房地产度日（见图 2）。

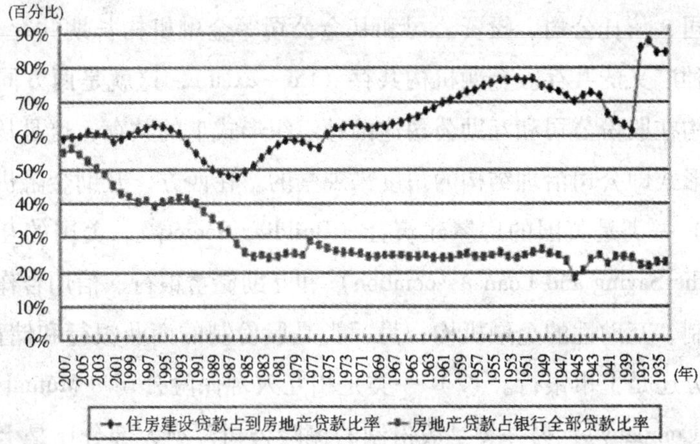

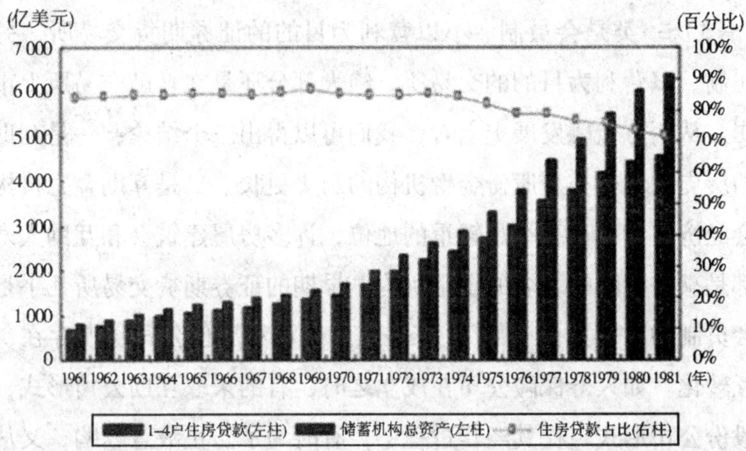

上图为美国商业银行贷款中的房地产贷款占比，下图为美国储蓄机构住房贷款占比

资料来源：Federal Deposit Insurance Corporation Loans and Leases FDIC – Insured Commercial Banks United States and Other Areas Balances at Year End, 1934 – 2007; http: //www2. fdic. gov/hsob/hsobRpt. asp.

Office of Thrift Supervision / 2002 Fact Book: A Statistical Profile of the Thrift Industry, Published April 2003, http//www. ots. treas. gov/.

图 2　美国银行业深度介入房地产领域

三、多元竞争性金融机构从共存到转化、从分业与混业

商业银行、储蓄银行、房屋建筑会、信用社、投资银行或证券公司、保险公司、信托公司、投资公司和基金公司等金融机构长期共存与竞争，这是一种广义的共存。金融机构共存（Co-exist），这就是西方同一类型金融机构在股份公司和互助公司这两种组织形式上的共存，这是从金融机构组织形式即公司治理结构的角度来观察的。在西方，互助金融机构主要有：（1）一类是英国的房屋建筑会（Building Society）、美国的互助储贷协会（the Saving and Loan Association）和互助储蓄银行、信用合作社，属于会员制、互助性的金融机构；另一类是股份制的商业银行和储蓄银行，绝大部分还是上市银行。（2）一类是相互人寿保险公司（Mutual Life Insurance Company），另一类是股份制的保险公司，绝大部分还是上市保险公司。（3）一类是会员制、不以营利为目的的证券期货交易所，另一类是公司制、以营利为目的的交易所，绝大部分还是在自己交易所上市的公众公司。从西方金融发展史上看，我们可以得出三个结论：一是互助金融机构的历史比同一类型股份金融机构的历史更长。二是互助金融机构在西方社会经济生活中占有举足轻重的地位，许多房屋建筑会和互助人寿保险公司都是享誉国际的著名的金融机构，早期的证券期货交易所几乎是清一色的会员制的“个人俱乐部”。三是互助公司和股份公司长期存在，有时还相互转化。如人寿保险公司在成立之时，有的采取互助公司形式，有的采取股份公司形式；在其经营过程中，有时为了防止敌意收购，又从股份公司转化为互助公司，即实现互助化（Mutualization），有时为了筹集外部资金从互助公司转化为股份公司，即实现股份化（Demutualization）。这种转化随着社会经济状况和历史条件不同，呈现出有如“钟摆”的不规律的运动态势。

20世纪八九十年代，金融机构组织形式的变化更多地表现为互助公

司转变为股份公司。首先，美国储贷协会危机导致大量机构改为银行，这带动英国房屋建筑会和美国互助储蓄银行加入股份化行列（见图3）。接着，美国和英国人寿保险公司推进股份化改革以进入资本市场，美国第一大寿险公司——美国大都会人寿、第三大寿险公司——美国普天寿由互助型改为股份制。对于这种情况，某保险公司执行董事米契尔·R. 托海（Michael R. Tuohy）在“保险业的沉思”一文中作了相当精彩的描写：“30年前，互助人寿保险主宰英语国家市场，绝大部分股份制保险公司都不得不假冒互助来行动，至少将90%的盈利分配给持单人。没有人讨论股份化。事实上，互助主义就是一个绝佳的卖点。20年前，许多互助公司断定，它们缺乏足够的资本。偿付能力的要求迫使它们进行了最初的转化。最近，更多的互助保险公司致力于寻找更多额外的资本，以便扩大同跨国股份公司的竞争。”他还说：“在加拿大、澳大利亚和南非，每一个重要的互助保险公司都已经股份化了。美国和英国的大部分公司也已经股份化或变为互助控股公司。在日本市场，这可是互助公司的一统天下，未来5年内很可能转为股份所有制。在欧洲大陆，尽管股份化的步伐还较缓慢，但可以寻觅到相似的趋势，为可能是互助公司之间的合并先行一步。”①

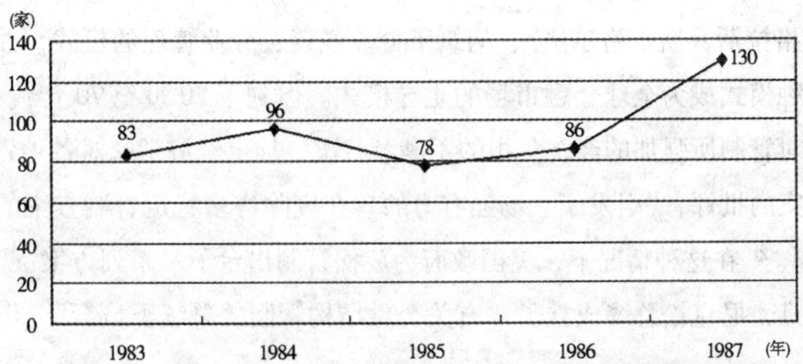

图3　1983～1987年美国互助储蓄机构股份化数量呈上升趋势

进入21世纪，西方互助金融机构进一步掀起了股份化浪潮。除了数

① Michael R. Tuohy: Reflections on the Insurance Industry, http://www.tillinghast.com/.

量庞大外，最突出的现象有两个：一是大型互助公司的加入，二是会员交易所的加入。其中2006年是这个浪潮的顶点。英国标准人寿保险公司是全欧最大的互助人寿保险公司，它一直反对股份化，并在当地政府的支持下，于2000年6月成功挫败一起保单持有人发起的股份化和分取累积财富的表决。① 但到了2006年4月，经过公司管理层提议，标准人寿保险公司经过持单人表决，结束维持158年的互助公司地位，最终选择改变为股份保险公司。标准人寿保险公司的转变，对英国甚至全球的保险业来说是一个重大转折点，并极大地冲击在困境中坚守的英国房屋建筑会。从此，互助型金融机构在英国已经是七零八落，不成气候。紧接着，纽约证券交易所宣布要改变原来一直坚持的无意进行股份化的诺言，转而积极筹备股份化与上市。与此同时，纽约证券交易所进行了一系列大胆而石破天惊的收购活动，其中不顾德国和法国政府的反对而收购泛欧证券交易所，更是把交易所并购烽烟弥漫到欧洲的政治经济生活中，成功地阻止了欧洲资本市场的一体化，成为全球交易所和资本市场上最引人注目的重大标志性事件。

与互助金融机构转变相对应，西方金融市场中金融机构开始逐步挣脱分业经营的紧箍咒，混业经营日益流行。20世纪30年代罗斯福新政时期的《格拉斯－斯蒂格尔法》，构筑了分业经营、分业管理的模式，并逐渐使这种模式成为全球金融市场的主导模式。但到了20世纪70年代中期，公众对管制所强加的经济负担的不满意状况，加上经济学家对各种管制具体方案的批评，“引发了一场强有力的旨在废除许多特定管制方案的政治运动”。② 在这种情况下，美国政府为放松管制出台了一系列方案。③ 1971年6月，尼克松总统成立了“有关金融结构管制的总统委员会”，即哈特

① 参见本书第七部分：“英国标准人寿保险公司股份化遭遇战经典案例剖析”一文。

② 《新帕尔格雷斯经济学大辞典》（第四卷），经济科学出版社2002年版，第141页。

③ ［美］弗雷德里克·S. 米什金：《货币金融学》（第八版），清华大学出版社2009年版，第239页；邵东亚：《金融业的分与合：全球演进与中国实践》，北京大学出版社2003年版，第160～163页。

委员会。经过两年的工作，委员会起草了“哈特报告”，认为相互竞争和少加管制有助于建立一个稳定高效的金融体制。报告以1973年金融机构法案提交给国会，没有被国会接纳。1975年，国会提出金融机构与经济发展报告，得出了与哈特报告相同的结论，并提出类似建议，但1975年金融机构法案也未获国会认可。1980年，美国国会通过《放松管制与货币管理法》，虽然在一定程度上放松了管制，但仍然禁止商业银行从事包销公司股票、债券业务。1987年，美联储利用《格拉斯－斯蒂格尔法》第20章的一个漏洞，允许商业银行承销以前被禁止的证券种类，银行开始进入这一行业。这个漏洞允许被批准的商业银行的附属公司从事承销业务，但其收入不得超过附属公司总收入的一定比例，最初是10%，后来提高到20%。1988年，美国最高法院判决美联储的举动合法。到了90年代，几乎每次国会会议上都有要求废除《格拉斯－斯蒂格尔法》的提案。1998年4月6日，花旗银行与主要从事保险业务和投资银行业务的旅行者集团宣布合并，成为全美第一大金融集团。数日之后，美国国民银行和美国银行宣布合并，美国第一银行与第一芝加哥银行联姻。对于这些明显违法行为，美国国会采取的是迅速立法的方式加以追认。这就是1999年11月4日美国国会参、众两院分别以压倒多数通过的《金融服务现代化法案》。11月12日，克林顿总统签署了此法案，使其成为一项法律。

《金融服务现代化法案》生效后，美国出现了银行购买的高潮，大型商业银行首先把中小型投资银行抢光，接着又与大型投资银行一道抢购住房抵押贷款公司，投资银行则忙于设立对冲基金，并使自己越来越像对冲基金。在2007年以来的全球金融危机中，投资银行、商业银行大量介入了次级抵押贷款业。贝尔斯登公司拥有EMC抵押贷款公司、贝尔斯登抵押贷款公司和安可信贷公司；雷曼兄弟公司拥有阿姆雷斯科抵押贷款公司、BNC抵押贷款公司、雷曼兄弟银行和奥罗拉贷款服务公司；花旗集团拥有所罗门证券；汇丰控股收购了美国家庭金融公司；摩根士丹利买下了萨克森资本公司；巴克莱银行并购加州第一平等公司；华盛顿互惠银行收购了长滩金融公司；苏格兰皇家银行旗下有格林威治资本；澳大利亚国民银行收购了好美赛信贷公司；美林证券控制了欧恩特抵押贷款公司、收购了第一富兰克林公司和第一共和银行、成立了美林抵押贷款资本公司。从此分业经营在美国成为历史。

在这里，美国保险集团（AIG）事件尤其引人注目。按理来说，保险公司卖好自己的保险产品就可以了，不一定会卷进次贷次债漩涡中。仔细分析发现，AIG 集团有 4 个渠道进入了美国次级抵押贷款市场。第一块业务是提供住房抵押贷款，由其旗下消费金融公司——美国通用金融公司（AGF）完成；第二块业务是提供住房抵押贷款保险，由其旗下联合保险公司（United Guaranty，UGC）完成；第三块业务是投资住房抵押贷款及其相关债券，由集团部门自行决定投资方向和投资数量；第四块业务是大量涉及金融衍生品的交易，作为风险管理工具和投资运作的一部分，无论是 AIG 旗下的伦敦分公司——金融产品公司（AIGFP），还是 AIG 总部和其他分支机构，均大量参与金融衍生品的交易（见图 4）。正是这 4 种混业造成了 AIG 的巨额损失，美联储主席伯南克尽管多次"甩电话"，也不得不拿纳税人的钱相救。

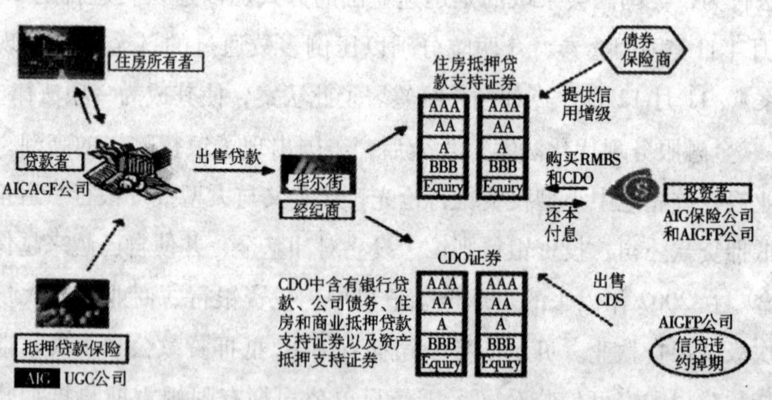

资料来源：Residential Mortgage Presentation（Financial Figures are as of September 30，2007）. http：//media. corporate - ir. net/media_ files/irol/76/76115/Revised_ AIG_ and_ the_ Residential_ Mortgage_ Market_ 3rd_ Quarter_ 2007_ Final_ 110807r. pdf.

图 4　AIG 集团在美国住房抵押贷款市场扮演四重角色

金融危机给了人们痛定思痛的机会。不管如何总结和反思，“防火墙”形同虚设下的混业经营都是焦点，这就是说，即便混业经营不是这次危机的起点，它也必定是加速器，更是造成系统性危机的最为重要的因素。2010 年 7 月 21 日，美国总统奥巴马正式签署《多德－弗兰克华尔街改革与消费者保护法案》，拆分过大金融机构，推出“沃克尔规则”，增加资本充足率、杠杆、流动性、风控机制和其他要求，要求强化对大型银行和非银行类金融机构监管，建立 500 亿美元的破产清算基金，建立有序破产清算机制，制定金融机构担保监管标准，也就是在不改变现有混业经营的格局下，力图对混业经营做一些限制。效果如何，拭目以待。

总之，美国互助金融机构转型为股份公司，经营范围从分业转变为混业，是 20 世纪 90 年代以来最为重要的趋势。转变把所有的金融机构都集中到了资本市场这个平台，有如曹操接受庞统的建议把战船绑在一起，平稳是平稳了，融资是方便了，但风险却是集中了；混业等于在金融市场这个大染缸里想做什么就做什么，这无疑是为金融市场堆积了许多火药。东南风一起，次贷一个小火星，就造成了火烧曹营、片甲不留的悲惨局面。后危机时代，这两个趋势究竟如何演变？互助公司还能不能留一些下来？证券期货交易所纯粹以营利为目的，在经营理念和投资方向上更为激进，对资本市场会产生哪些影响？对国家金融安全会有哪些危害？目前还看不清楚。至于混业经营要不要维持，能不能维持，没有一个清晰的答案。总之，需要时间来观察与考虑。

四、国际金融中心转移中债权人和债务人地位的转换与算计

伴随着经济全球化的进展，金融一体化的步伐明显加快。在金融一体化的过程中，国际金融中心发挥了十分重要的作用。500 年必有王者兴，

在金融市场发展历史上，国际金融中心物换星移，大体经历了4个发展阶段。[①] 这当中，国际金融中心转移过程中债权人和债务人地位的转换是经济理论界和经济实务界格外关心的重大问题，因为它有如一个残酷无情的自然规律那样在起作用。有所不同的是，到了第4阶段，纽约国际金融中心地位确立了，美国成为全球唯一的超级大国，在脱离黄金本位下、依托不可兑换的美元纸币，美国经济超强地位和金融霸权得到集中体现。在这种金融霸权中，美国人无论是作为主动的债权人、还是作为被动的债务人，它都要主导国际金融的发展，实现“通吃”。尽管如此，历史趋势如滚滚长江东逝水，美国也无法阻止上述规律再一次发挥作用。

意大利威尼斯、热那亚与南德意志联盟为贸易和政府提供资金，是国际金融中心起源的第一阶段。西方的财富源于欧洲贸易与商业的增长，它开始于12世纪的意大利。威尼斯、热那亚成为中世纪世界著名城邦、中西陆路贸易的重要通道。银行（Bank）就是意大利语 Banca 演变来的。1430～1480年，佛罗伦萨的美第奇银行是当时欧洲最大的金融机构。美国金融史专家金德尔伯格的研究表明，“意大利人也精于国际贸易中的汇款，以及处理罗马都会收进和支出的大宗款项。意大利银行家遍布欧洲，他们把各地的意大利人组织起来，成为他们在这些地方的代理人，这些地方有阿维尼翁、巴塞罗那、布鲁日、香巴尼集市，后来还有里昂、贝桑松、安特卫普、阿姆斯特丹、伦敦和汉堡”。[②] 意大利商人银行家的兴起，最初为罗马教廷，最后成为欧洲南部和西北部的大多数政府资金供应者。他们为取得利息收入和商业特权而发放的贷款，扩大了政府的活动范围，增加了政府活动的灵活性。16世纪，银行业的中心从北意大利移向南德意志，南德意志银行家们设计出其他保护信贷安全的办法，发展了一个金融媒介体系，充当了中介人的角色。在16世纪初期，西班牙安特卫普交

① 隆武华：《外债两重性：引擎？桎梏?》，中国财政经济出版社2001年版，第81～82页。在这本书中，笔者把国际金融中心的转移划分为4个阶段，而把1992年以前的世界外债史大体分为6个阶段，加上1992年以后的外债史，也就是第7阶段。

② ［美］P. 金德尔伯格：《西欧金融史》，中国金融出版社1991年版，第62页。

易所已经垄断了欧洲的票据交易。“金钱是战争的神经”，“钱财搞活战争”，我们必须看到，在意大利、南德意志等支配国际金融中心的日子里，金融的主要作用似乎与战争有关，金融确实支持了16世纪的大规模战争，战争给了意大利和德意志银行巨大的权势，反过来，战争导致了银行的毁灭和金融中心的衰落。首先是国王的赖债。中世纪的金融机器第一次得到王室需求的过度刺激，然后又因王室的欠债而遭到毁灭。其次是军队的洗劫。1576年，一支没有拿到薪酬的西班牙部队洗劫了安特卫普，摧毁了它的商业繁荣。①

阿姆斯特丹控制欧洲金融市场，是国际金融中心发展的第二阶段。17世纪的时候，仅有150万人口的荷兰是整个世界的经济中心和最富庶的地区，被马克思称为当时的“海上第一强国”。1602年，荷兰联合东印度公司成立，它是第一个联合的股份公司，发行股票。1609年，世界历史上第一个股票交易所诞生在阿姆斯特丹，成为当时整个欧洲最活跃的资本市场。荷兰第一个将银行、证券交易所、信用以及有限责任公司有机地统一成一个相互贯通的金融和商业体系，由此带来了爆炸式的财富增长。需要明确的是，在18世纪初，荷兰的工场手工业已经远远落后了，荷兰已经不再是个占统治地位的工商业国家。在这种情况下，荷兰的使命就是贷放巨额资本，特别是贷给它的强大竞争者英国。1747年，阿姆斯特丹证券交易所交易25种不同的国内、国家和行省债券，3种国内股票，3种英国股票，4种英国政府债券以及6种德国贷款。到了18世纪末，这个交易品种清单从41种上升到110种。②也正是基于此，马克思强调：“国际信用制度常常隐藏着这个或那个国家原始积累的源泉之一。”

“日不落”帝国与英镑在全球处于支配地位，是全球金融中心大发展的第三阶段。作为第一个实现工业化的国家，英国依赖自由放任政策，打造工业霸权和海上霸权。经过4次反法同盟战争，“英国的政策在拿破仑

---

①② ［美］悉尼·霍默、理查德·西勒：《利率史》，中信出版社2010年版，第98~99页、第164页。

战争中达到顶点，使得英国的国防力量，特别是海军力量在这场战争后的近一个世纪里无人能与之匹敌”。1800 年，英帝国拥有 50 万平方英里的土地和 2 000 万人口；1900 年英帝国拥有 1 100 万平方英里的土地和 3.9 亿人口；第一次世界大战前夕，英国拥有 1 270 万平方英里的土地和 4.31 亿人口，占当时全球面积和全世界总人口的 1/4。而英国本土只有 24 万平方公里。由于英国的殖民地遍及地球的各个角落，在一天的任何时刻，英国人都能看到日出，“日不落”帝国由此而来；同时，“日不落”更是经济实力的象征。联合王国的人口占全世界人口的 2%，占欧洲人口的 10%，却似乎具有相当于全世界 40% ~50% 的现代工业能力。特别是英镑主宰世界经济沉浮。自 1815 年开始，英镑成为世界上最主要的信贷货币、全球公认的结算货币和储备货币。伦敦作为国际金融中心，它为欧洲大陆战争提供贷款；为全球铁路建设提供资金；为美洲新兴独立国家提供贷款；对殖民地附属国等投资。到第一次世界大战前夕，全世界公私国际信贷总额为 440 亿美元，英国占了 40.9%。需要强调的有三点：

第一，伦敦金融中心充当了战争的筹款中心。这就是马克思所说的，伦敦“金融生意人对欧洲各国执政者困难的了解那样清楚。他们知道，俄国需要大约 1 000 万英镑……奥地利为了偿付一部分债务，正竭力设法至少弄到 600 万 ~800 万英镑；小撒丁正渴望得到贷款，不仅是为了进行新的意大利战争，而且也是为了偿付它因克里木战争而背上的旧债；在军队出动、血洒沙场、大炮轰鸣以前，帝王们和武士们必须从英国钱包中得到总数达 3 000 万英镑的贷款。”①

第二，英国为美国的崛起无意地提供了大量资金支持。早在 19 世纪中叶，马克思就敏锐地感到：“今天出现在美国的许多身世不明的资本，仅仅在昨天还是英国的资本化的儿童血液。”② 为此他提出这样一个有着深刻内涵的命题：“一种东西只是另一种东西的补充。”马克思论证道：

---

① 《马克思恩格斯全集》第 13 卷，人民出版社 1975 年版，第 187 页。

② 《资本论》第 1 卷，人民出版社 1975 年版，第 824 页。

"问题在于，我们在美国和英国之间的竞争中看到，后者如何越来越被排挤到威尼斯、热那亚和荷兰的地位上。而这些国家在失去了贸易上的垄断地位以后，都不得不把自己的资本作为有息贷款借出去。热那亚和威尼斯曾经促使荷兰的地位提高，荷兰曾经供给英国以资本，而现在英国对美利坚合众国也不得不完全这样做。只是现在这种变革在各方面都比以前的规模要大得多"。①

第三，美国为纽约超过伦敦做了大量认真细致的准备。政治经济发展不平衡是资本主义发展的绝对规律。首先是德国超过法国（1870～1914年）。在普法战争之前，法国与德国人口大体相等，但是德国的煤炭、钢铁与航运仍处于发展初期，法国的财富远在德国之上。到1914年，德国的人口比法国多出70%左右，德国已经成为世界上一流的制造业和商业国家，它在技术上的熟练程度及其生产未来财富的技巧无人能及。相反，法国的人口却停止增长甚至有下降的趋势，相对于其他国家，它在财富及财富创造力方面已经远远落后了。其次是美国成为世界经济大国（1913年）。1880～1890年，英国GDP年增长率是2.2%，德国是2.9%，美国是4.1%；1890～1900年，英国是3.4%，德国是3.4%，美国是3.8%。1900～1913年，英国只有1.5%，德国是3.0%，美国是3.9%；1880年，全世界制造品出口总额中有40%是英国的，到1913年英国、德国和美国3个国家在制造品出口总额中的比例分别为29.9%、26.4%和12.6%；1900年，美国人均GDP相当于英国人均GDP的89.2%；1913年，美国人均GDP已超过英国5.5个百分点。

在这样的背景下，美国明确提出自由贸易原则，以对抗英国的帝国特惠制。我们可以看到，面对大萧条，美国政府于1930年通过了臭名昭著的《斯穆特霍利关税法案》，进一步提高农产品和制造业的关税。接着，英国和美国在1931年和1932年先后放弃金本位。1932年7～8月，英帝国在加拿大渥太华召开经济会议，放弃自由贸易政策，确定"帝国特惠

---

① 《马克思恩格斯全集》第44卷，人民出版社1982年版，第202～203页。

制”。1933年伦敦世界经济会议，英国和美国因第一次世界大战的战争债务等问题发生激烈冲突，使得伦敦世界经济会议失败，全球合作共同应对经济大萧条的最佳时机已经丧失。1934年1月，美国国会通过《约翰逊法案》（The Johnson Act），禁止欠债不还的外国在美国发行债券或借款，进一步破坏了美国与英国、法国的关系。1934年1月，美国国会通过《黄金储备法》，第二天美国政府恢复美元与黄金汇率。经济的持续衰退和国际形势的持续动荡，迫使美国认识到需要对政策改弦更张。1934年，美国议会通过《互惠贸易法案》，强调保护性关税是“万恶之源”，是经济战的温床，是造成当前恐慌的唯一原因。1936年，美国、英国和法国签署了“三国协议”，确立美元盯住黄金，所有其他国家将货币与美元挂钩。经过斗争与妥协，美英于1938年11月签订“互惠贸易条约”。

第二次世界大战给了美国抢夺世界金融中心的绝好时机，美国人抓住这个千载难逢的机会，认真细致地开始了对战后国际经济体系的战略谋划工作。1939年9月初，美国民间的对外关系委员会开始工作，洛克菲勒基金会提供经费支持，主要成员则是来自第一次世界大战后美国威尔逊总统组成的国际分析团队。1939年9月11日，即第二次世界大战爆发后的第10天，罗斯福夫人呼吁：“我希望看到有一个国际问题组织现在就能开始为未来和平设计蓝图。”1939年12月，美国国务院对外关系问题顾问委员会成立，下设政治、经济和军备三个小组。1939年秋，战后设计者提出多边主义的国际经济体系。

在战后国际金融体系特别是国际货币安排的框架中，主要区分为英国的凯恩斯计划与美国的怀特计划，正可谓针尖对麦芒。怀特计划包括成立两个国际组织：国际平准基金和盟国间银行，前者用于稳定国际货币的兑换，是战后国际经济新秩序的管理和监督机构；后者用于战后重建的资金提供及资助成员国发展对外贸易。怀特计划要求建立一个国际稳定基金，成员国将其货币存入基金之中，基金进而着手提供每个国家清偿其国际账户所需的货币。凯恩斯则主张成立国际清算同盟，清算同盟必须由美国和英国制定规则和发起，然后邀请苏联和一两个联合国家成员作为创始国参与。作为特殊待遇的成员资格只向那些遵守国际经济基本原则和规范的国家开放。凯恩斯计划要求建立一个国际结算联盟，联盟中不存入任何资金，作为代替，国际收支通过在联盟账簿上借记付款国并贷记收款国而实现。简单地说，它们是美国的银行存款原则与英国的透支做法之间的差别。按照后一种方案，结算联盟本身不从事汇兑操作，而仅仅是记账。怀特方案体现了美国主导的原则，凯恩斯方案体现了美英共同主导的原则，对美国金融界和国会来讲，清算同盟是外国的。在凯恩斯方案被美国排斥后，英国人主张国际机构设在纽约，以免美国政府干预。而美国人则认为，国际机构就应当设在华盛顿，以便美国政府协调。万般无奈，丘吉尔只好借演讲"铁幕"、发动冷战之机，向美国强调怀特是苏联的第五纵队，美国政府将怀特解职，英国宣布同意美国的方案。自此，战后金融秩序完全根据美国的愿望得以设计完毕。

从美元与黄金挂钩到纸币美元主宰全世界，是国际金融中心建设的第四阶段。在这个阶段，有几个突出的事件。一是1944年布雷顿森林体系的建立，美元与黄金挂钩，各国货币与美元挂钩，属于"双挂钩"，标志着国际金融中心正式转移到纽约；二是欧洲运送黄金运动与美国尼克松新政，标志着美元纸币可以顺畅地漫游主要经济体；三是1989年苏联解体，美元纸币名正言顺大举进驻"苏东波"而成为全球货币；四是2000年欧元诞生，美元地位受到一定程度挑战；五是2007年以来的美国次贷次债危机，美元地位受到前所未有的冲击。系统阐述这些事件，非本文的任务，在此只是想讲述几个案例，看看美国既作为债权人又作为债务人是如何扮演角色的。

第一个案例：收拾旧"金主"英国。英国的衰落与美国的兴起，是一枚硬币的两面。美国曾经是英国的殖民地，在英国人主导全球金融的时候，美国人是尝到了苦头，受尽了屈辱。关于这一点，美国人在《光荣与梦想》一书中做了十分精彩的描绘。第一次世界大战给了美国人还以颜色的机会。20世纪20年代，美国逼迫大英帝国卖海外资产还战债。20世纪30年代，美国禁止欠债不还的外国在美国发行债券或借款。20世纪

40年代，美国向同盟国英国提供租借法案，美国财政部认为，慷慨地提供援助会引起美国公众的不安，坚持英国应该把在美国的一起最佳投资卖给美国。布雷顿森林体系成立后，旧势力英国依然比较强大，而且还不甘心。因为英国人的心态“就是打心眼里不想接受英国的地位已经完全走下坡路的现实，也不愿意看到，英国不但不借钱给别人，而且还要向别人乞讨金融援助”。[①] 美国决定借此收拾它一下。机会总算来了。5月8日，盟军占领德国，欧洲战场结束。这时的英国已经是一贫如洗，要求美国延长租借法案，以便继续得到美国的援助。美国则在英国毫不知情的情况下，单方面宣布取消租借法案，使英国几乎完全没有流动的国际储备，遂向美国提出借款要求。于是双方进行了漫长的马拉松式的借款谈判，美国政府借机“让英国依赖于美国的财政部，这样它将被迫采取美国政府所希望的那些政策”。贷款谈判非常艰难，持续了3个月。对英国的贷款谈判代表们而言，特别棘手的是美国政府对贷款所附加的条件。英国的谈判人员在对英国战后自我利益至关重要的每一点上都做出了让步，每一次都是为了获得美国额外的金融支援。尽管这样，美国国会通过这笔贷款仍花了7个月时间，虽然英国的国际收支正在迅速恶化，但原本3月份发放给英国的贷款仍然推迟到7月份。英国议会只用了两周时间讨论就授权了这笔借款，还授权英国加入国际货币基金组织。英国许多保守党议员在首相丘吉尔的授意下投了弃权票。因此，有人认为，1945年9~12月对英贷款谈判，成为美国政府谋求英国支持美国战后世界经济霸权的一次总决算。1945年12月6日，英美贷款协定签订，英国接受美国50亿美元贷款，终结大国地位。当时的评论是：“就像一个战败国，受到了与道斯贷款和杨格贷款中的德国一样的对待。”

第二个案例：以援助为幌子，控制广大发展中国家。这又分两个方面，一是使用“经济杀手”的非常手段。按照约翰·珀金斯的解释，“经

① ［英］罗伯特·斯基德尔斯基：《凯恩斯传》，生活·读书·新知三联书店2007年版，第876页。

济杀手”是收入颇高的专业人士，受美国政府的派遣，运用虚假金融报告、非法操纵选举、贿赂、勒索、美人计和暗杀等手段，纵容发展中国家从世界银行、美国国际发展机构和其他对外援助机构大规模借款，形成借款依赖，从而掠夺这些国家的经济资源、主权控制权等，从全球各国骗走了数万亿美元。“经济杀手”玩的是一场与帝国同生的古老游戏，但在全球化时期却以新的面目和可怖的情形再现。二是趁着金融危机开处方，伸手要市场。这尤其以亚洲金融危机时期国际货币基金组织开出的“药方”最为典型。以韩国为例，这是属于紧缩与开放市场并举的“苦药”：（1）宏观经济政策及财政目标。经济增长由7%下调为3%；削减政府开支和加税来实现预算盈余；通胀控制在5%以下；经常账户赤字占GDP的比重降为1%以下。（2）货币和外汇政策。中央银行收紧货币，允许短期利率上升，缓解韩元贬值带来的通胀压力；修订韩国银行法，赋予中央银行独立权，主要职责是稳定物价；强化金融机构监管；维持现行的外汇交易制度，允许汇率每天波动10%的幅度，政府对汇市的干预必须符合市场运行的方向；公开政府的外汇储备、中央银行的期货合约和银行的坏账记录。（3）开放金融市场，重建金融体系。1998年开始允许外国金融机构在韩国成立合资或附属机构及经纪行；外资对韩国上市公司持股上限即刻提高到50%，1998年再调高为55%；向外资开放短期债券市场；大型金融公司必须由国际认可的会计师事务所进行核数；重组有问题的金融机构，制定一套制度来协助这些机构进行合并或关闭，允许本地和外国机构收购这些机构。（4）改变政府与企业的关系。政府必须逐步削减政策性贷款，终止以补贴方式拯救私人企业。①

第三个案例：美国作为债务人首先赖债，然后是强横。20世纪60年代以来，在越战中，美国逆差越来越多。欧洲国家以法国总统戴高乐为首，向美国发起了运送黄金回国的行动。他们根本就不相信美国具有维持

① 《评亚洲金融危机中国际货币基金组织的药方》，引自隆武华：《外债两重性：引擎？桎梏?》，中国财政经济出版社2001年版。

国际金融体系稳定的能力，当法国对美贸易出现盈余时，坚决要求按照美国规定的35美元兑换1盎司黄金的比例从美国搬走，美国也没有办法，尽管不愿意，也只好兑换。于是，在1965～1968年期间，出现了法国用飞机从美国搬运黄金的奇观。为巩固美元地位，尼克松决定放手一搏，在1971年8月15日宣布美元与黄金脱钩。就此一项，美国欠世界其他国家的债务550亿美元算是打了"白条"，史称为"尼克松冲击"（Nixon Shock）。从那以后，美国一遇到经常项逆差与财政赤字，就采取强权的方式来解决。美国人"约法三章"，债权国的美元只能作为储备和进口货物，不能兑换黄金，不能购买美国股权，不能迫使美国出卖有价值的资产，否则将视为敌视美国。在这种情况下，各国不得不将辛苦赚回的美元顺差购买美国国债，用于美国国际收支的平衡。美国人表示，如果你们不买国债也可以，因为美国将印刷美元，使美元贬值，这就使美国人自豪地宣称："我们的货币，你们的问题。"美国人即便是债务人，它也要占主导地位。

总之，国际金融中心转移过程中债权人和债务人地位的转换是一个永恒的规律。意大利、荷兰、英国都经历了这么一个过程，现在的美国也不可避免地走上了这条不归路。当然，由于美国超强的经济地位，这是前三者所达不到的，它的金融霸权也是难以挑战的。我们可以看到，在美元本位下，美国拥有两种手段：一方面，运用债权国地位，对受其援助的国家采用债权国主导原则，通过国际货币基金组织逼迫债务国开放市场，并进而控制债务国的主权；另一方面，美国又运用债务国地位，以第一超级大国的地位，以敌视美国相威胁，凭借美元霸权地位等，胁迫债权国购买国债，为其经常账户和资本账户的双逆差提供资金。2007年的美国次贷次债金融危机，给美元的霸主地位形成巨大冲击。相关各方提出要建立国际金融新秩序，其最低要求就在于要建立约束国际货币发行人随意行为的制度机制，核心要义就是要建立多元化世界储备货币。这两点均非一时之功。在这个过程中，中国人民币的国际化与走向国际，需要在既定的目标下学习别人的经验特别是美国的经验，一步一个脚印地向前迈进。

第二部分
实践先声：发展为主调，监管铸灵魂

“十五”时期证券市场对国民经济和社会发展的保证作用*

一、我国证券市场发展现状

我国证券市场经过近10年来的发展，取得了显著的成绩：（1）市场规模不断扩大，截至1999年底，我国境内上市公司达949家，总股本达到3 089亿股，市价总值26 471亿元，相当于GDP的32.3%；投资者开户总数4 481万户。（2）全国集中统一的证券期货监管体制初步建立。（3）证券期货市场法律法规体系初步形成，这个体系以《中华人民共和国公司法》（以下简称《公司法》）、《中华人民共和国证券法》（以下简称《证券法》）为核心，20多个行政法规和法规性文件及150多件部门规章为补充。（4）机构投资者得到较快发展，10家证券投资基金管理公司管理着22只、规模达505亿元的证券投资基金。（5）证券市场中介服务功能不断完善，全国有90家证券公司、96家证券投资咨询机构；从事证

---

* 本文是2000年3月6日提供给国家发展和改革委员会的相关材料。

券期货业务的会计师事务所和律师事务所分别为106家和304家。(6)市场主要技术手段达到或接近世界先进水平。

二、“十五”时期证券市场发展重点

“十五”时期，为了加快证券市场的建设，我们将主要做好以下几个方面工作：

（一）进一步完善以《证券法》为核心的法律法规体系，加强制度建设，依法治市

一是以《证券法》及相关法律法规为依据，进一步加强证券期货市场的各项制度建设。二是要合理划分中国证监会、大区证管办、特派办之间的职责，完善分级监管体制，提高监管水平和监管效率，加大对证券市场的监管力度，防范市场风险。三是要在充分发挥集中统一监管作用的基础上，注重发挥证券交易所和证券业协会等行业自律组织的作用，加强职业培训和道德教育。四是要完善证券期货违法违规案件稽查工作制度，建立与全国证券期货业集中统一监管相适应的稽查监管体制，实行统一组织、分层办案的形式，切实做好执法检查工作，做到有法必依，执法必严，违法必究。“十五”时期还将出台包括《中华人民共和国基金法》和《中华人民共和国期货法》等法律法规，进一步完善证券期货市场法律法规体系。

（二）改革与完善股票发行上市制度

要按照社会主义市场经济的原则和《证券法》的要求，改革与完善股票发行上市制度，落实核准制。改进和完善新股发行方式，进一步提高发行审核工作的透明度。强化信息披露，使我国证券发行市场更加公开、公平、公正。完善发行工作中的主承销商辅导制度，落实主承销商的辅导责任和上市推荐人的保荐责任与督导义务。

（三）完善上市公司信息披露制度，加强上市公司监管

制定《上市公司管理条例》，修订《公开发行股票公司信息披露实施

细则》，加强上市公司监管。改革公司信息披露方式，完善公司巡回检查制度，加强对公司董事、监事及董事会秘书的培训工作，从而进一步增强信息披露的真实性、及时性、完整性，切实保护投资者利益。

（四）完善证券市场结构，加快机构投资者培养

我国证券期货市场的结构不尽合理，主要表现为：投资者以散户居多，机构投资者在整个市场中的比重偏小；交易品种主要是股票，债券市场不发达，资产证券化还没有起步；商品期货还处于发展初期，金融期货还没有开展。为此，"十五"时期，一是需要积极培育机构投资者，大力发展证券投资基金，开放并逐渐扩大其他社会机构资金进入股市，逐步形成以证券投资基金、保险资金、券商自营资金、养老基金及其他机构资金组成的机构投资者群体。二是根据证券市场对外开放的需要，积极创造条件，组建中外合资基金管理公司，设立中外合资基金。三是加快债券市场的建设、开发和金融衍生品市场的研究，进行资产证券化试点，提高市场功能和效率。

（五）加强证券期货业信息系统建设，切实防范技术风险，保障系统安全，提高系统效率

"十五"期间要建立与现代科学技术发展、证券市场业务发展相适应的技术保障体系、决策系统和监管支持系统，加快覆盖全行业的信息系统建设，逐渐统一全行业技术标准，形成一套完整的制度规范以及与此相适应的管理体系，进一步提高证券交易、监管和决策的现代化水平。因为覆盖证券期货业全行业的信息系统建设需要大量的资金投入，仅靠证券监管系统自己的投入是远远不够的，所以有必要将证券期货业技术信息系统建设纳入国家计划和发展委员会制定的"政府主导性规划"中。

三、证券市场对国民经济和社会发展的保证作用

"十五"时期是我国国民经济和社会发展的关键时期，作为我国社会主义市场经济重要组成部分的证券市场，需要在法治、规范的基础上，进

一步加快发展，进一步做好国民经济发展和结构调整、国有企业改革和社会主义市场经济体制建设的保证和服务工作。

（一）扩大规模，加快发展，为经济建设筹集长期资金

截至1999年底，我国通过境内外证券市场累计筹资4 479亿元。“十五”时期，随着上市公司数量的增加和市场规模的扩大，证券市场融资能力将会显著提高，估计每年能为国民经济发展筹资1 000亿元左右的长期资金。另外，随着市场流动性的增加和交易规模的扩大，交易印花税也会给国家财政带来更多的收入。

（二）发挥市场对资源的有效配置作用，引导资金向高新技术产业和信息产业流动

近几年来，证券市场加快了高新技术企业的上市步伐。截至1999年底，我国高新技术上市公司已达162家，占上市公司总数的17.8 %，从证券市场募集资金478亿元。“十五”时期，随着在上海、深圳证券交易所高新技术板块的设立，证券市场将采取有力措施，进一步支持高新技术上市公司股票的新发、增发和配股，引导资金向高新技术产业、信息产业流动，支持高新技术产业化的步伐，为实现党中央制定的科教兴国战略做出贡献。

（三）进一步促进国有企业改革和国民经济战略性重组

我国上市公司80%以上是国有企业通过改制上市而来的。大多数国有控股上市公司都是国民经济各行业的排头兵和地方经济的龙头企业。“十五”时期，证券市场将继续在促进国有企业改革和国民经济战略性重组中发挥更大的作用。一是选择一批具有巨大发展潜力、经济效益好、符合上市条件的大型国有企业，重点支持其改制上市。二是选择一部分已上市和新上市、信誉好、潜力大的上市公司，在不影响国家控股的前提下，采取回购、配售等方式，变现一部分国有股，盘活存量，促进国有经济实现战略性调整，真正做到有所为、有所不为。三是要规范上市公司的资产重组，积极引导上市公司通过兼并、收购、租赁、托管等多种方式，对产

品有市场、有销路但缺乏资金的国有企业实施重组，使它们尽快摆脱困境。四是允许具有行业地位、技术优势和发展前景的国有控股上市公司增发新股，加强企业未来的竞争力和成长性。

（四）加强金融创新，全面推进金融体制改革

证券市场是市场经济中最重要的要素市场，市场化程度较高。“十五”时期，证券市场将进一步加强市场的制度创新和产品创新，支持金融市场体制改革的深化、国有银行不良资产的流动和重组、降低和化解金融风险。

关于操纵证券市场行为的调查报告*

一、操纵证券市场行为的主要方式和特征

操纵证券交易市场、欺诈和内幕交易行为，是各国证券市场常见的三大违规事件，也是各国证券监管当局共同面临的三大难题。操纵证券市场行为已不仅仅是一般的违规行为，而是严重的违法犯罪。自证券市场建立以来，我国一直十分重视对操纵证券市场行为的立法与查处。1996 年，中国证监会专门下发《关于严禁操纵证券市场行为的通知》；1997 年，第八届人大五次会议修订《中华人民共和国刑法》（以下简称《刑法》），对证券犯罪作出明确规定；1999 年 7 月 1 日《证券法》的生效，以及中国证监会对个股的涨跌幅限制和连续 3 个涨跌停板临时停牌等相关配套监管措施出台。随着这些法律法规的实施，我国证券市场逐步规范，操纵证券市场行为相对于过去而言，已经有了一定收敛。目前，利用分仓、对敲等手段，明目张胆地操纵证券市场的情况已经减少，但操纵市场的行为以更为隐蔽的方式仍然大量存在。

据调查，操纵证券市场的方式大致有以下几种：一是虚买虚卖，或者以自己为交易对象，进行不转移所有权的自买自卖，或者是与他人串通，以事先约定的时间、价格和方式相互买卖其持有的证券，以影响证券交易行情，牟取不当利益或转嫁风险。二是连续交易，通过单独或合谋，集中资金优势、持股优势或利用信息优势联合连续买卖，操纵证券交易价格。

---

* 本文原载于中国证监会政策研究室编：《证券市场政策研究报告（2000）》，定稿于 2000 年 4 月 29 日。笔者与陈共炎、潘金根、刘鑫组成“证券市场操纵行为调查组”赴上海、深圳调研后写成此报告。

以上两种方式往往同时并用，分别从证券交易的价格、数量、规模和时间因素两个方面影响证券行情。三是散布谣言或不实资料，故意使公众投资者对证券价格走势产生错误判断，自己趁机获取利益或避免损失。从实际案例来分析，操纵市场行为有四个重要的特点：一是利用多开证券账户和资金账户分仓操作。为掩人耳目，有的分仓甚至达到5 000户以上，但委托人是有限的，资金来源于一处或高度相关。二是数个大户经过合谋共同操纵某只股票。在这种情况下，合谋者一般会有秘密的书面或口头协议，对各自的分工、进场和退场时间以及利润分配作出安排。三是操纵市场背后必定有重大内幕消息。股市是信息的集散地，市场操纵者在动手时一般会掌握一些重大的内幕消息，并且有很大一部分操纵行为是与上市公司联手的。四是利用转托管等手段，从一个营业部打入支票购买股票，通过转托管到其他营业部，卖掉股票，套取现金，这样既可以逃避国家的现金管理，又可以借此制造散户跟风气氛。

二、查处操纵市场行为中遇到的障碍

对操纵市场行为的查处是一个世界性的难题，包括成熟市场国家在内，目前均没有一套十分成功的好办法。据有关部门反映，我国查处证券市场操纵行为有五难：一是发现难，二是认定难，三是取证难，四是处罚难，五是保密难。通过调查，我们认为，查处操纵市场行为遇到的主要障碍是相关的法律法规不健全。

（一）对投资者开设证券账户缺乏必要的法规约束

按现行办法，一般投资者开户由交易所登记公司委托证券营业部、各地登记公司、证券交易中心或银行代为办理；证券公司等会员自营业务证券账户的开立，统一由交易所登记公司受理。我国《证券法》明确规定："客户开立账户，必须持有证明中国公民身份或者中国法人资格的合法证件。""在证券交易中，禁止法人以个人名义开立账户，买卖证券。"但由于没有相应的实施细则，《证券法》的这些规定有时得不到落实。尽管上海、深圳证券交易所登记结算公司先后发布了《登记开户管理办法》或《证券账户开户业务细则》，对投资者开户作了比较详细的规定，强调“由于开户代理机构及其开户代办点的不当行为开立的证券账户，由此产生的经济和法律责任均由该开户代理机构承担”。但登记公司对会员约束力有限，这些管理办法或细则不具有法律或行政法规的效力，证券监管部门在查处违规开户行为时，也不便作为处罚执法标准。

（二）对认定操纵市场行为没有定量指标

《刑法》和《证券法》对操纵市场行为只作了原则性的定性表述，要进行实际操纵和认定，还必须据此制定一整套量化的标准。目前，上海、深圳证券交易所在实施实时监控时，从量和价两个方面的变化上提出了一些操纵市场行为嫌疑的指标，如与历史均量、均价进行比较，个股走势与大盘绝对相悖，持股比例占总股本的比例，信息披露相关内容等。但这些指标不是认定操纵市场行为的具体量化指标。

（三）对单个投资者持有上市公司股份的有关规定缺乏可操作性

我国《证券法》第79条规定：“通过证券交易所的证券交易，投资者持有一个上市公司已发行的股份的百分之五时，应当在该事实发生之日起三日内，向国务院证券监督管理机构、证券交易所作出书面报告，通知该上市公司，并予以公告；在上述规定的期限内，不得再行买卖该上市公司的股票。”在实际操作过程中，由于我国国有股、法人股等不能上市流通的特殊情况，流通股只占总股本的1/3左右，致使一些单个投资者尽管所持流通股份还不到总股份的5%，但已经能够影响或者控制该股的股价了。

（四）相关的法律法规不协调

调查操纵市场嫌疑人资金账户，是查处市场操纵行为的关键一步。对于这个问题，在《中华人民共和国商业银行法》（以下简称《商业银行法》）生效前，中国人民银行和中国证监会曾联合发文，同意中国证监会调查相关行为人的银行资金账户。1995年7月1日生效的《商业银行法》在第29条和第30条中规定，“对个人储蓄存款，商业银行有权拒绝任何单位或者个人查询、冻结、扣划，但法律另有规定的除外”，“对单位存款，商业银行有权拒绝任何单位或者个人查询，但法律、行政法规另有规定的除外”。一些银行以此为依据，在调查操纵市场嫌疑人资金账户问题上不予配合。尽管1999年7月1日实施的《证券法》在第168条规定，国务院证券监督管理机构在依法履行职责中，有权“查询当事人和与被调查事件有关的单位和个人的资金账户、证券账户，对有证据证明有转移或者隐匿违法资金、证券迹象的，可以申请司法机关予以冻结”，但由于两个法律之间没有相关的法律解释和协调机制，依法调查资金账户仍是困难重重。

除了法律法规不健全外，查处操纵证券市场行为遇到的障碍还有：

1. 证券账户和资金账户不规范。1993～1994年，为申购新股，一些机构大量收购农民身份证开设证券账户，有的甚至用计算机虚构姓名和身份证号码开户。尽管有关方面对此做了善后处理工作，但遗留问题依然存在。部分证券账户的虚假性，使登记公司没有留下能有效证明投资者真实身份的资料，或者资料残缺不全，给日常监管和查案工作带来不便。

2. 一线监管力量薄弱。目前，中国证监会在力量的配备上，重审批、轻监管的倾向还比较明显，稽查力量也非常有限，更不能与成熟市场国家证券监管部门用于稽查的力量相比。同时，会机关与交易所职责虽已划分，但配合不默契，交易所一线监管受到一些限制。

3. 办案人员缺乏相关的查处手段。这里主要有两个问题：一是在调查资金账户上缺乏强制性；二是交易所对市场虽然建立了实时监控系统，但中国证监会在利用这一资源时还存在这样或那样的技术问题，缺少有效手段及时发现操纵市场行为。

三、几点建议

操纵市场行为是世界性难题。西方成熟国家金融实名制（涵盖银行、证券、保险及其他一切金融领域）为证券市场的规范运作和查处操纵市场行为奠定了一个良好的基础。我国正在进行储蓄实名制改革，这项改革对于打击金融领域弄虚作假行为，净化金融环境，防止社会腐败，是有积极意义的。目前，由于实名制仅局限在储蓄存款上，银行全国联网等基础设施工作均没有到位，又有一个新老划断的问题，因此，储蓄实名制短期内对规范证券市场上的投资行为恐难起到明显作用。通过调查，我们认为控制市场操纵行为的关键，主要还是要依靠完善的市场行为准则，让投资者在一定的游戏规则下进行投资活动。为此，我们建议：

（一）发布《投资者证券账户开户管理办法》

为落实《证券法》第74条和第138条的有关规定，建议由中国证监会制定并发布“投资者证券账户开户管理办法”，或者转发沪、深证券交易所的《登记开户管理办法》、《证券账户开户业务细则》，使之成为行政法规。在制定《投资者证券账户开户管理办法》时，可以参照实名制的有关原则，对新开户者从严要求，对违反规定的相关责任人从严惩处。

（二）制定认定操纵证券市场行为的量化标准

据了解，中国证监会稽查局在实际查处操纵市场行为的过程中，有一套认定原则或操作程序来量化操纵市场行为。但这些量化指标均属于内部掌握的控制指标，不是公认的行政法规。建议在进一步完善的基础上以部门规章的形式予以公布。

（三）完善单个投资者持有上市公司股份的管理办法

这可以从三个方面予以完善：一是尽快解决国有股、法人股等类别股流通问题，解决我国上市公司流通股普遍偏小、市场操纵者可操纵空间较大的弊端，使证券市场结构得到完善，同时又可以增大操纵证券市场的成本。二是将同一机构多个账户合并计算。前些时期，随着证券公司增资扩股，交易所按每100万元注册资本配发给证券公司一个机构账号，允许证券公司自营时使用多个机构账户。但在计算持股量时，交易所目前还没有将这些账号统一起来加以计算。建议尽快予以合并计算，以便于日常监管，同时也与目前证券投资基金多个账户合并计算相一致。三是作为一个过渡办法，在国有股和法人股暂不流通的情况下，可以考虑凡流通股占总股本的比重不超过一定比例（如30%）的上市公司，单个投资者持有上市公司流通股本一定比例（如10%），须向证券交易所备案。

（四）协调《证券法》与《商业银行法》的关系

目前，中国人民银行等部门正在根据实名制的要求，着手制定相关权力部门对储户资金账户查处的细则。建议与有关部门协调，尽快明确证券监管部门调查资金账户的权力及相关责任，并与《商业银行法》对个人存款和单位存款进行调查时不同的法律或法规要求相一致。

完善的法律法规只是有效控制投资者操纵市场的前提。除此之外，还需要在以下几个方面做好工作：

1. 逐步规范证券账户、资金账户。按《证券法》的有关规定和实名制的有关要求，中国证监会应开始考虑逐步解决证券市场虚假开户和资金账户不规范问题的途径与方式。由于机构借户分仓操纵市场是一个历史形成的问题，建议分阶段、有步骤地进行清理，以避免对市场造成大的冲击。

2. 严格执法，依法治市。在查处操纵市场行为的法律法规日益健全的情况下，还需要强调的是必须严格依法办事。如《公司法》第152条第4款规定“持有股票面值达人民币1 000元以上的股东人数不少于1 000人”，而个别上市公司股东人数曾一度降到600人。出现这种情况，本应停止该股票的交易，进行调查处理，但由于执法不严，未能及时采取有效措施。

3. 加强查处力度，预防操纵市场。根据成熟证券市场的经验，加强查处力度是预防市场操纵的一个好办法。调查本身就可以起到预防的作用，可以警醒投资者约束自己的投资行为。在美国，对于操纵市场行为也是查的多，结案的少。同时，操纵市场一般有重大内幕交易作铺垫，如下大力量查处内幕交易，操纵市场行为会大大减少。对于已经查清属于操纵市场行为的当事人，一定要从严处罚，使操纵市场者受到法律的严厉惩处。

4. 强化一线监管。一是加强中国证监会市场监管和稽查的力量，可以考虑将交易所的实时监控系统引入中国证监会，以便及时发现市场操纵苗头，组织力量查处；二是合理划分职责，强化交易所和地方证管办一线监管的权力。

4.6 万亿元市值诠释了证券市场的发展与前景*

值我国证券市场发展10周年之际，股票市场规模也跃上了一个新台阶。截至2000年11月底，我国股市总市值超过4.6万亿元，约合5 600亿美元，相当于GDP的56%左右。市值的增长，诠释了证券市场的发展与前景。

第一，4.6万亿元市值是我国证券市场10年发展的一个总结。1990年，我国仅有10家上市公司，总股本2.6亿股，市值不足50亿元。经过监管部门、上市公司、中介机构和投资者等方面的“十年生聚，十年努力”，目前我国境内上市公司超过1 000家，市值翻了900倍之多，增长速度是惊人的。需要说明的是，国际上在比较一国或一个地区证券市场的发展规模和深化程度时，通常都使用股票总市值和市值占GDP比例这样的指标作为依据。就此而言，我国证券市场规模已经超过了新加坡（1 929亿美元）、中国台湾（3 760亿美元）和韩国（3 063亿美元），接近中国香港（6 082亿美元）、荷兰（6 941亿美元）和意大利（7 282亿美元）。这是我们走向世界、参与国际竞争的基础。

第二，4.6万亿元市值反映了证券市场配置资源的能力和对我国经济发展所能提供的保障程度。1992年，我国证券市场市值仅1 000亿元，通过股票筹资仅50亿元。那时证券市场还处于“婴儿”阶段，不可能对经济发展起很大作用。10年后，在我国1 000多家上市公司中，高科技上市公司已达200家左右，约占整个上市公司的20%。证券市场在促进我国高科技发展，实现高新技术产业化方面做出了贡献。全国512家重点国有

* 本文是为中国证券市场10周年准备的宣传材料，定稿于2000年12月20日。

企业和120家试点企业集团，已有一半通过改制上市成为上市公司。从总体上看，这些上市公司效益较好，资产负债率较低，成为国民经济各行业名副其实的排头兵，截至2000年11月底，通过境内外证券市场筹资（包括红筹股）近1万亿元，上交国家印花税1 500亿元。股票市场确确实实已经成为我国社会主义市场经济的重要组成部分，并且有能力通过兼并、重组和资源的有效配置，促进我国经济的结构调整，为国民经济较快发展提供保障。

第三，4.6万亿元市值代表一个起点。虽然，经过10年发展，证券市场取得了很大成绩，但是，相对于未来国民经济发展的需求、经济结构战略性调整和支持高新技术产业发展的任务来说，证券市场在规模、结构、层次、品种和规范化程度等方面，都存在较大不足，与发达国家证券市场发展水平相比，差距更大。比如，目前全球股票总市值高达30多万亿美元，超过全球GDP。1999年，纽约交易所市值为11.4万亿美元，纳斯达克为5.2万亿美元，东京交易所为4.5万亿美元，伦敦交易所为2.95万亿美元，巴黎交易所为1.5万亿美元，法兰克福交易所为1.4万亿美元。因此，我们在看到成绩的同时，更应该看到问题和不足，在4.6万亿元市值的基础上，不断总结经验，继续深化认识，进一步推进市场的规范发展。

“十五”时期是我国社会和经济发展的重要时期，2001年是“十五”时期的第一年。我们一定要开好头，起好步。当前及今后一段时间，我们要着重做好三个方面的工作。一是加强证券市场法制建设，在依法治市的基础上，加大对证券市场的规范力度。要根据市场需要，补充和完善现有的法律法规体系，同时，面对不断出现的新事物、新情况，积极研究监管办法，为市场的发展和规范提供良好的法律保障。二是面对即将加入WTO的形势，要在加快证券市场发展、鼓励竞争和创新的基础上，不断推进市场化进程，坚持让市场机制发挥作用。积极培育机构投资者和有竞争力的证券公司，提高上市公司质量，逐步实现我国证券市场向成熟市场的过渡。三是要切实转变监管理念，把保护投资者利益作为监管的首要任务和目标，其重点是保护中小投资者的合法权益，这是国际资本市场的共识。要从制度保障、加强投资者教育、加大监管力度和社会监督等方面入手，增强投资者信心，将保护投资者利益落到实处。

世纪之交，中国证券市场面临难得的机遇和挑战。展望未来，证券市场的发展前景非常光明。“十年之际话发展，喝水不忘掘井人”。在分析4.6万亿元市值的意义、展望证券市场未来发展的时候，需要进一步明确的是，党中央、国务院的正确领导和稳定健康的宏观经济环境是证券市场发展的前提和保障。如果没有邓小平理论的指引，没有党中央、国务院的正确决策，就没有证券市场今天的大好形势。在新的历史时期，我们要按照“法制、监管、自律、规范”八字方针，推动我国证券市场的规范发展。

中国证券市场稳定评估报告：突出问题及解决方案*

中国证券市场在清理整顿、法制建设、制度改革和市场发展等方面都取得了较大成绩，呈现出协调运行的良好势头。但是，随着市场的发展，旧的矛盾解决以后，新的问题又出现了。在中国即将加入 WTO 的形势下，影响证券市场长远发展的一些体制性、制度性问题日益显现，直面国际证券业挑战的问题列入了监管者议事日程。为此，我们在对国内市场形势进行综合评价的基础上，重点分析了市场存在的突出问题和加入 WTO 面临的挑战，提出了初步的应对措施。

一、三年来我国证券市场规范发展状况分析

1998 年以来，中国证券市场按照中央金融工作会议的精神，在规范的基础上快速发展，无论是在市场规模、制度建设，还是在净化市场秩序、解决历史遗留问题等方面，都迈出了十分可喜的一步。

（一）初步建立了集中统一的市场监管体系

从 1998 年 9 月起，中国证监会组织了对地方证券监管机构的接收工作，组建了 9 个大区证券监管办公室，2 个直属办公室，25 个特派员办事处，并在严格考核的基础上，选配了党政领导班子和纪检监察机构。1999 年 7 月 1 日，中国证监会 36 个派出机构统一挂牌，全国集中统一的证券监管体制正式确立。

---

* 本文是由中国人民银行牵头的国际货币基金组织（IMF）“中国金融稳定评估报告”的证券部分，笔者是指定项目执笔人，2001 年 3 月 6 日递交。

（二）基本形成了规范发展的市场制度框架

3年来，中国证监会积极进行以发行制度改革为核心的各项制度建设。改革股票发行制度，开始实行主承销商推荐、发行审核委员会审核、中国证监会核准的管理制度，逐步确立了市场决定价格的发行定价机制；推出上市公司退出机制，继1998年和1999年对连续2年和3年亏损的上市公司实行ST和PT警示制度后，2001年又出台了《亏损上市公司暂停上市和终止上市实施办法》；积极推动了网上证券委托交易，目前已有23家证券公司获准开展网上证券委托业务，网上委托交易量大约占全部交易量的3%左右；大力培育了机构投资者，初步形成了证券投资基金、保险基金、证券公司和三类企业为主体的机构投资者队伍。

（三）逐步化解和消除了市场风险和隐患

3年来，中国证监会在国务院领导下，在各部门和地方政府的配合下，采取一系列措施，净化市场环境，清除市场隐患，解决历史遗留问题，构筑防范风险的“樊篱”。清理场外非法股票交易、整顿规范期货市场、清理证券交易中心、整顿证券经营机构和清理规范原有投资基金等5项清理整顿工作顺利完成；转配股上市流通和B股向境内居民个人投资者开放，逐步解决了一些历史遗留问题；设立证券公司风险基金、证券交易所风险基金和证券登记结算风险基金等三大风险基金；着手建立全国统一的证券登记结算体系。

（四）进一步提高了证券市场对国民经济的保障能力

按照党中央、国务院“积极稳步地发展资本市场，适当扩大融资”的要求，中国证监会积极推进资本市场的发展，市场规模迅速扩大，直接融资能力明显增强。到2000年底，我国境内上市公司1 088家，股票市场市价总值4.8万亿元，相当于GDP的54%，分别比1997年增加3.1万亿元和31个百分点；投资者开户数达5 801万户，较1997年增长74%。1998~2000年新增上市公司343家，占上市公司总数的31.5%；筹资3 241.9亿元，占我国证券市场10年筹资总额的62.5%；印花税收入稳步增加，累计上缴1 470亿元。

二、当前证券市场存在的突出问题

中国证券市场是一个发展中的新兴市场，除了市场发展不成熟、运作不规范等新兴市场的共性病症外，还有不少传统体制下形成的历史遗留问题。就市场发展中存在的核心问题来说，是结构失衡；就监管体制方面来说，是监管手段和能力严重不足。

（一）证券市场稳健发展的基础还不牢固

我国证券市场诞生于计划经济向市场经济的转轨时期，是在试点的基础上逐步发展起来的。旧体制的弊端和国民经济的深层次矛盾，不可避免地会反映到证券市场上来，这就决定了目前我国证券业稳健发展的基础还不巩固，具体表现为：

1. 上市公司总体质量不高。我国上市公司是按照《公司法》要求建立的，相当一批公司已经成为国民经济各行业的排头兵。但不可否认，仍有一部分上市公司缺乏持续盈利能力，经营业绩的稳定性较差，有的甚至出现严重的亏损，影响上市公司总体质量。一是亏损家数居高不下；二是ST、PT家族队伍庞大。这种情况的出现，上市公司法人治理结构不健全是最重要的因素。在2000年被巡回检查的310家公司中，法人治理结构不健全的占37.1%，控股股东在人员、财务、资产上与上市公司没有彻底分开的占38.7%，大股东占用上市资金的占35.5%，信息披露不规范的占29.0%，运作基本规范的仅占15.2%。其实这个问题最深层的因素则是国有资产管理机制还未理顺，国家股、国有法人股股东缺位。由于股权多元化未能实现，利益制约机制未形成，致使法人治理结构形同虚设。

2. 证券经营机构、中介服务机构及基金管理公司行为不规范。我国证券公司自2000年以来尽管有很大发展，但与发达国家相比，资本规模普遍较小，抗风险能力不足，加之股权结构单一，法人治理结构不健全，缺乏严格自律和规范运作的利益制约机制。基金管理公司内控机制不健全，一些公司在规范运作方面还存在严重问题；会计师事务所和律师事务所的业务水平不高，未能真正做到勤勉尽责，没有真正发挥应有的监督作用。期货公司普遍亏损并收缩，期货市场交投清淡，难以发挥其对国民经济应有的积极作用。

3. 二级市场“炒”风较重。目前上市公司流通股比重较小，二级市场存在大量不规范现象。机构联手、内幕交易、恶意炒作等违法违规行为时有发生，这不仅严重影响中小投资者对市场公开、公平和公正的信心，而且影响了证券市场的稳定运行，侵害了投资者的合法权益。

4. 市场品种、结构发育都较低。目前全球股票总市值高达 30 多万亿美元，超过全球 GDP。我国 2000 年底 1 088 家上市公司的总市值，仅相当于全球最大的上市公司——美国通用电气公司的市值。这种状况表明，我国国民经济的证券化水平和证券市场的成熟程度仍然是较低的。另外，我国仅有为大中型企业筹资的主板市场，创业板市场和第三电子板市场尚未建成。在投资者结构中，还是以散户投资为主，按总市值计算，机构投资者只占 15% 左右，与成熟市场有相当大的差距。市场品种结构也比较单一，股票占 99%；国债、可转换债规模很小，公司债券的发行、监管等方面还存在着严重的市场分割，市政债券、资产证券化债券还是空白。在期货市场中，目前只有少量的商品期货，尚未推出金融期货品种。

（二）监管体制改革有待进一步深化

与成熟市场的监管相比，我国证券监管工作还存在严重不足。

1. 对投资者特别是中小投资者的保护缺乏制度保障。在成熟市场上，投资者可以对任何虚假信息披露进行起诉并得到最大赔偿，而我国目前还没有正常的投资者诉讼机制。

2. 监管的指导思想还没有完全落实。2000 年以来，中国证监会明确提出了证券市场市场化改革方向，重塑监管理念。但在实际工作中，仍然存在重审批、轻监管现象，反映到行动上，监管工作还缺乏系统性和规划性，仍未摆脱“市场推着监管走”的被动局面。

3. 多层监管体系需要进一步完善。政府三级监管体系还刚刚建立，分工有待完善，功能发挥不够。特别是地方证管办的积极性发挥得远远不够，中国证监会严重人手不足。另外，还需要进一步强化政府监管、自律管理和社会舆论监督的相互促进和补充的多层次监督机制。

4. 监管手段严重缺乏。成熟市场国家一般均授予证券监管机构准立法权、准司法权和较大的行政裁量权，如拥有发传票权、扣押账册权、银行记录调查权、强制询问权、搜查令权、检控权、起诉权以及申请法院强制令、执行令、清算令等权力。目前，中国证监会没有这些必要的权限。另外，成熟市场国家的公安、司法系统有经验，能配合证券监管机构，而我国公安、司法系统则经验不足，配合不够，而且还受各种因素干扰和影响，不能及时查处违法违规行为，致使稽查工作的震慑作用难以充分发挥（见表1）。

表1　中国证监会与美国、英国、澳大利亚、香港特区证券监管机构法定执法权限的比较

监管机构 项目	中国证监会（CSRC）	香港证券期货委员会（SFC）	美国证监会（SEC）	英国金融服务监管局（FSA）	澳大利亚证券和投资委员会（ASIC）
执法依据	1.《证券法》； 2.《行政处罚法》。	1.《证券期货委员会条例》； 2.《证券（披露权益）条例》。	1.《证券交易法》； 2.《联邦监管准则》。	1.《金融服务和市场法》。	1.《公司法》； 2.《证券投资委员会法》（1989年版）； 3.《1992年商业监管相互协助法》。
调查权	有权进入违法行为发生场所调查取证，但不包括所涉银行。	有调查权，可要求被调查人提供总部及附属机构的任何资料。	有调查权，可得到任何信息。	有调查权，并有权委托调查员行使调查权。	有权要求被调查人提供各种信息、账册；并可扣押这些资料。
调查银行账户的权力	没有。	有权调查涉嫌违规机构或个人的相关银行存款账户。	有权不事先通知被调查者即可直接调查其财务、银行账户。	有权调查银行账户。	有权审查银行账户。

续表

项目＼监管机构	中国证监会（CSRC）	香港证券期货委员会（SFC）	美国证监会（SEC）	英国金融服务监管局（FSA）	澳大利亚证券和投资委员会（ASIC）
传唤当事人的权力	没有。	有权传唤当事人，不接受传唤的被视为违法。	有权传唤当事人，不接受传唤的被视为违法。	没有。	有权传唤当事人；有权强制当事人必须到现场，并回答问题。
冻结证券账户的权力	需有证据证明有转移或者隐匿违法资金、证券迹象的，可以申请司法机关予以冻结。但实际操作程序复杂，需时较长。	财政司司长可以发出指令，冻结与违法犯罪有关的证券账户；被冻结的任何股份，可向香港法庭提出申请后出售。	有权申请禁止令，限制有关财产的转移。	有权申请禁止令，可要求有关交易结算业务暂停。	有权扣押账册。
搜查权	没有。	有权向法院申请搜查令进入违规场所。	没有。	有权向法院申请搜查令进入违规场所。	有权向法院申请搜查令进入违规场所。
直接起诉权	没有。	有权。	有权。	有权。	有权。
向法院申请强制令、限制令、破产令、清算令、执行令、返还令等	没有。	有权申请强制令、清算令、破产令等。	有权申请永久或临时的限制令或强制令，有权申请禁止令和履行令。	有权申请强制令、返还财产令、清算令、破产令等。	有权申请禁止付款或转移资金、证券、期货合同，有权申请强制令等。

5. 监管力量严重不足。美国证监会有 3 000 多名专业人员的监管队伍，而我国证券监管系统只有 1 200 人，其中专业人员不足 1/3，且大部分用在审批上。加上交易所和自律组织力量没有用上，实际监管的力量非常弱小。在股票市场总市值相当于 GDP 50% 以上的情况下，监管人才的缺乏已经成为制约监管工作进度和效率的重要因素。

三、WTO对我国证券业的挑战

根据中美、中欧签署的关于中国加入WTO减让条款，涉及证券业的内容主要有四项：（1）外国证券机构可以不通过中方中介，直接从事B股交易。（2）加入时，外国证券机构设立驻华代表处，可以成为所有中国交易所的特别会员。（3）加入后3年内，允许外国证券公司设立合营公司，外资比例不超过1/3；合营公司可以不通过中方中介，从事A股的承销，B股和H股、政府和公司债券的承销和交易。（4）加入时，允许设立合营公司，从事国内证券投资基金业务，外资比例不超过33%；加入后3年内，外资比例不超过49%。除上述承诺外，中国还要遵守世贸组织《服务贸易总协定》关于金融服务业开放的相关条款。这些条款主要体现在市场准入、国民待遇、透明度、最惠国待遇和发展中国家待遇特殊安排等5个方面。

总体上看，本次谈判尚不涉及外资进入中国证券市场问题，加入WTO对于证券业的直接影响不是很大，与我国证券业目前的发展现状基本相适应。从有利方面看，加入世贸组织，将为中国证券市场的长期稳定发展打下坚实的基础，为中国证券业提供一个实战的学习机会，有利于中国证券业向国际标准靠拢。但是，从压力和挑战方面看，随着境外机构的进入，其经营理念和管理方式势必对中国资本市场的运作产生日益深刻的影响。今后证券业的发展也必然要面对来自国际同业的竞争，加上我国证券市场还存在诸多迫切需要解决的问题，因此，加入WTO对于我国证券业发展的影响将是多极而深远的。其压力和冲击主要表现为以下几个方面：

（一）对上市公司的压力

上市公司是证券市场发展的基石。加入WTO以后，对上市公司在盈利能力、财务质量、信息披露和股东利益保护等方面的要求将更高，而我国目前的状况难以适应。如无明显转变，将会对证券市场的稳定和发展产生较大影响。

（二）对证券机构的压力

加入WTO后，随着外资证券经营机构逐步进入我国证券市场，我国证券机构将受到国外同业的冲击。截至2000年底，我国有101家证券公司，资产总额5 753亿元，净资本236.4亿元，还比不上美国摩根士丹利添惠一家公司的规模。在这种状况下，我国证券经营机构与世界上跨国经营的国际性证券机构站在同一起跑线上展开竞争，难度是可想而知的。其他如会计师事务所、律师事务所、资产评估所和信用评估机构，也都面临同样的冲击。

（三）对监管者的压力

加入WTO后，随着国际机构和资本的逐步进入，监管需要在国际、国内更大范围内进一步加强合作和协调，监管环境更趋复杂，监管难度大大增加。在这种情况下，如何提高监管效率和整个证券业的竞争力，保证市场平稳运行和防范系统风险，是摆在监管者面前的一个严峻课题。

四、推动证券市场规范发展的主要政策思路

“十五”时期是我国经济和社会发展非常关键的时期，改革处于攻坚阶段，证券市场在国民经济中的地位和作用也越来越重要。如何搞好证券市场，应对WTO的挑战，提高金融对国民经济的保证作用，是对证券监管部门的最大挑战。在这种情况下，证券监管部门应提高认识，增强信心，勇于担起时代和历史赋予的重任，不辜负党和人民的重托。

最近朱镕基总理就监管工作发表重要讲话，强调加入WTO要有忧患意识，能否把监管工作作为重点，首先是思想认识问题。他说，监管工作不知战场在哪，敌人在哪，这是十分危险的。要知道，战场就在监管，敌人就是违法乱纪。因此，必须建立一套严格的监管系统。对于二级市场违规问题，必须坚决依法查处。有的同志说，违规违法问题是新兴市场的普遍现象，必须经过几十年才能解决，必须在发展中解决，拔苗也不一定助

长。这说明认识还有问题。这些问题不解决，加强监管、强化监管只能是一句空话。

为了更好地做好证券监管工作，需要根据“十五”规划的总体部署，组织专门人员，全面认真地总结10年特别是最近3年来证券市场整顿、改革的经验，深入分析我国证券业面临的国际国内新形势、新情况和存在的深层次矛盾和问题，明确未来几年发展的思路和重点。当前及今后一段时期，主要应抓好两个方面的工作。

（一）建设功能健全、规范发展的证券市场

当前我国证券市场发展中存在的核心问题说到底是结构失衡，包括市场结构、投资品种结构、投资者队伍结构和上市公司股权结构等。因此，21世纪初我国证券市场的发展应该以优化结构和增强功能为手段，下大力量增加市场深度、广度、厚度。

1. 完善证券市场结构。金融创新是证券市场发展的永恒主题。2001年，尽快完成创业板市场的筹建工作，积极稳妥推出创业板。今后要适时建立电子交易板，形成我国多层次的市场结构。同时，要在品种结构方面下工夫，加快债券市场的建设，尽快研究推出全国统一的股票指数体系，逐步开放金融衍生产品市场。在股本结构方面，采取新老划断的办法，从某一时段起，新上市公司不再在招股说明书上写“国有股、法人股暂不流通”，在使国有股和法人股成为历史遗留问题的基础上，妥善解决已有上市公司的国有股和法人股问题。

2. 大力培育机构投资者。规范证券公司的经营行为，进一步完善内控机制，通过增资扩股，壮大公司实力，促进证券公司组织结构的优化。大力推进机构投资者的成长，总结证券投资基金试点的经验，进一步扩大基金规模，发展开放式基金，试点设立中外合资基金管理公司。在确保资金安全的条件下，推动养老基金进入证券市场，逐步形成以证券投资基金、保险基金、养老基金等长期、稳定的资金运作机构为主体的机构投资者队伍，改善投资者结构。

3. 完善加入WTO的各项准备工作。加入WTO后，要做到趋利避害，

为我所用，就必须坚持法规先行的原则，做好有关法律法规准备。具体说来，国外证券经营机构在华设立代表处，成为证券交易所特别会员，以及直接从事 B 股交易，需要相应修改《证券交易所管理办法》，规定交易所可以接纳特别会员，并在沪深证券交易所章程中对特别会员的资格及有关权利义务作出规定。根据允许设立中外合资基金公司以及中外合资证券公司的承诺，制定《中外合资基金管理公司暂行规定》和《中外合资证券公司管理办法》，对合资公司发起人资格、设立程序及运作管理作出规定。抓紧做好组建中外合资证券公司、基金管理公司的各项准备工作。试行 QFII 制度，从境外引入一批合格的机构投资者。

4. 充实风险基金，着手研究证券市场赔偿基金。按照《证券法》的要求，我国逐步建立了交易所风险基金、证券结算风险基金和证券公司风险基金，这对防范市场风险起到了一定作用。要充实证券交易所风险基金、证券结算风险基金和证券公司风险基金，并扩大规模，增强基金实力。但仅有风险基金还不够，因为通过单个个体的自我保障，只是风险管理的原始形态，证券市场除了单个风险外，还有一些不是单个机构所能承担或战胜的系统风险。在成熟市场和许多新兴市场，一般都建立了投资者保护或赔偿机制，这一方面有利于提高投资者入市的积极性；另一方面，又便于形成防范系统风险的缓冲机制。我国应该考虑建立这样的机制。

（二）建立高效、公正的证券管理体制

监管是证券市场健康发展的保证，强化监管也是国际证券业的重要趋势。经过 3 年努力，我国已经初步建立起全国集中统一的监管体制，在此基础上，可以借鉴国际经验，夯实监管基础，充实监管力量，强化监管手段，建立适合我国国情的高效、公正的证券监管体制。需要说明的是，证券监管工作涉及方方面面，既需要相关法律法规的配套，也需要国务院授权和各部门的配合。

1. 完善法律法规体系，为证券监管提供法律保障。根据市场发展需要，配合立法机关开展对《公司法》修正，完善《证券法》及其相关配套措施。颁布《投资基金法》和《期货法》，适时推出《公司债券管理条

例》、《上市公司监督管理条例》和《上市公司收购暂行办法》等，从而初步形成比较完整的证券期货市场法律法规体系，使监管工作有坚强的法律保障。

2. 进一步转变监管理念，明确监管目标。证监会国际组织列举的证券监管目标有三个：保护投资者；确保市场公平、有效和透明；减少系统风险。中国证监会可以明确表示接受这个监管目标，并根据这个监管目标逐步梳理与监管目标不相符合的职能，尽可能减少审批权，建立透明的、可操作的指标体系，同时加重中介机构和自律组织的义务和诚信责任，倚重和发挥自律组织的行业自律功能。在此基础上，合理划分中国证监会与派出机构及自律组织的权利和责任，完善多层次监督机制。

3. 建立证券稽查的准司法权制度，强化稽查手段。借鉴国外证券稽查经验，逐步建立证券稽查的准司法权制度，授予中国证监会准立法权、准司法权以及较大的行政裁量权。同时，强化稽查手段，可以考虑在公安部下设立证券局，公安与证券合署办公，证券警察由中国证监会领导。另外，还要吸引优秀人才，充实和扩大监管队伍，树立证券监管机构监管的权威性。

4. 授权中国证监会制定上市公司法人治理结构准则。法人治理结构不合理，是我国上市公司和证券机构普遍存在的问题，它直接造成了上市公司总体质量难以提高，证券机构行为不规范，也是各种内幕交易、关联交易、操纵利润、甚至发生违法乱纪行为的根源。当前，上市公司法人治理结构不完善，根本原因在于国有资产管理机制没有探讨清楚，因此必须首先推动有关方面深化国有资产管理体制改革，并下决心实现上市公司股权的多元化，从制度上建立起利益制约机制。由于我国大多数公司董事、管理层等对法人治理结构认识模糊，有的甚至不知法人治理结构为何物，为应付日益激烈的国际竞争，在中国强制推行公司法人治理结构很有必要。同时，借鉴国外证券监管部门是公众公司良好治理行为的主要推动者和监管者，我们建议国务院应明确中国证监会在上市公司、拟上市公司和证券机构法人治理结构中相关的职权，并由中国证监会明确接受经济合作与发展组织（OECD）的公司治理原则，制定一个法人治理结构标准，强行推行公司法人治理结构。

5. 推进会计标准和信息披露准则的国际化。随着国际经济一体化、证券市场全球化的发展，要求克服各国会计准则的差异，实施统一的有可比性的会计准则。我国自 1992 年来已颁布股份有限公司会计制度和 10 个具体会计准则，使会计准则向国际化前进了一大步，但操作中仍有许多差异。在会计准则国际化方面还应做出如下努力：要服从财务信息的基本目标，突出投资人和债权人对信息的需求；要摆正会计准则与传统会计制度的关系，避免准则与制度关系的混乱；要制定充分合理的损失准备和税前抵扣制度，及时消化不良资产，避免虚盈实亏、资本销蚀的现象，保证上市公司的持续经营能力。同时，积极推进信息披露准则的国际化。

6. 逐步建立对投资者的教育机制和诉讼机制。证券市场是一个高风险的市场，在证券市场发展较早的国家和地区，开展投资者教育是证券监管机构的一项经常性工作，一般都设有专门的部门专司此职，这种做法对于培养成熟的证券市场投资者发挥了作用。我国证券市场发展时间不长，新情况、新问题不断出现，各类违法违规现象较为普遍。因此，在依法加强监管，促进证券市场不断规范化发展的过程中，有必要通过持续的投资者教育，帮助投资者熟悉市场、认识规律、增强自我保护能力。特别是我国证券市场投资者以中小散户为主，加强投资者教育就更为重要。同时，为提高信息披露的准确性和及时性，要求充分发挥投资者的监管作用，为此需要借鉴国外的经验，建立对违法违规行为及虚假披露行为的诉讼机制，从制度上约束发行主体、中介机构甚至监管机构的行为。

中国证券市场：十年十大变化*

一、上市公司数量不断增加

截至2001年5月底，境内上市公司1 129家，其中仅发A股的上市公司995家；B股上市公司达到113家（其中89家同时发行A股）；境外上市公司56家（其中20家同时发行A股和H股），先后在我国香港、纽约、伦敦、新加坡上市；还有69家在境外注册但业务和利润收入在境内的中资控股公司（红筹）在香港上市。

二、市场规模迅速扩大

截至2001年5月底，我国境内上市公司公开发行股票2 500.5亿股，市价总值达53 205亿元，相当于2000年GDP的60%以上。按市值算，中国已经超过我国香港地区，在亚洲位居第二，仅次于日本。流通市值18 845亿元，投资者开户数达6 298.9万户。

三、市场品种不断增加

除股票、国债和企业债券外，已发行封闭式契约型证券投资基金34只，发行5只可转换公司债券。

---

* 此文原发表于中国财经网，2001年6月28日，各大网站均有转载。6月29日，日本方面将此文翻译成日文发布，http：//news. searchina. ne. jp/disp. cgiy20010629。

四、证券中介机构在规范中发展

截至2001年5月底，证券公司101家，证券营业部2 684家，证券投资咨询机构143家，从事证券业务的律师事务所393家，会计师事务所78家。

五、证券法规体系逐步完善

到2000年底，我国现行的证券期货法律法规有：2部法律，20多件行政法规和法规性文件，180多件部门规章。形成了以《公司法》、《证券法》为核心的比较完善的法律法规体系。

六、主要技术手段达到世界先进水平

证券已全部实现了无纸化发行与交易，沪深证券交易所建立了具有世界先进水平的通讯、交易和结算系统，其网络覆盖全国，所有证券经营机构已开始执行统一的技术标准，为证券市场的平稳运行和众多投资者的参与提供了可靠保障。

七、基本形成了规范发展的市场制度框架

积极进行以发行制度改革为核心的各项制度建设。改革股票发行制度，开始实行主承销商推荐、发行审核委员会审核、证监会核准的管理制度，逐步确立了市场决定价格的发行定价机制；推出上市公司退出机制，继1998年和1999年对连续2年和3年亏损的上市公司实行ST和PT警示制度后，2001年又出台了《亏损上市公司暂停上市和终止上市实施办法》；积极推动了网上证券委托交易，目前已有23家证券公司获准开展

网上证券委托业务，网上委托交易量大约占全部交易量的3%左右。

八、逐步化解和消除了市场风险和隐患

3年来，中国证监会在国务院领导下，在各部门和地方政府的配合下，采取一系列措施，净化市场环境，清除市场隐患，解决历史遗留问题，构筑防范风险的“篱笆”。清理场外非法股票交易、整顿规范期货市场、清理证券交易中心、整顿证券经营机构和清理规范原有投资基金等5项清理整顿工作顺利完成；转配股上市流通和B股向境内居民个人投资者开放，逐步解决了一些历史遗留问题；设立证券公司风险基金、证券交易所风险基金和证券登记结算风险基金等三大风险基金；着手建立全国统一的证券登记结算体系。

九、筹措了大量建设资金

截至2001年5月底，通过境内外证券市场累计筹资10 544亿元，其中境内A股、B股筹资5 900亿元，境外H股和红筹股筹资576亿美元（4 645亿元人民币）。这不仅突破了我国企业以往单一的间接融资体制，开辟了境内外直接融资的新渠道，分散和化解了金融风险，而且增加了企业资本金，解决了一批国有企业资产负债率过高的问题。

十、机构投资者有了一定发展

目前，有14家基金管理公司，公司总资产22亿元，管理34家封闭式基金，基金规模达562亿元，相当于流通市场的5%。到2000年底，保险公司投资金额达134亿元。初步形成了证券投资基金、保险基金、证券公司和三类企业为主体的机构投资者队伍。

总之，中国证券市场有很大发展，未来空间很大。

银行现有60 000多亿元存款，居民手持现金15 000亿元。2000年底，我国居民个人金融资产总额约为10万亿元，银行存款和现金约占80%。国债约占6%，证券投资约为12%，保险1.6%，证券投资基金不足1%。

我国证券业监管体制的历史沿革及存在的主要问题*

一、中国证券市场的基本状况

10年来，中国证券市场在邓小平理论的指导下，按照党中央、国务院制定的“法制、监管、自律、规范”八字方针，证券市场从无到有，从小到大，从地区性市场迅速发展成为具有一定规模的全国性市场，取得了令人瞩目的成就。

（一）上市公司数量增加、结构有所改善

截至2000年底，中国境内上市公司达1 088家。其中A股上市公司从1990年的13家增加到955家，B股上市公司114家。2000年，经过科技部和科学部认证的高科技企业和金融类企业发行上市，开始改变传统产业一统天下的局面，上市公司结构也正在发生积极的变化。境外上市公司52家，其中38家单独在我国香港上市，8家在我国香港和美国纽约同时上市，3家在我国香港和英国伦敦同时上市，1家在我国香港、美国纽约、英国伦敦同时上市，2家在美国纽约和新加坡上市。

（二）市场规模迅速扩大，直接融资进一步增强

截至2000年底，我国境内上市公司公开发行股票3 791.70亿股，市价总值达48 090.9亿元，相当于GDP的54%。10年中，通过境内外证券市场累计筹资近10 000亿元。其中，2000年内筹资1 541亿元，加上境外上市公司和红筹股筹资，我国上市公司当年筹资金额达3 249亿元，比上年增长130.3%。宝钢等特大企业在上海证券交易所的顺利发行上市，

---

* 本文于2001年7月1日定稿，7月5日由中国财经网全文发表。

表明我国证券市场承受大盘股的能力明显增强。中石化、中石油等特大国有企业海外路演和发行上市成功，表明亚洲金融危机对我国证券市场的影响已经消除。

（三）投资者开户数量增加，机构投资者队伍逐步扩大

截至2000年底，投资者开户数达5 801.1万户。其中机构投资者28万户，比上年末增长40%。尽管散户投资者仍占到开户数的99.5%，但机构投资者队伍对证券市场的影响正在稳步扩大。一是证券投资基金在试点的基础上稳步发展。到目前为止，已设立基金管理公司10家，另有4家获准筹建，发行封闭式契约型证券投资基金33只，总规模达560亿元。2000年经国务院批准，中国证监会颁布了《开放式证券投资基金试点办法》，试点工作将在2001年展开。二是证券公司的增资扩股工作稳健推进。在清理整顿证券公司的基础上，26家证券公司进行增资扩股，其中13家成为我国首批综合类证券公司。现有101家证券公司的资金总额为5 753亿元，比1999年的3 081亿元增长87%；净资本236.4亿元，比1999年的24.6亿元增长8.6倍。从客户交易结算资金情况看，2000年底，余额总计3 037亿元，比上年末的1 642亿元增长85%。三是证券公司与基金管理公司融资渠道得到解决。经中国证监会与中国人民银行商定，证券公司和基金管理公司可以进入同业拆借市场、债券回购市场，一部分证券公司还被允许以股票作抵押向商业银行进行质押贷款。四是国有企业、国有资产控股企业和上市公司获准有条件进入股票市场。五是保险资金通过证券投资基金间接进入股票市场。

（四）证券法规体系逐步完善，全国集中统一的证券监管体制初步建立

到2000年底，我国证券期货市场法律法规主要有：2部法律即《公司法》和《证券法》，20多件行政法规和法规性文件，150多件部门规章。证券期货市场初步形成了以《公司法》、《证券法》为核心，以行政法规为补充，以部门规章为主体的证券期货市场法律法规体系。与此同时，根据1997年11月全国金融工作会议的决定和1998年4月国务院机构改革方案，中国证监会作为国务院直属正部级事业单位，是全国证券期货市场的主管部门。中国证监会在全国中心城市设有9个证券监管办公室，2个直属于中国证监会的办事处，25个证券监管特派员办事处，并直接管理2家证券交易所和3家期货交易所。

（五）证券市场风险进一步化解，历史遗留问题正在逐步解决中

从1998年开始，中国证监会对证券市场开展了5项清理整顿工作，即清理整顿场外非法股票交易、清理整顿证券经营机构、清理整顿证券交易中心、整顿和规范期货市场、清理规范原有投资基金。到目前为止，期货交易所由14家撤并为3家，交易品种由35个压缩到12个，179家期货经纪公司完成增资和重组，69家证券公司完全归还了客户交易结算资金。由于各项清理工作基本完成，证券市场的风险与隐患得到了有效化解和消除。与此同时，长期以来形成的历史遗留问题正在妥善解决中。2000年4月，中国证监会允许转配股在2年内分期分批上市流通。目前，已有128家公司的29.85亿转配股上市流通，没有对市场造成大的冲击，为我国进一步解决其他历史遗留问题提供了宝贵经验。

二、中国证券监管体制的形成、发展和完善

我国的证券监管体制经历了从多头到统一、从分散到集中的过程，大体上可以分为3个阶段。

第一阶段：从20世纪80年代到1992年5月，在国务院的部署下，主要由上海、深圳两地地方政府管理的阶段。

1981年7月，财政部重新发行国债，中国证券市场开始起步。接着，上海、深圳、北京等地的企业开始以股票、债券的形式集资，如深圳宝安、北京天桥、上海飞乐等。1986年，沈阳市信托投资公司开办窗口交易，代客买卖股票和企业债券；中国工商银行上海市分行静安区营业部开

始证券柜台交易。有价证券转让市场恢复。1988 年，国务院决定在上海、深圳等 7 个城市进行国库存券上市交易试点，国库券交易市场形成。1990 年，上海、深圳证券交易所成立，分散的柜台交易迅速转变为场内集中竞价交易。

在这一阶段，我国对证券市场没有集中统一的管理，而是在中国人民银行和中国经济体制改革委员会等部门决策下，主要由上海、深圳两地地方政府管理。首先，证券发行与交易限于上海和深圳两市试点，是经国务院同意，由中国人民银行和中国经济体制改革委员会等部门共同决策的。其次，在实际运作过程中，上海、深圳地方政府充当了主要管理者的角色，两地中国人民银行分行相继出台了有关法规，对证券发行与交易行为进行规范。

第二阶段：从 1992 年 5 月到 1997 年底，是由中央与地方、中央各部门共同参与管理向集中统一管理的过渡阶段。

1992 年 5 月，中国人民银行成立证券管理办公室；7 月，国务院建立国务院证券管理办公会议制度，代表国务院行使对证券业的日常管理职能。中央政府参与证券市场的管理，是证券发行与交易规模日益扩大，要求建立全国统一市场的必然结果，但这种由中央银行代管证券市场的格局没有持续多久。1992 年 8 月 10 日，百万人拥至深圳争购 1992 年新股认购表，并发生了震惊全国的“8·10 风波”。这一“风波”反映了广大投资者对股票的狂热心理，也表明中国证券市场到了需要按国际惯例设立专门机构的时候了。为此，国务院决定成立国务院证券委员会和中国证监会，同时将发行股票的试点由上海、深圳等少数地方推广到全国。这种制度安排，事实上是用国务院证券委员会代替了国务院证券管理办公会议制度，代表国务院行使对证券业的日常管理职能；用中国证监会替代了中国人民银行证券管理办公室。

与此同时，国务院赋予中央有关部门部分证券监管的职责，形成了各部门共管的局面。原国家计划委员会根据原国务院证券委员会的计划建议编制证券发行计划；中国人民银行负责审批和归口管理证券机构，报国务院证券委员会备案；财政部归口管理注册会计师和会计师事务所，从事与证券业有关的会计事务的资格由中国证监会审定；原国家体改委负责拟订股份制试点的法规，组织协调有关试点工作，同企业主管部门负责审批中央企业的试点。

另外，地方政府仍在证券管理中发挥重要作用。上海、深圳证券交易所由当地政府归口管理，由中国证监会实施监督；地方企业的股份制试点，由省级或计划单列市人民政府授权的部门会同企业主管部门审批。为了把对证券和期货市场监管工作落到实处，中国证监会向隶属于地方政府的地方证券期货监管部门授权，让它们行使部分监管职责。

第三阶段：从 1997 年底到现在，初步建立了集中统一的证券监管体制。

1997 年底，中共中央、国务院鉴于亚洲金融危机的严重形势，召开了全国金融工作会议，强调防范与化解金融风险。这次会议决定对证券监管体制进行改革，完善监管体系，实行垂直领导，加强对全国证券、期货业的统一监管。1999 年 7 月 1 日生效的《证券法》第 7 条规定，国务院证券监督管理机构依法对全国证券市场实行集中统一的监督管理，从而以证券市场基本大法的形式，肯定了国务院证券监督管理机构的法律地位。总体上看，这项工作主要从以下几个方面进行。

首先，将证券交易所由地方政府转为中国证监会管理。证券交易所肩负着一线监管的重任，对交易所的监管是政府证券监管体制中的重要环节。我国证券交易所是由地方政府建立起来并管理的，因此，初期的证券交易所总经理由地方政府直接任命，“证券交易所由所在地的市人民政府管理，中国证券监督管理委员会监管”，“总经理由证券交易场所所在地人民政府会同中国证监会提名，理事会聘任，报证券委备案”。随着沪、深证券市场由地方性市场发展为全国性的市场，这种以地方政府为主对交易所管理的体制，越来越不适应证券市场的发展，国务院就此作过调整。1995 年 7 月 20 日，经国务院批准，国务院证券委员会在《1995 年证券期货工作安排意见》中规定：“证券交易所、期货交易所的正副理事长和正副总经理人选，由中国证监会提名，商所在地人民政府后推荐给交易所会员大会或理事会任免。”1997 年 8 月 15 日，国务院正式作出决定，沪深证券交易所划归中国证监会直接管理。1997 年 11 月，国务院批准了经修改的《证券交易所管理办法》，明确规定“证券交易所由中国证券监督管理委员会监督管理”，同时“证券交易所设立的证券登记结算机构，应当接受证监会的监督管理”，交易所“总经理、副总经理由证监会任免”、“证券交易所中层干部的任免报证监会备案，财务、人事部门负责人的任免报证监会批准”；同时增加了“对会员的监管”、“对上市公司的监管”、“证券登记结算机构”等内容，对其他内容也进行了修改。《证券交易所管理办法》的颁布实施，朝着建立全国统一的监管体制迈出了重要一步。

其次，将原国务院证券委员会的职能、中国人民银行履行的证券业监管职能划入中国证监会。在证券市场初期，法律曾确定了双重管理的证券监管体制，即国务院证券委员会为“全国证券市场的主管机构”，中国证券监督管理委员会为“证券委的监督管理执行机构”，并规定“证券公司由中国人民银行归口管理，业务活动接受中国证监会监督管理”。1998 年 4 月，随着机构改革的逐步到位，中国证监会作为国务院正部级直属事业单位，成为全国证券期货市场的主管部门；国务院证券委员会被撤销，其职能归入中国证监会；中国人民银行对证券经营机构的归口管理也划转到中国证监会，中国证监会的职能得到了加强。

再次，1998 年 8 月，国务院批准了《证券监管机构体制改革方案》，中国证监会作为全国证券期货市场的主管部门，可根据各地区证券、期货业发展的实际情况，在部分中心城市设立证监会派出机构。证券市场监管体系由中国证监会和派出机构——证券监管办公室组成。中国证监会接收全国各省市的证管办，并在全国中心城市设有 9 个证券监管办公室（天津、沈阳、上海、济南、武汉、广州、深圳、成都、西安），2 个直属于中国证监会的办事处（北京、重庆），在 25 个省、自治区、计划单列市设证券监管特派员办事处。1999 年 7 月 1 日，中国证监会 36 个派出机构统一挂牌，从而逐步建立了由中国证监会集中统一的证券监管模式。

最后，在集中统一领导下，发挥证券业协会的自律功能。《证券法》第8条规定："在国家对证券发行、交易活动实行集中统一监督管理的前提下，依法设立证券业协会，实行自律性管理。"以法律的形式肯定证券业协会是证券业的自律性组织，是社会团体法人，要求证券公司应当加入证券业协会。证券业协会履行下列职责：（1）协助证券监督管理机构教育和组织会员执行证券法律、行政法规；（2）依法维护会员的合法权益，向证券监督管理机构反映会员的建议和要求；（3）收集整理证券信息，为会员提供服务；（4）制定会员应遵守的规则，组织会员单位从业人员的业务培训，开展会员间的业务交流；（5）对会员之间、会员与客户之间发生的纠纷进行调解；（6）组织会员就证券业的发展、运作及有关内容进行研究；（7）监督、检查会员行为，对违反法律、行政法规或者协会章程的，按照规定给予纪律处分；（8）国务院证券监督管理机构赋予的其他职责。

三、我国证券监管工作中存在的主要问题

我国证券市场是一个发展中的新兴市场，这就决定我国的证券监管工作不可避免地存在这样或那样的问题，如监管水平不高、监管手段和能力严重不足等。同时，证券市场发展过程中存在的诸如市场结构尚不健全，上市公司素质参差不齐，市场参与者、中介机构均处于发展初期阶段等问题，也在很大程度上妨碍证券市场的进一步发展和监管工作的有效开展。具体表现在以下几个方面：

（一）监管不够到位、监管水平和监管力量不能适应市场发展的需要

目前，证券市场存在大量不规范现象，机构联手、内幕交易、恶意炒作等违法违规行为时有发生。这说明我国监管不够到位，监管水平还处于初级阶段。具体表现为，我国证券监管专业人员严重缺乏，不少人忙于应付日常审批工作，监管力量十分薄弱；干部均比较年轻，需要历练，业务

素质和执业经验也有待提高；三级监管体系还刚刚建立，分工有待完善，地方证管办积极性发挥远远不够；交易所监控系统不低于世界任何机构，但对这些数据的利用水平不高；证券业协会的自律管理以及社会舆论监督的作用需要进一步强化。

（二）监管手段严重缺乏，监管效率不高

在成熟市场，证券监管机构一般很容易从法院申请到较大的行政裁量权；警察、司法系统积累了大量证券监管的经验，与证券监管机构之间的配合也较默契。而目前我国证券监管机构则很难申请到这些权力，警察、司法系统对证券监管经验不足，相互之间的配合也不够。由于相应的监管手段缺乏，稽查工作效率受到很大影响。

（三）对投资者特别是中小投资者的保护缺乏制度保障

在成熟市场，投资者保护主要有三个途径：投资者教育机制，即通过对投资者持续的证券市场基础知识、法规教育和风险教育，帮助投资者熟悉市场、认识规律、增强自我保护能力；投资者诉讼机制，即投资者可以通过集团诉讼等方式，对任何作出虚假信息披露的公司及其董事提起诉讼，并较易得到赔偿；投资者赔偿机制，从提高投资者入市的积极性和构筑防范系统风险的缓冲机制出发，成熟市场和许多新兴市场一般均设立有赔偿基金，使投资者因第三方市场风险带来的损失可以得到有效赔偿。目前，我国投资者教育工作还刚刚开始，投资者诉讼机制和赔偿机制还没有建立起来，致使法规、监管对违法行为的惩戒不够。

（四）监管工作的基础比较薄弱

良好的证券监管离不开证券市场良性发展的基础。在我国，实事求是地说，这些基础还是比较薄弱的，表现为：（1）证券化率较低。目前全球股票总市值高达30多万亿美元，超过全球GDP。我国2000年底1 088家上市公司的总市值仅相当于美国通用电气公司一家的市值。这表明我国国民经济的证券化率还比较低。（2）市场结构尚不健全，品种单一。我国上海、深圳证券交易所属于同一层次的市场，没有多层次市场体系；散户投资者占绝大多数，1999年底机构投资者交易量仅占股票市场总交易

量的15%左右。市场品种也比较单一，股票发行数量占总发行数量的99%，国债、可转换债和公司债券的数量少、规模小，只有少量的商品期货，没有金融期货。(3）上市公司法人治理结构不健全，总体质量不高。我国相当一批上市公司是在《公司法》出台以前发行上市的，尽管有不少上市公司已经成为国民经济各行业的排头兵，但总体质量不高。表现为一部分上市公司缺乏持续盈利能力，经营业绩的稳定性较差，有的甚至出现持续的严重亏损，被列为ST、PT。(4）证券经营机构、中介服务机构及基金管理公司行为不规范。与发达国家相比，我国证券中介机构普遍处于起步阶段。证券公司资本规模偏小，抗风险能力不强，运作不规范，其中最核心问题是股权结构单一、法人治理结构不健全、缺乏严格自律和规范运作的利益制约机制。基金管理公司内控机制不健全，一些公司在规范运作方面还存在严重问题；会计师事务所和律师事务所的业务水平不高，不能做到勤勉尽责和履行诚信责任，难以真正发挥应有的监督作用。

此外，近年来，随着金融监管的放松，金融自由化日益发展，银证合一，保险业也早就涉足证券业，混业经营已经成为趋势。在这种情况下，国外金融监管也就由分业监管向混业监管过渡。目前，我国加入WTO在即，国外金融业的这种趋势可能对我国整个金融体系分业经营格局产生影响。

四、强化监管，推动证券市场的发展

监管是证券市场健康发展的保证，强化监管也是国际证券业的重要趋势。我国已经初步建立起全国集中统一的监管体制，在此基础上，可以借鉴国际经验，夯实监管基础，充实监管力量，强化监管手段，建立适合我国国情的高效、公正的证券监管体制。

第一，完善法律法规体系，为证券监管提供法律保障。

第二，进一步转变监管理念，明确监管目标。

第三，逐步建立对投资者的教育机制、诉讼机制和赔偿机制。

第四，完善上市公司法人治理结构准则。

第五，推进会计标准和信息披露准则的国际化。

第六，完善证券市场结构，大力培育机构投资者。

中国证券市场结构与监管：挑战与发展*

一、中国证券市场的12年发展

20世纪80年代以来，伴随着改革开放的深入和市场经济的发展，中国证券市场逐步成长起来：

1981年，中国财政部恢复国库券发行；

1984年，上海、北京、深圳等地的少数企业开始发行股票和企业债券；

1988年，国债流通市场得以建立，股票柜台交易开始起步；

1990年底，上海和深圳证券交易所宣布成立。

中国证券市场在短短12年中迅速发展壮大，取得的成绩令世人瞩目。

（一）上市公司数量不断增加

1990年，我国境内仅有10家上市公司。经过“十年生聚，十年积累”，上市公司数量有了迅猛的发展。截至2001年底，中国境内上市公司已经达到1 160家（见图1）。

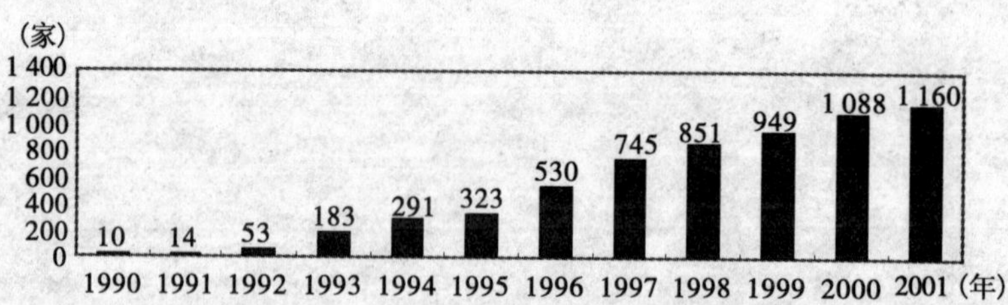

资料来源：中国证监会信息中心。

图1　1990～2001年中国上市公司家数

---

* 本文为西班牙财政部委托给中国证监会国际部课题的中文部分节选，本书作者为撰稿人，2002年5月22日定稿，并于5月底与国际部两位同事共赴西班牙马德里参加国际会议。

（二）市场规模迅速扩大

1990年，证券市场总市值不足50亿元。到2001年底，股市总市值超过43 522亿元人民币，约合5 256亿美元，相当于当年GDP的46%。已经超过了新加坡（1 929亿美元）、中国台湾（3 113亿美元）和韩国（3 063亿美元），与意大利（5 212亿美元）和中国香港（5 061亿美元）基本持平。当然与发达国家相比还有很大的差距。

（三）投资者开户数迅猛增长

1992年，上海、深圳证券交易所投资者开户数不过216万户。到2001年，已经达到6 650万户（见表1）。

表1　1992～2001年中国证券市场投资者开户数　（单位：万户）

年份 / 开户数	1992	1993	1994	1995	1996	1997	1998	1999	2000	2001
全国	216	777	1 058	1 242	2 307	3 333	3 910	4 481	5 801	6 650

（四）筹集了大量的建设资金

据统计，10年中，通过境内外证券市场共筹资8 663亿元。1992年，证券市场全年筹资只有94亿元，2001年达到2 103亿元（见图2）。

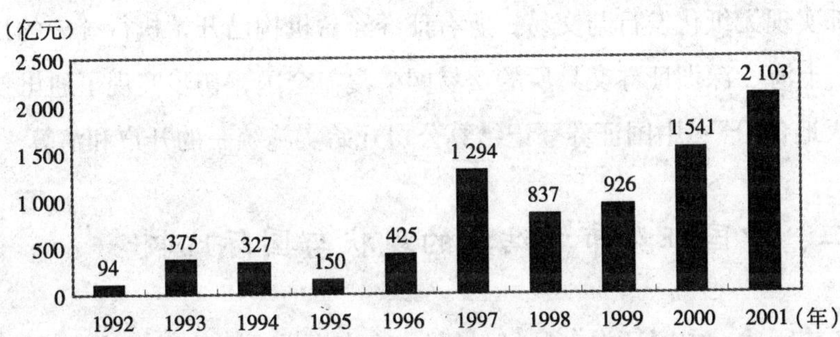

图2　1992～2001年中国证券市场筹资情况表

（五）证券期货市场法律法规体系初步形成

1993年，《公司法》开始实施；1999年，《证券法》开始生效。从此，中国初步形成了以《公司法》、《证券法》为核心，以行政法规为补充，以部门规章为主体的证券期货市场法律法规体系（见表2）。

表2　中国证券期货市场主要的法律法规

类别	数量	法律法规名称	颁布部门
法律	2个	《公司法》、《证券法》	全国人大
行政法规	20多件	《股票发行与交易管理条例》、《企业债券管理条例》、《国务院关于股份有限公司境外募集股份及上市的特别规定》、《国务院关于境内上市外资股的规定》、《关于进一步加强证券市场宏观管理的通知》	国务院
部门规章	150多件	《股份制企业试点办法》、《禁止证券欺诈行为暂行办法》、《关于严禁操纵证券市场行为的通知》、《证券市场禁入暂行规定》、《关于禁止银行资金违规流入股票市场的通知》、《关于上市公司涉及外商投资有关问题的若干意见》、《关于在上市公司建立独立董事制度的指导意见》、《上市公司治理准则》	国家经济体制改革委员会、中国证监会、中国人民银行、国家经贸委、国家财政部、外经贸部，国家计委和国家税务总局

（六）主要技术手段达到世界先进水平

中国证券市场在技术系统建设方面充分利用了后发优势。股票、基金已全部实现无纸化发行与交易；所有证券经营机构已开始执行统一的技术标准；上海、深圳证券交易所的交易网络覆盖全国，初步实现了通讯技术的“天地备份”；中国证券登记结算公司开始实施统一的开户和清算。

二、中国证券市场结构的现状与国际比较

如前所述，中国证券市场经过短短12年的发展，各方面均取得了很大成绩。在市场结构方面，品种正在日益丰富，机构投资者队伍正在壮大，上市公司结构正在改善，中介机构正在成长，市场组织体系正在健全。同时，中国证券市场又是一个新兴的发展中市场，市场的结构不尽合理也是意料中的事情。这种不合理的状况主要表现为：市场品种还比较单

一，机构投资者队伍还比较弱小，上市公司结构还处于较低层次，中介机构规模偏小、财务结构不健全，以及多层次市场组织体系不完整等。

（一）证券市场的品种结构

我国证券市场是在20世纪80年代国债恢复发行和企业股份制改革的基础上，随着交易所的设立而成长壮大起来的。因此，在早期的市场中，主要是国债和股票，也有少量的企业债券。同时，由于可转换债券兼具债券和股票双重特点，较受投资者欢迎，中国证券市场早期还进行过可转换债券的试点，如深宝安、中纺机、深南玻等企业先后在境内外发行了可转换债券。1996年，中国政府决定选择有条件的公司进行可转换债券的试点，并于1997年颁布了《可转换公司债券管理暂行办法》。1998年，中国政府开始着手进行封闭式证券投资基金的试点，在取得经验的基础上，2001年又发行了开放式基金。截止到2002年5月20日，上海、深圳证券交易所共有股票1 170只，国债29只（不包括已经到期兑换的国债，包括国债回购），企业债券12只，可转换债券3只（茂名转债、机场转债和阳光转债，不包括已经到期的），封闭式证券投资基金51只，开放式基金3只（见图3）。

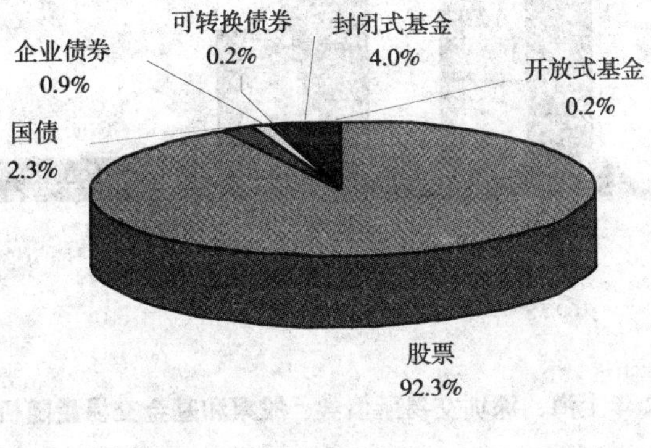

资料来源：《上海证券报》2002年5月21日。
注：由于四舍五入的原因，数据加总不为100%。

图3 2002年5月中国证券市场品种结构图

从图3可以看到，中国证券市场品种结构单一的矛盾还是比较突出的。股票占92.3%；国债和可转换债券规模均较小，仅占2.3%和0.2%；

基金试点有了较大突破，占4%，但也只能算是刚开始。企业债券在20世纪80年代曾一度比较红火，目前却呈萎缩的趋势，仅占0.9%。这种状况可以从中国企业债券发行规模与股票融资规模对比中看出来（见表3）。其他如市政债券、资产证券化债券还是空白；只有少量的商品期货，尚未推出金融期货品种。

表3　1991～2000年中国企业债券发行规模与股票规模比较　（单位：亿元）

年　份	1991	1992	1993	1994	1995	1996	1997	1998	1999	2000
债券融资额	249.9	683.7	235.8	161.7	300.8	268.9	255.2	147.9	158.0	83.0
股票融资额	5	94.1	375.5	326.8	150.3	425.1	1 293.8	841.5	944.6	1 541

资料来源：《中国证券期货统计年鉴2001》，百家出版社2001年版，第11页、第15页。

从交易量上看，国债品种尽管不多，但由于交易所场内市场的高流动性，国债的交投十分活跃。以2002年4月29日和5月20日为例，国债交易占交易所债券、股票和基金交易量的52%和63%（见图4）。

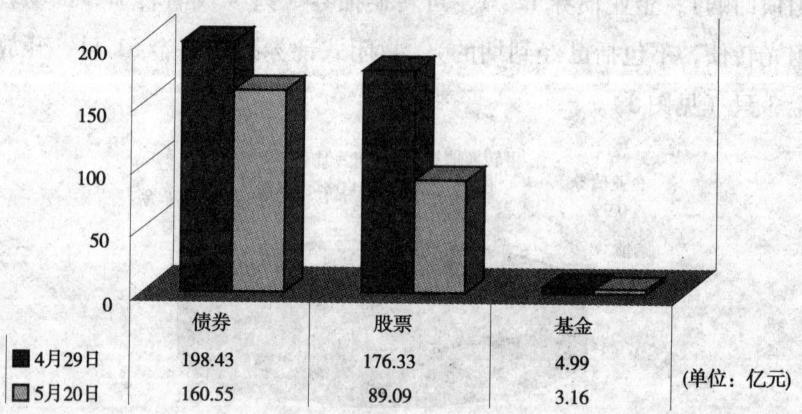

图4　2002年上海、深圳交易所债券、股票和基金交易量随机抽样图

在成熟市场，证券品种既十分丰富，又比较均匀。说它丰富，是因为除了股票以外，债券、基金、各种凭证以及其他衍生工具应有尽有。其中债券又可分为金边国债、公司债券、市政债券、可转换债券、资产证券化债券等；基金又可分为货币市场基金、资本市场基金，封闭式基金和开放式基金，指数基金、交易所可交易基金等；衍生工具更是数不胜数，商品期货与金融期货当然是最基本的，期权、认股权、权证等不一而足。说它均匀，就是说各种品种之间共同发展，大体平衡。如1998年头9个月，美国证券市场新证券发行额为18 690亿美元，其中美国政府和政府机构债券占新发行的证券总额30%；公司债券占22%，股票占22%，资产证券化债券占26%（见图5）。

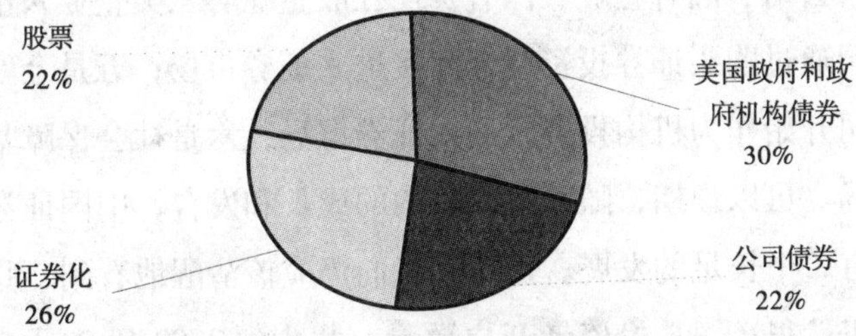

图5　1998年1~9月美国市场新发证券结构图

从中国股票市场内部来看，结构也是非均衡的，主要表现在两个方面：一是市场被分割为可流通和未流通市场。据统计，截止到2000年11月末，中国境内上市公司（包括A股、B股）共计1 063家，上市公司总股本3 585.93亿股。在全部股份中，尚未流通的股份（包括发起人股份、募集法人股、内部职工股）约占总股本的63.6%，而流通股份（包括境内上市人民币普通股、境内上市外资股、境外上市外资股）仅占总股本的36.4%。尽管非流通股比重已从1992年的72.75%下降到2000年末期的63.6%，但年均减少还不到1%。因此，非流通股在股权结构中的优势地位短期内仍无法改变。二是A股和B股不对称。在国内股票市场中，上海、深圳两个交易所流通的A股和B股在规模和数量方面也都存在巨大差异。到2001年中期，深沪两市共有A股1 094只，B股111只，相差近10倍；其中A股发行总额3 657.97亿股，而B股只有174.53亿股，相差20倍；A股市值总额将近5万亿元，B股1 400多亿元，两者相差30余倍。

（二）证券市场的投资者结构

中国证券市场的发展初期主要以个人投资者作为投资主体，投资者结构表现为散户主导型的特征。如1991年，深圳交易所A股机构投资者总户数为618家，仅占深圳交易所投资者总户数的0.24%。到20世纪90年代中期，中国政府采取一系列措施培育和发展机构投资者。一是证券公司的增资扩股和信托投资公司的重组；二是发展封闭式的证券投资基金；三是允许上市公司、国有企业、国有资产控股企业等三类企业入市；四是同意保险公司通过购买证券投资基金间接进入证券市场；五是金融租赁公司和财务公司开始作为机构投资者进入证券市场；六是社会保障基金允许进入证券市场。可以预期，随着这些机构的成长和发育，中国证券市场机构投资者会有一个长足的发展。当然，我们仍应该清醒地看到，我国机构投资者比例仍然很小。从投资者开户数看，截止到2002年2月，我国证券市场投资者开户数为6 689万户，其中机构户数仅为34.12万户，占5‰~6‰；从投资者持股情况看，据相关部门估计，我国机构投资者持股数约占总股本的15%左右（见图6）。

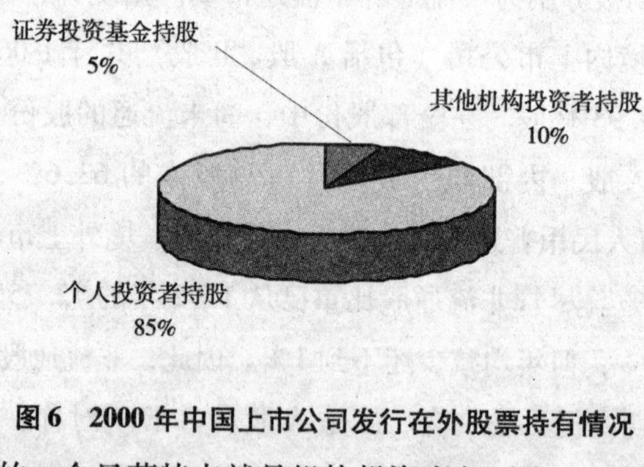

图6　2000年中国上市公司发行在外股票持有情况

成熟市场的一个显著特点就是机构投资者相对发达。英国伦敦证券交易所个人持有股票市值从20世纪50年代的60%多下降到90年代的20%左右，1992年为21.3%。金融机构持股比重不断增大，1981年为61.2%，1992年达到69.2%。再如1997年美国的退休基金高达2 100亿元，其中投资股市的资金就占总市值的1/4。到2000年第3季度，家庭和非营利组织的持股只有39.1%；美国机构持股已占到股票市值的60.9%，其中证券投资基金为19.35%，私人养老基金为12.87%，州和地区养老基金占10.26%（见表4）。

表4 2000年第3季度美国公司股票持有情况表

部门	市值（10亿美元）	百分比（%）
私人养老基金（Private pension funds）	2 451.2	12.87
州和地区养老基金（State & local pension funds）	1 953.7	10.26
人寿保险公司（Life insurance companies）	1 028.3	5.39
其他保险公司（Other insurance）	203.4	1.08
证券投资基金（Mutual funds and closed – end funds）	3 686.1	19.35
银行私人信托（Bank personal trusts）	357.8	1.88
外国（Foreign sector）	1 691.4	8.88
家庭与非营利组织（Households & nonprofit organizations）	7 447.6	39.10
其他（Other）	227.6	1.19
总计（Total equities outstanding）	19 047.1	100.00

Source：Federal Reserve Board "Flow of Funds"，www.federalreserve.gov.

（三）证券市场的上市公司结构

1. 上市公司产业结构偏低。中国证券市场经过十几年的发展，上市公司总数由最初的十余家发展到现在的1 000余家，产业结构由以往的房地产、商业、综合类为主转向以钢铁、冶金、港口、化工、电子、汽车、电力、能源等基础产业与支柱产业为主。到2000年底，我国工业类上市公司占上市公司总数的比例由1994年的55.7%上升至2000年的64.89%，商业、地产类公司所占比重则由1994年的14.4%和8.6%下降至2000年的8.64%和2.48%（见表5和表6）。

表5　1990～2000年上市公司行业分类统计　（单位：家）

行业分类＼年份	1990	1991	1992	1993	1994	1995	1996	1997	1998	1999	2000
工业	5	5	32	112	162	183	313	456	537	614	706
商业	2	2	4	21	42	45	69	86	86	86	94
地产	0	0	6	17	25	26	27	27	27	27	27
公用事业	1	1	2	14	24	27	40	56	63	67	84
综合	2	5	8	18	34	38	77	116	134	151	173
金融	0	1	1	1	4	4	4	4	4	4	4
合计	10	14	53	183	291	323	530	745	851	949	1 088

表6　中国上市公司行业结构　（单位:%）

行业结构＼年份	1994	1995	1996	1997	1998	1999	2000
工业	55.7	56.7	59.1	61.2	63.1	64.7	64.89
商业	14.4	13.9	13.0	11.6	10.1	9.06	8.64
地产	8.6	8.0	5.1	3.6	3.2	2.85	2.48
公用事业	8.2	8.4	7.5	7.5	7.4	7.06	7.72
综合	11.7	11.8	14.5	15.6	15.7	15.91	15.90
金融	1.4	1.2	0.8	0.5	0.5	0.42	0.37
合计	100	100	100	100	100	100	100

2000年，纽约证券交易所共有上市公司2 862家，其中工业和服务业为1 472家，占51.4%；金融和地产为1 099家，占38.4%；公用事业为240家，占8.4%；交通运输业为51家，占1.8%（见图7）。

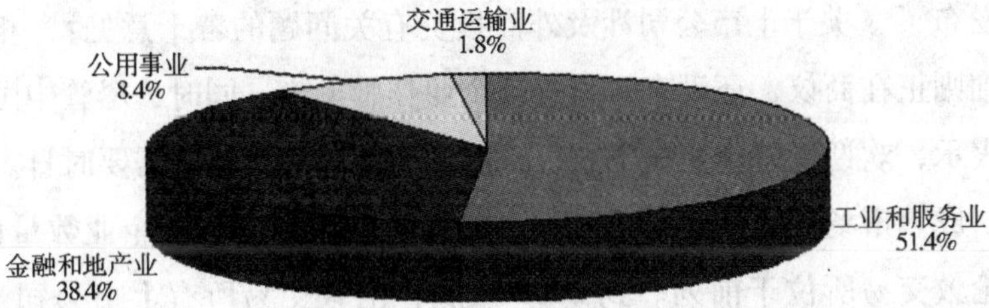

资料来源：http：//www. nyse. com/pdfs/04.

图7 2000 年纽约证券交易所上市公司行业结构图

与纽约证券交易所相比，我国上市公司行业结构中，金融类上市公司实在是太少。尽管金融类上市公司由 1991 年的 1 家增加到 2000 年的 4 家，但所占比重却由原来的 7. 14% 下降到 0. 37%。2000 年，中国证监会对金融企业发行上市问题作出规定，可以预期中国将会有更多的商业银行、保险公司和证券公司加入到证券市场的队伍。

2. 上市公司中民营企业比例较低。我国上市公司绝大多数由国有企业改制而来，形成我国证券市场国有和非国有上市公司结构的严重失衡。近两年来，民营企业上市有发展越来越快的趋势，正成为资本市场的一支重要“新生力量”（见表7）。据统计，截至 2000 年 10 月底，在深沪两地交易所挂牌交易的 1 000 余家上市公司中，通过直接或间接上市的真正有民营概念的上市公司 60 多家，占全部上市公司的 5% 左右。在 95% 国有控股的上市公司中，国有股占上市公司全部股本的比重达 51. 3%。

表7 民营上市公司进入市场时间与方式比较（1992～1998 年）

年份	1992	1993	1994	1995	1996	1997	1998	总计
直接上市数	1	2	3	1	8	6	5	26
买壳上市数	0	0	0	0	1	7	19	27
合计上市数	1	2	3	1	9	13	24	53

另外，中国证券市场尚属于封闭式的国内市场，目前我国市场上的上市公司均是国内企业。2001 年 11 月，中国证监会与对外贸易经济合作部

联合发布了《关于上市公司涉及外商投资有关问题的若干意见》，相关的实施细则正在商议，还没有一家三资企业挂牌上市。同时，尽管中国政府已经表示，欢迎境外企业来华上市，但要真正落实可能还需要时日。与之相反，成熟市场的国际化水平是很高的。就其市场的国外企业数量而言，英国伦敦交易所位于前列。到2000年底，伦敦交易所有上市公司2 929家，其中外国企业501家，占17.1%。值得注意的是卢森堡，外国企业竟占到整个上市公司的80%。2000年底，纽约证券交易所外国公司总市值为5.52亿美元，几乎相当于纽约证券交易所总市值的一半，其中绝大部分来自欧洲，占到外国公司总市值的70.4%；其次是亚洲，占15.1%；排名第三的是加拿大，占6.6%（见表8和图8）。

表8　　国外主要证券交易所外国企业挂牌情况表

证券交易所	境内上市公司		国外上市公司		总计	
	家数	百分比（%）	家数	百分比（%）	家数	百分比（%）
纽约交易所	2 428	84.8	434	15.2	2 862	100
伦敦交易所	2 428	82.9	501	17.1	2 929	100
巴黎交易所	1 021	86.2	164	13.8	1 185	100
德国交易所集团	744	75.2	245	24.8	989	100
瑞士交易所	252	60.6	164	39.4	416	100
阿姆斯特丹交易所	234	59.7	158	40.3	392	100
布鲁塞尔交易所	161	60.8	104	39.2	265	100
卢森堡交易所	54	20.0	216	80.0	270	100

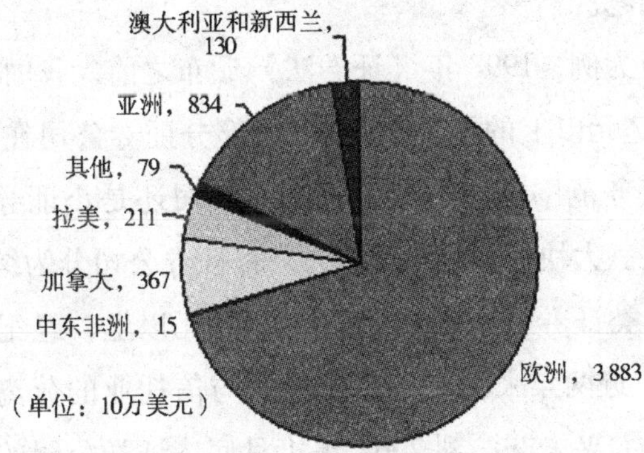

图8 纽约证券交易所境外企业来源

（四）中介机构特别是证券公司的结构

伴随着证券市场的发展，中国证券中介机构逐步壮大。到2001年底，中国有120多家证券公司，96家证券投资咨询机构，从事证券期货业务的会计师事务所和律师事务所分别为103家和302家，证券从业人员超过15万人（见表9）。

表9 中国证券中介机构的发展状况 （单位：家）

机构 \ 年份	1997	1998	1999	2000	2001
证券结算公司	2	2	2	2	1
证券公司	90	90	90	101	120
证券营业部	2 412	2 412	2 412	2 600	2 700
会计师事务所	105	103	106	105	103
律师事务所	317	299	304	303	302
资产评估机构	116	116	116	116	116
证券评级机构	2	2	2	2	2
证券投资咨询机构	—	97	96	96	96

我们应该看到，我国证券中介机构普遍存在着资本规模小、经营范围

和内容雷同等问题。

以证券公司为例，1998 年《证券法》颁布之前，我国 90 家证券公司注册资本在 10 亿元以上的不足 15 家，大部分证券公司在 1 000 万元～5 亿元之间。从业务范围看，不论是大证券公司还是小证券公司，均是承销、自营和经纪三大块业务。《证券法》将证券公司分为综合、经纪两大类型，要求综合类证券公司注册资本在 5 亿元以上，经纪类证券公司在 5 000万元以上。近两年来，伴随着证券业与信托业的分离，证券公司的重组和增资扩股方兴未艾。到 2002 年 4 月底，证券公司的家数已经达到 120 多家。据统计，目前注册资本在 10 亿元以上（含 10 亿元）的证券公司达 43 家，注册资本总计为 808 亿元；注册资本在 15 亿元以上（含 15 亿元）的证券公司有 26 家，注册资本总计为 625 亿元。其中超过 40 亿元的有 3 家，它们是银河证券、申银万国证券和华夏证券。注册资本超过 30 亿元的有 4 家，它们是海通证券、国泰君安证券、南方证券和西南证券。这与世界前 10 位证券公司的资本金相比，有天壤之别（见图 9）。

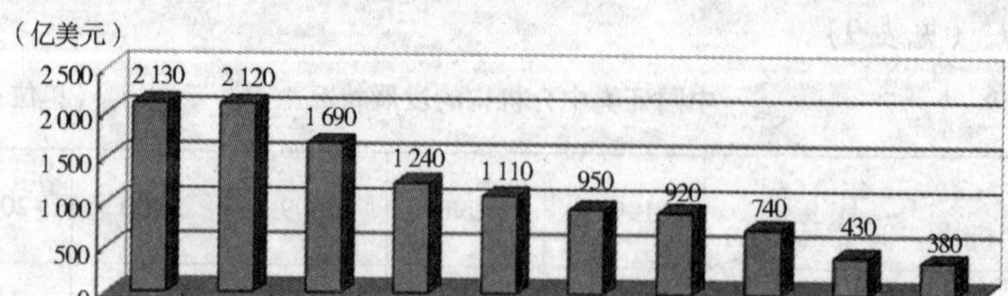

图 9　世界前 10 大证券公司资本金

2000 年，纽约证券交易所前 10 名会员证券公司的资本金占其所有会员总资本额的 57%，而佣金收入比例则超过 50%；前 25 名会员证券公司的资本金占 75%，佣金收入占 77%。资料表明，美国的证券业无论从资产规模，还是从营业收入、净利润或单项业务利润角度看，集中度都很高。美国三大投资银行美林、摩根和雷曼占委托买卖手续费收入总额的 35% 左右；美林、摩根和高盛的股东权益、营业收入占行业的 50% 以上，净利润更高达 80% 以上。

更为重要的是，为适应现代经济的发展和企业融资要求的变化，现代投资银行的业务范围已经远远超出证券承销和代理交易等传统业务范畴，进入了财务顾问、资产管理、并购中介以及投资顾问等领域。目前，美国证券公司营业收入中一半以上来自投资信托（基金）销售、资产管理、其他证券关联（逆回购交易、M&A手续费等）等业务。美林证券1999年财务顾问业务的总收入达到13.1亿美元，占投资银行业务总收入的36%；摩根士丹利则高达18.9亿美元，占投资银行业务总收入的42%。美林证券和摩根士丹利证券资产管理业务利润一直占其每年总利润的10%，而且呈现出上升的趋势。但是，我国证券公司的主要业务品种还集中于三大传统领域，即一级市场上的证券承销业务、二级市场上的证券经纪业务和证券自营业务。从1999年我国证券公司营业收入构成来看，委托买卖手续费收入约占总收入的一半，达到48.76%，加上近30%的自营业务收入和约3%~4%的证券承销手续费收入，传统三项业务收入比重已达80%。

（五）证券市场多层次市场结构

成熟市场针对规模与品位极不相同的发行人和风险承受能力有很大差异的投资者，逐步建立起多层次的证券市场体系。如美国，除纽约交易所、纳斯达克市场和美国交易所外，还有6个地区交易所、9个电子交易系统以及第三市场、第四市场。英国则将全国市场划分为三个层次：一是作为主体的上市标准较为严格的挂牌证券市场；二是由店头交易演变而来，面向成立时间稍短、规模稍小的公司，上市标准低一些的未挂牌市场；三是为不能进入以上两市场的、正在成长中的新公司提供上市交易机会的第三市场。法国共有7家较大的证券交易所，分别设在巴黎、里昂、马赛、波尔多、南锡、南特和里尔等，其中以巴黎证券交易所最大。法国巴黎交易所设有一部和二部、新市场及场外市场。1999年6月1日，巴黎交易所将两个现货交易所、两个期货交易所和3个清算公司归于自己的旗下，并改名为巴黎交易所SBF集团。日本共有东京、大阪、名古屋、京都、福冈、札幌、广岛和新瀉8家证券交易所。东京交易所下有一部、二部，除此之外，还有佳斯达克市场。

相比之下，中国与多层次市场结构还有很大距离。目前，我国证券市场只有上海、深圳证券交易所的主板市场，两者在上市要求上并没有什么实质性的区别，市场缺乏层次性。1999 年以来，中国政府准备在深圳推出创业板，由于种种原因，这一工作推迟了。

巴黎地铁遏制逃票的启示*

花都巴黎，地铁四通八达，出行方便快捷，全凭电子检票，从来不管乘客有没有凭票进站。因此，在巴黎，有时能看到无票进站的现象。令人称奇的是，巴黎地铁的逃票现象却远未猖獗。据观察，巴黎地铁有专门的稽查队伍，神出鬼没，执法如山。如果没有票，或拿了过期的票，即罚款票价的10倍；如果检查出来是拿着别人的月票，则罚1张月票的价钱。逃票者还会被记录在案，作为个人诚信档案记录的一个污点。2001年底，法国在《日常安全法》设立一种新罪名，凡是1年之内逃票10次以上者，就犯下“惯常舞弊”罪，最高量刑为6个月实刑及7 500欧元罚款。据此，巴黎轻罪法庭重判了21名逃票屡犯，轻者处以罚款，重者判3个月实刑。诚信受损、高额罚款、刑役之灾，巨大的违规成本使巴黎地铁逃票人数日趋减少。

巴黎地铁遏制逃票的经验看似简单，却蕴含着深刻的哲理。（1）事前把关与事后查处，巴黎一直选择后者；（2）打击逃票屡犯与允许轻微逃票现象存在，巴黎实现了两者的平衡；（3）诚信自律与法律惩处，巴黎现在更多地倾向于后者。所有这些，值得中国证券市场学习，值得监管者深思。我国证券市场中类似巴黎地铁的“逃票事件”累有发生。部分上市公司财务造假与虚假信息披露、关联交易“掏空”与大股东资金占用、对外担保引出连带责任等，都是投资者丧失信心的根本原因。这些问题久治不愈，关键在于违规成本很低，上市公司董事、监事和管理层的法律责任不明确，对个人的惩罚不到位。对此，许多人呼吁“乱世用重典”。

---

* 本文是《证券市场导报》2005年第2期“编者絮语”。2000年9～11月，笔者在法国巴黎的经济合作与发展组织做访问学者，每天乘地铁上下班。

记得韩非子在《五蠹》中曾说过："今有不才之子，……三美加焉而终不动，其胫毛不改。州部之吏，操官兵，推公法，而求索奸人，然后恐惧，变其节，易其行矣。"在巨大的利益诱惑面前，对于上市公司违法违规行为，应采取断然措施，予以坚决打击。只有严厉惩治违法违规者，真正让违规者付出血的代价，才能使其"恐惧，变其节，易其行"，才能抑制这些"坏孩子"的示范效应，才能重塑投资者的信心。

应该清醒地看到，我国对证券市场违法违规行为的查处还受到许多因素的制约。当前尤其需要在几个方面取得突破。

第一，强化和落实法律法规的责任。我国证券法律法规体系中，关于行为人责任的规定偏重于行政责任，法律责任过于空泛，缺乏足够的震慑作用，应结合相关法律的修订，明确行为人具体的法律责任。

第二，更加注重监管者的事后稽查。事前的审核把关、事中的控制应更多地依赖中介机构，监管机关宜充当裁判员的角色，以便集中主要人力、财务、精力和智力进行事后稽查。

第三，强化证券执法的自由裁量权。证券市场的敏感性、复杂性和特殊性，要求通过立法明确监管机关的权限和职责，并赋予监管机关在证券执法中的调查权、传唤权和自由裁量权。

第四，逐步建立健全交易所弹性规则制度。证券交易所除履行上市公司信息披露的监管职责外，还需要按上市公司的承诺和契约进行合同式监督，并根据实际需要适时制定、颁布和完善各种操作指引，细化监管内容，充分发挥一线监管的作用。

第五，进一步完善证券民事诉讼机制。依靠投资者私人提起诉讼，侦查和调查证券违法事例，已被证明是有效遏制违法行为的重要途径，我国宜早日建立包括股东代表诉讼、集团诉讼、民事赔偿等在内的民事诉讼制度体系。

自律 他律 法治*

在美国第一任总统华盛顿的老家一个没有红绿灯的丁字路口，我们目睹了这样一个有趣的现象：丁字路口的三方，赫然耸立着“STOP”指示牌，表示车到此处得先停下。行人穿行，三个路口的车均需要礼让等待；车少，谁的车先到路口，谁先行；车多，按顺序一边一辆，依次通过。正当我们赞赏美国司机严格自律并开始习以为常时，一辆越野车甫一到达，还未停稳，就抢在另外一方准备出发的车前面先行驶出。美国人有不自律的了！紧接着，喇叭声此起彼伏，原来三方所有的车均停在原地，对违规者持续鸣笛示警，那样地同仇敌忾！那辆车像是过街老鼠逃之夭夭。然后，丁字路口又恢复了有序。

发生在丁字路口的那一幕，已经过去快一年了，但那一瞬间却成了一个永恒的记忆。一个行业的自律水平，是全社会自律建设和道德水平的综合反映。联想我国的实际状况，在体会自律可贵的同时，更为国人汗颜。君不见在我国穿越红灯成为家常便饭，丁字路口成为车的海洋。在巴黎经济合作与发展组织工作的日本朋友告诉我，中国的交通状况真正是“危险至极”。在“新兴加转轨”的证券市场上，市场参与主体的不自律现象司空见惯，不胜枚举。更为恶劣的是，有些当事人不仅不自律，甚至在面对媒体的质疑、交易所的谴责时，还厚颜无耻地说：“我这点事算啥，比我严重的大有人在！”凡此种种，说明我国强化自律建设已经是时不我待。

首先，自律是一项道德要求。据考证，“自律”这个词最早出现在希腊语中，意思就是自主、独立，出自内在的原因按自己的规则生活和行

---

* 本文是《证券市场导报》2005年第3期“编者絮语”。2004年4月，笔者参加美国证监会举办的资本市场培训班，趁周末到弗吉尼亚州波托马克河畔的华盛顿老家参观华盛顿旧居。

事。德国哲学家康德第一个明确把自律作为伦理原则，意思是指人自己为自己的行为立法，告诫自己该怎么行事并完全自觉地那样行事。我国近代国学大师王国维在介绍康德哲学时，把自律视作“良心之命令”。鉴于自律是道德的一面镜子，那么，不自律就是不讲道德或者缺德。对此，社会各界宜尽快形成共识，着手通盘地计划与考虑。一是对“缺德者”施以道德教育。古往今来，道德需要弘扬，才能成为公民的自觉行动，“正人先正心”就是这个道理。二是强化道德约束力。英国近代功利主义思想家边沁就说过：“道德约束提供了人类的义愤，它随时可以落到犯有抢劫罪的人头上，以此有助于预防抢劫。参与其中的人越多，这义愤就越可畏，反之就越不那么可畏。”三是制定自律的一定之规。没有规矩无以成方圆。我们可以看到许多齐价合同、行业规约和诚信宣言；在证券市场上，纽约证券交易所的“梧桐树协定”更是名扬海内外。

其次，自律需要他律作为基础。自律的核心是自我约束和自我管制。但实践已经证明，良好的自律体系单靠自身约束、自我修炼是不够的，需建立起利益相关者、信息使用者、市场、媒介、公众期望、诚信记录等市场机制中各种相关的制衡力量，需要营造以公信力、专业能力、工作质量为标准的竞争环境，以及相对严厉的经济责任环境。有人认为，完整的、良性的自律架构应该是：行业自律 + 适度的政府监管 + 外部多元制衡力量。美国司机对违规者持续鸣笛示警，是他律的表现形式之一。

最后，自律需要以法律处罚为后盾。道德与法律的关系是人类社会永恒的主题之一。中国传统法律文化中的礼法结合，西方法律传统中 12 人组成的陪审团制度，就力图引礼入法，并以硬性的法律来约束空洞的道德说教。只有将不自律者或缺乏道德者绳之以法，人人才得以成为谦谦君子。

资本市场的春天*

“日出江花红胜火，春来江水绿如蓝”，经历了改革洗礼的中国资本市场正迎来一个新春。

刚刚过去的2006年，波澜壮阔的股权分置改革基本完成，越来越多的蓝筹公司成功登陆A股市场，中小企业板、代办报价转让系统等多层次资本市场进一步发展，以证券投资基金为代表的机构投资者迅猛壮大，上市公司“解保清欠”、整体上市等一系列提高上市公司质量与强化公司治理措施成效卓著，等等。所有这些，使中国资本市场处于腾飞的新起点。

人类进入现代社会以来，强大的资本市场成为大国崛起过程中不可或缺的要素。自400多年前东印度公司首创以来，股份公司制度已成为现代企业最基本的组织形态，几百年来焕发出强大的生命力，历久弥新；阿姆斯特丹证券交易所成立，支撑着荷兰展开全球性贸易扩张；伦敦证券市场推动了工业革命的深入，使英国一度成为“日不落帝国”；华尔街及纳斯达克市场的繁荣与兴起，令美国凭借金融与科技领域的优势而成世界独大的一极。我们当然也期望，我国资本市场作为联系各种要素配置的枢纽，在中华民族实现伟大复兴的历史进程中扮演关键性的角色。

新的一年，万象更新。服务于全面建设小康社会与构建和谐社会，以及配合国家自主创新战略的实施，中国资本市场面临新的发展机遇期。此时此刻，我们更加需要重视发展的质量，夯实市场的基础，尤其应注重以下几方面的工作：

一是完善法制，强化监管。要针对全流通时代资本市场的新特点与新

---

* 本文是《证券市场导报》2007年第1期“编者絮语”。

形势，结合《公司法》、《证券法》的实施与配套，进一步推进资本市场法制建设，完善多层次的市场监管体系。其核心在于加强投资者权益保护，包括引入集团诉讼机制、扩大民事赔偿范围、提升投资者行使诉权的能力等，从而为市场的规范运行与长期健康发展提供保障。

二是强化诚信理念，发挥市场机制作用。要强化市场主体自我发展、自我约束的自律机制，逐步形成市场持续健康发展的内在机制，尤其要加强诚信文化建设。诚信是资本市场得以生存和发展的基石，亵渎诚信所伤害的不仅仅是广大投资者，也将是市场的整体形象与吸引力，直至市场参与各方。因此，应当分外珍惜目前来之不易的良好局面，提升诚信意识，完善上市公司治理，共同打造一个公开、公平、公正与透明的市场。

三是以制度创新促进产品创新，注重防范风险。创新是资本市场发展的不竭动力。通过适当的制度安排，在风险可测、可控、可承受的前提下，逐步放开对产品创新的限制，健全包括股票、基金、权证、固定收益产品、股指期货、股票期权等在内的多种投资产品，满足投资者多元化的投资需求。

四是适时新设创业板，构建完整的多层次资本市场体系。过去一年里，中小企业板与代办报价转让系统健康发展，多层次市场体系初现雏形。以此为基础，一方面要全力推动中小企业板迅速扩大规模，一方面要发挥各方合力，将代办转让系统建设成为统一监管下的非上市公众公司的报价转让平台、本土市场优质企业的蓄水池和孵化器。同时，应积极研究和创造条件，争取尽快新设创业板市场，重点为科技型创业企业服务。

五是稳步推进资本市场对外开放，提升市场核心竞争力。随着加入WTO金融业全面开放时代的到来，我们要将中国资本市场放在“未来若干年中，将中国资本市场建设成为全球资本市场体系的重要一极”的战略定位去考虑，遵循“积极稳妥、循序渐进，兼收并蓄、为我所用，公平竞争、互利共赢”的原则，在国际化的竞争中不断成长。

把握主动 稳步开放*

积极稳妥地推进对外开放是中国资本市场发展中的一项重要内容。在加入 WTO 后的 5 年过渡期里，我国证券行业全面履行了对外开放相关承诺，并在某些领域超出了承诺范围，取得了较大进展：一是积极推动建立中外合资证券经营机构，批准设立了 23 家合资基金管理公司和 7 家合资证券公司；二是在资本项下人民币不可自由兑换情况下，试行实施了合格境外机构投资者（QFII）制度，QFII 的家数与投资额度不断上升，已成为仅次于基金公司的第二大机构投资者；三是出台了相关政策，允许外资对完成股权分置改革的上市公司和股权分置改革后的新上市公司进行战略并购，持有一定比例的股权；四是强化了与境外证券期货监管机构、国际证监会组织及其他国际组织的交流与合作，并成为国际证监会组织的主席执行委员国；五是落实与我国香港、澳门更紧密的经贸关系安排（CEPA），加强区域证券业和资本市场合作发展，在从业人员专业资格、证券交易所开办分支机构等方面实现了突破。所有这些，对于一个还处于“新兴＋转轨”阶段的年轻市场而言，可以说是成果斐然。

当前，金融业正迎来全面开放的新局面，资本市场更面临着全流通时代的历史性机遇与挑战。在这种背景下，如何进一步推进中国资本市场的对外开放，成为社会各界关注的焦点问题。有人认为，应当加速提升开放的自由度，通过引入竞争，能够更好地促进整个资本市场的良性发展；但也有人提出，目前我国资本市场发育还很不成熟，过快开放可能会导致巨大的金融风险，同时会使我国证券行业遭受巨大冲击，丧失发展壮大的机

---

* 本文是《证券市场导报》2007 年第 2 期“编者絮语”。

会。国际经验表明，资本市场对外开放必须以维护本国的金融安全为基本出发点。1997年亚洲金融风暴发源地的泰国，在本土金融机构经营状况尚未健全的情况下，匆忙推进自由化与全面对外开放，外资占泰国股市比重曾达到34%，并大量推出衍生产品，结果在国际资本的冲击下遭受重创，多家金融证券机构被关闭或被外资并购，整个国家经济发展受到巨大挫折。事实上，即使是在资本市场较为成熟的英国，在1986年实施“大爆炸”改革、证券业全面对外开放后，本土的证券公司也相继被实力更雄厚的美国及欧洲同业所兼并。

因此，要更好地推动中国资本市场进一步开放和发展，应着重关注以下问题：

第一，尽快明确对外开放的基本原则。要根据企业改革和金融改革的实际需求、资本市场法律法规的完善程度、证券行业的综合发展水平及政府监管能力等因素，在确保金融体系稳定和安全的前提下，稳步推进资本市场对外开放。具体而言，“积极稳妥、循序渐进，兼收并蓄、为我所用，公平竞争、互利共赢”，不失为一条切实可行的指导方针。

第二，与人民币自由兑换进程相适应。资本市场的开放受制于资本项下的可自由兑换，在人民币升值的大背景下，推进资本市场的对外开放尤其应该审慎。如韩国与我国台湾地区就采取了渐进式的开放策略，效果较为理想。渐进开放的做法，缓解了韩国和我国台湾地区本土证券业所受的冲击，外资参与证券市场的比重也平稳上升，市场国际化程度不断提高。

第三，尽快壮大和提高国内证券经营机构的实力和水平。与成熟市场国家的大型证券机构相比，我国证券机构不仅总体规模普遍较小，而且在经营水平、规范程度方面也存在较大差距。因此，国内证券机构必须加快提升管理能力、创新能力和控制风险的能力，形成一批实力雄厚、运作规范的证券行业龙头机构。

第四，支持符合条件的证券经营机构实施“走出去”战略。国际化、自由化应当是双向对等的。鼓励优秀的国内证券机构积极参与国际资本市场，到境外拓展业务空间，积累运作经验，进而提升国际竞争力，是现阶段推进资本市场对外开放的必要步骤。惟其如此，资本市场的对外开放才能取得“互利共赢”的结果。

人才决定一切*

“干部决定一切”，“人是最宝贵的财富”，“人才资源是第一资源”，人才战略思想表达了人才决定一切的朴素真理。人才决定一切，这是人类社会区别于动物世界的本质属性。人类战胜愚昧、走出黑暗、取得进步、求得发展，在于人才是人类智慧的继承者和总结者。美国人力资本学说之父西奥多·舒尔茨强调人力资本是最重要的资本，并明确告白天下：“人类的未来没有尽头，人类的未来并不取决于空间、能源和耕地，而将取决于人类智力的开发。”江山代有才人出，各领风骚数百年！这雄辩地说明了人才要素的统领作用。

经济发展水平与主流价值取向决定着选才、用才的标准。多元化社会决定多样性人才。大体说来，优秀人才有六个基本特性。一是特长性。大凡人才，都有专长甚至专攻，绣花针对铁梁，大小各有用场。二是进取性。为国家和社会建功立业，施展抱负才能，“大则利天下，小则利一国”。三是开拓性。思想活跃，见识独到，琢磨新思想，追赶新潮流，探索新技术，开拓新局面。四是独立性。不惟书，不惟上，只惟实，追求真理，舍生取义。五是实践性。干中学，学中干，重过程，重实践，擅长总结和举一反三。六是适应性。身心健康、素质全面，既有罗文①的忠诚，更有罗文的胆识，相对于“人生在世不称意，明朝散发弄扁舟”，懂得坚持，坚信“金子总会发光”。

我国快速发展的资本市场呼唤着人才的专业化和职业化。一是资本市场作为市场经济的高级形态，有其独特的规律，具有高度复杂性、敏感性

---

* 本文是《证券市场导报》2007年第10期“编者絮语”。

① 罗文是《把信送给加西亚》一书中的主人翁。罗文身上体现着一种坚定信念，代表着敬业精神、拼搏精神和奉献精神。

和专业性；二是资本市场“新兴加转轨”的特征依然突出，市场持续稳定运行的基础仍不牢固，市场发育和发展的矛盾和问题更为突出；三是资本市场规模越来越大，与实体经济的联系日趋密切，新情况、新问题和新挑战不仅在所难免，而且会层出不穷；四是金融对外开放进入新阶段，本土机构直面境外机构的挑战，盈利模式、投资理念、投资方法、操作手法均需要进一步理清。所有这些，归结为一点，就是资本市场进入到人才决定一切的时代。以此为契机，抓住培养、吸引、使用人才三个环节，用事业凝聚人才，用实践造就人才，用机制激励人才，用法制保障人才，是我国资本市场人才战略的不二法门。

第一，下大力气进行普及教育。要将资本市场相关课程纳入大学公共基础课，完善资本市场基础教育；拓展资本市场研究生课程，提升资本市场学术研究水平和理论研究氛围；推进资格考试和专业化考试，使后续职业教育制度化和正常化；强化投资者教育力度，使证券市场这所没有围墙的大学更加突显针对性和实效性。

第二，大胆地使用和发现人才。善于发现人才，团结人才，使用人才，是领导者成熟的主要标志之一。要根据德才兼备的要求，以能力和业绩为导向，建立以公开、平等、竞争、择优为导向的选人用人机制，使优秀人才能够脱颖而出。荀子说过：“口能言之，身能行之，国宝也；口不能言，身能行之，国器也……治国者敬其宝，爱其器。”这句话对资本市场也是适用的。

第三，借助资本市场工具留住人才。现代社会，建设学习型组织是聚集人才队伍的最有效方式。除此之外，还要营造良好的工作和生活环境，用感情留人，用事业留人，将个人的职业规划与资本市场发展大局联系起来。更为重要的是，必须学会应用资本市场新式工具，借助于股票期权“金手铐”等，使企业的前程与个人的奋斗挂钩。

第四，大量引进“外脑”和智力。吸收人类创造的一切文明成果，对日益开放的我国资本市场具有重要意义。境外资本市场脑力的积累和经验的丰富，是我国资本市场所无法比拟的。资本的无国界必定是人才的无国界。世界资金洼地正在涌向中国，证券、期货、基金、投资银行、市场监管等领域的人才就会涌入中国市场。大量引进“外脑”和智力，应该是我国资本市场不可避免的战略选择。

布什总统主持白宫少数族裔住房会议*

乔治华盛顿大学，华盛顿特区，2002 年 10 月 15 日（见图 1）。

图 1　布什总统兴高采烈地主持会议，会议气氛生动而活跃，掌声和欢笑声不断。布什的主持从美国东部时间下午 1 点 55 分开始，2 点 18 分结束

非常感谢大家！感谢光临！我很欣赏你们出席这一非常重要的会议。我们希望，每一个美国人都拥有自己的住房。这是我们所要的。我们是一

* 本文翻译定稿于 2010 年 5 月 1 日。该主持词比较真实地反映了“9·11 事件”后“牛仔总统”布什的政策立场与做事风格。为了刺激消费，布什公开呼吁“尽可能地去消费吧！买一套你们喜欢的房子”。在少数族裔住房政策上，布什制定了一个雄心勃勃的目标，至少增加 550 万名少数族裔的住房所有者。但政府财政在同时进行阿富汗战争和伊拉克战争后捉襟见肘，布什就动员社会各方的力量筹资，其中就包含有次贷和次债，从而从政策上酝酿了 2007 年以来美国次贷次债危机。无论从哪个角度来理解，本文均值得一读。至于读出什么感觉，可能会因人而异。这也是笔者所要追求的目标。本文来自华盛顿政府官方网站，图片是原配的。喜欢英文的读者可以从以下网站下载：http：//georgewbush - whitehouse. archives. gov/news/releases/2002/10/20021015 - 7. html。

个所有者社会，一个富有同情心的社会。

今天的美国，越来越多的人拥有住房。尽管三分之二的美国人有了住房，但我们依然还有问题，只有大约接近一半的西班牙裔、半数的非洲裔美国人拥有住房。这是住房自给率方面的差距，一个我们必须共同努力去消除的差距。为了我们国家更加美好的未来，我们要努力工作，铲除造成这种差距的所有障碍。

我制定了一个雄心勃勃的目标。我坚信我们能够达到这个目标。这个目标十分清晰，就是要在这个十年结束时，[①] 至少增加550万名少数族裔的住房所有者（掌声）。

有人可能会觉得，目标应该容许有些伸缩。我不同意这种看法，我想目标是注重实际的。毫无疑问，这个目标的实现，还有待于我们的共同努力。只要我们尽力去做，我们的社区会变得更加强壮，我国的经济会变得更加强大。当然，实现这一目标，需要华盛顿制定一些好政策，更需要来自住宅产业相关各方坚定有力的承诺。

各位莅临会场，就已经呈现和彰显了你们的庄重承诺。我们将一道工作，争取在下一个十年到来的时候，我们数以百万计的美国同胞，就能够拥有属于自己的财产，那就是他们的住房家园。

我非常欣赏今天来到会场的房主们。阿里亚斯家庭，一个从秘鲁新来的家庭，他们住在巴尔的摩。有赖于房地产经纪人协会，有赖于巴尔的摩一些好伙伴的帮助，他们想出了如何购买自己房子的办法。可以想像，他们是怀着一个简单的梦想，在没有住房的情况下走进了我们的国家。现在，作为地球上最伟大国度的新住房拥有者之一，他们坐在这次会议的舞台上。让我们热烈欢迎阿里亚斯家庭的到来（掌声）！

今天来到会场的还有霍顿家庭，来自阿肯色州北小石城。确实很高兴，有这么多善良的乡亲来自南方。他们得到了联邦住宅和城市管理部的帮助，得到了房地美的帮助。很明显，这个家庭正在变得更加年轻。当我

① 即2009年。译者注。

们开始谈论拥有一幢住房的时候，笑容已经堆满了父亲的脸庞，这无疑点亮了整个华盛顿的街头（鼓掌）。很高兴你们都来了。感谢你们的到来。他向我保证过，他是在得克萨斯州接受教育的（笑声）。

最后，金贝尔从纽约来到这里。她是一个单亲妈妈。你们可能不相信，她的儿子已经18岁了（笑声）。对我来说，她简直就像刚刚18岁。在美国，单亲妈妈是非常艰辛的。这个优秀的美国人，既是为了孩子，也是为了实现自己的梦想，努力工作，以便在长岛拥有一套住房。这样一种理念，无论是对于这样特殊的个人，还是对于大多数美国人来说，真正可以说是一个独特的贡献。在此，我倡议，向金贝尔表示致敬，感谢上苍赐予我们这样一个善良的单亲妈妈和优秀的美国人（掌声）！

我曾经告诉过马丁内斯部长，我十分在意解决少数族裔住房问题的行动。我们有过多次商谈，我说过，很好，我也是同道中人，我可不喜欢只管提出一个目标而又不去认真执行。我想不会那样。就这件事来说，如果真是这样的话，总统也好，其他人也罢，提出一个目标，并且只是说说而已，但却不想落实，这对于美国人来说是不公平的。我是认真的。并且马丁内斯对此很执著，也会致力于实现它，这可是一个好消息。马丁内斯是一个合适的人选，他将联邦住宅和城市管理部管理得井然有序，很高兴他进入我的内阁（掌声）。我还为马丁内斯挑选了一位相当有生气和活力的副手，这就是阿方索·杰克逊，我在得克萨斯州的小老乡（掌声）。我管他叫阿杰。

我很高兴地介绍，农业部部长安也来到了会场。为了乡村的住房，她可没有少投钱。我很欣赏安对于美国乡村的承诺。对于她为美国人民所做的一切，以及她加入我的内阁，我真的感到很骄傲。安，非常感谢您的到来（掌声）！

我还要介绍一些政府成员。我看到了罗萨里奥·马林，美国的财神爷。罗萨里奥曾担任过市长，感谢您的到来，尊敬的市长先生（掌声）！对于住房的重要性，罗萨里奥心知肚明。在这里，我还看到了许多市长，我要感谢你们的到来！我很欣赏玛格丽特·斯佩林斯和她的工作人员。玛格丽特是总统国内政策顾问，感谢您出席这次会议，玛格丽特！总而言之，有了你们的兴趣和参与，这项工程肯定会成功。

今天的来宾，还有好些来自以信任为基础的社区。路易·科尔特，来自费城；我的朋友金柏乔·考德威尔，来自得克萨斯州休斯敦。今天早上，我与考德威尔共进早餐。他告诉我，在我演讲之前他就要离开。他是一个聪明人，这个考德威尔（笑声）。不过他已经返回到得克萨斯的家中。

在美国，所有的人都相信，而且应该相信，我们是所有者国家。对我来说，拥有就是自由，它构成为自由社会的一部分。拥有住房可以促进邻里的安定。一旦拥有自己的住房，就会更加关心社区的环境、面貌和安全。住房带给人民以自豪，成为有产社会的一个组成部分。住房可以帮助人们建立属于自己的投资组合，也可以为子女继承父辈财产提供必要的机会，是美国社会经济生活中须臾不可或缺的。

住房所有权同时还体现我国经济的活力。根据联邦住房与城市发展部的统计，鼓励550万人成为新的住房所有者，将为我们的经济增加2 560亿美元的产出。可以相信，经济活动受额外购买者、额外买家和额外需求的刺激，一定会增加产出的。这一点很重要，它将为人们提供更多的工作机会。低利率、低通胀是经济增长的重要基础。鼓励新购置业，实现现金循环，是人们购买住房的必然结果，它意味着人们更容易在美国找到工作。因此，这项工程不仅有利于国家的灵魂与精神，更有利于国家的钱袋子。

深入解剖住房自给率，可以找到一些妨碍因素，主要有四个方面。

首先是首付问题。很大一部分人不能支付首付款。他们可能已经够格，也期望购买住房，但就是没有足够的钱交首付。在我看来，你们真应该与那些企盼购房的家庭对话，他们肯定会告诉你，首付是阻断他们梦想的障碍。当然，致力于破解这一难题，还需要联邦政府的参与。基于此，我们呼吁国会建立“美国梦首付基金”，① 给予地方政府金融资助，以便

① 2003年12月16日，布什总统签署美国国会通过的《美国梦首付法案》。据记载，在国会投票的时候，无论是共和党还是民主党都是全票赞成，既没有反对票，也没有弃权票，这在美国历史上均是极为罕见的。译者注。

为有资格的首次置业者提供首付款。如果首付是一个问题的话，这无疑是能够解决问题的方案。只要国会同意拨款程序，未来5年，有望使20万户家庭成为首次置业者。

其次是廉价住房问题。许多社区，特别是贫困破落的内城整个街坊，廉价住房真是大难题。你我可能成为合格买房者，但是没房可买，这项计划也就一无是处。因此，我们正在打算，或者说我正在做的事情之一，就是推动一项税款抵免政策，在社区廉价住房稀缺的情况下，鼓励进行独幢低收入廉价住房建设（掌声）。下一个五年，这项计划将为住房建筑商提供20亿美元的税款抵免，以便带来更多的廉价住房，为住房购买者提供额外的房源。这一点真的很重要，我们能够为建筑商提供刺激，因为确实缺乏廉价住房。我们已经有过先例，一个最为成功的例子，就是美国非洲裔集中的内城。在那里，良好的学校与廉价的住房使这个内城重新充满活力。

再次是信息缺乏问题。少数族裔拥有住房的另一个障碍，就是缺乏信息。每一个住房购买者有责任和权利搞清楚情况。但是，当你看到契约文本时，这里印刷着许多小字。你能够想像，从秘鲁新来美国的某个人，瞧一眼印刷文本，他一定会说，我不能确定是否大体明白这些。我为什么要买一套住房呢？这就需要开展教育工作，不仅解释合同，解释责任，也解释融资选择。教育可以帮助人们明白住房所有者市场的复杂性，减少不良贷款人对心地善良、心怀住房梦的人们的欺侮。目前，住房所有者教育到了一个临界点。今天，通过马丁内斯办公室，我非常高兴地宣布，2003年，我们将向全国、州和地方三个层面的100多个机构拨款3 500万美元，开展购房者教育，推动提高住房自给率（掌声）。

最后是融资问题。少数族裔拥有住房的最大障碍就是融资，即购房者实现住房梦想的融资能力。现在，我们已经有了一项大家熟知的计划，这就是住房项目第8条款，它提供数十亿美元租房券，帮助中低收入家庭租房。租房券鼓励租赁，十分重要，联邦资金补贴了中低收入家庭的租金，并通过他们进入有房者的手中。我们要扩大第8条款的使用范围，不仅可以用于首付，而且还可以用于新购房者的月付。这可是实现550万户家庭拥有住房计划的有效办法。我还打算鼓励贷款机构去拓展抵押贷款市场，使这些租房券可以作为一种经常性的支付款，为贷款人提供更多资本，以帮助更多的家庭从租房户变为住房户。

房屋所有者和潜在的住房所有者所面临的障碍，正是我们要着手处理的。但是，在我们日常生活的许多方面，政府绝不可能包办。因此，寄希望政府能够为此提供一切支持，那是不现实的。我们国家需要私营部门和非营利部门的帮助，这种帮助对于实现住房既定目标是至关重要的。今天，在座的许多人就是私营部门和非营利部门的优秀代表，我要感谢你们的庄重承诺。

2002年6月，我曾发布《住房挑战白皮书》，明确要增加少数族裔家庭的住房自给率。就我思虑所及的，我想到了银行家、经纪人和开发商、以信任为基础的社区及社区项目的成员。我们对挑战的应对是坚强有力的，也是富有成效的。22个公私合伙人已经签约，来共同实现我们的国家目标。抵押贷款行业的合作伙伴也正在推动住房自给率，办法就是由银行来购买更多的贷款，这些贷款是针对非洲裔、西班牙裔和其他少数族裔的。通过覆盖全国的网络和分支机构，房地产行业和建筑商的代表致力于扩大住房自给率。他们已经承诺，要帮助达到我们确立的国家目标。

房利美和房地美，我看到它们的董事长也在会场。我要感谢你们的到来（笑声）。他们已经承诺要为贷款者提供更多的资金，已经承诺要满足少数族裔购房者的资金需求。房利美已经宣布了一项5 000万美元、600套住房的开发项目，这个项目位于俄克拉荷马州的切罗基人居住区。福兰克林董事长，我赞赏你们的行动！他们还宣布了一项1 270万美元的投资，属于黑人住宅区的独立产权公寓项目。这可是一系列实现550万户家庭住房梦的开端。就在我们进入会场的那一刹那，福兰克林主席告诉我："我向您保证，我们将提供帮助！"像这个房间的其他人一样，福兰克林已经开始行动了。房地美已经在全国开始了25个计划，以行动来拆除障碍，为提高住房自给率创造更多的机会。特别值得一提的是，在这些计划中，有一个计划被设计出来，这就是帮助曾经有不良信用记录的家庭，使这些家庭有资格得到住房贷款。房地美还同国防部合作，推动男女军人的建房和住房融资。

我们还有许多办法，通过共同努力去实现这个目标。公司美国的责任，就是努力使美国成为一个有包容心的地方。公司美国已经起来应战。有一个实例，仅仅是许多实例中的一个，西尔斯和罗巴克善良的伙计们已经奋斗了5年，承诺投入1亿美元，使数以百万计的美国人能够拥有住房和进行房屋维护。为消除住房自给率方面的差距，还有其他步骤正在被采纳。你们可能已经听说过一些故事，比我说的更雄辩。人们正在谈论住房前线正在发生的故事，前提就是要实现这个国家目标。

非营利集团正在我们最麻烦的社区拓展住房自给率。你们也知道，我一直是以信任为基础的社区项目的积极倡导者。我这样做的理由很简单，因为我已经明白这样一个普世的道理，要像爱自己一样爱邻居，这里面还包括帮助别人找到住房。企业基金会就是一个好例子，这是一个全国性的非营利组织，它一直为提高基层住房自给率协助提供帮助。举一个例子，在巴尔的摩社区，由于该组织出色的工作，185套廉价住房已经可用，要知道，这里曾经抢劫成风，人们唯恐避之不及。这个事例告诉我们，只要人们用心做事，恢复社区的活力真正是有可能的。与此同时，你也正好帮助了想拥有住房的美国人。

以信任为基础的社区可以做奇妙的工作，以提高住房自给率。无论是融资顾问，还是职业培训，以及其他延伸服务，都是为了帮助人们明白，花钱买房子图的是什么！我的朋友考德威尔不仅提供咨询和就业培训，而且他实实在在地带头进行休斯敦的住房开发。人们，特别是低收入的人们，将因为考德威尔的远见和工作，在得克萨斯州更容易拥有更多的廉价房。面对诚信的呼唤，考德威尔的回答就是：帮助人们实现自立，帮助人们实现梦想！

考德威尔告诉我另外一件事，至今还令我感动。他说，对于首次购房者，你不能拿很差的污秽住房来应付。只要你用心去做，首次购房的低收入家庭就能够像其他人一样，拥有一套称心如意的住房。我了解考德威尔的为人，这就是我经常倡导的社会企业家。社会企业家一定会充分利用自身的平台，做一个严守教规的布道者，改善他们生活的街区和社区。

路易·柯德也是这样的人，他是费城内城新希望街区的代表。我曾经到费城内城去看过路易，路易在那里坚持。整个街又看起来十分令人心酸，到处是废弃的建筑，漂亮的老式结构空空如也。路易有一个梦想，就是要使整个街道重新恢复生机与活力，办一所质地优良的学校，教育小孩阅读和写作、加法和减法。当然，路易也明白，许多人已经痛苦地选择离开，要想复兴整个街道，住房自给项目意义非凡。我猜想，终有一天，我们都将重返路易的街区，在那里找到首次购房者，看到一个良好的教育系统。这必将成为部分费城街区复苏的起点，因为这里汇集了我们同胞们的远见、魄力和希望。

所以，我要感谢你们大家的到来，还要感谢你们下定决心要结束少数族裔的住房差距。对于我国来说，这是一项至关重要的伟大创举。睁大眼睛吧，美国是一个善良、仁慈的国家，这是一个伟大的地方。部分原因就在于确保梦，美国梦，一种随时可以拥有住房的能力。它遍及我们这个社会的各个角落，任何人，不论其身份地位，也不管他们是否意识到这个梦想意味着什么，这个梦想都是实实在在的。我的意思是说，在我们这个国家，我们可以在黑暗中投掷光明，在失望中托起希望。让我们共同努力，鼓励更多的同胞拥有自己的住房。

同样，我想告诉你们，这是一项倡议。等一会梅尔将要告诉你们，这是一项我们非常重视的倡议。我们会一直保留它，直到目标变成现实。在目标实现的时候，我们要共同回顾并齐声高唱，美国人拥有美好梦想，愿意付出辛勤劳动和不懈努力，美国是一个好地方，也是一个伟大的国家。

谢谢大家。愿上帝保佑你们！愿上帝保佑美国！（掌声）

构建以资本市场为核心的中国房地产金融支持体系*

房地产金融是住房与金融的连接点，它连接着国民经济的两个神经中枢，一端是房地产业，一端是金融体系。在西方国家，房地产金融体系集融资、借贷和服务功能于一身，受到各方面的高度重视。功能完善、结构合理、风险分担的房地产金融体系，可以多渠道为房地产开发、居民购房提供资金融通便利，推动行业龙头企业的发展壮大，通过兼并等方式整合产业，以市场化方式规范行业发展，有利于增加住房供给、降低购房成本、创新投资品种，是从根本上解决住房问题的有效途径，也是防范金融风险的有力手段。

一、当前资本市场对房地产业发展的作用与影响有限

在我国，与房地产业相关的资本市场主体主要是开发商，现有融资工具主要是股票，部分为债券；股票融资又分为境内上市和境外上市。自2007年8月公司债试点发行以来，境内债权融资次数和融资额上升较快。对于资本市场对房地产业的影响，可以概括为两句话：一是房地产企业在资本市场融资比重不超过2%；二是房地产上市公司对行业的影响不可小视。

（一）房地产企业在资本市场融资比重不超过2%

截至2009年底，境内主营业务为房地产的上市公司共有170家，约占上市公司总数的10%，是上市公司最多的行业；在香港上市的H股和红筹股房地产公司有19家。相对于全国8万多家房地产企业，境内外房地产上市公司仅占0.2%。

---

* 本文定稿于2010年6月21日。

按房地产公司主业收入占营业收入的比重来分类，境内170家房地产上市公司可以分为三类：（1）单主业企业75家，占所有房地产上市公司的44.1%；（2）双主业企业49家，占28.8%；（3）多主业企业46家，占27.1%。①

按上市房地产企业进入资本市场的方式，170家房地产企业也可以分为三类：46家通过IPO方式进入房地产主业，占27.1%；通过再融资或自筹资金进入房地产业务，部分完全转变为以房地产为主的企业，约有20%；通过买壳、定向增发、资产置换等方式进入房地产行业，约45%。近年来，越来越多的房地产企业通过借壳方式进入资本市场（见图1）。

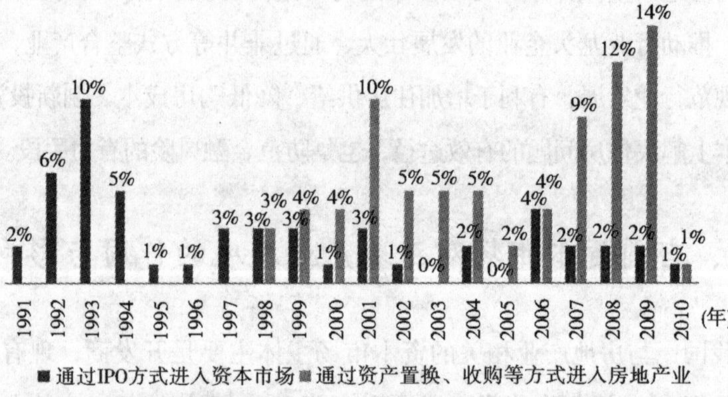

资料来源：Wind资讯，招商整理。

图1　房地产企业进入资本市场方式选择的趋势

房地产上市公司在境内资本市场的具体融资情况：46家企业IPO融资291亿元。1993年，房地产企业IPO数量最多为10家；2006年为房地产企业IPO融资额最高点，约为61亿元；99家企业再融资1 283亿元，平均每次再融资额为7.9亿元；24家企业发行公司债筹资418.8亿元，平均每次发债融资15.5亿元。

① 第一主业收入占营业收入90%以上的企业为单主业企业；第一主业收入占营业收入低于90%且第三主业收入占营业收入低于5%的企业为双主业企业；第一主业收入占营业收入低于90%且第三主业收入占营业收入高于5%的企业为多主业企业。

从债券融资的情况来看，房地产行业的债券发行只数由 2008 年的 8 只提高到 2009 年的 40 只，发行金额由 2008 年的 167 亿元提高到 2009 年的 560 亿元。但从占比情况来看，房地产行业所发行的债券占整体债券市场的规模仍然十分有限，发行金额占比仅为 1.84%。

香港市场成为内地房地产公司另一个重要的融资渠道。在可取得数据的 19 家香港上市的内资房地产企业中，4 家为 H 股公司，15 家为红筹公司。据初步统计，2006～2009 年，这些公司股权融资1 085亿港元，占境外资本市场融资总额的 87.1%，其中 IPO 融资额最大，配股次之，可转债最小；债权融资额为 160.5 亿元，占境外资本市场融资总额的 12.9%，主要包括优先票据和公司债。2006 年、2007 年和 2009 年，属于房地产市场高涨时期，境外内资房地产公司融资较为频繁；2008 年低迷时期，房地产公司则融资较少（见表 1）。

表 1　香港上市内资房地产公司 2006～2009 年融资情况统计　（单位：亿港元）

年度	债权融资合计	优先票据	公司债	股权融资合计	IPO	配股	可转债
2006	78.7	78.7	0	212.7	148.6	64	0
2007	0	0	0	493	359	77.1	56.9
2008	26	0	26	40.6	33.5	0	7.1
2009	55.8	19.9	35.9	338.9	102.7	212.1	24.2
合计	160.5	98.6	61.9	1 085.2	643.8	353.2	88.2

资料来源：Wind 资讯，招商整理。

需要特别强调的是，2006～2009 年，房地产企业通过各种渠道新获得资金累计达到 15.9 万亿元，而通过境内外资本市场融资额为 2 857.4 亿元，仅占全部资金来源的 1.8%。从各年度的情况来看，除 2007 年超过 2% 以外，其余年份占比均不足 2%，且 2007～2009 年房地产企业 A 股资本市场融资金额占比成逐年下降趋势（见表 2）。可见，相比较银行贷款、企业自身积累资金、定金及预付款，以及个人按揭贷款等融资方式，无论是从上市企业数量还是从融资金额角度来讲，目前资本市场对房地产行业的实际影响仍较小。

表 2　　内资房地产企业通过境内外资本市场融资情况统计

年度	资金来源合计（亿元）	资本市场融资金额（亿元）	A 股融资金额（亿元）	境外资本市场融资金额（亿元）	资本市场融资金额占比（%）	A 股融资金额占比（%）	境外资本市场融资金额占比（%）
2006	26 880. 21	483. 07	191. 65	291. 42	1. 80	0. 71	1. 08
2007	37 256. 62	931. 34	438. 34	493. 00	2. 50	1. 18	1. 32
2008	38 146. 03	495. 03	428. 39	66. 64	1. 30	1. 12	0. 17
2009	57 127. 63	947. 94	553. 24	394. 70	1. 66	0. 97	0. 69
总计	159 410. 49	2 857. 38	1 611. 62	1 245. 76	1. 79	1. 01	0. 78

资料来源：Wind 资讯、国家统计局，招商整理。

（二）房地产上市公司对行业的影响不可小视

房地产上市公司数量不多，融资额不大，但其影响力却很强。这是因为上市公司是业内的领头企业，规模较大，信息披露较规范，透明度相对较高，无论其自身的扩张还是对业内其他公司的示范效应，都对行业有着较强的影响。

长期以来，我国房地产行业处于极度分散状态，充斥着大量项目化经营的小公司，很多公司并无动力建设长期品牌和提升专业能力，呈现比较明显的短期化、投机化特点。在这种情况下，消费者的权益难以得到保护，甚至存在楼盘烂尾的可能，金融风险也随之上升，不利于行业的健康稳定发展。优质房地产企业通过上市，实现规范运作，强化内部控制，提升公司治理，有利于提高房地产行业集中度和可持续发展能力，引导其他公司规范化经营，促进整个房地产行业的健康稳定发展。

1. 促进房地产企业长远发展，保护购房者利益。作为公众公司，房地产上市企业经营需要着眼于长期发展和品牌建设，并形成股东、市场和投资者认可的系统发展战略。企业需要投入更多资源研究客户需求，提供质量更高、口碑更好的住宅产品，并与购房者建立长久的合作关系，客观上使得购房者的权利能够有所保障。

2. 提高房地产行业整体的经营管理水平，降低金融风险。面对社会公众、新闻媒体、监管部门和股东的监督，作为公众公司的房地产企业，必须保持良好的公司治理、规范透明的信息披露体系和诚信的公司形象。任何不规范的市场行为，都将影响公司的竞争力。借助于这些约束机制，房地产上市公司既能够提升自身的公司治理水平，又能够带动行业整体经营管理水平的提高和金融安全环境的改善。

3. 上市房地产企业具有较高的运营效率，提高了土地转化为房屋的效率。从财务指标看，房地产上市公司在财务安全、业绩增长和运营效率方面都具有一定优势。就资产负债率来说，2005～2008 年，房地产上市公司平均为 63%，而一般房地产公司均在 72% 以上；就营业收入增长率来说，2007 年，上市房地产公司行业平均营业收入增长率达到 59.1%，而一般房地产公司仅为 29.6%；在周转速度反映的运营效率方面，上市公司总资产周转率为 0.37，明显高于行业整体水平的 0.22。这说明上市公司开发节奏更快，土地储备年限更短，将土地转化为房屋供应的效率更高，有利于房价的稳定。

4. 多元化产品开发，引导建设保障性住房等。目前一些上市公司已开始逐步响应政策的引导，尝试在其房地产开发项目中增加部分保障性住房产品。例如万科建设部分限价商品房、公共租赁房和廉租房；保利地产建设部分廉租房和限价商品房；招商地产建设部分廉租房和限价商品房。这些上市公司均属于全国知名度较高的房地产开发商，而且建设资金来源中就有部分来自资本市场募集资金。通过资本市场募集资金进行保障性住房建设，将起到很好的示范效应，对引导社会资源建设保障性住房，增加住房有效供给，缓解当前尖锐的供需矛盾意义重大。

二、目前房地产金融存在的主要问题

以增加供给、降低成本、创新投资品种为目标，建立健全功能完善、结构合理、风险分担的房地产金融体系，是从根本上解决住房问题的有效途径，也是防范金融风险的有力手段。相对于成熟市场，我国房地产金融还存在一些问题和不足，尤其是资本市场所发挥的作用远远不够。

（一）开发过度依赖银行贷款

2008 年国内房地产上市公司的整体负债率为 63.9%，美国为 65%，但美国金融市场较为多元化，资金来源渠道丰富，尤其是资信良好的品牌企业，可以从其他渠道以更低的成本获得资金，对银行贷款并不依赖。相比之下，国内房地产开发企业融资渠道较为单一，主要依靠银行贷款。目前我国房地产开发企业的资金来源分为四部分：国内贷款、销售回款及其他、自筹资金和利用外资。其中，销售回款一直是最大的资金来源，所占比例通常在 45% 左右，这是来自购房者的银行贷款；国内贷款主要为开发贷款，所占比例比较稳定，一般接近 20%；自筹资金占 30% 左右；利用外资所占比例很小（见表 3）。

表 3　我国房地产开发企业的资金来源与结构　（单位：%）

资金来源 年份	国内贷款	销售回款及其他		自筹资金	利用外资
		按揭贷款	定金预付款及其他		
2006	19.6	10.4	36.6	31.9	1.5
2007	18.7	13.1	34.9	31.6	1.7
2008	19.0	9.4	30.2	39.5	1.9
2009	19.8	14.7	33.4	31.3	0.8

房地产业这种高度依赖于银行贷款的融资模式，说明多元化的融资体系尚未形成，银行是房地产行业风险的最大承担者，这必然会加大银行的信贷风险。同时，银行信贷具有强烈的顺周期性，容易造成房价大起大落。这种融资结构，对房地产业、金融体系、宏观调控和宏观经济都有不利的影响。

（二）国内房地产行业缺乏长期稳定的资金来源

房地产具有开发周期长、前期和中间投入巨大等特点，更需要有像资本市场资金那样长期稳定的资金来源。这一点已经被成熟市场的经验反复证明。从我国实际情况看，房地产公司的债务结构偏向短期，这与资本市场对房地产企业的支持远远不到位有关。例如，股票融资占房地产企业各种渠道新获得资金比重不到2%，债券融资比重占各类债券发行额1.8%。并且，在公司债券发行规模有限的情况下，房地产企业的长期借款，一般只是1年以上、3年以内；从偿付周期来看，远远低于美国开发商所发行的一般票据的周期。

（三）缺乏降低居民购房成本的证券化产品

房地产金融的另一个核心内容，就是住房抵押贷款的证券化。优质住房抵押贷款的证券化，既可以缓解商业银行短存长贷不匹配的矛盾，降低银行大量聚集抵押贷款的风险，又可以为居民提供具有稳定收益来源的固定收益产品，还可以增加交易所场内债券市场的份额。资本市场具有支撑房地产自住需求的作用，通过按揭贷款证券化等手段，不但可以提供更多的资金来源，还可以降低资金成本，从而便利购房者融资，支撑其自助需求，这一作用在房地产市场平稳发展时尤为突出。

（四）房地产投资基金长期准备仍然没有推出

房地产投资基金（REITS）是将成熟物业打包组合，将大部分租金收益以分红方式分配给投资者的一种投资产品，在境外市场比较成熟和流行，我国还没有正式推出。这类房地产类金融工具可以直接替代对住房商品的投资需求，分流部分房地产投资需求，减缓房价上涨压力。

三、进一步发挥资本市场在房地产金融体系中的作用的政策建议

当前及“十二五”时期是我国经济社会发展的转折时期，也是房地产行业稳定发展的重要时期，更是资本市场迈向成熟的关键时期。在这种局面下，应充分发挥资本市场的作用，促使房地产公司有效增加住房供给，满足普通民众不同层次的居住需求，促使房地产价格保持在合理的水

平范围内，降低广大居民购买自主住房成本，维持房地产行业的长期稳定健康发展，开放适销对路的住房金融产品，建立健全结构完善、风险可控、融资渠道多样的房地产金融体系，保障国民经济又好又快发展。

（一）资本市场房地产行业政策的具体目标

促进资源合理配置是资本市场的基本功能。对房地产行业而言，资本市场政策的目标就是：促使国民经济及行业内资源的合理配置，保证房地产行业和国民经济的平稳健康发展，保障住房产品的有效供给。

1. 应能够促使资源优化配置，保证优质房地产上市公司的正常融资需求，鼓励房地产企业建设保障性住房的融资需求，加大住房供给，改善居民的居住环境。

2. 应通过整体上市和并购，鼓励优秀的房地产企业发展壮大，促进行业整合，提升行业规范水平和经营效率。

3. 应在有效控制风险的基础上，推动金融产品创新，遵循产品风险由低到高、合约结构由标准到复杂、交易场所由场内到场外的原则，既实现产品风险的可测、可控、可承受，同时又为投资者提供更多的投资渠道。

4. 应有利于降低普通民众购买住房的门槛，提高其购买住房的消费需求能力。

（二）完善引导机制，促使房地产公司加快开发，有效增加住房供给

资本市场对房地产行业发展的示范效应远大于融资效应，应充分发挥房地产上市公司对行业的正面引导作用，加快开发，有效增加住房供给。

1. 促使房地产上市公司加快开发进度并完善开发品种，全面满足民众的居住需求。具体措施为：对于存在“炒地”、“囤地”行为的房地产企业，暂停核准首发上市融资申请和再融资申请。

从具有代表性的上市房地产公司存货周转天数来看，3～5 年是房地产企业较为正常合理的开发周期，这一指标可以用来衡量房地产企业是否

存在故意囤积土地重要的量化标准。在审核房地产企业上市融资申请时，重点关注是否存在例如缓缴土地出让金、延期动工开发等囤积土地行为，并以此作为是否予以核准的重要条件，从而来提高上市房地产公司的土地转化房屋的效率。对具有囤地、违规获取土地或造成土地闲置等不良记录的房地产企业区别对待。鼓励转化效率高的房地产公司进行上市融资，并对募集资金投向进行持续全程监管，严格禁止以募集资金购买土地，鼓励加快开发建设，提高房屋供给稳定房价；鼓励上市公司完善开发品种，快速高效地从事廉租房等保障性住房的开发和经营。

为便于更好地执行这一政策，建议相关部门对房地产公司的土地使用及开发进度等进行实时动态监管并实行信息共享，以利于我们对企业用地及开发行为进行判断，也有利于公平对待所有企业，促使全行业水平的提高。

2. 加强信息披露，充分发挥房地产上市公司的示范引导作用。可以考虑从加强上市公司信息披露开始，通过信息披露，引入社会舆论监督，一方面有助于提升上市公司规范经营行为，另一方面也有利于发挥其示范引导作用。

在信息披露的内容上，一方面，要求对上市公司土地储备以及取得的“地王”情况进行披露；另一方面，也可以要求上市公司对报告期内产品开发情况、结转的房地产项目的平均销售单价以及各项成本明细进行披露，使得社会公众能够了解房地产上市公司真实的盈利状况，并引导业内公司的追随。

3. 支持房地产上市公司做大做强，直接提升行业水平。上市融资是鼓励优秀的房地产企业发展壮大，促进行业整合，提升行业规范水平和经营效率的重要手段。为了既满足房地产企业的合理融资需求，又避免房地产企业进行过度融资，可以根据如下几方面的具体指标，对房地产企业的境内外上市融资进行规范和引导：

（1）房地产企业的报表口径。

①存货周转率和总资产周转率指标。由于土地主要反映在房地产企业

的存货之中，因此存货周转率指标和总资产周转率指标是反映一个企业开发以及销售节奏快慢的重要参考指标，是衡量房地产上市公司是否存在“囤地”或“捂盘”行为的重要参考依据。因此，建议可以选取行业部分内标杆企业作为样本库，按照统一的计算口径计算出这些企业的平均存货周转率和总资产周转率指标，并以此作为审核房地产上市公司开发节奏快慢的重要参考依据。

②土地储备与过去3年年均竣工面积指标。土地储备与上市公司开发能力的比值是反映企业土地储备是否过量的一个重要参考指标，一般而言，该比值保持在3~5倍左右为宜。建议选择行业内的标杆企业作为样本库，按照统一的计算口径计算出该指标，并以此作为审核房地产上市公司土地储备是否过量的参考依据。

（2）房地产企业日常规范经营记录。可以要求保荐机构核查企业开发项目所在地国土、规划、建设等相关部门对企业的日常经营监管处罚记录，并结合国土部门出具的意见，对房地产企业的日常经营规范行为进行判断。

（3）要求上市公司加强信息披露，在年报中披露如下内容：

①关于项目的开竣工计划。对于公司所有的土地储备，详细披露如下内容：项目土地取得时间；土地价款缴纳情况及土地证办理情况；土地出让合同规定开竣工时间；实际或预计开工时间；对未能按期开工或竣工的，披露详细原因。

②对取得的显著高于市场价格的土地，加强信息披露。对于当年取得的总价或单位楼面地价超过项目所在地区同类地块价格50%以上的地块，需要详细披露对该项目的可行性分析，披露项目的预计成本及售价，同时披露项目的开发计划（含预计开工和竣工时间，开发项目资金来源等）。

加强上市公司信息披露的同时，充分发挥公共舆论的监督作用，对频繁出现负面舆论报道的地产公司的融资行为，要谨慎对待。

（4）上市公司投资方向。在审核上市公司的再融资行为时，要充分考虑上市公司现有业务的定位情况及募集资金投资项目的定位情况，对于以开发中小户型普通住宅为主的房地产企业要进行鼓励。同时，也可以适度加大对商业地产开发企业的支持力度。

对上市公司产品定位的界定，可主要以上市公司开发项目的容积率作为参考指标。具体而言，可以上市公司全部土地储备为基础，把规划建筑面积总和与占地面积总和的比值，作为衡量上市公司开发产品的整体定位指标。鼓励上市公司从事高容积率项目的开发和建设。

（5）上市公司的融资频率和上市规模。为避免上市公司的过度融资行为导致推高房价、加大投资者风险等一系列不良后果，建议对上市公司的股权融资节奏和融资规模进行控制。总体上可以采用“硬性约束”与“窗口指导”相结合的方式。

“硬性约束”规定上市公司融资节奏和融资规模的上限，具体可以设置为：前次募集资金到位以后至再次召开启动再融资的董事会之间的间隔不少于1年，且前次募集资金使用基本完毕（如可以规定超过80%以上），上市公司每次股权融资的规模不应超过上市申请前一个报告期末净资产的1倍等。

“窗口指导”则主要根据上市公司自身不同的特点，可以主要参考上市公司自身的存货周转率水平、土地储备水平等，对不同的企业提出不同的要求。

（三）维护资本市场稳定，拓宽投资渠道，增加居民财产性收入

1. 维护资本市场的稳定，使广大投资者能够从资本市场分享到房地产行业快速发展带来的回报。我国正处于全球有史以来最快的城市化进程中，相对未来住房需求，住房存量、住房供应能力存在较大的缺口。供应不足仍是住房市场的主要矛盾，增加住房供应仍是稳定房价、解决住房困难的关键。房地产企业未来仍然具有很大的发展潜力。而目前我国居民投资渠道十分有限，资本市场是为数不多的投资渠道，广大投资者可以通过

资本市场，分享到我国房地产行业和国民经济快速增长带来的成果。

当前在我国A股市场中，房地产行业成为拥有最多上市公司的行业。而同时，房地产行业的发展又对我国国民经济的发展起到举足轻重的影响。因此，房地产行业政策的一举一动，都可能影响到房地产行业上市公司甚至是A股市场的整体表现，进而对广大投资者的利益产生影响。因此，维持房地产行业的健康发展至关重要。

房地产行业的资本市场融资政策，需要考虑政策的连续性，尽量避免出现政策的大起大落对房地产行业和房地产上市公司造成“误伤”，进而影响到广大投资者的利益。

2. 拓宽投资渠道，为提升中低收入者增加财产性收入创造条件，缩小收入差距。当前我国中低收入居民投资房地产行业的渠道十分有限，难以分享到我国房地产行业快速发展带来的收益。资本市场需要通过拓宽投资渠道，真正为中低收入者创造投资条件，增加其财产性收入，缩小我国收入分配差距，缓解社会矛盾。REITs等创新产品的推出，需要充分考虑中低收入阶层参与的可行性，同时，要做好风险防范，控制投资风险。

（四）开发房地产相关金融工具，支持居民购房资金需求

尽管我国目前房地产市场处于供不应求的状况，但长远来讲，要保证房地产行业的长期稳定健康发展，还需要借鉴成熟市场的经验，在加强风险控制的同时积极开发相关金融工具，从降低资金成本和扩大资金规模两方面来为居民购房提供便利，具体可以逐步开发得到有效监管的场内优质住房抵押贷款的证券化产品等。

（五）利用REITs创新产品推动出租型保障性住房建设

廉租房建设对解决中低收入人群的居住问题、缓解社会矛盾、稳定房价等无疑都具有十分积极的意义。目前我国开发廉租房的做法是以政府为主导的模式，其建设呈现规模小、保障人群占总人数的比重很小、以租金补贴为主实物配租为辅等特点。

国际上解决廉租房的典型模式主要有两类：一类是以政府主导，由政府筹措资金，通过专门设立的保障性住房管理机构负责物业建设和管理；

另一类是政府通过税收补贴等手段，鼓励市场主体自行建造保障性物业，并以可承受的价格租赁给特定的低收入租户。后一模式因为市场主体广泛参与到保障性住房建设的开发和运营中，扩大了保障性住房规模。

中国大城市的保障性住房建设应在政府主导这一主流模式以外，辅之以市场化的解决方案，大力推动公共租赁房的建设，较快地改善低收入群体的民生。具体构想就是以 REITs 上市为目的，设立专门的保障性住房产业基金，通过私募股权基金的形式募集社会资金，在政府有关部门的监督指导下参与公共租赁房的建设，待物业出租情况稳定后打包以 REITs 形式上市，达到长期持有、稳定租赁的目的，促进保障性住房建设取得更快发展。

REITs 作为一种在交易所上市、资产得到专业化管理的证券化产品，可以打破社会投资者难以投资大型优质地产的限制，使其分享经济增长、资本市场和房地产业发展的成果，增加居民的财产性收入，提高金融资产、权益性资产在居民财产中的比重，发挥居民长期、可持续投资回报对养老保障体系负担过重的缓解作用，促进社会财富的均衡增长，满足风险偏好适中投资者的需求，调节市场供不应求的失衡状况，缓解流动性过剩的压力，减弱资产价格非理性飙升的动力。

第三部分
基础建设：提市场形象，增市场厚度

关于设立国家证券金融公司的建议*

一、设立证券金融公司的目的

当前，我国证券经营机构所面临的最大风险是因违规融资而形成的经营风险。据推测，证券公司负债中，70%以上为违规融资，其中80%为挪用客户保证金，估计高达1 000亿元，蕴藏着极大的金融风险，一旦市场发生逆转，出现挤提，后果不堪设想。解决证券公司挪用客户保证金的问题，必须采取“堵”“疏”并举的方式：一方面对现有证券公司挪用的客户保证金进行压缩和限期归还，另一方面要参考国际通行做法为证券公司开辟正常融资渠道，从制度上根本解决违规融资问题。

根据日本、韩国、我国台湾及泰国的经验，结合我国的实际情况，建立证券公司正常融资渠道的有效做法是设立证券金融公司。通过证券金融公司解决证券公司的资金来源问题，增加市场有效需求，打击违规拆借、

---

* 与黄运城、高小真合作，定稿于1998年7月1日。

挪用客户保证金和地下信用交易等违规行为，防范和化解证券公司的经营风险，促进证券市场的健康发展。

二、证券金融公司的组织形式

证券金融公司采取股份有限公司形式，出资人以法人为限，股东分为会员股东和非会员股东两种。会员股东限于证券公司（专营机构)，可从证券金融公司获得融资及其提供的其他服务。非会员股东包括证券交易所、证券登记结算公司、企业集团财务公司、融资租赁公司、保险公司和其他工商企业。非会员只能享受股东权益，不得从金融公司获取融资。

三、证券金融公司的资金来源

证券金融公司的资本金初步定为50亿元，公司运营所需的正常周转资金则通过下列渠道解决：

（一）特定存款

可吸收特定存款作为稳定的资金来源：一是各证券公司预收的客户保证金，缴存证券金融公司特定专户，由该公司集中缴存人民银行存款准备金后，剩余部分按一定比例可以运用；二是吸收证券经营机构自有资金存款。

（二）发行债券

经过批准，可以发行短期和中长期金融债券，筹集资金。

（三）其他来源

可以通过同业拆借、证券回购、向商业银行或中央银行办理贴现、再贴现等方式获得短期资金。

四、证券金融公司的运作模式

（一）贷款对象

证券金融公司的贷款对象是经中国证监会批准设立的综合性证券公

司，并且是证券金融公司的会员。

（二）贷款方式

证券公司以 100% 实物券或证券金融公司认可的其他资产作为抵押，取得短期贷款。

（三）贷款用途

证券公司借款只能用于本公司开展的承销、并购、自营业务和证券主管部门认可的其他投资银行业务。

（四）国家调控

政府主管部门可根据市场情况确定融资总量、利率、手续费等，达到调控市场的目的；国家拟放松（或收紧）证券市场银根时，中国人民银行可通过购买证券金融公司手中的证券（或要求证券金融公司回购证券），增加（或减少）市场资金供应。

五、证券金融公司的设立和监管

证券金融公司的设立由中国证监会会同中国人民银行审核，报国务院批准。证券金融公司的业务由中国证监会和中国人民银行共同监督和指导，指导原则是：有利于促进证券市场的发展，有利于培育一流的证券经营机构，有利于防范金融风险。为保证资产的安全性和流动性，证券金融公司应在主管部门指导下建立以资产负债比例管理为核心的风险管理体系。

第一，证券金融公司应根据中国人民银行规定的比例，向中央银行缴存存款准备金。

第二，证券金融公司对外贷款，必须以 100% 实物券或主管部门认可的其他资产作为抵押，并需参照商业银行的做法进行资产负债比例管理。

第三，证券金融公司每年盈利的一定比例需留作风险基金。

第四，证券金融公司需将每天资金头寸变动情况报中国证监会备案，并定期向中国证监会报送资产负债表、损益表及其他财务报表和资料。

为保证证券金融公司顺利设立和安全运营，还需要同时建立全国统一的登记结算中心，对证券的登记过户和资金结算进行统一管理，以便于证券金融公司把握贷款用途，保证资金用途安全。

日本、韩国及中国台湾证券金融公司的借鉴意义*

证券公司融资是国际惯例。无论是德国全能银行模式还是美英投资银行或者商人银行模式，都给证券市场提供了融资渠道。日本、韩国和中国台湾依此惯例，另设专业证券金融公司，集中进行融资安排，更符合发展中国家的实际情况，有利于证券市场的健康发展，对我国有重大的借鉴意义。

一、日本、韩国和中国台湾另设证券金融公司集中提供融资

日本、韩国和中国台湾证券市场起步较晚，散户占绝大多数，机构投资者少。如20世纪50年代以前，日本证券市场散户投资者占60%～70%。中国台湾1997年证券市场投资者中，散户仍高达90.1%。在市场发育不够成熟的情况下，迫切需要为证券市场提供资金支持。于是，日本设立证券金融公司，向证券公司提供信贷支持，以图在短期内将证券公司培养成类似于美国投资银行的证券经营机构，韩国、中国台湾仿照日本的体制分别设立了证券金融公司，从而在世界证券发展史上开创了证券融资的新模式。

证券金融公司比较好地解决了证券公司和证券市场的资金融通问题，对于保证证券市场的流通性、活跃证券市场以及打击地下信用行为，起到了不可替代的作用。同时，证券金融公司达到了防范和化解金融风险的目

* 本文原载中国证监会政策研究室编：《证券市场政策研究报告（1999）》，第338～341页，1999年4月3日定稿。

的。日本、韩国及中国台湾的经验证明，由证券金融公司按严格的条件集中办理证券融资，贯彻了银行证券分业管理的原则，更能体现管理层对证券市场的调控意图，在证券市场发展早期便于防范和控制风险。

更为重要的是，证券金融公司成为联通资本市场和货币市场的载体。从国际金融的角度看，不论是混业管理还是分业管理，资本市场与货币市场都是一体的，而不是分割的。在分业经营的情况下，日本、韩国和中国台湾的证券金融公司，作为证券公司的资金供应者，可从货币市场吸取资金进入资本市场；同时，通过证券金融公司头寸、贴现和抵押限额等条件的变化，中央银行可对证券市场的资金供应量进行调控，从而使货币市场和资本市场在更高层次上融合。

在为证券市场服务的过程中，证券金融公司也得到了极大发展和壮大。日本三大证券金融中心成为全球有名的证券金融机构，被国际证券金融公司（Securities Finance Internal）收入著名国际公司名录。到 1995 年 6 月，韩国证券融资公司实有资本金已达到 800 亿韩元，总资产达到72 860 亿韩元，其发展速度是惊人的。

二、证券金融公司的组织形式和资金来源

证券金融公司都采用股份有限公司的形式。日本开始时有 9 家证券金融公司，1956 年 4 月合并为 3 家，均为上市公司。韩国称为证券融资公司，成立于 1955 年，是目前为止韩国证券融资唯一的专门机构，是韩国证券信贷的主要来源。中国台湾 1980 年设立复华证券金融公司，后增为 4 家，即复华、环华、富邦和安泰证券金融公司。

日本要求证券金融公司资本金为 5 000 万日元以上，韩国要求法定资本额不得少于 20 亿韩元，中国台湾要求其实收资本额不得少于新台币 4 亿元。从现有的资料看，日本和韩国证券金融公司的出资者主要是银行和证券公司，两者的出资额约占注册资本的 60%（见表 1）。台湾设立复华证券金融公司时，实收资本为 4 亿元，由光华投资公司、台湾银行、土地

银行、中国信托投资公司及台湾证券交易所分别按47%、16%、16%、16%和5%的比例出资。

表1　　日本3家证券金融公司基本情况表

	日本证券金融公司	大阪证券金融公司	中部证券金融公司
设立时间	1927年7月	1933年9月	1943年8月
再登记时间	1956年4月	1956年4月	1956年4月
资本金	100亿日元	35亿日元	2亿日元
机构所在地	东京	大阪	名古屋
支店	札幌　新鸿　福冈	京都　神户　广岛	
组织形式	股份有限公司 上市公司	股份有限公司 上市公司	股份有限公司 上市公司
股本结构	证券公司：26.8% 金融机构：36.1% 其他法人：13.9% 个人等：23.2%	证券公司：18.4% 金融机构：34.8% 其他法人：23.7% 个人等：23.1%	证券公司：24.3% 金融机构：18.8% 其他法人：21.5% 个人等：35.4%

除自有资本金外，证券金融公司还可以发行金融债券或公司债券、吸收特定存款，到同业拆借市场拆借、向中央银行进行再贴现，以解决资金短缺和流动性问题。另外，投资者的信用账户保证金、融资抵押券和融券保证金，以及用公开方式向证券所有人标借的证券，也是证券金融公司重要的资金来源。据初步统计，日本证券金融公司的资金来源有60%来自货币市场。台湾复华证券金融公司成立时，除实收资本4亿新台币外，还从11家银行和金融组织获得总额为50亿元新台币贷款。

从现有资料看，吸收特定存款是韩国证券融资公司主要的资金来源。韩国证券法规定，经过批准，证券融资公司可以接受证券交易所、证券公司、其他证券机构以及财政部条例指定的其他机构的货币存款。证券公司收取的客户保证金、证券回购款项的一部分转存证券金融公司。除此之外，证券融资公司还可以充当证券公司和其他证券机构托存的基金的管理者。据此，韩国证券融资公司把对证券公司的贷款额度与其在融资公司的存款数量联系起来。到 1995 年 6 月，韩国证券金融公司总资产为 72 860 亿韩元，其中存款 39 520 亿韩元，占总资产 54. 24%，为证券金融公司第一大资金来源；发行公司债券为 30 400 亿韩元，占总资产的 41. 72%。

三、证券金融公司的主要业务与运作方式

日本、韩国和中国台湾证券金融公司是为证券信用交易提供资金融通而设立的。它通过证券交易所，为交易所的会员证券公司及顾客有价证券的发行、流通和信用交易的结算，提供有关资金和有价证券的借贷。在以后的发展中，证券金融公司的业务逐渐有所扩充，如日本建立了一种补充性质的借贷交易制度。对证券商提供短期适用资金贷款、交割短期贷款，以及对证券商的转融通业务。

在韩国，证券融资公司可以经营以下业务：为维持证券市场发放贷款并向证券包销商发放包销贷款；通过股票交易所的清算机构贷放证券市场交易的结算所需的资金和证券；贷款作为担保的资金或证券；通过包销商，向投资于公开销售的新的或已发行的证券的投资者的贷款；在总统法令规定的范围内，实现债务证券的交易；进行证券的安全保管；除此之外经财政部长批准的其他业务。

设立证券金融公司，发起单位首先要向主管机关提出申请，经批准后才可以设立。证券金融公司的主管机关，日本为大藏省证券局，韩国为财政部证券期货交易委员会，台湾为财政部证券管理委员会。另外，台湾还规定，证券金融事业应以相当于其资本额 5% 之现金或政府债券缴存中央银行作为保证金。

证券金融公司属于非银行金融机构，中央银行把它视作商业银行看待。它既面向证券商，也面向一般的投资者，或者通过券商的转融通面向一般投资者。但由于信用交易规模的限制，散户进行信用交易的几率不大。如日本规定最低保证金额为 30 万日元，最低信用交易额为 200 万日元，以 1 000 股为最低成交单位，从而排除了散户随便出入信用交易市场

的可能。

证券金融公司的贷款手续是比较繁琐的。以台湾为例，一般投资者经由证券经纪商介绍向证券金融公司开户，经核准后订立合约，缴纳履行保证金 2 万元新台币；证券自营商可直接向证券金融公司开立证券信用账户，经核准后缴纳开户保证金 20 万元新台币。投资者申请融资购进股票时，需先交入一定百分比的自备价款，其余部分则由证券金融公司提供，购进的股票由证券金融公司代为保管。投资者申请融券时，应提供所售证券价额一定成数之现金或证券作保证押金。当投资者融资所抵押股票价格跌落时，投资者应该立即补足现金。

证券金融公司在从事融资融券时，大都规定了便于控制的各种监管指标。如融资比率；融资限额；融资融券抵押；可融资证券种类（台湾最初为 10 种，后扩大到 40 种）；融资期限（融资融券最长为 1 个月）；每种股票融资余额占上市股份 10% 时，停止融资；偿还办法。

四、日本、韩国、中国台湾证券金融公司对我国的借鉴意义

日本、韩国和中国台湾地区另设证券金融公司，比较妥善地解决了证券市场和证券公司正常资金来源问题，有力地推动了证券市场的发展。由于这种集中融资的方式更适合发展中国家的实际情况，因此，日本、韩国和中国台湾证券金融公司的经验对我国具有重要的借鉴意义。

第一，证券金融公司的设立，为解决我国证券公司的融资渠道问题提供了一个思路。我国属于发展中国家，处于初级阶段，证券市场刚刚起步，从微观层次上看，完全的分业经营是大势所趋，但从宏观层次上看，银行和证券必须在最高层次上融合。《证券法》第 133 条规定：“禁止银行资金违规流入股市，证券公司的自营业务必须使用自有资金和依法筹集的资金。”这就是说，《证券法》只禁止银行资金违规流入股市，但并不

禁止银行资金经过合理合法渠道进入股市。《证券法》第123条还规定："证券公司的对外负债总额不得超过其净资产额的规定倍数，其流动负债总额不得超过其流动资产总额的一定比例；其具体倍数、比例和管理办法，由国务院证券监督管理机构规定。"因此，为证券公司提供合法的融资渠道就成为法律的要求。鉴于我国在许多方面与同处东亚的韩国、我国台湾地区以及日本早期的情况相似，设立这样的证券金融公司很有必要。

第二，日本、韩国和中国台湾是为了证券信用交易才成立证券金融公司，但在证券金融公司的运作过程中，其作用范围日益扩大，韩国甚至成为证券市场融资的主导力量。我国《证券法》第35条、第35条、第141条规定：证券交易以现货进行交易；证券公司不得从事向客户融资或者融券的证券交易活动；证券公司接受委托卖出证券必须是客户证券账户上实有的证券，不得为客户融券交易；证券公司接受委托买入证券必须以客户资金账户上实有的资金支付，不得为客户融资交易。也就是说，在我国证券市场不成熟的情况下，法律强调现货交易，限制融资、融券的信用交易行为，有利于防范金融风险。在证券信用交易条件不成熟的情况下，我们可以反过来运用证券金融公司，目前可以先考察采取完全抵押贷款的方式，然后在适当时机逐步开放信用交易。

第三，只对综合类证券公司提供融资。解决证券公司融资问题，其前提条件是对证券公司分类、分级。日本、韩国和中国台湾在解决此问题之前，先是把证券公司分成证券承销商、证券经纪商和证券自营商，后又根据形势变化把证券公司分为证券经纪商和证券综合商两大类，并对每一类证券商的职责范围作了明确分工。我国《证券法》根据国际惯例，对证券公司实行分类管理，把证券公司分为综合类证券公司和经纪类证券公司。证券金融公司只对综合类证券公司提供信贷支持。

第四，立法当先，做到有法可依。由于证券金融公司是一项全新的工作，当前的法律条文对此没有涉及或对它有约束，为了使这项事业能够顺利完成，日本、韩国和中国台湾均首先抓法制建设，立法当先。如日本、韩国在《证券法》中明确证券融资公司的地位和作用；中国台湾专门制定了《台湾证券金融事业管理规则》等。建议在我国《证券法》相关配套条款中，着手对设立证券金融制度进行立法。

第五，证券金融公司属于非银行金融机构，除了在业务上受证券监管部门指导外，还与中央银行关系十分密切。特别是我国的中央银行相对独立，与日本、韩国和中国台湾的体制有所不同。因此，在设立证券金融公司的过程中，必须妥善处理好与央行的关系。

第六，在证券金融公司出资人方面，日本、韩国和中国台湾主要股东是银行，也有部分是自然人。由于银行参与投资，不利于割断银行与证券公司千丝万缕的联系，不利于目前银行与证券公司的分离，故建议出资人以证券公司和交易所入股，同时国家财政视情况给予部分投资。

国外保险资金进入股票市场的基本情况*

保险资金进入股票市场，是世界各国和地区的普遍做法。下面对国外保险资金进入股票市场的基本情况作一介绍。

一、世界保险业发展状况

第二次世界大战后，世界保险业特别是人寿保险业获得了很大发展。

一是保费收入迅速增长。1950 年，全球保险公司保费总收入为 210 亿美元，1970 年增长为 1 112 亿美元，1990 年为 13 557 亿美元，1997 年为 21 250 亿美元，年平均增长 10.3%（见图 1）。

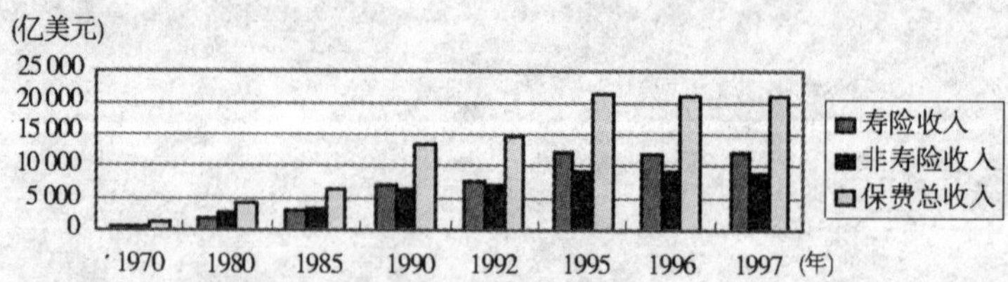

资料来源：唐金成：《世界保险趣论》，西北大学出版社 1994 年版，第 39 ~ 40 页；《保险研究》1997 年第 12 期、1998 年第 12 期；《金融时报》1999 年 7 月 14 日。

图 1　1970 ~ 1997 年全球保险费收入增长图

二是保险总资产迅速扩大。据美国人寿保险协会统计，1975 年占美国寿险资金 90% 以上的 500 家寿险公司总资产为 2 893 亿美元，1995 年为 21 435 亿美元，年平均增长 10.5%。日本寿险公司总资产从 1975 年的 12.9 万亿日元增加到 1995 年的 183.9 万亿日元，20 年间增长

* 本文为中国证监会 2000 年初宣布保险资金入市时的研究材料之一，1999 年 10 月定稿。原载于中国证监会政策研究室编：《证券市场政策研究报告（1999）》，公开刊载于《中国投资》1999 年第 11 期。在该文写作过程中得到中国保监会相关部门的支持，是中国较早研究境外保险资金投资股票市场的论文之一，转载与引证率很高。《保险研究》2000 年第 2 期以“国外保险资金与证券市场”名称刊出。

13.3 倍，年平均增长 14.2%。英国保险公司总资产从 1978 年的 509.7 亿英镑增长到 1996 年的 6 410.2 亿英镑，18 年间增长 11.6 倍，年平均增长 15.1%。

三是保险成为各国金融市场的重要组成部分。保险资金特别是寿险资金带有储蓄的功能，能聚积大量比银行存款更为稳定的货币资本，是各国金融市场长期资金的重要来源。1979 年，美国金融市场全部资金来源为4 704亿美元，其中 527 亿美元来自保险公司，仅次于商业银行的 1 203 亿美元和联邦储蓄机构的 711 亿美元。20 世纪 80 年代，特别是 1989 年美国储贷业危机以来，保险公司与共同基金、养老基金共同发展，成为稳定和发展美国金融市场的重要力量。1997 年，寿险公司在金融市场的净投资为 1 985 亿美元，占金融市场资金净流入量的 13.8%（见表 1）。

表 1　1987～1997 年美国货币和资本市场机构投资者净投资比重　（单位:%）

机构投资者＼年份	1987	1988	1989	1990	1991	1992	1993	1994	1995	1996	1997
共同基金	15.6	6.5	18.0	33.6	41.1	32.2	32.8	22.6	26.6	38.7	29.3
商业银行	29.5	28.8	40.8	29.0	22.4	30.0	24.9	36.3	30.8	21.9	31.7
储蓄机构	20.9	17.6	-13.4	-44.4	-40.6	-14.0	-4.2	-1.7	0.0	1.7	-0.5
养老基金	16.1	19.3	15.6	32.8	26.2	21.8	16.1	21.3	14.0	14.3	11.5
保险公司	25.9	25.7	22.8	37.7	30.6	17.7	18.4	23.4	16.6	14.5	16.5
其他	-8.0	2.1	16.2	11.3	20.3	12.3	12.0	-1.9	12.0	8.9	11.5
全部机构	100	100	100	100	100	100	100	100	100	100	100

资料来源：Life Insurance Fact Book，1998 年，p. 107.

四是保险产品成为居民家庭多元化投资的重要金融资产。1965 年，日本居民金融资产中保险仅占 11.6%，现金与存款占 60% 多。随着日本成为世界保险大国，居民金融资产中保险的比例逐渐上升，1995 年达到 25.3%，仅次于定期存款（见表 2）。

表 2　　1965～1995 年日本居民金融资产一览表　　（单位:%）

金融资产 \ 年份	1965	1975	1985	1992	1993	1994	1995
现金与活期存款	18.4	16.6	9.8	9.3	9.3	9.4	10.5
定期存款	41.7	47.7	48.6	46.1	45.8	45.9	45.1
外币存款	—	—	0.1	0.0	0.0	0.0	0.0
投资信托	4.6	5.8	6.9	7.4	7.3	7.1	6.7
保险基金	11.6	12.0	15.5	23.0	24.0	24.7	25.3
证券	23.7	17.9	19.1	14.2	13.6	12.9	12.4
总计	100	100	100	100	100	100	100

资料来源：Securities Market in Japan，1998，p. 8.

二、保险资金股票投资占证券市场股票市值的比重

保险公司对股票市场的重要性来说，就是充当了重要的机构投资者。这一点，可以从保险公司股票投资占股票市场总市值的比重中清晰反映出来。

美国保险资金在股票市场的作用越来越明显。1950 年，包括私人退休基金、政府退休基金和保险公司在内的全社会保险，持有上市公司股票 58 亿美元，仅占美国股票市场总市值的 4.1%。1970 年，这一比重上升到 12.4%，1995 年为 28.2%，1998 年达到 29.6%。就商业保险公司来说，1950 年寿险公司和财险公司持有股票的市值仅占总市值的 3.3%，1990 年为 5.1%，1995 年为 6%，1996 年达到 6.2%，其中寿险公司占 4.5%，财险公司占 1.7%（见图 2）。

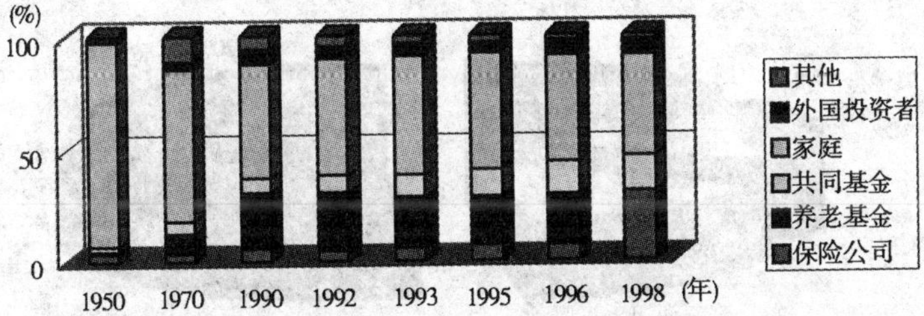

资料来源：New York Stock Exchange：Fact Book 1996 Data，p. 59；Richard. J. Teweles：The Stock Market，1998，p. 12；高盛投资研究：《美国投资组合策略》投资策略分析特刊，第36页。

注：图中1998年保险公司的百分比是保险公司与养老基金之和。

图2　美国市场股票持有人结构

日本股票持有结构中，个人、银行、企业法人和保险公司的持股占股票市场总市值的90%以上。日本保险公司作为股票市场的重要参与者，股票投资一般占股票市场总市值的15%左右，其中寿险公司持股11%左右，财险公司持股4%左右（见图3）。

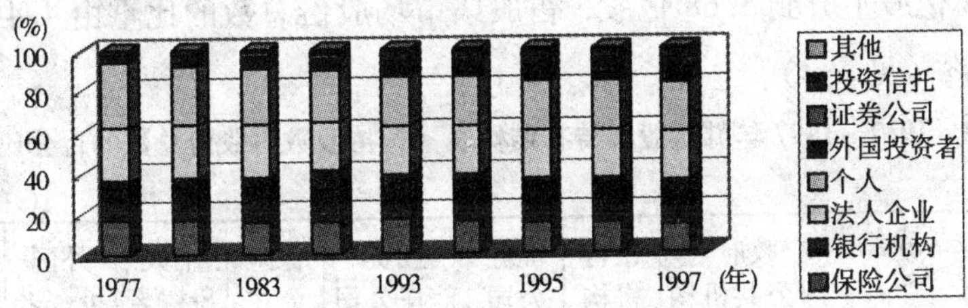

资料来源：Securities Market in Japan（1998），Tokoy Stock Exchange：Fact Book，1999，p. 66.

图3　日本市场股票持有人结构

英国伦敦证券交易所个人持有股票市值从20世纪50年代的60%多下降到90年代的20%左右，1992年为21. 3%。金融机构持股比重不断增大，1981年为61. 2%，1992年达到69. 2%。在机构投资者当中，养老基金、保险公司是第一和第二大投资者。有资料表明，1984～1989年，养老基金和保险公司经营的股票周转额分别占机构投资者总周转额的50%左右和25%左右。假定这几年机构投资者持股比重平均为65%，据此推算，养老基金持有股票市值占股票市场总市值的32. 5%左右，保险公司占16. 3%左右，其中寿险公司为14. 3%，财险公司为2. 0%（见图4）。

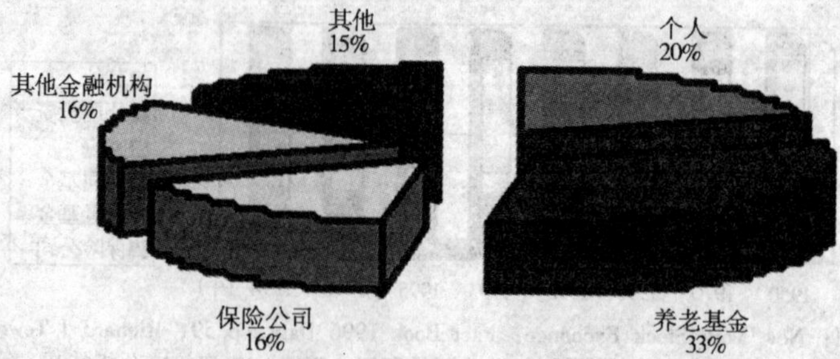

资料来源：London Stock Exchange：Fact Book，1994.

图4　20世纪80年代英国市场股票持有人结构

韩国是新兴市场国家，股票市场在短期内获得了较快发展。1971～1997年，上市公司由50家发展到776家，市价总值由1 087亿韩元发展到709 889亿韩元。1986年韩国政府允许保险资金进入股市后，保险资金在股票市场中的作用越来越明显。1987～1997年，保险公司持有股票数由0.68亿股上升到5.68亿股，占股票市场股份总数的比重由4.4%上升到6.3%（见表3）。

表3　1987～1997年韩国股票持有结构表（按持股数占股份总数的百分比）

（单位:%）

股票持有结构 / 年份	政府与公共机构	银行机构	证券公司	投资信托公司	保险公司	个人投资者	外国投资者	其他
1987	0.1	5.6	2.6	0.8	4.4	62.4	3.3	18.8
1989	11.8	3.2	5.1	2.7	2.6	54.6	2.1	18.0
1990	10.3	7.3	4.8	8.2	5.5	46.0	1.7	16.4
1993	8.6	10.7	4.7	6.2	5.8	37.6	8.7	17.8
1995	8.0	11.2	2.9	6.3	5.7	36.4	10.1	19.5
1996	7.4	10.6	2.2	5.8	6.5	34.3	11.6	21.8
1997	6.6	9.4	2.1	2.7	6.3	39.8	9.1	24.0

资料来源：Korea Stock Exchange：Fact Book，1998，p. 81。

三、保险公司股票投资占总资产的比重

保险业的巨大发展离不开保险资金的有效运用。国外保险资金的投资

领域比较广泛，主要有政府债券、公司债券、股票、抵押放款、不动产、保单贷款等。股票投资在保险资金投资中占有越来越重要的地位。1979～1989年，位居世界保费收入前11位的美国、日本、德国、英国、法国、加拿大、意大利、荷兰、韩国、瑞士和澳大利亚等，寿险资金股票投资之和占11国寿险总资产的比例由12.7%上升到20.7%，非寿险资金股票投资比重由20.8%上升到22.5%。下面我们重点看美国、日本和英国的情况。

美国的保险由地方立法，各州监管。20世纪50年代以前，美国各州均严禁保险公司投资于普通股，一部分保险资金投资于优先股，但比例很低，如1940年仅为2.0%。50年代保险公司投资普通股的禁令解除后，寿险资金股票投资比重逐步上升，1955年为4.0%，1965年为5.7%，1975年为9.7%。90年代后，美国寿险资金进入股市的速度稳步增长，1991年为10.6%，1997年达到23.2%，股票成为寿险资金第二大投资项目，仅次于公司债券（见表4、图5）。

表4　1917～1997年500家美国寿险公司资产分布状况表　（单位:%）

年度	政府公债	公司债券	股票	抵押放款	不动产	保单放款	其他
1917	9.5	33.2	1.4	34.0	3.0	13.6	5.2
1920	18.4	26.7	1.0	33.4	2.3	11.7	6.5
1930	8.0	26.0	2.8	40.2	2.9	14.9	5.2
1940	27.5	28.1	2.0	19.4	6.7	10.0	6.3
1950	25.2	36.3	3.3	25.1	2.3	3.8	4.0
1955	13.1	39.7	4.0	32.6	2.9	3.6	4.1
1960	9.9	39.1	4.2	34.9	3.1	4.4	4.4
1965	7.5	36.7	5.7	37.8	2.9	4.8	4.6
1970	5.3	35.3	7.4	35.9	3.0	7.8	5.3
1975	5.2	36.6	9.7	30.8	3.3	8.5	5.9
1980	6.9	37.5	9.9	27.4	3.1	8.6	6.6

续表

年度	政府公债	公司债券	股票	抵押放款	不动产	保单放款	其他
1985	15.1	35.8	9.4	20.8	3.5	6.6	8.7
1990	15.0	41.4	9.1	19.2	3.1	4.4	7.8
1991	17.3	40.2	10.6	17.1	3.1	4.3	7.4
1992	19.2	40.3	11.6	14.8	3.0	4.3	6.8
1993	20.9	39.7	13.7	12.5	2.9	4.2	6.1
1994	20.3	40.7	14.5	11.1	2.8	4.4	6.2
1995	19.1	40.5	17.3	9.9	2.5	4.5	6.2
1996	17.6	41.3	19.5	9.1	2.2	4.4	5.9
1997	15.2	41.1	23.2	8.1	1.8	4.1	6.5

资料来源：Life Insurance Fact Book，1998，p. 108 ~ 109.

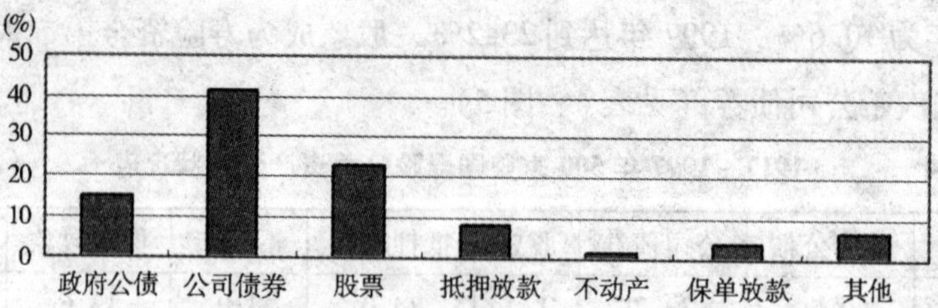

图 5　1997 年美国寿险投资占总资产比重

日本寿险资金在第二次世界大战前以公司债和股票为主，大体占 50% ~70%。如1934 ~1939 年，有价证券投资占 58.2%，其中股票为 24.2%。在第二次世界大战后至 20 世纪 80 年代初，寿险资金运用改以贷款为主，大体占 50% ~70%。到 1985 年，寿险资金的一般贷款和条件贷款合计仍在 50% 以上，股票投资下降到 15.1%。80 年代末以来，寿险公司有价证券投资逐渐占主导地位。1991 年，有价证券投资占总资产的 44.1%，其中股票为 21.9%，1995 年达到 46.7%，其中股票为 17.1%（见表5、表6）。

表5　1975～1986年日本寿险公司资产分布状况表　（单位：%）

资产 年份	现金与存款	有价证券		一般贷款	条件贷款	不动产	其他
		证券合计	股票				
1975	1.2	21.7	18.1	62.5	5.4	7.9	1.3
1976	1.4	22.8	18.2	61.8	5.2	7.4	1.4
1977	1.4	25.9	18.5	59.3	4.9	7.1	1.4
1978	1.6	29.6	18.6	56.1	4.5	6.7	1.5
1979	1.5	30.9	17.8	55.0	4.2	6.5	1.9
1980	1.7	30.4	17.2	55.5	4.3	6.3	1.9
1981	1.9	32.2	16.9	53.9	4.3	6.1	1.6
1982	2.8	32.7	16.1	52.7	4.2	6.0	1.6
1983	4.3	34.5	15.7	49.4	4.1	6.1	1.6
1984	6.7	35.1	15.1	46.5	3.9	6.0	1.8
1985	11.7	35.2	15.1	41.6	3.7	5.9	1.9
1986	11.6	41.0	17.0	35.9	3.3	5.8	2.4

资料来源：（日）阪田雅裕：《日本的人身保险》，中国展望出版社1989年版。

表6　1991年和1995年底日本主要机构投资者证券持有余额

机构投资者 证券		所有银行		投资信托		信用社		寿险公司		财险公司	
		余额（万亿日元）	比重（%）	余额（万亿日元）	比重（%）	余额（万亿日元）	比重（%）	余额（万亿日元）	比重（%）	余额（万亿日元）	比重（%）
证券	1991年	120.6	16.5	59.8	31.8	11.8	11.9	61.4	44.1	11.2	41.5
	1995年	124.6	16.6	80.8	37.8	15.2	13.7	85.9	46.7	14.8	50.8
股票	1991年	36.7	5.0	21.8	11.6	9.6	1.0	30.6	21.9	4.4	16.5
	1995年	43.9	5.9	27.3	12.7	6.6	0.6	31.4	17.1	5.3	18.0
债券	1991年	14.5	2.0	12.1	6.4	4.8	4.8	5.5	4.0	2.0	7.5
	1995年	24.4	3.1	13.1	6.1	6.9	6.2	9.6	5.2	3.0	10.4
总资产	1991年	730.7	100	188.3	100	99.3	100	139.4	100	26.9	100
	1995年	750.4	100	214.1	100	110.7	100	183.9	100	29.1	100

资料来源：中国人民大学：《海外证券市场》（第六分册），第158页；Securities Market in Japan，1998，p. 10。

英国对保险资金进入股市的限制相对宽松，保险公司股票投资占总资金的比重较大。20世纪60年代以前，投资于优先股和普通股的资金占总资金的20%左右，仅次于投资政府债券。60年代以后，这一比重达到25%以上，股票投资成为保险资金第一大投资。90年代以后，保险资金投资股票的比重越来越大。1990～1996年，投资于国内公司普通股的保险资金占保险总资金的43%以上，投资于国外公司普通股的比重在10%以上（见表7、表8）。

表7　1937～1978年英国保险公司股票投资占总资产的比重　（单位:%）

资产＼年份	1937	1946	1951	1956	1960	1964	1968	1978
政府债券	21.4	39.9	31.7	23.4	18.5	16.6	13.7	28.5
公司债券	16.1	10.3	10.4	12.9	13.7	15.2	15.9	9.0
抵押放款	13.9	5.9	8.7	11.4	12.4	14.8	14.8	8.1
优先股	8.2	7.9	7.4	6.7	5.1	4.0	2.6	–
普通股	9.9	9.6	11.5	15.9	21.2	22.3	25.0	28.6
不动产	5.5	4.7	6.4	7.9	8.6	9.0	9.4	19.7

资料来源：G. Clagton：British Insurance，1971，p. 328；Economics，1981。

注：抵押放款中含保单放款，1978年的公司债券中含优先股。

表8　1993～1996年英国保险资金运用情况表

保险资金＼年份		1993		1994		1995		1996	
		数额（百万英镑）	比重（%）	数额（百万英镑）	比重（%）	数额（百万英镑）	比重（%）	数额（百万英镑）	比重（%）
国内	债券	85 269	17.4	78 533	17.0	96 317	17.0	109 361	17.1
	股票	213 735	43.7	201 439	43.7	251 452	44.4	278 976	43.5
国外	债券	14 189	2.9	11 935	2.6	15 304	2.7	17 100	2.7
	股票	53 250	10.9	51 773	11.2	64 327	11.4	67 450	10.5
共同基金		37 818	7.7	29 907	6.5	38 527	6.8	43 436	6.8

续表

保险资金 \ 年份	1993		1994		1995		1996	
	数额（百万英镑）	比重（%）	数额（百万英镑）	比重（%）	数额（百万英镑）	比重（%）	数额（百万英镑）	比重（%）
其他投资	48 782	10.0	51 128	11.1	49 103	8.7	51 026	7.9
现金	18 708	3.8	18 129	3.9	24 481	4.3	32 266	5.0
其他资产	17 243	3.5	18 581	4.0	26 313	4.7	41 408	6.5
总资产	489 003	100.0	461 479	100.0	565 869	100.0	641 023	100.0

资料来源：《英国保险统计年鉴》1994～1997 年，转引自《保险研究》1999 年第 4 期。

四、监管当局对保险资金进入股票市场的比例限制

保险资金投资股票，既有利于拓宽保险资金的投资渠道，又有利于证券市场的稳定发展。但必须清醒地看到，保险资金进入股票市场具有较大风险。1987 年 10 月 12 日，西方股市“黑色星期一”风暴，使西方寿险公司损失了 1 300 亿美元的资产。1997 年 4 月，日本日产人寿保险公司因股票投资等破产，成为日本保险业自 20 世纪 50 年代以来首次破产事件，影响十分巨大。为了防止风险，西方各国制定了严格的防范措施，主要有 3 条：

一是对投资领域进行严格限制。为了保证保险资金的安全，西方国家保险监管当局一般均通过立法的形式，对保险资金投资形式予以禁止或限制。对流动性较差和风险较高的非上市公司股票和非抵押或非担保贷款，主要采取禁止办法。如日本保险法列举了保险公司可以投资政府债券、公司债券、股票等 11 个领域，除此之外，不得投资。美国早期各州均严禁保险公司投资于普通股，直到 20 世纪 50 年代才陆续允许，但均对普通股发行者有严格要求。路易安那州保险法规定，保险公司投资的普通股必须按《证券交易法》注册登记，其发行公司在人寿保险业投资前 5 年中任何 3 年，每年对其股份所分配的股息不得少于股份面额的 20%。纽约州

保险法规定，普通股的发行者，除必须按照《证券交易法》的规定注册登记外，该公司在寿险业投资取得股票前10年间，其盈余净利足以对其全部股份按年分配一定股息，人寿保险业方能投资。

二是规定严格的投资比例。由于股票投资的高风险性，各国大都采用列举的办法，明确规定保险公司股票投资不能超过的最高限度。由于各国的国情不同，金融市场的投资工具不同，以及证券市场的发育程度差异，各国监管当局规定的最高限度也是不一样的（见表9）。

表9　部分国家对保险资金股票投资占总资产比重的最高限制　（单位:%）

项　目	美国纽约州	德国	英国	日本	韩国	新加坡
上市公司股票	15	30	48	30	40	45
非上市公司股票	5	10	–	30	–	–
外国公司股票	5	6	–	30	–	–

三是设立独立机构运作保险投资资金。根据西方分业经营、分业管理的原则，保险公司不能直接进入股票市场。为了妥善解决这一矛盾，西方国家一般均采用间接的方式，在同一集团下设独立的投资子公司，委托投资基金进行投资。西方成功的金融企业，例如美国国际集团（AIG）、英国鹰星集团、德国安联集团、法国安盛－国卫集团等，就是将保险公司的资金交由同一集团下的投资子公司进行专业化管理。这样做不仅有利于集中专门人才，提高规模效益，更有利于防范证券市场的风险向保险业转移，保证金融运行的安全。

把握信息技术变革成果，打造证券业核心竞争力*

作为推动证券业前进的动力源之一，信息技术革新使得证券发行与投资从“少数富人的游戏”发展成为深入千家万户的社会行为；技术革新又使得证券业市场结构向完全竞争型演进，从而在客观上要求证券业时刻把握最新的技术变革成果，以塑造行业核心竞争力。本文拟通过分析证券业发展进程中技术变革的影响，结合中国证券市场的实践，阐述“以技术创新营造核心竞争力”的战略意义及现实举措。

一、技术进步从根本上改变了证券业的面貌和运作模式

证券市场首先是信息交流、传递和发布的市场。技术变革当然从信息技术开始。

（一）相关的重要技术变革

1. 电报的发明。1844 年，Samuel F. B. Morse 发明了电报，1876 年，美国已建成了 21.4 万英里的电报线路以及 8 500 个电报局。电报发明后，商业用户和政府、警察及消防部门安装了专用线路，纽约交易所迅速采用，来传递行情信息，股票交易者随之安装了专用线路，使得远程、即时的信息交流成为可能，极大地突破了地域限制产生的市场分割。

2. 电话的出现。1876 年，发明家亚历山大·格雷厄姆·贝尔（Alex-

* 本文于 2003 年 1 月 16 日定稿。

ander Graham Bell，1847～1922年）发明了电话，成为世界上第一位用电流传输可分辨人声的伟大发明家。电话网迅速发展。1890年，整个新英格兰地区都通了电话。到1904年，电话线已布满美国全境。

3. 海底电缆的铺设。1858年英国物理学家威廉·汤姆孙（William Thomson，1824～1907年）协助装设了第一条大西洋海底电缆。海底电缆的出现，提供了跨洲际的大规模信息交换手段，满足了市场的国际化发展需要。从此，“跟随着电缆的方向”成为路透社的格言。[①]

4. 光纤、微波和卫星系统的运用。1965年4月，美国把“国际通信卫星－Ⅰ”卫星送到大西洋上空的地球同步轨道上。它可开通240路电话，几乎代替了大西洋海底电缆，并能24小时连续工作，从此卫星通信进入了实用阶段。卫星上天，使信息传输更为实时、精确和高效。

5. 计算机技术的应用和互联网的发展。现代计算机技术产生于1946年，20世纪60年代末开始商用，70年代末美国出现电子公告牌系统；互联网技术的真正运用是在90年代。据介绍，截至2002年底，全球使用互联网的人口已经达到6.5亿人，网络使用者年度成长率约30%。电子计算机的应用，极大地提高了市场参与各方的数据和信息处理能力；互联网的出现及发展，又提供了低成本的全球性信息资源共享的途径。

（二）技术变革对证券业的影响

这些信息技术变革给证券业带来了深远的影响，具体体现在“市场运作模式”和“行业发展环境”两个方面。

1. 技术变革使证券市场运作模式发生巨大变化。技术变革特别是信息技术的发展，极大地改变了信息传播的途径和方式，深刻地影响人们的交往方式，也使传统的有形交易所开始逐渐发生变化，具体表现在以下几方面：

---

① 理查德·B. 希金斯编著：《全球投资者关系最佳案例——如何创造股东价值》，机械工业出版社2002年版，第150页。

（1）证券交易所从原始的有形形态进化到现代“虚拟交易所”（Virtual Exchange）。信息技术使非现场交易成为可能，全球证券市场的连接亦开始具备可行性，各主要市场“公开喊价”的传统交易方式逐步为“屏幕交易”所代替，发行与交易的无纸化及电子化清算方式亦成为主流；随着互联网的普及，交易、结算、通讯、信息发布及监察行为日益网络化，从而使交易所逐步摆脱固定场所的束缚，向无形的电子平台发展。如纽约证券交易所前总裁格拉索所说：“纽约交易所虽还保留着交易大厅，但交易所越来越类似于一个数据处理中心。”绝大多数交易所的交易大厅不复存在或仅成为一种象征，而仅依托于电子计算机和网络经营的“虚拟交易所”（Virtual Exchange）应运而生。

（2）实现了网上路演、直接发行及交易系统自动化。传统交易所除了有交易大厅外，还有一个重要特征，那就是无论是发行人还是投资人，均需要有实物凭证以资证明。信息技术的发展使发行完成了电子化。在此基础上，发行过程大大简化，范围大大拓展。这集中体现在发行人可以利用网络进行路演（Roadshow）和直接公开发行（DPO，Direct Puclic Offering）。在交易层面上，信息技术的影响也是十分巨大的，这表现为电子化发展直接促进了指令交易（Order - driven）机制和集中竞价（Call - auction）方式的产生。1969 年，美国太平洋交易所率先采用指令自动传递与执行系统，从此拉开了交易系统自动化的序幕；1986 年伦敦证券交易所启用自动报价系统 SEAQ，利用电子屏幕完成交易，影响极为深远。而纳斯达克市场通过运用计算机和远程通讯技术，形成了做市商机制基础上的自动报价系统。当然，由于受种种因素影响，国际上一些交易所全部无纸化到 20 世纪 90 年代才得以完成，如韩国交易所到 1997 年、日本东京交易所到 1999 年才完全实行电子化（见表 1）。

表1　　主要交易所实现交易系统自动化的时间

美国太平洋交易所	1969 年率先采用指令自动传递与执行系统
德国证券交易所	1969 年开始利用计算机执行中央交易
纳斯达克市场	1972 年开始运用电子报价系统
东京证券交易所	1982 年启用电脑下单及执行系统 CORES
中国香港联合交易所	1986 年采用电脑辅助交易系统
伦敦证券交易所	1986 年由传统的大厅喊价改革为依托 SEAQ 报价的电子系统
澳大利亚交易所	1987 年启用电子交易系统 SEATS
巴黎交易所	1987 年开始使用计算机系统，并成功开发出 NSC 电子交易平台

资料来源：根据各交易所网站整理。

（3）网上交易方式产生并迅速发展。随着互联网的普及和网络安全技术的成熟，网上证券经纪业务不断发展。据统计，1995 年，美国网上交易的账户数仅为 30 万户左右，1996 年达 150 万户，1997 年为 300 万户，1999 年为930 万户，预计2002 年为1 400 万户，2003 年将达到2 500万户。目前，美国提供网上交易的券商已经超过200 家，在线交易量已经超过了证券交易总量的35%；韩国网上证券交易量占总交易额的约60%。在我国台湾地区，网上交易的发展也非常迅速。1998 年 6 月底，网上交易量为67. 3 亿新台币，占全部交易量的0. 13%；2001 年 6 月，网上交易量达到1 635. 49 亿新台币，占 8. 73%（见表2）。

表2　　中国台湾地区网上交易发展情况表

时间	网上交易量（亿新台币）	占全部交易量百分比（%）	年增长率（%）
1997 年 12 月		0. 03	
1998 年 6 月	67. 30	0. 13	333. 3
1998 年 12 月	189. 71	0. 60	361. 54
1999 年 6 月	1 094. 33	1. 45	141. 67
1999 年 12 月	2 100. 79	3. 61	148. 97

续表

时间	网上交易量（亿新台币）	占全部交易量百分比（%）	年增长率（%）
2000 年 6 月	2 611.86	6.15	70.36
2000 年 12 月	1 477.26	7.73	25.69
2001 年 6 月	1 635.49	8.73	12.94

资料来源：台湾证券交易所、宝来证券公司。

（4）跨国交易平台出现，跨国交易增长。新技术使交易所之间的信息联通日趋便利，跨国交易平台得以产生。随着纽约证券交易所、纳斯达克市场、东京证券交易所、香港联合交易所、多伦多证券交易所等世界主要交易所建立各种形式的合作，全球 24 小时不间断交易成为可能。有资料显示，自 20 世纪 80 年代以来，跨境证券交易出现了快速增长的势头。以美国为例，1975 年美国跨境股票和债券交易额仅相当于 GDP 的 4%，到 1998 年达到 230%（见图 1）。

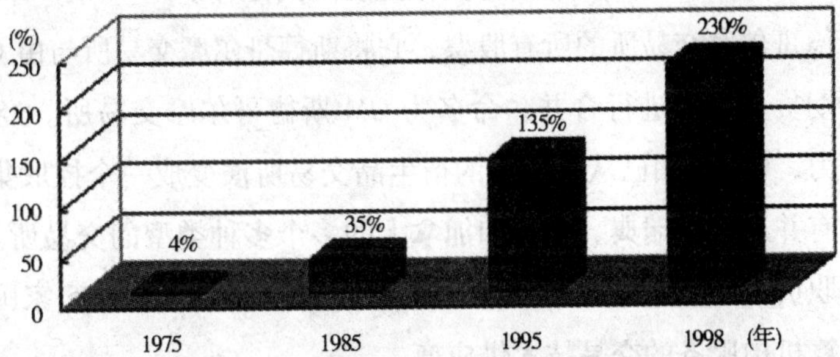

资料来源：High－Speed Investment，http：//www.fguide.org/Samples/10_ 11.pdf.

图 1　1975～1998 年美国债券和股票跨境交易额占 GDP 的比重

（5）形成开户、登记、过户、清算、交收和信息披露电子化一条龙服务体系。技术变革对开户、结算等证券交易后台服务的运作也产生了很大的影响：一是彻底摆脱了手工操作方式，实现了全方位的电子化；二是改变了各环节分散作业的局面，形成了开户、登记、过户、结算和交收一体化；三是后台服务的效率大幅提高，如由于所需处理时间缩短，大部分证券清算实现了由 T＋5、T＋3 向 T＋1 的转变；四是能够高效和低成本地处理和发布信息，由于数据的生成系统完全电子化，因而信息的发布更为方便、快捷与及时，从而使得信息不对称现象有所减少。同时，网上披露及电子文本的可复制性，使得信息披露成本大为降低。

（6）信息技术供应商开始介入证券市场。传统上，信息技术供应商（IT 公司）只是一个为交易所提供技术服务的角色。由于信息技术对证券市场的日益重要性，一些 IT 公司在提供设备的同时，开始关注甚至介入证券市场。如美国电子网络经营商 E * Trade 在提供网上交易平台的同时，也获得了网上经纪业务的资格。由于 E * Trade 依靠先进电子设备和手段，没有有形的营业网点，经营成本极低，业务发展十分迅速。据统计，2000 年第 1 季度，E * Trade 的网上交易量在网上交易服务券商中排名第 2 位，为 16.3%，仅次于嘉信证券（Charles Schwab）的 19.9%。[①] 再如瑞典 OM 集团本身是一个技术生产和供应商，它利用自身的技术平台，根据 1993 年瑞典《证券交易所及交易法》，与斯德哥尔摩交易所一起，被授权和领有执照在股票期权交易方面进行类似交易所的运作。1998 年，OM 集团获得了斯德哥尔摩交易所的所有股票，它将斯德哥尔摩交易所与由 OM 集团运作的期货交易所进行合并，命名为 OM 斯德哥尔摩交易所。经过近 20 年的努力，OM 集团已从一个小的衍生品交易所演变成一个控股集团，该公司拥有并运行在瑞典、英国和加拿大的多个多种类型的交易所。OM 集团拥有职员 1 600 多人，其中 IT 从业人员 1 200 人，成为 25 家国际交易所和清算机构服务的交易技术供应商。

2. 技术变迁重塑全球证券业总体发展环境。

（1）整个证券行业的运作成本（包括交易成本和服务成本）大幅降低。一是证券行业所依赖的技术工具设施（如电脑、网络设备等）的价格越来越便宜；二是业务流程的一体化消除了许多不必要的处理环节，从而节约了大量的人工成本；三是利用网络进行信息传输，减少了设置分支机构的固定成本及相应的维护费用。据高盛公司 2000 年的调查分析，通

① 霍学文：《互联网时代证券市场的发展与监管》，博士后研究工作报告，第 41 页。

过传统的分支机构进行的每笔交易成本为1美元，通过电话进行的交易成本为0.5美元，而通过互联网只有2美分。

（2）另类交易系统（ATS）出现。技术革新使得建设交易系统的沉没成本（Sunk Cost）大大降低，交易所的进入壁垒被打破。据分析，在现有的技术条件下，大厅交易系统的发展成本在2亿~4亿美元之间，而电子交易系统的发展成本仅需1 000万美元到1亿美元之间。[①] 这种成本优势直接推动了各种另类交易系统（ATS，Alternative Trading System）或电子通讯网络（ECNs，Electronic Communication Networks）的出现，如Instinet、Island、Tradebook等。据统计，通过ECN的交易量已经占纳斯达克市场所有交易量的45%，是通过纳斯达克本身系统的交易量（稍微高于20%）的两倍。在这种情形下，美国证券交易委员会于1999年初发布了《电子网络交易系统和证券交易所的管理》，接受ECNs注册为证券交易所形式。

（3）行业结构向完全竞争过渡。为了适应新技术的变化，世界主要资本市场纷纷开展了金融自由化运动。各监管当局普遍进行放松管制（Deregulation）的改革，相关法案主要包括：1996年欧盟的“投资服务条例”；[②] 1996年法国的“金融活动现代化法案”；[③] 1997年德国的“第三金融市场推进法”；[④] 1999年美国的“格拉姆－林奇－布利莱法案”；[⑤] 2001年英国的“金融服务与市场法案”。[⑥] 金融自由化使证券交易所行业的竞争趋于白热化。第一，交易所之间为争夺上市资源、提高流动性和透明度而展开激烈竞争。如纽约证券交易所与纳斯达克市场之间的竞争，从而有效地推动了交易所的规范发展和效率提高。第二，各种新生的另类

① 施东晖：《证券交易所竞争论：全球证券市场的角逐方略》，上海远东出版社2001年版，第50页。

② The Investment Services Directive of 1996 in the European Unions.

③ The Modernisation of Financial Activities Act of 1996 in French.

④ The Third Financial Market Promotion Act of 1997 in Germany.

⑤ The Gramm – Leach – Bliley Act of 1999 in United States.

⑥ The Financial Services and Markets Act of 2001 in United Kingdom.

交易系统（ATS）凭借低成本、专业的市场定位、先进的委托传送和撮合系统、交易时间长、撮合速度快等优势对传统交易所发起了有力的挑战。例如，实证研究表明，ECNs 与做市商的竞争使纳斯达克市场价差平均降低了 35%。[①] 第三，技术进步使混业经营从可能变为现实。混业经营新时尚，既是竞争和放松管制的结果，也是技术进步使混业经营的内控机制易于建立和健全的必然结果。在这种情况下，全能银行模式如德意志银行集团、美国花旗银行与旅行者集团的合并，OM 集团、欧洲期货交易所（Eurex）和泛欧交易所（Euronext）等综合性金融集团相继出现。

（4）交易所掀起了“股份化”（Demutualization）浪潮。随着传统的行业垄断地位被打破，交易所纷纷进行治理结构的改革，从互助型的会员制向股份制公司转变，割断所有权与交易权连接的纽带，以便筹集更多资金，提高交易所在技术更新、合并重组中的竞争力，增强交易所的透明度。截至 2001 年底，全球已有 24 家交易所完成了股份化改造，其中有 10 家已在自己的市场上公开上市（包括雅典、澳大利亚、德国、EURONEXT、中国香港、伦敦、新加坡、斯德哥尔摩、圣地亚哥、多伦多）（见表 3）。

表 3　完成公司化改制的交易所

时间	交易所	时间	交易所
1993	斯德哥尔摩证券交易所	2000	太平洋证券交易所
1996	哥本哈根证券交易所	2000	多伦多证券交易所
1997	意大利证券交易所	2000	德国证券交易所
1998	澳大利亚证券交易所	2000	伦敦股票交易所
1999	爱尔兰证券交易所	2001	EURONEXT
1999	雅典证券交易所	2001	纳斯达克市场
1999	新加坡证券交易所	2001	东京证券交易所
2000	中国香港联合交易所	2001	奥斯陆证券交易所

① Ruben. Lee 1998 “What is an Exchange: The Automation, Management, and Regulation of Financial Market”, Oxford University Press, p. 12.

（5）市场的集中度不断上升。网络的外部化效应（Network Externality）使得证券市场日益集中化。一是通过兼并重组，各国国内交易所走向集中。例如，20 世纪初电报发明之前，美国有 100 多家交易所；1935 年收音机的使用，使交易所减少到 22 家，1965 年减少到 15 家；1995 年计算机的广泛使用，使交易所剩下 7 家，形成了以纽约证券交易所和纳斯达克市场为主体、区域性交易所为辅助的集中化市场格局。二是交易量和市值向少数交易所集中。2001 年，全球股市总市值接近 30 万亿美元，而市值超过 1 万亿美元的有 6 家，它们占全球总市值的 70% 以上（见图 2）。

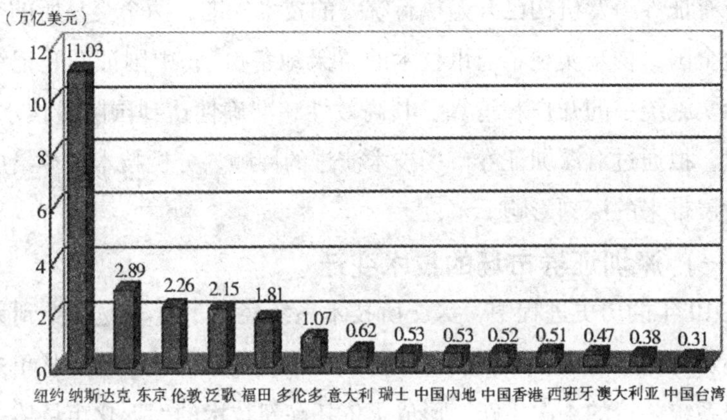

资料来源：国际交易所联合会网站；中国证监会网站。

图 2　2001 年全球主要证券市场总市值

（6）全球市场的一体化趋势加剧。技术的标准化推动了全球金融市场的一体化。全球证券交易所之间联盟与合作已成为趋势，其中尤以欧洲最为突出。如 1998 年，德国期货交易所与瑞士期货交易所合并成为全球规模最大的欧洲期货交易所（Eurex）。2000 年，巴黎、比利时、卢森堡 3 家交易所合并为 Euronext 集团；2001 年，Euronext 集团收购了伦敦国际金融期货交易所（LIFFE）；2002 年，葡萄牙里斯本交易所宣布加入 Euronext 集团；瑞士证券交易所与 Tradepoint 集团合作成立 Virt－x 等。有关人士预测，在新的技术条件下，全球将只剩下 3 个交易所，一个在北美，一个在欧洲，一个在亚洲。排除其他因素，从纯技术的角度来看，这是完全可能的。

二、积极采用新技术，中国证券市场运用了后发优势

中国证券市场属于新兴市场，从产生到发展至今不过十余年的历史，因而能够在系统建设方面充分利用最新技术成果，取得“后发优势”。深沪交易所均在交易、结算、通讯、信息及监察等证券市场的所有领域实现了电子化，如股票、基金已全部实现无纸化发行；采用集中竞价的电子交易；所有证券经营机构已开始执行统一的技术标准；两个交易所的交易网络覆盖全国，初步实现了通讯技术的“天地备份”；中国证券登记结算公司开始实施统一的开户和清算，其高效性、准确性达到国际最佳水准等。在这里，拟通过对深圳证券市场技术演进的回顾，分析技术变革给中国证券业发展带来的深刻影响。

（一）深圳证券市场的技术变迁

在10年的历史进程中，深交所技术系统经历了从实物证券到无纸化证券、从有形交易到无形交易、从区域性市场到全国性市场、从单系统运作到双系统并行的4次飞跃，形成了依托高新技术的无形化市场体系，适应和满足了市场迅猛发展的要求。

1. 从实物证券到无纸化证券阶段（1990年12月~1993年7月）。在本阶段，深交所从手工交易和结算开始，逐步发展为微机交易网和结算网，证券由实物形式过渡到无纸化形式。里程性事件包括：从白板、电脑辅助的人工竞价系统发展到电脑自动竞价撮合的微机网络交易系统；从实物化的登记系统转变为无纸化的证券登记结算系统；以有形席位为主，交易大厅不断扩大，顶峰时交易席位达600个，系统日处理能力逐步提高到8万笔。

2. 从有形交易到无形交易阶段（1993年8月~1997年6月）。在本阶段，深交所交易结算系统完成了无形化、集约化，系统的结构和性能极大飞跃。里程性事件包括：引入Tandem容错机作为交易主机，系统综合

处理能力大为提高；引入 IBM AS400 中型机作为结算主机，系统的容量、效率和安全性大为改善；实现了席位无形化，形成了覆盖全国的地面通讯网和卫星通讯网；系统日处理能力提高到 200 万笔。

3. 从区域性市场到全国性市场（1996 年~2000 年 6 月）。在本阶段，深交所软硬件系统进一步升级、完善，确立了全国性市场的地位。里程性事件包括：开发出逐笔撮合的内存撮合系统，系统平台也进行了升级和扩容，系统综合处理能力提高了 3 倍；证券账户全国统一，建立了全国性的登记清算网络，形成了“中央结算与集中登记、二级托管”的体系结构；完成了交易结算通信系统的统一，实现了资金结算与划拨的电子化、自动化；系统日处理能力提高到 750 万笔。

4. 从单系统运作到双系统并行（2000 年 7 月~2002 年底）。本阶段以第二交易结算系统的启用为标志，结束了深交所长期以来一直单系统运行的局面，系统的容量、安全性和稳定性进一步提高。里程性事件包括：建立了第二交易结算系统，与第一系统通过高速网络实现信息交换并互为灾难备份；建设卫星第二主站和全国性的地面 DDN 网，形成“天地备份”的通信网络；技术系统应用软件全面改版；系统综合处理能力达到 2 000万笔。

（二）技术变革对中国证券市场的深刻影响

先进的技术手段有力地支撑了中国证券市场的迅速发展，在规模形成、交易模式、市场监管等各方面均产生了深刻的影响。

1. 中国证券市场迅速形成规模，成为全国性市场。短短的 12 年间，中国证券市场从无到有，依托高新电子技术迅速形成规模巨大、网络覆盖全国的市场。到 2002 年底，共有上市公司 1 222 家，总市值约 4 万亿元（约居全球各市场第 10 位），证券化率（总市值/GDP）约达 40%。

2. 网上证券委托交易有较大发展。我国网上交易起步较晚。1997 年，一些证券公司开始探索网上业务，相继推出了网上证券经纪系统。据统计，我国的证券公司在支持同等客户的条件下，开发网上交易是传统营业部投资的 1/3~1/2，日常营运费用是传统方式的 1/5~1/4。2000 年 3 月

30日，中国证监会发布了《网上证券委托暂行管理办法》，促进了网上交易的规范发展。根据中国证监会的统计，到2002年10月，我国网上委托的客户开户数已达507.6万户，分别占到深沪证券交易所开户数的14.8%；当月证券公司网上委托交易量约为272.3亿元，占深沪交易总额的11.52%。

3. 利用电子化信息披露，市场的透明度和效率大为提高。高质量的信息披露是证券市场健康发展的保证。我国证券市场通过充分应用先进技术，推进信息披露电子化，一方面极大地降低了上市公司信息披露成本和监管成本，另一方面可以有效地提高信息披露的深度和广度，使证券市场更加透明、公开和公平。除了要求年报、中报和临时报告外，还实现了季报披露制度，并根据需要实施暂停1小时停牌制度。

4. 应用新的市场监控系统，增强监管能力。根据《证券法》和《交易所管理条例》的规定，交易所在一线监管方面担负着重要使命。通过采用新技术，深交所开发了新版监察系统，显著地提高了监管效率和效果。该监察系统可以运用47种单项指标和30种组合指标进行实时监察与市后监察，并利用200多种指标进行统计分析。通过监察分析，该系统能够同时监控3 000只证券，日综合监控能力达2 000万笔，并可以根据需要缩小监控范围、重演交易过程，因而具有较强的预警、跟踪和快速干预能力，能够及时发现和制止股价异常波动和涉嫌违规行为。

三、抓住技术变革机遇，提升中国证券业的核心竞争力

如前所述，技术变革极大地推动了证券业的发展，同时又引入了前所未有的激烈竞争。中国证券市场建设迄今所取得的成就，与积极运用各种技术创新的成果密切相关。今后，要坚定不移地树立技术创新是核心竞争力的主要表现的观念，持之以恒地把握技术变革所带来的机遇，塑造我国证券业的“核心竞争力”，以便适应我国证券市场逐步对外开放的格局，

并在世界经济一体化带来的角逐中立于不败之地。

所谓“核心竞争力”，是指通过一系列特有的、互补的技能与知识的结合，使一项或多项业务达到比竞争对手更高水平的能力。美国密执安商学院帕拉哈德（C. K. Prahalad）教授和伦敦商学院哈默（Cary Hamel）1990年在《哈佛商业评论》上最先提出了“核心竞争力理论”（the Theory of Core Competence），认为必须塑造“具备向各层面市场的渗透潜力、为最终产品用户创造效益、竞争者难以仿效”的“核心竞争力”，才能确立一个组织的长久竞争优势。① 核心竞争力主要表现为核心产品、核心技术和核心能力。其中，技术创新是关键，人才是根本。只有通过技术创新，形成和发展自己的核心技术，才能以此为基础形成自己的特色产品和特色服务；同时，能否进行技术创新以及技术创新的水准，又取决于是否有一支稳定的、高素质的人才队伍。

对于证券业而言，这个道理也是符合的。只有紧紧抓住技术创新不放松，才能在激烈的市场竞争中站稳脚跟，形成核心竞争力。美国商品期货交易委员会主席 Thomas J. Erickson 在回答是股份化（Demutualization）还是技术变革更重要时回答：“技术始终是第一位的，交易所成功最根本的因素在于交易技术。”②关于这一点，成熟市场利用技术进步不断拓展市场份额的实践已经作了充分证明。1997 年 6 月，德国证券交易所启用电子交易系统 Xetra 第 1.0 版，到 1998 年 10 月推出第 3.0 版。德国交易所的股票、债券和公司认股权证市场全部实现上线交易。到 2002 年底，Xetra 已经推出第 5.0 版。Xetra 交易系统包含了不同的委托种类、交易阶段、交易类型及交易模型，考虑了不同的市场参与者的交易策略需求、各种股票流动性的高低及供求平衡状况等，在全球业界享有盛誉。以此为依托，德国欧洲期货交易所（Eurex）以其先进的交易系统和远程电子接入点，

---

① Harvard Business Review; Boston; May/Jun 1990; Prahalad, C. K.; Hamel, Gary.

② Thomas J. Erickson, Remarks before the National Grain Trade Council, Feb 10, 2000, Phoenix, Arizona.

打入欧美市场，交易量迅速增加，在1999年后已经成为世界上最大的期货交易所。

近几年来，世界各成熟市场在交易系统开发方面不遗余力，以求通过技术优势扩张市场份额。纽约证券交易所宣布将以网络交易所为目标，从2000年10月开发启用Network NYSETM，为客户提供更多的选择，缩短交易所与客户间的距离，整合市场信息与指令执行平台，达到空前的流动性和信息资源优化。该系统主要由接入系统NYSE Common Access Point、交易执行系统NYSE Direct + 及信息存储和发布系统Open Book构成。2002年10月，纳斯达克市场耗资1亿多美元开发的新系统“超级蒙太奇”（Supermontage）开始运行。该系统是基于最先进的技术建立的一个平台，能够显示每只股票总的买盘兴趣和卖盘兴趣，不仅包括买盘和卖盘的最佳价格，还包括在其之后的4个价格，因而能够明显加大市场深度。由于这个平台在交易和交易管理方面比ECN更为高效，成本收益比更高，纳斯达克希望通过“超级蒙太奇”重新获得优势。

当然，我们也应该看到，技术改革确实对证券监管提出了新的挑战。因为技术进步在提高证券监管的效率和风险控制能力的同时，使证券监管变得越来越复杂和困难，对监管者素质的要求也越来越高。

一是需要妥善处理技术变革与监管的关系。技术变革使监管法规和行业标准落后于技术发展，这要求监管者既要对传统的监管程序、方法重新审视与修订，又要为技术的进一步发展预留足够的法规空间。关于这一点，美国2000年对于这一问题的讨论可能会有启发意义。格林斯潘认为，“我们的市场结构正在超常的变动中，几乎每周都能听到新的交易系统建立或现有交易系统改进的消息发布”，“决策者的义务是剪除这些杂草，保障市场参与者和交易场所在尽可能公平的条件下竞争，并使参与者的权益得到小心保护”。参议院银行、住宅和城市事务委员会主席Gramm则提出，“至为重要的是让技术走在前面，监管跟在后面”，“首要的是不做任何有害的事情……然后再看看究竟产生了哪些问题，对法律和监管有哪些需要”。[①]

二是要密切注意技术系统安全性和可靠性问题。技术变革在提高方便快捷服务的同时，又带来了巨大的潜在风险，如网络安全、数据安全、通讯安全等问题，都要求监管者时时处处防患于未然。

三是投资者保护问题显得更加紧迫。随着技术变迁，新的证券欺诈手段、方法层出不穷，如何有效地保护投资者利益成为监管者的一大挑战。

四是监管的国际合作问题提上议事日程。随着相互挂牌、跨境交易等活动的增加，证券市场日益全球化。由于监管主体的属地化，法律适用或监管主体的界定就成为新问题。对此，证监会国际组织（IOSCO）第24届年会已经明确提出：“全球市场、全球监管”，如何将这一点落到实处，仍有待研究。

---

① 中国证监会办公厅：《境外证券市场体系改革消息摘编》，内部资料，第54~55页。

关于推进B股市场发展的报告*

B股市场在我国资本市场的发展中曾发挥过积极作用，但近年来受诸多因素影响，B股市场处于停滞状态，筹资功能基本丧失，市场份额逐渐缩小，交投低迷，投资者日益境内化和散户化。

B股市场何去何从，各方见解不一，概括起来主要有四种意见：继续推进发展、与A股市场合并、关闭B股市场和维持现状等。我们认为，由于人民币在一定时期内不能自由兑换，A、B股市场的合并只能是一个方向，目前尚不具备可操作性；关闭B股市场会严重影响投资者的信心和心理预期，有可能产生新的遗留问题；维持现状则意味着B股市场将不断萎缩，有违当年向境内投资者开放的初衷，失信于投资者，而且会影响和拖累A股市场特别是同时发行A、B股的上市公司。因此，现阶段继续推进B股市场的发展，不失为一种战略选择，对于我国资本市场的整体发展仍有重要意义和积极作用，主要体现在：

第一，提供投融资渠道，缓解人民币升值的压力。发展B股市场，可以为境内居民日益增长的外汇储备提供投资出路与理财选择，在一定程度上缓解人民币升值压力，拓展境内企业特别是外资企业的外币融资渠道。

第二，改善券商经营状况，拓展券商业务空间。发展B股市场可以进一步扩大券商业务的范围和种类，增加券商业务收入；可以让券商熟悉国际市场的需求与境外同行的做法，在“与狼共舞”中提高自身的生存与竞争能力。

第三，为我国资本市场制度和产品创新提供试验场。B股市场规模较

* 本文定稿于2005年4月15日。

小，相对独立，风险更容易控制；境外机构熟悉国际通行的惯例和做法，有创新动力，容易理解和接受创新。这使B股市场具备率先进行产品和制度创新的环境和条件，可为A股市场的国际化与产品及制度创新进行前期探索。

近期B股市场出现一定程度的回升，深圳B股指数2005年以来上涨近20%，大宗交易频繁发生，海外基金时有进入，B股的投资价值日渐凸显。我们建议，从我国资本市场发展和宏观经济调控的大局出发，制定相应的政策和措施，加快B股市场的改革与发展。具体建议如下：

一、恢复B股市场融资功能，推进融资方式变革

在操作策略上，可以考虑分两步走：

首先，放开现有B股公司的再融资。允许现有B股公司进行配股、增发及发行可转换债等。鉴于境外机构投资者较为成熟和理性，可以考虑进行B股市场再融资的市场化改革，简化再融资程序，强化保荐人的责任，逐步由目前的核准制过渡到注册制。

其次，重新启动B股市场的IPO发行。在保留对境外投资者私募渠道的同时，建议对境内投资者实行公募，即境内投资者可以通过B股账户进行网上抽签认购，从而改变以往发行渠道过于狭窄、发行价低而发行成本较高等问题，提高发行效率，降低发行成本。在此基础上，探索境外公募的可行性。

二、鼓励外资企业发行B股，允许境内机构投资B股

外资企业是促进我国经济增长和发展高技术产业的重要力量，为其提供良好的融资环境，已经成为我国证券市场的一项紧迫任务。鉴于外资企业的外汇融资需求相对较多，海外投资者对其认同度相对较高，在现有政策条件下，可以鼓励境内拟上市的全资外资公司或外资控股公司通过B

股市场融资。

同时，在我国外汇相对比较充裕的情况下，当初限制境内机构投资B股、防止外汇流失的前提已不存在。为扩大B股市场的投资者群体，应着手放开境内机构投资者参与B股投资。具体做法是：允许证券公司及其他机构投资者以合法自有的外汇投资B股；建立以外币筹集的证券投资基金，专门投资于B股市场；对以人民币筹集的证券投资基金给予一定的外汇额度，让其投资于B股市场。

三、积极推进B股市场的产品创新与制度创新

一是进行新产品创新试验。鼓励境内机构与境外机构合作在B股市场开发新产品，产品可以包括权证、可转换债、指数期货、股票期权等交易产品，也可以设计跨越境内外市场的股票指数，以B股或H股为标的发行备兑权证，推出跨境ETF等产品。

二是探索海外上市公司与境内市场并轨。可以充分利用海外上市公司的优质资源，依托B股市场发行境外上市股票（如H股、红筹股）的存托凭证，并允许海外上市公司直接发行B股，形成H+B、N+B等格局，使公司不同种类股票在不同市场之间自由流动，共享优秀的海外上市资源，强化B股市场的竞争能力，提高资源配置效率。

另外，B股市场还可以择机进行做市商制度和做空机制的试点，增强B股市场的流通性。

综上所述，继续推进B股市场的发展是现阶段比较切合实际的选择，这对于我国资本市场的发展和完善均起到积极的促进作用。鉴于深圳B股市场上市公司整体质量较高，市场基础较好，毗邻香港，有着雄厚的货币基础和稳定广泛的投资者群体等有利条件，建议先行在深圳证券市场进行B股改革的试点。

海外做市商双向报价规则及其借鉴*

做市商制度（报价驱动制度）相比竞价驱动制度的最大优势在于保持市场的流动性、维持价格的稳定性和提高交易的即时性。有关做市商制度的讨论一直是我国证券市场上争论的焦点问题之一。目前，中国人民银行将银行间债券市场中的“双边报价商”统一改称为“做市商”，表明做市商制度正式在债券市场登陆。另一方面，深圳证券交易所推出类似做市商制度的 LOF 产品主交易商制度，旨在活跃市场的同时，为今后创业板和衍生产品市场可能推出的做市商制度奠定基础。本文主要结合国外做市商制度的具体实施情况，分析国外做市商制度双向报价的规则、做市商的权利与义务、做市商制度的具体特点和实施情况以及做市商的评价和监管等问题，并从中吸取可借鉴之处。

一、海外主要市场做市商制度介绍

（一）美国纳斯达克市场做市商制度

纳斯达克市场是典型的报价驱动的交易制度，其核心是集中做市商报价的电子通讯网络。纳斯达克市场要求上市的每一个公司必须至少有 2～4 名做市商。① 2001 年 12 月，纳斯达克全国市场的股票平均有做市商 16.8 家。众多做市商的存在及其竞争，有利于确定公平的交易价格，保证了市场的深度与交易的连续性。纳斯达克市场的做市商是自由进入的，

---

* 本文与吴林祥、陈炜合作完成，定稿于 2005 年 5 月 20 日。

① 纳斯达克市场的做市商主要有 4 种类型：第一，批发做市商（Wholesale market maker），主要针对机构客户和其他经纪商；第二，零售做市商（Retail market maker），主要服务于机构和个人投资者；第三，机构做市商（Institutional market maker），专门为养老基金、共同基金、保险公司、资产管理公司等执行大额交易；第四，地区性做市商（Regional market maker），主要服务于某一特定地区上市公司和投资者。

只要是纳斯达克市场的会员，在达到一定的净资本要求后，就可以成为做市商。在目前纳斯达克市场的5 000多名会员中，约10%的会员至少为一种纳斯达克市场股票做市。某个会员一旦达到做市商的要求，只需要通过网络进行注册，就可以对某只股票进行做市。

1. 做市商的义务和权利。

（1）纳斯达克市场做市商须承担如下义务：①

①持续地提供两边报价，包括价格与数量。在规定交易时段内，做市商必须执行投资者按此价格下达的订单，但执行的数量仅限于做市商挂出的数量。做市商的报价必须至少有一个整手交易单位（100股）。通常，做市商的报价可以有一个显示的数量和一个保留的数量。在有保留数量时，做市商报价的显示数量不得低于1 000股；当显示数量全部成交后，会自动把保留的数量部分或全部显示，这种自动报价刷新数量也不得低于1 000股。具体规定如下：

第一，做市商注册主持的每种证券，必须愿意通过自己的账户持续不断地进行买入或卖出该种证券。

第二，每个注册成为做市商的会员，必须根据规定的标准提出1 000股、500股和200股的报价规模。

第三，每个注册成为小型资本市场股票的做市商，必须根据规定的标准提出500股或者100股的报价规模。

②不可撤销的报价。做市商在接到另一位会员的买入或者卖出的要求后，最起码应按接收到要求时市场上公开显示的报价和正常的交易单位来执行这一交易。如果做市商显示的报价规模大于正常的交易单位，它在接收到另一协会会员的买入或者卖出的要求后，起码应该按照显示的报价规模来执行这一交易。

③报价符合市场实情。做市商提出和维持的报价应符合当时的市场实情。如果做市商的报价不再符合当时的市场实情，美国证券交易协会可以

① 卢圣宏：《纳斯达克指南》，上海财经大学出版社2000年版。

要求该做市商重新提出报价。如果做市商的报价不能符合当时的市场实情，且不重新提出报价，美国证券交易协会就可以暂停该做市商在一种或所有证券的报价。

④超额价差。做市商对市场上的证券提出的报价，不得超过美国证券交易协会董事会统一的、经常公布的最高允许价差的参数。证券的最高允许价差为每种证券中 3 家做市商最小价差平均数的 125%。如果一种证券的做市商低于 3 家，最高允许价差就为平均价差的 125%。不过，前提是最高允许价差绝对不应低于 0. 25 点。

⑤搁置和注销市场。在下列情况下，做市商不应在正常的交易时间内向市场提出和维持报价，特殊情况除外：提出的卖价高于或者等于另一位做市商对同一证券报价时提出的买价；或者提出的买价等于或者低于另一位做市商对同一证券报价时提出的卖价；做市商在提出搁置和注销另一种报价的报价之前，应当做出相当大的努力，与所有报价可能会被搁置或者注销的做市商进行交易，以防止这种搁置或注销的市场出现。报价导致搁置或注销市场的做市商，必须在收到任何订单时，按自己在市场显示的报价进行交易。

⑥报价须遵循最小价格升降档位的规定。纳斯达克市场曾规定，如果买价低于 10 美元，则最小价格升降档位为 1/32 美元；当买价高于 10 美元时，最小价格升降档位为 1/16 美元。实行十进制报价后，最小价格升降档位统一为 1 美分。

⑦显示客户限价订单。当客户限价订单比做市商报价优惠，且优惠幅度超过最小价格升降档位时，做市商必须显示客户限价订单。

⑧避免锁定或交叉市场。做市商的买入报价必须低于另一做市商的卖出报价，卖出报价必须大于另一做市商的买入报价，即不允许做市商报价出现市场锁定或交叉的情况。做市商和 ECN 必须采取合理的措施，以避免锁定或交叉市场的出现。

⑨最佳执行义务。该规定要求做市商与客户的任一笔交易的价格，必须是切合当时市场的合理价，即最佳买卖报价（NBBO）。做市商不得以

劣于市场上最佳报价的价格与客户的订单成交，除非市场情况出现急剧变化或该订单的数量很大，此时，做市商可通过其专有交易系统按 NBBO 价格接受偏向订单流。

⑩客户保护规定。1997 年，美国证监会颁布了客户保护规定和订单处理规则。客户保护规定不允许会员公司先于客户订单交易。换言之，如果会员手中持有客户限价订单，它不能以等于或低于（高于）客户限价买（卖）单的价格购买（卖出）股票。

⑪订单处理规则。客户保护规定并没有要求做市商按更好的价格撮合市场订单与持有的限价订单。因此，订单处理规则要求做市商显示持有的限价订单，以使市场订单能与限价订单得到撮合。这条规定使得纳斯达克做市商制度含有竞价交易的内容。

（2）纳斯达克做市商享有的权利主要有：传统上，投资者须通过经纪公司同做市商交易。做市商与经纪公司之间的交易通常没有佣金，但经纪公司向投资者收取佣金。做市商通过自己存货来执行投资者订单，或将投资者订单与另一个投资者订单相撮合，并收取佣金。对大的机构投资者而言，他们可以不通过经纪商而直接与做市商进行交易，因此不需要缴纳佣金。

在 1997 年 NASDAQ 采用了新的委托处理规则（OHR）之后，投资者的委托可以和做市商的报价进行竞争，因此 NASDAQ 市场实际上已经是一个采用混合交易制度的市场。采用 OHR 之后，做市商的“生存空间”被大大压缩，来自做市行为的利润大幅度下降。但两个方面的因素使得做市商获得一定的利润：一是通过大宗交易获得收益；二是较大的报价变动单位（类似于我国基金市场的“夹板效应”）。2000 年后，美国市场的股票全部采用小数报价（0.01 美元），这更加压缩了做市商的获利空间。

目前，除了有机会进行大宗交易的各主要做市商之外，其他做市商已经很难从做市行为中获利。券商充当做市商的主要动力来自其他考虑，如不成为做市商，就很难在 IPO 市场上充当承销商。

2. NASDAQ 市场对做市商行为评价。NASDAQ 的市场监管方式直接与其特殊的交易方式、交易制度有关。传统的交易所交易全部发生在场内，交易过程受到相对严格的监督，监控数据的真实性有保证。而 NASDAQ 市场是通过集中原柜台市场的报价发展起来的，现在虽然有某些集中交易市场的特征，但原来柜台市场的一些交易特征还是保留下来，交易从委托、报价到成交整个过程完全由券商操作，极易发生违规和损害投资者利益的事件。NASDR 对这部分市场交易的监管，主要依据做市商的成交报告，但做市商为掩盖其违规行为，往往进行不真实的成交报告，使监管者和投资者都无法判断成交的质量。

1996 年美国证券商协会自律监管公司（NASDR）成立以后，针对 NASDAQ 市场的特点和市场违规的形式，建立了监控、检查、市场投诉三位一体的监管模式和监管系统：对委托报价、成交、成交报告等交易的各个环节实施全过程的交易监管；除反内幕交易、反欺诈、卖空管制等传统的市场监管制度外，提出了市场质量和市场公平等新的市场监管理念，建立了相应的制度和规则，并配备相应系统、人员来贯彻执行。在 NASDR 的 5 个职能部门中，市场监管部是专门负责市场交易、尤其是做市商市场行为监管的部门，有 180 名分析员、律师和检查人员，其中 80% 的人力及技术资源都用于对做市商的市场监管。

（1）做市商监控。根据监管分工，目前主要有 5 个小组负责做市商的监控，分别是：

①报价遵守小组（Firm Quote Compliance Section）：调查和解决对不遵守报价的实时投诉和潜在的不遵守报价的行为。

②交易行为小组（Trading Practice Section）：确保对最优成交规则、买卖报价交叉的实时监控。

③交易分析小组（Trading Analysis Section）：调查在 NASDAQ、CQS、OTCBB、Pinksheet 市场潜在的有操纵嫌疑的成交报告。

④委托执行小组（Order Handling Section）：确保委托执行规则和成交报告规则的遵守。

⑤市场公平小组（Market Integrity Section）：执行市场反竞争行为的

监察，包括书面骚扰、不当的委托成交、协同的报价或成交等。

监控工作主要分为系统报警和分析调查两方面。

第一，系统报警。NASDR 成立后，投资 2 000 多万美元，开发了一套针对做市商的新的监控系统 Advanced Detection System（ADS）。ADS 是一种集数据挖掘、模式匹配和图形处理技术于一体的智能化的应用程序。他们主要的职能除了 ADS 日常的运作外，就是对各监控小组的监管需求进行系统分析，将监管需求转化为技术需求，并不断对系统报警的结果进行检查分析。ADS 针对市场违规问题，设立了 8 个方面的监控领域。有些监控小组还利用 Statistical Analysis Software（SAS）进行一些技术复杂程度较低的分析工作。此外，有些监控小组还根据各自监控业务的特点，开发出一些独立的监控系统，如监控做市商遵守报价规则的 Firm Quote Compliance System（FQCS）。根据 NASDR 对 SEC 的承诺，其历时两年多开发的 OATS 系统于 2005 年 7 月已全面使用，该系统可以对每笔委托执行的全部过程进行跟踪。

目前 NASDR 对做市商的监控基本上是以事后检查为主，上述监控系统一般每周进行一次数据处理，有的每月进行一次；只有对做市商不遵守报价的监控是采用在线实时监控的方式。实际上在 NASDR 辖属的市场内，只有 NASDR 对不遵守报价的监控和 NASDAQ 对公司信息披露的监管能够做到实时监控。

第二，报警分析与调查。ADS 对做市商的报警生成后，会分配给不同的分析员进行分析。不同的监管小组对系统报警的分析处理有所不同，有的小组收到报警后会立即进行分析，判断报警是否值得进一步跟踪、调查；对于错误的报警会提交给技术部门分析原因，以便改进系统程序；对于有效报警则会对有关做市商发函，并附上有关发生报警的交易清单。有些报警数量较大的小组，无法做到逐个报警的即时跟踪分析、调查，只在季度总结之后，才筛选出需要进行分析调查的公司。筛选的过程是根据成交笔数将所有做市商分为三档，然后按报警的数据和比例进行排名，将前 10 名的公司列为分析和调查的对象，然后将报警分析的结果录入监管记录系统（Market Regulation Tracking，Mr. T）。调查目标确定后，分析员会调取有关的委托、报价、成交数据，同时利用系统对有关数据进行分析。

另外，对其他小组或部门移送的案件或客户投诉，各小组都要逐案审查，发现需继续调查的就会检查有关数据，检查系统有无报警，结果都会录入 Mr. T。

（2）做市商的检查。NASDR 除了利用先进的电脑系统对交易行为进行实时监控和事后跟踪外，还对做市商进行定期的现场业务检查。该项工作由交易与做市商检查小组（Trading and Market Making Surveillance Section，TMMS）负责。

TMMS 主要负责对前 100 家最大的做市商实施现场检查。这些大券商控制了市场 90% 的交易，其余的会员公司则由会员管理部负责日常监管。TMMS 目前有检查人员约 20 人，每年对 100 家左右机构至少检查一次。

现场检查工作与线上系统监控互为补充。系统监控主要是对会员申报的委托和成交数据进行统计、分析，发现交易违规行为并跟踪处理；而现场检查的侧重点在会员的日常运作，特别是交易行为和做市商义务履行是否规范上，包括检查会员对客户委托及交易账户的管理，核对会员交易报告是否真实，内部监控机制是否完善，交易资料有无妥善保存等。

检查是采用抽样方式进行，其中客户委托受理及执行情况是检查的重点。检查样本通常是从交易监管系统中随机抽取的 1～2 个交易日的交易资料，然后向公司发函说明准备对其实施检查的时间、内容、现场查看的环节及系统，以及需要公司事先提供资料的清单。在收到公司反馈的问卷表及提供的有关资料后，对照采集的交易数据与公司提供的有关资料，针对几个主要业务方面进行核查，找出可能违反 NASDR 规则或联邦证券法规定的交易行为。

（3）市场投诉。市场投诉处理与线上自动监控和现场检查一起构成了 NASDR 对做市商的监管体系。目前负责投资者投诉处理工作的是其市场监管部下面的客户投诉小组（Customer Complaint Section）。

3. 纪律处罚程序。NASDR 的监管范围限于在 NASDR 注册的会员公司和从业人员，如果调查过程中发现违规超出管辖权，便会根据案件的性质分别移交给 SEC、FBI 等行政、执法机构。

各小组在案件调查完成后，列出检查中认定的违规行为，说明违规行为触犯的 NASDR、SEC 规则及联邦证券法有关条款；要求公司在限定日期内，对列出的违规事实作出答复，这是公司最后的辩解机会，公司可以提供进一步资料为自己辩护。在收到公司的答复后，各小组内部会进行复审，对公司违规行为作最终认定，提交给市场监察部的法律小组进一步审查，并决定给予何种纪律处罚。

对轻微的违规通常采用警告的处罚方式，法律小组会发出一封警告信，指出违规行为所在，要求采取整改和防范措施；对较严重的违规将由法律小组提交给 NASDR 的纪律事务办公室（Office Disciplinary Affairs, ODA）处理，处罚措施除警告外，包括谴责、罚款、退赔等，最严厉的处罚是开除公司会籍和对个人实施终身行业禁入。

（二）Euronext 市场流动性提供者

2000 年 3 月，巴黎证券交易所、阿姆斯特丹证券交易所和布鲁塞尔证券交易所宣布合并，成立泛欧交易所（Euronext）。2000 年 9 月 22 日，3 家证券交易所合并正式完成，形成一个跨境、单一货币的泛欧股票和衍生交易市场。2000 年 12 月 20 日，Euronext 又宣布将原来 3 家交易所的衍生交易系统合并，成立一个新的衍生产品交易系统，使 Euronext 成为欧洲最大的交易所。至 2000 年底，在 Euronext 上市的公司达 1 653 家，其中 437 家来自非 Euronext 中心国的国家和地区。市场总价值达 2.42 万亿欧元，居欧洲第 2 位。

1. Euronext 4 种交易机制与流动性提供者。Euronext 的 NSC 系统有一个开放式的订单簿。系统提供以下两大类 4 种形式的交易机制：连续竞价，包括没有做市商的连续竞价和有做市商的连续竞价两种；集合竞价，包括有做市商的集合竞价和没有做市商的集合竞价两种。

NSC 系统的做市商称为流动性提供者（Liquidity Provider）。流动性提供者由交易所任命，并由交易所进行评估（1 年至少两次）。流动性提供者由上市公司自行寻找。Euronext 市场的流动性提供者没有任何特别的交易特权，其机会与其他市场参与者一样，但交易所免去与流动性提供者报价有关的交易费用。

（1）Euronext 市场的流动性提供者分为3 种形式（其中连续交易模式下的流动性提供者有两种）。

①常设流动性提供者。常设流动性提供者必须在竞价时段、主交易时段和由于价格波动中止引起的临时竞价阶段提供双边报价，即在开盘竞价前15 分钟到收盘竞价结束时提供报价。常设流动性提供者的报价数量（金额）不得低于1 万欧元，报价差不得大于4%。对那些流动性非常高的证券（根据交易量判断），最小报价金额可增大为2 万或10 万欧元，最大报价差不得超过3%。

②波动性流动性提供者。波动性流动性提供者仅要求在竞价阶段（包括开盘竞价、收盘竞价和临时竞价）输入双边报价。波动性流动性提供者的报价金额不得低于15 000 欧元，最大报价差为3%。

③竞价市场流动性提供者。在集合竞价交易模式下的流动性提供者称为竞价市场流动性提供者。交易所要求竞价市场流动性提供者在订单累积阶段（即开盘前阶段）输入双边报价。竞价市场流动性提供者的最低报价金额为5 000 欧元，最大报价差为4%。

（2）所有在Euronext 挂牌的交易品种，如股票、债券、交易所交易基金、投资基金和权证等以下述4 种交易方式之一进行交易。此外，集合竞价也用于市场的开盘、收盘。

①无流动性提供者的连续交易。在这种交易机制下，系统按照欧洲交易所联盟（阿姆斯特丹、布鲁塞尔、法兰克福、伦敦、马德里、米兰、巴黎和苏黎世8 家欧洲交易所组成的联盟）制定的市场模式，使用一个开放式的电子订单簿，买卖订单按价格优先、时间优先顺序（有时采取按比例分配原则）进行撮合。

Euronext 将根据客观的标准，如市值和交易情况，决定某种证券是否采取没有流动性提供者干预的连续竞价机制进行交易。目前，Euronext

100 指数股采取无流动性提供者的连续交易模式；NEXT 150 指数股（不允许波动性流动性提供者），不在 Euronext 100 中的 AEX、AMX、BEL 20、CAC 40 或 SBF 120 指数股（不允许波动性流动性提供者）以及其他一些交易活跃的股票通常也采取无流动性提供者的连续竞价交易模式。

②无流动性提供者的集合竞价交易。原则上，所有不以第一种交易机制（无流动性提供者的连续竞价交易）交易的股票，均采用没有流动性提供者干预的集合竞价机制进行交易。Euronext 规定，每年交易笔数不足 5 000 笔（双向计算）的股票只能采取集合竞价模式进行交易。股票每日进行两次集合竞价，而有些债券每天只进行一次集合竞价。集合竞价的匹配规则与欧洲交易所联盟市场模式中的集合竞价规则一致。

股票也可以转到 Euronext 的其他两种交易机制进行交易。在另两种交易机制中，流动性提供者参与交易，流动性提供者承担提供额外的流动性的义务。流动性提供者资格对 Euronext 的所有会员开放，只要符合特定的附加条件，交易所的会员均可申请成为流动性提供者。每只证券的流动性提供者数量原则上没有限制。

③有流动性提供者的集合竞价交易。如果在预定的集合竞价时间内，对某一个股票指定有流动性提供者参与交易，则该股票采用这种机制进行交易。在这种机制下，一般的集合竞价规则照样适用，但流动性提供者有义务输入买卖报价，且该买卖报价必须符合特定的价差和规模标准。在这种情况下，该证券的流动性将比在没有流动性提供者参与时更高，但仍不能纳入主市场进行交易。有流动性提供者的集合竞价通常每日进行两次，但应发行人或流动性提供者的请求，交易所可以把每日竞价次数增加到 4 次。

④有流动性提供者的连续交易。如果流动性提供者愿意承担更多的义务，那么，由这些流动性提供者进行做市的证券则采取有流动性提供者干预的连续交易模式进行交易。以这种方式交易的证券符合主市场的资格要求。流动性提供者可选择承担以下两类义务之一：第一，只要求流动性提供者在所有集合竞价交易时进行做市，不管是预定时间的集合竞价，还是

非预定时间的集合竞价，但在连续竞价过程中，流动性提供者可不进行做市；第二，要求流动性提供者在所有时间内进行做市，包括集合竞价时段和连续交易时段。

有流动性提供者的连续交易模式分为两种情况，即自愿的有流动性提供者连续交易模式和强制有流动性提供者交易模式。前者指证券发行者可自愿选择是否由流动性提供者提供额外的流动性，后者指交易所要求必须有流动性提供者提供流动性，否则只能采取集合竞价交易模式。

目前，NEXT 150 指数股，不在 Euronext 100 中的 AEX、AMX、BEL 20、CAC 40 或 SBF 120 指数股，新上市的预计流动性较高的股票以及其他一些交易活跃的股票（年交易笔数达到 5 000 笔或以上）可选择采取自愿的有流动性提供者的连续交易模式。Euronex 强烈建议那些年交易笔数超过 5 000 笔但不足 2 万笔（均双向计算）的证券采取有流动性提供者的交易模式。

凡是不在上述范围的证券，如果发行者希望对其采取连续交易模式，则必须有一个常设流动性提供者，即采取强制有流动性提供者交易模式。

2. 流动性提供者的义务和权利。

（1）Euronext 市场的流动性提供者须承担如下义务：

①集合竞价时段流动性提供者履行的义务。在第一次集合竞价开始时至最后一次集合竞价结束期间，根据规定的最高价格变化限制，在最优买价和最优卖价之间进行交易；在第一次集合竞价和最后一次集合竞价的前 15 分钟，在交易平台中输入买方报价和卖方报价；至少在集合竞价之外，在交易平台中输入买方报价和卖方报价，报价数量、价格等条件不得低于相关规定。

上述规定的流动性提供者输入的报价，必须符合 Euronext 有关最低价差和数量等参数的规定。

②连续竞价时段流动性提供者履行的义务。在连续竞价时段，流动性提供者的义务包括：从开盘时段开始至收盘时段结束，在交易平台中输入买方报价和卖方报价。流动性提供者输入的报价必须符合 Euronext 有关最

低价差和数量等参数的规定。

③其他义务。流动性提供者不能在 Euronext 交易平台之外，发布比上述规定的报价更优的报价。《流动性提供协议》中规定：流动性提供者为履行报价义务的每日最高交易数量；流动性提供者交易计划；最高价差规定与每次报价最低数量限制；其他有关报价参数的规定；因履行报价义务所产生交易的收费计划。

（2）做市商享有的权利。市场参与者有兴趣担任流动性提供者角色，主要是因为：

①流动性提供者身份使其能够成为该证券最主要的流动性提供者，这使得他们能够在不在交易所中央订单簿进行的交易方面具有优势；

②流动性提供者可以得到来自证券发行者的财务补贴，特别是可以为发行者提供其他服务；

③流动性提供者通过在订单簿内报价并予以披露，可扩大其知名度。

（三）伦敦证券交易所注册做市商制度

1. LSE 的新交易系统 SETSmm。2003 年 11 月 3 日，伦敦证券交易所（The London Stock Exchange，LSE）启用了新交易系统 SETSmm，交易对象主要为原来在 SEAQ 交易的 FTSE250 股票以及其他符合条件的中盘股（Mid - caps）。该新系统的最大特点是充分发挥 SETS 及 SEAQ 之优点，结合 SETS 电子化自动交易指令簿和做市商制度的优点，建立由做市商支持的电子化指令簿，在 SETS 系统的电子委托簿之外，由做市商提供双向报价，以提高市场流动性。总体上看，SETSmm 与 SETS 的运作基本类似，延续了 SETS 系统的一些重要特点。主要区别在于，在价格形成过程中，由注册做市商（registered market makers）向中央指令簿提交做市商指令（一种单独的指令类型，称为“committed principal order”）来向市场提供双向报价。作为一个混合交易系统（a hybrid system），SETSmm 融合了竞价交易制度和做市商制度。

2. 注册做市商的义务。注册做市商须承担如下义务：SETSmm 中的注册做市商有义务在困难的市场条件下维持一个最低水平的流动性，以提供参考价格和确保成交。交易所将监督和支持注册做市商履行义务。想要成为注册做市商必须符合一定的条件，如获得相应主管机关（Financial Services Authority，金融服务管理局）的批准。在注册后，做市商在随后的3个月内不得退出；而一旦退出，则在随后3个月内不得重新注册成为注册做市商。

总体上看，注册做市商的义务主要包括两个方面：一是在整个交易日内，从连续交易开始直到收盘，包括盘中的集合竞价时段和收盘集合竞价时段，提供双向报价；二是所提供的报价必须具备最小规模且理所当然能够被交易所的其他合格会员公司电子化成交。当然，所有的义务都是指注册做市商在电子化委托簿上的要求。注册做市商只能通过使用特殊的非匿名委托类型——承诺自营委托来履行其义务。具体来说，有关使用该委托类型的义务包括以下三个方面：强制报价时段与更新频率、最大价差、最小提交指令规模与更新规模。

（1）强制报价时段与更新频率。它要求注册做市商按照以下要求进行双向报价：从开盘集合竞价结束后60秒开始直到16:35收盘集合竞价结束；在委托被全部执行、撤销、过期或者改变了买卖报价的价格之后的60秒内进行更新；在进行盘中集合竞价时，注册做市商仍有义务进行报价。由于存在开、收盘集合竞价的随机结束延时和价格监督延时，在该强制报价时段，不同证券会出现差异。之所以把更新频率设为60秒，是考虑到该时段能让做市商有时间决定最优的报价以更新价格。2004年后，更新频率已缩短为30秒。

（2）最大价差。这是指注册做市商双选报价的最大允许范围。注册做市商在进行非匿名的报价时，其买卖报价价差受到最大价差规则的限制。该规则主要规定了两类价差：一类价差是前一交易日收盘价格的10%或者0.03欧元，另一类价差是前一交易日收盘价格的5%。在决定某一证券具体属于哪一类价差时，必须根据此前一段时间内注册做市商们报价的实际价差来决定。

（3）最小提交指令规模与更新规模。它是对注册做市商提交和更新双选报价时报价数量的要求。在单边或者双边的委托都被全部执行、撤销或者过期的情况下，或者在改变报价价格时，做市商都必须更新单边或者双边的报价。在更新时，做市商必须保证，所显示的报价等于最小提交指令规模。对 SETSmm 所交易股票而言，最小提交指令规模等于正常市场规模（Normal Market Size，NMS）[①] 的25%。但是，在进行更新时，如果在相同价格上更新某一边的报价，则另一边的报价可以维持不变。这主要是为了维持价格优先、时间优先原则，避免注册做市商原先提交的委托失去价格和时间优先权。在注册做市商因某一技术原因而不能履行价格更新义务时，必须及时通知交易所，交易所可以暂时停止该注册做市商的报价义务，直到该技术原因得到解决。

（4）注册做市商豁免义务的情况。虽然 SETSmm 中的注册做市商有义务在整个交易时段进行双向报价，但是，在开盘集合竞价时段除外。另外，在市场发生剧烈波动时，注册做市商可能难以履行规定的双向报价义务，在这种情况下，交易所可以宣布市场处于剧烈波动情况（Fast Market），[②] 并暂时豁免注册做市商的各项义务。

在 SETSmm 系统中，主要存在 4 种委托，分别是做市商委托（Market Naker Order）、限价委托、市价委托和冰山委托。后 3 种委托在 SETS 中也存在，而做市商委托是 SETSmm 系统新增加的。从功能上看，做市商委托与限价委托完全一致，也不存在执行方面的优先权，只不过出现在委托簿时，做市商委托不仅要公布具体的价格和数量，同时还要标明具体的报价人。

在 SETSmm 指令簿显示板中，如果在一个价位上同时存在限价委托和

---

① NMS 是指正常市场规模（Normal Market Size），表示某股票委托的常见规模。NMS = 过去 12 个月该股票成交金额/（该季度最后一交易日收市的中间价 ×10 000），也就是说，NMS 大致相当于该股票上一季度平均每日交易量的2.5%。根据计算结果，NMS 分为 20 万股到 100 股共 15 个档次。

② Fast Market 是指已提交的委托、报价和成交报告的数量超过了交易所交易系统或者会员公司系统所拥有的处理时间。此时，价格和报价的更新速度要快于交易参与者能够作出反应的速度。

做市商委托，则注册做市商的委托必须单独显示。如果存在两个以上不同时间优先级的限价委托，一个高于做市商委托而另一个低于做市商委托，则这两个限价委托也必须分开显示。

3. 注册做市商的权利。交易所将向注册做市商提供一定的优惠以激励做市商承担做市责任。根据相关规则，注册做市商的优惠主要体现在以下5个方面：

（1）委托披露规则。这一规则要求非注册做市商的会员公司，在准备执行经纪交叉或者无风险自营交易，并且成交价格刚好等于或者劣于注册做市商的最优报价时，必须将这一交易披露给报出最优报价的注册做市商。如果同时有超过一个做市商报出了相同的最优报价（该报价等于或者优于将执行的交叉的价格），那么根据时间优先原则，该会员公司仅需通知最先报出该最优报价的做市商。该规则保证了向市场提供双向报价的注册做市商的优先成交权利。

（2）延迟披露成交信息。这一规定旨在保护与某一客户或者会员公司进行大宗交易后注册做市商的头寸风险，这使得注册做市商有特殊机会进行大宗交易。延迟披露成交信息规则主要涉及两类特定交易：一是已完成委托人协议（Worked Principal Agreement，WPA）。该协议允许交易规模在NMS 8倍以上的代表客户的交易在一个交易日内有效，并且在80%头寸被对冲或者在该交易日结束（以两者中较短者为准）后报告给交易所。一旦交易所收到报告，这些交易将被马上披露。二是大宗交易。在注册做市商代表客户或者其他会员公司进行了大宗交易（交易规模必须在NMS的75倍以上）时，可以获准延迟披露成交信息达3天之久（或者是在90%头寸已被对冲之后，以两者中较短的为准）。此外，要符合该延迟披露成交信息规则的要求。这两类交易还必须符合其他一些基本条件：如做市商已经成为该证券的注册做市商、交易在电子化委托簿外成交、符合其他规定条件和报告要求（类似于SETS中WPA和SEAQ中大宗交易的相关规定）。

（3）法定责任豁免。这是指豁免注册做市商的一些法定义务。例如，

《公司法》（Companies Act）第209条要求，任何持有英国公司3%或者以上股份的主体，必须马上进行披露。根据交易所规则《Exchange's Rules》，注册做市商可以在两个交易日内，向交易所披露上述需要即时披露的持股信息。在收到该持股信息后，如果满足下列条件，则交易所将在次日通过RNS披露该持股信息：对于FTSE 250证券，注册做市商的持股比例在5%或以上；对于非FTSE 250证券，持股比例在10%或以上。在上述情况下，如果总的持股比例仍在要求披露的比例之上，则做市商持股比例每变化超过1个百分点都必须进行披露。

（4）税费豁免。它规定了注册做市商可以豁免的税费：不对由做市商委托产生的成交收取交易费用；不对维持做市商委托而进行的提交、撤销和修改委托收取费用；如果一个做市商已经成为SEAQ的做市商，则不收取SETSmm系统的服务费。除此之外，注册做市商仍需承担其他正常的交易收费。

（5）充当注册做市商也存在着一些其他好处。如在交易行情的显示屏幕上，如果注册做市商以CP委托的方式提供做市商服务，则其名称的缩写会被显示在其委托的旁边，这无形中提高了该注册做市商的市场声誉。

4. SETSmm效果的初步评估。2003年11月3日SETSmm系统开始运作时，共有31家注册做市商向200只股票提供做市商服务，每只股票至少有5名注册做市商。平均而言，每只股票有6.5名做市商。在200只股票中，其中195只原先在SEAQ系统进行交易，另外5只原来在SETS系统中进行交易。2003年12月22日，又有12只股票转移至SETSmm系统进行交易。

2003年12月1日，即SETSmm启用1个月后，ITG集团根据2003年9月1日~11月28日的交易数据，发布了一个研究报告。报告认为，注册做市商对市场的影响主要包括以下4个方面：

（1）指令簿的平均价差下降了40.1%，从原先的1.78%下降为1.07%。

（2）交易股票的换手率下降了 9.2%，与英国股票市场的总体换手率下降幅度基本一致。

（3）SETSmm 股票交易量中的 18.2% 通过指令簿进行。

（4）在指令簿上进行的交易规模仅为场外交易的 1/5。

2004 年 2 月 18 日，ITG 集团再次推出了其关于 SETSmm 系统效果的研究报告，考察期间延伸至 2004 年 1 月 30 日。报告维持前一研究的结论。但是，这两份研究报告并没有指出，混合交易制度下注册做市商在多大程度上参与了报价行为，并且报价行为产生了多少盈利机会。

二、海外做市商制度的启示

从以上各国做市商制度的分析中我们可以发现以下几点：

（一）附流动性提供者（LPs）的竞价交易制度是一种发展趋势

原先采用纯粹做市商制度的市场，如 NASDAQ 市场、伦敦证券交易所的 SEAQ 系统等，逐渐引入竞价交易制度，实现由竞争性做市商制度向附 LPs 竞价交易制度的过渡。同时原先采用纯粹竞价制度的市场，出于解决市场流动性不足的需要，也开始引入各种形式的 LPs，如 Euronext 的流动性提供者、德国与爱尔兰等交易所 Xetra 系统中的指定保荐人、香港交易所的"庄家"等。

（二）做市商制度确实能起到提供流动性的作用

例如实证证据（FactSet Research Systems，Inc.，12/2002）表明做市商制度提高了纳斯达克市场深度和流动性。

（三）各交易所均有配套措施鼓励做市商参与做市

第一，对做市商的宣传。做市商承担做市商义务后，一般其报价会在报价系统中单独列示。对做市商而言，出现在显示屏幕中的频率直接关系到其做市地位，并且直接影响其进行大宗交易和承销业务的机会。第二，交易所对做市商有一定的优惠。做市商可以向交易所提出申请，要求减免相关费用。第三，给予做市商一定交易信息优势。例如，德国交易所的指定保荐人可以知道：向其询价的交易对手的身份及其欲交易的数量以及集合竞价阶段未成交委托的余额。第四，设立相关的豁免条款，确保在特殊市场情况下做市商的利益。[①] 第五，大宗交易信息披露的延迟。

（四）根据流动性确定做市商制度的适用范围

一方面，限制做市商制度的适用范围，例如 Euronext 在主要指数的样本股（这些股票的流动性普遍较高）上禁止引入做市商；另一方面，针对流动性不同的股票，建立分层次的交易制度。以 Euronext 为例，它设定连续交易股票的流动性要求，对不符合该要求的股票，则纳入其集合竞价交易系统。

完善我国主交易商制度的几点建议：

第一，明确混合交易制度是我国证券市场交易制度发展的方向。我国证券市场采取竞价交易方式，在此基础上探索引入做市商，宜采取德国和法国交易所的交易模式。LOF 主交易商制度的推出，得到了行业各方的认同，表明这种制度有良好的市场需求，经过近期的实践，主交易商在一定程度上起到了维护 LOF 流动性的作用，应该坚持，并在实践中加以完善，以便为其他产品如中小板、债券和权证市场的引入积累经验。

第二，交易所主导并制定 LOF 双边报价规则。双边报价方式是海外交易所做市商制度的主导报价方式，具有单边报价不可比的优势，能显著改善市场的流动性。深交所推出主交易商持续报价后，除前 1 周主交易商积极参与外，后几周几乎难见主交易商的踪影。在具体的报价方式上，可以有两种选择：一是根据开市、交易、收盘的不同阶段，分别制定 LOF 主交易商的报价范围与方式；二是将问题简单化，不分阶段。在报价的要求上，主要体现三个概念：双边报价的时间、价差与数量。

第三，建立和健全交易所对 LOF 主交易商的激励制度。除已经为主

① 豁免做市商做市责任的情况主要有两种：一是设备故障等不可抗力因素；二是市场发生剧烈波动时。

交易商提供费用减免的优惠外，目前主要有三个措施：一是研究在报价揭示屏幕中显示做市商的报价，以区别投资者的委托。例如，在报价后直接显示主交易商的标志，如在广发的报价后显示“GFZQ”，在国信的报价后显示“GXZQ”，在申银万国后显示“SYWG”等。即使与投资者的委托价格相同，也要分别列示。二是交易所依据各主交易商履行报价的情况，定期给主交易商排序，这既可以为新发行的LOF选择主交易商提供参考，也能够激励主交易商的报价动力，为其随后扩大业务、争取大宗交易等新业务创造条件。三是在主交易商进行做市LOF的大宗交易时，可以考虑豁免现有披露义务，采取推迟披露的做法。此外，对不履行报价义务的主交易商要有惩罚措施，包括不能享受减免费用的优惠、甚至公开除名等处罚。

第四，逐步建立交易所对LOF主交易商的监管体系。我们认为，提高透明度是最好的办法。如果在报价显示屏幕上标明其公司标志后，投资者可以了解是在同主交易商进行交易，此时，尾市拉高等行为可能是得不偿失的。根据国外的经验，做市商所持有的某种证券的头寸不会很高，因为其做市的原则之一就是不保留隔夜头寸。因此，为了防止主交易商过高持有，可以采用延迟披露主交易商持仓量的做法，如公布1周前所持仓位等。

第五，修订相关法律，营造做市商做市的有利环境。从长远来看，如果需要在股票上引入做市商制度，那么，我们还需要进一步修改相关法律法规，为股票做市商承担做市义务创造条件。根据前期关于中小企业板引入做市商制度课题所进行的调研，券商对承担做市商义务所要求的优惠主要包括：(1) 融资融券的权利。(2) 必须消除《公司法》和《证券法》中关于单个投资者持股比例的限制。《证券法》规定投资者持有一个上市公司股份达到一定比例时有披露的义务，并且发生变化时有持续披露义务。这些规定对做市商大比例持有上市公司股票起到了限制作用。(3) 为了更好地承担起做市商的责任、提高券商担任做市商的积极性，有必要在新股发行时，专门划出一定数量的股票（初始券）给拟充当做市商的券商，作为其原始的证券库存。（4）需要得到交易信息披露方面的优惠。在做市商披露成交信息方面，要尽量减少披露和延迟披露，交易信息过于透明会损害做市商的利益。另外，对异常交易情况的界定标准也要进行相应的调整，以减少做市商做市行为被披露的可能性。券商普遍认为，目前的大宗交易信息披露要求过于严格，导致券商进行大宗交易的意愿不高。（5）尽量得到更多的交易信息，有利于增加券商的盈利机会，提高券商的做市积极性。（6）更低的交易成本。

亚洲地区证券金融公司的启示*

与欧美全能银行、投资银行或商人银行运作模式不同，亚洲的日本、韩国、泰国和我国台湾地区另设证券金融公司，以解决证券市场融资问题。证券金融公司始于20世纪20年代末的日本，最多时达到9家，后合并为3家，都是上市公司，其中日本证券金融公司最为突出。1955年，韩国证券商协会成立韩国证券联合金融公司，次年成为上市公司，1962年改名为韩国证券金融公司（KSFC）。我国台湾地区于1980年设立复华证券金融公司，后又增加环华、富邦和安泰证券金融公司。

日本和韩国证券金融公司的出资者主要是银行和证券公司，达到注册资本的60%。截至2005年3月，证券公司持有韩国证券金融公司股份的37.9%，银行持股32.9%，韩国证券期货交易所持股11.4%，韩国证券托管机构持股2.5%，自然人持股5%。我国台湾地区复华证券金融公司实收资本4亿元，由光华投资公司、台湾银行、土地银行、中国信托投资公司及台湾证券交易所分别出资47%、16%、16%、16%和5%。

证券金融公司的设立是为证券公司及顾客的有价证券的发行、流通和信用交易的结算，提供有关资金和有价证券的借贷。如韩国证券金融公司可为一级市场证券承销商的证券发行提供融资，可为二级市场证券经纪商提供流动性支持，可以对证券公司和投资者提供融资融券业务。同时，韩国证券金融公司还承担客户存款管理、员工持股计划的支持等事项，以及充当借入者和贷出者融券业务的交易对手方的角色，在韩国客户资产独立存管、员工持股计划的规范化和融券业务的风险防范等方面，发挥了不可替代的作用。日本和我国台湾地区证券金融公司还开展了对证券公司的转

---

* 本文是《证券市场导报》2006年第3期“编者絮语”。

融通业务。

除自有资本金外，日本和韩国证券金融公司可以通过公开上市筹资，可以发行公司债券、短期票据等。投资者信用账户保证金、融资抵押券和融券保证金等，也是证券金融公司重要的资金来源。日本证券金融公司的资金来源有60%来自货币市场。韩国证券公司的客户保证金要全部转存证券金融公司，证券期货交易所、证券公司、期货公司、其他金融机构等特定货币存款以及股票市场稳定基金，成为韩国证券金融公司重要的资金来源。台湾复华证券金融公司成立时，还从11家银行和金融机构获得总额为50亿元新台币的贷款。

证券金融公司连接了货币市场与资本市场，比较妥善地解决了证券市场和证券公司正常资金来源问题，取得了成功。与此同时，证券金融公司逐步壮大，成为推动资本市场发展的“核心金融机构”之一。截至2005年3月，日本证券金融公司总资产达到92 299亿日元，其中所有者权益为1 263亿日元，负债为91 036亿日元；韩国证券金融公司总资产为64 817亿韩元，其中所有者权益为5 235亿韩元，负债为59 582亿韩元。

当前，我国资本市场各项创新方兴未艾，借鉴日本、韩国和我国台湾地区的经验，推动设立证券金融公司意义重大。一是对于解决我国证券公司融资渠道缺乏的难题，可以提供一个有价值的思路；二是可以进一步推动证券公司客户保证金第三方存管制度的改革和完善；三是便于在分业经营的背景下及早启动融资融券业务试点工作；四是中央银行可以通过证券金融公司头寸的调节，增强对证券市场的调控力度。值得注意的是，证券金融公司属于非银行金融机构，需要明确中国证监会、中国人民银行和中国银监会的分工协作关系，出资人以证券公司、期货公司、机构投资者、证券期货交易所、结算公司等入股为宜，也可以考虑吸收部分国家财政资金。

中国企业海外上市利弊分析及相关建议*

中国企业海外上市，是对我国社会政治经济生活产生深远影响的一个重大问题，也是全球资本市场上独一无二的现象。这突出表现在以下五个方面：

一是来势汹涌，规模巨大。据粗略统计，目前海外上市的中国企业已超过400家，其总市值超过5 000亿美元；海外交易所纷纷把触角伸到我国各个地区；许多地方政府更是把推动企业海外上市作为一项业绩，争先恐后，乐此不疲。

二是手法翻新，多种多样。从直接的首次公开发行到发行存托凭证、从买壳上市到造壳上市，甚至大量通过注册离岸公司实现海外上市，服务于海外上市的产业链已经形成，对于我国维护国际收支平衡，确保跨境资本合规有序流动、防范资本外逃等造成一定的冲击。

三是海外上市高涨与国内市场边缘化相映衬。海外上市中国企业的总市值已远远超过国内市场上市公司总市值，近几年的融资额更是数倍于国内市场。以2005年为例，仅我国香港市场一地的H股、红筹股融资额即达到1 812亿港币，是当年国内市场融资总额的近6倍，占香港市场当年融资总额的70%以上，中国公司分别占到我国香港和新加坡当年IPO总数的一半以上。

四是海外上市伴随着巨大的国民财富外移。由于海外上市企业中不仅有大量的垄断性优质国企，还有众多的民营高科技企业，而且更囊括了几乎所有的国内网络信息的龙头企业，其每年产生的利润是国内沪深两市上市公司利润总和的数倍之多。

---

* 本文是根据中共中央政策研究室经济局的要求递交的分析报告，定稿于2006年3月23日，与陈路合作。本文对我国企业海外上市及中国大型企业采取A+H方式发行产生了一定影响。

五是海外上市潮凸显了国内市场的制度缺陷与变革的紧迫性。许多企业选择海外上市是出于对国内市场现状的无奈，尖锐地暴露出国内市场远远不能满足国内企业和投资者日益增长的投融资需求，梳理监管理念、变革发行制度、发挥市场主体的作用等刻不容缓。

基于此，我们对中国企业海外上市的基本状况与利弊影响进行了研究分析，并在充分反思的基础上提出了相关的政策建议。

一、中国企业海外上市基本状况

1990 年 2 月，首家中国内地企业“中信泰富”在香港联合交易所买壳上市，揭开了中国企业海外上市的序幕。十多年来，数以百计的中国企业先后赴美国、我国香港地区、新加坡、英国等境外市场上市，对我国国民经济和资本市场产生了深远影响。总体而言，中国企业海外上市情况具有以下特征：

（一）海外上市地点遍及亚、美、欧，以我国香港最为集中

据统计，到 2006 年 2 月底，在我国香港联交所上市的中国企业（包括 H 股公司与红筹股公司）达 214 家，在新加坡交易所上市的有 92 家，在美国（纽约证券交易所与纳斯达克市场）上市的约有 45 家，在英国伦敦交易所上市的有 27 家。其中，香港市场凭借其独特优势，吸引中国企业家数占到绝大多数，而且发行融资额占了大部分比重。在纽约证券交易所上市的中国公司，绝大多数是在香港上市的同时，发行存托凭证（ADR）而实现的双重挂牌。

（二）海外上市历经几个发展阶段，近年来掀起新的狂潮

1. 1992 ~ 1994 年期间的制造业企业海外上市潮。如 1992 年华晨中国在纽交所上市、1993 年青岛啤酒等 10 家制造业国企在香港上市等。

2. 1995 年的基础设施类企业海外上市潮。如华能电力、东方航空、南方航空、大唐发电等电力、交通企业。

3. 1996 ~ 1997 年期间的“红筹股”海外上市潮。如航天科技、招商

局、上海实业、北京控股等一大批由中国某级政府或部门出资、在香港注册的企业。

4. 1999～2004 年期间的民营科技企业海外上市潮。从 1999 年广东的侨兴环球开始，新浪、搜狐、网易、金蝶等众多民营科技企业纷纷登陆美国纳斯达克市场。2004 年海外上市的 83 家中国企业中 60% 以上是民营企业。

5. 2005 年至今的以银行为代表的国企与民营科技企业并进的海外上市新高潮。如交通银行、建设银行在香港挂牌，无锡尚德在纽交所上市，百度在纳斯达克上市等。而中行、工行及淘宝网、和讯网、当当网等企业的海外上市也正在紧锣密鼓地进行中。据统计，计划在未来两年内赴海外上市的企业还有 100 多家。

（三）资源型、垄断型企业与民营科技型企业为海外上市主力

我国三大石油企业、三大电信企业、三大电力企业、三大航空企业等全都在香港联交所、美国纽交所上市，此外还有许多保险、金属矿产、高速公路企业等，其盈利能力均十分突出。如石油化工类企业的净资产收益率均在 15% 以上。在纳斯达克上市的 20 多家中国企业，几乎是清一色的网络、信息技术企业，基本上网罗了该领域国内精英企业。这对我国国民经济长久发展产生巨大影响。

（四）海外上市的途径多样，注册离岸公司的现象十分普遍

国内企业海外上市的模式多种多样，包括首次公开发行、买壳上市、造壳上市、发行存托凭证等。在这个过程中，企业通过注册离岸公司实现海外上市的现象非常普遍。从最初的香港红筹股公司，到后来的开曼群岛、百慕大群岛、英属维尔京群岛等的小岛公司，又发展到新加坡的“龙筹股”公司等。许多著名企业，如中国联通、新浪、网易、国美电器、华晨控股、蒙牛乳业等，都是由小岛公司控股。在纳斯达克上市的中国企业全部以小岛公司的名义注册，在新加坡上市的中国企业也几乎全部是当地注册或小岛注册。

（五）大部分企业是以远低于国内市场平均市盈率发行招股

研究表明，中国企业海外上市普遍面临价值被低估的情况。例如，从2004年的新股发行市盈率比较来看，除了美国纳斯达克市场对高成长性的中国互联网企业定价较高外，纽交所低于国内主板23%，香港主板低于国内主板29%，新加坡主板低于国内主板45%；香港创业板低于国内中小板45%，新加坡创业板低于国内中小板58%。其中，在新加坡创业板上市的新湖滨控股的发行市盈率只有4倍。

二、中国企业海外上市利弊分析

中国企业海外上市，对于筹集发展资金，优化资本结构，完善公司治理结构，强化规范运作水平，起到了一定的积极意义。然而，随着近些年来海外上市风潮的愈演愈烈，相关问题日益显露出来。人们逐渐认识到，海外上市其实是一把双刃剑，大量优质企业流失海外的负面影响确实不容忽视。

（一）国内企业海外上市的积极作用

1. 为企业募集了加速发展所需的资金。我国香港、美国等海外市场规模庞大、资金雄厚，能够轻易地满足大型国有企业的融资需求。同时，海外市场灵活的上市门槛、方便快捷的发行程序，又为国内的许多民营中小型、成长型企业提供了可及的融资渠道。例如，一些缺乏盈利记录的互联网公司，动辄便能在海外市场募集数亿美元的资金，从而有力地支持了相关产业的发展壮大。

2. 推动了企业逐步完善治理结构。通过海外上市、引入国际投资者，在一定程度上可以促使企业提升公司治理与透明度，在规范运作方面实现与国际标准的接轨，从而提高信息披露、盈利能力与风险管理水平。同时，海外上市有利于国内企业建立一整套新的市场激励与约束机制，培育一种“投资者利益至上”的现代股权文化。

3. 提高了企业国际知名度与市场开拓能力。随着经济的全球化程度加深，国内企业参与国际竞争的需求日益迫切。通过海外上市，能够提高企业的国际知名度，增强品牌的价值与市场竞争能力。例如，中兴通讯选择到香港上市，一个重要的战略考虑就是为了进一步开拓国际市场。同时，海外上市还为企业提供了兼并、收购、重组的扩张手段，增强了发展战略的灵活性。

（二）海外上市产生的不利影响

1. 对国家金融和经济安全产生了严重威胁。在现代社会，金融是整个国家运作的核心与中枢，银行等金融企业海外上市，将导致国外力量介入的逐步加深，使我国的经济、金融运行直接暴露在外，并可能在一定程度上受到操控，严重威胁到国家的总体金融、经济安全，产生信息保密、国防安全等方面的风险。号称市场自由化程度最高的美国、加拿大与欧洲许多国家，至今外资金融机构比例未能超过10%，这一现象值得我们深思。

2. 对宏观经济稳定和宏观调控带来冲击。一方面，在人民币面临升值压力的情况下，大量企业海外上市，不但加大了中国的外汇盈余，承担了额外的汇率风险，而且削弱了我国货币政策的独立性；另一方面，海外上市过程中涉及大量外汇资金和资产转移，而目前我国仍实行资本项目严格管制，这些资本运作对我国现行的外汇管理体制产生了冲击。另外，海外上市将影响我国宏观调控措施的有效性。例如，国内调控行业的企业通过海外融资，不但能规避国内在资金方面的调控措施，而且能比国内竞争对手更方便地扩大产能，加强了在行业内的相对优势。

3. 海外上市造成了严重的国民利益外流现象。天下没有免费的午餐，通过海外上市获取国际资本而付出的代价是十分高昂的。首先，众多的资源型、垄断型国企纷纷海外上市，意味着其在国内市场对中国消费者收取的垄断价值转移到了海外，国际投资者得以源源不绝地攫取超行业利润，而创造了这些利润的中国国民却与此无缘，从而导致了令人触目惊心的国家主权利益的资本化流失。例如，海外上市大型国企中，仅中石油一家2004年就获取净利润1 100多亿元，占2003年度国内深沪两市1 312家企业所实现利润总和的87%，而在能源紧张、油价攀升的情况下，中石油2005年度利润再度大幅增长近30%，达到创记录的1 334亿元。优质企业大量海外上市，我国社保基金、养老基金等的投资对象却十分缺乏，难以实现保值增值的目标，给我国的长期社会稳定造成了隐患。

4. 互联网企业“寓公”现象影响到国家信息安全。以互联网企业为代表的民营科技企业的纷纷出走，意味着拥有巨大潜力、深刻影响人们未来生活模式的“新经济”的成果将花落别家。数据显示，中国互联网用户已超过1亿，仅次于美国，居世界第二位，手机用户超过2.5亿，居世界第一位，而新浪、搜狐、网易三大门户网站的营业利润率在2004年时已高达25%。不仅如此，更为重要的是，互联网时代，信息安全事关国家安全，互联网公司整体“寄居”境外，环顾世界，独一无二，需要引起高度重视。

5. 存在许多“隐性腐败”的现象。企业海外上市基本由国际投资银行定价，价值遭严重低估的现象屡见不鲜。此外，在国企海外上市中，许多“隐性腐败”的社会争议不绝于耳，如在上市过程中制定巨额高管层持股计划、高官子弟为海外投资银行拉业务攫取利益等。例如，某海外上市银行在2005年推出750万股股权激励计划，十几位高管个人已经获得了超过1 500万港元的账面收益。

6. 一些不适当的海外上市使得企业背上了沉重的负担。有些企业的海外上市行为带有一定的盲目性，没有充分考虑是否符合企业的实际情况，结果在上市后反而背上了沉重的负担。例如许多中小企业的技术、产品、客户、管理等要素都立足国内，而投资者置身海外，资源配置与信息严重不对称，结果导致股价低估、交投清淡，基本丧失再融资能力，却还要支付高昂的挂牌费用和中介机构费用，计算下来仅10年左右的维持上市成本就会超过当初的IPO融资额。一些企业到更低级的柜台市场挂牌，更属于花冤枉钱。在美国OTCBB市场上，90%以上中国企业已沦为垃圾股，融资无望。

反观世界其他国家在国企上市过程中的做法，无不是把本国国民的利益放在首位。

英国在国企上市时，首先满足国内的普通投资者。1986 年英国煤气公司上市时，股票认购量超过发行量的 4 倍，为满足国内普通大众，金融机构和外国投资者的认购数量被削减，经过国企上市改革，持有国企股票的英国公民由 1979 年的 7% 上升到 1991 年的 25%，小股份持有者的数量从 300 万人猛增至 1 100 万人；新加坡电信公司上市时，把股票分为 A、B、C 三种，所有居民均可用公积金优惠购买 A 股，B 股由居民用其他个人收入认购，剩下的 C 股才向国内外其他投资者发行。

日本在国有企业上市时，政府特别强调的是面向本国的社会公众出售，其理由是国有股份是大众的、国民的财产。

印度政府在出售国有企业股票时，首先出售给由印度国家所有的各家银行和其他金融机构所设立的共同基金。

境外的这些做法，足以令我们反思与警醒。

三、妥善处理国内企业海外上市问题的相关建议

上述利弊因素分析表明，如何更为理性地对待国内企业海外上市，已成为一个事关国民经济全局和中华民族伟大复兴的重大问题。对此，可以从以下几个方面加以考虑：

（一）明确国内市场与海外市场的主次关系，坚持国内市场的主导性地位，降低海外上市的盲目性与消极影响

大国的崛起必须要有强大的本土资本市场为依托，必须要让本国国民分享经济增长的成果。面对海外上市的热潮，在发挥其利用外资、提高治理功能的同时，必须清醒地认识到由此带来的不利影响，高度重视利益外输、价值低估、隐性腐败、金融安全等问题，合理把握海外与国内市场的关系，适度控制大型国企海外上市的节奏和方式。事实上，发达国家的国企私有化改革经验显示，没有一个国家是将银行、保险、石油等涉及国计民生的垄断型企业首先选择到海外市场上市的，因为这意味着主动放弃了

本土市场的定价权、出卖了原属于全体国民的利益。因此，坚持国内市场的主导性作用，鼓励优质企业在本土上市，是实现我国社会经济发展长期战略目标的一个基本原则。当务之急在于，对于有上市需求的国有企业，应首先安排在国内上市，让广大国民先享受到利益；对确实要在海外上市的国有企业，应尽量采取如“A + H”股的发行方式。

（二）大力推进国内资本市场制度创新，落实行政许可法，把市场办成真正的市场

当前，国内资本市场的发展远远不能满足国内企业为自身发展的上市融资需要，众多国内企业选择远赴海外上市的一个重要原因就是国内市场的制度不完善，这突出表现在市场化程度不足，行政管制过多，市场主体发育不充分。因此，确立国内市场主导地位、防止出现边缘化危机的关键和根本途径，还在于大力推进制度创新。

1. 在监管理念上应尽快与成熟市场接轨，转变政府职能，尽可能减少审批环节和审批事项，强化事中监管和事后打击力度，减少政府干预，加快推进市场化改革，更大程度地发挥市场配置资源的基础性作用。

2. 重在制度变革，当前尤其要加大发行制度方面的变革，积极创造条件向注册制过渡。注册制是一个成熟资本市场的根本标志，也是众多新兴市场争取实现的目标。我国市场由审批制变革到核准制，但仍需加快向注册制目标迈进，进一步简化发行程序，缩短发行周期，降低发行审核中的不确定性，尤其要简化自主创新能力强的科技型优质企业的再融资程序，增强市场选择功能与企业自主发展能力。

3. 要增强证券交易所的独立性，强化证券交易所的职能，充分发挥交易所作为资本市场运行核心的作用。当前，强化证券交易所的自主化运作已成为国际潮流，要重振我国资本市场，必须恢复和完善交易所在组织市场、发展市场、监管自律方面的职能，加强交易所在上市审批、市场层次架构、转板机制设计、交易制度创新、产品创新等领域的自主权和积极作用。

4. 增强证券中介机构等市场参与者的自我发展能力，增加其在发行承销中的自主性与市场化定价能力，同时完善市场化的约束机制，明确券商应当担负的责任，为券商开展各项创新活动创造良好的环境，做大做强国内券商，为国内资本市场的健康发展打好基础。

（三）尽快采取切实措施引导海外上市企业回归国内市场

国内企业海外上市的最初动因就是国内资金短缺，不得不转向境外融资。而当前，国内的经济、金融环境已发生了较大变化。

1. 到2005年底，金融机构各项存款余额突破30万亿元，国内资金充裕，利率长期处于较低水平。

2. 国内资本市场各项制度逐步完善，困扰已久的股权分置问题正在得以解决。

3. 各类机构投资者规模日益壮大，对优质上市企业具有强烈的需求。

在这种情况下，采取切实措施引导海外上市企业回归国内市场已刻不容缓。对海外上市大型蓝筹股公司，可引导其回到国内市场，实现双重挂牌；对一些在海外处于尴尬境地的中小型企业，可通过企业回购公众股进行私有化、再由"回归绿色通道"在国内中小企业板发行上市。在引导国有企业回国上市过程中，关键在于确定合理的发行价格，基本原则应该是参照其在海外市场的发行价格，从而为国内投资者提供平等的待遇，对国内市场构成切实的利好。

（四）切实加大资本市场对中小企业的扶持力度，加速发展中小企业板

数据显示，我国中小企业已在国民经济中占据了半壁江山，并贡献了超过60%的利税、新增就业、出口总额及科技创新成果，一些以互联网为代表的信息科技企业，更是承载着中国发展新经济的希望与未来。因此，强化对中小企业的服务应当成为中国资本市场长期的核心任务。2004年，经国务院批准，中国证监会在深圳证券交易所设立中小企业板，这是具有重要战略意义的有益尝试。目前中小企业板上市公司有50家，市场

平稳运作，已经率先完成股权分置改革，逐步得到市场各方的认可。但与广大中小企业庞大的融资需求相比，中小企业板的发展实在太慢，需要各方面下大力气推进其改革、创新和发展。国际经验表明，中小企业市场的进入门槛应大大低于主板市场，发行公司数量大大超过主板公司家数，并通过完善的退市、转板机制来保持市场的活力。

（五）推进多层次资本市场建设，尽可能多地吸纳不同类型的优质上市资源

当前，中小企业板虽然已经推出，但总体而言，我国发行上市的标准仍然较为单一，多层次资本市场建设的进展缓慢，这直接导致许多处于创业阶段的高科技、成长性企业流失海外。因此，在加速发展中小企业板的同时，必须针对不同类型、不同发展阶段的企业，设立有区别的、灵活的发行上市标准，加速发展多层次资本市场体系，尽最大努力把优质上市资源留在国内。

1. 宜引导大型优质国有企业境内上市，并结合股权分置改革，鼓励主板现有上市公司实现整体上市，做大做强主板市场。

2. 进一步完善现有代办股份转让系统的功能，加快改进中关村科技园区企业进入代办股份转让系统的试点工作，以此为基础建立全国性的场外交易市场，为一些尚未达到上市标准的科技园区优质企业、非上市公开发行企业提供资本市场平台服务。

3. 探索建立面向非上市公众公司的新市场，早日启动创业板市场，并建立这些市场与中小企业板、主板之间建立顺畅的转板及退市机制，有效地实现优胜劣汰。

4. 加快发展公司债券市场与权证、ETF、资产证券化等衍生产品市场，健全我国资本市场的产品体系。

外资企业境内上市若干问题分析与相关建议*

2001年11月，中国证监会与外经贸部联合颁布了《关于上市公司涉及外商投资有关问题的若干意见》，正式拉开了外资企业在我国境内直接上市的序幕。截至2006年4月，只有3家外（台）资企业在我国境内市场成功挂牌。大量外资企业前往我国香港等境外市场上市。本报告拟对外资企业在我国境内上市中面临的问题与制约因素进行简要分析。鉴于B股市场的实际状况，报告仅限于直接境内上市的情况。

一、外资企业境内上市具有重要意义

截至2005年底，全国共有外商投资企业26万家，外资企业投资总额1.46万亿美元。

从投资规模看，投资总额1 000万~3 000万美元的企业有2.5万家，占9.6%；投资总额3 000万美元以上的企业6 063家，占2.3%。

从组织形式看，外商独资企业14.9万家，占57.3%；中外合资企业9.3万家，占36%；中外合作企业1.7万家，占6.5%；中外股份公司447家，占0.2%。

从外资来源地看，我国香港地区位居首位，达10万家，占总家数的38.5%；其次为台湾地区，2.8万家；美国2.4万家；日本2.2万家；韩国2.1万家；英属维尔京群岛达到1.1万家。以上6个国家和地区的外资

---

* 本报告是中共中央政策研究室经济局委托的课题，定稿于2006年4月20日。2006年5月30日，笔者曾出席在江阴主办的海峡两岸上市公司高峰论坛，就台资企业股票在中国大陆发行上市做专题讲座。

企业总家数为20.6万家，总共占79.2%。

从行业分布看，制造业为18万家，占69.2%；房地产业为1.3万家，占5.0%；批发和零售业为1.2万家，占4.6%；租赁和商务服务业为9 075家，占3.5%；信息传输、计算机服务和软件业为6 183家，占2.4%；其他占15.3%。

从地区分布看，外资企业主要集中在东部沿海地区。广东达5.9万家，占22.7%；江苏、山东、浙江、福建、辽宁、北京、天津等省市占到83.3%。东部地区实际使用外资金额占全国的86.3%。

从外资企业的收益状况看，规模以上的4万多家外资企业中有75%实现了盈利，利润总额超过了3 500亿元，其平均资产收益率达到6.4%。

我国外资依存度即利用外资总额占GDP的比重已超过40%，外资企业创造了27%的全国工业增加值，实现了57%的进出口值，交纳了20%以上的税收，引进60%左右的技术，吸纳2 400万左右就业人数，外资企业已经成为我国国民经济中密不可分的重要组成部分。积极引导外资企业在我国境内上市，实现互利双赢的格局，具有特别的重要意义。

（一）可以优化我国上市公司结构，丰富市场投资品种

外资企业的发展壮大既是我国改革开放的成果，又是改革开放的动力，已经并将继续成为中国经济的重要增长点。吸引品牌卓著、管理先进、市场化运作程度高的外资企业在境内上市，能够优化我国上市公司的结构，提高上市公司质量，提升资本市场的竞争力。而且，外资企业上市能够形成新的市场板块，为投资者提供新的投资品种和获利机会，使国内投资者能够分享其增长的成果。

（二）可以激励外资企业转变和规范经营模式，为外资企业管理引入外部约束机制

我国外资企业普遍存在股权集中度高、关联交易多、信息不透明等情况，并常常通过“转移定价”等手段大量避税。引导外资企业改制上市，利用资本市场所具有的外部约束机制和监督规范机制，将促进外资企业健全治理结构，规范经营模式，整合业务环节，提高运作的透明度，促使其

财务收益真实化、资本增值显性化，从而进一步提高我国利用外资的效率和质量。

（三）可以缓解部分外资企业融资难的问题，坚定外资特别是我国台资企业扎根中国大陆、长期发展的决心

外资企业境内发行上市，可以进一步提高其知名度，带动银行等金融机构对其融资，部分解决外资企业特别是我国台资企业在大陆的融资难问题。同时，这种以人民币筹集发展资金的方式，还可以缓解我国外汇储备增加过快以及对人民币的升值压力。不仅如此，外资企业境内上市，可以推动外资企业在资本、品牌层面的本土化，逐步淡化其对低廉劳动力和优惠税收减免政策的过度依赖，加深其国民身份认同意识，坚定其扎根中国和长期发展的决心，有利于防止外资大举撤离的拉美现象在我国重演。更值得一提的是，当前对 A 股上市较为积极的外资企业中，大部分是台资企业，这对进一步深化两岸交往、建立不可分割的经济联系具有特殊的战略意义。

（四）可以推动国内证券市场深化改革，加快我国资本市场的国际化进程

上市资源的争夺是全球任何资本市场的出发点和根本点。为增强资本市场对拟发行人的吸引力，各资本市场均致力于自身的制度建设，以树立高效、公正、透明的市场形象。争取外资企业到境内上市，对于我国资本市场的改革开放，可以起到客观推动作用。同时，随着我国加入 WTO 后金融业开放限期的临近，证券市场的全面对外开放也是大势所趋。英、美等国的经验表明，证券市场开放都伴随着外国上市公司的增加，因此，现阶段先积极引导外资企业上市，有利于我们积累经验，按国际惯例办事，树立品牌，提升竞争力，循序渐进地实现证券市场国际化的目标。

（五）可以促进券商拓展新业务，提高我国证券市场的中介服务水平

外资企业发行 A 股将为券商提供新的投资银行项目资源，增加承销

和并购重组等业务。同时，由于外资企业上市过程中涉及的问题更为复杂，往往要牵涉境外的法规体系、观念差异、与境外中介机构协作等，这就对国内券商等中介机构的业务能力、服务水平提出了更高的要求，有利于其在实践中逐步与国际接轨。

二、外资企业境内上市不存在法律障碍，但进展较慢

（一）外资企业境内上市的主要法律规定及要求

现阶段，外资企业在境内直接发行上市不存在法规与政策障碍。我国《公司法》、《证券法》等相关法规对公司发行股票上市作出了基本规定，外资企业必须同样遵守。除此之外，国家相关部委还针对外资企业上市制定了一些专门的部门规章，主要有3项：第一，1995年1月《关于设立外商投资股份有限公司若干问题的暂行规定》；第二，2001年5月《对外贸易经济合作部办公厅关于外商投资股份公司有关问题的通知》；第三，2001年11月《关于上市公司涉及外商投资有关问题的若干意见》。归纳起来，外资企业直接境内上市需要满足的基本规定主要包括：

1. 组织形式要求。外资企业要发行股票，首先必须改制成为外商投资股份有限公司。设立外资股份有限公司，需经外经贸部审查批准，外经贸部在45个工作日内给予是否批准的答复。在向中国证监会申请时，需提供通过联合年检的外商投资股份有限公司的批准证书和营业执照，要求企业上市前3年均已通过外商投资企业联合年检。

2. 发起人数量要求。设立外资股份有限公司时，发起人数量要符合《公司法》对“股份有限公司”发起人的基本要求。2006年以前，《公司法》要求成立股份有限公司必须有5个以上发起人，其中半数以上在中国境内有住所；2006年之后，新《公司法》将发起人数要求降低到了2人。

3. 发起人性质及盈利要求。设立外资股份有限公司时，至少1个发起人应为外国股东，而且至少1个发起人有之前3年的连续盈利记录。

4. 外资持股比例要求。上市发行股票后，其外资股占总股本的比例不低于10%；按规定需由中方控股（包括相对控股）或对中方持股比例有特殊规定的外商投资股份有限公司，上市后应按有关规定的要求继续保持中方控股地位或持股比例。

5. 经营范围要求。外资公司发行股票应符合国家产业政策，满足《指导外商投资方向暂行规定》与《外商投资产业指导目录》的要求。

6. 发行新股与申请上市的要求。《公司法》修订前要求股份公司发行上市前须"连续3年盈利"，"公司股本总额不少于5 000万元人民币"，"持有股票面值1 000元人民币以上的股东人数不少于1 000人"。《公司法》与《证券法》修订后已取消了上述要求，改为"具有持续盈利能力"、"公司股本总额不少于3 000万元人民币"。外资企业境内上市同样需要符合这些要求。

（二）外资企业境内上市已经起步，但进展较慢

自相关法规颁布以来，我国在引导外资企业直接境内上市方面取得了一定的突破，目前已有3家外资企业实现了发行上市，发行总股数1.36亿股，募集资金总额11.25亿元（见表1）。此外，还有一些外资企业的上市申请材料已上报中国证监会，如华映光电、斯米克等。

表1　　外资企业境内上市基本情况统计（截至2006年4月）

股票简称	外资方	上市时间	发行股数（万股）	实际募集金额（亿元）	发行前外资持股比例（%）	发行后外资持股比例（%）
国祥股份	中国台湾	2003年12月30日	4 000	2.74	45.00	27.00
宁波东睦	日本	2004年5月11日	4 500	4.32	60.00	36.52
成霖股份	中国台湾	2005年5月31日	5 100	4.19	97.48	72.80
小计	—	—	13 600	11.25	—	—

然而，与外资企业在国民经济中的地位相比较，外资企业境内上市的进展较为缓慢，与市场预期产生了较大的差距。更为突出的是，许多原本

打算在我国境内上市的外资企业，改赴我国香港、新加坡等境外市场上市融资，其中尤以台资企业最为突出。据统计，到2006年第1季度，在香港联交所挂牌上市的内地台资企业达到了43家，总市值达到数百亿美元，其中有16家为电子科技类企业。仅在2005年，就有8家台资企业在香港上市。这些企业生产技术先进，依托内地的成本优势，盈利能力较强，因而深受投资者欢迎，在香港市场上兴起了"台筹"的概念。

三、外资企业境内上市面临的制约因素

外资企业争相前往境外市场上市的热潮，与外资企业在境内上市的进展缓慢形成了鲜明的对比，从另一个角度折射出我国内地资本市场边缘化的危机，也反映出我们在引导外资企业境内上市方面还存在一些问题和制约因素。

（一）对外资企业境内上市积极意义的认识不足

过去，许多人对企业发行上市功能的认识主要局限在"融资"上，把发行上市资格作为一项巨大的优惠和关照，认为国内证券市场首先应当为国内企业服务，如果对外资企业开放，可能会有悖于国家扩大利用外资政策的初衷。而且，长期以来，我国证券市场的发行市盈率较高，外资企业发行上市更容易引发关于"外资圈钱"、"利用外资不成反被外资利用"之类的社会争议。在这种情况下，各方对于推动外资企业境内上市工作的重视程度并不太高。

（二）法规政策对外资企业境内上市还有一些特殊的规定

与国内企业发行上市相比，外资企业在必须达到各项同等的条件外，还需要满足一些特殊的要求：第一，在设立外资股份有限公司时，要求"至少一个发起人有之前3年的连续盈利记录"，这给外资企业改制造成了很大的障碍。在实际操作中，由于外资企业在过去的经营中，为了享受税收优惠，往往会运用转移定价等手段造成账面上的亏损，结果在设立股份公司这一关上就无法通过，即便要调整重新开始，时间、成本方面的困

难很大。第二，外资企业设立股份有限公司，需经外经贸部（商务部）审批，在实际运作中，审批环节的时间往往难以把握，这进一步增加了外资企业上市过程中的复杂性。第三，在对外资企业发行募资项目审核时，还要求符合《指导外商投资方向暂行规定》与《外商投资产业指导目录》的规定，对内资企业则不存在这种约束。

（三）国内证券市场的基础制度建设还比较落后，对外资企业的吸引力不足

我国证券市场的发展历史还不长，在市场深度、市场规模、监管能力、透明度及打击违规行为等方面，与海外成熟市场还有相当大的差距。同时，国内证券市场的法规制度不健全，上市公司治理结构不佳、诚信缺失的问题比较普遍。特别是2000年以来，国内市场长期低迷，投资者信心受到伤害，沪深两市总市值的世界排名从第9名下降到了第15名，直接融资比例不断下降，市场呈现出边缘化的格局。所有这些因素，在很大程度上削弱了我国证券市场的吸引力，许多外资企业从提高声誉的角度，都倾向于选择到市场形象好、制度完善的境外市场上市。

（四）国内证券市场的发行体制亟待完善

我国证券市场还处于新兴加转轨的阶段，发行管理体制还很不完善。第一，发行审批的行政管制色彩还比较浓厚，发行审核的部门多，周期长，环节复杂，透明度低，隐性成本低，不确定性大。第二，在发行审核中，往往为了政策性目标而人为地调控发行节奏甚至停止IPO发行，发行定价的市场化程度也不够，难以给发行人较为稳定的预期。第三，发行上市一体化，企业难以自主选择发行时机与上市地点。面对种种不确定性，许多拟发行的外资企业疲于应付，要么半途而退，要么改赴境外上市。一位已实现境内上市的外资企业总经理说，企业历经5年坎坷方得上市，耗费的成本和心力极为巨大，而对审核结果也难以把握。

（五）外资企业自身的经营模式也普遍存在问题

从外资企业自身的经营模式看，也存在一些不利于改制上市的因素。

一是盈利记录问题。外资企业采取转移定价避税的做法比较普遍。据国家税务总局的统计，60%以上的外资企业存在非正常亏损的情况。如果要上市，这些“虚亏实盈”的企业就要面临补税甚至罚款的代价。二是关联交易、同业竞争带来的独立性问题。大部分外资企业在设立之初是被定位为低劳动成本的加工制造、加工车间，而研发、采购和销售等业务均由境外大股东完成，这不可避免地导致外资企业在人事权、决策权方面缺乏必要的独立性，并造成与境外母公司之间严重的同业竞争和关联交易问题，从而使得外资企业在上市审查过程中遭遇实质性的困难。三是股权的独资化问题。《公司法》过去规定股份公司发起人要有5名，其中半数以上有国内居所，而许多外资企业从减少与中方文化冲突、防止利益外流等动机出发，显现出越来越强的股权结构独资化倾向（外商独资企业14.9万家，占全国外资企业总数的57.1%；外方控股企业19.5万家，占75%），因而无法满足法律要求。新《公司法》把股份公司发起人要求降低到了2人，无疑将有助于这一问题的解决。

（六）协助外资企业境内上市的中介机构的力量不足

外资企业上市过程比较复杂，会涉及境内、境外两方面的法规政策事务，目前国内能够做到同时精通境内外事务的中介机构较为缺乏。由于外资企业的股东多位于境外，而且通常涉及境外业务，这使得国内的中介机构执行尽职调查比较困难，一般只能依靠外资企业自身提供资料或者依赖境外中介机构的意见。我国证券业尚未全面对外开放，外资企业外方股东比较熟悉的境外券商还不能承担发行A股的投资银行业务，这在一定程度上也阻碍了外资企业在境内发行上市的工作。

（七）境内外观念差异、政策限制等带来的障碍

外资企业的大股东及主要高管为外籍人士，所熟悉的是境外的证券法律体系，对于公司经营运作的观念也与我国境内有一定差异，所以在理解中国证券市场的法律规定时存在一定的困难，有时他们认为在境外允许的行为，在我国境内却是不规范的。此外，有些外资来源地区对企业向外投资存在限制性的政策，最明显的就是中国台湾——如果在内地增加投资或

上市，母公司在台湾岛内就有可能受到政策性的限制。

四、强化制度创新，推动外资企业境内上市工作

（一）转变观念，提高对外资企业境内上市积极意义的认识

20多年来，中国的社会经济面貌发生了巨大的变化，经济实力比改革开放初期有了很大提高。2005年，我国GDP达到18.2万亿元人民币，位居世界第4；到2006年2月时，我国外汇储备达到8 536亿美元，排名世界第1；居民储蓄存款余额也达到15.12万亿元。这种情况说明，引导外资企业境内上市水到渠成。一方面，许多外资企业经过多年发展，在我国经济中占据了越来越高的比重，并且有了在本土融资、生根发展的内在需求；另一方面，我国证券市场的发展也需要更多的、能够体现中国经济发展成果的优质企业的加入，从而促进市场的完善与发展，为投资者提供新的投资品种。应当认识到，推动优质外资企业上市，不仅有利于外资企业本土化进程的进一步深入，而且有利于我国资本市场的长期健康发展，从而实现“双赢”的局面。

（二）进一步完善相关法规政策，不断适应新的局面

第一，可考虑在设立股份有限公司的环节上，给予外资企业国民待遇，取消关于“之前3年连续盈利”的要求，从而降低有境内上市意向的外资企业的改制难度。第二，简化外资企业设立股份有限公司时在相关部门的审批程序，缩短审批时间。第三，《中外合资经营企业法》规定中外合资企业法定的组织形式为有限公司，而我国《公司法》规定上市公司须是股份有限公司，虽然《关于设立外商投资股份有限公司若干问题的暂行规定》以行政规章形式暂时解决了该冲突，但仍有待以法律形式来确认股份有限公司可以作为中外合资经营企业的组织形式。

（三）以台资企业为境内上市的重点突破口

自2001年《关于上市公司涉及外商投资有关问题的若干意见》颁布以来，对境内上市最为积极、操作可行性最大的当属台资企业群体。虽然

在颁布该意见时的政策初衷是倾向于财富500强之类的国际知名企业，但除联合利华、汇丰控股曾短暂地传出上市意向但并无实质行动外，绝大多数欧美跨国企业对在我国国内发行上市的态度总体上并不积极。这些公司大多是将内地作为其全球战略布局中的一个环节，如果为了上市而必须进行改制、分散控制权，会感觉得不偿失。而且这些跨国企业往往已经在多个海外市场挂牌上市，融资渠道广阔，对于在内地上市融资的需求并不迫切。相比而言，为数众多、与内地语言文化背景相通的台资企业的情况则不然。据统计，内地的台资企业已有数万家，其中有不少具备相当规模的企业技术管理水平先进、盈利状况优良，而且由于台湾方面的投资政策限制，在台湾岛外进行融资的需求也较为迫切。相对于大型跨国公司，台资企业的业务在内地比较集中，独立性相对较好，还有些台资公司几乎完全靠内地市场发展起来，企业家自身具有浓厚的内地情结，因此对境内上市的热情较高。从实际情况看，在积极谋求内地上市的外资企业中，也是以台资企业占大多数。此外，吸引台资企业上市，对于进一步深化两岸经济文化联系也具有特殊的作用和意义。

（四）深化发行上市体制改革，逐步实现向注册制过渡

在完善法律制度的基础上，实行证券发行注册制，以及发行上市审核分离，是海外成熟市场的普遍经验，也是我们需要努力达到的目标。为此，一是要端正审核理念，贯彻落实《行政许可法》的精神，尽量取消不符合要求的行政许可，尽可能不新设定行政许可。二是要按照国务院《关于实施〈国家中长期科学和技术发展规划纲要〉若干配套政策的通知》的要求，不断推进以市场化为导向的发行体制改革，简化发行审核程序，缩短企业上市所需要的周期，切实降低企业的发行上市成本。三是要根据新修订的《证券法》的精神，强化证券交易所在上市审核方面的职能，实现市场化的选择、监督机制，赋予发行主体自主选择发行时机和上市地点的权利，逐步实现与国际惯例接轨。

（五）促进外资企业转变经营模式，以发行上市实现长远发展

通过加大宣传推广的力度，鼓励外资企业进一步转变经营模式，实现资本、品牌层面的本土化。通过境内上市，一是能够通过直接融资解决人民币资金需求，实现资本扩张；二是能够完善治理结构，从长远上解决一些外资企业在规模扩张中已经出现的内部治理制约问题；三是可以增加在东道国居民中的心理认同感和知名度，改善企业形象；四是可以实现对本地管理人员的股权激励机制，增强企业的凝聚力。目前，在宣传、推动外资企业境内上市方面，民间的商业机构努力程度更深。

（六）树立“优质、法治、诚信、低风险、多层次、创新型”的市场形象，提高国内市场吸引力

第一，应当在解决股权分置问题的基础上，尽快恢复国内证券市场的融资造血机制，特别是要将优质企业留在国内，增强证券市场在国民经济中的作用与地位，树立“优质市场”的形象；第二，要不断完善证券市场相关法制建设，并切实做到“依法办事、依法治市”，树立“法治市场”的形象；第三，提高监管的效率和水平，履行公开、公平、公正的原则，促进公司提升治理结构和质量，提高对投资者的保护，树立“诚信市场”的形象；第四，大力发展债券与期货市场，完善资本市场结构，降低系统性风险，树立“低风险市场”的形象；第五，加快建设针对不同特点企业的市场板块，尤其是面向广大中小企业、科技型企业的新市场体系，并通过相应的转板、退市机制来实现市场的优胜劣汰，树立“多层次市场”的形象；第六，鼓励各种交易制度、结算制度的创新，不断增强市场活力，树立“创新型市场”的形象。

（七）加快证券市场中介领域的对外开放

针对外资企业境内上市中遇到的中介机构力量不足的问题，可以尝试加快该领域的对外开放，迅速提高国内市场的中介服务水平。例如，目前已有多家台湾券商在积极开展对内地台资企业的投资银行业务，但由于没有内地市场的经营牌照，他们只能将台资企业纷纷推向境外市场。在2006 年 4 月 15 日“两岸经贸论坛”通过的《共同建议》中提出“鼓励两岸金融行业的从业者和组织就双方金融机构相互准入有关业务技术性安排

进行进一步研究”，如果能在台湾、香港券商在投资银行业务上先行试点，分阶段开放，将有利于在台资企业A股上市方面取得较大突破。当前，中国台湾许多券商已经在内地设立了代表处，可以考虑通过一定的制度安排，拓宽其职能，让其在台资企业改制上市的前期阶段及境外业务调查、出具证明意见等方面发挥作用，在后期阶段再通过与国内券商合作执行申报程序等。

中国台湾地区股票发行向注册制过渡的经验*

2006年1月11日，我国台湾地区公布了修订后的“证券交易法”，其中有关股票发行审核的第二十二条规定：“有价证券之募集及发行，除政府债券或经主管机关核定之其他有价证券外，非向主管机关申报生效后，不得为之。”这意味着股票发行审核已由核准制全面过渡到注册制，完成了该地区股票市场制度建设的一次重要飞跃。

核准制与注册制的本质差别不在于公开信息披露程度、审核标准等方面，而在于公开发行权利是政府授予还是法律赋予。核准制认为，公开发行上市是公司的一项特权，须得到主管机关的授予，即“举证责任”在发行申请人，申请人必须提供足够信息，来证明其发行符合公众利益，以得到审核机关授予的发行权利；注册制认为，公开发行上市是公司的一项一般权利，法律规定公司自然享有，除非发行上市可能损害公众的利益，政府才能限制或者剥夺，即“举证责任倒置”，主管机关须根据申请人提供的信息证明其发行可能损害公众利益，否则就不能剥夺申请人公开发行的权利。

自1968年“证券交易法”颁布以来，台湾地区股票发行审核一直采用核准制，直到1988年“证券交易法”第一次大规模修订才开始引入注册制，使股票发行审核兼有核准制和注册制。此后，注册制的成分逐步加大，直至最后全面采用。过渡到注册制是台湾地区股票发行审核制度不断改革的结果，其经验值得借鉴。

第一，对核准制与注册制本质的正确认识，是向注册制过渡的首要条

* 本文是《证券市场导报》2007年第7期“编者絮语”。

件。注册制强调“举证责任倒置”，本质上是对政府权利的一种有效限制，也是对企业法人权利的充分尊重。在社会法制意识深入人心、维权意识充分得到认可的社会氛围下，发行审核采用注册制才有可能。只有在特殊行业，“举证责任”才必须由申请人承担，不过后果也是“大相径庭”的。1962 年，美国国会通过《凯弗维尔－哈里斯修正案》，要求有新药上市的药厂必须向联邦药检局（FDA）提供药物副作用和中长期毒性的数据，同时还必须向 FDA 证明该药物确实具有疗效。该法在保证新药安全性和有效性的同时，客观上也导致药厂平均耗费 10～15 年的时间和 8 亿美元的资金才能上市一种新药。

第二，相关机构持之以恒的大力推动，是发行审核向注册制过渡的重要保证。台湾地区向注册制的过渡缓慢而艰辛：起初只是引入注册制的成分，随后逐渐增加注册制的比重，最终演化到完全采用注册制，共历时 18 年之久。在这个时候，相关机构矢志不渝地坚持该方向，并积极采取了许多具体措施，比如简化有价证券募集与发行的审核程序，加强发行公司财务及业务状况的公开，增加发行人虚假公告的民事赔偿责任等，最终在一个比较合理的时间内达到目标。

最大程度满足企业的融资需求，促进多层次资本市场体系建设，是注册制的直接结果之一。台湾地区多层次股票市场格局的形成，与其股票发行审核向注册制过渡密切相关。1963～1968 年，台湾地区曾短暂实行“强制上市制度”，规定公司公开发行股票后，必须向证券交易所申请上市，这在客观上导致仅有台湾证券交易所一个市场。1968 年“证券交易法”颁布后，尽管公开发行公司可以选择不在交易所上市，而仅在场外市场交易，但是由于发行审核采用核准制，因此，为数不多的通过公开发行审核的公司，几乎毫无例外地选择到交易所上市交易，场外市场长期得不到发展。直到 20 世纪 80 年代发行审核开始向注册制过渡后，通过公开发行审核的公司增多，场外市场才逐渐发展起来，最终在 1989 年 12 月开始恢复柜台市场；1994 年 11 月 1 日又成立“证券柜台买卖中心”，形成“上柜股票市场”；2002 年进一步设立“兴柜股票市场”。由此可以看出，只有发行审核引入注册制，才能最大程度满足不同类型公司的融资需求，并客观上导致公开发行公司的数量增加，需要设立不同层次股票市场以满足其股份转让需要。

中国新经济企业聚集纳斯达克*

自1999年2月广东数码无线电话企业“侨兴环球”在纳斯达克上市以来，新浪、网易、携程、盛大、百度等起初名不见经传的小公司，借助于纳斯达克市场这个平台发展成为国际知名企业，收入、利润和市值呈爆炸式增长。2007年5~6月，中电光伏、展讯通信相继在纳斯达克市场登陆。至此，2007年在纳斯达克上市的中国公司已达11家，超过2006年全年9家的上市数，中国公司特别是新经济公司赴美上市掀起第三次高潮。

纳斯达克吸引中国新经济企业的优势表现在：（1）便捷快速的发行审核程序。根据美国《证券交易法》，在美国证券交易委员会注册成功的证券，或者获得豁免权的证券，就可以在纳斯达克上市，而注册过程只保证发行人诚实地对外披露信息，不对发行人或证券本身的优劣做出判断。（2）灵活的上市门槛。纳斯达克市场认为，“决定一个公司是否满足上市标准的是投资者，而非纳斯达克”。所以，对于一个创业企业而言，不论其规模、盈利和历史，只要满足投资者要求、获得投资者认可，就能在纳斯达克上市获得资本。（3）对行业龙头企业较高的估值溢价。2007年，到纳斯达克进行首发融资的中国公司发行市盈率平均达到75倍，其中晶澳太阳能更创下167倍的最高记录。相比之下，深圳中小板80%左右的公司发行市盈率集中在20~30倍之间。（4）督促企业逐步完善治理结构。通过海外上市、引入国际投资者，在一定程度上可以促使企业提升公司治理与透明度，在规范运作方面实现与国际标准的接轨，从而提高信息披露、盈利能力与风险管理水平。

中国企业赴纳斯达克上市之路喜忧参半。“喜”指的是无论20世纪

---

* 本文是《证券市场导报》2007年第8期“编者絮语”。

末还是现在，中国资本市场始终没有建立起支持新经济发展的平台；与此同时，不少成立时间短、盈利不稳定但是有高成长潜力的新经济公司借助纳斯达克市场融资并逐步发展壮大。从这种意义上说，是纳斯达克市场成就了中国的门户网站和新经济。“忧”指的是中国新经济企业在纳斯达克上市后的发展蔚为壮观，而广大国内投资者却不能享受到本国企业成长的果实，更严重的是，有的企业甚至可能涉及中国的经济安全。

中国新经济企业在国内资本市场深化改革、加速发展的时期，仍然选择赴纳斯达克上市，表明我国资本市场在清除股权分置差异后，依然与成熟市场在许多方面有巨大差距，需要总结、反思和借鉴。

一是需要拓展多层次资本市场体系的深度和厚度。纳斯达克股票市场从高到低分为三个层次：纳斯达克全球精选市场、纳斯达克全球市场以及纳斯达克资本市场，适合不同情况的企业上市。同时，纳斯达克还建立了科学的转板机制，既有效地实现了优胜劣汰的目标，又保持了整个市场体系的活力与质量。

二是需要明确注册制是增强交易所竞争力的前提。新时期，交易所争夺上市资源日趋白热化，注册制早已成为全球惯例。注册制只对申请材料进行形式审核，从而避免了审核效率低、标准不统一、结果不可预测等问题。

三是需要充分发挥中介机构的作用。纳斯达克的成功运作，还依赖于风险投资公司、投资银行、律师事务所、会计师事务所等中介机构的勤勉尽责和通力合作。在注册制以信息披露为核心的审核原则下，中介机构与上市公司一样，在“诚实披露、反对造假”中承担主要责任，这使得这些机构有动力去尽自己的一份职责，督导上市公司讲究诚信、讲究自律。当然，在这个过程中，加大处罚的执行力度也是非常必要的。

四是需要健全和完善证券市场法律体系。美国发行过程的注册制及上市过程的形式审核，都是建立在一个比较完善的法律体系基础上的，并且以有效的惩罚执行能力作为保障。只有不断推动相关法律的制定与完善，切实明确发行及中介机构对欺诈行为的民事赔偿和刑事责任，强化证券监管机构的调查权和司法权等，才能从根本上促进资本市场规范健康发展。

完善证券市场基础设施，推动资本市场建设*

证券市场的基础设施有广义和狭义之分。广义而言，指为证券发行和交易服务的各种法律法规、制度规则、风险管理、技术标准、后台支持等方方面面；狭义而言，包括使证券发行、交易、登记、清算和托管的顺利进行所必备的技术系统及其与之相配套的IT治理。下面就狭义的基础设施问题谈三点看法。

一、基础设施对资本市场的发展至关重要

随着技术进步的不断发展，证券业不断利用先进技术，特别是电子信息技术来完善自身的基础设施建设。目前，世界范围内的证券市场已基本实现了证券发行和交易的电子化和无纸化；开户、登记、清算和交收系统实行电子化一条龙服务。基础设施建设的完善，降低了证券交易、信息和数据处理与发布的成本与时滞；有效实现了资金流与信息流的统一管理，拓展了风险控制途径；促进了各类衍生金融产品的创新，为跨市场交易提供了便利，拓展了证券市场的广度与深度。与此同时，随着电子信息技术在证券市场越来越广泛而深入的应用，证券市场的健康稳定发展也越来越依赖于技术系统。现代证券市场正常运转的每个环节，从发行、开户、委托、交易、登记、清算、托管，甚至到市场监察等，都高度依赖于技术系统。证券市场对技术系统的依赖，在新兴市场尤为突出。

正是看到了资本市场全球化的发展和信息技术在证券业中越来越广泛

---

* 本文定稿于2007年9月3日。

而深入的应用，以信息技术为核心的技术系统建设已成为交易所的一项核心竞争力。各国交易所纷纷在采用新技术、开发新系统上投入了大量资源，不断加大在系统建设及相关项目上的投资。比如，1968 年全美证券交易商协会开发出第一套电子交易系统，即纳斯达克系统；1997 年 11 月德国交易所推出耗资 1.5 亿马克的电子交易系统 Xetra；泛欧交易所的交易系统供全世界 20 多家交易所使用；纽约证券交易所斥巨资开发 NYEX OpenBook tm 等交易系统；纳斯达克打造超级蒙太奇混合交易系统等等。

但是，我们也看到，基础设施建设投入不够，技术系统的容量设计不足，以及技术系统管理滞后，均会对市场正常运转带来不利影响。1968 年在美国股市“沸腾的岁月”，出现了美国后台文书工作危机，就是因后台打印机跟不上进程引发危机。1968 年 10 月，牛市强劲抬头，纽约证券交易所出现历史上第二个和第三个突破 2 000 万股的日交易量。当时的后台办公室被称为“笼子”，是一个并不令人愉快的压抑的工作场所。这里通常只有少得可怜需要重新上漆的破旧餐桌、抽屉把手松动或干脆掉了把手的办公桌、坏掉的打字机和吱吱嘎嘎的转椅。为了履行它的唯一职责——记录并转移与前台办公室所做交易一致的钱和股票权证实物——它又被分成名目繁多的部门，取的也都是毫无激情的名字，如“收发部”、“装箱及保管部”、“装票部” 和“更新股票记录部”。这部复杂机器的运转需要许多琐碎的工作同时完成。一个华尔街人描绘道，股票权证“堆到了女卫生间的水管上、垃圾篓下面以及用来放旧信的橱柜里面”。在这样的工作环境和条件下，随着股票市场交易量的急剧放大，账账不符、账实不符成为常事。有一名账户上只有几千美元的小投资者写信说，他的经纪商不断寄给他账单，说他买了价值 100 万美元的债券，而且他反复申诉，账单总是没有得到更正，当然，他不可能收到债券。一个周薪 60 美元的后台员工受到随意堆在他们周围的可转让证券的诱惑，偷走了价值数百万美元的证券。因此，当时也有人评论道：“说 1968 年的华尔街像早年的血汗工厂主一样，用自鸣得意、贪婪和缺乏远见抹了自己的脖子，是完全公平的。不过，解决办法只在理论上是易行的。两项简单的措施就可以预防这次大混乱：后台操作自动化和取消股票实物权证。”①

2000 年 12 月 5 日，伦敦证券交易所因股票价格咨询读取系统出现故障，致使整个交易所的运转陷入瘫痪长达 8 小时之久。2006 年 1 月，东京证券交易所因“活力门事件”导致卖压涌现，系统负荷沉重，不得不提前收盘。

技术系统建设的种种经验和教训反复警示我们，证券市场基础设施建设是证券市场健康发展的基础。

二、基础设施建设是市场发展的重要内容

（一）深交所技术系统日趋完善

中国证券市场属于发展中的新兴市场，一开始就高度依赖于技术系统的进步和变革，这使得我国证券市场的主要技术手段在世界范围内得以保持较高的先进性。可以这样说，技术系统建设与产品创新、制度创新一样，成为我国资本市场发展的重要内容。最近，我国证券市场技术系统经历了一轮牛市带来的交易量剧增的考验。2007 年 6 月 13 日是当时市场的日交易峰期，深交所技术系统委托笔数达到 1 448 万笔，成交笔数 1 060 万笔，成交金额 1 779 亿元。同一时期上海证券市场的峰值更大。

深交所技术系统大体经历了 4 个大的发展阶段：第一阶段是微机网络交易阶段，日处理能力提高到 8 万笔；第二阶段是大机硬盘交易阶段，日处理能力提高到 200 万笔；第三阶段是大机内存撮合交易阶段，日处理能力提高到 1 000 万笔；第四阶段是多层次资本市场证券交易阶段，日处理能力提高到了 2 000 万笔。

经过十几年的信息化建设，深交所的技术系统已日趋完善，为我国证券市场的快速发展提供了强有力的支撑。这套技术平台以交易通讯系统为核心，以市场监察、中心数据库和业务管理系统为支撑，以办公系统为内

① ［美］约翰·布鲁克斯：《沸腾的岁月》，中信出版社 2006 年版，第 141～142 页。

部运作平台，加上专用通信平台和互联网平台作为关键通信纽带，服务于广大的市场参与者。在这套平台的建设中，我们有三点基本的体会：

1. 要充分考虑本国市场的特色。我国资本市场是一个以散户为主的市场，技术系统的订单处理能力是市场发展的决定因素。当前，深交所交易系统持续订单处理能力已经达到2.1万笔/秒，全天可处理超过1亿笔的成交记录，这在世界上都是难以想像的。同时，系统还能够对投资者账号进行有效性检查，对股份卖空和券商总买入资金进行控制，实现实时的前端交易风险控制，这也是大部分国外交易系统所没有的。

2. 要有一定的前瞻性、扩展性和灵活性。深交所技术系统历经四代发展，扩展性和灵活性已经成为其本质内涵。第四代证券交易系统采用了MMP结构的主机，且每只证券具有独立的订单簿和撮合进程，具有更强的扩展性。另外，由于基于规则和参数驱动，故系统具有良好的适应性和灵活性。

3. 技术系统升级换代的连续性。深交所在技术系统的发展历程中，把现有技术系统的完善和优化放在优先位置，及时满足市场创新的需求。这样，新技术系统脱胎于上一代技术系统的生产实践，能够很好地继承上一代系统的优点，弥补上一代系统的不足。

（二）深交所技术系统存在不足

当然，与海外主要证券市场相比，深交所现有技术系统也存在着一些不足之处：

1. 系统的开放性不足。系统的市场交易功能比较单一，不能支持差异化、多样化的交易模式。主要体现在：委托订单类型相对比较单一；不能支持做市商报价交易或混合交易方式。

2. 系统的整体性不够。还需要进一步强化前端交易、通信系统与后台结算、市场监察、业务管理等系统间的无缝对接，构成适应性更强的高效直通式处理架构。同时，在信息数据的开发与利用方面，还存在明显的不足，尚不能为市场提供内容丰富的信息增值服务。

3. 系统的覆盖面还不宽广。系统支持了股票、基金、债券、权证等产品的交易，但没有涵盖到其他衍生产品；支持了场内交易，但没有充分考虑到场外交易市场的需要；支持了境内的证券交易，但没有连通到境外交易产品。

上述不足和滞后需要引起我们的高度重视，并下气力加以妥善解决。

三、加强基础设施建设，确保市场安全运行

中国资本市场股权分置改革完成后，深交所根据市场交易量成倍增长、交易品种日益创新的新情况，狠抓技术系统建设，启动了第五代交易系统建设，强化了交易、通讯、信息、监察和结算等各个技术环节的衔接，严格落实了技术岗位的风险控制意识和责任制，以确保市场安全运行。

在中国资本市场快速发展的新时期，在资本市场高度依赖技术系统的时刻，围绕多层次、多品种、跨市场的基本目标，深交所将致力于打造一个具有更高的效率、容量和安全性，更强的可扩展性、业务适应性的技术系统，以涵盖现货与期货、国内与国际、前端与后端，实现无障碍连接。为此，在基础设施建设上应该注意以下几个问题：

（一）市场发展与产品创新首先要考虑技术的可实现性

无论是制度创新还是产品创新，无论是规则制定还是市场发展，都必须充分考虑技术的可行性，并在设计方案时为技术系统开发与测试预留足够的空间与时间。

（二）坚持成本效益分析，确保基础设施的先进性

在成熟市场，交易系统的开发和资金投入不遗余力，以便在日益激烈的国际竞争下保持技术系统的先进性。这一点尤其值得我们学习和借鉴。当然，我们需要从自身的实际出发，强化成本控制，切实推进证券市场基础设施建设。

（三）注重技术的适应性、可靠性和兼容性

适应市场发展和业务创新的需要、适应投资者需求的变化，是技术系

统建设和升级换代的根本途径。确保发行上市、交易运营、信息服务、市场监管和内部管理等安全，是技术系统可靠性的最基本要求。在此基础上，还要注意技术的兼容性，做到前端交易、通信系统与后台结算、市场监察、业务管理等系统间的无缝对接。

（四）注意盘前、盘中、盘后作业的配合衔接

市场盘后作业是指在交易闭市后，各市场参与者主体对当日交易数据所进行的一系列后续处理作业流程，如股份结算与资金清算交收、技术备份、准备次日交易的系统环境等。在市场快速发展的情况下，交易所、结算公司、证券公司尤其要注意市场盘后作业的风险，尽力提高市场盘后作业运行效率，并制定盘后作业应急预案，完善整个市场的应急机制。

（五）强化 IT 治理，革新 IT 理念

技术系统的进步，基础设施的完善，需要我们在管理理念、管理体制、管理能力以及管理者自身素养的提高上下工夫。证券市场上由技术系统引起的危机与风险，有些是技术系统硬件的缺陷与不足造成的，但更多的是管理者或操作者的失误与疏漏引起的，与管理体制和责任心密切相关。在我国交易、结算分离的运作模式下，交易、结算各方的密切配合与沟通，也是降低风险与失误的重要保障。

总之，借鉴海外市场的经验与教训，加强基础设施建设，构建一个具有更高的效率、容量和安全性，更强的可扩展性、业务适应性，能支持多层次、多品种、跨市场的、先进的基础设施平台体系，是时代赋予资本市场的光荣而神圣的使命。

转融通是资本市场一项基础性制度建设*

转融通是资本市场一项基础性制度建设，具体表现为：

一是可以提供方便安全的“空中加油”。转融通方案旨在对合格的综合类证券公司和合格的投资人以资金和证券支持，增加了证券市场正常的资金供应，将来还可望为证券公司IPO承销、配股和增发、资金交收清算等提供过桥贷款，完全可以看作为战斗机的“空中加油”。

二是可以盘活各方暂时歇息的存量股份。股份的可转让性是股份与生俱来的特征，它是股份公司和现代企业制度赖以建立和发展的基石。转融通业务通过证券金融公司的股份借贷活动，在一定程度上满足了这一要求，反映了证券化的内在要求和本质属性。因此，转融通业务在增强证券市场流动性的同时，增强了证券市场的深度和厚度。

三是可以提供资本市场与货币市场局部连通的渠道和机制。在目前国家实施分业经营和他业监管的前提下，通过集中化的证券金融公司的设计及合法融资融券与转融通的制度安排，改变了目前证券市场与货币市场没有正常连通机制以及无序连通的状况；通过证券金融公司集中统计监测，还可以增强中央相关部门对资本市场和资产价格市场化的宏观调控能力。

四是可以为相关各方提供新的盈利空间。与境外成熟市场相比，目前我国证券公司盈利模式单一、雷同和简单，这个格局将随着融资融券特别是转融通业务的开展而有所改变，从而增加证券公司的竞争力和差异化。

五是可以探索中国特色信用交易、卖空与揭黑相结合的道路。信用交易、卖空与揭黑相结合，在境外已经有一套相对成熟的制度安排，已经被实践证明是净化资本市场环境、促进上市公司规范经营和诚信运作、提高

---

* 本文定稿于2010年11月4日。

资本市场吸引力的重要举措，我国转融通制度的设计及未来的完善，可望为这一制度安排探索一条道路。

总之，转融通业务是现阶段资本市场一项重大的制度创新，无疑会有利于推动我国建设功能强大、结构完善的资本市场，有利于从制度上增强证券市场服务于国民经济、服务于加快经济增长方式转变的能力，使资本市场在中国经济持续增长和中华民族伟大复兴中发挥更大和更积极的作用。

第四部分 市场对价：神农尝百草，股改显神功

关于国有股配售的几点意见*

中发［1999］12号文件提出："选择一些信誉好、发展潜力大的国有控股上市公司，在不影响国家控股的前提下，配售一部分国有股筹集资金。"这是党中央、国务院根据目前我国经济的实际情况提出的下半年经济工作综合对策中的一项重要政策。对此，我们进行了一些研究，现报告如下。

---

* 本文是中国证监会政策研究室与基金监管部合作，笔者作为主要起草者于1999年7月28日定稿，原载于中国证监会政策研究室编：《证券市场政策报告1999》。报告提出了国有股配售的重要价格依据：国有股配售价格可考虑按平均10倍左右的市盈率计算。这得到了会领导的首肯。朱镕基总理提笔将平均10倍左右改为10倍以下。但在实际操作试点过程中，财政部门却将它变成为单个配售企业3年平均10倍市盈率。请注意，前一个平均10倍是指所有试点企业配售价格平均不超过10倍，即个别的企业可以超过10倍，但绝大部分只能在10倍以下。面对这一价格优势，当时的市场状况变成为，预期参加配售的公司，二级市场股价会上涨。而后一个3年平均则使配售当年的价格明显上升，配售当年市盈率超过了10倍。首批试点的重庆嘉陵和黔轮胎都是这样。出于自身利益而临时改变游戏规则，致使一度被视为利好的配售变成为实实在在的利空，最后配售不得不宣布停止。

一、国有股配售的范围

国有股配售是指将上市公司部分国有股权定向出售给投资者变现，国有股逐步实现上市流通的行为。据统计，到1999年6月底，我国境内上市公司共有898家，总股本为2 755.5亿股。国家股为940.9亿股，占34.1%；国有法人股为782.6亿股，占28.4%。

根据中发［1999］12号文件要求，我们对可供配售的国有股范围进行了初步测算。在已上市公司中，国家股比重超过70%的国有控股上市公司有79家。按照信誉好、发展潜力大的要求，我们从中挑选了每股收益在0.30元以上的绩优公司42家。这42家上市公司总股本为186.89亿股，国家股为147亿股，占78.7%，每股收益平均为0.43元，每股净资产平均为2.98元。如考虑将这42家上市公司国家股比例从70%以上降至50%，不影响国家控股，则可供配售的国家股为46.4亿股（见表1）

表1　　42家上市公司基本情况

42家上市公司	总股本（亿股）	国有股（亿股）	流通股（亿股）	可配售数（亿股）	净资产（亿元）	净利润（亿元）	平均市盈率（倍）	平均股价（元）
总计	186.9	147	41.7	46.4	556.0	80.4	27.12	11.62
平均	4.45	3.5	0.99	1.10	2.98	0.43	27.12	11.62

二、国有股配售定价

确定合理的国有股配售定价，是国有股配售工作顺利进行的关键。我们认为，国有股配售定价，既要防止国有资产流失，又要兼顾投资者利益，因此应遵循两个原则：一是基价原则，即以上市公司净资产值为基础；二是溢价原则，即在净资产值的基础上考虑适当溢价。

根据上述两项原则，结合我国目前证券市场的实际情况，我们初步计算，国有股配售价格可考虑按平均10倍左右的市盈率计算。据此，目前可供配售的42家上市公司国家股将变现资金200亿元。主要理由是：(1) 按10倍市盈率算，配售价比平均每股资产净值溢价44.3%，如考虑企业在改制上市过程中，国有资产已经评估增值30%，溢价发行增值80%，总溢价水平实际可达到150%以上；(2) 近年来，场外协议转让的国有股一般均在3元左右，比净资产值溢价10%~20%，按10倍市盈率作价高于场外协议转让国有股溢价水平；(3) B股和H股的发行市盈率大体在10倍左右，也可作为一种参考；(4) 这两年国有企业的盈利大户投资回报率约为10%，按市盈率口径算，大约也是10倍。

当然，上市公司的情况各有不同，不同公司的配售定价也不可能完全相同，必须根据市场情况和上市公司的业绩、行业背景及成长性加以区别。

三、国有股配售方式与上市流通

国有股配售大体上有三种方式可供选择：一是将上市公司的国有股直接向二级市场投资者配售，配售后立即上市流通；二是将国有股配售给机构投资者，持有一段时间后逐步上市流通；三是将每一个上市公司需要配售的国有股分为两部分，小部分国有股根据基价原则配售，即以净资产值的价格配售给持有该股票的老股东，大部分根据溢价原则配售给机构投资者等新股东。我们认为，第一种方式对投资者承受能力、二级市场股价波动及新股发行筹资均会形成较大冲击；第二种方式可以有效缓解对市场的压力，但一般的投资者既无法分享配售的利益，又无法弥补因配售引起的股价变化；第三种方式能较好地解决上述矛盾和问题，比较稳妥。

对上述42家国有控股上市公司的46.4亿国家股具体配售方案，我们有如下考虑：

第一，42家国家股的配售在1年内完成，平均每月3~4家，按10倍平均市盈率计算，变现资金200亿元。

第二，将每家上市公司的国家股分为两部分：30%配售给已持有这些上市公司股票的老股东，配售价以平均每股净资产值计算，市盈率平均为6.9倍；70%配售给以基金为主的机构投资者等新股东，市盈率平均为11.3倍。两部分平均市盈率仍为10倍。这样做，老股东可以得到补偿，机构投资者乐于接受，国家变现200亿元资金的目标不变。

第三，配售给老股东的30%部分配售后直接上市流通，配售给机构投资者等新股东的70%部分分5年逐步上市流通。这样安排，是为了尽可能避免配售的国家股集中上市，分散对二级市场的压力，同时又满足投资者特别是老股东对流动性的要求。

第四，30%配售部分共需配售国家股13.9亿股，每个交易日上市流通579万股；70%配售部分共需配售国家股32.5亿股，每个交易日上市流通270万股。两项合计，1年内每个交易日上市流通大约850万股，对市场影响不大。

第五，还可以考虑70%配售给新股东部分配售半年后即可上市，但每个交易日进入市场的流通量应不超过总量的0.1%，即每个交易日有325万股入市，大体有1 000个交易日就可以分散处理完毕。

四、国有股配售的资金来源

国有股的配售必须有新的资金来源，可以考虑：

第一，设立主要投资于国有股配售的证券投资基金。国有股配售有较稳定的现金流，在银行几次降息后，对投资者特别是机构投资者有吸引力。建议根据《证券投资基金管理暂行办法》，设立国有股投资基金。其中，不低于50%用于国有股配售。

第二，允许保险资金和养老基金拿出一定比例的资金，通过购买国有股投资基金参与国有股的配售，这既拓宽了国有股配售的资金渠道，又使保险资金和养老基金在银行几次降息后有了比较稳定的投资渠道和资金保值增值手段。

第三，允许新股发行企业用自有资金或募股资金一部分、已上市公司用自有资金或配股资金一部分参与国有股的配售。两者如产业结构相同或相关联，可以鼓励参与配售的上市公司作为长期股权投资。

五、国有股配售应该把握的基本原则

国有股配售，是部分解决历史遗留问题和完善法人治理结构的需要，是筹集经济建设资金和实现国有企业战略性调整的需要。但国有股的上市流通，涉及方方面面，敏感性强，对二级市场会形成一定的影响。因此，在政策和方案的制定过程中，必须把握以下几个基本原则，在试点的基础上稳步推进：

第一，不影响国家控股。在初期试点阶段，国家控股宜为51%的绝对控股。待取得成功后，可以考虑30%及以下的相对控股。

第二，保证市场平稳发展。国有股配售应尽量避免对二级市场造成大的冲击或影响。1999年5月19日以来，尽管我国股市出现了正常的恢复性上升和发展，但市场依然十分脆弱。因此，国有股配售政策的出台一定要瞻前顾后，充分考虑市场的承受能力。

第三，不能造成国有资产流失。国有股是普通股的一种，从理论上讲应该同股同利，同股同权。但由于历史原因，国有股的价值未能得到市场的承认。因此，国有股配售时，必须充分考虑到这个现实。应以上市公司净资产值为基础，确定合理的国有股配售定价，保证国有资产不流失。

第四，保护投资者利益。长期不流通的国有股上市会影响社会公众股的利益，因此，在保障国家利益不受侵犯的同时，必须兼顾投资者的利益。

国有股减持，利好？还是利空？*

目前，市场上有一种观点，认为国有股减持就是国有股将会全部上市流通，是重大利空。其实，这种认识是不对的。鉴于国有股减持已成为投资者关注的一个焦点，在此也谈谈我们的看法。

一、国有股减持并非都上市流通

据分析，国有股减持可以有多种方式，如现金回购、资产剥离和股权注销、场外协议转让和配售等。通过现金回购、资产剥离和股权注销等方式减持的国有股，就不会上市流通；通过场外协议转让方式，一部分非国有企业出于控股或借壳的目的，受让了一部分国有股，其所持股份也不会上市流通。目前可以上市流通的减持方式只有配售一种。

二、国有股配售是有条件的

所谓国有股配售，是指将上市公司部分国有股权定向出售给投资者，国有股逐步实现上市流通的行为。据我们了解，按照《公司法》的有关规定和中央提出的一系列政策，有资格进行国有股配售的上市公司，至少需要具备以下 4 个方面的条件：一是必须遵循证券市场的有关规定。《公司法》第 147 条规定："发起人持有的本公司股份，自公司成立之日起 3 年内不得转让。"二是必须是一些"信誉好、发展潜力大的国有控股上市公司"，一些管理不善、资产质量较差、发展无后劲的上市公司将与配售无缘。三是在不影响国家控股的前提下进行。在现阶段，不影响国家控股

* 本文定稿于 1999 年 8 月初。

可以理解为是51%的绝对控股。四是国有股配售政策的出台一定要瞻前顾后，充分考虑市场的承受能力，保证证券市场的稳定发展。

从有关部门透露的信息看，国有股的减持将从股权结构相对简单、国家股比例过大的上市公司开始。据此初步测算，目前国家股比例在51%以上的上市公司有267家，同时满足上述4个条件，有资格进行国有股配售的上市公司大体为40多家。将这40多家上市公司国有股从目前62.3%平均水平减到51%，大约减持国有股20亿股左右。相对于1 000多亿流通股而言，这20亿股只占2%，数目不大，而且只能是分期分批逐步加以解决，应该说对市场的影响十分有限。

三、国有股配售定价将兼顾国家和投资者双方的利益

确定合理的国有股配售定价必须遵循的基本原则是：以上市公司净资产值为基础适当溢价。依据这个原则确定的国有股配售价格，好处是十分明显的。一是这个价格同二级市场价格有相当的差距，投资者有较大的获利空间；二是国有股在企业改制上市过程中，经过评估和溢价发行已经有较多溢价，按每股净资产确定价格充分体现了国有资产的保值增值。目前，场外协议转让和股份回购已经大量运用，效果较好，有关部门也予以认同。

在上述定价的基础上，对于配售的国有股，可以考虑将其分为两个部分：一部分向原股东配售，原股东根据自愿原则认购，认购后即可上市流通；一部分向机构配售，但须经过一定时期，才允许按规定的数量分期分批地流通。为了做好配售时期市场的供需平衡，除允许现有证券投资基金以及国有企业、国有控股公司和上市公司参与配售外，还可以考虑设立主要投资于国有股的证券投资基金。

中国证券市场是一个年轻的新兴市场，没有现成的经验可供借鉴，需要我们不断地研究、探索和实践。我们相信，只要大家共同努力，就一定会把证券市场的事情办好。

关于通过存量发行变现国有资产的建议*

中共十五届四中全会通过的《中共中央关于国有企业改革和发展若干重大问题的决定》指出，对符合股票上市条件的国有企业，可通过境内外资本市场筹集资本金，并适当提高公众流通股的比重。我们认为，存量发行方式是提高公众流通股比重的最佳选择。

一、存量发行方式优势

存量发行是与增量发行相对应的一种发行方式，是指将企业存量资产全部或部分通过发行股票上市流通的行为。这里所指的存量发行，主要是指在坚持公有制为主体的前提下，将目前未上市的国有资产的一部分，通过发行股票的形式变现。

相对于增量发行方式而言，存量发行主要有以下三个优势：

第一，有利于国有经济的战略性重组。党的十五大已经明确指出，要实现国有经济战略性重组，从战略上调整国有经济布局和结构，要坚持有进有退，有所为有所不为。我们认为，通过资本市场实现国有经济战略性重组，存量发行比增量发行更直接、更有效，而且与上市公司的国有股、法人股变现相比较，对市场的影响要小得多。存量发行能够将固化在某个产业或行业的国有资产变为由国家掌握的活资本，再投入到亟待加强国有经济作用的领域，从而实现资源最优配置、产业结构升级和促进国民经济快速、稳定、健康发展。

---

* 存量发行是当时提出的一个重要概念，笔者走访了国家发改委等相关部门，提出“投入—增值—退出—再投入”滚动循环发展的新机制。本文原载于《政研简报》第37期，1999年10月11日。

第二，有利于缓解国有股和法人股不能上市流通的历史遗留问题。在现行增量发行方式下，国有股和法人股不能上市流通，成为固化的死资产。采取存量发行的方式，新的上市公司股本能全部流通，不再累积国家股和法人股不能流通的矛盾。这对市场的长期稳定发展是有利的。

第三，有利于改善上市公司法人治理结构。通过存量发行，企业原有投资转化为社会公众所持有的股票，使股权适度分散，可以从根本上改变目前大多数增量发行上市公司股权结构不合理的现象，使上市公司能够按照现代企业制度要求，建立完善的法人治理结构。

二、存量发行的目的和原则

国有资本的存量发行，除了上述各项优点外，主要目的应该是：以国有存量资产发行变现的资金为基础，建立国民经济战略重组基金。该基金按照风险投资的模式运作，形成“投入—增值—退出—再投入”滚动循环发展的新机制。

由于国有资本存量发行涉及许多方面，市场敏感性强，因此，在政策和方案的制定过程中，必须把握三个原则：

第一，不影响国有经济的控制力和影响力。党的十五大报告指出，国有经济起主导作用，主要体现在控制力上。对于一般性竞争领域的国有经济，可以全部或大部分退出。部分关系国民经济命脉的行业和领域，在不影响国家控股的前提下，可以退出一部分。国家既可以得到一部分资本金，又可以运用股份的形式支配更多的社会资本，有助于增强国有经济的控制力。

第二，循序渐进。截至 1998 年底，我国国有资产总量达 82 211 亿元，国有企业总资产在社会总资产中的比重为 52.9%。如此庞大的国有资产，退出 10% 就有 8 221 亿元。因此，在进行国有资产的存量发行时，必须遵循循序渐进的原则，既积极，又稳妥。充分考虑到企业存量发行后股份全部流通对市场形成的压力，并结合目前新股发行配售办法予以分散，做到有步骤有选择地进行。

第三，效益第一。根据《公司法》、《证券法》对股票发行上市的要求，进行存量发行的企业必须坚持以效益为主的原则，必须是优质企业或沉淀的优质资产。只有这样，投资者才会有兴趣投资，证券市场也才会有自己稳定发展的蓝筹股。

三、建议

国民经济各行业大体可分为三类：一是无关国计民生大局的行业，如轻工业、房地产和大型超市等；二是国家曾重点投资、在国民经济中占有重要地位的行业，如能源、交通、石化、冶金、汽车等；三是带有国家垄断性的行业，如金融、电信、广播电视、烟草等。对于第一类，由于无关国民经济大局，国家资本可以完全退出；对于第二类，由于这些行业在经济发展中地位比较重要，国家资本应根据实际需要可进可退；对于第三类，在不影响国家控股的情况下，也可以考虑选择部分国有资产进行存量发行。

以第二类电力行业为例。1998 年底，全国发电装机容量为 2.7 亿千瓦，年发电量达 1.2 亿千瓦小时，居世界第 2 位。其中，国家投资发电装机容量约占 1 亿千瓦。“八五”和“九五”以来，我国把电厂建设作为一项十分重要的基础设施来抓。电力建设是资本密集性产业，每年投资近 1 000亿元，经过两个“五年”的建设，电源瓶颈问题得到了极大的缓解，但同时也使大量国家资本固化在各电厂上。随着电网分离和引入竞争机制，有必要考虑将一部分效益好的电厂，以存量发行方式将国家投资部分予以变现，变现资金集中归国家财政，用于产业结构调整。据初步测算，每 1 000 瓦装机大约可以变现 3 000 元，挑选部分效益好的电厂，把国有装机容量的 1/10，即 1 000 万千瓦实施存量发行，就可以变现国有资产 300 亿元。然后可将变现资本再投入到目前需大力发展的电网（城网、农网）建设，使国有资产流动起来，滚动发展。

除了电厂外，中央电视台的文艺频道和体育频道及大型烟厂如红塔集团等一些为市场所能够接受的存量资产，也可以在存量发行考虑范围之列。

国有资产变现的途径与原则*

国有资产变现，是指国家将固化在未上市公司的国有资产和上市公司的国有股，通过证券市场的配售、回购、存量发行及场外协议转让等方式出卖，变为由国家掌握的活资本，重新投入亟待加强的国有经济领域的行为。通过资本市场变现国有资产，是国有企业改革攻坚和国有经济战略性调整对证券市场提出的一个新课题，意义十分重大。本文对此作一些研究。

一、从国有经济战略调整的高度看国有资产变现

新中国成立以来，我国初步建立了比较完整的国民经济体系，国有经济在社会经济生活中起主导作用，积累了庞大的国有资产。据财政部公布的最新统计，截至1998年底，我国国有资产总量达82 211亿元，国有企业总资产在社会总资产中的比重为52.9%。国有资产遍布全国各个行业、各个地区。金融、铁路、电信、航空、石油、电力等关键领域基本都掌握在国有企业手中；能源、交通、邮电等基础部门和冶金、石化、化工、汽车、机械、电子等重要原材料行业和支柱产业，国有经济都占据着支配地位。我国钢、煤、化肥等重要工业产品的产量跃居世界首位，发电量和原油、化纤产量等位居世界前列，都是以国有和国有控股企业为主生产的。国有企业仍然是国家财政收入的主要来源。

从资本市场的角度看，国有资产又可分为上市公司的国有资产和非上市公司的国有资产。到1998年底，我国境内上市公司有851家，总股本

* 此文于1999年11月19日提交在湖北鄂州召开的中国财政学会1999年年会暨第14次全国财政理论讨论会，中国财政经济出版社曾单独出版。

有2 526.8亿股，总资产为12 407亿元。其中，尚未流通的国家股和国有法人股为1 581.7亿股，国有资产为7 457亿元，占当年国有资产总量的9.1%。由于上市时间、发起人身份的不同，每个上市公司的股本结构也不尽相同，根据国家股、法人股和流通股的组成状况，笔者把851家上市公司大体分为五类。

第一类：由国家股和流通股组成，国家股占绝对优势，如轻工机械国家股就占88.6%；

第二类：由法人股和流通股组成，法人股占绝对优势，如东方航空法人股占61.4%；

第三类：由国家股、法人股和流通股组成，国家股稍占优势，如清华同方国家股占59.4%，法人股占2.7%，流通股占37.9%；

第四类：由国家股、法人股和流通股组成，法人股稍占优势，如东大阿派国家股占4.4%，法人股占59.8%，流通股占34.5%；

第五类：没有国家股、法人股，全部是流通股，如方正科技、飞乐音响、爱使股份、申华实业等"三无"概念股。

当然，我们也应该看到，目前国有经济确实存在分布过宽、整体素质不高、资源配置不尽合理的情况。同时，基础设施、技术改造等方面亟待加强的国有经济部门又缺乏必需的启动资本。因此，迫切需要进一步推进国有资产合理流动和重组，从战略上调整国有经济布局和改组国有企业，搞好整个国有经济。

中共十五届四中全会通过了《关于国有企业改革和发展若干重大问题的决定》（以下简称《决定》），这是指导我们推进国有企业改革和发展的行动纲领。《决定》提出，在社会主义市场经济条件下，国有经济在国民经济中的主导作用主要体现在控制力上。（1）国有经济的作用既要通过国有独资企业来实现，更要大力发展股份制，探索通过国有控股和参股企业来实现。（2）国有经济在关系国民经济命脉的重要行业和关键领域占支配地位，支撑、引导和带动整个社会经济的发展，在实现国家宏观调控目标中发挥重要作用。（3）国有经济应保持必要的数量，更要有分布的优化和质的提高；在经济发展的不同阶段，国有经济在不同产业和地区的比重可以有所差别，其布局要相应调整。在这个总的指导思想下，《决定》依据“有进有退，有所为有所不为”的国有经济战略性调整总方针，提出了国有经济需要控制的具体行业和领域。《决定》指出，国有经济需要控制的行业和领域主要包括：涉及国家安全的行业，自然垄断的行业，提供重要公共产品和服务的行业，以及支柱产业和高新技术产业中的重要骨干企业。其他行业和领域，可以通过资产重组和结构调整，集中力量，加强重点，提高国有经济的整体素质。

对于上市公司的国有股，除按类别加以区分外，还应该根据《决定》和《公司法》的相关规定办理。《决定》在论述提高直接融资比重时说，“符合股票上市条件的国有企业，可通过境内外资本市场筹集资本金，并适当提高公众流通股的比重”；“选择一些信誉好、发展潜力大的国有控股上市公司，在不影响国家控股的前提下，适当减持部分国有股，所得资金由国家用于国有企业的改革和发展”。这是国有股变现应该遵循的基本方针。另外，国有股的退出还必须遵循证券市场的有关规定。《公司法》第 147 条规定：“发起人持有的本公司股份，自公司成立之日起 3 年内不得转让。”当前，投资者对国有股的变现或上市心存疑虑，这是完全可以理解的，但市场的不真实传言给投资者造成了更大的心理压力也是不言而喻的。因为，如果根据上述程序，有资格进行国有股变现的上市公司会受到一些硬约束，再加上监管部门在市场承受的范围内积极稳妥地推进，我们有理由相信，国有股的变现不会形成大的影响。

二、国有资产变现的主要方式

国有资产变现主要包括未上市公司国有资产和上市公司国有股的变现。变现的方式总的来看，不外乎是境外变现、配售、回购、存量发行以及国有股场外协议转让等方式。

第一，选择部分境外上市公司国有股权在境外变现。境外上市公司的国有股权比重较高。1998 年底，在 43 家 H 股公司中，国有股权在 60% 以上的达 28 家，高于 70% 的达 6 家。根据产业结构、上市公司的行业结构及对中国国计民生的影响程度，可以部分变卖或大部分变卖。部分变卖，中方控制 51% 的股权；大部分变卖，又可分为中方相对控股和外方相对控股两种情况。由于购买境外上市公司的国有股是外商进入中国的重要一环，他们的热情较高。国有股变卖后，可以考虑按中国合资企业的模式运作。

第二，允许 B 股国有股、法人股上市流通，优先使 B 股国有资产变现。境外机构投资者掌握着巨额资金，一些基金要求投资对象在 5 000 万美元以上。而 B 股上市公司规模小，上市流通的盘子更小，不能适应这种要求。除选择更大规模的企业上市外，一个重要的举措就是让 B 股国有股、法人股上市流通，一方面满足境外投资者的需求，另一方面可以健全 B 股市场的结构，同时达到使 B 股国有资产优先变现的目的。由于一些企业需要中方控股，有关部门可以作出 B 股上市公司国有股上市流通但不出卖的规定。

第三，由新股发行公司用自有资金或募股资金的一部分收购部分上市中央企业国有股。新股发行企业用自有资金或募股资金的一部分，收购部分中央企业上市公司的国有股，中央企业占有的国有资产间接通过股市变现，变现收入部分上交中央财政，用作国家重点建设资本金。收购国有股的新发行企业可以是一家，也可以是几家；动用的资金可以是自有资金，也可以是新发行的募股资金的一部分；收购的国有股可以是全部，也可以是一部分。新股发行企业产业结构与被收购中央企业上市公司产业结构相同或相关联，以避免新股发行企业因收购而使主业发生改变或使主业不明确。

第四，通过向新设立的国有股投资基金配售的方式使部分国有股变现。中发［1999］12 号文件明确提出："选择一些信誉好、发展潜力大的国有控股上市公司，在不影响国家控股的前提下，配售一部分国有股筹集资金。"国有股配售就是指将上市公司部分国有股权定向出售给投资者变现，国有股逐步实现上市流通的行为。为避免二级市场股价的剧烈波动和保护投资者的利益，国有股配售应该积极稳妥地进行。一是配售价格可以考虑以净资产值为基础适当浮动，也可以考虑按平均10倍的市盈率配售；二是设立主要投资于国有股配售的证券投资基金，不低于50%用于国有股配售，持有一定时期后才可按比例上市流通；三是持有该股票的老股东享有优先配售的权利，配售后即可上市流通；四是允许新股发行企业用自有资金或募股资金的一部分，已上市公司用自有资金或配股资金的一部分参与国有股的配售。两者如产业结构相同或相关联，可以鼓励参与配售的上市公司作为长期股权投资。

第五，允许上市公司以利润、自有资金及配股资金的一定比例回购本公司国有股。股份回购是指股份有限公司通过一定的途径买回本公司对外发行的部分股份，减少公司实收资本的行为。在外国，股份回购是上市公司经常采取用于调整资本结构的重要财务管理方法。进行股份回购，要求上市公司具有足够的现金或较强的变现能力。在我国，国有比例过高、股本过大的上市公司，可以考虑以其实现的利润或自有资金向国家股股东购回一部分股份，回购后国家股股本减少，国有股股东（政府）取得现金收入，上市公司进行减资。在上市公司确实有前景的前提下，国有股回购事实上是国家把企业未来的发展前景让予企业的其他投资者。1994年10月，上海陆家嘴以每股2元（高于每股净资产1.62元）的价格回购国家股2亿股。

第六，通过存量发行变现国有资产。存量发行是指将企业存量资产全部或部分通过发行股票上市流通的行为。国有资产的存量发行，主要是指在坚持公有制为主体的前提下，将目前未上市的国有资产的一部分优质资产通过发行股票的形式变现。

另外，国有股的场外协议转让也是上市公司国有股变现的一种常见办法。

三、国有资产变现的原则

国有资产变现除有利于国有经济战略调整外，还有利于缓解和解决国有股和法人股不能上市流通的历史遗留问题，有利于改善上市公司法人治理结构，从而对证券市场长期规范健康发展产生深远的影响。同时，我们也应该看到，国有资产的变现，涉及公有制的主体地位、国有资产的保值增值以及市场的承受能力和投资者的保护等方方面面，比较敏感。为使国有资产的变现有章可循，必须遵循下列原则：

第一，不影响国家控股的前提。目前，我国上市公司900多家，不能流通的国有股平均占66%。在初期试点阶段，国家控股宜为51%的绝对控股。待取得成功后，可以考虑30%及以下的相对控股。这样国家既可以得到一部分资本金，又可以运用股份的形式支配更多的社会资本，有助于增强国有经济的控制力、影响力和带动力。

第二，保证市场平稳发展的原则。国有资产或国有股的变现无论是采取直接方式还是间接方式，均会影响二级市场的股价，给市场造成一定的压力。国有股变现是一项长期工作，在试点的基础上，探索在保持市场稳定前提下国有股变现的有效途径。

第三，不造成国有资产流失的原则。国家股是普通股的一种，从理论上讲应该同股同利，同股同权。但由于历史原因，国有股的价值未能得到市场的承认。因此，国有股变现时，必须充分考虑到这种现实。

第四，保护投资者利益的原则。长期不流通的国有股上市，会影响社会公众股的利益。因此，在保障国家利益不受侵犯的同时，必须兼顾投资者利益。为做到这一点，首先是保证在证券市场平稳发展的基础上变现国有资产，其次在价格上给投资者更多的回报，最后是给老股东以优先认购权。

第五，变现资金归国家财政专户统一管理的原则。党的十五届四中全会强调："要采取多种措施，包括变现部分国有资产、合理调整财政支出结构等，开拓社会保障新的筹资渠道，充实社会保障基金。”原则上讲，国有资产的变现由国家财政支配，必须用于国有经济战略性调整。可以考虑以国有资产变现资本为基础，建立国民经济战略调整基金，按照风险投资的模式运作，形成“投入—增值—退出—再投入”循环发展的新机制。考虑到国有企业对职工的欠账，国有资产变现的最初一段时期，应该允许拿出一部分用于社会保障，由财政部统一设专户管理。

关于国家股、法人股流通的几点意见*

国家股、法人股暂不能上市流通是中国证券市场一个十分独特的现象，成为影响和制约我国证券市场健康发展的一个重要因素。如何积极稳妥地解决这个问题，并将它与我国社会保障体系的建设、国有经济的战略性重组有机地联系起来，方方面面十分关注。我们对此作一初步分析。

一、国家股、法人股的现状

到2000年底，我国境内上市公司有1 088家，总股本为3 791.7亿股。其中，国家股为1 475.1亿股，占总股本的38.9%；法人股为902.9亿股，占23.8%。法人股又分为国有法人股和其他法人股。按财政部1999年估计的口径推算，国有法人股约515.6亿股，占法人股总股本的57.1%；其他法人股为387.3亿股，占42.9%。

就国家股的集中度而言，在1 063家上市公司中，国家股占50%以上（不含50%）的上市公司有375家，股本额达1 009.1亿股，分别占上市公司总数和国家股总数的35.3%和75.8%；国家股占30%（不含30%～50%）的上市公司有222家，股本额为246.7亿股，分别占20.9%和18.5%；国家股占30%以下（含30%）的上市公司有172家，股本额为75.6亿股，分别占上市公司总数的16.2%和5.6%；没有国家股的上市公司有294家，占上市公司总数的27.7%。

就单个上市公司国家股的股本规模来说，100家股本最大的上市公司股本总额达651.8亿股，占国家股总股本的49%。

---

* 本文是笔者根据领导的批示对国家股进行研究，供决策参考，定稿于2000年12月28日。

就国家股的行业分布来说，它几乎遍布我国国民经济的主要领域。其中制造业（食品、纺织、服装、木材、家具、造纸、印刷、石油、化学、橡胶、金属、非金属、机械、设备、仪表、通讯、电子及其他）所占比重最高。1999 年，制造业上市公司的国家股占整个上市公司国家股总股本的 66.9%。居第 2 位的是电力、煤气及水的生产和供应业，仅占 6.5%。

二、国家股的变化趋势

从总体上看，1993~1997 年，国家股比重逐年下降，法人股比重逐年上升；1997 年之后，国家股比重逐年回升，法人股比重逐年下降。而流通股与非流通股之间的比例基本保持稳定。

虽然国家还未正式出台国家股的减持政策，国家股也暂不能上市流通，但它近几年都在变化中。有关数据显示，国家股的比重 1992 年为 41.4%，1993 年达到 49.1%，此后逐年下降，1997 年为 31.5%，相对于 1993 年下降了 17.6 个百分点。1998 年后开始回升，到 2000 年 11 月达到 37.1%（见图 1）。

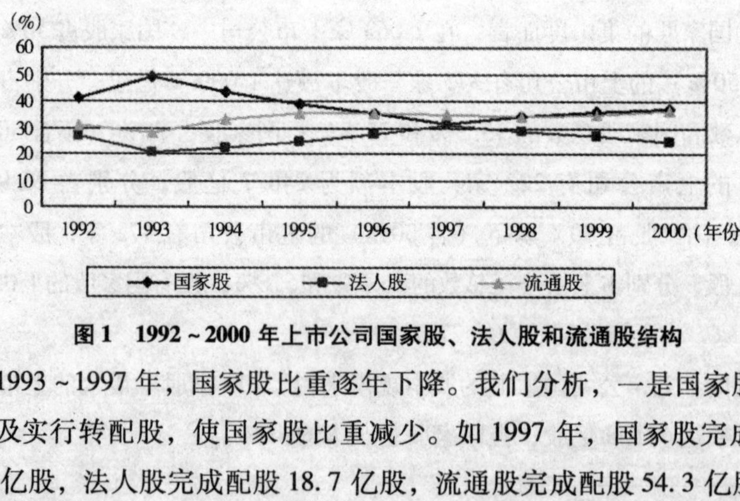

图 1　1992~2000 年上市公司国家股、法人股和流通股结构

1993~1997 年，国家股比重逐年下降。我们分析，一是国家股放弃配股及实行转配股，使国家股比重减少。如 1997 年，国家股完成配股 14.2 亿股，法人股完成配股 18.7 亿股，流通股完成配股 54.3 亿股，转配股完成配股 16.8 亿股。很明显，国家股由于没有足够资金配股等，不得不放弃了很大一部分配股资格。二是场外协议转让使国家股比重减少。这些年场外协议转让十分活跃，转让主要在国家股与法人股或在法人股之间进行。基本上是国家股转为法人股，很难见到法人股变为国家股的。据统计，如1997年因场外协议转让等因素，就使国家股减少18.9亿股。

1998年开始，国家股比重逐年回升。这主要是一大批国企大盘股上市，如1998年和1999年新上市公司平均国家股比重分别达到38.9%和46.6%，较1997年增加2.4个百分点和10.1个百分点。同时，国家股场外协议转让额有所下降，如1998年国家股转让仅为3.8亿股，较1997年减少15.1亿股。

三、国家股、法人股流通问题的几点思考

第一，国家股、法人股流通在法律上没有障碍。《公司法》第147条规定，“发起人持有的本公司股份，自公司成立之日起3年内不得转让”。据此，国家股、法人股的流通问题没有法律障碍。当然，目前对于这个法律条文有不同理解，一是认为自股份公司成立之日起3年内不得转让，二是认为自股份公司上市之日起3年内不得转让。

第二，现阶段应优先考虑国家股流通问题。国家股所有权（占有权、使用权、收益权和处分权）明确，只涉及中央和地方国有资产管理部门，可操作性强，易达到预期目标。而国有法人股产权关系复杂，涉及中央、地方、企业、职工及方方面面的利益关系，如操作，须理清上述关系，非一时能解决。

第三，国家股是否流通主要取决于国有资产管理部门。我们认为，国家股流通主要有三个关键因素：一是国家需要有明确量化的“有进有退”的行业或产业要求；二是对每一拟减持的上市公司要有国有资产管理部门的授权；三是证券市场的承受能力。以上三种因素中，中国证监会只负责协调国家股流通与市场的关系，即根据市场的承受能力，按照相关法律法规和市场规律，兼顾投资者利益，具体安排有关上市流通事宜。国家股流通事关国有经济战略性调整和我国社会保障体系的建立，当前亟待解决的

是，完善国家对国有资产的管理，为国家股流通提供必要的、可操作的前提。中国证监会应积极配合有关部门做好这一工作。

第四，符合减持的国家股的量不会太大。一是《公司法》对发起人股份流通有3年内不能转让的硬性规定。如按上市后3年即1998年1月1日之前计算，国家股为612.3亿股。二是按照国有经济战略调整的部署，减持只是对部分上市公司的要求，并非对上市公司国家股全面减持。这就是说，国家股可以有流通的权利，但并不意味着它就会流通。三是部分国家股占主导地位的上市公司目前盈利水平下降，有的甚至出现亏损，也不符合中央选择“一些信誉好、发展潜力大的国有控股上市公司，在不影响国家控股的前提下，配售一部分国有股筹集资金”的要求。

第五，国家股、法人股流通要秉着一视同仁的原则。在解决国家股流通问题的基础上，根据公开、公平、公正的“三公”原则，不管新旧公司，只要符合相关的法律、法规要求，有明确的授权和清晰的所有权，均可以申请上市流通。

总之，我们认为，在国家股、法人股流通问题上，首先应立足于解决一些非市场因素造成的障碍，如国家股的所有权问题。在此基础上，以市场运作为主，调整存量，优化增量，渐进减持。

给会党委民主生活会几点建议*

未来几年是中国全面建设小康社会最为关键的开局之年，做好证券市场的工作，使证券市场历史包袱更轻、结构更完善、品种更丰富，中国证监会党委担子不轻。为此，我们建议：

第一，真正把证券市场的历史遗留问题摆到战略位置。当前，制约证券市场发展的因素很多，历史遗留问题是一个关键因素，对此，需要用积极的心态去面对而不是回避，并有战略大思路。比如，国有股和法人股问题，最关键的是定价问题，可以重新回到 1999 年底朱镕基总理圈定的平均 10 倍市盈率以下的思路上来，对投资者进行让利和补偿，使国有股减持真正成为一项利好。

第二，对发展的理解要体现在具体的战略行动上。目前，证券市场的发展应该体现在战略布局的大事上，从解决证券市场的结构缺陷入手，一是加大公司债券市场的发展力度，二是尽快推出多种衍生工具。

第三，注意调动和发挥市场参与各方的积极性。证券市场是市场化程度较高的要素市场，应该采取实际措施，让市场参与各方明确其责、权、利，各就各位，积极参与，避免目前职责不完全明确的局面，恢复证券市场"本色"。

第四，注意队伍的相对稳定性与人才的选拔和培养力度。证券市场变化快，中国证监会的部门负责人变化得更快，这既难以保证政策的连续性，又增大了市场适应难度。同时，随着资本市场的对外开放，人才的争夺越来越激烈，建立系统内高效的人才选拔机制和教育培训体系显得尤其重要。

---

* 此文定稿于 2003 年 9 月 26 日，是笔者作为深交所上市推广部负责人时代表部门写的书面意见。

股权分置改革试点中小企业板宜先行*

股权分置改革试点的启动及首批4家试点公司方案的公布，市场总体反应还比较平稳，试点工作有望进一步深化和扩大。我们认为，在股权分置改革试点“开弓没有回头箭”的大背景下，中小企业板的先行试点刻不容缓，而且利大于弊。对此，深交所宜尽快统一思想，推动中小企业板股权分置改革试点工作。现将相关事项报告如下。

一、中小企业板股权分置改革试点宜早不宜迟

在主板市场与中小企业板并立的格局下，如何积极稳妥地推进股权分置改革试点，是一个值得深入研究的重大问题，也使得深交所股权分置试点与上海市场有着明显的不同。鉴于深交所主板市场IPO功能事实上的停滞与主板上市公司的复杂性和差异性，鉴于中小企业板规模小、时间短、盈利好和任务重，中小企业板的试点比主板更有条件，也更为紧迫，而主板只要跟上步伐即可。这主要是基于以下几点理由：

（一）股权分置同样是中小企业板的重大制度缺陷

股权分置问题在诸多方面制约着中国资本市场的规范发展：扭曲证券市场的定价机制，导致公司治理缺乏共同利益基础，在很大程度上成为影响其他制度建设和改革创新的障碍。中小企业板作为一个新生事物，尽管目前这个问题还不如主板市场那样深远和沉重，但其发展同样受制于股权分置问题。比如说中小企业IPO询价和发行价居高不下、上市公司流通盘小及其流动性风险初步显现、中国风险投资因缺乏正常退出渠道而持续低迷、公司高管人员内部激励机制不到位、控制权市场的缺乏带来上市公司

---

* 本文定稿于2005年5月18日，是对交易所推动股权分置改革的重要文献之一。

外部约束机制失灵等。尽早解决股权分置问题，可以为中小企业板的长期稳定发展奠定重要的基础。

（二）深交所重中之重是不能偏离证券市场的中心工作

根据“监管、创新、培育、服务”的八字方针，中小企业板建设成为深交所工作的重中之重，并卓有成效地展开了各项工作。目前，股权分置改革试点工作已成为我国证券市场的首要工作，成为市场的主要关注点和博弈点。在解决股权分置问题压倒一切的前提下，如果脱离股权分置问题，片面寻求中小企业板的改革和发展，既不可能得到国家决策机构的支持，也不可能获得市场的拥护和理解。为了使“重心”不至于偏离“中心”，唯一的办法就是推动“重心”与“中心”的结合。

（三）中小企业板缓行试点会延长中小企业板的不确定性

虽然目前中小企业板尚无试点公司，但中小企业板的运行并没有脱离股权分置改革试点的影响，绝大部分中小板上市公司股价在下跌。更值得注意的是，随着股权分置改革的展开，“靓女先嫁”与“掏宝”效应开始显现。如果等到主板市场股权分置试点取得阶段性成果，我们再集中精力来考虑和解决中小企业板的股权分置，只能是强化中小企业板的不确定性，无异于“陪着吃药不瞧病”，这对于新生的、有着强烈创新意识和愿望的中小企业板来说也是不公平的。

（四）中小企业板拖后试点可能招致最佳环境和有利条件的丧失

股权分置问题的解决势在必行，即尚福林主席所说的“开弓没有回头箭”。目前的试点工作实质上是“靓女先嫁”，并伴随着不少优惠条件。可以设想，随着试点工作的大规模展开，试点公司的质量在下降，质差公司的出路成为困扰各方的矛盾焦点，所有这些均会影响和制约试点的中小企业板。同时，谁也无法保证中小企业板仍然能够维持现有的有利条件，如果我们不能在中小企业板上市公司发生剧烈分化前，积极地、妥善地、整体地解决中小企业板的股权分置问题，中小企业板就有可能像主板一样在股权分置问题上无限期地拖长，费时费力。

二、中小企业板先行对中小企业板的健康发展意义重大

中小企业板自启动以来，一直面临着如何尽快扩大规模、促进自身发展、完成向创业板市场过渡的课题。中小企业板如能率先解决股权分置问题，可以对中小企业板的发展产生积极的作用，具体表现在：

（一）中小企业板可以尽早实现新老划断，尽快恢复市场的融资功能

鉴于股权分置改革的长期性和复杂性，中国证监会对新老划断持谨慎态度，投资者对新老划断前发行新股持反对立场，关于暂停新股与“新股发行是永动机”的争论，就反映了这种状况。我们认为，中小企业板具有相对独立性，如能在股权分置问题上取得重大进展或整体解决，将是实行新老划断的“适宜时机”，可以争取先在中小企业板实施，以尽快恢复证券市场的融资功能。

（二）可以尽快为再融资和发审制度的改革创造条件

股权分置问题的解决，将消除困扰市场发展的最大的一个不确定因素，稳定市场预期，完善价格形成机制，特别是改变非流通股股东和流通股股东利益取向不一致的状况，为尽快在再融资和发审制度方面进行创新试点奠定基础。

（三）有利于增强对后备上市资源的吸引力

根据调研掌握的信息，中小企业特别是民营企业，将全流通因素、高管人员激励等作为是否选择在境内上市的重要决策因素之一。中小企业板率先解决股权分置问题，可以极大地增强对后备上市资源的吸引力。

（四）有助于树立中小企业板的良好形象

股权分置问题尽快解决，可以尽快形成公司治理的共同利益基础，促进中小企业板上市公司治理的进一步完善，推动中小企业板“诚信之板”

的建设。同时，可以树立中小企业板“创新试点”的良好形象，对市场推广和培育产生积极作用。

（五）有可能使中小企业板再次成为新的投资热点

中小企业板启动股权分置试点后，有可能成为目前市场最好的一批试点公司，进一步带动“掏宝”效应。同时，非流通股对流通股的“对价”，还可能扩大流通股规模，降低市盈率等。所有这些，在目前的市场上，可以形成新的市场热点和板块带动效应，从而推动市场实现转折。

三、中小企业板先行具有突出的优势条件

截至2005年4月29日，中小企业板共有43家上市公司，7家已发行待上市。与主板市场相比，中小企业板上市公司呈现出规模小、历史包袱少、盈利状况好等优势，实施改革对市场的冲击小。

（一）解决中小企业板的股权分置问题所需时间少

目前主板上市公司超过1 300家，情况错综复杂，股权分置问题的解决将会是一个漫长的过程。而中小企业板已发行公司仅有50家，非流通股合计才31.8亿股，股权分置改革完全可以在较短时间内完成。如果每批试点3～5家公司，中小企业板完全可以在1年内完成改革工作。

（二）中小企业板有整体解决的可能性

主板市场上市公司历史包袱重，情况差异大，整体解决的困难极大；而中小企业板启动未满1年，上市公司历史包袱小，公司基本面良好，没有B股和H股，流通股和非流通股的利益格局清晰，易于形成全面推进方案，整体解决的可能性很大。

（三）中小企业板试点的让利空间大

中小企业板没有ST公司和亏损公司，上市公司经营状况好，每股收益、每股净资产和每股公积金都比较高，与已公布方案的公司比较，形成相对有利于流通股东的方案的可能性大，有利于改革的顺利进行和流通股东权益的保护。

四、中小企业板先行股权分置改革试点的建议

中小企业板先实施股权分置改革试点刻不容缓，建议尽快推动中小企业板的改革试点工作，在下一阶段选择试点企业时，一方面优先考虑中小企业板上市公司，另一方面也要优先动员中小企业板上市公司。

按照“试点先行、协调推进、分步解决”的操作思路，在中小企业板先行股权分置改革试点，要做好以下几项工作：

（一）做好试点企业选择和动员工作

在中小企业板先行股权分置改革的试点，不是一下子整体推进，全部解决，而是有一个先后次序，存在先行试点中选择试点企业的问题，需要我们认真分析43家上市公司的基本情况，审慎选择首批试点企业，探索出好的实施方案，以便尽快形成解决中小企业板股权分置问题的全面推进方案。

（二）做好舆论宣传工作

中小企业板上市公司民营控股比例高达74%，其中第一大股东为自然人的比例为24%。股权分置改革试点后，这些公司会造成明显的财富效应。而“股权分置改革创造亿万富豪”的事实，会对舆论、流通股东和市场心理都带来较大冲击，需要我们充分做好市场沟通和宣传工作。

（三）加强市场监管

中小企业板上市公司少，流通盘子小，容易被市场操作。在中小企业板先行股权分置改革试点，市场有可能借“中小企业板率先全流通”的概念进行炒作，给监管带来较大压力，也可能对其他公司的试点带来不利影响。

（四）研究股权分置试点解决后中小企业板的发展思路

股权分置问题解决后，我国证券市场将发生质的变化。中小企业板的战略定位、发展思路、制度安排等都需要做出相应调整。

关于股权分置改革的若干思考*

当前，股权分置改革的市场认同度逐步提高，第二阶段改革正在积极推进之中。如何鼓励、推动上市公司和控股股东提出实现多赢的最佳方案，稳定投资者预期，扩大试点的示范和引导效应，为市场各方所热切企盼，更事关资本市场能否实现根本转折。

一、股权分置改革的意义不亚于当初设立证券市场

股权分置的制度设计，源于我国证券市场设立时特定的历史背景、政策环境和政治考虑。在证券市场发展的最初阶段，股份制姓“资”姓“社”问题没有解决，维护公有制主体地位、防止国有资产流失、克服股份制企业变现的道德风险，成为证券市场政策法规设计的出发点，由此出现了国有股、法人股暂不流通的特有现象。这项制度设计切合了人们当时对证券市场的思想认识，解决了国有资产的保值增值以及保持控股地位等问题，客观上为15年来证券市场的发展创造了条件。

随着时间的推移和条件的变化，股权分置及其配套制度安排的消极影响越来越明显。一是剥离上市使发行人重圈钱、轻改制，现代企业制度难以建立，公司治理缺乏共同基础；二是模拟定价机制使投资者丧失基本的定价权，IPO价格高企，供求关系严重扭曲，市场泡沫日益累积；三是同股不同权、同股不同利，控制权市场难以形成，控股股东存在掏空上市公司的利益驱动；四是非流通股份的日益庞大与内在流通要求，使股份全流通成为悬在投资者头上的“达摩克斯之剑”。

股权分置改革就是要解决这一制度性缺陷，完善证券市场发展的根本

---

* 本文定稿于2005年6月。

制度，必将成为推动我国证券市场走出困境、实现根本转折的契机，其意义不亚于当初证券市场的设立。这样说主要是基于：

第一，有利于恢复证券市场定价基础，使市场机制真正发挥作用，证券市场资源配置的基础作用得以深化。

第二，有利于建立现代企业制度，形成公司治理的共同利益基础，提升上市公司治理水平。

第三，有利于建立国有股权的市场化动态估值标准，深化国有资产管理体制改革，逐步建立国有股权可进可退的流通机制。

第四，有利于缩小与成熟市场的制度差异，消除制约资本市场国际化进程的制度障碍，拓展产品创新的空间。

第五，有利于公司控制权市场的形成，培育公司并购市场，健全公司发展的外部制约机制。

二、股权分置改革符合上市公司、控股股东和流通股东利益

（一）对于上市公司及其控股股东的价值

对于上市公司及其控股股东来说，股权分置改革的价值主要体现在以下几方面：

1. 股权分置改革提升上市公司、控股股东的资产价值和市场价值。股票价格将成为衡量上市公司价值的定价基础，这不仅使资产的保值增值具有更加公开、公平、公正的价值评判基础，而且也使上市公司、控股股东的“纸上富贵”变为现实财富成为可能。

2. 股权分置改革使财务杠杆更加灵活，财务信誉和融资能力显著提高，企业多了一个现金流调控渠道。

3. 股权分置改革后，非流通股股东和流通股股东利益趋于一致，公司全体股东将处于“风险共担、利益趋同”的平等局面，使上市公司治理结构的调整更为便捷。

4. 股权分置改革后，场内交易市场将取代股份转让市场，成为上市公司进行股权转让和资本运作的主要场所，为上市公司通过兼并重组走资产扩张之路提供了便利。

5. 上市公司通过股权分置改革，将获得一系列再融资的优惠政策，有助于进一步拓展融资能力。

6. 为上市公司建立以股权回报为基础的高管人员激励机制和职工持股制度创造条件，促进公司长远发展。

（二）对于流通股东的价值

对于流通股东来说，股权分置改革的价值主要体现在：

1. 改革试点直接确定了流通权概念。非流通股股东要取得流通权，必须为此支付相当于流通股股东流通权价值的对价。同时，流通股股东享受的红利税减免等优惠，也增加了流通股股东的价值。这与过去的非流通股减持是完全不同的。

2. 股权分置改革增加了流通股股东的话语权，主要体现为知情权、参与权和表决权，有助于流通股股东权利的有效实施。

3. 股权分置改革为权证、期货、期权等一系列创新产品的出台创造了条件，将为投资者提供更多的投资品种和风险管理工具。

4. 股权分置改革将搬掉投资者头上的“达摩克斯之剑”，从根本上稳定投资者的预期，并使定价基础更加合理，这将有利于流通股股东的长远利益。

三、没有预设方案就是最理想的解决方案

依据“统一组织、分散决策”、“试点先行、分步推进”的工作思路，相关部门并没有设立统一的方案或是统一的标准，而是将自主权留给市场。从第一批改革试点的情况已经看出，这种没有预设方案的安排本身就是最理想的解决方案。一是具有相当的灵活性，通过鼓励创新，确保上市公司能从自身实际情况出发，制定符合自身特点的实施方案；二是依托正

当程序，充分保障参与各方的话语权，使改革方案的制定具有广泛的股东基础；三是具有很大的包容性，确保了各方都能通过协商谈判反映各自的利益；四是体现了市场化的改革趋向，便于各方参与，集思广益。

上述制度安排，确保了市场对股权分置改革的态度从开始的怀疑、迷茫、观望到现在的接受、认可和支持，股权分置改革成为现阶段证券市场的中心工作，成为市场各方关注、参与的热点。目前股权分置改革已取得重大进展，改革的政策、方针、原则已经明确，相关的配套措施逐步到位，市场氛围和环境明显改善，无疑是上市公司解决股权分置问题的最佳时机。市场各方要及时把握机遇，认真行使改革办法赋予的神圣权利，充分协商和沟通，学会妥协与合作，积极参与表决，力争形成各方都能接受的实施方案，早日完成股权分置改革工作。

四、控股股东珍惜和尊重流通权的价值，是解决股权分置的关键

非流通股份的暂不流通性质是由诸多历史原因形成的，也是非流通股东对流通股东做出的具有法律效应的合同承诺。这种承诺的存在，直接造成了非流通股份以较低的净资产为定价基础，而流通股份以较高的市场价格为定价基础。也就是说，流通股的流通权是有价值的。改变合同和承诺，意味着流通股的流通权被稀释，意味着非流通股份的增值和溢价。根据合同法，改变合同就需要支付对价。

确定对价的过程是非流通股东和流通股东博弈的过程。非流通股东事实上的弱势地位，决定了切实保障投资者特别是公众投资者的合法权益，成为这次改革应遵循的最基本原则。鉴于程序正当是保护当事人合法权益的根本途径，证券监管机构在这次改革中规定了严格的程序，按程序办事应成为市场各方共同遵守的游戏规则。同时，在改革实践中，我们深深地体会到，上市公司和控股股东对流通权价值的认识程度和尊重程度，成为解决股权分置问题的关键。对此，上市公司、控股股东及其相关部门应端

正认识，拿出诚意来。

（一）应正视公司价值增值的历史形成过程

非流通股的历史成本以发行前净资产为基础，经过首发、增发、配股和现金分红，其持有成本已经大大降低，有的公司甚至成为负数。在公司价值增值过程中，流通股的贡献功不可没。

（二）将改革视为增加自身财富、实现多赢的大好机会

在股票市值成为衡量上市公司价值多少的前提下，确保股价的相对稳定或上涨，对控股股东的意义已经远远大于流通股东。不难想像，如果方案优惠，给控股股东带来的直接好处将是巨大的，一是可以赢得流通股股东的赞许，减少被流通股东否决带来的时间和机会成本；二是可以使公司价值最大化，减少股价下跌给自身财富带来的损害。

（三）均衡对价应成为各方共同追求的目标

均衡对价是指在这一对价水平上，非流通股东和流通股东通过股权分置改革获得的增值率相等。具体说来有三层含义：一是上市公司在改革中获得的资产溢价来自流通权的变化，理应由包括流通股东在内的全体股东共同享有；二是流通股东在改革中能够承担的底线，就是改革不能进一步损害其现有利益；三是非流通股东付出的对价，不能使其余下的市值低于改革前依场外协议转让价计算的价值。

五、中小企业板可以率先实施和完成股权分置改革

作为历史遗留的制度性缺陷，股权分置已成为制约中小企业板发展和创新的瓶颈，迫切需要解决。当前阶段，中小企业板进行股权分置改革有许多有利条件：一是中小企业板只有50家公司，数量相对较少；二是公司股权结构比较简单，以民营企业和自然人持股为主，牵扯各方利益较少；三是中小企业板公司业绩和成长性较好，比较容易得到投资者的认可；四是中小企业板公司上市时间短，基本符合中国证监会规定的试点公司标准。

我们高兴地看到，第二批试点中有 10 家中小企业板公司积极参加，市场反应良好。不少公司表示，股权分置问题的解决，将为中小企业板的发展和市场创新创造良好的制度条件，不仅有利于提高上市公司的规范运作水平，巩固中小企业板“诚信之板”的市场形象，也有利于中小企业板向创业板市场的顺利过渡，加快我国多层次资本市场体系建设。

六、积极稳妥推进新老划断，尝试建立新的发行机制

第一批股权分置改革试点工作的顺利完成，第二批改革试点工作的积极推进，使市场各方对股权分置改革的认识更加趋向统一，信心更为高涨，改革形势如火如荼。在这种情况下，有必要开始考虑新股发行的“新老划断”问题。我们认为，新老划断主要应该考虑四个方面的因素。

一是要切实把握好时机。至少有相当一批上市公司顺利通过了股权分置改革，交易所 G 字开头的股票形成了一定规模，具有行业代表性，复牌后平稳运行。

二是推进新股发行定价改革。可以参考 H 股发行市盈率，来确定新股发行定价基准，进一步降低发行市盈率，使投资者真正能够分享经济增长的成果。

三是逐步简化发行程序，缩短发行周期，减少企业发行上市的不确定性，切实降低发行成本。如可以考虑取消发行前一年辅导期的要求等。

四是作为一个相对独立的板块，可以考虑在中小企业板率先实施“新老划断”。一方面可以避免给市场带来整体性的冲击，降低潜在风险；另一方面可以充分发挥中小企业板的示范意义和“改革试验田”作用，为新发行制度的全面推广积累经验。

七、研究新问题，探索新情况，迎接新挑战

随着股权分置改革向纵深推进，改革启动之初存在的诸多不确定性正

在逐步消除。但是，我们也要看到，改革仍具有相当的复杂性和艰巨性。首先，对于经营状况不佳的绩差公司，一方面要敦促控股股东首先解决清理担保、积欠等问题，在此基础上解决股权分置问题；另一方面要鼓励这类公司积极尝试创新方案，如权证、以股抵债等。其次，对于存在 H 股和 B 股的公司，可以考虑按照不同情况区别对待。如对于纯 B 股公司，可以参照 A 股公司的改革思路解决；对于 A + B 股公司和 A + H 股公司，可以在不损害 B 股和 H 股股东利益的原则下，率先解决 A 股的股权分置问题。最后，在股份全流通情况下，上市公司的治理结构、信息披露及相应的市场监管思路必然将呈现出新的特点和变化，有待积极的探索和研究。

新老划断的理性思考*

新老划断是股权分置改革过程中的重大挑战，也是股权分置改革能否成功的关键之一。在改革启动之初，市场较普遍的看法是新老划断要谨慎，不宜过早。随着两批试点的顺利推进，市场对股权分置改革成功的信心提高，对新老划断的预期也发生了较大转变。大部分人士预计新老划断将很快实施，有的认为宜在1年之内；有的认为可在2005年底；最快的认为第二批试点结束就可以考虑了。

事实上，管理层对新老划断的态度一直是非常明确的。综合中国证监会负责人就股权分置改革的历次表述，新老划断的实施需要具备以下几个前提条件：一是试点工作顺利结束；二是政策预期相对稳定；三是试点公司所采用的基本模式及定价水平得到市场基本认同；四是市场反应趋于平稳。从第二批试点的情况来看，42家试点公司的方案具有相当的广泛性和代表性，市场反应普遍较好，这4个条件正在逐步得以实现。

2005年6月27日，尚福林主席在国新办举行的新闻发布会上表示："新老划断的形式可以是多样化的，在具体的实施上也可以采取分步走。"从我国证券市场的现实状况分析，新老划断的形式可以有两种：一是以完成股权分置改革的上市公司进行新的再融资为标志；二是以恢复发行不再区分流通股与非流通股的新股为标志。新老划断的实施也有两种：一是分步走，即在中小企业板完成改革后率先划断，主板条件成熟后跟上；二是不分板块，条件成熟时整体实现划断。

从新老划断的形式来看，第二种方式更具有标尺意义，能够传递更清晰的政策信号，因为与再融资相比，IPO能更好地确定新的市盈率水平和

---

* 本文是《证券市场导报》2005年第8期"编者絮语"。

估值水平，更能体现出“划断”的效果。但是，如果直接恢复新股发行的条件暂时不成熟的话，以恢复再融资作为新老划断的形式也未尝不可。

从新老划断的实施来看，分步走的方式具有相当的可行性。当前已有10家中小企业板公司通过了改革方案，另外40家公司的改革即将启动，预计可以在两三个月内整体完成。作为一种现实选择，分步走的方式有利于尽快恢复证券市场基本功能；有利于减少新股发行对市场的可能冲击；有利于探索、试验新的发行理念和制度；有利于提高处于观望中的公司的股改压力和动力，推动改革的进程。

即便是采取不分板块整体划断的方式，新老划断也不可能等到深、沪两个市场1 300多家上市公司都完成了改革才实施。目前两市交易活跃，投资者参与度高，能够影响市场走势的核心股票相对集中，如深证成指和上证50的市值和交易金额分别占深、沪市场的1/3左右；而深证100和上证180的市值和交易金额则分别占到了50%左右。当这些核心股票完成或进入改革时，可以认为股权分置改革已取得基本成功，可以考虑实施新老划断了。

无论是分步走还是整体划断，无论是恢复IPO还是再融资，要实施新老划断，有几项工作需要先做：一是要积极推动上市公司进行改革，争取在新老划断时有尽可能多的公司完成改革。二是对于B股、庄股、绩差股等难点公司的改革问题，要形成基本的解决框架和思路，以稳定市场预期。三是要认真研究新老划断对市场运行可能产生的影响，做好专项监控与风险防范工作。四是要明确股权分置改革后新的IPO和再融资政策。新老划断后的IPO和再融资是全流通条件下的IPO和再融资，以前基于股权分置制定的相关政策和标准不一定适用。许多规定需要根据全流通条件加以修改，如发起人持有股份的锁定承诺，再融资的分类表决机制等等。五是要积极探索新的发审机制，降低发行成本，提高发审效率，创造条件实行发行上市分离制度，逐步向注册制过渡。

股权分置改革与国有资本管理*

股权分置问题与国有资本管理颇有渊源。当初股权分置的制度设计，主要是针对人们对公有制主体地位和国有资产流失等问题的担心与顾虑，契合了我国证券市场设立时特定的历史背景、经济条件、政治环境和思想意识。时至今日，股权分置问题已日益成为制约国有资产管理体制改革的根本性制度障碍，它扭曲了国有资产的定价机制，影响了国有资产的顺畅流转和估值水平，破坏了投资者对资本市场的稳定预期。

"解铃还须系铃人"。解决股权分置问题，国有资本是关键和核心。一方面，国有上市公司是我国证券市场的最主要组成部分，国有控股及参股的公司占上市公司总量的65%，国家及国有法人股占上市公司股本总额的47.2%；另一方面，大部分股改难题与国有资本紧密相关，主要表现为相当一部分国有控股公司的大股东通过关联交易、资产占用、担保等，掏空上市公司，严重制约着股权分置改革的推进。据上市公司2004年年报，仅深圳市场，大股东及其关联方占用上市公司资金年末余额就达200亿元以上。同时，国有资本的分级管理与决策机制的相对复杂，也在客观上增添了股改的不确定性。

国有资本与市场经济的逐步适应与有机结合，是建立和完善社会主义市场经济体制的重要环节，股权分置改革为这种适应与结合提供了原动力。为此，国有资产管理部门、国有控股大股东及上市公司等有关各方，应尽可能为这种结合创造良好的政策环境。

第一，统一思想，加快国有上市公司股权分置改革进程。股改受欢迎的局面来之不易，需要倍加珍惜与呵护，并坚决摒弃"支付对价就是国

---

* 本文是《证券市场导报》2005年第10期"编者絮语"。

有资产流失”等各种糊涂认识，进一步统一思想，抓住机遇，全力推进。一方面，国有控股公司和大股东要积极与流通股股东协商、沟通，积极创造条件，争取尽快进行改革；另一方面，国资监管机构要按照《行政许可法》的相关规定，进一步简化程序，提高效率。

第二，大胆创新，探索解决股改中的历史遗留问题。对于国有股权被质押冻结的上市公司，可以考虑通过上市公司公积金仅向流通股股东转增来解决。对巨亏、净资产为负、ST公司、＊ST公司等绩差公司，可以考虑以注入优质资产、承担债务等作为对价。对于行业特殊、业绩优良、政府希望保持一定控股比例的上市公司，可以通过注入资产或提供优惠政策等方式提供对价。另外还可以探索通过回购、缩股、以股抵债等方式彻底解决大股东占用、违规担保等遗留问题，将股权分置改革与规范上市公司行为有机地结合在一起。

第三，恩威并重，引入股票期权等多种激励与约束机制。缺乏正向激励约束机制，是长期困扰国有上市公司发展的一个难题。股权分置改革为破题提供了恰当时机。因此，需要尽快出台《上市公司股权激励规范意见》，把企业高管的收益与公司的长期稳定发展直接挂钩，充分调动管理者的积极性，抑制管理层的短期行为，从制度上保证国有资本的保值增值；同时，通过股权激励，鼓励科技人才持股，可以留住人才、吸引人才，最大限度地发挥他们的作用。

第四，转变观念，重建国有股权绩效考核评价体系。死的是资产，活的才叫资本。股改后，国有股按市价交易和估值，使国有资产的价值市场化、显性化，为引入市值指标对国有企业负责人进行考核创造了条件，弥补了单纯以净资产收益率和国有资产保值增值率考核的不足，并对国有企业高管形成巨大压力，提高其信托责任意识，规范其行为，降低委托代理成本。

可以预期，股权分置改革完成后，国有资本进退将更加流畅，国有资产配置将更加高效，国有经济的布局和结构调整将更加自如，国有资本管理也必将迈上一个新台阶。

开启后股权分置时代*

2006年6月19日，IPO新政下第一单中工国际上市，三一重工100股法人股实现流通，开启资本市场的后股权分置时代。

后股权分置时代是股份流转顺畅的时代。股份流转顺畅是股份与生俱来的特征，它是股份公司超越合伙公司成为企业基本组织形式的关键因素，成为现代企业制度建立和发展的基石。通过股权分置改革，打破了制约我国股份顺畅流转的制度性和非制度性障碍，真正意义上的同股同权、同股同利以及股份自由流通的时代开始了。自此，股份顺畅流转与多层次资本市场建设有机对接，将成为资本市场制度设计的基本理念和基本使命，无论是上市公司还是非上市公众公司以及其他股份公司，其所有股份都享有法律上自由转让的权利。

后股权分置时代是中国经济的证券化时代。现代市场经济没有什么不可以证券化。证券化率成为衡量一个国家市场经济发育程度和水平的重要尺度，成为衡量一个国家财富多寡与综合国力是否雄厚的重要指标。股权分置改革，推动中国经济从商品化和金融化阶段进入公司化阶段和证券化阶段。证券化意味着经济增长方式的根本转换，意味着资本形成机制的完善，意味着科技与资本结合的强化，意味着国家和居民金融资产的堆积。从某种意义上说，证券化过程伴随着中华民族走向伟大复兴的进程。

后股权分置时代是减少差异、缩小差距的时代。股权分置改革消除了境内外资本市场最大的差异。但与成熟市场相比，我国在市场发展和监管的理念上，在发行审核机制和股票定价机制上，在市场主体自律程度以及投资者救济方式等方面，差异依然存在，改进余地依然很大。减少差异的

---

* 本文是《证券市场导报》2006年第7期“编者絮语”。

最好办法就是遵循国际惯例，“要按市场经济规律办证券市场”，放松管制，减少审批，强化自律和内控，注重发挥自律组织和市场主体的作用。至于缩小差距，一要固本强基，大力发展股票和债券等基础性证券；二要顺应股份顺畅流转要求，建设支持自主创新国家战略的多层次资本市场；三要完善资本市场法制，加强资本市场基础性制度建设；四要为国家经济金融安全服务，构建中国资本市场风险防范体系。

后股权分置时代是市场主体利益显性化的时代。上市公司控股股东从资本市场后台步入前台，高管人员因股权激励与上市公司利益绑到一起，上市公司并购战以及围绕公司控制权市场的争夺日益激烈；证券投资基金、保险基金、社保基金等机构投资者变得更加举足轻重；外资广泛地参与到A股市场并出现“斩首行动”；外资创业投资机构开始关注国内资本市场的退出通道。

后股权分置时代是强化监管的时代。后股权分置时代带来的各种冲突和挑战，要求以投资者权益保护为基本目标，进一步强化与完善监管。一是要按照新《证券法》、《公司法》和《刑法修正案》的要求，仿照美国1984年《内幕交易禁止法案》和1988年《内幕交易和证券欺诈执法法案》，制定相关法律法规，实现资本市场的法治。二是要强化中国证监会与中国人民银行、中国银监会、中国保监会等的金融协作机制，共同建设金融安全网，共同对付金融犯罪行为。三是要强化监管当局与公安部、司法部、最高法院等方便快捷的执法协作机制，增强自由裁量权，提高执法效率和权威。四是要建立包括监管机构、交易所和协会等自律监管、中介机构、社会监督在内的多层次监管体系，充分发挥新闻媒体的舆论监督作用。

常言道：“流水不腐，户枢不蠹”。股份全流通将使我国资本市场充满活力、充满生机和希望。2006年7月，继中国证券市场成立15周年之后，《证券市场导报》创刊满15周年。15岁“束发而就大学。学大艺焉，履大节焉”。后股权分置时代，即是资本市场“学大艺”、“履大节”的开始，也是本刊“学大艺”、“履大节”的起点，本刊将始终站在证券理论研究最前沿和实践最前沿，去谱写我国资本市场美妙的乐章。

“后股权分置时代”监管、创新与市场发展*

后股权分置时代是股份流转顺畅的时代，是中国经济的证券化时代，减少差异、缩小差距是这一时期的基本主题。与此同时，市场参与主体利益的显性化，资本市场运行的生态环境已经和正在发生深刻变化，这要求在监管理念、监管模式、监管法规、监管对象、监管手段方面进行变革。

一、“后股权分置时代”是股权流转顺畅与经济证券化时代

2006年6月19日，中工国际上市、三一重工100股法人股出售，标志着我国资本市场进入了后股权分置时代。后股权分置时代资本市场的显著特征，主要体现为股份的顺畅流转和经济的证券化，由此带来一些基本变化。

（一）后股权分置时代意味着股份的顺畅流转

“在通常情况下，公司的股份可以自由‘转移’。”① 也就是说，股份的可转让性是股份与生俱来的特征，它是股份公司和现代企业制度赖以建立和发展的基石，有利于形成投资及产权主体多元，规避投资风险与经营风险；有利于进行产业及投资区位上的调整与选择，实现资源的有效配置；有利于企业控制权市场得以形成，达到实现人力资本与生产资本的有效结合。作为市场经济最基本的要素市场，资本市场是股份转让的高级市场形式，在股份的流通、转让和价格发现等诸多方面起着主导、支配和纽

---

* 本文定稿于2006年7月10日。收入本书时有较大删节。

① ［美］罗伯特·W. 汉密尔顿：《公司法概要》，中国社会科学出版社1999年版，第23页。

带作用，成为股份流转和市场配置资源的最基本方式。

改革开放之初，我国尝试以股份制改革来增强国有企业活力，但又担心丧失公有制主体地位，害怕社会主义江山变颜色。于是，20 多位著名经济学家上书中央，请求国有股和法人股暂不能卖出，这就是国有股和法人股暂不流通的最初起源。实事求是地说，在当时的历史背景下，采用这种股权分置的制度安排，确实减少了因为看不清而导致的争论，为早期资本市场的起步和发展提供了保障。但是，随着市场发展，这种制度安排的缺陷不断显露：一是扭曲了证券市场的定价机制，制约证券市场优化配置资源功能的有效发挥；二是导致公司治理缺乏共同利益基础，使控股股东和上市公司行为扭曲；三是不利于深化国有资产管理体制改革，妨碍上市公司的并购重组；四是制约了资本市场国际化进程和产品创新，不利于形成稳定的市场预期。① 为了解决这一难题，方方面面进行了十分艰难的探索。到了 2005 年，这一制度安排已经难以为继了，“解决股权分置不是万能的，但是不解决股权分置又是万万不能的”。

股权分置改革打破了制约股份顺畅流转的制度性和非制度性障碍，同股同权和自由流通真正变得有实质意义。第一，依托承诺和股份锁定期的安排，股改后上市公司的所有股份法律上均具有可流通性。第二，根据新《公司法》和《证券法》，股份有限公司向累计 200 人发行股票，就属于公众公司公开发行，已经成为非上市公众公司，其股份的流转事宜提上日程，相关的规则和准备必然要提上议事日程。第三，其他股份公司的股权转让有了一个明确的说法，即依法在证券交易场所进行，或者按照国务院规定的其他方式进行。概括地说，针对目前绝大部分股份事实上难以流通的事实，股份顺畅流转无疑是今后我国资本市场制度设计的基本使命，对我国证券市场监管形成基本挑战。

（二）后股权分置时代迎来我国经济的证券化时代

股份的顺畅流转必然迎来经济的证券化时代。证券化率是一个国家市

① 尚福林：“在改革中实现我国资本市场健康稳定发展”，《中国证券报》，2005 年 9 月16 日。

场经济发育程度和证券化水平的量化指标。“没有什么不可以证券化”，这是成熟市场投资银行界经久不衰的经典格言。在证券化的旗帜下，无垠的沃土、成群的牛羊、珍藏在地窖中的金银珠宝和美酒、各种各样的财富、智慧和点子，都可以演变成证券交易所电子显示屏上跳跃的字符。在当今世界，一国的市场经济越是发达，其证券化的程度越高，其综合国力越雄厚。

中国经济经过20多年的改革开放，先后经历了经济的商品化阶段、经济的金融化阶段，现在正在进入经济的公司化与证券化阶段。股权分置改革的推动，将使中国经济证券化成为不可阻挡的浪潮，中国将步入证券化时代。今后，证券化率真正成为我国经济生活中的重要指标，股票市场的发育程度和债券市场的完善程度，企业经营业绩的考核与高管人员薪酬的安排，以及家庭金融资产的布局与管理，均需要借助这一指标。可以这样说，随着证券化的推进，我国证券化范围和比例会逐步扩大，无疑会对我国社会经济生活产生积极而深远的影响。

1. 证券化推动国家转变经济增长方式。长期以来，我国经济发展依赖国家推动投资，政府“通过对金融体系的控制而将自已置于经济舞台的核心。储蓄总是根据国家的投资计划，被配置给那些指定的产业”。①具体表现为：我国企业融资的90%以上来自间接融资，2005年直接融资仅占1.5%。这种以间接融资为主的金融体系，容易造成银行盲目融资、不良资产的堆积和“泡沫综合征”，形成银行风险向国家财政的集中，引发金融危机，其弊端已经在美日的经济金融较量中分出胜负，其危害也已经在亚洲金融危机中暴露无遗。后股权分置时代，证券化的趋势将改变我国经济增长主要依赖间接融资的方式，进入直接融资快速发展的新时期。资本市场在给投资者和融资者提供投融资渠道的同时，也提供了分散风险的途径。企业通过发行股票，将其经营风险部分地转移和分散给投资者，

① “Now for the next miracle… Finance in the Far East: A Survey”, The Economist, 13 November, 1982. 转引自王曙光：《金融自由化与经济发展》，北京大学出版社2003年版，第74页。

实现风险的社会化；投资者根据承担风险的程度，通过买卖股票和建立投资组合，来转移和分散风险。

2. 证券化推动国家完善资本形成机制。资本形成机制是一国经济成长的关键。美国证监会自1982年开始，每年召开“政府间小企业资本形成论坛”，想方设法推动中小企业的资本形成。我国企业资本金来源，一靠财政，二靠银行。在国家财政资金“拨改贷”之后，长期建设资金均依赖于银行。这种情况决定企业主要资本来源是自身微薄的内部积累，资产负债率极高，企业资本结构极不合理，企业成长困难重重。我国资本市场在短短的15年中，累积筹集资金近1万亿元，有力地推动了一批上市公司的成长。证券化时代的到来，使企业运用资本市场的广度和深度得到拓展。企业可以借助发行上市筹集资本性资本，弥补“麦克米伦缺口”，减少对银行的资金依赖；可以实现投资主体的多元化，降低企业的资产负债率，形成良性的资本形成机制；可以通过资本市场的约束机制与并购机制，强迫企业完善治理结构和内控机制，实现规范发展和健康成长。

3. 证券化推动实现科技与资本的最佳结合。创新型科技企业规模小、业绩不稳定，又面临较大的经营风险。证券市场以其风险共担、收益共享机制，能够为技术发明和创新提供长期直接融资支持，以其独特的制度化的退出渠道，能够刺激风险资本对科技企业的投入、增值服务与孵化，从而最大限度地分散和化解科技型企业成长的不确定性与经营风险，满足高新技术产业发展的需要，实现科技与资本的良性互动。

4. 证券化增强国家金融安全，推动家庭金融资产多元化。现代经济体是虚拟经济占主导地位的经济实体。2005年底，全球证券市场总市值为40万亿美元，超出全球国民生产总值。截至2006年3月底，我国金融资产总值为44.3万亿元，其中各项存款余额为30.5万亿元，中央国债公司托管的国债、政策性银行债、企业债券等债券存量为8.1万亿元，股票流通市值为1.3万亿元，证券投资基金资产净值为0.5万亿元，保险业总资产为1.6万亿元，流通中现金为2.3万亿元。[①] 与金融发达国家和地区相比，我国金融资产不仅规模小，结构尤其不健全，存款占68.8%，债券占18.2%，其他金融资产比例很低，金融资产证券化程度较低。证券化时代，是以资本市场为核心的金融资产规模进一步壮大、结构进一步优化的时代。预计到2010年，金融资产总值会超过80万亿元。到那时，国家进行金融资源配置、金融宏观调控有了可靠的基础，防范金融危机、统筹金融安全有了可靠的保证，家庭实现金融资产多元化和财富管理更有了有效渠道。

二、后股权分置时代资本市场的基本主题：减少差异、缩小差距

后股权分置时代的基本主题是大力发展资本市场，其具体表现形式为减少差异、缩小差距，实现跨越式发展。

（一）差异和差距意味着发展潜力巨大

我国证券市场处于发展初期，这并不因为完成股权分置改革就自然而然地改变这一事实。我国的证券化率比较低。2005年股市证券化率仅24.7%，不仅大大落后于美、英等成熟市场，也与泰国、韩国和我国台湾地区有很大差距。同时，我国直接融资比例也很低。据国际清算银行的资料，发达国家直接融资多数在50%以上，美国的直接融资占融资总额的比重高达88%，而中国2005年直接融资不超过500亿元，比例跌到1.5%。

（二）国民经济持续快速健康发展是资本市场赖以发展的基本保证

按照国家统计局修订的结果，2002~2005年，我国国民经济连续4

① 资料来源：中国债券网，http：//www.chinabond.com.cn/chinabond/article/；中国人民银行网站，http：//www.pbc.gov.cn/diaochatongji/tongjishuju/。

年增幅都接近 10%，2005 年为 9.9%。伴随着经济增长，居民财富逐渐积累和壮大。1990 年，我国城乡居民储蓄余额为 7 119.8 亿元，到 2005 年末为 14.1 万亿元，15 年间增加了近 20 倍。截至 2006 年 3 月底，居民储蓄余额达到 16 万亿元人民币。

（三）宽松的货币政策与外资流入为我国资本市场的发展提供了稳定的资金供应

货币政策的宽与松，直接决定了资本市场资金的多与寡。当前，流动性过剩是中国经济的基本特征。据统计，2001 ~ 2005 年，我国 M2 增长率分别为 17.6%、16.8%、19.6%、14.6% 和 17.98%。在人民币升值预期下，国际热钱不断涌入。至 2006 年 3 月末，我国外汇储备余额达 8 751 亿美元，同比增长 32.8%。2006 年 1 ~ 3 月增加 562 亿美元。全球流动性过剩与国内流动性过剩共同作用，对我国经济和资本市场的发展既是挑战，也是机遇。大力发展资本市场，正确处理虚拟资本与实体经济的辩证关系，利用好虚拟资本来服务和发展实体经济，对冲流动性过剩的负面影响和冲击，不失为两权之策。

（四）自主创新国家战略的实施拓展了我国资本市场的发展空间

中国的能源消费目前已占世界总量的 13.6%，不仅成为煤炭、钢铁、铜等世界第一消费大国，而且已成为继美国之后的世界第二大石油和电力消费国，成为影响世界相关市场的关键因素。依靠自主创新，走出粗放型增长方式的怪圈，实现生产方式的转变，成为一项紧迫任务。自主创新就是要大力提高企业原始创新、集成创新和消化吸收再创新的能力，真正拓展资本市场生存和发展空间。

截至 2006 年 5 月底，我国上市公司有 1 372 家，市价总值约合 5 462 亿美元，位居全球第 15 位。这不仅与我国经济高速增长的势头相背离，也与我国 GDP 位居全球第 4 位有很大差距。大力发展资本市场仍然是我国的基本战略和国策，特别是实施自主创新国家战略，需要一个强大而稳定的资本市场。我们设想，未来3~5年，我国经济证券化率达到60%左右，资本市场成为亚太地区重要的资本市场。为此，当前及今后一段时间，应做好以下几件事情：

一是全力推进股权分置改革，确保股改年内完成；二是固本强基，大力发展基础性证券；三是顺应股份顺畅流转要求，构建支持自主创新国家战略的多层次资本市场体系；四是加强资本市场基础性制度建设，完善资本市场法制；五是为国家经济金融安全服务，构建中国资本市场风险防范体系；六是服务对外开放战略，进一步发展B股市场。现阶段继续推进B股市场的发展，不失为一种战略选择，对于我国资本市场的整体发展仍有着重要意义和积极作用。可以考虑把恢复B股市场融资功能作为股改后恢复我国证券市场融资功能的重要步骤。在B股市场的功能定位上，可以选择主要服务于境内合资、外资企业，时机成熟后可以将服务范围扩大到东南亚、东北亚的境外企业，将B股市场建设成为富有吸引力的、辐射亚太地区的外资股市场。

三、后股权分置时代的基本挑战：市场参与者利益显示性化

后股权分置时代，市场参与者利益显示性化。上市公司控股股东从资本市场后台步入前台，上市公司高管人员因股权激励与上市公司利益绑到一起，机构投资者变得更加举足轻重，外资并购广泛地参与到A股市场并出现“斩首行动”，上市公司并购战因争夺公司控制权而日益频繁和激烈。

（一）控股股东角色的转变

股权分置完成后，控股股东由原来的利益相关者成为资本市场的实际参与者。股改前，控股股东与流通股东、大股东与小股东的利益冲突相互交织，控股股东的利益关注点只在于资产净值的增减，而不关心二级市场的股价波动。股权分置改革使上市公司大股东的效用函数发生变化，其最

大化自身利益的行为模式也随之改变，除从公司内部转移收益，控股股东增加了从外部市场获取资本利得的通道。

控股股东的角色换位，改变了非流通股股东与流通股股东利益取向不一致的矛盾，有助于巩固全体股东的共同利益基础，推动上市公司完善公司治理结构；有助于控股股东完善资本运营机制，从整体上提高上市公司的质量；有助于上市公司从静态考核转变为动态考核，便于控股股东着眼于公司战略的发展。我们可以看到，这一阶段，大股东身影在资本市场频频出现，要么实施整体上市，要么进行增持，要么进行减持，要么进行定向增发。

另一方面，大股东身份的转变，对监管提出了新的挑战。上市公司大股东由非流通股的“一股独大”转变为流通股的“一股独大”，使他们进行内幕交易、市场操纵的动机可能更强。根据“经济人”的假设，上市公司大股东都有提高未来股票转让价格的动机，可能会以持有可流通股票为契机，利用其信息优势以及小股东无法分享的控制权，通过利润操纵等系列行为谋求自身利益最大化，侵蚀中小股东权益。同时，股份全流通使大股东可能采取的行动更为多样化：各种形式的“隧道行动”、盈余管理、注入资产和选择性信息披露等。

随着股改的完成，有些上市公司为配合大股东的资本运作，根据大股东的意图对上市公司的资产、业绩、经营环境进行倾向性披露，为大股东的资本运作创造有利的交易环境。比如说在定向增发时，如果控股股东参与增发，上市公司就会配合发布利空消息，打压股价，降低大股东的增发成本；反之，如果控股股东不参与增发，上市公司就会配合发布利好消息，提升股价，增加募集资金量。

在实际操作过程中，已经有这方面的例子或者端倪。某上市公司在年报中对盈利增长做出了10%的预测。两三个月后，该公司董事长公开透露，公司今年盈利可能增长20%，公司股价立即快速攀升。短短两三个月时间，公司前后信息发布差别如此之大，公司的收购工作又在紧锣密鼓地进行。对此类事件确实应引起重视。

（二）管理层利益与上市公司利益捆绑在一起

股权分置无法从根本上解决管理层激励的问题，客观上存在上市公司管理层利用其优势地位，为自己牟取不正当利益的动机和可能。股权分置改革解决了制约实施股改激励的制度缺陷。同时，通过建立市值考评体系，股东更容易对管理层的业绩进行考评。正因为如此，不少上市公司结合股改，推出了股权激励计划，如万科和华侨城、苏泊尔和七匹狼等。

股权激励是国际通行的解决委托代理问题的有效途径，弥补了传统激励办法的不足，将高管人员与企业紧密连结在一起，起到一荣俱荣、一损俱损的效果，给高管人员戴上一副“金手铐”，极大地降低两权分离导致的代理成本。不过，操纵财务信息，调节利润，一直是上市公司管理当局规避监管、谋取不当利益的手段。诚如美国著名会计学家所言：“由于管理当局处在‘内部’的位置上，因此他们能够获取缺席的所有者所不能获取的有关公司的财务状况和总体经营的信息。这种信息不对称，与贪婪和个人动机相结合，可能会导致管理当局为了个人利益而不恰当地利用投入的资源，或者截留或不准确地报告信息。”① 美国安然事件就是高管人员操纵财务信息，使公司股价持续上涨，从中获得了巨额股票期权的行权收益的典型事例。

我国股权激励机制还刚刚开始，对此应有相应的制度安排和监管措施。在现实情况下，如果相应的股权激励机制不够合理或健全，不仅不能降低代理成本，反而会成为高管“掏空”上市公司和侵占广大股东利益的一种新手段。例如，某些上市公司行权价格的制定明显偏低，或者行权价格以市价和净资产孰高原则确定，表面上合理，考虑到控制股东要动用资金维持股价，实际上管理层几乎可以无风险地行使股票期权，从而获得股权激励收益。

---

① ［美］K. 弗莱德·斯考森等：《公司治理与证券交易委员会》，东北财经大学出版社2006年版，第23页。

（三）机构投资者的地位和影响举足轻重

最近几年，我国机构投资者队伍迅速壮大。截至2005年底，基金管理公司数量达到52家，证券投资基金资产总规模达5 008.2亿份。批准QFII机构32家，批准外汇投资额度54.95亿美元。全国社会保障基金持有股票资产市值205.2亿元，保险资金已间接入市1 060亿元，直接入市金额已达135.7亿元。企业年金入市工作已进入实质性操作阶段，成为市场上的重要力量。随着机构投资者规模的扩大，机构持有的股份逐步增加。以深圳市场为例，2004年~2006年5月底，机构持有的流通股比例由18.5%上升到28.8%，增加了10多个百分点，其中证券投资基金由12.6%上升到14.3%。由此，机构投资者的话语权也在不断扩大。

相比一般投资者，机构投资者能更有效地提高资本市场的效率，从事前的定价机制和事后的监督机制两个方面发挥优势，促进金融市场经济功能的完善：首先，机构投资者更有能力收集和分析证券市场信息，通过机构投资者的充分竞争，实现市场化的证券发行约束机制，产生最优的价格信号引导资源的有效配置；其次，有助于解决中小投资者对公司监督的激励问题，实施对管理层的有效监督，提高投资项目的经济效益，促进公司治理的完善。

全流通给这些机构投资者通过股票买卖得益提供了更便捷的运作平台，对监管提出了新的要求。在股权分置改革中，某些机构投资者就因为自身利益，身陷“投票门”丑闻。在股份全流通的情况下，机构投资者更有可能与上市公司控股股东和高管人员相勾结，集中资金优势和信息优势牟取暴利。如有些上市公司为了吸引机构投资者，往往会将部分重大的未公开信息事先向机构投资者透露，比如在定期报告对外披露前向机构投资者透露业绩，损害了市场的公平性，使中小投资者的利益受到损失。在交易中，机构投资者还会借助各种优势，形成有损于公平交易的交易行为。

（四）外国投资者对A股市场的参与更深更广

《外国投资者对上市公司战略投资管理办法》的发布，使外国投资者对A股的参与迎来了新的历史性机遇，而股权分置改革又将使外资通过资本运作获取利益的渠道更为完善。毋庸置疑，外资对A股市场的参与，有利于提升A股公司治理与透明度，增强国际知名度与海外市场开拓能力，提高A股上市公司的质量。同时，外资还可能带来国际市场上比较前沿的交易方式、投资工具和资产配置的操作技术，有利于提高我国机构投资者的风险管理意识和操作能力，树立理性投资理念。

但是，外资的不断流入也可能使我国资本市场承受着国际风险的冲击和压力，并给监管和市场监察带来新的课题。更进一步，不可否认，流入A股的外资也是良莠不齐的。有的外资是豪赌人民币升值，对公司的业绩漠不关心；有的外资则是利用国内的控股子公司作为跳板，实现其在全球范围内利润最大化；此外，也不能排除一些外资控股股东利用其控股地位和信息优势，通过选择性披露来达到实现不正当获利的目的。这对全流通条件下的监管提出了新的挑战。

近年来，外资对我国经济的控制力在逐渐增强，出现了一些专家学者所称的“斩首行动”。所谓“斩首行动”，是指外资选择弱势行业里的龙头行业，把龙头拿下，控制该行业在某一个地区甚至全国的生产网络。水泥、机械、钢铁等行业众多案例表明，外资在这些行业进行的“斩首收购”，目的绝不仅仅是追求财务上的收益，更多的是追求产业整合，控制优势资源，掌握行业垄断地位，消灭潜在竞争对手。

《新财富》杂志的一项研究表明，外资方将合资公司转变为独资公司主要有4个步骤：（1）合资公司外方控股并控制经营管理权；（2）接管后外方完全控制管理职位人选；（3）外方通过大规模人员变动和生产变动造成公司正常经营困难，出现亏损；（4）合资公司连续亏损，迫使中方降低股权比例直至完全退出。最终结果往往是中方在付出了企业资产、市场份额、品牌价值、专利技术、改制的人力与财务成本后，苦撑亏损的合资企业数年，被外资用少量的资金扫地出门。企业分享不到发展的收益，财政得不到税收，地方政府缓解不了就业压力，而外资则用很小的代价就将一个个价值被严重低估的中国企业收入囊中，既获得了产能与市场，又将潜在竞争对手扼杀于摇篮之中。[①]

因此，在后股权分置时代，全流通给外资的并购提供了更方便的手段，如何保障国家的经济安全，防止外资的恶意并购，成为新的市场条件下应该积极思考和主动防范的重大问题。

（五）上市公司之间的并购将会日渐激烈

股权分置改革消除了非流通股与流通股两个市场的分割。通过配套推进资本运营制度的改革，可以提高资本的定价效率，使证券交易价格能够动态反映企业的市场价值，从而加速上市公司的优胜劣汰与行业整合。

上市公司间的并购可能会带来以下几方面的问题：首先，不排除一些上市公司通过选择性披露等手段，提高本公司股价，或干扰目标公司股价，达到降低收购成本的目的；其次，不排除一些上市公司通过杠杆收购等方式，实现恶意收购，增加市场的系统性风险；再次，防止某些企业通过并购实现过度垄断，损害市场公平竞争的效率；最后，还要特别注意上市公司利用并购信息进行炒作，获取暴利的现象。

从国际经验看，兼并收购题材是最容易引发个股暴涨暴跌的因素之一，雷诺－纳贝斯克收购案给人们的印象仍历历在目，期间各种消息的不断出炉，股价像坐了“过山车”，着实让股民玩了一把心跳。我国过去这样的案例也层出不穷，很多ST板块的个股也都冒出过不少重组传闻，但往往是雾里看花，真真假假，最终受害的是广大中小投资者。

上述种种情况表明，在后股权分置时代，由于市场参与者利益全面显性化，许多新的监管问题正日益凸现出来，需要引起高度关注。

1. 大股东监管挑战。股改后的上市公司大股东将作为新的投资者群体进入二级市场，同时，大股东利益将更多地与股价紧紧拴在一起，由此可能引发公司大股东的违规动机和出售股份的套现行为。

2. 管理层股权激励挑战。随着越来越多的公司实施管理层激励计划，如果采用股权激励方式，股价上涨则意味着管理层收入的增加，从而在客

---

① “外资凶猛：斩首收购行业龙头企业”，《新财富》2006年4月号。

观上促成管理层通过操纵利润影响股价的动机。如果采用管理层收购（MBO）激励方式，管理层为了降低收购成本，有可能产生隐瞒公司利润以此打压股价的动机。

3. 信息披露监管挑战。在新的市场形势下，上市公司有可能出现选择性信息披露的新动向。如在披露对象上，上市公司为了吸引机构投资者，而将部分重大的未公开信息事先透露给机构投资者；在披露内容上，为配合大股东的资本运作，受大股东控制的上市公司管理层可能根据大股东的意图，对上市公司资产、业绩和经营环境等情况进行倾向性披露等。

4. 公司并购的监管挑战。股改后，公司并购将日益活跃，可能引起股价的大幅上涨，为内幕交易提供条件。同时，上市公司收购中，还可能发生收购人无实力、不诚信，以及原控股股东“掏空”上市公司后“金蝉脱壳”等问题。

5. 履行股改承诺的监督挑战。股改过程中，许多上市公司作出了股份锁定、业绩增长、追送股份等承诺。对于某些如业绩增长类的承诺，存在公司不可控制的因素，可能出现不能履行或不能完全履行的情况。对于另外一些如股份追送类的承诺，也可能出现大股东所持股份因质押等原因而丧失追送能力的情况。

6. 机构投资者的监管挑战。机构投资者发展的多元化，使不同类型的投资者在投资理念、交易行为、盈利模式和操作方法等方面呈现出多样性特征，其违法违规的交易特点和方法也千差万别。而且，股改后，大股东进入资本市场，可能产生部分机构投资者非法集中持股问题。

7. 应对国际资本流入的监管挑战。我国金融业全面对外开放，外资将以合格境外投资者（QFII）或战略投资者的身份进入二级市场。国际资本的不断流入可能带来国际市场上比较前沿的交易方式、投资工具和资产配置的操作技术，但同时也可能使我国资本市场承受着国际风险的冲击和压力，并对国家经济安全造成影响。

四、新形势下市场监管面临的冲突与矛盾

后股权分置时代的到来预示着中国资本市场的市场机制、市场格局、市场理念、市场盈利模式、投资者结构及其监管对象的行为方式将发生根本性转变。与此同时，制度、产品和技术的创新将不断涌现；随着多层次资本市场体系建设的逐步深入，市场的自由度、关联度和开放度将趋于增强。所有这些表明，后股权分置时代资本市场监管的市场环境将发生重大变化，监管面临着严峻的冲突。

（一）市场发展的市场化与行政化监管理念的冲突

股权分置时期，中国证券市场具有体制的特殊性，很难简单靠模仿西方规范和市场自然并轨的方式解决，而是要求较多地发挥政策“有形之手”的作用解决这些制度性障碍。而在后股权分置时代，将是一个市场主导的市场化时代。一方面，由于市场规模日益扩大，按市场规律运行是其客观必然，绝非政府和人力所能控制和左右；另一方面，市场主体更加成熟和理性，股改过程中体现出来的权益意识会进一步得到强化。面对这种情况，我们过去习惯的行政化、政府集中的监管思路需要改变，看指数涨跌行事、为国企解困服务，重筹资、轻投资，重行政控制、轻经济手段调控等监管手法需要更新，“证券业务行政化、行政业务政治化”、“一事一批”的行为方式不能适应市场发展要求。

（二）国有资产管理考核由“净值”向“市值”转化的冲突

国有资产是我国股票市场的重要组成部分，在股权分置时代，它又构成非流通股的主体力量，业绩考核以静态的净资产为主要标志，资产转让以场外协议转让为主。同时，国有资产经营主体兼任部分政府职能，与中央经济主管部门和地方政府有着不可分割的血肉联系，成为资本市场一个特殊的主体，在某种程度上影响着资本市场的执法和公正性。后股权分置时代，国有资产形成的非流通股转变为可流通股，国有资产的管理与考核转向以股票“市值”为基础和核心。与业绩考核指标和激励制度改变相

伴随的是，市场要求国有资产以平等的主体地位进入这个市场，按统一的游戏规则办事。

（三）原有监管模式与新的违规风险的冲突

在新的市场环境下，一些新的违法、违规行为可能显现，范围可能扩展，手段可能更为隐蔽，过去依据股权分置的前置条件而行之有效的监管模式与监管方法，正在变得过时或不得力，难以应对新形势下各种潜在的违规风险。比如说，我们过去是重视上市公司的监管，现在要把控股股东、高管人员、机构投资者和外资列为重要的监管对象；过去我们以信息披露为中心，属于事后监管、形式监管，现在要注重及时性，立足于动态监管及过程与结果控制；过去我们重视业绩会计真实性监管，现在由于控股股东、高管人员、机构投资者和外资的参与甚至联手，不仅真实性的难度增大，还更加要求信息披露的准确和及时。再比如，我们过去主要盯住绩差公司，现在不仅要把绩差公司当作重点，也要重视绩优公司的监管，因为绩优公司在全流通情况下，虚假信息披露和内幕交易的动力也日益变大。再比如，过去我们主要重视二级市场的监管，现在由于定向增发、资产转移、关联交易以及整体上市和并购往往连接在一起，必须重视一、二级市场的联动等。

（四）相对有限的监管资源与更为艰巨的监管任务的冲突

面对更加复杂的市场环境与更为艰巨的监管任务，我们的监管资源还是相对有限的。这主要表现在三个方面。

1. 监管的人力、财力、物力有限。面对后股权分置时代市场规模的迅速扩张、监管对象的日益复杂及违法违规行为的多样化，可能会出现监管资源捉襟见肘的局面。

2. 监管的经验有限。与发达国家成熟市场上百年的发展历史相比，我国发展资本市场的时间还不长，积累的监管经验依然有限，而且过去面对的是中国特有的现象与问题，在过渡到新时期之后，处理新情况经验不足的冲突可能会更加明显。

3. 监管的手段、权限与灵活性还比较有限。看过《股市大盗》（现改名为《贼巢》）一书的读者一定知道，面对证券市场快速变幻的形势和千变万化的市场违规行为，监管当局一定的自由裁量权与较好的司法配合，是对付证券欺诈、内幕交易等违法违规行为的重要保证。反观我国，这方面的差距依然很大。

（五）投资者权益保护的行政执法与司法救济的冲突

琼民源、银广厦、亿安科技等证券市场重大案件的处置，主要依赖行政处罚。从实际执行的效果看，行政处罚相对较为快捷，对证券犯罪也有较大的震慑作用，但罚款难以落实为对投资者的救济，表现出行政执法在对投资者保护方面的局限性。后股权分置时代，上市公司控股股东、高管人员、机构投资者、外资等成为拥有股份优势、资金优势和信息优势的新主体，使我国资本市场的信息不对称更加突出，散户投资者的生存环境变得更为严峻，无疑会加重行政执法与司法救济的冲突。在这种情况下，完善以司法救济为基础的投资者保护机制显得更为迫切。在几百年实践中，西方成熟市场根据“有伤害必有救济”的司法理想，已经建立了一整套以“深口袋理论”为基础的民事诉讼机制，集团诉讼、衍生诉讼，强化投资者民事“诉权”，并通过举证责任倒置加重机构主体的举证责任，通过证明标准明确划分诉讼原告与被告的证明义务，值得我国证券市场学习和借鉴。

（六）维护我国资本市场主导权与境内外市场一体化的冲突

股权分置问题的解决，意味着中国资本市场与国际接轨有了更为坚实的基础。然而，资本市场的对外开放与境内外市场一体化，不可避免地会遭遇冲突与挑战。中国是一个经济大国，正在向经济强国发起冲刺，发展资本市场是国家战略的重要组成部分，必须坚持学习和吸收成熟市场创造先进理念和成功经验的同时，坚持自己的立场和道路，注重维护国家和人民的根本利益，维护以定价权为核心的资本市场主导权和话语权，避免成为海外市场的附庸或“影子市场”。特别是大量优质企业海外上市，严重削弱了我国资本市场核心竞争力。如新浪、搜狐、网易、百度等互联网站到美国上市，使我国资本市场对该行业丧失定价权；其他如主要银行到境外上市，不仅影响到我国金融安全，而且影响我国资本市场上市公司结构的合理布局，也使我国资本市场对银行业的定价只能参考境外市场。

五、进一步完善监管与促进市场发展的基本举措

后股权分置时代带来的各种冲突和挑战，客观上要求我们与时俱进，积极应对，以科学发展观为指导，以投资者权益保护为基本目标，进一步强化与完善监管，促进中国资本市场的持续健康发展。

（一）坚持市场化改革取向，树立正确的监管理念

《行政许可法》对行政许可的设立前提有了明确规定，即“公民、法人或者其他组织能够自主决定的；市场竞争机制能够有效调节的；行业组织或者中介机构能够自律管理的；行政机关采用事后监督等其他行政管理方式能够解决的”。后股权分置时代要求我国资本市场依据《行政许可法》办事，根据国际证监会组织《证券监管目标和原则》清晰的监管目标，大力推进资本市场的市场化进程。这就要求在监管理念方面，必须坚持市场化的方向，逐步放松行政管制，尽可能减少和简化“行政许可”。同时，要重视发挥自律组织的功能与作用，并完善与落实持续监管、实时监管、司法监管、自我监管等方面的内容，提高监管工作的科学性与有效性。

（二）强化对投资者的司法保护，进一步完善证券市场法律环境

取消我国证券欺诈诉讼中的行政“前置程序”，这是强化投资者的“诉权”、降低其通过法律诉讼保护自身合法权利的重要措施。应当以此为契机，进一步完善对投资者权益的法律保护：一是在条件进一步成熟后，审判机关最终无条件受理证券市场发生的各种民事纠纷案件，投资人在自己的合法权益受到侵害时按自由意志行使诉权；二是扩大证券民事赔偿诉讼的范围，从虚假陈述扩展到内幕交易、市场操纵、大股东占用资金、中介机构违法等各种使投资者利益受到损害的情况；三是在证券民事

诉讼领域引入英美法系国家的集团诉讼制度，使没有起诉的受损投资人也能按照法院判决获得同等赔偿，从而增加侵权人的违法成本和对其的威慑力；四是进一步完善投资者保护基金的运作，使一些受到违法行为损害的投资者能够及时、有效地获得补偿，并且可以依照我国台湾地区投保中心的代位诉讼制度，建立相关的救济机制。

（三）建立多层次监管体系，完善执法体系和执法机制

后股权分置时代资本市场监管的市场环境将发生重大变化，面对市场各参与主体的不诚信行为，如大股东套现行为、上市公司利润操纵行为、上市公司虚假并购行为、机构投资者的内幕交易与操纵行为等，需要在执法体系、监管体制和执法机制方面多下工夫。首先要强化中国证监会与中国人民银行、中国银监会和中国保监会等的金融协作机制，以应对银行、证券、保险等日益融合的趋势，共同建设金融安全网，共同对付金融犯罪行为。其次要仿照美国 1984 年《内幕交易禁止法案》和 1988 年《内幕交易和证券欺诈执法法案》，制定相关法律法规，强化证券监管当局与公安部、最高法院等方便快捷的执法协作机制，提高执法效率，并且“在大多数时候表现出对证监会较高程度的尊重和依赖”。[①] 再次是要建立和完善包括司法制度、和解制度、仲裁制度、听证制度和民事诉讼制度在内的一整套机制，依法按规办事，实现资本市场的法治。最后是要建立包括监管机构、自律监管、中介机构、社会监督在内的多层次监管体系，充分发挥新闻媒体的舆论监督作用。

（四）探索与完善新形势下国有资产管理与绩效考核体系

后股权分置时代的资本市场新形势，为进一步深化国有资产管理体制改革、促进国有资产保值增值提供了新的机遇。一是利用资本市场的兼并收购、资源配置功能，优化国有经济战略布局和结构，充分发挥国有资产对社会资本的引导和带动作用。二是探索建立全流通机制下的现代企业制

---

① 高西庆、夏丹：“证监会在解释和发展证券法中的作用”，《证券市场导报》2006 年第 4 期。

度建设，督促国有资产经营者以平等的主体资格参与资本市场的活动，承担资本市场的法定义务，完善公司治理。三是完善市场化的国有资产运行环境，以市场化的方式而不是行政分配的方式，推进国有股份之间的资产配置、产品供应和资本运作。四是重塑国有资产管理的业绩考核体系，将以净资产为评价核心转变为以股价为评价核心，使国有资产的价值衡量更加市场化、显性化、科学化。五是以《上市公司股权激励管理办法》为指引，精心设计有效的激励与约束机制，打造管理人员、骨干人才的“金手铐”，建立国有企业成长的长效机制。

（五）适时出台限制外资并购的相关法规规定

对外资参与资本市场并购，既要积极，又要稳妥，这是国际惯例。从外资并购行为特别是“斩首行动”中看到，在全流通条件下，为保障国家经济安全，防止外资恶意并购，有必要对外资进行适当限制。借鉴海外的经验，我国宜成立类似外资审查委员会的部际联席会议，对重大外资并购项目进行审查。限制外资在事关国家安全的领域绝对控股或相对控股；对重点领域内的重点企业预先设定机制，防止外资企业利用亏损、增资手段达到控股目的；严格外资并购的审批、核准或备案程序，重大项目上报外资审查委员会；各地建立外资并购项目的专家评议制度和责任追究机制，对玩忽职守、勾结外商等相关责任人，将依照法律追究其法律责任。

（六）建立健全适应于一线监管的自律组织规则体系

交易所、协会等颁布的自律性规则是资本市场法规的重要组成部分，是交易所依法办事的具体体现，构成政府部门行政化监管手段的有益补充。这一点已经在两年多的中小企业板监管实践中得到证明。应进一步发挥自律组织如中国证券业协会、期货业协会、证券交易所和期货交易所的作用，完善自律规则体系。以交易所为例，除上市规则、交易规则和会员规则三大规则外，交易所已经在诚信、董事行为、保荐机构、投资者保护等方面发布并实施了相关指引，对监管法规进行了有效细化，对监管工作起到了很好的作用，也在业界引起了良好的反响。今后还可以考虑制定和颁布《上市公司内部控制指引》、《上市公司独立董事行为规范》、《上市公司社会责任指引》等。

（七）强化对上市公司大股东、高管人员及关联方实施联动监控

针对后股权分置时代上市公司大股东、高管人员将从后台走向前台，成为影响股票市场发展的重要参与主体，对其实施联动监控就显得尤为必要。一是要建立上市公司大股东、高管人员及关联方数据库，设计科学合理的禁售、限买监控机制，实行交易、持股事前预告和事后披露制度。二是强化上市公司控股股东和最终实际控制人的披露义务，根据海外“一致行动人”的立法经验，制定规范大股东、高管人员及关联方的合规交易指引，重点防范和打击利用信息披露、关联交易、并购重组等信息控制优势和持股优势，进行虚假披露、利益输送、内幕交易和市场操纵等违法违规行为。三是要进一步完善大股东股改对价承诺的专项监控，健全相关提醒、敦促、曝光等提示和处罚机制。四是要督促上市公司推动公司治理建设，严格规范和控制上市公司信息披露、对外担保、关联交易、委托理财、改变募集资金用途等行为。

（八）强化对机构投资者和中介机构交易行为的研究和监管

在后股权分置时代，机构投资者和中介机构在给市场带来理性投资的同时，还会借助各种优势，形成有损于公平交易的交易行为，强化对其交易行为的监管变得越来越重要。一是完善机构投资者综合信息报备制度，建立信息共享机制，加强诚信体系建设；二是适时制定和出台《投资者公平交易行为指引》，根据机构投资者的不同类别，完善和实施分类监控和处理机制；三是推进建立机构投资者交易风险警示机制，进一步完善机构投资者交易信息披露制度；四是重点监控和防范机构投资者利益输送、内幕交易、市场操纵以及其他损害投资人或投资者利益的违法违规行为；五是重点加强对保荐机构、财务顾问、投资顾问咨询公司等市场中介机构交易行为的监管，逐步建立关联账户报备机制和交易报告制度；六是重点防范中介机构通过其业务和信息优势，单独或合谋进行欺诈、虚假披露、

内幕交易、市场操纵以及损害服务对象和其他投资者权益的行为。

（九）适当扩大信息披露主体的范围与披露程度

信息披露是证券市场的基础和灵魂。股权分置时代，信息披露监管主要局限于上市公司的年报、半年报、季报以及重大事件。后股权分置时代，信息披露范围扩大到上市公司控股股东和最终实际控制人，以及机构投资者交易信息披露。除此之外，还需要制定收购兼并信息披露细则，研究制定股权激励计划的信息披露规定。同时，在手段上，过去以形式审核为主的披露方式已经不适应时代的发展，需要向合理怀疑和质疑式审查的监管方式转变，探索建立由会员单位研究机构、证监局、交易所联合对合理怀疑对象进行“会诊”的机制，缩短立案周期，加大惩处力度。另外，还必须强化对股价异常波动与信息披露联动关系的调查与处罚，强化股票停牌、严格公司和个人问责等市场监察措施，逐步形成对上市公司违规行为的有效约束和威慑。

（十）加快形成后股权分置时代资本市场的人才培育机制

后股权分置时代，市场发展愈快，风险控制任务愈重，专业化水准要求愈高，对人才的需求就会愈迫切。首先要树立科学的人才观，营造人尽其才的环境和氛围，充分调动现有人才的积极性，发挥其聪明才智。其次要形成科学的人才选拔机制，真正将严格自律、敬业务实和敢于挑战的人才用于关键的岗位上。再次是要加快人才的培养，使更多人能够掌握资本市场的发展规律，包括基础性会计、法律、金融、管理人才，风险管理人才，投资专业人才，监管人才等。最后是要逐步建立职业经理人市场，形成顺畅的人才流动与选拔机制，通过市场化的淘汰机制，从整体上提高人才的素质。

划转国有股充实社保基金，健全我国养老保险体系*

早在1997年，联合国就曾提醒："21世纪老龄化是人类前所未有的，对任何社会都是一项重大挑战。"中国的人口老龄化更为严重。据全国老龄委测算，目前我国60岁以上人口数量接近1.5亿人，占总人口的比例超过11%；到2020年和2050年，老年人口将分别达到2.48亿人和4亿人，老龄化水平将分别为17%和30%。

我国目前的社保体系还很不健全，覆盖面仅限于城市，城市社保资金的缺口也十分巨大。截至2007年，全国社保基金资产规模仅5 000亿元，与中央要求社保基金5年内达到1万亿元的目标相比还有较大差距。另据世界银行估算，如果按照目前的制度安排，2001～2075年，中国支付养老金的缺口可能高达9万亿元。

党的十七大报告强调"老有所养"，要求以"基本养老"为重点，"促进企业、机关、事业单位养老保险制度改革，探索建立农村养老保险制度"。建立以社保基金为主体的养老保险体系是我国社会主义市场经济的必然选择，更是构建和谐社会的必然要求。在这个过程中，尤其需要充分发挥资本市场的作用。

多年来，我国在利用资本市场充实社保基金方面，已经进行了一些有益探索。2001年6月，国务院就发布了《减持国有股筹集社会保障资金暂行办法》；党的十六届三中全会再次提出，要"采取多种方式包括依法划转部分国有资产充实社会保障基金"；2007年7月1日《国有股东转让所持上市公司股份管理暂行办法》开始实施，社保基金将有制度性的资

---

* 本文定稿于2008年3月4日。

金来源。当前，资本市场的股权分置改革已经完成，市值考核已纳入国有股股东绩效体系，流通也不再按净资产转让。同时，资本市场各项制度建设取得了明显成效，正发生转折性变化。运用资本市场划转国有股，充实社保基金的时机和条件已经成熟。目前深沪两市上市公司总市值超过30万亿元，如果国有股股本按60%的比例计算，其对应的总市值为18万亿元。若能实现30%的划转，理论上可以充实社保基金5.4万亿元。为此我们建议，尽快将国有上市公司的一部分国有股权划转社保基金，以充实、做大社保基金。

国有股划转社保基金，对于建立健全我国以社保基金为主体的养老保险体系，意义十分重大。一是可以真正解决社保基金资金的来源问题。从目前的情况看，预算拨款不可能有大幅增加，其他渠道资金来源也相当有限，只有通过国有股划转才能从根本上解决社保基金不足的问题。二是适应了以国有大中型企业占主体的证券市场现状，保持了利用资本市场充实社保基金政策的连续性，简单易行，可操作性强。三是社保基金持有的股份依然属于国有股，合并计算不改变国有控股的地位，有利于维护国有经济的控制权和影响力。同时，国有股划转社保基金的实施，有利于稳定资本市场预期，增强市场信心，促进市场良性发展；有利于培养真正的机构投资者，使社保基金发挥一般基金起不到的“定海神针”作用；有利于改善公司治理结构，对控股股东形成制约机制，推动绩优蓝筹股市场的发展。

在具体操作上，国有股划转社保基金可以考虑四个原则：一是面向所有国有上市公司，无论在境内、还是境外上市，都要遵照执行。未上市公司可以在新股发行时实施，已上市公司可以进行追溯划转。二是划转时要有一定的数量，如划转上市公司国有股权的30%。三是要规定一定时期（如10年以上）的锁定期，确保社保基金的长期持有。四是一般情况下不允许变现，如确有减持的需要，可以考虑换股的方式。

当前证券市场规范发展的良好局面为社保基金所转持资产的收益性、安全性、流动性提供了保证。我们要抓住这一难得的机遇，尽快实现资本市场健康发展与社保基金资产保值增值的多赢局面。

第五部分

产品创新：务实、多赢、特色、策略、安全

大力发展证券交易所国债市场与回购市场*

一、两种市场、两个结果

我国的国债市场是在柜台交易的基础上发展起来的。1996 年，随着记账式国债在上海、深圳证券交易所的上市交易，交易所国债市场应运而生。1997 年 6 月，中国人民银行停止商业银行在交易所的国债回购业务，成立中国国债登记托管中心，银行间债券市场兴起。这样，我国的国债市场就一分为二：一是沪深证券交易所以集中竞价为特点的场内市场；二是银行间债券市场。两个市场运行机制截然不同，出现了两种完全不同的结果。在 1998 年以前，证券交易所国债市场是主要市场；1998 年后，银行间债券市场成为主要市场。

（一）隶属的对象不同

证券交易所国债市场隶属于股票市场，而银行间国债市场是银行间债券市场的一部分。在国外，债券市场是证券市场的重要组成部分，场外市

---

* 本文定稿于 1999 年 5 月 27 日。

场是证券市场的必要补充，并且一般由证监会直接或委托证券业协会作为资本市场来管理。

（二）交易的体系不同

证券交易所国债市场是高度电子化市场，而银行间市场则最多只是一个区域市场，电子化水平有限。

（三）交易方式不同

证券交易所国债市场采用集中竞价方式，遵循证券市场公认的“价格优先、时间优先”的原则；而银行间国债市场则是采取询价方式，使用的是一对一的谈判方式。

（四）投资主体不同

在交易所场内市场以非银行金融机构（券商、信托公司、保险公司等）、非金融机构和个人投资者为投资主体；在场外市场以中央银行、商业银行及特定金融机构（国债一级自营商）为投资主体。

正因为以上的不同，两个市场就有两种完全不同的结果。首先，证券交易所国债市场无纸发行，公开拍卖，发行成本低，发行效率高。其次，证券交易所国债市场采用网络交易，流动性强。最后，证券交易所国债回购市场有资金供应方和需求方，便于资金供求平衡。而银行间国债市场只有资金供应方，基本上没有资金需求方，流动性差。

二、场内国债市场是连接货币市场与资本市场的最佳通道

证券公司缺乏稳定正常的资金来源，是近年来证券市场持续低迷的重要制约因素，也是导致证券公司违规挪用客户保证金的外在影响因素。《证券法》规定严禁银行信贷资金违规流入股市，但并未禁止银行资金经过合法渠道流入股市，为彻底解决证券公司融资问题提供了法律条件。在目前正在商定的融资渠道中，已经比较明确的有：将证券公司参加同业拆借的时间从1天延长到7天；允许证券公司、基金管理公司进入银行间债

券市场进行国债回购；允许证券公司以自有证券向商业银行进行抵押贷款。

应该肯定，这些措施可以在一定程度上缓解证券公司资金匮乏问题，解决证券市场资金的不时之需，但它们都是一时一事的，具有不稳定性和非市场性，作用十分有限，不太可能成为证券市场市场化的、稳定的融资渠道。7 天拆借时间依然太短。银行间债券市场采取一对一谈判的询价方式，国债流动性差，现券市场和回购市场交易极度清淡。证券抵押贷款不失为一种制度安排，但审批等程序极为繁琐，难以适应千变万化的市场需要。

为了使证券市场有一个市场化的、稳定的资金来源，必须大力发展证券交易所场内国债市场，通过国债回购打开资本市场融资渠道，为证券市场稳定健康发展提供制度保障。首先，发行记账式标准国债，使资金的供应者如银行、保险公司，资金的需求者如证券公司、基金管理公司，均可以成为国债的合法持有者，形成高效、低成本的国债市场。其次，由于证券回购成本低、流动性强，证券公司、基金管理公司可以根据货币市场和资本市场的利差或收益率情况，自主选择持有国债还是通过国债回购持有股票，形成资金在货币市场和资本市场的有序流动。再次，中央银行通过国债市场调控货币市场和资本市场的余缺，保持宏观经济的平衡和有效发展。最后，国债回购市场融资，也是国外投资银行（证券公司）重要的和经常的资金来源。如美国投资银行的资金来源中，50% 就来自证券回购。

辩证地看，国债回购并不违背银行与证券分业经营、分业管理的原则。一是西方实行分业管理的国家，禁止银行参与证券业务，但法律从未规定银行不能参与国债市场，并且是鼓励商业银行大量持有国债。按照国外的经验，国债一直是证券交易所的交易重点。在充分的市场经济条件下，利率的调整较为频繁，而各种可能影响利率变化的先行经济指数又是透明度很高的，因此，国债价格充满弹性，在操作上也确实有很多机会。所以国债成为交易重点有很好的市场基础。二是银行证券分业管理、分业经营，只是指银行经营存贷款业务，证券公司经营投资银行业务，但绝不是资金分隔为货币市场资金和资本市场资金，因为资金市场是统一的，是不可分割的。有一个十分浅显的比喻，银行、证券分业犹如客车与货车分装，客车载人，货车载货，人货不能混装，但这种分离并不意味着车道要分隔，因为车道是统一的。由于资金主要通过中央银行的发放与存贷款方式存在，因此，要使资本市场有资金可用，必须打通资本市场与货币市场的通道。交易所国债市场正好适应了这种需要。这就是货币市场和资本市场一体协调发展的道理。

三、大力发展证券交易所国债交易条件已经成熟

1996年11月和1997年6月，中国人民银行针对虚假国债代保管单导致国债买空卖空、债务拖欠和股市持续火爆的严峻情况，发文禁止国有商业银行参与交易所网上现券流通市场，禁止商业银行在交易所进行现券及回购业务，以切断银行信贷资金违规流入股市。这些措施在当时是完全必要的，对于防范与化解金融风险起到了重要作用。回顾这段历史，我们可以发现，当时的违规情况主要存在于场外证券交易中心，是监管不严的产物，也与股市不成熟密切相关。随着我国证券市场的壮大，证券交易所国债市场进一步发展的条件也日益成熟。

（一）证券交易所已经高度电子化，网络覆盖全国

以前交易所的许多业务需要借助于各地证券交易中心才能完成。而现在，电子化交易的巨大流动性，保证了国债发行工作的高效、快捷和低成本，也为全国各类投资者提供了最方便、及时的服务。因此，国债发行应充分利用深沪交易所现有的交易网络系统进行。

（二）监管力度加强

证券交易所收归中国证监会统一管理以及全国统一的监管体系的形成，使监管力度空前加强，可以有效防止违法违规事件的发生。

（三）证券市场的清理整顿取得初步成效，防范与化解金融风险的能力增强

一是证券公司的清理与综合类证券公司的出现，使国债中介机构更加规范经营。二是证券交易中心的清理，使证券交易全部采取指定交易，减少了不必要的中间环节。所有这些，均强化了防范风险的能力。

（四）制度完善

中央国债结算中心的成立，国债代保管单的取消，国债的集中托管，从制度上杜绝了国债买空卖空的可能。

四、发展证券交易所国债市场的政策建议

目前，我国证券交易所国债市场由于没有新国债上市，而挂牌的国债逐渐到期，交易品种减少，出现了萎缩的局面。证券投资基金的出现以及对国债的需求，更加重了国债短缺的局面。如果不及时采取有效措施，场内国债市场将逐渐丧失生命力甚至消亡，这对于我国证券市场的稳定和健康发展是非常不利的。为此，我们提出以下建议：

（一）允许向证券交易所发行记账式标准国债

1998 年后，国债发行主要采取三种方式：一是满足广大居民投资需求的凭证式国债；二是面向银行间债券市场的国债；三是面向保险等机构的定向国债。我们赞同国债发行的这种多渠道的办法，也呼吁在此基础上，向证券交易所发行标准式的记账国债。

（二）允许商业银行参加证券交易所的国债回购业务

商业银行参加证券交易所的国债市场，是西方国家的通行做法，即便在分业管理的情况下也是如此，因为这是货币市场与资本市场能够实现更高层次统一的前提条件。要实现我国货币市场和资本市场的协调发展，必须学习国外这一成功做法。在我国证券市场日益成熟的今天，我们相信，只要严格监管，依法办事，完全可以防止出现 1996 年和 1997 年那种买空卖空国债的行为。

（三）建立全国统一的证券托管和结算体系

西方发达国家国债交易清算结算，已经由原来的分散模式发展为由统一的托管结算系统予以服务的集中模式。如美国国债交易结算是由政府证券清算公司（GSCC）和纽约联储的政府债券簿记系统（FEDWIRE）提供服务；英国金边债券交易的清算结算是通过中央国债办公室（CGO）进行。我国是分散托管与结算，不利于统一市场的形成和结算效率的提高，也潜伏着比较大的金融风险。可否考虑设立全国统一的中央登记结算公司，将股票、国债以及其上市品种进行统一集中托管和清算。

总之，大力发展场内国债市场和回购市场，有利于建立高效、安全的国债市场，降低国债发行成本，有利于完善货币市场机制，便于中央银行的公开市场操作，有利于丰富证券市场的品种，弥补证券市场单一股票的结构。同时，国债市场还是连接货币市场和资本市场的最佳通道，通过国债回购市场，可以为证券市场提供稳定的市场化的资金来源，从而为证券市场的健康发展提供制度保证。

国外资产证券化的发展及其对我国的启示*

资产证券化是20世纪70年代以来国际金融领域一项重要的金融创新，是一项极为复杂的金融技术。它最早起源于美国住房抵押贷款证券化，目的是为了解决私人住宅巨大的资金需求。本文在对国外资产证券化作一些介绍的基础上，就我国住房抵押贷款证券化和银行不良资产证券化问题谈一些个人想法，以供参考。

一、资产证券化的含义和主要程序

资产证券化（ABS），是指将缺乏流动性、但能够产生可预见现金流的资产转换为在金融市场上可以出售和流通的证券的行为。一般地说，资产证券化的当事人主要有：原始权益人（拥有信贷资产的银行等）、特殊目的机构（SPV）、投资银行、投资者、信用评估机构和担保机构。因此，通俗地说，资产证券化就是原始权益人将缺乏流动性的部分贷款或应收款，“真实出售”给不易破产的特殊目的公司（SPV），特殊目的公司通过将这些贷款或应收款分类包装、重新打包，在获得权威保险机构和信用评级机构提供的担保和评级后，再向投资者特别是机构投资者发行证券，并以债务人或付款人提供的现金流给投资者以回报的一种新型的投资形式。

资产证券化的主要运作程序如图1所示。

* 本文定稿于1999年10月27日。收入本书时补充了一些资料。

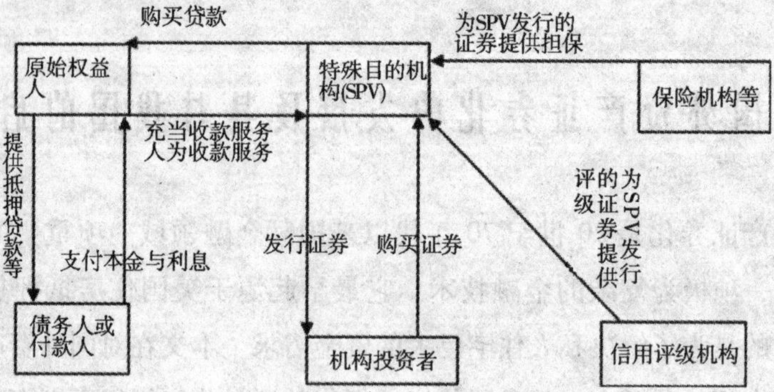

图1　资产证券化流程及相关机构关系简图

（一）发掘资产

资产证券化的第一步就是找到可以证券化的资产。从国外资产证券化的实践看，可证券化的资产至少应满足以下两个条件：一是原始权益人确实感到其流动性不足，继续持有会加重其资产负债不匹配的情况；二是这些资产有比较稳定的现金流和投资价值，投资者愿意接受。据此，可证券化的理想资产应同时具有以下5个特征：

1. 持续一定时期的低违约、低损失率的历史记录。
2. 能产生可预见的现金流，本息的偿还分摊于整个资产的存续期。
3. 证券化发起人已持有该资产一定时期，信用良好。
4. 金融资产抵押物有较高的变现价值或其对债务人效用很好。
5. 有高质量、标准化的合同。

（二）特设机构

为处置这些资产，需要在原始权益人和投资者之间成立一个中介机构，充当“传导器”（Conduits）。这种机构必须与原始权益人在法律上相互独立存在，目的单一，就是购买这些资产和发行以这些资产支持的证券，业务范围受到严格限制，具有不易破产的特征，被称为特殊目的机构。如美国的联邦国民抵押协会（房利美）、政府国民抵押协会（吉尼美）和联邦贷款抵押公司（房地美），中国香港特别行政区的按揭证券公司。

（三）真实出售

原始权益人把经过组合的资产出售给特定目的机构，必须是真实销售行为。真实出售的目的是为了进行“破产隔离”，一是使出售后的资产在原始权益人破产时不被作为清算资产，以保护投资者的利益；二是防止证券化资产债务人可能出现的违约风险转嫁给原始权益人。从法院最后裁定的角度看，真实出售主要应该注意以下几个方面：

1. 当事人意图符合证券化目的。
2. 发起人的资产负债表已进行资产出售的账务处理。
3. 出售的资产一般不得附加追索权。
4. 资产出售的价格不盯着贷款利率。
5. 出售的资产已经过“资产分离处理”。

（四）信用提升

债务人或付款人的违约、拖欠、提前偿还等都会给投资者带来损失。为吸引投资者，改善发行条件，SPV 通常会采取其他措施以提高资产证券的信用等级，即“信用提升”。信用提升的方式有多种多样，主要是：保险公司等提供外部信用担保、发行人提供担保、优先/从属结构安排等。

（五）债信评级

经过信用提升，资产证券的信用级别一般会高于资产发起人的信用级别，聘请有影响的信用评级机构对即将发行的证券进行评级，就成为资产证券化的一项重要程序。评级不考虑由利率变动等因素导致的市场风险和基础资产提前支付所引致的风险，而主要考虑资产的信用风险，为资产证券化债券的投资人提供选择的依据。信用评级一般基于 3 条准则：

1. 发行人不履行义务的可能性。
2. 发行人承担责任的法律条款和特性（如信用提高的类型）。
3. 当发生破产时，发行人能担当责任的程度。

（六）证券挂牌

SPV 在投资银行的帮助下，可以采取私募或公募的方式发行证券融资。无论是私募还是公募，发售对象主要是保险基金、养老基金、共同基金等机构投资者。公开发行证券的上市申请需要经过证券监管部门审查，有的在证券交易所上市，有的则在场外交易。如在美国，资产支持债券分为“确认的抵押”和“未经确认的抵押”两类，只有达到联邦住宅贷款抵押公司和联邦国民抵押协会要求标准的“确认的抵押”债券，才能在证券交易所上市流通。

（七）偿还本息

SPV 发行的证券主要是债券，如过手证券、资产债券和转付债券等。这些债券的还本付息依赖于原始债务人或付款人提供的现金流。在资产证券化的整个运作过程中，经过协议，原始权益人往往在资产出售后充当 SPV 的资产组合代理人，向债务人收回到期资产本金和利息，交由 SPV 偿付资产证券本息。

总之，资产证券化所要求的基础资产必须是优质资产，以这些资产支持发行的债券又经过严格的信用评级，以及由相关机构提供担保，因此，证券化债券一般具有较高的信用等级，有时仅次于金边国债。如由美国联邦金融机构提供担保的住房抵押贷款证券，一般可以得到美国联邦债券一样的评级（AAA 级），享有“银边债券”的美誉。尽管这样，资产证券化也不是没有风险。付款人违约、提前支付、利率急剧波动、“真实销售”的虚假性、担保徒有虚名以及证券市场的大幅下挫等，均会给资产支持债券造成损害。如 1998 年 8 月，在美国金融市场的急剧动荡中，日本野村证券公司在住房抵押贷款证券化债券上就损失惨重。

二、住房抵押贷款证券化在美国的发展及积极意义

在 20 世纪 90 年代末，发达国家资产证券化（ABS）的品种已经十分繁多，如居民住房抵押贷款、私人资产抵押贷款、汽车销售贷款、其他各

种个人消费贷款、学生贷款；商业房地产抵押贷款、各类工商企业贷款；信用卡应收款、转账卡应收款等。21 世纪以来，在资产证券化产品中，房屋净值贷款和抵押债务债券（CDO）异军突起（见图 2）。其中，住房抵押贷款以其稳定的现金流、低违约率、贷款标准化、易组合等特点，成为最适合证券化的资产。住房抵押贷款证券化（MBS）是资产证券化比较完备的形式和主要品种，鉴于美国住房抵押贷款证券化已经有一套比较规范的做法，效果较好，在这里主要谈一谈美国住房抵押贷款证券化的情况。

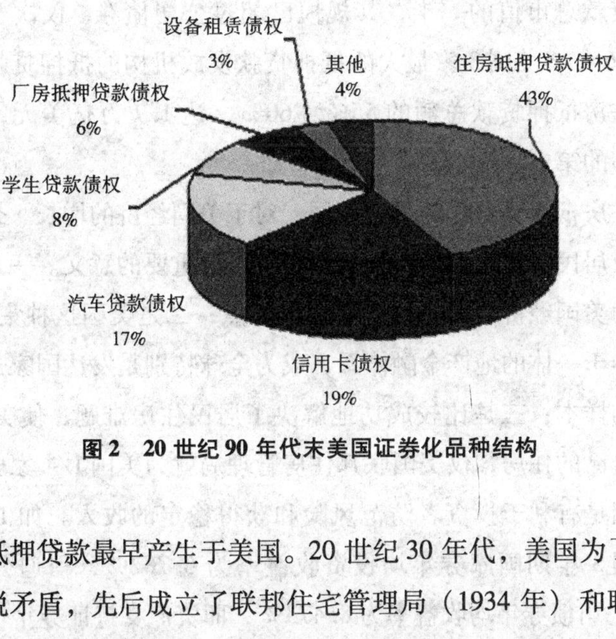

图 2　20 世纪 90 年代末美国证券化品种结构

住房抵押贷款最早产生于美国。20 世纪 30 年代，美国为了解决住房买卖的尖锐矛盾，先后成立了联邦住宅管理局（1934 年）和联邦国民抵押协会（1938 年），开始建立房地产金融体制。60 年代，随着房地产一级市场的日益壮大，美国又先后成立了政府国民抵押协会（1968 年）和联邦住宅贷款抵押公司（1970 年），着手证券化二级市场的建设工作。联邦住房管理局（FHA）负责推行抵押贷款，并为所有提供住房按揭贷款的银行进行保险，承保客户还款，消除贷款风险。政府国民抵押协会（GNMA）、联邦国民抵押协会（FNMA）和联邦住宅贷款抵押公司（FHLMC）则购买联邦住宅管理局承保的所有房地产贷款银行的贷款，为符合其标准的住房抵押贷款提供担保，然后进行包装，通过发行债券将贷款变现还给银行，银行再将回笼资金贷给需要购房的消费者。

随着金融创新的不断深入发展，到20世纪80年代，住房抵押贷款证券化已成为美欧一种较为普遍的金融创新活动。1990年，诺贝尔经济奖得主夏普和米勒，通过实证分析和逻辑推导提出，房地产证券化将成为未来金融发展的重点。据统计，美国年度公募发行的ABS数量从1988年的158亿美元增长到1995年的1 078亿美元，私募发行从50亿美元增长到179亿美元。90年代初，美国房地产抵押贷款相关的证券市场市值接近房地产抵押贷款总市值的一半，其规模已超过公司债券，仅次于股票及国债。到1996年，美国3家最大的抵押贷款发放机构的抵押贷款证券市场余额占到住房抵押贷款总额的55%～60%，达1.7万亿美元，成为仅次于美国国债的第二大证券。

美国住房抵押证券化的迅速发展，对于美国经济的增长、金融体系的完善，以及居民住房难题的解决，都有着十分重要的意义。一是住房消费确实已成为美国经济发展的一个重要增长点；二是美国这种集现代金融、保险、证券于一体的地产金融体系，成为全球特别是发达国家进行住房抵押证券化的样本；三是比较成功地解决了居民住房难题，使美国68%的家庭拥有自己的住房，仅美国联邦住房管理局就为美国1/4家庭提供了购房资金；四是有利于投资者防范风险和获得稳定的收入。如1987～1996年间，美国3年期国库券年均投资收益率为6.782%，穆迪公司评级为AAA级的公司债券年均收益率为8.473%，而资产支持证券年均投资收益率可达10%以上。

与此同时，住房抵押贷款证券化对于优化美国资本市场结构和发展直接融资，起到了积极的推动作用。20世纪七八十年代，资产证券化还刚刚起步。1984年前，住房抵押贷款证券化债券年发行量均不超过1 000亿美元。1986年达到3 000亿美元后又有所回落，直到1991年才突破3 000亿美元。1992年和1993年，是抵押贷款证券化第一个高潮期，年发行量分别达到6 000亿美元和突破7 000亿美元。1998年才进入一个新的发展时期。从美国债券市场余额上看，1996 年，住房抵押债券余额达到 2.6 万亿美元，仅次于国债余额。到 1999 年，住房抵押债券达到 3.2 万亿美元，接近于国债；同时，资产证券化债券也接近 1 000 亿美元（见图 3）。这使得美国证券市场上证券品种多样化，股票、国债、公司债券和证券化等有一个大体合理的比重，从而使资本市场结构日益优化。由此可见住房抵押贷款证券化对完善美国资本市场结构的作用。

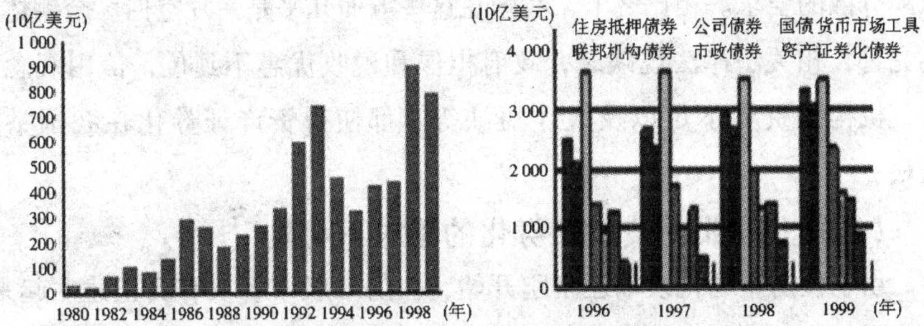

左图为美国住房抵押债券年度发行额,右图为美国各类债券发行余额

资料来源：John T. Dunlop：The U. S. Homebuilding Industry：A Half－Century of Building the American Dream；SIFMA：Outstanding U. S. Bond Market Debt. http：//www. jchs. harvard. edu/publications/markets/balexander_ M00 － 1. pdf；http：//www. sifma. org/research/pdf/Overall_ Outstanding. pdf.

图 3 美国住房抵押贷款证券化的发展

正是由于债券市场特别是资产证券化的充分发展，美国金融市场日益成熟，直接融资的比重日益提高。目前，美国金融市场已替代美国银行成为美国公司的主要资本来源。据统计，美国银行总贷款只等于国内生产总值的 50%，而从证券市场筹集的资金则相当于其国内生产总值的 110%。

三、资产证券化对我国的借鉴意义

“他山之石，可以攻玉”。国外资产证券化的成功运行，对于处于初级阶段的我国来说具有重要的借鉴意义。目前，各方面对我国住房抵押贷款证券化和银行不良资产证券化的呼声很高，但要促进我国资产证券化顺利开展，还有相当长的路要走。

（一）在全国范围内开展此项金融创新业务的条件尚不成熟

美国等发达国家资产证券化的顺利开展，有一系列先决条件：（1）建立起了比较完善的金融体系；（2）政府通过担保、税收等政策在推动资产证券化方面发挥了主导作用；（3）制定了相当完备的法律法规与会计准则；（4）各类金融中介机构适应了资产证券化的复杂操作与对风险分散的要求。相比之下，我国在这些方面几乎是一片空白。金融体系不完善，相关法律法规缺乏，政府担保和税收优惠不到位，信用观念淡薄，机构投资者不足以及人才短缺等，都使得资产证券化在我国举步维艰。

（二）住房抵押贷款证券化的需求不明显

由于住房市场化改革还刚刚开始，住房二级市场没有真正建立起来，住房抵押贷款市场规模还相当小。目前商业银行住房抵押贷款总额占银行贷款总额的比例不到1%，银行对这部分贷款的流动性要求并不迫切。

（三）银行不良资产证券化需要进一步探索

我国国有商业银行不良贷款问题相当严重。处置这些不良资产，化解金融隐患，使银行能够轻装前进，是金融改革的重头戏，也是各界关注的焦点。目前，我国已经成立了信达、东方、长城、华融资产管理公司，主要任务是分别收购、管理、处置中国建设银行、中国银行、中国农业银行和中国工商银行剥离的不良贷款，最大限度地减少损失，保全资产。据报道，这4家资产管理公司以财政拨给的各100亿元人民币资本金，接收超过1.2万亿元的不良资产。这确实是任重道远。资产管理公司将资产证券化作为化解不良资产的一个手段，但究竟如何操作，需要在借鉴美国、日本有关做法的基础上，作进一步深入的探索。

尽管有这些困难和问题，我们不能就此望而却步，而必须直面现实，勇敢地闯、大胆地试，以推动资产证券化在我国早日开花结果。

1. 资产证券化需要方方面面的协调与努力。资产证券化是一个复杂的系统工程，涉及社会经济的各个方面。因此，它的起步、发展与成功，需要方方面面的共同参与和紧密配合。目前，国家有关部门应该在充分调查研究的基础上，相互协调，积极稳妥地进行事前的准备工作。

2. 住房抵押贷款证券化的前提是具有相当规模的抵押贷款积累。目前抵押贷款不仅规模小，而且贷款银行各自为政，收费不统一。在这种情况下，应坚持“先立法，后试点”的原则。在试点期，可以仿照我国香港地区的做法，成立中国住房按揭证券公司，由它根据统一的标准购买某一商业银行、某一地区或某一城市的抵押贷款。

3. 坚持作为证券化的基础资产必须是优质资产。银行不良资产证券化确实是一个思路，但不能对此抱很大希望。银行不良资产中确实有一部分经过重新组合，可以满足这个要求。但不良资产对证券化依赖程度有多大，需要认真研究。根据美国20世纪80年代末处理储贷协会危机的经验和日本“桥梁银行”处置不良债权的做法，主要是国家财政通过注资予以解决，资产证券化只是作为辅助手段。

4. 能够上市流通的证券化债券必须是经过权威部门认可的债券。在美国，不是所有的抵押证券都能上市流通，上市比重是逐步提高的。资产证券区分为“确认的抵押”和“未经确认的抵押”，只有“确认的抵押”才有可能上市。对此，有关部门在制定上市的资产标准时，必须明确规定只有符合这种标准的债券才能考虑上市流通。

5. 大力培植机构投资者和资信评估机构。由于住房抵押贷款证券化涉及面相当复杂，期待个人投资者撑起这个市场是不现实的，必须让机构投资者成为资产证券化的主体，这几乎是国外的通例。在我国，机构投资者的缺乏成为制约证券市场健康发展的一个重大因素。在开展住房抵押贷款证券化工作前，更应该下大力气培植保险基金、养老基金等机构投资者。同时，资信评估对证券化资产的信用提级至关重要，也应该在培养这类机构方面迈出一大步。

国债市场成为核心金融市场的战略思考*

金融市场避风港、资金收益率曲线、金边债券市场与核心金融市场，这些都是对西方国债市场的种种描绘与刻画，表明国债市场在其国民经济中占有举足轻重的地位，既是债券市场的基石，又是资本市场发展的开路先锋和重要组成部分。在这个过程中，交易所国债市场扮演了重要角色。在英国伦敦证券交易所买卖的所有政府公债享有“金边债券”的美誉，纽约、巴黎、法兰克福和东京证券交易所的场内国债市场，也都是国债现货交易所的范例。在我国，自1990年12月证券交易所开始记账式国债交易以来，交易所国债市场作为我国国债市场化发行的发源地和重要场所，在曲折中探索和开辟自已的道路，在扩大内需政策的大背景下长足发展。当前，我国国债市场的发展又到了一个新的十字路口。一方面，国债二级市场节节走低，一级市场持续流标，国债回购出现欺诈；另一方面，国家运用宏观调控手段控制经济过热，积极财政政策有所松动，国债发行的内在冲动正在减弱。如何看待国债市场出现的问题，如何处理国债发行中的经济动因与市场发展动因的关系并进而改变国债发行规模控制模式，如何实现交易所国债市场与银行间国债市场的融合，再一次成为理论界和实务界关注的焦点。本文就此作一些阐述。

一、西方国债理论的演变及国债市场被确定为核心金融市场

从历史上来看，西方经济家界对于国债始终存在两种截然相反的声

* 本文构思于2003年9月“中国深圳2002年国债市场发展高级研讨会”，定稿于2004年8月2日。

音，如左右口袋理论与国债消亡理论，每一时期都有一种声音占主导地位。20世纪80年代后，国债理论的研究进入一个新时期。首先是理论界清除了国债和赤字“会成为我们子孙后代肩上的负担”的认识，认为这完全是“无根据的惊恐”；其次是设计出各种风险评价指标，使国债风险与可持续性分析逐渐变得成熟和专业，充实和发展了债务危机理论；最后是拓宽了国债融资的微观功能理论，围绕国债为债券市场提供的流动性，围绕国债流动性对资本市场和金融体系的整体影响，比较系统地阐述了国债市场是核心金融市场的理论。

（一）西方经济学家对国债从否定到肯定的转变

在西方，国债起源很早，数量不菲，这主要归因于欧洲持续的战争。西方社会常说，金钱是战争的伙伴。马克思经典作家也强调，“金钱是战争的神经”。为适用于封建君主发债筹资，当时曾流行国债左右口袋理论，即国债是国家将资金“从一个口袋转到另一个口袋”。有人认为，“欧洲各债务国的公债，特别是英国的公债，是国内其他资本以外的另一大资本；有这个资本，商业的扩展，制造业的发展，土地的开垦和改良，比较单靠其他资本所能成就的要大得多”。也有人说，“支付公债利息，有如右手支给左手。所有货币都未流出国外，那不过是把一国居民某阶级的收入一部分，转移到其他阶级罢了，国家不会因此比从前更穷一文”。①

对于这些观点，西方早期资产阶级经济学家表示不能同意。英国哲学家、经济学家大卫·休谟反对以借款为公共企业筹措资金，而把还债的责任加于后世子孙。他提出：“国家如不消灭公债，公债必然消灭国家。”亚当·斯密分析，政府借债“在贷与的那一瞬间，已经由资本的机能转化为收入的机能了”，是将“维持生产性劳动者”转化为“维持非生产性劳动者”，这样该国既有资本的一部分必逐年受到破坏。而债务一经增加，赋税必然增加，对人民蓄积能力是一个损害。由此，斯密强调，“举债的方策，曾经使采用此方策的一切国家都趋于衰弱”，“巨额债务的增

① 亚当·斯密：《国富论》第三章《论公债》（电子版）。

积过程，在欧洲各大国，差不多是一样；目前各大国国民，都受此压迫，久而久之，说不定要因而破产”。[①] 稍后的大卫·李嘉图提出了李嘉图等价定理，认为国债有害于国民经济，举债与政府征税对一国资本形成及居民消费的影响是对等的。

1885年，一位名叫托马斯·巴宾顿·麦考利（Thomas Babington Macaulay）的人，对英国急剧膨胀的国债进行了辩护。鉴于这个辩护十分独特，故全文引述如下：

“那种债务每上升一个台阶，国家都会发出同样的愤慨和绝望的惊呼。（乌得勒支和平以后）国家欠债大约5 000万英镑；而这样的债务，不管对于……狩猎狐狸的乡绅大人们来说……还是对于深邃的思想家们而言，都是一种将会永久性摧毁政体的沉重负担。尽管如此……国家（变得）越来越富有。

接着是奥地利王位继承战争，债务上升到了8 000万英镑。文人、历史学家和演说家们宣告，现在无论如何，事情已经到了无药可救的地步。

老威廉·皮特政府的挥霍无度，很快让债务上升到了1.4亿英镑……搞理论的和做买卖的几乎异口同声地宣布，末日现在真正降临了……通过数字有可能证明，国家债务正是通往民族毁灭之路。然而，什么道路现在都是奢谈；我们已经到了终点；一切都已经结束；岛屿的所有财政收入……都已经抵押出去。我们还不如被普鲁士征服……然而（人们）只需要睁开自己的双眼，就能看到身边到处都在进步，城市数量在增加，对于大量的买家来说市场变得太小，港口不足以容纳货运的需求……房屋的配饰更好了……道路更加平整了。

（拿破仑战争以后）英国的偿债基金型债务达到了8亿英镑。这千真万确是一种……令人咋舌的债务；我们几乎丝毫都不会怀疑，绝望的呼声比以往任何时候都要震耳欲聋……然而，就像病秧子爱迪生一样，他一把鼻涕一把泪地声称自己即将死于消化问题，直到他因为自己的肥胖而羞愧

---

① 亚当·斯密：《国富论》第三章《论公债》（电子版）。

缄口；他也喋喋不休地抱怨说，自己将在贫困的海洋中沉没，直到他的万贯财富……令他的哭诉荒诞不经。这个……破产的社会……在偿还这些欠债的同时，变得越来越富有，其速度之快，几乎肉眼都能看得一清二楚。

这个已经被毁灭的民族在几年时间里在（修建铁路）上心甘情愿地花销了2.4亿英镑（大约为国家债务的1/3）以上的钱。与此同时，税赋……减轻了；然而，国库仍然是满满当当……魔鬼先知们进入了加倍的幻觉……他们看到债务在上涨；而他们忘记了除了债务以外，还有其他东西也在上涨。

长期的经验让我们信誓旦旦地认定，英国在20世纪支付1.6亿英镑的能力，可能会比她目前担负现时债务的能力更强（1900年，英国的国家债务总额超过2 000亿英镑）。"①

除了这篇文章外，西方经济学家对国债的完全肯定，应该是从凯恩斯开始的。在这之前，美国政治家汉密尔顿曾经提出："国债，如果不过分的话，将是国家对我们的恩赐。它将牢固地把我们和联邦凝聚在一起。它将创造保持税收的必要性，以至于在没有压迫的情况下使税收刺激工业的发展。"② 凯恩斯认为，经济萧条是因为有效需求不足，而国债是解决有效需求不足的一个良策。他提出，以国债支持赤字财政的实行，可以扩大社会总需求，解决失业和消除经济危机。凯恩斯的理论使国债的基础理论有了重大转折。在此之后，经济学家进一步分析了国债的各种经济功能。阿巴·普塔契亚·勒纳认为，国债增加会使持有国债的消费者产生自己的资产随国债增加的幻觉，并进而增加消费，形成勒纳效应（Lener Effect）。③ 庇古则论证了国债对经济的稳定功能，认为国债在经济不景气时具有扩大消费支出作用，而在经济景气时则具有抑制消费支出的效果。

① ［美］悉尼·霍默、理查德·西勒：《利率史》（第四版），中信出版社2010年版，第176~177页。

② ［美］沃浓·路易·帕灵顿：《美国思想史》（1620~1920年），吉林人民出版社2002年版，第266页。

③ Lener, A. P: The burden of the National Debt, in Income, Employment and Public Policy, 1948, pp262-267.

萨缪尔森认为，“债务的增长必须根据整个国民经济的增长来加以评价”，进一步扩大了凯恩斯反经济周期国债理论的适用范围。不仅如此，萨缪尔森还区分了内债与外债的不同负担，非常明确地提出了“内债非债论”，强调：“就我们由国外借钱用于消费及将子孙后代对这种外债还本付息做抵押的限度来说，我们的确在子孙身上加上了纯粹的负担。”①据记载：“在20世纪60年代，大多数经济学家都支持赤字，认为是一个建设性的举措”。② 当然，这一时期，也有一些经济学家对此持不同态度，如詹姆斯·M. 布坎南就认为，国债负担将转移给后代，③ 并强调了国债对私人投资的挤出效应。他认为：“预算赤字直接减缓了资本积累的速度，因为用于公共开支的赤字可以将私人投资排挤出去，它预见的结果是造成经济中资本形成速度的减慢。”④

（二）《国债和赤字：无根据的惊恐/现实的可能性》改变了人们对国债成为后代负担的忧虑

20世纪80年代，资本主义陷入滞胀的泥潭，凯恩斯主义受到挑战。许多经济学家“坚信赤字是一个问题，必须不惜代价地予以消除”。1988年，《洛杉矶时代明镜杂志》对全美2 022个选民进行了一次民间调查，要求他们指出当时的布什政府应该最优先考虑的一个问题，结果“降低赤字”以44%的高比例排名第1位，比排名第2位的“保护美国人的工作，使不受外国竞争的影响”多出了22个百分点。当然，这一时期，一些经济学家依然坚持需要继续应用国债政策，比如诺贝尔奖获得者、货币主义大师密尔顿·弗里德曼，美国经济学协会主席罗伯特·艾斯讷就是“显著的例外”。弗里德曼曾说过：“赤字的数额由于使用诸如‘庞大’、

---

① 萨缪尔森：《经济学》（第12版）（上册），中国发展出版社1992年版，第600页。

② ［美］罗伯特·海尔布朗讷、彼得·伯恩斯坦：《国债和赤字：无根据的惊恐/现实的可能性》，中国经济出版社1993年版，第2页。

③ James M. Buchanan, Public Principles of Public Debt: A Defense and Restatement (Homewood, Ill.: Richard D. Irwin, 1958), http: //www. econlib. org/library/Buchanan/buchCv2Contents. html.

④ J. W. 布坎南：《赤字中的民主》，北京经济出版社1988年版。

'巨大'、'伤风败俗' 等形容词而被夸大了。作为国家收入的一个百分数，赤字与我们过去曾经常达到的水平并没有不协调之处。事实上，总的政府赤字比过去许多年份都低，并且也低于日本、联邦德国和法国——而这些国家的空谈家们在诋毁美国的赤字方面，一直是调门最高的。"①

就在这个时候，美国经济学家罗伯特·海尔布朗讷（Robert Heilboner）和财政金融分析家彼得·伯恩斯坦（Peter Bernstein）出版了《国债和赤字：无根据的惊恐/现实的可能性》。在这本"锐利有力、颇具独创性而适时的启蒙课本式"的小册子中，他们对国债和赤字作了分析，力图告诉人们国债和赤字远远不是我们想像的那样巨大，也不会成为我们子孙后代肩上的负担。相反，它们都是帮助经济增长的一种潜在手段。

1. 政府债券具有不可比拟的偿还保证。由于政府债券发行主体有权向全国的公民收税，有权发行货币，"与任何其他种类债券的拥有者相比较，国债的拥有者，对向他们付利息的支票一定会到来更有把握"。

2. 政府债券是机构和居民金融资产的"核心储备"。"退休基金机构、保险公司、股份有限公司和家庭，都希望把他们金融资产的一部分作为核心储备储存起来"，"如果我们没有这种上好的债务，我们是会想念它的"。

3. 国债也有资产为后盾，是安全性的投资。国债背后的资产是国民经济大于财政部债券的总的货币价值，持有国债的债券持有人对他们投资的安全性是无须担心的。

4. 只要国债与国民生产总值增长同步，不会导致不良后果。罗伯特·海尔布朗讷和彼得·伯恩斯坦在比较 1952 ~ 1988 年联邦债务与国民生产总值中的比例后断定："从它与收入的关系看，我们国债目前的水准完全没有任何突出之处。我们曾经有过更大的负债比率，但都没有导致不良后果。我们完全有可能再次遭遇较大的比率。""为目前债务的规模担

① 弗里德曼："孪生赤字为什么是一件好事"，选自《弗里德曼文萃》，首都经济贸易大学出版社 2001 年版。

忧，就好比把一只老鼠放大成一头巨犬。这完全是一场虚惊。”

5. 债务所造成的负担不会影响下一代人。在当时的美国，流行着这样一个观点，即国债和政府赤字将给下一代留下可怕的负担。对此，罗伯特·海尔布朗讷和彼得·伯恩斯坦表示“是完全站不住脚的”：一是因为债务与国民经济协调发展不会有负担；二是因为国债之内部性质，使支付的大部分利息付给境内家庭或机构；三是因为偿还国债又意味着在巨大的规模上转移资产，即从只交税不购买国债的穷人手中转移到既交税又买国债的有钱人手中。

6. 国债和赤字是帮助经济增长的潜在手段。罗伯特·海尔布朗讷和彼得·伯恩斯坦从国债的用途即建设性的目的出发，认为“政府，正因为它是政府，必须对经济承担私营企业所不承担也不能负担的一部分责任”。他们提出，赤字与债务的增长一样，可以为两个不同的目的服务，一是刺激经济，二是作为一个媒介来资助基本建设的改善。①

（三）国债市场是核心金融市场的阐述

通过对西方国债理论的反思，我们不难发现，人们对国债的认识在不断升华，反对发行国债成为历史陈迹，人们更多地关注国债与经济的联动关系，关注国债的风险指标与债务危机的关系，关注国债流动性及其国债市场建设等。在这个过程中，国债作为核心金融市场的观点逐步形成。下面我们主要就国债流动性理论和核心金融市场理论作一些阐述。

流动性是金融市场的生命线。雅可夫·阿米胡德（Yakov Amihud）和海姆·门德尔森（Haim Mendelson）于1986年提出了流动性溢价理论，即资产价格为其资产现值与其流动性溢价之和。这一理论被许多经济学家承认并加以发展，成为金融研究的热点之一。戈德史密斯认为：“有些政府债券尤其是短期政府债券已发展成为一种标准的流动性资产，并且被广泛用作大经济集团资产结构中的平衡项目，从而与银行存款和类似的金融

① 罗伯特·海尔布朗讷、彼得·伯恩斯坦：《国债和赤字：无根据的惊恐/现实的可能性》，中国经济出版社1993年版，第12～17页。

工具相比更具有准货币的性质。”① 国债市场一定程度的发展，是公开市场业务充分发挥作用的重要前提，“广阔的政府债券市场的存在使得广泛的稳定性和公开市场业务成为可能，从而具有增加货币政策效果的倾向。通过正确执行适当的包括各种期限的公债的公开市场业务，财政部和联邦对于公债的经营管理可增加现代经济制度的稳定性”。②1991 年，普林斯顿大学经济学家迈克其尔·伍德福德（Michael Woodford）提出，不断增加的国家净债务提供给私人部门额外的流动性，降低了先前由于流动性约束而放弃的可获利投资的数量，从而加速了长期国内生产总值的增长。2001 年，弗朗西斯·A. 朗斯塔夫（Francis Longstaff）通过比较美国财政部债券和一联邦机构发行的债券，强调：“我们在国债上发现了巨大的流动性溢价。这种流动性溢价将与消费者的信任、投资者购买国债的数量和流入股票和货币市场共同基金款项直接相关。”③

国债市场是核心金融市场的观点，更多地强调国债市场在金融市场中的核心作用，强调国债市场对金融市场的稳定作用，强调国债利率对整个金融市场运行的指示作用，具体可以概括为以下三个方面：首先，国债市场收益率曲线是金融市场各种收益的重要风向标，股票、债券等基础证券以及各种金融衍生工具的定价，严重依靠国债所确定的无风险利率；其次，国债市场是金融市场中各种资金最为安全的避风港，这种避风港不仅有利于居民的避险需要，也有利于整个金融市场的稳定；最后，国债市场是连接资本市场与货币市场的重要载体，通过国债的买卖和回购，货币市场的资金可以根据市场需要平稳地流入和流出资本市场。

（四）西方主要国家国债市场的发展

国债核心金融市场理论的提出，是对被称为“金边债券”的国债在金融市场历史作用的充分肯定，是把国债作为资本市场赖以起步和发展的

①② 肖林等：《中国债券市场发展战略》，百家出版社 2003 年版，第 94 页、第 96 页。

③ Francis A Longstaff: “The flight - to - liquidity in U. S. treasury bond prices” (2001), http: //fmg. lse. ac. uk/.

基础。从历史上看，欧洲最早的金融市场——阿姆斯特丹交易所交易的证券品种就以国债为主。英国国债以其良好的信誉在当时国际上确立了金边债券的地位。日本东京交易所 1878 年以国债为起点。从现实情况看，在西方发达国家，国债依然最受投资大众青睐。美国国债（T－Bonds，T－Notes）和日本政府债券（JGBs）、英国国债（Gilts）、法国政府债券（OATs）、德国政府债券（Bunds）和意大利政府债券（BTPs）的发展情况就说明了这一点。1996 年，欧洲和日本公共债务相当于 GDP 的比重分别为 55.8% 和 80.7%，均超过了股票市场和私人债券市场；美国国债占 GDP 的比重达 96%，超过私人债券市场（59.6%），仅次于股票市场（116.6%）。1998 年，这种情况不仅在发达国家中见到，在一些新兴市场（如韩国和印度尼西亚等）也可以看到这种趋势（见表 1）。

表 1　1998 年部分成熟市场和新兴市场国债占 GDP 的比重　（单位:%）

国家	银行对私人部门债权	股票市值	债券余额	其中：政府债券	公司债券
美国	63.5	158.0	164.2	94.0	70.2
英国	120.8	169.7	61.0	33.2	27.8
日本	133.3	65.9	137.7	97.7	40.0
意大利	48.0	48.0	133.2	102.5	30.7
法国	77.1	68.1	83.2	50.3	32.9
德国	125.9	51.5	94.5	40.8	53.7
泰国	127.8	30.9	18.6	8.6	3.1
韩国	82.5	35.7	86.5	55.6	30.9
印度尼西亚	82.5	35.7	86.5	55.6	30.9

资料来源：《金融市场体系与运作》，中国金融出版社 1999 年版，第 237 页。

据统计，20 世纪 80 年代后，西方发达国家国债市场有了一个飞速发展，经济增长也因此受惠。据统计，美国联邦债务余额占 GDP 的比重由 20 世纪 70 年代的 27.4% 上升到 20 世纪 90 年代初的 47.8%，政府公债发行额由 1980 年的 592 亿美元增加到 1990 年的 1 530 亿美元和 2001 年的

2 743亿美元。2002 年末，美国国债余额为 6. 4 万亿美元。德国国债余额由 1982 年的 1 600 亿欧元增加到 1992 年的 4 080 亿欧元，2002 年将达到 7 800亿欧元。日本国债余额从 1993 年的 192 万亿日元增加到 2002 年的 414 万亿日元（见图 1 和图 2）。

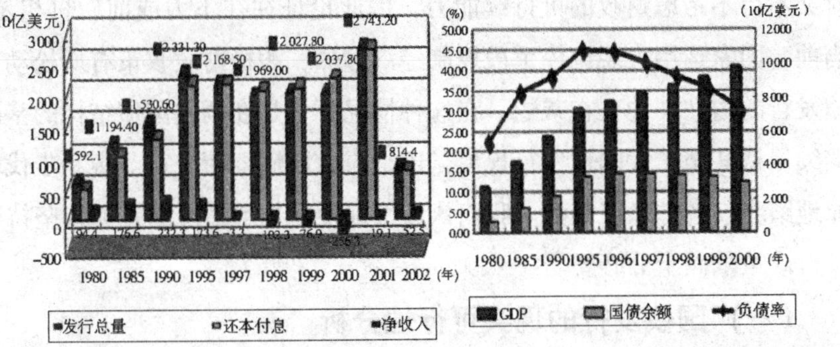

左图为1980~2002年美国国债发行、还本付息及净收入，右图为1980~2000年美国国债余额及负债率指标

图 1 美国国债情况

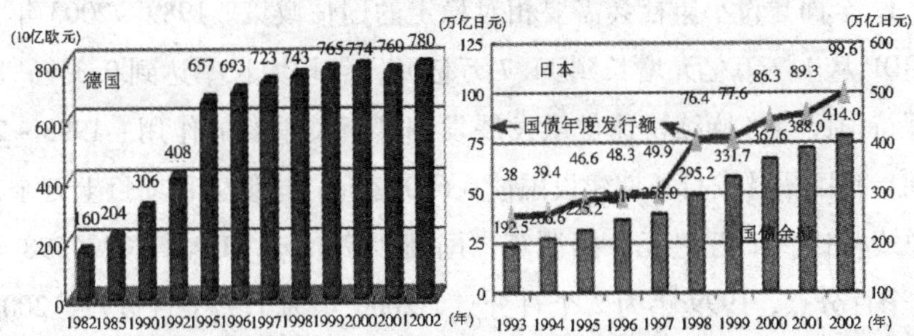

左图为1982~2002年德国联邦政府国债余额，右图为1993~2002年日本国债年度发行额及余额

资料来源：深圳证券交易所发展策划部：《海外国债市场介绍》，“中国深圳 2002 年国债市场发展高级研讨会”会议材料，2002 年 9 月 19 日。

图 2 德国和日本国债情况

二、继续坚持我国国债发行政策既是必要的，也是可能的

截至 2003 年底，我国国债余额达 17 490 亿元，GDP 达 116 694 亿元，居民储蓄存款余额达 103 617 亿元，国债负担率和居民应债能力分别为

14.9%和16.8%，说明我国国债发行还有相当大的空间。另一方面，财政债务依存度和中央财政债务依存度分别为23.1%和60.7%（2001年），财政的脆弱性和承受能力在债务面前表现得比较充分。这一矛盾在很大程度上制约着我国的国债理论与实践。许多专家呼吁大力发展国债市场，同时又不得不考虑财政的可持续能力，因此论证往往不力或前后自相矛盾。当前，国家运用宏观调控手段控制经济过热，积极财政政策有所松动，国债发行的内在冲动正在减弱。在这种情况下，是在调整国债结构的基础上继续保持甚至扩大国债发行规模，还是应该放慢国债发行节奏和步伐就此原地踏步，各方争议很大。我们认为，即便在当前情况下，继续坚持国债发行政策依然十分必要。

（一）国债发行的现实可行性分析

当前，宏观经济调控正处在关键阶段，在提高国债使用的效率和改革国债发行期限结构的前提下，继续坚持国债发行政策，依然是必要的和可行的。

1. 全面建设小康社会需要相对稳定的国债政策。1989～2003年，我国GDP从1.7万亿元增长到11.7万亿元，年均增长率达到9.3%，国债对保持国民经济持续快速健康发展发挥了至关重要的作用。1998～2002年间，我国累计发行长期建设国债6 600亿元，建设工程项目上万个，投资总规模达3.2万亿元。据测算，国债投资拉动GDP增长，1998年为1.5个百分点，1999年为2个百分点，2000年为1.7个百分点，2001年约为1.67个百分点。也就是说，1998～2001年间，国债投资的拉动作用占GDP总量的比重分别为20%、28%、21%和20%。全面建设小康社会，意味着到2020年我国国内生产总值将达到35万亿～36万亿元，未来20年我国经济至少保持7.2%的增长速度。很难设想，如果没有一定规模的长期建设国债的发行，GDP增长速度恐怕很难达到7%。

2. 中国国债发行仍有较大余地和空间。我国国债年度发行额持续增长，1994年首次突破1 000亿元后更是增长迅速。1997年发行超过2 000亿元，达到2 412亿元；2003年共计发行6 403.53亿元。但无论是从国债负担率还是居民应债能力来说，我国国债均有较大的发行空间。

2000～2003年，我国国债余额从13 674亿元上升到17 490亿元，占当年国民生产总值的比重从15.7%下降到14.9%，远低于60%的国债负担率国际标准；我国国债余额占居民储蓄余额的比重从21.3%下降到16.8%（见图3）。衡量国债风险的指标有许多，但关键是看国债负担率。关于这一点，20世纪80年代美国两位经济学家已经作了较好的回答："国债其实是由国民经济作后援的，这一事实使我们得以把这一令人望而生畏的问题，降低到人们可以理解的地步。估量我们国债安全性的办法，就是把它与我们的经济所产生的收入相比较。"①

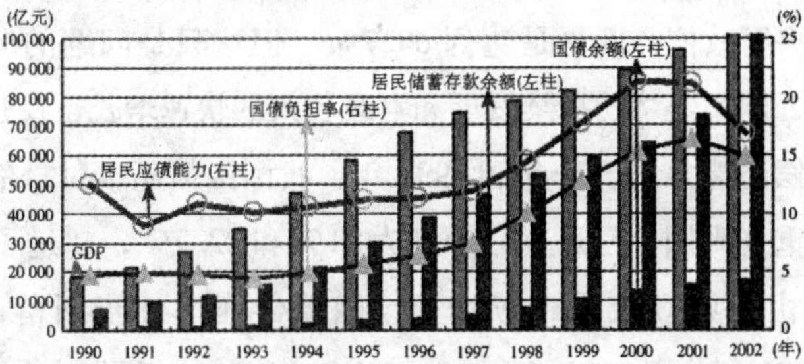

图3 1990～2002年中国国债余额及负担率和居民应债能力

3. 国债发行政策起到了壮大财政实力的作用。自积极财政政策实施以来，国债在带动经济增长的同时，也使财政收入增长幅度高于经济增长幅度，我国的财政实力明显增长。1998～2003年，我国财政收入年增长率分别达到14.2%、15.9%、17.0%、22.3%、13%和14.6%，财政收入占GDP比重逐年提高，分别为12.6%、13.9%、15.0%、17.1%、17.9%和18.6%（见图4）。据估计，1978～1989年，我国的财政收入从1 100多亿元增长到2 600多亿元，增加了1倍多；1989～2001年，财政收入从2 600多亿元增加到16 000多亿元，增加了6倍多。2003年，全国财政收入首次突破2万亿元大关。其中，中央财政收入2003年达到12 484亿元，是1994年的8.4倍。

---

① 罗伯特·海尔布朗讷、彼得·伯恩斯坦：《国债和赤字：无根据的惊恐/现实的可能性》，中国经济出版社1993年版，第18页。

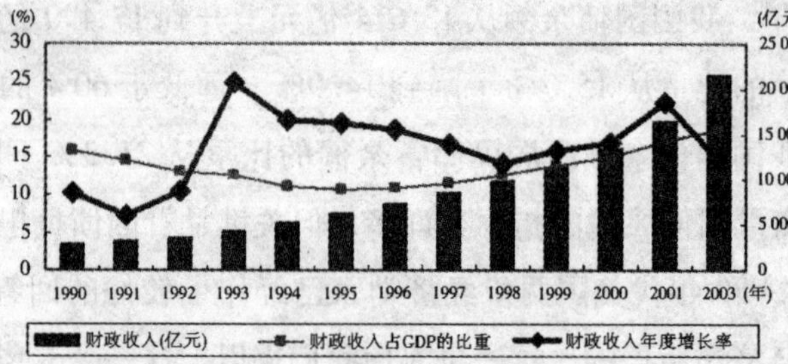

图4　1990～2003年中国财政收入增长情况

4. 国债依存度风险指标在继续下降。尽管财政债务依存度已经为23.1%，中央财政依存度更是达到60.7%，但这只是问题的一面。问题的另一面是，国民经济的持续发展和财政收入的快速增长，反过来增强了财政的债务偿还能力。1997年和1998年，我国国债还本付息额占当年财政收入的比重（即国债偿还率）分别为21%和22.7%，超过了20%的国际警戒线。由于财政收入持续增长，国债偿还率逐步回落，1999年、2000年和2001年分别为15.7%、11.5%和14.0%；中央财政债务依存度由1998年的70.9%下降到60.7%。从这一点上看，我国坚持国债发行政策还没有多大风险（见图5）。

图5　1990～2001年中国国债风险指标变化

（二）强化国债核心金融市场建设需要国债发行政策的配合

从国债的发展历程看，政府发行国债的目的主要有三个：一是为了弥补因战争、自然灾害等造成的巨额财政赤字。据相关记载，“金钱是战争的神经”，为战争而“炮击公众的钱袋”，是西方国家发行国债的最早源头。二是为了弥补市场失灵、实现国家对经济生活的干预，在复式预算下进行公共设施建设。在凯恩斯主义盛行时期，国债成为西方国家干预经济、进行公共设施建设的重要手段之一。三是为金融体系提供基础金融商品和资产，增强金融市场的流动性，完善中央银行的公开市场操作，实现财政政策和货币政策的结合。

随着时间的推移，国债的后两种功能特别是最后一种功能逐步强化。这就是说，国债的金融属性要远远超过它的财政属性，因为国债以其收入稳定和无风险性，成为金融机构和金融体系实施流动性管理的基础，成为各国推动利率市场化和形成基准利率的重要因素。我们可以看到，这种强化过程，既是国债市场是核心金融市场理论指导的结果，更是国债发行仅仅为满足财政赤字需要政策在实践碰壁的结果。据记载，美国在第二次世界大战后，由于生产恢复，以发行国债筹集战争经费的需求消失，美国财政开始出现盈余。出于谨慎财政的考虑，美国政府开始从市场上净额回购国债，致使国债规模迅速收缩，所有的金融机构都出现了资产流动性不足的问题。在亚洲新兴市场，包括世界银行和亚洲开发银行在内的许多专家和学者认为，亚洲金融危机爆发的重要原因之一就是亚洲新兴市场债券市场欠发达。对于这种情况，许多专家研究认为是与这些国家或地区财政状况在大部分时间中比较好有密切关系，“谨慎的财政政策限制了政府债券的发行。”① 据相关资料记载，自1990年后，泰国财政处于盈余状况，因此没有发行国债的必要，结果泰国连债券的拍卖系统都没有建立起来。到1994年，泰国债券市场总规模为3 446亿泰铢，其中政府债券仅占19.2%。

亚洲金融危机之后，亚洲新兴市场普遍加强了债券市场的建设步伐，这尤其以没有财政赤字的新加坡和我国香港地区为典型。香港政府决定建立政府债券市场，并授权香港金融管理局发行债券。新加坡金融管理局于1998年发行新加坡政府债券（SGS），到2000年底，债券余额达到432亿

① The World Bank：“The Emerging Asian Bond Market”, June 1995, http//www－wds. worldbank. org/servlet.

新加坡元，占新加坡 GDP 的 27.2%。新加坡金融管理局认为，新加坡发展政府债券市场的目的，一是提供给个人和机构投资者短期的无违约风险或违约风险小的投资选择；二是建立一个具有较强流动性的政府债券市场，以作为公司债券市场的基准；三是鼓励发展与固定收益债券相关的技术及扩大新加坡可提供金融服务的领域。对于香港和新加坡在没有预算赤字的情况下建立活跃的政府债券市场的实践，相关的报告均是正面的，国内已经有学者对此持赞赏态度，并把它归结为“建立活跃的政府债券市场是发展有效资本市场的前提条件”。①

国务院《关于推进资本市场改革开放和稳定发展的若干意见》提出，“加大风险较低的固定收益类证券产品的开发力度，为投资者提供储蓄替代型证券投资品种”。这为新时期推进国债市场建设指明了方向。我们应以此为契机，从完善社会主义市场经济体制和资本市场结构的高度，树立国债市场是金融市场的基石和核心的理念，大力发展国债市场，为金融市场提供流动性和利率基准。

在我国，从总体上看，国债理论基本上只达到美国20世纪80年代末的水平。我国有一些学者从总结美国的经验入手，开始阐述“国债市场是核心金融市场”的观点，提出要充分发挥国债金融职能，避免发行国债的财政政策误区。一是要求摆脱国债与赤字的僵硬联系，考虑发行非赤字债券问题，为金融市场提供基础债券；二是确定国债利率基准利率的地位，国债利率是公开竞价、敞开发行和连续交易形成的，能够成为反映市场资金供求关系的基准利率。另外，由于存在无风险的金边国债，其他的金融衍生产品才能在其基础上构造出来。② 这一阐述尽管还不系统和完整，但这一提法却是对我国传统国债理论的一大突破。鉴于国债在我国当前经济生活中的极端重要性，期望我国的学者能够根据当前的现实需要，

① 何志刚：《中国债券融资功能研究》，经济管理出版社 2003 年版，第 40 页。

② 李扬：“债券市场发展将成为主旋律”，http: //www. china. org. cn/chinese/FI - c/130443. htm。

摆脱单纯就国债论国债或就财政论国债的怪圈，总结中外国债理论与实践，将国债问题放入财政、经济和金融的相互关系中来研究，确定国债市场是核心金融市场的理论框架，以指导我国国债市场的发展。

三、完善我国国债发行机制，推进交易所国债市场发展

国债市场是债券市场和资本市场的重要组织部分，借鉴国外的经验，结合我国国债市场的发展实际，笔者认为，当务之急就是要进一步推进我国国债市场的市场化改革，完善国债品种结构，加快交易所国债市场的发展。

研究发现，我国国债规模问题的核心在于国债结构的不合理：一是没有流动性的凭证式国债占了较大比例，如 1998 年达到 58%，2001 年依然为 37%；二是 1～5 年期的国债较多，1996 年占 75%，2001 年为 60%；1 年期以内的短期周转国债基本没有；10 年以上的国债 1996 年只有 14%，2001 年也不过 26%（见图 6）。

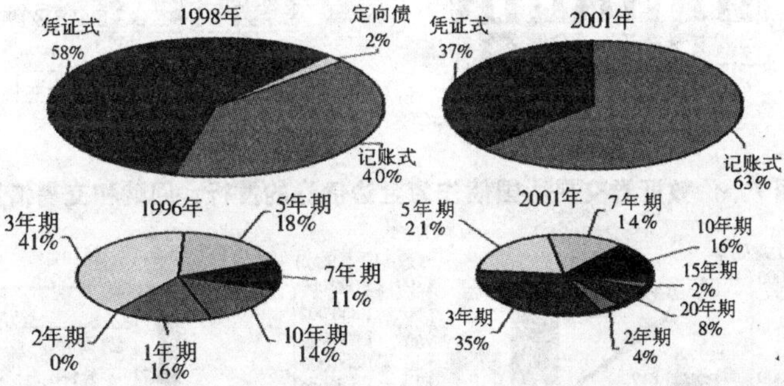

资料来源：深圳证券交易所发展策划部："中国国债市场介绍"，"中国深圳 2002 年国债市场发展高级研讨会"会议材料，2002 年 9 月 19 日。

图 6　中国国债的品种结构与期限结构

改善之道：一是多发记账式国债，这不仅有利于节省成本，更在于增强流动性；二是发行 1 年期内短期国债和多发长期国债，这不仅有利于形

成合理的收益率曲线，更可以极大缓解国债还本对财政的压力。

除此以外，发展我国交易所国债市场也成了一个不容回避的问题。从国外的情况看，交易所国债市场的发展情况千差万别，在英国，交易所国债市场无论是发行还是交易，均占有十分重要的地位（见图7）。在美国、日本和我国台湾地区，交易所在国债发行中仍占有十分重要的地位。1998~2001年，纽约证券交易所政府债券发行额累计达到7.5万亿美元。从2000年的情况看，纽约证券交易所国债发行占全部国债发行总额的89.3%（见图8）。但国债交易大部分在场外市场进行，其中最重要的因素是交易成本。发达国家的国债交易多在场外交易，就是因为国债的大宗交易较多，传统的场内交易成本很高，经纪商收取的手续费远高于因场外交易流动性差造成的损失。

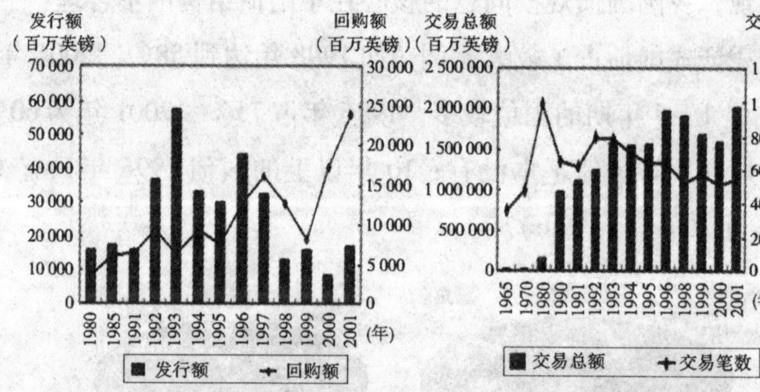

图7 伦敦证券交易所国债作为金边债券的发行、回购和交易情况

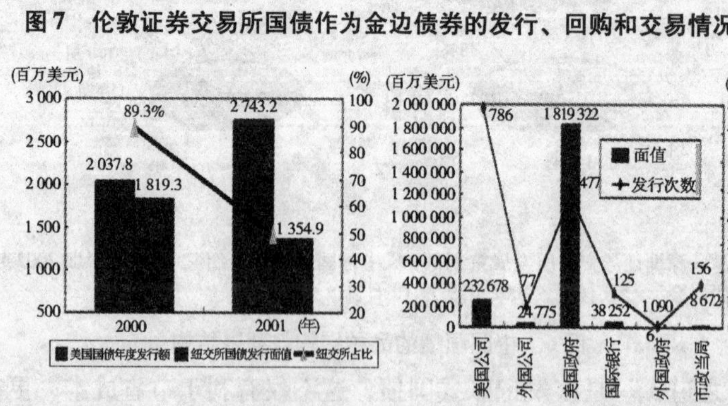

图8 美国政府把纽约证券交易所作为美国国债的发行主体和主场所

在我国，发展交易所国债市场有许多发达国家和新兴市场所不具备的条件。这主要表现为，一是我国交易所市场起点高，技术设施先进，证券交易网络覆盖全国，能满足各种技术要求；二是网络沟通方便、快捷且透明度高，集中竞价优势使其流动性强，登记托管“一条龙”服务，能极大地方便广大中小投资者。这些是其他市场远远不能相比的。因此，我国交易所国债市场无论是现券交易量还是回购量，均占绝对主导地位（见图9）。2002年，交易所国债现券交易量是银行间市场的3.21倍。2003年，银行间国债现券交易量月均交易增速超过交易所，交易所现券交易量为银行间市场的74%。此时，交易所国债年末余额为3 543.7亿元，银行间市场国债余额（含柜台交易市场）为17 468.4亿元，两者余额比例平均为0.22。[①] 这种新变化可以说明三个问题：一是银行间债券市场因证券公司和基金公司的加入，流动性得到了加强；二是银行间债券市场一对一的询价谈判方式，依然使其流动性低于交易所市场；三是两个市场均面临着加强合作、相互依托和共同发展的新课题。相关资料表明，在一些新兴市场国家，如印度、马来西亚、斯洛文尼亚、土耳其和南非等，场外市场和交易所场内市场处于同等重要的地位。[②]

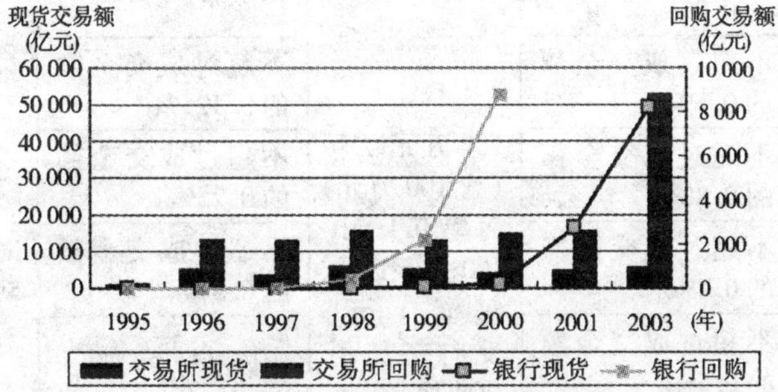

资料来源：上海、深圳证券市场统计资料及中国国债协会网页。2001年银行间债券市场现货交易数为2002年数据。2001～2003年银行间债券市场回购数据暂缺。

图9　上海、深圳证券交易所及银行间债券市场现券及回购交易量

---

① 卢遵华等：“银行间债券市场再上新台阶——2003年银行间债券市场流动性分析”，http://www.ndac.org.cn/ndac/index.jsp。

② 证监会国际组织新兴市场委员会：《新兴市场债券市场的发展》，第113页。

从国债交易的边际成本看，我国交易所国债市场也是很低的。经过最近大幅降低国债交易手续费，交易所国债交易手续费已经和场外市场接近(见表2)；加上交易所推出了大宗交易制度，交易所已经具备相当大的发展国债业务的优势。

表2　　深沪债券交易费用对照表

<table>
<tr><th colspan="2" rowspan="2">品种</th><th colspan="2">深市调整后费率</th><th colspan="2">沪市调整后费率</th></tr>
<tr><th>佣金</th><th>经手费</th><th>佣金</th><th>经手费</th></tr>
<tr><td colspan="2">国债现货</td><td>不超过成交金额的1‰</td><td>100万元以下(含100万元)每笔0.1元；100万元以上每笔10元</td><td>不超过成交金额的1‰</td><td>成交金额的0.05‰</td></tr>
<tr><td colspan="2">企业债现货</td><td>不超过成交金额的1‰</td><td>成交金额的0.05‰</td><td>不超过成交金额的1‰</td><td>成交金额的0.05‰</td></tr>
<tr><td colspan="2">可转换债券</td><td>不超过成交金额的1‰</td><td>成交金额的0.05‰</td><td>不超过成交金额的1‰</td><td>成交金额的0.05‰</td></tr>
<tr><td rowspan="9">国债回购</td><td>3天</td><td>不超过成交金额的0.05‰</td><td rowspan="9">100万元以下(含100万元)每笔0.1元；100万元以上每笔1元。反向交易不再收取</td><td>不超过成交金额的0.075‰</td><td rowspan="9">对应佣金的5%</td></tr>
<tr><td>4天</td><td>不超过成交金额的0.06‰</td><td>无该品种</td></tr>
<tr><td>7天</td><td>不超过成交金额的0.1‰</td><td>不超过成交金额的0.125‰</td></tr>
<tr><td>14天</td><td>不超过成交金额的0.2‰</td><td>不超过成交金额的0.25‰</td></tr>
<tr><td>28天</td><td>不超过成交金额的0.4‰</td><td>不超过成交金额的0.5‰</td></tr>
<tr><td>63天</td><td>不超过成交金额的0.5‰</td><td>无该品种</td></tr>
<tr><td>91天</td><td>不超过成交金额的0.6‰</td><td>不超过成交金额的0.75‰</td></tr>
<tr><td>182天</td><td>不超过成交金额的0.7‰</td><td>不超过成交金额的0.75‰</td></tr>
<tr><td>273天</td><td>不超过成交金额的0.7‰</td><td>无该品种</td></tr>
</table>

下一步，交易所应根据建立统一互联的债券市场的总体要求，以服务为本，积极推进交易所国债市场制度创新和风险防范，促进交易所国债市场和银行间债券市场的稳定发展，共同把我国国债市场建设成为核心金融市场。具体建议如下：

第一，树立国债市场是核心金融市场的理念，坚持国债发行政策和市场化发行方向，改变国债发行与赤字等僵硬挂钩的机制，以充分发挥国债的金融功能，合理化金融市场的定价机制，完善国债收益率曲线，使国债市场在整个金融市场体系中发挥基础性作用。

第二，切实改变国债期限结构，完善国债期限品种，按国际通行做法实行国债余额管理，增大财政部门发债的权项，大大增加短期国债的品种，提高国债市场的流动性，逐步矫正长债短炒的扭曲现象，使国债真正成为流动性管理工具和重要的组合配置资产。

第三，允许商业银行重新回到交易所国债市场，积极打通交易所国债市场与银行间债券市场的连接，要依据政府机构改革所强调的专业化管理的方向，交易所债券市场与银行间债券市场应统一到一个监管部门的监管之下，逐步建立国债市场从发行、交易、托管、登记、清算“一条龙”服务体系。

第四，积极推进产品和制度创新，安排切实措施防范和化解国债回购风险，根据实际需要进行新的国债交易品种和交易方式的开发工作。在引入开放式回购的基础上，在现货交易中引入远期机制，研究推出国债期货产品、期权产品和金融债券。

把国债市场建设成核心金融市场*

在西方成熟市场，国债市场构成为核心金融市场，这既是西方经济学家对国债市场功能和作用的高度概括，又是由国债市场在西方金融市场中的独特地位决定的。金边债券的美誉、金融市场避风港的角色、基准利率与收益率曲线的形成、利率市场化与公开市场操作的依据、连接资本市场与货币市场的载体，国债市场以其高度的流动性和准货币，成为经济学家的“宠儿”。据统计，2003 年美国债券市场的发行量达到了 6.92 万亿美元，其中国债发行量为 7 452 亿美元，联邦机构债发行量为 1.27 万亿美元。美国国会将联邦政府国债限额进一步提高到 7.38 万亿美元，相当于当年末国内生产总值 10.9 万亿美元的 67.7%。日本政府 2003 年底的国债余额为 504.25 万亿日元，相当于当年末 GDP 的 110.5%。

国债市场成为核心金融市场地位的维持和巩固，要求国债发行充分考虑金融市场的流动性需要。美国在第二次世界大战后，由于生产恢复，财政开始出现盈余，发行国债筹集战争经费的需求消失。在谨慎财政原则的指导下，美国政府开始从市场上净额回购国债，致使国债规模迅速收缩，所有的金融机构都出现了资产流动性不足的问题。在亚洲，除日本外，债券市场均不发达，这与它们财政状况比较好密切关联，“谨慎的财政政策限制了政府债券的发行”。这些教训充分证明，国债核心金融市场的确立，必须打破仅仅根据财政赤字多少决定国债发行多少的僵硬政策。亚洲金融危机之后，发展债券市场特别是国债市场成为整个地区的共识，许多国家或地区，即便在政府财政有盈余的情况下，依然采取了发行国债的政策，以促进国债市场的发展。截至 2003 年底，我国国债余额达 17 490 亿

* 本文是《证券市场导报》2004 年第 8 期“编者絮语”。

元，分别相当于当年 GDP 和居民储蓄存款余额的 14.9%和 16.8%，国债负担率和居民应债能力均比较低，说明我国国债发行还有相当大的空间。当前，进一步发展我国的国债市场既是必要的，又是可能的。全面建设小康社会需要长期建设国债重点向“三农”、生态建设和环境保护倾斜；完善社会主义市场经济体制需要运用国债手段实现财政政策与货币政策的有机结合；大力发展资本市场成为国家战略，国债市场是完善资本市场结构、拓展资本市场功能、为投资者提供储蓄替代型证券投资品种的重要选择。另一方面，我国国债市场经过十几年的发展，已经初具规模，已经存在着交易所场内国债市场、银行间债券市场和柜台市场等三个市场，有一套完整的登记托管体系，现券交易和回购交易均日趋活跃等。

打造中国国债市场核心金融市场地位，至少需要在以下三个方面下工夫：第一，更新国债理论和国债理念。目前尤其需要改变国债发行只是为了弥补财政赤字的单一政策目标，改变年度发行规模管理为余额管理，使扩大国债市场规模切实有源源不断的源头活水。第二，实现交易所国债市场和银行间债券市场的协调发展。两个市场均是国债市场不可或缺和不可分割的重要组成部分。两者合则昌、分则衰。为此，允许商业银行重新返回交易所国债市场，立即打通场外和场内市场的连接，应成为当务之急。第三，推进国债的市场化发行，改进交易方式，从制度上提高国债流动性；在此基础上，积极推进产品和制度创新，增加新的国债交易品种，引入开放式回购和远期交易机制，研究推出国债期货产品和期权产品。

让我们翘首以盼，中国国债市场有朝一日能够成为我国的核心金融市场！

迎接 LOF 时代*

LOF（上市开放式基金）出来了，尽管它只是增加了一条场内销售和交易的渠道，但却赢得如潮的好评，被视为“具有革命性的重大意义”。有人说，LOF 的出现，意味着基金交易制度根本改革的开始，提高了交易方便程度，降低了交易成本，拓展了券商经纪业务，标志着基金业迈进“高速公路时代”；有人说，LOF 拓宽了储蓄资金通过基金进入资本市场的通道，缓解了银行的销售压力，增加了基金托管量，提供了“封转开”可行的出路，“视野更开阔，未来发展空间更大”。

柔软的原铝加入一定的合金元素，就可以变成各种坚硬的铝合金，生活中“1+1>2”的定律又见于我国的基金市场。仔细阅读和研究 LOF 规则，可以概括出 LOF 的 6 个“1+1”。

第一，一对认购账户。一是场外深圳开放式基金账户，二是场内深圳证券账户，两类账户之间存在着对应关系。

第二，两种发行方式。一种是沿用现行柜台销售的传统销售方式，另一种是采取类似新股上网定价发行的交易所网上认购方式。

第三，两套登记系统。一套是开放式基金注册登记系统，以投资人开放式基金账户记载，托管在基金管理人或者代销机构处；一套是证券登记结算系统，以投资人证券账户记载，托管在证券经营机构处。

第四，两类交易方式。一类是场外以单位资产净值的盘后价申购和赎回，一类是场内以交易系统撮合成交价买卖基金份额。

第五，两个市场连通。通过跨市场转托管功能，场内基金份额转登记到场外系统，可实现赎回；场外基金份额转登记到场内系统，可通过交易

* 本文是《证券市场导报》2004 年第 9 期“编者絮语”。

所实现交易。在这里，套利机制的设计尤为重要，影响也尤为深远。场内与场外市场的分隔，为中国资本市场参与者所诟病，LOF 可望为资本市场实现场内和场外市场协调发展进行有益尝试。

第六，两大优势兼备。封闭式基金交易所上市，竞价交易，容易发生折价交易；开放式基金可赎回，对基金管理人有巨大压力，但交易环节复杂，往往缺乏流动性。LOF 兼具封闭式和开放式基金两种优势，既可交易，又可赎回。

6 个"1 +1"，核心在于充分发挥了交易所和证券市场十几年来积累的技术与网络优势，关键在于适应了信息时代市场参与各方对透明度和流动性的要求。德国欧洲期货交易所成功开发和运用信息技术，在短短几年间一跃成为世界第一大期货交易所。

早在 20 世纪 90 年代中期，基金市场的蓬勃发展昭示出 21 世纪将是基金的世纪。1998 年，美国共同基金资产规模达到 5.5 万亿美元，超过银行业约 5 万亿美元的总资产。到 2004 年 6 月底，美国共同基金资产规模为 7.6 万亿美元，相当于美国 GDP 的 70%。在我国，已初步形成了以《证券投资基金法》为核心的比较健全的基金法律法规体系，目前封闭式基金和开放式基金总数达 100 只以上，证券投资基金规模超过 3 000 亿元人民币，相当于流通市值的 25%。在基金市场面临新的突破的时刻，LOF 的出世，必将再一次印证"1 +1 >2"的真理。让我们积极行动起来，迎接和拥抱 LOF 时代!

上市开放式基金媒体新闻评论综述*

新闻媒体对上市开放式基金（LOF）的评论，以2004年8月18日中国证监会批准为界，可以分为前后两个阶段。

一、第一阶段相关评论

第一阶段的相关评论概括起来主要有以下三点：

（一）ETF和LOF均“具有革命性的重大意义”

相关专家认为，交易所交易基金（ETF）和LOF“两种产品有着本质的区别，但它们的创新特性却又是共同的”，属于“两个不同金融创新产品的胎动”，旨在“强化资本市场对优质资源的主导作用”。

业内人士认为，ETF和LOF创新所起的作用是相辅相成的：（1）作为金融创新起点的ETF，无疑被赋予了制度创新的无穷想像；LOF的出现，意味着基金交易制度根本改革的开始。（2）ETF使得上市公司越来越优化，直接提升了投资这些上市公司的基金的吸引力；LOF则拓宽了储蓄资金通过基金进入资本市场的通道。（3）主管部门不会限制两个交易所只发展ETF或LOF，此后的融合必将进一步发挥金融创新的主导效果。①

（二）LOF方案比ETF方案“更成熟、更能切合中国证券市场现实”

新闻界更愿意用两个交易所“角力”来描绘LOF方案与ETF方案。

* 本文定稿于2004年8月21日。

① 陈建军：“ETF与LOF：主导资本市场优质资源”，《上海证券报》，2004年7月20日。

相关人士认为，在这种争夺中，ETF 进入实际操作仍有不少障碍，深交所“可望先拔头筹”，“后来居上”。

业内人士就 LOF 方案和 ETF 方案进行了比较，认为 LOF 方案“视野更开阔，未来发展空间更大”。

1. LOF 的适应范围更宽广。媒体提出，LOF 提供的是一个交易平台，“让大家在上面跳舞”，基金公司利用此平台可以做很多事，包括封闭式基金的封转开上市交易、开放式基金的上市交易；上交所的 ETF 只能是根据其 180、50 指数针对性地“开发几个有限产品，一般来说一个指数基金只会给一家公司做”。

2. LOF 更适合中国以个人投资者为主的局面。专家强调，美国推行完全被动的复制指数、以物易物的交易方式，是为了避免缴纳资本利得税，但在中国就不用缴这个税；中国问题是印花税高、交易成本高；美国以机构投资者为主更适合推行 ETF，但中国个人投资者比较多，推行 LOF 显然方便个人投资者交易。

3. LOF 使交易成本大大降低，对中国投资者十分有利。专家认为，“交易方式的改变其实是前进了一大步，它提高了交易方便程度、降低了交易成本，对中国投资者更有利”。[①] 专家强调，交易所交易非现场客户买卖成本只要 2‰，但银行买卖成本在 1.5%，而且至少 1 个小时才能完成。

（三）LOF 可在封闭式基金和开放式基金之间搭建桥梁

大家认为，LOF 的实质是解决了开放式基金上市交易的问题。在此之前，封闭式基金只能在二级市场交易，开放式基金只能在一级市场赎回，两者的销售“老死不相往来”，LOF 的推出，打破了两者间的鸿沟。LOF 能在封闭式基金和开放式基金之间搭建桥梁，为封闭式基金转开放式基金找到一条较好的途径。业内人士指出：“如果 LOF 届时一旦推出，封闭式

---

① 云菲：“沪、深交易所交易基金角力 深交所 LOF 有望夺魁”，《21 世纪经济报道》，2004 年 2 月 22 日。

基金可能会爆发出压抑已久的上涨动力。”①

二、第二阶段相关评论

第二阶段的相关评论概括起来主要有以下五点：

（一）基金业迈进“高速公路时代”

有评论指出：如果说银行渠道与券商渠道只相当于基金走向投资者的“普通公路”，那么，LOF 的推出无异于建立了一条基金市场的“高速公路”。利用银行渠道和券商渠道购买开放式基金，从开户到赎回手续极为复杂，交易成本居高不下，给投资者造成了极大不便。利用交易所市场发行与交易结算网络，投资者可以采取与股票相同的电子化撮合交易方式买卖开放式基金，其交易结算更加方便与快捷。“对于投资者来说，在交易速度大大提升后，LOF 就是一条进入基金市场的不折不扣的‘高速公路’。”评论强调指出，着眼于未来，在 LOF 的推动下，基金发展的步伐无疑将迈得更快。②

（二）LOF 将缓解销售困难，激活基金市场

1. 上市开放式基金帮助基金走出发行困局。现阶段基金发行困难在一定程度上制约了整个市场的快速发展。一方面，表现在封闭式基金长期折价交易，严重挫伤了投资者的投资热情；另一方面，开放式基金自身也存在诸多问题，造成了发行和持续营销的不顺。基金发行困难成为当前基金管理公司业务发展中的最大瓶颈。而 LOF 的推出在某种程度上，将帮助基金公司走出发行困局。

2. 充分利用交易所网络优势。现行开放式基金发行及申购和赎回主要集中在银行，给证券市场投资者造成了不便，交易所市场中 3 000 多家证券营业部的力量远未发挥应有的作用，LOF 有助于破解这个难题。

---

① 王平平：“‘交易所基金’欲借势而出　基金业内态度谨慎”，《财经时报》，2004 年 2 月 14 日。

② 刘兴祥：“基金业迈进‘高速公路时代’”，《证券时报》，2004 年 8 月 18 日。

3. 统一基金业务标准。投资者购买封闭式基金，可以利用统一的证券账户进行买卖，只需办理一次开户手续。而购买开放式基金，不同的基金就需要办理一次开户手续，不仅开户手续极其复杂，而且使基金市场业务相对分割。LOF 统一业务标准，能提高整体运作效率。①

4. 提高基金交易效率。现行开放式基金申购、赎回双向费率一般为 1.5%，是现行封闭式基金双向交易费用的 2~3 倍。开放式基金申购、赎回一般至少需要 7 个交易日。开放式基金交易缺乏流动性和弹性，不能满足投资者即时、连续的交易需求。LOF 产品的交易成本相对低廉，持有人通过交易所买卖 LOF 基金单位的双边交易费用最高为 0.5%，不仅大大降低了成本，而且极大地节省了时间。

5. 投资者成为 LOF 的最大受益者。相关评论强调："LOF 的推出，将有利于形成多方共赢的局面。""LOF 问世，投资者将会成为最大的受益者。"这首先体现在降低投资者的交易成本，提高交易效率；LOF 为投资者带来了全新的套利模式——跨市场套利。基金研究人员预测："LOF 的主要投资者将是中小投资者，所以这一品种的交易将相当活跃。"②

（三）LOF 模式将利及银行基金销售

针对 LOF 新的销售渠道会使银行的销售受到冲击，证券业内人士和银行方面专家提出，情况并非如此。由于发行渠道拓宽和交易方式创新后，基金吸引力大大增加，因而扩大了基金的发行规模。LOF 打通网上申购的渠道，不仅可以缓解银行的销售压力，而且增加了基金托管量。由于做大了总量，对托管银行来说，托管收入也会增加。另外，银行和交易所针对的是不同客户群体，虽有交叉，但是银行主要针对储蓄客户，而交易所面对的主要是股市投资者。有关人士表示，虽然交易所形式上的交易成本较低，但银行柜台系统的交易成本随着基金持有时间不同有所调整，实

---

① 韩如冰："基金业借力 LOF 破解四大难题"，《证券时报》，2004 年 8 月 18 日。

② 易非、李宇："各方期盼多赢　投资者将会成为 LOF 的最大受益者"，新华网，2004 年 8 月 19 日。

际上两者将渐趋一致，因此 LOF 对银行的冲击不会太大。

（四）LOF 提供了“封转开”可行的出路

有专家认为，LOF 为“封转开”提供了一条可行的渠道。LOF 的套利机制在一级市场和二级市场上架起了一座桥梁，使得基金的市价围绕净值这一中枢进行波动，为市价向净值回归提供了动力。专家提醒，将封闭式基金通过 LOF 的方式转为开放式基金，需要提防对现有基金市场的冲击，因为在“封转开”之初，还是会有大量投资者在利益的驱动下要求赎回基金。因此，如何降低“封转开”之初的赎回压力，是“封转开”成败的关键。专家认为，借助 LOF 的交易平台，通过在一级市场和二级市场建立交易时间差的机制可以有效解决这一问题。具体来说，在“封转开”之初，首先打开 LOF 二级市场交易平台，待其充分交易后再开放一级市场交易平台。

（五）LOF 拓展券商经纪业务

相关评论指出，对于目前身处困境的券商来说，LOF 也可谓“福音”。原来通过券商销售的基金，在销售完成后资金就从营业部划走。现在网上销售完成后，LOF 就像封闭式基金一样，仍然托管在营业部，资金和份额都没有减少。这无疑使经纪业务的“蛋糕”比以前更大，券商从事基金销售的积极性也会更高。业内人士表示，LOF 的推出，对于证券营业部有很大帮助，一方面，一部分客户会参与基金的申购和交易，增加了营业部经纪业务量；另一方面，有些买基金的客户为了方便，可能来营业部新开深圳证券账户，这也将带动保证金数量和股票交易量出现一定的增长。

证券公司和投资者在上市开放式基金中大有可为*

8月24日，我国首家上市开放式基金——南方积极配置基金开始在深圳证券交易所发行，此举标志着历经两年多准备的上市开放式基金正式启动。举行上市开放式基金业务介绍会，目的就在于让广大与会者进一步熟悉上市开放式基金的业务规则、登记托管规则以及新基金的特点，认识到上市开放式基金在我国资本市场发展史上、基金市场发展史上的意义。

一、中国证券投资基金的发展前景光明，潜力巨大

证券投资基金是海外成熟市场投资者钟情的主要产品之一。从20世纪90年代开始，美国基金业以年平均超过20%的速度增长，共同基金资产规模至1998年达5.5万亿美元，超过银行业约5万亿美元的总资产。到2004年6月底，美国共同基金资产规模为7.6万亿美元，相当于美国GDP的70%。据统计，5 400多万户美国家庭、9 500多万名美国个人投资者购买了3/4的共同基金资产。大多数美国人已将共同基金作为理财的主要工具，其中包括子女上大学的开销和自己退休后的生活保障，购买共同基金在美国已经成为一种投资文化。

我国自1997年11月发布《证券投资基金管理暂行办法》以来，证券投资基金取得了长足发展。一是基金法规体系不断完善，初步形成了以《证券投资基金法》为核心的比较健全的基金法律法规体系；二是基金业初具规模，迄今为止，我国证券投资基金规模已超过3 000亿元人民币，

---

* 本文定稿于2004年8月29日。LOF推出后，交易所组织推广活动。笔者被指定为联系人之一，先后到北京、济南、广州等地进行演讲和推介。此为当时准备的宣传材料之一。

封闭式基金和开放式基金总数超过了100只，作为重要的机构投资者的地位进一步得到提升；三是基金品种不断丰富，股票基金、债券基金、货币市场基金、混合型基金、伞型基金等基金新产品层出不穷；四是基金人才队伍初步形成，基金管理人的专业素养逐步得到市场认可；五是基金的吸引力正在不断增强，统计显示，2003年开放式基金的平均半年分红率超过3%，2004年上半年基金的表现超过了大盘指数。

与此同时，我们还应该看到，我国国民经济持续快速健康发展，大力发展资本市场提升为国家战略，为我国证券投资基金的发展提供了内在动力。统计显示，2004年上半年我国居民储蓄已超过11万亿元人民币，在总体利率水平低企、并存在一定通货膨胀压力的市场环境下，居民的投资理财要求比较强烈，有相当一部分居民储蓄迫切需要寻找风险不大、收益较稳定的投资渠道。显然，未来符合这一时代需求的首推证券投资基金，这从各家银行与有关证券机构推出的理财计划持续热销，就可以得到印证。

二、上市开放式基金为中国基金业大发展提供了新的工具

有了一颗有生命力的种子，还必须提供适宜的土壤、水分和温度，才能够让它更加茁壮地成长。中国基金业的大发展已经具备了必要的宏观环境和内在基础，但仍然面临着一些具体的机制和手段上的制约。这一方面表现在封闭式基金长期折价交易，严重挫伤了投资者的投资热情；另一方面表现在开放式基金面临着发行销售不顺和高赎回率的困扰。因此，我们必须通过机制设计、实现手段方面的创新，将我国基金业的巨大潜力转化为现实发展。可以说，LOF正是达到这个目标的一种有效工具。

第一，LOF有助于建立“两条腿走路”的基金销售机制，提高发行效率。一直以来，开放式基金的发行仅限于在银行柜台或券商柜台交易，银行是最主要的销售渠道。推出LOF以后，利用深交所的电子网络平台发

行基金，解决发行渠道相对狭窄的问题，实现交易所网络与银行柜台“两条腿走路”的基金销售机制，降低了基金销售成本，提高了市场的整体运作效率。

第二，在交易机制上，LOF 同时兼备封闭式与开放式基金各自的优势，具有很强的生命力。一方面，LOF 具有封闭式基金的公开挂牌、即时连续交易、流动性强的特点，投资者特别是个人投资者可以方便快捷地参与交易；另一方面，LOF 保持了开放式基金的可赎回特征，其蕴含的套利机制保证了基金价格维持在净值附近，不会出现高折价率的情况。

第三，LOF 是实现交易所与银行间市场互通的有益探索。发达国家的经验表明，金融市场的持续健康发展离不开场内市场和场外市场的协调发展。长期以来，我国的交易所市场与银行间市场一直处于割裂状态，这已经成为包括国债、基金等产品发展中的制约因素。推出上市开放式基金，通过套利、转托管等机制，强化了两个市场之间的有机结合，是资本市场实现场内和场外市场协调发展的有益尝试。同时，由于发行渠道拓宽和交易方式创新后，基金吸引力大大增加，因而会扩大基金的发行规模，将“蛋糕”做大，促进两个市场共同发展。

三、上市开放式基金为证券公司和投资者提供了新的机遇

推出上市开放式基金是交易所和资本市场参与各方推进服务创新的一项重要举措，它为证券公司和投资者都提供了新的机遇。

对于证券公司而言，LOF 的推出提供了扩大业务和实现业务转型的重要契机。

第一，LOF 能够改善证券公司的基金代销工作。目前证券公司参与不同基金的代销，都需要先同基金公司签订协议，再重新开发相应的技术系统来支持销售；而 LOF 可以直接利用交易所现有的网络优势，直接降低销售成本。第二，LOF 能够拓展证券公司的经纪业务。一方面，原来通过

券商销售的基金，在销售完成后资金就从营业部划走，现在网上销售完成后，LOF 就像封闭式基金一样，仍然托管在营业部，这无疑使经纪业务的蛋糕比以前更大；另一方面，投资者对 LOF 的申购和交易，将直接增加营业部经纪业务量。第三，LOF 能够吸引基金的投资者来证券营业部开设账户，这也将带动保证金数量和股票交易量出现一定增长。第四，证券公司在提供服务和参与市场的过程中，能够为今后拓展其他业务、实现证券营业部的转型积累经验。

对于投资者而言，LOF 使其基金能够以更低的成本、更为方便地参与投资。第一，LOF 产品的交易成本相对低廉，持有人通过交易所买卖 LOF 基金单位的双边交易费用最高为 0.5‰，远低于通过银行在一级市场上申购和赎回双边 1.5% 左右的平均交易费用。第二，与目前开放式基金的柜台服务相比，通过统一的证券账户，利用交易所电话、网络方式进行申购、交易和赎回，比目前的柜台式服务要方便、快捷得多，尤其适合我国为数众多的中小投资者。第三，LOF 为投资者提供了跨市场套利的可能。当二级市场价格高于基金净资产的幅度超过手续费率，投资者就可以从基金公司申购 LOF 基金份额，再在二级市场上卖出；如果二级市场价格低于基金净资产，投资者就可以先在二级市场买入基金份额，再到基金公司办理赎回业务。这种机制不仅为投资者提供了一种新的盈利模式，而且有助于提高整个证券市场的效率。

附认股权证公司债券的必要性和可行性研究*

权证（Warrants）是西方成熟市场一种比较流行的金融工具。截至2003年底，国际证券交易所联合会（WFE）的54个正式会员交易所中，已有42个交易所推出了认股权证，成为仅次于股票和债券的第三种最常见的交易品种。我国投资者对权证并不陌生，早在20世纪90年代中期，深圳和上海证券交易所曾开发并交易过权证产品，为权证市场积累了宝贵的经验和教训。《国务院关于推进资本市场改革开放和稳定发展的若干意见》要求积极稳妥发展公司债券市场，研究开发与股票和债券相关的新品种及其衍生产品，加大风险较低的固定收益类证券产品的开发力度，为投资者提供储蓄替代型证券投资品种。自2002年以来，深交所一直致力于权证产品的考察、研究、论证和相关方案的设计。经过反复比较和权衡，我们认为当前可以尝试以附认股权证公司债券为突破口，为我国公司债券市场顺利破题提供契机，并逐步推进权证市场的发展。

一、什么是附认股权证公司债券

（一）定义

附认股权证公司债券指公司债券附有认股权证，持有人依法享有在一定期间内按约定价格（执行价格）认购公司股票的权利，也就是债券加上认股权证的产品组合。

---

* 本文定稿于2004年11月19日，原载于《证券市场导报》2005年第1期。课题组成员有：隆武华、吴莹、黄松琛、杨洪亮、方海跃。

（二）种类

从海外市场的有关实践中，我们发现附认股权证公司债券可以进行如下分类：

1. 分离型与非分离型。分离型是指认股权凭证可与公司债券分开，单独在流通市场上自由买卖；非分离型是指认股权无法与公司债券分开，两者存续期限一致，同时流通转让，自发行至交易均合二为一，不得分开转让。非分离型附认股权证公司债券近似于可转债。

2. 现金汇入型与抵缴型。现金汇入型是指当持有人行使认股权利时，必须再拿出现金来认购股票；抵缴型是指公司债票面金额本身可按一定比例直接转股，如现行可转换公司债的方式。我们可以把分离型、非分离型与现金汇入型、抵缴型进行组合，得到不同的产品类型。

本文重点讨论的是分离现金汇入型附认股权证公司债券。

二、附认股权证公司债券与可转换公司债券的比较

附认股权证公司债券与可转换公司债券同属于混合型融资工具，本质上都是债券与认股权证的组合，两种产品的差异主要是债券与股权凭证的结构设计，表现在以下五个方面：

（一）产品设计不同

1. 可否分离交易。附认股权证公司债券最大优势是债券与权证可分离交易，能够满足不同投资者风险和收益多元化的需求；而可转换公司债券难以把债券与转换权分离，只能捆绑交易。

2. 债券发行利率。附认股权证公司债券可以采用两种定价方式：一是认股权证与公司债券分别作价；二是两者一并作价，即发行公司债券附送认股权证。前者债券利率会高些，后者债券利率则与可转债相当。如果权证可与债券分离交易，则债券发行利率甚至还可以再低些。而可转换公司债券的发行成本通常也较普通债券低。

3. 认股方式。对投资人而言，行使认股权时，附认股权证公司债券

必须再缴股款，而可转换公司债券则不需要。分离型的附认股权证公司债券一般没有任何条款强制认股权证持有人行使其权利，可转换公司债券则可采用赎回条款强制投资人行使其转换权。

4. 产品存续期。可转换公司债券的转股期限与可转换公司债券本身的存续期重合，而附认股权证公司债券中的认股权证与普通债券部分的存续期可以不同，因此在产品结构设计上可以把债券的期限延长。

5. 发行人和投资者现金流。可转换公司债券筹集资金是一次性到位，投资者行使转换权时，对发行人仅是增加股本，减少负债，不产生现金流；附认股权证公司债券投资者在行使认股权时，需缴纳认股款，逐步增加发行人股本，资金分步到位，具有分期融资的特点，而公司债券通常是到期还本付息。

6. 会计处理不同。按国际会计准则，附认股权证公司债券与可转换公司债券的会计处理基本相同，都要求将债券和权证分别确认为负债和股本。但是，在美国、英国及日本等国家，允许采取不同核算规则，不允许将可转换公司债券中转股权分离计入权益。

（二）对公司资本结构的影响不同

可转换公司债券与附认股权证公司债券的股本扩张不是在某个时点一次性完成的，其对公司资本结构的影响具有持续性与不确定性。由于产品设计上的差异，两者对公司资本结构的影响又有着很大不同：一是影响持续期限不同。可转换公司债券的转股期限与可转换公司债券本身的存续期重合，影响的持续期限最长为可转换公司债券的存续期限；附认股权证公司债券中认股权证与公司债券的存续期可以不同，影响的持续期限主要取决于认股权证的认股期限。二是对资本结构的影响力度大小不同。可转换公司债券在进行转股后，股本增加，负债减少，公司负债比例会迅速降低。在同等条件下，附认股权证公司债券在股本增加的同时，负债并没有减少，负债比例的降低不如可转换公司债券快。

（三）对公司财务能力要求不同

两种产品对公司财务能力的要求都比较高。如果可转换公司债券持有人放弃转股，认股权证持有人不愿意认股，公司都需要承担还本付息的责任。在我国，可转换公司债券多数具有转股价格向下修正条款，无论股价的未来走势如何，发行人都可以通过一些手段，使可转换公司债券持有人进行转股，可转换公司债券对公司的刚性压力并没有体现出来。认股权证一般没有认股价格向下修正条款，认股权证的认股期限又与公司债券的存续期不重合，附认股权证公司债券的发行人必须为公司债券的偿还进行相应的财务安排。

（四）发行人向市场传递的信息不同

理论上，公司选择发行债券则说明公司内部人士预计公司未来盈利良好，有较强的未来支付能力，不愿同外部人分享盈利和风险；公司选择发行股票则说明公司内部人士认为企业未来盈利能力较差，他们愿意与外部人分享风险和盈利。可转换公司债券与附认股权证公司债券兼具债券与股权融资的特点，这种信号的强弱，取决于具体产品的条款所反映出来的债性与股性的强弱。

在我国资本市场，发行股票成为许多公司首选的融资方式，即便是好公司也不愿意放弃股权融资的机会。可转换公司债券本来可以扭转这种信号的模糊性，如人们可以根据转债的转换价格、转换期限等信息了解公司的情况，但是，我国可转换公司债券的条款设计，却使它更近似于股权融资，成为上市公司股权再融资的一种手段。

附认股权证公司债券对公司还本付息存在较为刚性的压力，这种信号更为强烈。一方面，公司需要具备充足的还本付息能力；另一方面，公司只有通过提升业绩促进股价的走强，才能获得更多的再融资。显然，作为一种融资产品，发行人向市场传递的是自身作为一个高质量或高成长性公司的信号。

（五）对监管者而言，二者的风险点不同

由于附认股权证公司债券与可转换公司债券不同，认股权证与普通公司债券是分离上市交易的，因此监管重点就比可转换债券更为复杂。

1. 信用风险监督。附认股权证公司债券中的公司债券需要发行人到

期偿还本息，对发行人具有硬的约束。这要求监管者对发行人的信用等级有所约束。可转换公司债券可以利用条款设定来回避还本，信用风险相对较小。

2. 炒作风险更大。由于认股权证的分离交易，它的单位价值一般较低，但杠杆作用大，因此炒作难度相对较小，炒作空间较大。

正是从这个意义上说，对于附认股权证公司债券，需要出台更为严格的信息披露规则，以及完善的涨跌停板、停牌制度。

三、推出附认股权证公司债券的意义

海外的经验表明，附认股权证公司债券作为混合证券的一种，其可分离的特性能分别满足固定收益证券投资者和期权投资者需求，已经受到市场的欢迎。在现阶段的我国，推出附认股权证公司债券具有如下意义：

（一）附认股权证公司债券是目前资本市场产品创新合适的切入点

以权证与传统融资结合的结构型产品是产品设计和创新的一项活跃的业务，附认股权证公司债券是权证组合产品中风险较低，结构较简单的一种。权证作为基本的金融工具，已是仅次于股票和债券的交易所交易最活跃的产品，德国、法国、英国、意大利和我国香港地区权证产品的发展更是惊人。在这种意义上说，我国引入权证产品具有非常重要的意义。在可转换公司债券产品的基础上，引入附认股权证公司债券，遵照的是循序渐进的产品开发思路，没有法律障碍，风险相对较小，将为发展公司债券市场、权证等结构型产品市场及衍生产品市场打下基础（见图1）。

（二）可以大大提高公司债券的吸引力

公司债券与认股权证捆绑发行，将降低公司债券的发行成本，吸引优质上市公司选择债权融资方式，缓解股权收益率的稀释程度，促进公司债券市场的发展。同时，通过认股权证与公司债券的分离，可以顺利实现公司债券市场的平稳推出，在当前对于进一步理顺公司债券市场的监管体系和发展方向，也是有积极意义的。

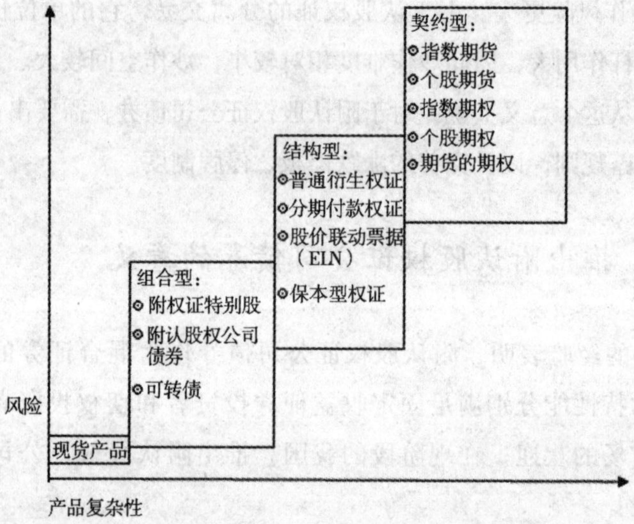

图1　我国衍生产品开发路线图：附认股权证公司债券可以是突破口

（三）可以达到市场化、有序化的再融资政策目标

附认股权证公司债券同时具有分期融资和序贯融资的特点，附认股权证公司债券在满足上市公司筹资需求的同时，能够在一定程度上发挥市场对上市公司募集资金使用的监督作用，增加对高管人员的刚性约束，提高募集资金使用效率，降低上市公司经营风险。

（四）附认股权证公司债券可以发挥对可转换公司债券的改良作用

虽然同为股票联系债券类型的融资工具，但不同的产品结构设计可以导致两者债性与股性的重心不同。目前我国市面上的可转换公司债券已演变为股权融资的变通手段，而附认股权证公司债券可以体现更多的债券特征，使其实质上就是卖债券而非股票，扩展了融资工具的选择范围。

（五）附认股权证公司债券可以发挥对优质上市公司的倾斜作用

只有现金流稳定、未来有还本付息能力的公司才能发行附认股权证公司债券，发行公司可以此方式代替银行贷款，从而优化财务结构，降低营运资金成本，减轻股票稀释带来的压力，有利于提高每股盈利水平。认股权证还可以带动本股的交投，提高蓝筹股的活跃程度。

（六）可以为建立股权激励机制提供一种有效的手段

如何建立与股权相关的激励机制，是目前上市公司高管普遍关心的问题。认股权证具备了股票期权等激励机制的原理和特征，在国际上也是较为通行的股权激励方式之一。分离型附认股权证公司债券的推出，可以为上市公司建立股权激励机制提供一种有效的手段。

（七）给投资者提供不同的投资选择

附认股权证公司债券与可转换公司债券的最根本区别，就在于认股权证与公司债券能够分离交易。正是这一分离，为投资者提供了不同的投资组合选择，更适用于不同风险偏好的投资者（见表1）。作为避险者，可以以此构造相应的保本组合，以较低的资金享受股价上涨可能带来的收益；作为风险喜好者，认股权证占其投资组合比重的高低则反映了其对风险的喜好程度。可以这样说，认股权证的单独交易给了投资者更为广阔的投资选择空间。认股权证具有一定的杠杆特性，但比较期货、期权等标准化产品具有交易结算简单、杠杆比率适中、止损下限的特点。

表1　　附认股权证公司债券与可转换公司债券的特性比较

	附认股权证公司债券	可转换公司债券
一、发行方面		
降低发行公司负担	有	有

续表

	附认股权证公司债券	可转换公司债券
是否发行新股	是	是
稀释股权与股价的可能	有	有
认股权执行后，是否降低发行负债	否（现金汇入型）	是
有无赎回条款	无	有
会计处理	负债和权益可以分开记账。确认权证价值，多计提利息费用，有利于降低所得税，同时会降低每股收益	全部列为负债。不确认转股权的价值，少计提利息费用，提高每股收益。不利于降低所得税
认股价格	高于现股	高于现股
行使比例	依发行公司规定	与债券面额等值
股价波动风险	较大	较小
节税	有利	不利
二、投资方面		
履约时，投资人是否需要缴纳股款	是	否
履约后，债权部分是否继续维持	是	否
债券与认股权可分离否	是	否
投资人利率风险	较小	较大
流动性风险	较大	较小

四、推出附认股权证公司债券的时机和条件已经成熟

附认股权证公司债券作为循序渐进的新产品之一，在法律法规、市场

运作和监管要求方面相对简单。随着我国证券市场市场化和规范化进程的不断深入，法规体系日益完善，监管能力逐步提高，投资者风险意识和投资理念日益成熟，目前已具备推出附认股权证公司债券的条件。理由如下：

（一）推出附认股权证公司债券不存在法律障碍

1. 附认股权证公司债券的合法性。附认股权证公司债券是复合产品，其中包括公司债券和认股权证。附认股权证公司债券的合法性，取决于其所包含的公司债券和认股权证的发行上市是否有法律依据。

首先，《公司法》和《证券法》对公司债券的发行和上市都有具体规定，推出公司债券不存在任何法律障碍。

其次，认股权证需要国务院的认定。认股权证内含持有人可以行使买卖股份的权利，且行使此权利可以给持有人带来一定的经济利益，具有内在经济价值。认股权证可以在不同投资者之间实现转让，具有流通性。因此，从法律性质上看，认股权证应属证券范畴，美国、英国、中国香港和台湾等国家和地区的法律也都将认股权证作为证券。但在我国《证券法》第2条对证券定义的规定中，认股权证没有被包括在内，应视为“国务院依法认定的其他证券”，因此，推出认股权证需要国务院的认定。

最后，认股权证交易不是对股票的期货交易，不违反《证券法》第35条规定。一项交易是现货交易还是期货交易，与其交易标的物无关，区别是交易标的的交付、价款的结算是现时交付结算还是将来交付结算。认股权证的交易是双方在进行一项权利的买卖，即认股权证交易的合同标的是在约定的期限内或到期时购买特定标的证券的选择权。买方为取得这项选择权，现时支付一定的权利金（或权证的即时市场价）予卖方，卖方则以向买方交付代表此选择权的凭证来实现此选择权的转移。因而，认股权证的交易并不属于期货交易的范畴。所以，附认股权证公司债券认股权证的交易并不违背《证券法》第35条的规定。

2. 兑付认股权证的股票来源。在现行股票发行规则下，附认股权证公司债券的权证行权时，上市公司可能会失去发行股票资格而无法向投资者交割。对此，现阶段可以比照可转换公司债券模式，核准附认股权证公司债券发行即豁免相应的股票发行再审批程序。今后可考虑允许上市公司回购本公司股票，再向认股权证投资者交割，或是考虑修改相应的法律法规，实行“库存股票”制度。

3. 附认股权证公司债券的行使带来公司资本变动。关于发行附认股权证公司债券会导致上市公司股本变动与《公司法》第78条规定的“资本确定原则”不符的问题，目前可转换公司债券已获准发行上市和交易，这意味着严格的资本确定原则在我国已经松动。

（二）可转换公司债券市场的发展已为附认股权证公司债券的推出奠定了良好基础

目前国际资本市场在经历网络股泡沫后，可转换公司债券市场发展迅猛，美国和欧洲市场都出现大幅增长，投资银行对各类股价捆绑型债券进行创新，其产品备受投资者欢迎；我国可转换公司债券市场的发展也已经逐渐成熟，上市公司发行附认股权证公司债券可以借鉴可转换公司债券在发行资格、信息披露、市场监管、股本增加和资本变更等方面的做法。

（三）宏观经济环境适合推出附认股权证公司债券

《国务院关于推进资本市场改革开放和稳定发展的若干意见》提出，要“积极稳妥发展债券市场。在严格控制风险的基础上，鼓励符合条件的企业通过发行公司债券筹集资金，改变债券融资发展相对滞后的状况，丰富债券市场品种，促进资本市场协调发展。制定和完善公司债券发行、交易、信息披露、信用评级等规章制度，建立健全资产抵押、信用担保等偿债保障机制。逐步建立集中监管、统一互联的债券市场”，要“建立以市场为主导的品种创新机制。研究开发与股票和债券相关的新品种及其衍生产品。加大风险较低的固定收益类证券产品的开发力度，为投资者提供储蓄替代型证券投资品种”。这为我国推出附认股权证公司债券指明了方向。

（四）目前市场环境是推出附认股权证公司债券的较好时机

海外经验和实证研究表明：混合型融资工具在利率较低及股票市场出现大幅波动的环境中，市场需求较大，会出现大幅增长。目前，我国资本市场相对比较低迷，利率维持在较低水平，附认股权证公司债券的推出，可以凝聚资本市场的人气，较容易取得成功。同时，我国证券市场运作日益规范，监管水平日益提高，投资者风险意识明显增强，也已经为附认股权证公司债券的推出奠定了良好的市场基础。

五、推出附认股权证公司债券可能面临的主要问题及对策建议

（一）主要问题

捆绑发行和分离交易，是附认股权证公司债券产品创新的关键点，是附认股权证公司债券与可转换公司债券相区别的关键因素。正因为如此，附认股权证公司债券在推出的过程中不可避免地会遇到一些问题，其中主要有三个问题。

1. 公司债券可能面临的问题。公司债券的发债主体和信用主体与现行的企业债券有很大差距，没有隐含的国家信用为后盾，监管尚没有先例可循。在社会信用体系和征信体系还不健全的情况下，公司债券的信用评级、担保和到期还本付息，均需要加以特别关注，以保证公司债券的顺利发行与按期兑付。同时，从债券市场的海外经验和我国的实际情况看，对公司债券的流动性需要有新的对策。

2. 认股权证的证券认定问题。我国《证券法》第 2 条规定：“在中国境内，股票、公司债券和国务院依法认定的其他证券的发行和交易，适用本法。本法未规定的，适用公司法和其他法律、行政法规的规定。”目前，鉴于认股权证是一项新业务，它的有价证券的性质需要国务院认

定，并接受国务院证券监督管理部门的监管。

3. 认股权证的操纵风险问题。附认股权证公司债券中认股权证和公司债券的分离，带来了认股权证二级市场交易的风险。认股权证具有市值较小、高杠杆性特征，容易暴涨暴跌，更容易成为操纵对象。在市场出现整体调整的情况下，可能使认股权证毫无价值。

（二）对策

针对上述三大问题，需要有相关的对策。

1. 长短结合规范公司债券市场。从长期来看，需要通过建立市场化的信用评价及债券评级体系，为投资者提供风险识别并为公司债券提供定价基础。从短期讲，宜选择现金流比较稳定的优质公司，重点强化公司债券担保机制，并尝试建立偿债基金。同时，探索我国债券市场做市商制度，从根本上解决债券市场的流动性问题。

2. 颁布《上市公司发行附认股权证公司债券实施办法》。根据认股权证的性质，结合可转换公司债券的经验，草拟上述文件，建议由国务院发布，或者由中国证监会经国务院同意后发布。在此基础上，由深圳证券交易所发布《附认股权证公司债券上市规则》，并在交易所交易规则中增加认股权证的相关内容，逐步建立起对认股权证有价证券的认定和监管体系。

3. 对认股权证风险的控制问题。可采取如下措施予以防范：（1）加强市场监察，实行正股和对应权证联动监管，及时发现和处理违规操纵价格的问题，严格执法；（2）针对权证价格可能巨幅波动，设定和正股价格波动相适应的涨跌幅限制；（3）实行单一账户持仓限额；（4）认股权证上市条件应明确规定最小发行数量、分散程度；（5）增加交易信息披露和公告，如交易和托管的集中信息等，提高市场透明度；（6）由于行权，权证流通数量减少到一定数量后将连续交易改为每周一次的集合竞价交易或停止交易；（7）加强投资者教育，特别是有关产品风险的宣传（见表2）。

表2 认股权证产品特点及风险状况

<table>
<tr><th>产品种类</th><th>组合特点</th><th>市场价格风险</th><th>发行人及发行目的</th></tr>
<tr><td>可转换公司债券</td><td>债券+认购权证（可抵认股价款）</td><td>介于股票和债券之间</td><td rowspan="3">上市公司发行，作为融资工具</td></tr>
<tr><td>附认股权证债券</td><td>债券+认购权证（认股价款另付，债券和权证可分离）</td><td>介于股票和债券之间</td></tr>
<tr><td>附认股权证特别股票</td><td>股票+认购权证（适合中小型企业）</td><td>大于股票</td></tr>
<tr><td>保本型权证</td><td>零息债券+卖出权证</td><td rowspan="4">价格风险从小到大</td><td rowspan="4">券商中介机构发行，作为风险管理和债券收益增强工具</td></tr>
<tr><td>股票联系票据（ELN）</td><td>零息债券+购入权证</td></tr>
<tr><td>分期付款权证</td><td>部分股票本金+认购权证</td></tr>
<tr><td>普通衍生权证</td><td>股票期权</td></tr>
</table>

海外附认股权证公司债券的发展和启示*

附认股权证公司债券与可转换公司债券都属于混合型证券，它们介于股票与债券之间，是股票与债券以一定的方式结合的融资工具。如果把投融资工具范畴以扇形来表示，扇形的一端是普通债券，另一端则是普通股票（见图1），中间则可以是可赎回的优先股票或投资单位（看似债券的股票），也可以是次级债（看似股票的债券），这些都可称为混合型证券。处于中间位置的是可转换公司债券与附认股权证公司债券等“盯住”证券（Stapled Securities，指债券与股本证券盯住发行或交易），它们又统称为股票联系债券。

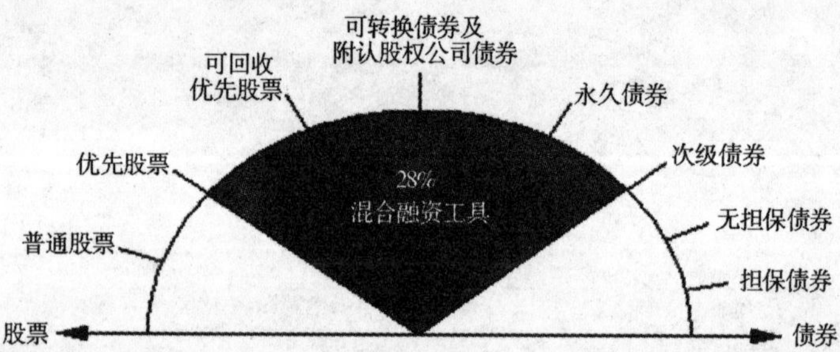

图1　附认股权证公司债券在主要融资工具中的位置与特性

混合型证券具有股票与债券的双重特性，其股性与债性的体现与相关的税收、监管、会计和法律规定有关。发行者可以根据自身的商业目标与融资要求设计不同的证券结构。对于发行公司而言，附认股权证公司债券或可转换公司债券的发行，具有降低公司债券利息、节省发行成本及易于销售等益处；就投资人来说，有获得固定利息及享有发行公司股票未来上涨获利的优点。附认股权证公司债券于20世纪60年代开始

* 本文定稿于2004年11月19日，原载于《证券市场导报》2005年第1期。课题组成员有：隆武华、吴莹、黄松琛、杨洪亮、方海跃。

为美国企业界所青睐，到了 80 年代，由日本公司发行的附认股权证公司债券风靡欧洲，为日本公司在海外融资发挥了重要作用，欧洲、亚洲各国企业纷纷效仿采用这一融资工具；90 年代日本泡沫经济的破灭，对附认股权证公司债券是一个很大的打击。根据目前最新动态，混合型证券在后起的各国证券市场中越来越多地被采用，最近四五年时间，由于网络股泡沫破灭引致全球股票市场震荡，以可转换公司债券为代表的混合型证券优势凸现，其市场规模及融资规模皆不断创出新的记录。混合型证券的另一个趋势是结构渐趋复杂，如“盯住”结构型（Stapled Structures）证券渐受注目。

一、美国附认股权证公司债券概况

（一）美国附认股权证公司债券的沿革

在美国，混合型证券的发行可以追溯到 19 世纪 80 年代，当时的铁路巨头 J. J Hill 认为普通债券成本太高，而股票市场又低估了他的工程价值，所以他创造了一种混合型的可交易证券。一直到 40 多年以后（即 20 世纪 20 年代），这种证券中的债券与股权部分才实现分离交易。

由于附认股权证公司债券不但具有股票和债券的双重性质，而且具有稳定股价、便于筹措大量资金、拥有较优惠的发行条件并可改善企业财务结构等优点，是企业用于募集长期资金、改善财务结构极为有利的工具，因此，20 世纪 60 年代附认股权证公司债券对于美国企业具有强大的吸引力，一般发行公司及投资人均热衷投入该金融商品。

美国一般发行公司债券平均存续期为 20 年左右，而同时发行的认股权证的期限平均约 5 ~ 7 年。这样在认股权期限过后，公司仍能继续享受较低利息的好处。

在美国，认股权证几乎都是连同债券或特别股发行，附认股权证公司债券就是相当于公司债券加上认股权。美国会计原则委员会在第十四号意见书中规定：“搭配认股权发行的公司债券，售价中属于认股权证价值部分的应列为资本公积，价值的分摊以发行时公司债券与认股权证两者的相对公平市价确定。如果认股权证不能脱离公司债券而单独行使，则其性质属于可转换公司债券，应依可转换公司债券的方式处理。”依照该意见书，美国对于附认股权证公司债券的发行，应采取“认股权及公司债券合在一起发行”（即出售给同一投资人），或“认股权及公司债券分开发行”（即可出售给不同投资人），交易时又区分为“认股权及公司债券合在一起挂牌交易”（即仅为一种挂牌商品）与“认股权及公司债券分开挂牌交易”（即分为两种挂牌商品，一为认股权，另一为公司债券）。

美国对于认股权方面的立法，仅规定公司于一定要件下得以发行附认股权证券，而未单独就附认股权证公司债券的发行予以立法规范。实践中美国附认股权证公司债券的发行与交易一般采用分离型方式，即发行时认股权及公司债券合在一起或分开出售，交易时分开，其中认股权证在集中市场挂牌交易，公司债券部分传统上不挂牌交易，投资人仅能依公司债券设定的条件，要求发行公司履行其约定义务。

（二）美国发行附认股权证公司债券现状

由于美国的选择权市场发展成熟，除专业机构外，一般散户投资人对选择权的投资策略也有相当的认识，包括股票选择权、指数选择权、期货选择权等，选择权已成为美国投资大众降低风险和扩大收益的工具。另外，发行公司因筹资工具众多且二级市场（含集中交易市场及OTC）流通性高，认股权已非主要吸引发行公司及投资人的工具，故市场上仅有少量的认股权仍在交易，并且成交量不大，因此，目前美国认股权市场已逐渐萎缩。

在美国纽交所目前交易的债券中，可转换公司债券占了16%，附认股权证公司债券的比例较小，除上述美国认股权市场不活跃的因素外，与其对两者的会计处理规定不同可能也有关。如前所述，附认股权证公司债券中的认股权与公司债券须分别定价，认股权价值部分列为资本公积，而可转换公司债券则不作这样的分割，结果就会增加附认股权证公司债券发行公司的利息支出，影响其每股收益。会计规定对发行人选择可转换公司债券或附认股权证公司债券的影响在20世纪90年代的日本有进一步的体现。此外，在美国，附认股权证公司债券的发行成本较可转换公司债券稍高，市场推广也较复杂。

美国的有关调查①表明，附认股权证公司债券的发行公司较可转换公司债券的发行公司小，并且私下配售的附认股权证公司债券数量是公开发行附认股权证债券数量的3倍。

二、日本发行附认股权证公司债券概况

（一）1981年商法修正沿革

1981年日本商法修正前，日本企业募集资金的方法以发行新股、普通公司债券及可转换公司债券三种为主，然而经济、金融界已无法满足于此种状态，希望引进附认股权证公司债券制度，以增加企业界募集资金方法，同时为投资人提供新的投资选择，配合证券市场国际化的进展。

由于日本贸易输出量大，当日元激烈升值时，外汇持有人要蒙受巨大的汇兑损失，为规避汇兑风险，负担外汇债务成为一种有效的方式。如果发行海外普通公司债券，则其利率偏高；若发行可转换公司债券，利率可以降低，但一旦行使转股导致债务减少，发行人无法达到规避汇兑风险的目的；相反，若发行附认股权证公司债券，不仅得以较低利率发行，投资人行使认股权后，公司债务不会减少，发行人可以继续负担外汇债务，这符合当时的金融环境需要。

1981年商法通过了发行附认股权证公司债券的规定，但由于投资人对附认股权证公司债券缺乏了解，日本证券业协会担心认股权成为投机对象，于是限制认股权与公司债券在国内市场分离流通，所以可分离交易的

① Michael S. Long and Stephan E. Sefcik, Participation Financing: *A Comparison of the Characteristics of Convertible Debt and Straight Bonds Issued in Conjunction with Warrants*, Financial management; Autumn 1990; 19, 3.

附认股权证公司债券的发行仅限于海外市场。自1981年后，日本公司在海外市场发行分离型附认股权证公司债券的规模急速扩展，相比之下，日本国内发行非分离型附认股权证公司债券却不理想，甚至日益萎缩。1985年，日本证券业协会为适应金融市场自由化、国际化的进展，下令解除了在国内发行分离型附认股权证公司债券的禁令。

（二）日本附认股权证公司债券的发行特点与规模

在20世纪80年代，日本企业最主要的资金来源于在海外发行的可转换公司债券（Convertible Bond，CB）和附认股权证公司债券（Bond with Warrants，WB），比其在国内市场发行债券和股票的总筹资额还多。所发行的附认股权证公司债券特征是：

1. 主要在欧洲市场，以美元标价发行。

2. 债券和权证发行后立即分离。

3. 权证通常以等价（at-the-money）发行，即行权价基本与股价现行价格相等。

4. 期限比可转换公司债券短，为5年左右。

5. 平均发行规模比可转换公司债券大（平均发行规模为273亿日元VS 123亿日元）。

6. 许多债券由银行担保（1984~1987年担保比例占77%，1988~1991年降到34%）。

7. 比发行可转换公司债券公司规模（按市值）大（平均公司市值为4 810亿日元VS 2 611亿日元），相对于国内发行的公司，海外发行公司资本规模相对较大（见表1）。①

① Jun-Koo Kang; Yong-Cheol Kim; Kyung-Joo Park; Rene M. Stulz, 1995, An Analysis of the Wealth Effects of Japanese Offshore Dollar-Denominated Convertible and Warrant Bond Issues, The Journal of Financial and Quantitative Analysis, Vol. 30, No. 2 Jun.

表1 日本企业在海外发行的可转换公司债券和附认股权证公司债券统计 (1977~1989年)

债券发行 / 年度	可转换公司债券发行				附认股权证公司债券发行			
	发行次数	平均规模（亿日元）	总规模（亿日元）	平均期限（年）	发行次数	平均规模（亿日元）	总规模（亿日元）	平均期限（年）
1977	5	59.2	296.0	15.0				
1978	1	102.6	102.6	15.0				
1979	6	105.2	631.2	14.0				
1980	4	78.0	311.9	13.8				
1981	20	97.4	1 947.6	14.7				
1982	8	93.9	751.0	14.9	2	115.4	230.7	5.0
1983	9	176.0	1 583.9	14.1	2	175.9	351.7	5.0
1984	15	151.7	2 275.1	12.9	16	127.5	2 040.5	5.7
1985	13	152.2	1 978.0	14.4	15	146.9	2 204.0	5.1
1986	0		0.0		42	152.7	6 412.1	5.3
1987	2	159.7	319.4	15.0	84	185.3	15 565.2	5.1
1988	0				103	210.4	21 675.3	4.7
1989	0				104	501.8	52 185.1	4.1
合计	83		10 196.5		368		100 664.6	

资料来源：Financial Times（不包含公用事业和金融公司）。

日本国内公司债券发行从1983年的38 000亿日元，增长到1987年的118 000亿元（Nippon Keizai Shimbun），WB比例从10%增加到45%，公司债券从40%下降到5%，而CB基本保持在50%左右。

对日本1982~1989年发行公司债券按行业统计表明：具备风险投资项目的高科技行业被认为是质量中等，更偏好CB和WB；传统行业，投资风险较小的公司被认为是高质量的，偏好SB（Straight Bond）；除金融行业外，各行业选择WB都高于CB，显示了WB的优势。

（三）日本股市泡沫破灭导致对WB的热情减弱

自1982年以来，由于逃脱了严格的国内管制，伦敦的日本认股权证市场发展迅速。到1989年，附日本公司债券发行的可分离认股权证在伦敦市场的流通性非常高，高峰时达到700多只，主要是以美元定价。同时也有一些是以其他欧洲货币定价，总市值达到330亿美元。

许多日本公司是在东京股市的黄金时期，为了降低融资成本，向海外投资者发行附权证公司债券的。投资者购买认股权证也是基于日本公司股票仍会不断上升这一信念，直到1990年日本股市开始崩盘之前，这种信念确实带来了丰厚的回报，通常是在发行后的1～2年，许多认股权证就赋予了投资者只以市价一部分购买股票的权利。然而，自1990年日本股市1年内大跌38%以来，日本经济泡沫破灭，股市步入漫漫熊市，认股权证对海外投资者再也没有任何吸引力，一些权证快到期时已变得一文不值。

三、附认股权证公司债券在其他国家的推广

认股权证最初出现在英国是在20世纪70年代，早期它一般是被作为“甜味剂”（Sweetener）来帮助公司实现融资计划的，通常附送的认股权证可以降低公司融资成本，如附认股权证公司债券可以降低债券的利率，这也是80年代日本附认股权证公司债券大量在欧洲发行的原因。在英国，早期的认股权证通常是与一些大公司的名字连在一起的，而现在认股权证的发行人则主要是小公司，而且是不依附于其他工具而发行的。

20世纪80年代德国的一些著名公司也纷纷发行附权证公司债券，在德国，那时的认股权证还不允许单独发行，只能与债券一起捆绑发行，但可分离交易。

中国香港最初在20世纪80年代发行的附认股权证公司债券，是由大型上市公司发行的，主要目的是筹集资金，公司发行债券时兼附认股权证，买入债券者毋须为认股权证付出代价，而债券票面利率因无偿附赠认股权证而得以降低，认股权证发行人均为发行公司本身。

20世纪90年代，备兑认股权证市场在由外资机构（银行或证券商等

投资机构）引入发行后迅速蓬勃发展，备兑认股权证主要由银行或证券商等投资机构为基金经理人及机构投资者量身订造，由机构投资者卖出其持有投资组合对应的股票认购选择权，降低投资组合风险，并获得一笔金额。另外，因投资者批评发行公司本身发行认股权证常会与发行公司经营阶层有利害冲突（因有较多内幕消息），故发行公司自行发行认股权证的情况逐渐减少，取而代之由银行或证券商等投资机构发行备兑认购权证，发行公司在集中市场发行附认股权证公司债券的意愿大大降低。

目前香港附认股权证公司债券主要是由交易双方签订契约，通过OTC 市场交易，而不是通过集中交易市场。发行公司如以发行附认股权证公司债券方式筹措资金，则由发行公司发行，通过银行或证券商等投资机构交易，发行、交易的方式与条件由双方签订契约加以约定。

四、附认股权证公司债券与可转换公司债券的比较与选择

附认股权证公司债券与可转换公司债券都是企业用于募集长期资金、改善财务结构的有利工具，但两者可能给发行公司带来不同的现金流，可转换公司债券一般可以通过修订转股价来促使投资人转股，附认股权证公司债券的债券部分则必须到期偿还。

美国20世纪70年代的有关研究表明：① 虽然理论上附认股权证公司债券比可转换公司债券具有更多优点，但企业选择发行附认股权证公司债券与可转换公司债券，除考虑现金流量、税务安排等自身因素外，更主要的是考虑资本市场对产品的偏好。

按照美国附认股权证公司债券与债券产品的一般结构来看，权证的期限是相应的债券期限的一半，是可转换公司债券期限的1/3。附权证公司

① Joseph Alan Lavely, 1971, Comparative Usage of Bond – Warrant and Convertible Bond Issues, The Journal of Finance, Vol. 26. No. 3, Jun.

债券中权证对应行使的股票数量是可转换公司债券对应行使的股票数量的65%，因此美国的附权证公司债券实质上卖的是债券，而非股票。

对于日本市场，总体上统计表明，20世纪80年代到90年代前期，附认股权证公司债券与可转换公司债券在日本市场发行规模基本相当，高峰时每年超过50 000亿日元。期间日本市场经历两大变化：1985年前，以CB为主，80年代后期，以WB为主；90年代前期，CB与WB基本相当，1994年后以CB为主。这些演变背后的深层原因与日本资本放松管制的进程及相关会计处理方法变化密切相关。

（一）放松管制及推出可分离型WB导致企业放弃CB，而选择WB

1985年后企业基本以发行WB为主，其主要原因在于WB更能适应当时的监管规则及更好地避税。首先，从1984年4月起，日本允许企业利用互换（Swaps）和其他对冲工具进行外汇套期保值，可分离的WB是很好的互换工具，而CB由于价格和数量都依赖于股价表现而难以应用。其次，从1985年12月起，日本允许企业在国内市场发行可分离型WB，活跃了WB市场，从而极大地增加了WB的优势。

（二）修改附认股权证公司债券会计处理，引发日本企业转向发行可转换债券

1994年后，日本企业以发行CB为主，其主要原因在于日本注册会计师协会（JICPA）修改WB的会计处理，规定自1994年起，WB中权证部分应单独计入资本金，从而导致减少净收益（增加确认债券利息支出，相应减少所得税），而相应的CB中可转换权证则不必单独计算。修改后的规则基本与美国APB Opinion 14（1969）[①] 相似，FSB4（1993）[②] 也规定不允许将CB分离核算（英国规则也一样），但国际会计准则IAS32

---

① Accounting Principles Board, 1969, Opinion No. 14, Accounting for Convertible Debt and Debt Issued with Stock Purchase Warrants.

② Accounting Principles Board, 1993, Financial Reporting Standard 4, Capital Instruments.

(1996 年生效)[①] 则规定不论 CB 或 WB 都应分别确认债权和股权融资的成分。

该规定导致日本公司发行 WB 数量急剧减少，改为发行 CB。从 1993 年发行 WB 次数 188 起减少到 1994 年仅 36 起，筹资额从 21 110 亿日元减到 2 500 亿日元，同期，CB 发行从 193 起增加到 194 起，筹资额也从 26 070亿日元增加到 28 980 亿日元（见图 2）。[②]

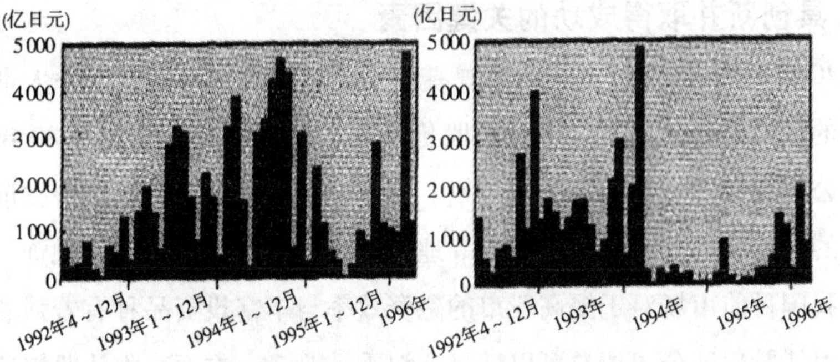

图 2　日本可转换公司债券（左）与附认股权证公司债券（右）月度发行额

该规定还导致日本公司先发行 CB，再在欧洲市场分拆为债券和备兑权证。由于 WB 发行量减少，导致欧洲市场上日本权证需求得不到满足，日本券商就把 CB 分拆，从而发行备兑权证。具体做法是：CB 的主承销商设立一家特别目的公司（SPC），该 SPC 将全部包销 CB 并将其重新包装成 WB，然后再销售给投资者；但投资者行权认购股票时，SPC 向发行公司行使转换权，收到股票交付给投资者，同时，投资者缴付的认股款先由 SPC 保留，用于到期偿付发行在外的债券；如果投资者未行权，则 SPC 将从发行公司获取 CB 的债券本息，再转交给投资者。

---

① International Accounting Standards Committee, 1995. International Accounting Standards 32, Financial Instruments: Disclosure and Presentation.

② Bond Review No. 464 (1995), The Bond Underwriters Association of Japan.

五、结论与启示

附认股权证公司债券在各国的发展与演变，对我国目前的股市有如下启示：

（一）市场需求（即来自投融资双边的强烈需求）是促成融资工具创新并取得成功的关键因素

20世纪80年代日本企业为规避日元汇兑风险，满足在海外大量发行债券的现实需要，以及日本公司股价表现强劲的状况，是促成80年代附权证公司债券发行高潮的决定力量。日本公司在欧洲发行附认股权证公司债券的成功又引发了欧洲、亚洲等地区公司纷纷效仿采用这一融资工具。

我国目前市场对于提高股市的融资效率与丰富投资品种有着强烈的要求，附认股权证公司债券可以满足这双重需要。一方面，附认股权证公司债券的还本付息要求对发行公司形成刚性约束，有利于提高募集资金的使用效率；另一方面，认股权证与公司债券的分离交易可以丰富交易品种，满足不同风险偏好人士的需求。

（二）附认股权证公司债券可以发挥对可转换公司债券的改良作用

虽然同为股票联系债券类型的投融资工具，但不同的产品结构设计可以导致两者债性与股性的重心不同。目前我国市面上的可转换公司债券已演变为股权融资的变通手段，而附认股权证公司债券可以体现更多的债券特征，使其实质上就是卖债券而非股票。加了"甜味剂"的附认股权证公司债券可以降低公司债券利率，减少公司发行成本，增加对发行公司的吸引力，从而推动我国公司债券市场的发育与发展，同时扩展融资工具的选择范围。

（三）推出附认股权证公司债券可以为引入权证产品提供绝好的切入口

权证产品已经成为全球各国股市的主要交易品种之一，尤其是在我国期权市场还未起步的情况下，发展权证产品具有异曲同工的作用，权证产品的交易结算相对简单易行，与股票的交易结算类似。此外，权证产品对于散户的吸引力将决定其在我国股市未来的巨大发展空间。

20 世纪七八十年代各国引入权证产品时也是捆绑在其他融资工具上的，这可为我们提供直接的借鉴。

（四）附认股权证公司债券可以发挥对优质上市公司的倾斜作用

只有现金流稳定、未来有还本付息能力的公司才能发行附认股权证公司债券，发行公司可以此方式代替银行贷款，从而优化财务结构，降低营运资金成本，同时减轻股票稀释带来的压力，有利于提高每股盈利水平。认股权证还可以带动本股的交投，提高蓝筹股的活跃程度。

（五）有关会计、税收、监管规定可以影响不同融资工具的会计处理项目

发行公司的应纳税额、每股收益与资本公积等，会影响发行人乃至投资者的选择。监管部门在制定具体投融资工具的管理办法时，需要统筹考虑有关会计、税收规定对融资方与投资者的行为影响。

附认股权证公司债券：产品创新切入点*

附认股权证公司债券来自英文 Bond with attached warrant 或 equity warrant bonds（简称 WBs）的翻译，在日本和我国香港、台湾地区被译为附认股权证公司债券。它是指上市公司在发行公司债券的同时附有认股权证，是公司债券加上认股权证的组合产品。它与可转换公司债券同属于混合融资工具，所不同的是，附认股权证公司债券在捆绑发行后可以实行分离交易，成为认股权证和公司债券两种产品，单独在流通市场上自由买卖。

海外的经验表明，认股权证已经成为仅次于股票和债券的第三种最常见的交易品种。截至 2003 年底，国际证券交易所联合会（WFE）的 54 个正式会员交易所中，已有 42 个交易所推出了认股权证。作为认股权证的一个分支，附认股权证公司债券是西方成熟市场一个比较成熟的品种。20 世纪 60 年代，附认股权证公司债券开始为美国企业界所青睐。到了 80 年代，由日本公司发行的附认股权证公司债券风靡欧洲，为日本公司在海外融资发挥了重要作用。接着，欧洲、亚洲各国企业纷纷效仿采用这一融资工具。90 年代日本泡沫经济的破灭，正股价的暴跌使认股权证失去价值，附认股权证公司债券的发展趋于缓慢。根据目前最新动态，包括附认股权证公司债券在内的混合融资工具依然是成熟市场一个可供选择的投融资品种，一些新兴证券市场更是越来越多地采用。

附认股权证公司债券作为一种产品创新，具有以下特点：

第一，附认股权证公司债券是一种债权和股权混合的融资工具，具有降低公司债券利息、易于销售等优点，可以减少发行人融资成本，满足发

* 本文是《证券市场导报》2004 年第 11 期“编者絮语”。目前，这个产品在我国已经得到广泛运用。

行人多元化融资需求，完善资本结构。

第二，附认股权证公司债券具有分期融资的特点，可以最大限度地减少上市公司高管人员过度投资的机会，完善高管人员的约束和激励机制，体现市场化、有序化的再融资政策目标。

第三，附认股权证公司债券是一种结构型产品，结合了固定收益证券及衍生产品的特性，固定收益有更高的价值保护，杠杆效应能为投资者提供全新的风险管理和套期保值的工具，与期货、期权相比，其交易结算简单，杠杆比率适中，具有止损下限的特点，可以满足投资者多元化投资需求。

第四，附认股权证公司债券分离上市后，为市场提供公司债券和认股权证两类新产品，可以弥补现有资本市场产品单一的缺陷，为规范的债券市场发展奠定基础，为平稳捆绑推出股本权证做准备，更为将来引入衍生权证市场积累经验。

当前，开发与设计我国认股权证产品已经是时不我待。“国九条”要求积极稳妥发展公司债券市场，研究开发与股票和债券相关的新品种及其衍生产品，加大风险较低的固定收益类证券产品的开发力度，为投资者提供储蓄替代型证券投资品种。在可转换公司债券产品的基础上，引入附认股权证公司债券，遵照的是循序渐进的产品开发思路，没有法律障碍，风险相对较小，将为发展公司债券市场、权证等结构型产品市场及衍生产品市场打下基础。因此，附认股权证公司债券不失为目前资本市场产品创新合适的切入点。

创新的洪流*

“营造鼓励人们干事业、支持人们干成事业的社会氛围，放手让一切劳动、知识、技术、管理和资本的活力竞相迸发，让一切创造社会财富的源泉充分涌流。”创新的号角由此吹响，创新作为一个重大而现实的命题，尖锐地摆在我们面前。只有积极进取的探索者，才能在市场竞争的大潮中掌握主动；那些因循守旧、故步自封的守望者，则会面临被淘汰的风险。

古往今来，创新被赋予许多内涵。创新是一种思维方式，创新思维是人类所独具的，是非常重要的智力品质，人类所具有的一切，都是创新思维物化的结果；创新是一个实践过程，能力或潜力人人具有，绝非少数天才人物的专利，只要勇于和善于实践，就会认识创新、学会创新、投身创新和实现创新；创新更是成功的秘诀，火的发现、文字的创造、计算机的诞生、互联网的联通，无一不是创新的丰硕成果。

刚刚过去的一年，是中国证券市场改革、创新取得重大进展的一年。得益于“国九条”把大力发展资本市场提升到国家战略高度，证券市场创新政策日益明确，创新氛围逐渐形成，创新积极性初步显现，制度建设得以有序展开，产品创新取得一些突破。中小企业板块的设立、保荐制度的出台、新股发行询价制度的推出、分类表决机制和网络投票的实施、8家创新券商的面世，以及LOF和ETF产品的相继出现，已经和正在为我国证券市场注入新的血液，增添新的动力，发挥新的作用。

当前，我国资本市场正处在关键时期，面临难得的发展机遇。全面建设小康社会、努力构建和谐社会、全面完善市场经济体制、全力推进各种

---

* 本文是《证券市场导报》2005年第1期“编者絮语”。

改革，需要充分发挥资本市场的功能和作用，对资本市场的改革开放与稳定发展寄予厚望。同时，中国证券市场内部正面临着一场深刻的变革，历史遗留问题需要妥善解决，深层次矛盾和系统性风险需要逐步化解，基础设施需要进一步健全，投资者权益的保护需要落到实处。另外，随着WTO缓冲期的结束，证券业将进一步对外开放，全方位的外来竞争已迫在眉睫，证券公司等市场主体的经营环境日趋严峻，挑战与机遇并存。在这种局面下，中国证券市场要突破内部制约、应对外部竞争、更好地服务和服从于国民经济全局，唯有创新，别无他途。

创新，是资本市场发展之魂；率先，是资本市场奋进之气；引领，是资本市场超越之神。当然，我们应当看到，创新是一项长期、持续的工作，是一条充满艰辛的希望之路。对此，既要有敢于跨越雷池、打破陈规的勇气，更要开启思想的闸门，凝聚创新的智慧。从大处着眼，恪守"多赢"、"特色"和"策略"，是创新必须遵循的原则。从小处着手，为创新预留法律空间，进一步提高创新审批的效率，充分发挥交易所市场组织者的作用，尊重市场创新主体的首创精神等，应是题中之意。

最是一年春好处，又是一年芳草绿。在这辞旧迎新的欢快时刻，《证券市场导报》创刊满14周年，迎来了第150期。在此，对长期以来关心、理解、支持、爱护本刊的读者、作者和新闻界的同仁与朋友，我们致以衷心的感谢和新春的祝福。一位哲人说得好："人的天职在于探索。"让我们放飞创造性思维的风筝，大胆探索，共同吹响中国证券市场创新的号角，共同迎接证券市场的明天，投身于创新的洪流中！

海外证券交易所主要创新与发展*

创新是证券市场的生命。近年来，海外证券交易所创新业务不断。从整体上看，发达市场更多着眼于监管创新和市场整合，新兴市场更多地推出创新产品，以丰富市场交易品种。我们根据收集的材料，将这些创新归纳整理为八个方面，供参考。

一、全球创业板市场的复苏

经过20世纪初新经济泡沫破裂的洗礼，近来全球创业板市场正逐步走向复苏。北美，纳斯达克综合指数从2003年的1300点回升到现在的2200点，纳斯达克市场的融资功能进一步恢复，融资额从2002年的38亿美元增加到2004年的150亿美元；亚洲，韩国科斯达克市场股价逐步攀升，日本三大创业板市场对中小企业的争夺战正在升温；欧洲，伦敦AIM市场经过10年发展，规模不断壮大，最近设立的泛欧交易所Alternext引人瞩目（见表1）。

表1　英国、日本和韩国创业板市场的复苏　（单位：家）

创业板市场＼家数	2005年7月			2004年			2003年		
	公司总数	新增数量	退市数量	公司总数	新增数量	退市数量	公司总数	新增数量	退市数量
英国AIM市场	1 240	277	58	1 021	355	88	754	162	112
韩国科斯达克市场	891	36	32	887	54	39	874	75	29
日本东京母亲市场	131	12	4	123	57	1	72	33	1
日本大阪大力神市场	121	19	8	110	18	11	103	11	9
日本佳斯达克市场	945	38	37	944	7	6	943	13	9

* 本文定稿于2005年8月1日。

为完善中小企业服务体系，泛欧交易所实行了“三部曲”：一是建立中小企业指数，提升中小企业的“能见度”；二是建立“中小企业专家”制度，加大对中小企业的研究与推广，增强其流动性；三是设立 Alternext，以更加灵活的条件为中小企业提供融资服务。自 2005 年 5 月 17 日第一只股票挂牌以来，截至 7 月底，Alternext 挂牌公司达 11 家，总市值达 5 亿多欧元。

二、证券交易所的整合与重组日渐活跃

为减少经营成本，增强综合竞争力，市场整合及跨国收购浪潮方兴未艾。

（一）伦敦证券交易所成为抢购对象

自 1998 年以来，围绕伦敦证券交易所（LSE）的股权之争从未平息。首先发起攻势的是德意志交易所，在一番轰轰烈烈的较量后，收购伦敦交易所并组建国际交易所 IX 的计划宣告搁浅；随后，北欧证券交易所集团 OM 竞标失败；2004 年底，欧洲大陆两大交易所——德意志交易所和泛欧交易所又展开角逐，在前者的收购方案被 LSE 董事会否决后，2004 年 11 月，泛欧交易所公开了收购伦敦证券交易所的初步提案。2005 年 3 月，德意志交易所宣布撤回报价，5 月，德意志交易所 CEO 因此事辞职。目前，英国公平竞争委员会（OFT）正在对这一收购案进行调查。

（二）韩国三大交易所合并

2005 年初，韩国实现了主板、创业板及期货市场的整合，建立了新的交易所集团——韩国交易所，总部设于釜山。目前新交易所运行平稳，并寻求适当时机上市。

（三）纽约交易所和纳斯达克对外收购电子交易系统

近年来，电子交易系统（ECNs）以其自身优势吸引了大量交易，占有越来越多的市场份额。2005 年 4 月，纽约交易所宣布了与美国最大的电子交易所——群岛交易所的合并意向，并计划进行股份化。纳斯达克也欲收购另一电子交易所 INSTINET。

（四）日本佳斯达克升格为证券交易所

长期以来，佳斯达克市场被看作是东京证券交易所的“准市场”。1998 年，日本完成对《证券交易法》的修订，强化佳斯达克市场的法律地位，把佳斯达克市场重新定位为集中交易市场。到 2004 年，佳斯达克市场获准成为证券交易所。截至 2005 年 6 月底，上市公司达 945 家，市价总值为 1 220 亿美元。

三、交易所交易基金（ETF）发展迅速

自 1993 年美国证券交易所推出第一只 ETF 以来，ETF 成为全球发展最快的金融产品之一。截至 2005 年 3 月，全球共有 362 只 ETF 产品，资产总值从 1993 年的 8 亿美元猛增到 3 148 亿美元，11 年间增长了 393 倍。目前美国占 ETF 资产规模的 70% 左右。亚洲的发展也很快，日本、韩国、新加坡和我国的香港、台湾地区都推出了 ETF 产品。

除股指 ETF 外，其他资产的 ETF 不断涌现。2003 年伦敦交易所首次推出黄金 ETF 交易，2005 年 7 月 28 日全球第一个原油期货合约 ETF 在伦敦交易所开始交易。从 2005 年初至 3 月底短短 3 个月内，全球 ETF 平均日成交量大幅增加 31. 5%，达到 165 亿美元（4. 535 亿股），成长居于前 3 名的分别是南非、澳大利亚和欧洲（全部市场）。在 2005 年 3 月这 1 个月内，就有 14 只新 ETF 在全球范围内发行（见表 2）。

表 2　　全球主要地区 ETF 成长状况

规模排名	国家和地区	挂牌数（只）	资产规模（亿美元）（2005 年 2 月）	资产规模（亿美元）（2005 年 3 月）	市场占有率（%）（2005 年 3 月）	2005 年 3 月的成长金额（亿美元）	2005 年 3 月的成长率（%）
1	美国	164	2 284. 0	2 311. 7	73. 40	27. 7	1. 2
2	欧洲	122	368. 7	369. 4	11. 73	0. 7	0. 2
3	日本	15	287. 8	264. 8	8. 41	-23. 0	-8. 0

续表

规模排名	国家和地区	挂牌数（只）	资产规模（亿美元）（2005 年 2月）	资产规模（亿美元）（2005 年 3 月）	市场占有率 （%）（2005 年 3 月）	2005 年 3 月的成长金额（亿美元）	2005 年 3 月的成长率（%）
4	加拿大	16	74.2	74.4	2.36	0.2	0.3
5	中国香港	5	49.5	62.0	1.97	12.5	25.3
6	以色列	12	18.8	18.2	0.58	-0.6	-3.2
7	中国台湾	1	13.7	12.6	0.40	-1.1	-8.0
8	南非	5	12.7	11.7	0.37	-1.0	-7.9
9	中国	1	5.6	5.4	0.17	-0.2	-3.6
10	韩国	4	5.2	5.2	0.17	0.0	0.0
11	澳洲	4	6.5	4.8	0.15	-1.7	-26.2
12	新西兰	6	4.9	4.7	0.15	-0.2	-4.1
13	新加坡	1	3.0	3.0	0.10	0.0	0.0
14	印度	6	1.4	1.4	0.04	0.0	0.0
合 计		362	3 136.0	3 149.3	100.00	13.3	0.4

资料来源：Morgan Stanley，《全球 ETF2005 年 3 月底报告》。

四、监管与服务创新不断涌现

为促进上市公司规范运作，向投资者提供更为充分的上市公司信息以及更先进和便利的证券交易技术系统，各交易所不断进行业务创新。

（一）信息披露监管等制度创新

日本各证券交易所要求上市公司履行披露非上市母公司信息的义务，并要求上市公司董事长签署“信息披露宣誓书”，以进一步扩大上市公司的透明度，提高信息披露的可信度；新加坡修改上市规则和程序，加强公司治理力度，强化中介机构的作用。

（二）引进更加先进和宽广的交易平台，方便投资者入场交易

2005 年上半年，纽约证券交易所和纳斯达克市场先后宣布拟分别收

购 Archipelago 和 INETECN，为投资者提供最具优势的交易技术平台；同时，纳斯达克市场获准向客户提供 Brut 路由器，在纳斯达克市场买卖纽约证券交易所的上市股票。

此外，Euronext Liffe 购买了 Cscreen 公司，为客户提供从交易前价格发现到交易后登记与管理的直通式处理程序服务。同时，Euronext Liffe 还与芝加哥期货交易所联手在新加坡共同设立电信网络中心，使亚洲客户能在当地直接进入他们的市场。

（三）强化与投资者的关系，特别是加大对中小型上市公司的宣传力度

纽约证券交易所多次举办“全球投资大会”，召集市值低于 30 亿美元的境外上市公司与投资者、分析人士座谈交流；纳斯达克市场走出国门，赴英国伦敦举办上市公司推介会，召集上市公司高管人员向机构投资者和市场分析人士介绍公司情况并作交流。

与此同时，西班牙交易所启动“中小盘股项目”（Mid & Small Caps project），拟推出两个相应的指数，加强研究和分析，帮助中小型上市公司提高企业传播水平和透明度，改善投资者关系，提高中小盘股的流动性。

五、权证市场迅速崛起

在海外市场，权证交易规模庞大，发展迅猛。2004 年，全球权证交易总额超过 1 900 亿美元，比 2003 年上升了 50% 以上。根据世界交易所联合会的抽样调查，其会员交易所中已有近 90% 推出了权证交易。权证成为仅次于股票和债券的交易所第三大品种。

近年来，以中国香港和台湾为代表的亚洲权证市场发展迅猛。2004 年香港一举超过德国，以 673 亿美元的总成交金额跃居全球权证交易老大，2005 年第一季度发行规模和交易金额同比增长 50%，进一步巩固了权证市场的龙头地位。而台湾在推出权证仅 7 年的时间内进入全球权证交易前

5名。与此同时，澳大利亚的权证市场在稳步发展多年之后，再次呈现出加速发展的态势。

六、交易所积极抢夺债券市场份额

近年来，世界各国交易所债券交易市场迅猛发展，势头超过股票市场。从发展情况看，无论是上市债券数量，还是市值和交易量，欧洲发达国家仍然处于领先地位。在亚洲，除日本以外，韩国表现抢眼，上市债券数量居全球第3名。从任何意义上讲，我国都存在很大差距（见表3、表4、表5）。

表3　全球上市债券数量前4名及上交所情况　（单位：只）

债券数量 / 交易所	2004年		2003年	
	债券总数	新增数量	债券总数	新增数量
卢森堡交易所	24 292	6 936	21 284	6 158
伦敦交易所	10 243	2 430	9 763	2 147
韩国交易所	8 740	3 545	8 975	3 576
德国交易所	8 240	NA	7 000	NA
上交所	53	14	40	15

表4　全球上市债券市值前4名及上交所情况

债券市值 / 交易所	2004年		2003年	
	市值（百万美元）	年增长（%）	市值（百万美元）	年增长（%）
卢森堡交易所	7 090 745	17.3	6 044 037	23.7
大阪交易所	5 152 626	15.5	4 462 898	21.8
东京交易所	5 018 865	16.2	4 318 530	27.6
伦敦交易所	2 532 244	8.1	2 341 720	46.3
上交所	101 270	69.2	59 865	36.1

表 5　全球上市债券交易金额前 4 名及上交所情况

交易所＼债券交易金额	2004 年				2003 年			
	债券交易总额（百万美元）	股票交易总额（百万美元）	交易比重（%）	债券交易年增长率（%）	债券交易总额（百万美元）	股票交易总额（百万美元）	交易比重（%）	债券交易年增长率（%）
西班牙交易所	3 553 064	1 203 360	74.7	15.7	3 070 887	933 060	76.7	NA
伦敦交易所	2 793 040	5 169 024	35.1	28.4	2 175 751	3 609 718	37.6	29.8
斯德哥尔摩交易所	1 540 924	462 501	76.9	23.8	1 245 020	305 267	80.3	24.8
哥本哈根交易所	1 181 879	106 058	91.8	12.3	1 052 359	67 959	93.9	39.8
上交所	36 939	322 829	10.3	-47.4	70 272	255 965	21.5	-9.6

1997 年金融危机之后，东亚各经济体普遍大力发展债券市场。2003 年东亚及太平洋中央银行行长会议组织（EMEAP）宣布成立了亚洲债券基金，目前已经推出两期。初期规模为 10 亿美元，投资于主要亚洲经济体系发行的一揽子美元债券。2005 年 5 月的第 2 期为 20 亿美元，由泛亚债券指数基金与 8 只单一市场指数基金组成。

七、资产证券化规则日益完善

在美国，资产证券化市场上占主导地位的房地产贷款支持证券（MBS），最近 3 年的市场成长率接近 100%，MBS 市场已成为仅次于联邦债券市场的第 2 大市场。在欧洲，1986 年和 1987 年两年发行的资产支持证券（ABS）总量仅为 17 亿美元，到 2002 年达到 679 亿欧元。在亚洲地区，资产证券化于 1995 年兴起，之后在中国香港、日本、韩国等地区迅速发展。据标准普尔最近估计，今后几年内该地区的市场潜力将以 25% 的速度增长。

最近几年，各国（地区）加强了对资产证券化的立法。在美国，美国证监会于 2005 年 1 月公布了资产证券化规则，2006 年起全面实行，是监管金融资产证券化的整套规则；在日本，1998年制定了《特定目的公司法》，2000年，将《证券投资法人及证券投资信托法》修订为《投资法人及投资信托法》，将《特定目的公司法》修正为《资产流动化法》；在我国台湾，2002年6月通过《金融资产证券化条例》，2003年7月通过《台湾不动产证券化条例》；在韩国，按照日本经验，1998年引入《ABS法》，并于2001年进行了修订，1999年4月通过MBS法，9月设立韩国抵押公司；在我国香港，2003年通过《房地产投资信托基金守则》；在新加坡，作为亚洲第二大房地产信托基金（REITs）市场，新加坡共有5只REITs在新加坡交易所挂牌，总市值约95亿新元。

八、韩国期货与期权交易量跃居全球前列

近年来交易所的股票期货和期权市场得到快速发展，2003年全球期货与期权交易量为81亿手，其中期权51亿手，增长率为32%。2004年全球金融衍生产品交易量继续上升，其主要原因是期权成交量大幅增加，股票期权总成交量增加28%。最近几年，交易所期货和期权交易的格局不断发生变化。长期以来美国芝加哥期货交易所（CBOT）和商品交易所（CME）一直占主导地位；1998年德国期货交易所与瑞士期货与期权交易所整合成欧洲期货交易所（Eurex），交易规模超过美国；2000年以后，韩国交易所的衍生品交易异军突起，从交易量看，已经成为全球最大的期货和期权市场（见表6）。根据2004年7月的统计，按交易量排名的前五大期货和期权交易所分别是：韩国交易所、欧洲期货交易所、泛欧交易所（Euronext. liffe）、芝加哥商品交易所和芝加哥期货交易所。

表6　韩国期货交易所最近的发展

年　份	1999	2000	2001	2002	2003	2004
总交易量（万手）	100.68	297.67	1 146.9	1 462.53	1 294.61	218 831.1
增长率（%）		195.66	285.29	27.52	-11.48	16 803.19

续表

年　份	1999	2000	2001	2002	2003	2004
日均交易量（万手）	0.40	1.24	4.66	5.99	5.24	1 067.47
增长率（%）		210	275.81	28.54	-12.52	19 870.80

注：2004 年是 1～10 月的统计。2005 年初，韩国实现了主板、创业板及期货市场的整合，建立了新的交易所集团——韩国交易所。

韩国证券交易所于 1998 年 7 月股指期权上市交易，2002 年 1 月推出个股期权产品。韩国股票交易所目前拥有世界上最为活跃的期权交易市场。自 1997 年以来，韩国 KOSPI 200 期权合约成交量一直高速增长，自 2000 年开始成交量已占全球交易所股指期权成交量的 50% 以上。根据期货行业协会统计的 2004 年交易量排名，韩国从 2002 年的第 28 名跃升为全球第一大期货与期权交易所。

衍生产品渐行渐近*

20世纪70年代以来，权证、股票期货和期权、股指期货和期权、国债期货和期权等衍生产品，逐步成为成熟市场产品线的重要一环。在中国证券市场上，衍生产品仍是一个空白，产品线出现了断层，这在全球规模前20名的证券市场中绝无仅有。

断层只是一个客观现象，是否填补断层，却是一个多方利弊权衡和时机选择的重大问题，引进衍生产品的必要性和风险的可控性是重中之重。20世纪90年代后期以来，证券理论与实务界围绕上述问题的讨论不断升温，成了证券市场跨世纪的热门话题。

2000年以来，伴随着市场的持续调整，产品结构单一的负面影响日益暴露，市场期待着衍生产品发挥“内在稳定器”的功能，企业和投资者期待着多元化的投融资渠道。在人们对衍生产品特性认识不断深化、证券市场的风险控制与承受能力显著增强的大背景下，我国发展衍生产品的时机已趋于成熟。

2004年1月，国务院发布《关于推进资本市场改革开放和稳定发展的若干意见》，明确提出要“研究开发与股票和债券相关的新品种及其衍生产品”，吹响了证券市场衍生产品开发的号角。紧接着，股权分置改革的启动及顺利推进，又为证券衍生产品开发扫平了道路。据此，市场参与主体开始了紧锣密鼓的准备工作，并将产品结构相对简单、风险控制相对容易、产品功能相对明确的权证和股指期货作为研发重点。

7月18日，在股权分置改革铿锵的对价声中，经中国证监会批准，深沪证券交易所分别发布了《权证管理暂行办法》，阔别证券市场10年

* 本文是《证券市场导报》2005年第9期“编者絮语”。

的权证产品将重现中国证券市场。宝钢权证的上市，打开了权证类产品创新的大门，也正式拉开了中国证券市场衍生产品创新的大幕。

作为证券市场衍生产品开发的重头戏，股指期货在国内受到的关注程度，与其在证券市场产品线中的地位是相称的。2004 年以来，文莱交易所、芝加哥期权交易所、新加坡交易所等一些境外交易所，开始筹划或正式推出中国指数期货交易，这加速了国内股指期货产品的开发步伐，也增强了我们的紧迫感。毕竟，如此重要的产品如果在境外形成气候，其负面影响在未来是难以消除的。20 世纪 70 年代，新加坡交易所率先推出日经指数期货交易并形成气候，后来日本国内推出了同样的指数产品，但市场发展所形成的路径依赖，使日经指数交易的主场仍然在新加坡而不是日本国内。时至今日，日本的机构投资者仍需倚重新加坡日经指数完成其投资组合构造，因为这里能提供他们所需要的流动性。

国家五部委《关于上市公司股权分置改革的指导意见》再一次强调，要“研究开发指数衍生产品”。发展股指期货的政策面因素已经明朗，剩余的仅仅是交易场所选择、推出时机、产品设计、技术实现及风险控制等问题了。这当中，最引人注目的就是交易场所选择。海外 30 余年股指期货产品的发展进程表明，由证券交易所、专门的金融期货交易所、商品期货交易所组织股指期货交易都有成功案例。其中，由证券交易所组织股指期货交易具有金融期货交易所和商品期货交易所无法比拟的先天优势，已经成为主流趋势。更何况，在全球商品定价权的激烈争夺中，作为日益成为经济大国的中国需要增强话语权，这应该成为我国商品期货交易所的主攻方向。

新的机遇，新的挑战。立法者如何完善衍生产品交易的法律法规体系？市场监管者如何以法制、机制和体制为保障，使风险可控、可测、可承受？投资者如何适应一个将被衍生产品改变了风险结构和投资策略选择空间的证券市场？所有这些，需要勇气，更需要智慧。让我们共同遵守“务实、多赢、特色、策略、安全”的创新原则，创造一个规范、健康、活跃的衍生产品市场。

理顺产品创新思路，实现互利多赢*

创新是深交所之魂，产品创新是深交所生存之本。随着股权分置问题的解决，我国资本市场有望迎来产品创新的高潮。应抓住这一重大发展机遇，紧密结合中小企业板建设的实践，以市场需求为导向，抓主流产品，重风险控制，突出创新特色，有序推进产品创新工作。

一、海外交易所的产品结构和收入构成

证券交易所交易的产品大致可以分为：基础、衍生、合成及结构四种特性的金融产品。各国证券交易所均以产品多样化为战略重点，不断拓展自身产品线的深度和广度。泛欧交易所、德国交易所、中国香港交易所、韩国交易所等证券交易所通过境内外的市场整合，拥有了完善的产品系列，其产品线覆盖了目前已有的几乎所有证券类产品，真正形成了在“一个屋檐下”买卖所有产品的目标。

基础类产品一般是传统的企业融资工具，包括股票、债券等。衍生产品一般是交易所推出的标准化合约，如期货、期权及互换等。合成类产品则将不同市场的两种金融工具合成为另一种商品，其转换重点在现金流量的重组。股票与债券合成的可转换公司债券、股票与期权合成的认股权证、指数与开放式基金合成的 ETF 等都属于这一类。结构性产品种类较多，多建立在其他产品的基础上经过设计而成，往往在计息、计值以及现金流量等结构上改变，如到期还本付息金额盯住某一特定的股票或股价指数的股价连动债券。从海外产品市场发展的实际情况看，以下 5 个产品格外引人注目：交易所交易基金（ETF）发展迅速、权证产品成为交易所第

---

* 本文完稿于 2005 年 12 月 10 日。

三大交易品种、交易所积极抢夺债券市场份额、资产证券化市场不断拓展、期货与期权交易量突飞猛进。

二、产品创新的基本思路

根据"务实、多赢、特色、策略、安全"的创新原则，借鉴海内外市场经验，我们认为，产品创新应紧密结合深交所的战略定位和市场需求，突出以下几个特点：

（一）以交易所主流产品为重点，重视流动性好、影响广泛的金融产品

"流动性是交易所的一切"。产品的核心在于满足市场需求，交易所产品的关键在于交易量，交易活跃程度决定了一个产品的成功与否，也决定了这个产品在交易所和资本市场中的地位。海内外的经验表明，不同产品由于其产品特性、交易对象等方面的原因，市场流动性和影响力存在一定差别。在金融衍生品方面，股权类衍生产品是国际衍生产品的绝对主体，2004 年股指和个股衍生产品占全部衍生产品的 65%。在基金产品方面，ETF 已经成为最近几年全球发展最快的基金产品，11 年间增长了近 400 倍。这些主流产品以其优越的产品内在特性和巨大的交易量，不仅极大满足了市场参与各方的需求，也给交易所带来了巨大收益，扩大了交易所的影响力，促进了交易所的整体发展。如美国证券交易所就是因为引入 ETF 这一新产品而避免了倒闭的命运，重新焕发了生机。韩国、印度等新兴市场也因为股指衍生产品的推出促进了交易所的跨越式发展。

（二）高度重视和积极筹备金融衍生产品

在过去 30 年中，衍生产品交易在全球范围内得到迅速增长，为证券交易所开发衍生产品提供了巨大的市场前景。与现货市场的交易相比，衍生性产品交易的增长更为迅速。基于衍生产品市场的巨大增长势头，各证券交易所和期货交易所之间在开发衍生产品市场领域的竞争更为激烈。目前，金融衍生产品已经成为交易所最重要的产品之一，也是交易所收入的

主要来源之一。泛欧交易所在 2002～2004 年的 3 年中，金融衍生产品收入占总收入的比例分别是 29.21%、34.65%和 35.81%，其重要性可见一斑。而且，交易所发展金融衍生产品将极大扩展交易所的影响力和市场辐射力，促进交易所其他事业的发展。如韩国金融衍生产品因为其股指期货和股指期权的巨大交易量而极大提升了在全球证券市场中的影响力，其发展历史表明，新兴市场完全可以发展好衍生产品市场，并且增长速度惊人，远远超过股票市场的发展速度。

（三）充分发挥中小企业板特色，紧密围绕中小企业板设计新产品

建设以中小企业板为核心的多层次资本市场，是深交所的战略定位和历史使命。中小企业板从诞生之日起，就承载了大量制度创新、监管创新和产品创新的使命，并且已取得了不错的效果。中小企业板上市公司可率先解决股权分置问题，也为中小企业板产品创新打下了良好的基础。正在研究的创新方案包括中小企业板公司 IPO 和增发时，可附带权证进行发行；适时编制中小企业板指数并开发基于中小企业板指数的 ETF、股指期货和期权等。如果我们能将未来的中小企业板成分股指数打造成如纳斯达克市场 100 指数那样，深交所完全能在指数产品中占有重要地位。

（四）充分结合深港合作，积极研究推出跨市场产品

在产品创新上，也要充分发挥深圳毗邻香港的地域优势，充分吸收、借鉴香港经验，积极研究合作开发新产品的可能性。香港的权证交易量为全球之最，发展势头强劲，当前也在发行监管等方面产生了一些争议，深交所在权证开发上应进一步加强与香港的交流，借鉴其经验。同时，可积极探索在深交所推出 B 股、H 股新产品的可能性，一旦国内可以推出股指期货等金融衍生产品，深交所可积极探索上市 H 股 ETF、编制 H 股指数并推出 H 股指数期货等。

（五）结合股权分置改革，研究推出与股改相结合的产品

随着股权分置改革的深入，解决完股权分置问题的上市公司将越来越

多。股改过程也是金融产品创新的过程，股改权证已经在深、沪证券交易所上市公司中先后推出，在深交所上市的上市公司新钢钒推出了送认沽权证的新方式。股改中孕育着不少产品创新的机会，要积极配合股权分置改革，进行产品创新。

三、对下一步创新工作的建议

（一）进一步规划未来深交所指数体系，加快完善指数体系

成熟和完善的指数体系是创新产品的基石。如美国芝加哥期权交易所（CBOE）期权产品中的指数体系完备，不仅有美国著名指数（标普指数、道·琼斯指数、纳斯达克指数、罗素指数），也有 CBOE 自行开发的大量行业指数或分类指数，以及与投资银行合作开发的指数（高盛技术指数、摩根士丹利指数）和国外市场指数。这一体系对于深交所开发指数和指数期货、指数期权等产品有很好的启示。深交所应尽快规划未来深交所指数体系，突出 40 指数和 100 指数系列，加快推出公司治理指数、行业指数等。

（二）加快 ETF 推出进度

不仅可以推出深市全市场的指数 ETF、跨市场指数 ETF，还可以基于深市的特点推出分类指数 ETF，如深市的能源、原材料和基础设施等行业业绩优良且稳定，该类行业指数适合作为 ETF 的标的。时机成熟时，推出基于中小板指数的 ETF。在中小板指数推出时，注意宣传和推广，因为此时的推介对指数的成功影响最大。

（三）加快股指期货开发力度，尽快推出模拟交易

国际经验已经证明，衍生产品一旦突破政策障碍，将很可能爆炸式增长，其发展速度远远超过现货。股指期货作为一个产品链的起始端，意义非同一般。

从国内的格局看，目前国内正在涌动着推出金融衍生产品的热潮，市场需求已经非常强烈，但还没有形成固定的格局。在已经完成整体方案的

基础上，应加快开发模拟交易系统，进一步发现问题，完善方案，保持在国内竞争中的优势。

（四）开始个股和指数期权的研究和开发工作

期权是衍生产品中的“牛耳”，在交易所产品线中的地位非常重要。应将个股期权和指数期权作为深交所特色产品，及早进行规划、研究、开发。建议股指期货小组开始着手期权产品研究。

梳理产品创新的原则与思路*

又是一年春来早，一年之计在于春。2005 年，本刊在新年献辞中倡导："创新，是资本市场发展之魂；率先，是资本市场奋进之气；引领，是资本市场超越之神。"伴随着股权分置改革的稳步推进，伴随着《公司法》与《证券法》的修订实施，伴随着 LOF、ETF、权证和资产证券化推出的脚步，我国资本市场创新的氛围在形成，创新的条件在成熟，创新的机制在健全，创新的洪流在汇集。

创新是一项复杂的系统工程，创新管理尤为重要。在创新实践与创新管理中，深交所逐步探索并明确了"务实、多赢、特色、策略、安全"的创新原则。务实是要求产品创新源于市场需求，办实事、重实绩，以脚踏实地的精神，开拓性地展开工作，重在付诸实践，重在见诸行动，重在取得实效；多赢是要求产品创新有大局观，能兼顾各方的利益，特别是要兼顾公众投资者的利益，实现多赢；特色是要求产品创新突出深交所定位，根据市场细分的前置条件，注重差异化战略中产品的重要性、独特性、优越性、专利性、可承受性及盈利性，扬长补短，有所为有所不为，形成特色与品牌；策略是要求产品创新讲究策略，既要有出奇制胜的主意与对策，又要明了周遭的环境与条件，学会妥协，以处理好方方面面的关系，注重求同存异，在错综复杂的矛盾中寻找最佳平衡点；安全是要求创新以安全性为前提，将风险控制视作深交所的生命线，以法制、机制和体制为保障，使风险可控、可测、可承受。

创新是一个循序渐进的过程，路径依赖决定成败。首先要认真做好新产品的需求调研，形成明晰的产品目录，构建产品创新的整体规划。其次

---

* 本文是《证券市场导报》2006 年第 1 期"编者絮语"。

要重视和研究产品的关联度，寻找产品创新的最佳突破口，力求形成完整的产品链。如债券市场上的可转换公司债券、附认股权证公司债券、公司债券、资产证券化债券、市政债券，就属于一个系列。最后要讲究产品开发的层次和次序，依据风险由低到高、结构由简单到复杂的开发顺序，形成一系列分项目，形成特色产品。如衍生产品中的股本权证、备兑权证、期权和期货，有一个先后次序的讲究；权证产品中的股改权证、股本权证、备兑权证、中小板指数权证、深市指数权证、跨市场指数权证等，有一个开发顺序的安排。

实施产品多样化战略，不断拓展自身产品线的深度和广度，形成“在一个屋檐下”买卖所有产品，是成熟市场证券交易所不懈的追求。除股票外，5 个产品格外引人注目：一是交易所交易基金（ETF）发展迅速；二是权证产品成为交易所第三大交易品种；三是交易所积极抢夺债券市场份额；四是资产证券化市场不断拓展；五是期货与期权交易量突飞猛进。

根据产品创新的原则和国际市场的经验，结合深交所的战略定位和市场需求，产品创新应紧密突出以下几个特点：

一是以交易所主流产品为重点，重视流动性好、影响广泛的金融产品。“流动性是交易所的一切”。产品的生命在于满足市场需求，交易所产品的关键在于交易量，交易活跃程度决定了一个产品的成功与否，也决定了这个产品在交易所和资本市场中的地位。

二是充分发挥中小企业板特色，紧密围绕中小企业板设计新产品。中小企业板建设是深交所产品创新的重要源泉。可以考虑中小企业板公司 IPO 与增发时捆绑权证；可以在中小企业板指数的基础上开发 ETF、股指期货和期权等。

三是结合股权分置改革，研究推出与股改相结合的产品。股改权证短期内即可面世，靠的是股改的推力；同时，权证又有利于推动股权分置改革的顺利进行。股改过程是金融产品创新的过程，股改中孕育着不少产品创新的机会，需要好好把握。

四是充分结合深港合作，积极研究推出跨市场产品。深圳毗邻香港，技术上容易互联互通，人员交流与信息互换方便快捷。发挥地域优势，探索研究合作开发新产品，应是深交所重要的战略目标，而跨市场产品开发也会有拓展的新空间。

五是高度重视和积极筹备金融衍生产品。泛欧交易所在2002~2004年的3年中，金融衍生产品收入占总收入的比例分别是29.2%、34.6%和35.8%。证券交易所发展金融衍生产品，将会极大扩展和提升证券交易所的影响力、市场辐射力与核心竞争力，这在我国加入WTO过渡期即将结束时尤其重要。

公司债券市场孕育重大机制变革*

我国债券市场的发展相对于股票市场一直是“跛足”，债券市场规模小、市场化程度低、发行和交易市场割裂。尤其是公司债券，相对于国债和金融债，更是发展缓慢。截至2006年底，我国债券市场余额为57 455亿元（不包括央行票据），占国民生产总值的27.4%，远远低于发达国家163.1%的水平；比我国股票市值占国民生产总值比例42.7%还低约15个百分点，更无法与发达国家债券余额比例比股票市值比例平均高出57.9个百分点相提并论。我国债券市场中国债、金融债、企业债分别占50.56%、44.19%、5.0%。企业债余额仅为2 831亿元，占国民生产总值的比例仅为1.35%，远远低于亚洲金融危机国家30%的水平。

2007年以来，在相关部委和业界同仁的共同努力下，我国公司债券市场的发展与监管思路最终得以明确。公司债券市场由证券监管机构统一监管后，将从证券市场体制外走向体制内，意义非同一般。正像股权分置改革使非流通股从证券市场的体制外走向体制内一样，公司债券市场的回归将极大地发挥证券市场直接融资平台的高效和公平机制。从微观上讲，公司债券的优势是大大降低公司固定收益融资的成本，进一步合理化我国公司的微观资本结构，同时满足众多机构投资者资产负债匹配投资的需求；从宏观上讲，是进一步分散我国金融体系集中在银行的风险，构建风险分散的国家资本结构。可以预计，随着公司债券市场的重大机制变革，公司的优质资源将进一步向国内证券市场汇集，公司债券市场将迎来跳跃式发展的历史时期。

一是市场规模迅速扩大。在新体制下，发债主体将从原有的大型国有

---

* 本文是《证券市场导报》2007年第5期“编者絮语”。

企业为主，扩展到上市公司和民营企业；发债门槛将有所降低，即股份有限公司净资产不低于3 000 万元，有限责任公司净资产不低于6 000 万元；发审的理念将发生重大变化，只要公司符合发债门槛，一般予以核准，不再根据固定资产投资而调整公司债券的发行。随着公司债券发行体制将从严格审批制转变为核准制，市场规模将迅速扩大。

二是发行方式市场化。随着发行规模的扩大，原有的由承销商网下分配筹码的发行方式，将被类似股票发行的市场化询价方式替代，实行网下簿记建档询价和网上定价申购相结合。一方面充分发现价格，另一方面使中小投资者能够分享债券一级市场的收益，体现效率和公平的原则。2006 年深交所创新推出企业债券网上发行，山东鲁能债 2 亿份额、06 铁道债 7 年期 10 亿份额、06 铁道债 5 年期 10 亿份额成功网上发行，受到中小投资者的欢迎。可以预计，网上发行将成为交易所市场面向中小投资者、与银行间市场差别定位的重要渠道。

三是产品创新不断。随着公司债券的市场化，产品创新会不断涌现，以满足发行主体各类融资需求和投资者的各类风险偏好。可以预计，大中型公司的普通公司债券仍然是主要的发债品种，同时上市公司的可分离债、可转换公司债会适度增长。中小企业由于信用等级较差，一般不能达到独立发债的信用评级，捆绑发债也可能是突破方向。由于低利率的原因，公司倾向于发行期限较长的债券，债券长期化趋势将减少对管制时期短期融资券的需求。

四是交易市场改革。中国证监会监管公司债券市场后，将会有更多的公司债券品种在交易所市场挂牌，部分缓解各类债券品种转托管到银行间市场的趋势。截至 2006 年底，共有 100 只企业债券在银行间市场交易流通，托管量达到 1 631. 4 亿元，超过交易所市场 531. 62 亿元的托管量。同时，交易所市场现有报单驱动或准做市商的交易制度，显然无法满足债券大宗和零散交易的双重要求，需要进一步打造真正新的交易系统，需要进一步完善债券做市商制度，需要谋求与银行间市场的联网。

美国拍卖利率证券（ARS）遭遇“二月惨案”*

2008年2月7日~27日，美国拍卖利率证券（Auction Rate Securities，ARS）全面封冻，遭遇全线崩溃，出现了百年一遇的市政债券危机，形成“二月惨案”。“二月惨案”是美国大型金融机构集体罢工的直接产物，在金融市场流动性短缺的时刻，金融机构违背ARS是现金等价物的营销承诺，拒绝承担做市商的角色，放任拍卖失败。更为离奇的是，在“二月惨案”的调查过程中，美国监管机构发现，在ARS的销售中，金融机构普遍存在欺诈行为，一些金融机构如瑞士信贷银行甚至还以次充优，竟然将CDO次债充当学生贷款公司发行的ARS，打包出售给投资者。这样，ARS的“二月惨案”就不仅仅是流动性危机，更是偿付能力危机。

面对惨案，发行人的表现是不一样的。市政当局和封闭式基金除了支付惩罚利率外，还进行了回购，学生贷款公司限于发行人实力，没有采取实质性拯救措施，CDO发行人不仅蚀利，而且亏本。发行人和投资者大面积亏损，把愤怒的目光聚焦到承销商、经纪商和做市商身上，于是有了华尔街轰轰烈烈又蔚为壮观的证券集团诉讼，投诉投资银行隐瞒信息、欺诈销售、以次充好等违法违规行为。美国政府进行了干预，出台一系列补救措施，出面调查和稽查华尔街金融机构在惨案中的行为和表现。在美国联邦和州政府当局及行业协会和检察官的威胁利诱下，迫于强大外部压力和法律事实，花旗、瑞银、美林、雷曼、高盛和美国银行等华尔街大型金融机构同意和解，被迫承诺回购自己出售给个人投资者、慈善机构和小企业的ARS，继续维持ARS的流动性，并支付巨额罚款。笔者根据相关资

---

* 本文定稿于2010年3月3日。

料，对此作一阐述。

一、美国拍卖利率证券运作机理与发展历程

美国人现实生活的许多重要方面，从机场到下水道工程，从学校到医院，均依赖于市政证券融资，故美国市政债券市场十分发达。到2007年底，美国市政债券的余额达到6.2万亿美元。在这些市政债券中，有一种债券比较特殊和比较含糊难懂，这就是拍卖利率证券。ARS又称拍卖利率市政证券、拍卖利率债券、标售利率证券、拍卖市场优先股、可变利率优先证券、货币市场优先证券、定期拍卖利率证券等。这种证券契合了美国市政当局、医院、学生贷款机构及封闭式基金的融资需求，是一种不断支付短期利率的长期债务工具。

（一）ARS主要当事人类型

ARS的主要当事人有四类。

1. 发行人：美国市政当局、学生贷款公司、封闭式基金和CDO发起机构。

2. 金融机构：花旗、瑞银、高盛、美林、雷曼、美国银行。华尔街主要金融机构几乎全部在册，它们是承销商、经纪商和做市商三位一体。

3. 投资人：养老基金等机构投资者，个人投资者和家庭，慈善机构，小企业。

4. 债券保险公司：MBIA和Ambac等单一债券保险公司，是拍卖利率证券的保险商，80%以上的ARS拥有债券保险或者其他信用增级。例如，美国Ambac保险公司为某个ARS债券发行提供保险，保费收入达到965万美元，占全部债券发行额的3.22%。如果出现本金不能支付的情况，保险公司负有赔偿责任。

（二）发行ARS的关键环节

发行ARS有一套繁琐的程序和流程，概括地讲主要有三个关键环节。

1. 发行人的回购安排。债券之风险莫过于还本，ARS通过独特的回

购制度安排，达到逐步摊还本金的目的。2007 年，美国某健康机构发行了 2.92 亿美元收入债券。该 ARS 债券共分为四个部分：债券 A、债券 B、债券 C 和债券 D。美国富国银行为其设计了四档回购计划，首先是债券 D 的回购计划，从 2008 年开始，每年 6 月 1 日为回购时间，到 2017 年本金全部回购完毕。从 2017 年 6 月 1 日开始，债券 A、B、C 开始回购，3 只债券每一次回购金额均相同。到 2036 年，3 只债券的本金全部回购完毕（见表 1 和表 2）。

表 1　　美国某健康机构收入债券的基本信息

	证券发行编码	融资金额（万美元）	拍卖周期（最初）	拍卖日期	首次拍卖时间	第一次利率支付时间	最后到期日
2007A	966769CH2	7 400	1 天	星期四	2007 年 2 月 1 日	2007 年 3 月 1 日	2036 年 6 月 1 日
2007B	966769CJ8	7 400	7 天	星期五	2007 年 2 月 9 日	2007 年 2 月 12 日	2036 年 6 月 1 日
2007C	966769CK5	7 400	28 天	星期一	2007 年 2 月 26 日	2007 年 2 月 27 日	2036 年 6 月 1 日
2007D	966769CCL3	7 000	14 天	星期三	2007 年 2 月 14 日	2007 年 2 月 15 日	2017 年 6 月 1 日

资料来源：http：//www. dacbond. com/GetContent? dctm_ r_ object_ id = 0900bbc7800c88e0.

表 2　　2008 ~ 2036 年健康机构收入债券本金回购计划　（单位：万美元）

年份	债券 D	年份	债券 A	债券 B	债券 C	年份	债券 A	债券 B	债券 C
2008	600	2017	17.5	17.5	17.5	2027	382.5	382.5	382.5
2009	617.5	2018	285	285	285	2028	395	395	395
2010	642.5	2019	295	295	295	2029	407.5	407.5	407.5
2011	665	2020	302.5	302.5	302.5	2030	422.5	422.5	422.5
2012	687.5	2021	312.5	312.5	312.5	2031	435	435	435
2013	715	2022	325	325	325	2032	450	450	450
2014	740	2023	335	335	335	2033	465	465	465
2015	765	2024	347.5	347.5	347.5	2034	482.5	482.5	482.5
2016	795	2025	357.5	357.5	357.5	2035	497.5	497.5	497.5
2017	772.5	2026	370	370	370	2036	515	515	515

资料来源：http：//www. dacbond. com/GetContent? dctm_ r_ object_ id = 0900bbc7800c88e0.

2. 拍卖确定利率。ARS的核心运作机理就在于定期举行荷兰式拍卖，定期可以分为7天、14天、28天和35天等。ARS按面值拍卖，主要是确定利率水平。每成功拍卖一次，就确定本次拍卖到下次拍卖时单只ARS债券的利率，这种间隔期利率称为“市场出清利率”（Clearing rate）。ARS几乎没有二级市场交易，流通主要还是通过拍卖方式完成。已经出售的债券如果需要重新拍卖，利率与前一次可能有细微差别。以美林承销某ARS为例，假定为需要拍卖的份额为1 000份，根据买方愿意支付的最低利率排序，可以确定3.12%为市场出清利率（见表3）。

表3　ARS市场出清利率形成过程与流程

申购数量（只）	申购利率（%）	累积份数（份）	得/失
20	2.90	20	得
40	2.95	60	得
60	3.00	120	得
60	3.02	180	得
100	3.05	280	得
120	3.05	400	得
200	3.10	600	得
100	3.10	700	得
100	3.11	800	得
200	3.12	1 000	得
100	3.14		失
200	3.15		失

资料来源：Description of Merrill Lynch's Auction Rate Securities Practices and Procedures, http://www.ml.com/media/70501.pdf.

3. 支付惩罚利率。如果出现买者不足的情况，ARS就会流拍。这个时候，发行人将被迫提高利率再拍卖。对于已经拍卖过的证券，发行人要根据事先约定，接受惩罚利率或最高利率，以补偿持有者的流动性风险。一般情况下，惩罚利率会远高于市场利率。比如，2008年2月12日，美国纽约港务局和新泽西市政当局发行 ARS 拍卖失败，利率即从 1 周之前的 4. 5% 窜升到 20%，发行人每周需要额外支付 30 万美元利息。

（三）ARS 的产生和发展背景

ARS 的产生和发展，可以概括为“三个适应”。

1. 适应了发行公司回避高昂借贷成本的需要。1985 年，美国运通公司首次发行 ARS。运通公司 ARS 的发行，成功避开了美国高利率对公司筹资成本的影响，为 ARS 开了一个好头。当年，共发行了 7 只 ARS 债券，总面值约为 4 亿美元，平均期限为 35 年。1986 ~ 1990 年，ARS 发行数量达到 34 只。20 世纪 90 年代以来，市政部门和学生贷款公司看到了 ARS 的融资价值，纷纷以成本低的短期融资来解决长期稳定的资金需求，迎来了 ARS 发行的一个小高潮。1991 年为 81 只，1992 年达到 129 只，1993 年更达到 277 只。接着，封闭型基金公司出于使用杠杆比例的考虑，也加入到 ARS 发行队伍，它们发行的主要是拍卖利率优先股。21 世纪以后，ARS 迎来了第二个高潮，2000 ~ 2007 年，ARS 发行数量累计达到 4 284 只，占 ARS 发行总数的 2/3 强（见表 4）。

表 4　　1985 ~ 2008 年美国 ARS 年度发行数量及面值

年份	总发行数量（个）	各间隔期的发行数量（个）				总票面价值（百万美元）	平均期限（年）
		1 天	7 天	28 天	35 天		
1985	7	1	4	0	2	397. 3	35
1986	1	0	0	0	1	50	40
1987	3	0	0	0	3	119	40
1988	17	0	3	3	11	761. 5	26. 1
1989	5	0	0	0	5	176. 5	30. 2
1990	8	0	2	0	6	310. 3	33. 3
1991	81	2	1	3	75	1 769. 8	28. 9
1992	129	1	12	6	110	2 938. 3	25. 9
1993	277	5	10	4	258	3 798. 7	20. 8

续表

年份	总发行数量（个）	各间隔期的发行数量（个）				总票面价值（百万美元）	平均期限（年）
		1天	7天	28天	35天		
1994	134	4	21	10	98	3 764.4	23.4
1995	116	0	20	17	79	4 087.8	26.1
1996	88	0	8	15	65	2 758	26.9
1997	107	0	20	21	66	4 317.7	28.7
1998	161	6	25	42	88	6 352	26.8
1999	206	9	57	49	91	8 529.3	25.7
2000	287	3	104	90	90	12 645.3	27.3
2001	316	5	99	101	111	14 772.8	28
2002	497	6	156	146	189	26 143.7	28.8
2003	732	8	256	168	300	38 064.2	26.3
2004	755	5	351	167	232	39 631.4	27.1
2005	563	5	338	88	132	29 090.3	28
2006	531	2	317	116	96	30 191.3	29.1
2007	603	8	418	93	84	35 671.2	28.2
2008	12	0	12	0	0	162	14.9
总和	5 636	70	2 234	1 139	2 192	266 502.8	27.2

资料来源：John J. McConnell，Alessio Saretto：Auction Failures and the Market for Auction Rate Securities，April 2009，http：//faculty. baruch. cuny. edu/jwang/seminarpapers/ars. pdf.

2. 适应了投资者收益与风险平衡的需要。根据美国的法律，公司投资 ARS 的投资收益能够享受85%的税收豁免，收益高于银行存款。同时，拍卖利率证券借助于投资银行的做市机制，一般情况下投资者可以随时以面值实现变现。当然，ARS 发行人的信用等级，金融中介机构的实力与做市程度，决定着 ARS 市场的风险程度。基于风险防范的考虑，在 20 世纪 80 年代初创时期，ARS 要求首次进入的投资者必须是高度理性的投资者，要求最低购买量不低于 25 万美元。2003 年，ARS 最小认购单位面额改为 2.5 万美元。这对 ARS 投资者结构产生了深远影响，个人、慈善机构和小企业得以大量进入 ARS 市场。2006 年，机构投资者持有量达到 80%，但到 2007 年底，这个数字只有 30%，绝大部分投资者成为比较富裕的个人。[①] 据估计，ARS 的投资者达到 10 万个。

3. 适应了投资银行调节短期融资头寸的需要。作为一项金融创新，没有投资银行的参与，肯定是难以发展的。1988 年，高盛公司最早介入。稍后，花旗、美林、瑞银、摩根大通、摩根士丹利等华尔街大型投行均混迹其间。美国证监会通过颁布 ARS 经纪商－交易商的最佳行为指引，约束投资银行遵守行业约定，讲求职业操守。概括地讲，大型金融机构在 ARS 市场主要充当 3 种角色。

（1）为发行人提供服务。金融机构与发行人签订相关协定，进行拍卖前的价格谈判，充当承销商角色，收取 1.5% 的承销费。金融机构一般都设立了拍卖市场证券交易平台，简称为拍卖平台（the Auction Desk）。

（2）为投资者提供代理服务。这个投资者是符合资格的投资者，既包括机构投资者，也包括个人投资者。金融机构充当了经纪代理商的角色，代客买卖证券，收取约 0.25% 的佣金。

（3）为市场提供流动性。金融机构在自己的账户中买卖 ARS，既是自营商，又在 ARS 缺乏流动性时，负责提供流动性，充当了做市商的角色。

从美联储雇员宋翰（Song Han）和丹立（Dan Li）选取的 3 526 个 ARS 样品看，花旗、瑞银和摩根士丹利位列三甲（见表 5）。以瑞银为例，2007 年 1 月 2 日～2008 年 2 月 14 日，当 ARS 市场停滞不前的时候，瑞银

---

① The Collapse of the Auction－Rate Securities Market and Its Impact On the Securities Litigation Docket, http://www.howrey.com/files/News/7eca89b5－7471－420f－881d－f0e8cec77693/Presentation/NewsAttachment/7e253f86－1cf1－4d85－9afe－f11cb11bdf03/SCL1412_ Commentary.pdf.

集团通过瑞银证券被迫买进了大量有问题的证券，余额最多时达到120亿美元，成为ARS的仓库（见图1）。

表5　　美国ARS的主要承销商和做市商

	完全样品（个）	百分比（%）	受限样品（个）	百分比（%）
花旗	762	21.6	619	22.4
瑞银	648	18.4	467	16.9
摩根士丹利	356	10.1	282	10.2
加拿大皇家银行	278	7.9	180	6.5
高盛	241	6.8	223	8.1
贝尔斯登	205	5.8	177	6.4
雷曼	192	5.5	128	4.6
美林	179	5.1	159	5.7
摩根大通	178	5.1	158	5.7
美国银行	174	4.9	121	4.3
其他	313	8.9	241	8.7

资料来源：Song Han，Dan Li：Liquidity Crisis，Runs，and Security Design：Lessons from the Collapse of the Municipal Auction Rate Bond Market，September 15，2008，http：//www.fdic.gov/bank/analytical/cfr/bank_ research_ conference/annual_ 8th/Han_ S_ 2.pdf.

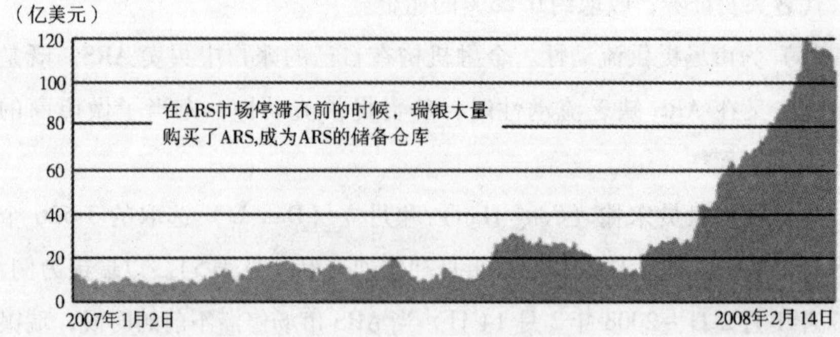

资料来源：Aaron Pressman：UBS：Auction - Rates Securities Collapse，July 30，2008. http：//www.businessweek.com/magazine/content/08_ 32/b4095000912782.htm.

图1　2007年1月~2008年2月瑞银ARS余额迅速增长

需要与满足需要的手段一同发展。ARS在美国的发展，印证了这样一个质朴的真理。因此，自20世纪80年代中期以来，ARS被市场视为稳健的融资工具，发行人觉得融资富有弹性且节省成本，封闭式基金可以借此放大资产杠杆，养老基金和其他机构投资者认定ARS质量高且富有流动性。21世纪初，ARS的发展势头不错。2003年和2004年，美国ARS年度新发行量超过380亿美元，发行数量超过730只。2000~2007年，美国各种证券发行量翻番，其中ARS发行量占新发证券的比重不断攀升，2000年仅为3.8%，2007年达到9%。① 截止到2007年底，美国ARS的余额为3 300亿美元，② 占到全美市政债券的5.3%。从发行人结构上看，市政部门成为最大的发行人，达到1 650亿美元，占50%；其次是学生贷款公司，数量为850亿美元，占26%；封闭式基金的优先股为630亿美元，占19%；CDO等其他结构性ARS发行人为170亿美元，占5%（见图2）。

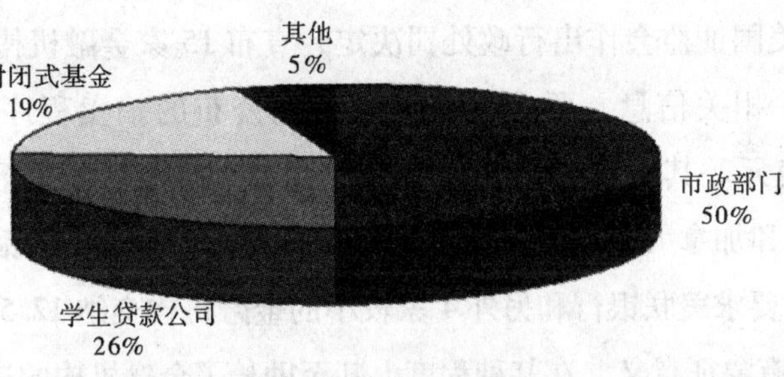

资料来源：Stephanie Lee：Auction - Rate Securities：Bidder's Remorse? A Primer, 6 May 2008, http：//www.mmc.com/knowledgecenter/NERA_ PUB_ Auction_ Rate_ Securities.pdf.

图2 美国拍卖利率证券发行人结构

① Andrew Ackerman, Jack Herman：Beyond the ARS Collapse, Wednesday, March 4, 2009, http：//www.bondbuyer.com/issues/118_ 42/ - 300102 - 1.html.

② 据美国证监会估计，ARS余额大约在3 250亿~3 600亿美元之间。http：//www.house.gov/apps/list/hearing/financialvcs_ dem/sirri031208.pdf.

二、美国拍卖利率证券发生“二月惨案”

在近30年发展中，ARS出现过这样那样的问题，但拍卖失败是非常罕见的。1984~2006年，在超过10万次的ARS债券和优先股的拍卖中，只有13次拍卖失败。与此同时，ARS的违约率也比较低。按照标准普尔的统计，1986~2008年，投资级的ARS债券的违约率仅仅只有0.15%。① 因此，ARS的主要问题还是大型金融机构的违法与欺诈行为。2006年，美国证监会对大型金融机构在ARS市场中的表现进行了调查。调查发现，在ARS的荷兰式拍卖中，经纪商兼交易商通过报价阻止了ARS拍卖的失败，如果没有做市商的干预，ARS市场将不可能成功地运作20年，更不可能让投资者相信ARS是现金等价物。② 在西方，做市商制度始终存在重大争议，尤其在透明度和坐庄操纵方面指责尤多。在ARS承销和做市过程中，大型金融机构普遍存在信息披露不到位以及欺诈投资者等情况。5月31日，美国证监会作出行政处罚决定，宣布15家金融机构要么没有充分披露ARS相关信息，要么没有遵守已经公布的拍卖程序，将被罚款1 300多万美元。其中贝尔斯登、花旗、高盛、摩根大通、雷曼、美林、摩根士丹利和加拿大皇家银行分别为150万美元，要求美国银行交纳罚款75万美元，要求美联银行和另外4家较小的金融机构交纳12.5万美元。这种处罚只具有象征意义，在某种程度上甚至助长了金融机构的违规行为。

大型金融机构被课以罚款后不久，次贷危机开始出现并升级为次债危机，逐步向其他信贷市场蔓延。这首先在利率市场上反映出来，2007年，30天伦敦银行间同业拆借利率和30天ARS利率均较2006年有较大上升，达到了5.42%。2007年8月以后，前者又有所抬高，后者升幅更快（见图3）。从可变利率债券看，2007年底，ARS利率为3%左右，最高惩罚

---

① http://www.businessweek.com/magazine/content/08_42/b4104080888330.htm.

② Sachin R. Raval: Auction Rate Securities: Mechanics and Turmoil July 14, 2008, http://papers.ssrn.com/sol3/papers.cfm?abstract_id=1159624.

性利率达到12%。2008年1~5月，ARS的惩罚性利率一直保持在7%，平均利率围绕4%上下波动，明显高于传统可变利率债券。2008年5月，在市场持续恶化的局面下，许多ARS发行者干脆把它转化为可交易的可变利率债券（见图4）。

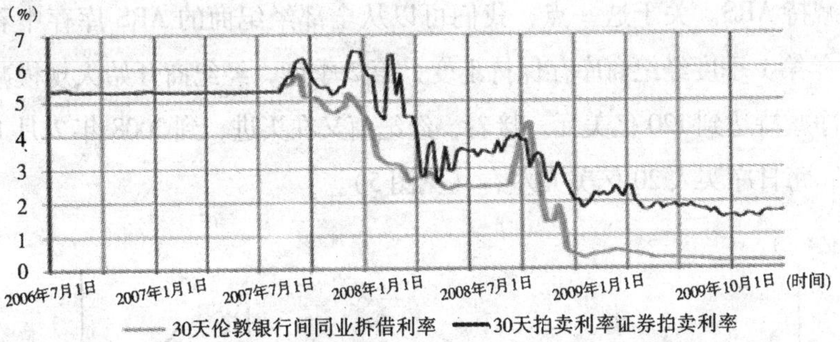

资料来源：Robert Comment：A Note on the Disposition of Auction Rate Securities by NonFinancial Corporate Investors，January 12，2010，http：//papers. ssrn. com/sol3/papers. cfm？ abstract_ id = 1535347.

图3　2006年7月~2009年12月伦敦同业拆借和30天ARS利率周线图

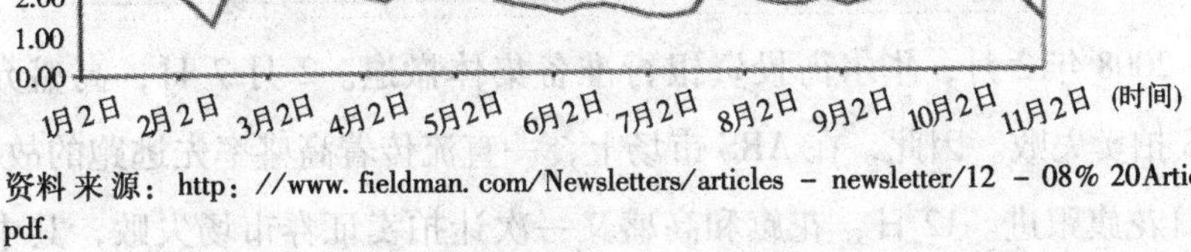

资料来源：http：//www. fieldman. com/Newsletters/articles - newsletter/12 - 08% 20Article% 203. pdf.

图4　2008年美国可变利率市政债券的利率变化情况

利率是债券的晴雨表。早在2007年8月，一些敏感的投资者就开始追逐美国国债，选择离开ARS市场。八九月间，ARS出现了一波拍卖失败的小高潮。2007年9月29日~10月3日，发行人仅发行了8.78亿美元，两周前为14亿美元，而在这一年年初，ARS周平均发行额更是达到60亿美元。据纽约州检察官事后得到的证据，早在2007年9月13日，瑞银集团在一份内部文件中就断定ARS要出现重大问题。正是基于这种判断，雷曼、美林、瑞银和德意志银行开始选择不再干预ARS市场的流拍，只有美国银行等少数几家经纪交易商依然在坚持。不仅如此，华尔街几乎所有经纪商均在减持ARS。关于这一点，我们可以从全部经纪商的ARS库存中看出。2007年第1季度经纪商库存保持不变；第2季度，经纪商开始大规模减持，每日净减持达到120亿美元。接着，经纪商又在买进，到2008年2月12日之前，每日净买入20亿美元左右（见图5）。

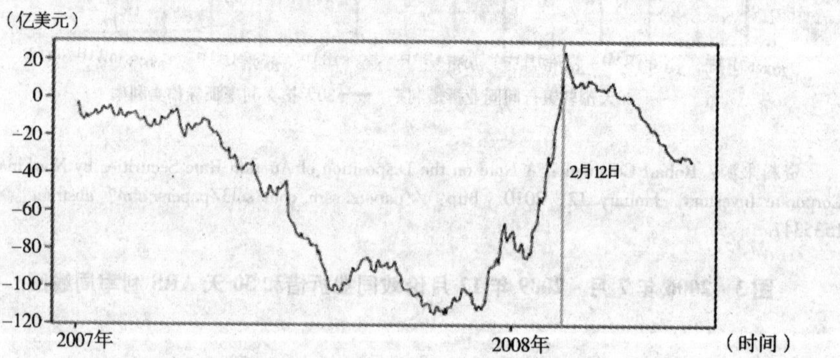

资料来源：Song Han，Dan Li：Liquidity Crisis，Runs，and Security Design：Lessons from the Collapse of the Municipal Auction Rate Bond Market，September 15，2008，http：//www.fdic.gov/bank/analytical/cfr/bank_ research_ conference/annual_ 8th/Han_ S_ 2.pdf.

图5　2007年1月以来全部经纪商每日库存变化额

2008年2月，华尔街投资银行准备集体撤退。2月7日，高盛允许ARS拍卖失败。因此，在ARS市场上，一直流传着高盛率先逃跑的故事。11日花旗跟进。12日，花旗和高盛又一次让拍卖证券市场失败，其中高盛的金额明显放大。2月13日，瑞银集团（UBS）决定，像过去曾经做过的那样，它不再继续支持拍卖利率证券。此举造成拍卖市场失败，4万多个客户的350亿美元证券在一夜之间突然丧失流动性，许多顾客在UBS的拍卖利率证券的投资相对于票面价值损失惨重。那些选择在二级市场卖出证券的投资者也承受了很大亏损。同一天，美国银行、摩根大通、美林、雷曼均采取了同样的行动（见图6）。2008年1月，有158起拍卖失败，2月的第一周失败起数达到104起。2007年2月13日~27日，拍卖利率证券的流拍率日均达到76.3%（见图7）。具有讽刺意义的是，银行一直十分活跃地将这些证券作为安全现金管理工具而大力营销，现如今却宁愿让其流拍，也不愿意冒险持有它们。难怪《华尔街日报》宣布，拍卖利率证券市场"事实上崩溃"。

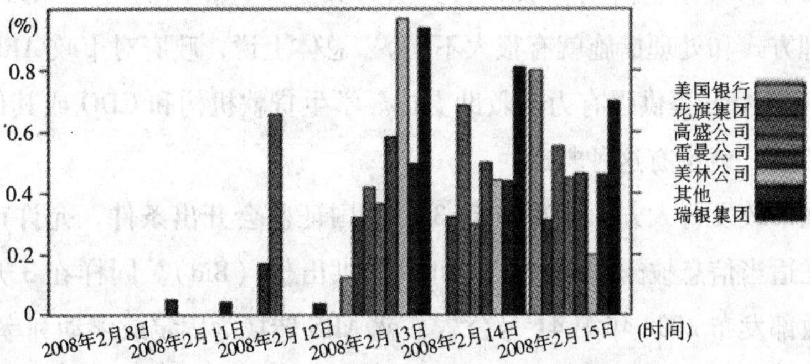

资料来源：Song Han，Dan Li：Liquidity Crisis，Runs，and Security Design：Lessons from the Collapse of the Municipal Auction Rate Bond Market，September 15，2008，http：//www.fdic.gov/bank/analytical/cfr/bank_ research_ conference/annual_ 8th/Han_ S_ 2. pdf.

图6 ARS"二月惨案"时主要经纪商的拍卖失败率

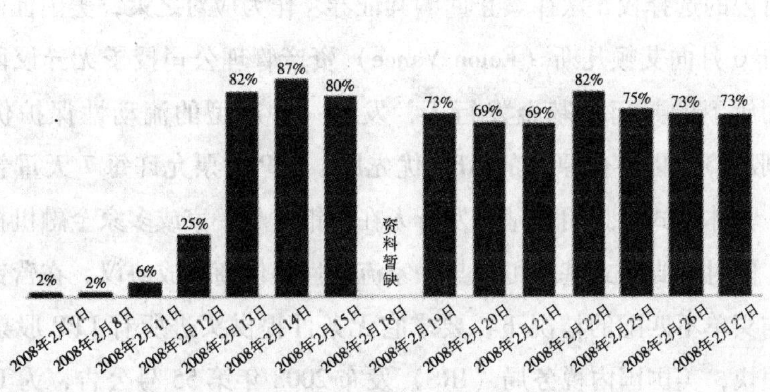

资料来源：Stephanie Lee：Auction－Rate Securities：Bidder's Remorse? A Primer，6 May 2008，http：//www.mmc.com/knowledgecenter/NERA_ PUB_ Auction_ Rate_ Securities. pdf

图7 2008年2月7日~27日美国拍卖利率证券流拍率

三、各方的救助、投资者的诉讼与金融机构的回购

ARS 拍卖失败，首先涉及的是发行人。发行人要继续支付利息或分红，有时还要按照契约支付惩罚性的利息。由于发行主体不尽相同，发行人与政府的关系、信用等级和自身实力又不一样，因而对“二月惨案”的处理方式和处理措施就有很大不同。[①] 总体上说，政府对市政 ARS 和封闭式基金 ARS 提供强有力的救助支持。学生贷款机构和 CDO 或其他信托 ARS 市场，就没有这种救助。

在市政发行人方面，2008 年 3 月美国证监会开出条件，允许市政发行人在适当信息披露的前提下，可以提供出价（Bid）。同样在 3 月，美国财政部发布 2008 年第 41 号公告，就 ARS 转换为固定或浮动利率债券，以其回购 ARS 等免税问题，为市政发行人提供指南和规范。

在封闭式基金发行人方面，拍卖利率优先股也受到重挫。优先股拍卖失败，发行人要向优先股股东支付惩罚性的高利率，这会减少甚至消除普通股东的权益。根据 1940 年《投资公司法》，拍卖利率优先股的发行人只有有限的选择权，法律禁止回购其证券。作为应对之策，美国证监会于 2008 年 6 月向艾顿凡斯（Eaton Vance）资产管理公司授予无异议函，允许公司旗下的封闭式基金发行人，发行一种新型的流动性保护优先股（LPP 股票），以替代原有的 ARS 优先股。LPP 股票允许每 7 天重新设定分红，具体方式由封闭式基金发行人在营销时与一家或多家金融机构协商解决。同时，封闭式基金可以与一家流动性提供商达成协议，在营销失败卖单与买单不匹配的情况下，要求它无条件提供买进所有 LPP 股票的义务。很快，美国国内税务局（IRS）发布 2008 年第 55 号公告，为 LPP 股

---

① A market being replaced, Auction - rate securities cannot recover from recent turmoil. But the same effects are being achieved elsewhere, http://www.mofo.com/docs/pdf/081106Market Replaced.pdf.

票在税收方面与可变利率需求债券（VRDOs）同一待遇提供指南。2008年10月2日，美国证监会对艾顿凡斯（Eaton Vance）资产管理公司发出无异议函，允许其旗下5只封闭式基金发行债务证券，资产保险倍数为2倍，这与ARS低于债务证券需要资产保险3倍的规定相同。尽管如此，许多封闭式基金依然不能调整其债务，原因是很难找到流动性提供商，因此它们大多选择回购证券。2008年8月，纽文（Nuveen）投资管理公司、联邦投资管理公司宣布回购ARS。

至于学生贷款的ARS就没有这种监管救助了。作为民间机构的学生贷款机构，不可能额外筹钱来回购债务。同时，联邦政府担保的学生贷款，其利率依法设定，不可能承受惩罚性利率。因而学生贷款机构的ARS很难处置。一方面，其债务水平保持在850亿美元，与危机前相比几乎没有变化；另一方面，信贷市场危机的持续，已经威胁到学生贷款信贷本身，表现为学生贷款抵押支持证券的利息升水150点，是2009年夏天的15倍。

ARS遭遇大规模拍卖失败，在受限股票网络交易平台（RSTN）[①] 的创办人西尔伯特（Silbert）眼中，那是机会，一个千载难逢的机会。西尔伯特认为，ARS的拍卖失败，在一定程度上可以归咎于拍卖机制。在他看来，绝大部分ARS类似于受限证券，RSTN平台完全可以为它服务。于是，西尔伯特花了一个星期的时间，与各种各样的市场参与者接触谈判，特别是对ARS持有者和对冲基金进行动员，强调RSTN平台是一个功能完善、活跃的二级市场，不仅有利于ARS的讨价还价，而且为买者和卖者提供了一个赚钱的机会。

2008年3月3日，RSTN开始为ARS提供交易，首先是封闭式基金发行的拍卖证券优先股，然后是学生贷款公司发行的ARS，最后是市政当

---

① 受限股票网络交易平台（RSTN）建立于2005年9月。它的服务对象就是美国1.2万亿美元受限证券和其他流动性较差的证券。美国《证券法》144条款中的股权私募也是它们考虑的对象。

局发行的ARS。自从有了ARS交易，RSTN平台一下子就活跃起来，参与者数量从400个增加到750个，除对冲基金、银行、互助基金、创业投资公司和私募股权投资公司外，几乎所有的银行都成为参与方，不少持有ARS的上市公司也参与进来。据介绍，ARS交易量逐周上升，到4月，已经有170只ARS在平台上挂牌，每天有5~7笔交易，ARS交易量占到平台交易量的1/3。由于先前的流拍，这些证券一般都是按面值打折销售，折扣范围在5%~30%之间，平台每方收取1%的手续费，负责完成交易及其清算安排。

据相关数据，在总量达到3 300亿美元的拍卖利率证券市场上，有3 000亿美元封冻，其中包括封闭式基金的ARPS600亿美元。地方政府、医院、高等院校发行的此类债券已贬值到原面值的92%~98%；共同基金发行的债券贬值到85%~92%；学生贷款机构发行的债券贬值到70%~85%。这对投资者来说是一个沉重打击。在ARS投资者中，包括一些大公司，比如Bristol Meyers、Jet Blue和Palm Inc，它们突然发现，所谓ARS的现金等价物只不过是子虚乌有。以阿什兰（Ashland）公司为例，该公司受Oppenheimer投资公司的诱导，在2007年9月~2008年2月间，购买了1.94亿美元的ARS，且都是学生贷款公司的债券（见表6）。ARS的失败，使阿什兰公司一下陷入困境。为此，阿什兰公司一气之下将Oppenheimer公司告上了法庭，声称是Oppenheimer公司虚假和误导性陈述及实质性的疏忽，使之陷入ARS泥潭中。类似的情况还有很多，于是就出现了投资者诉讼高潮。

表6　2007年9月~2008年2月阿什兰公司购买ARS一览表

购买日期	学生贷款公司	证券发行编码	金额（美元）
2007年9月26日	萨利美（Sallie Mae）	784-42G-HZ2	15 000 000
2007年10月2日	大学贷款信托公司	194-262-AP6	20 000 000
2007年10月18日	为学而贷公司	004-33T-AB9	12 500 000
2007年10月18日	为学而贷公司	004-33T-AC7	12 300 000
2007年11月2日	教育融资公司	281-40V-AE3	25 000 000

续表

购买日期	学生贷款公司	证券发行编码	金额（美元）
2007 年 11 月 9 日	印地安娜中级教育贷款公司	455 – 900 – BH2	11 125 000
2007 年 11 月 9 日	印地安娜中级教育贷款公司	455 – 900 – BH2	9 375 000
2007 年 11 月 16 日	肯塔基高等教育公司	491 – 30N – AP4	12 500 000
2007 年 11 月 16 日	犹他州委员会	917 – 546 – GG2	7 325 000
2007 年 12 月 13 日	密西西比高等教育公司	605 – 354 – ED7	20 000 000
2008 年 1 月 2 日	萨利美（Sallie Mae）	784 – 42G – EW2	4 550 000
2008 年 1 月 11 日	巴左思学生贷款公司	106 – 23P – DN7	20 000 000
2008 年 1 月 31 日	肯塔基高等教育公司	491 – 30N – BP3	9 350 000
2008 年 2 月 7 日	教育融资南方公司	281 – 48N – AY9	15 000 000

资料来源：http：//www. oakbridgeins. com/clients/blog/ashland. pdf.

4 月中旬，纽约州首席检察官安德科莫（Andrew Cuomo）对 ARS 进行了广泛的调查，向 18 家机构发出了传票。接着，其他几个州的证券监管者也着手调查此事。自 2008 年 7 月以来，美国联邦政府和数个州政府对华尔街多家大型投行的调查逐步升级，内容涉及利率证券的拍卖、推销过程中严重作假欺骗行为。面对各路检察官的起诉，各大投行纷纷表示要主动配合调查，解雇了作虚假承诺的证券经纪人，可以考虑以原价买回抛售的证券，当然投资者仅限于普通散户投资人。

2008 年 8 月 7 日，花旗集团同意以原价从散户投资者手中回购 73 亿美元 ARS 债券，并且接受罚款 1 亿美元。此外，花旗还将帮助 2 600 家机构投资者变卖价值 120 亿美元的债券，若卖不出去，将自己回购所剩下的债券。同日，美林同意从 2009 年 1 月起，以原有面值回购 100 亿美元的 ARS 债券。8 月 19 日，美国证监会主席考克思表态，存心欺诈者一个也跑不掉。在这种情况下，大型金融机构均加入这一回购和罚款的行列。据初步统计，截止到 2008 年 9 月 18 日，共有 18 家华尔街金融机构承诺回购约 700 亿美元 ARS，被处以罚款 6 亿美元（见表 7）。ARS 危机得以告一段落。2009 年 3 月，ARS 开始恢复拍卖。

表 7　　华尔街主要金融机构回购 ARS 一览表

公司名称	和解时间	承诺 ARS 回购额（亿美元）	罚款（万美元）
美国银行	2008 年 9 月 10 日	45	5 000
花旗集团	2008 年 8 月 7 日	73	10 000
商业银行	2008 年 8 月 15 日	5.45	无
瑞士信贷	2008 年 9 月 16 日	5.5	1 500
德意志银行	2008 年 8 月 21 日	10	1 500
高盛公司	2008 年 8 月 21 日	15	2 250
汇丰控股	2008 年 6 月 20 日	未披露	无
摩根大通银行	2008 年 8 月 14 日	30	2 500
美林证券	2008 年 8 月 21 日	100 ~ 120	12 500
摩根士丹利	2008 年 8 月 14 日	45	3 500
加拿大皇家银行	2008 年 8 月 8 日	8.5	950
瑞银集团	2008 年 8 月 11 日	186	15 000
美联银行	2008 年 8 月 15 日	90	5 000
Comerica 银行	2008 年 9 月 18 日	14.6	86
Fidelity	2008 年 9 月 12 日	3	无
第一西北	2008 年 9 月 18 日	18	30
阳光信托	2008 年 9 月 18 日	18	195
华盛顿互惠银行	2008 年 9 月 18 日	18	25

资料来源：Securities Litigation & Regulation, VOLUME 14, October 21, 2008. http://www.howrey.com/files/News/7eca89b5-7471-420f-881d-f0e8cec77693/Presentation/NewsAttachment/7e253f86-1cf1-4d85-9afe-f11cb11bdf03/SCL1412_ Commentary.pdf.

总之，在美国 ARS20 多年的发展中，流拍的概率非常罕见，像这种大面积的拍卖失败则更是亘古未有。它既是美国金融市场剧烈动荡和流动性危机扩散的受害者，又是美国次贷次债危机进一步蔓延和持续深化的重要标志。相对于其他债券市场，ARS 是一个只有 3 300 亿美元余额的小市场，ARS 危机也只是一个与次贷次债危机既相对平行又相对独立的事件，但危机的处理却对华尔街金融机构构成重大打击，也可以说是压死大型金融机构的最后一根稻草。

第六部分
公司治理：投资者保护的真武器还是假道具

关于推进和完善我国上市公司治理结构的几点思考*

法人治理结构（Corporate Governance），是指规范企业管理架构中的董事会、股东会、高层管理人员和其他一些与企业关联者（如大股东、债权人等）的行为和相互关系，保护外部投资者利益不受公司内部人员侵害的机制。作为现代企业制度中最重要的组织架构，法人治理结构是现代市场经济健康运作的微观基础，是资本市场发展非常重要的因素。自1991年5月英国Cadbury委员会成立以来，Cadbury报告（1992）、Greenbury报告（1995年）、Hampel报告（1998年）等相继出台，公司治理结构受到世界各国及国际组织的高度重视。1999年5月，经济合作与发展组织（OECD）Ad-Hoc工作小组经过一年多的调研，制定了一套公司治理结构的标准和准则，即著名的"OECD公司治理原则"。这些原则得到了国际社会的普遍认同，公司治理运动在全球兴起。如世界银行有专门的"法人治理结构论坛"（CGF），美国有"国际公司治理网络"（ICGN），

* 本文定稿于2001年6月1日，载于《政研简报》。

欧洲有“欧洲公司治理网络”（ECGN），英国有“英联邦公司治理协会”（CACG），日本有“日本公司治理论坛”（CGFJ）。越来越多的发展中国家或地区，如亚洲的印度、韩国、新加坡和中国香港，南美的巴西、墨西哥，非洲的南非等，也表示接受 OECD 的原则，并据此制定符合国情的公司治理准则。确确实实如世界银行前行长吉姆·沃尔芬森（1999）所说的那样：“对世界经济而言，完善的法人治理结构将像健全的国家治理一样重要。”

一、从夯实中国证券市场基石和落实保护投资者利益的高度认识推进上市公司治理的重要性

从当前和长远看，推进和完善我国上市公司治理具有非常重大的意义。

（一）有利于从制度上根本解决我国上市公司法人治理的缺陷

从国外的情况看，良好法人治理结构的建立，是在养老基金等机构投资者和社会公众的强大压力下逐步形成的。因为机构投资者大量持股后，“以脚投票”、抛售股票的传统做法难以为继，不得不采取“积极行为”或“主动参与行为”，要求公司采取高标准的公司治理结构。同时，社会公众对引人注目的公司的丑闻及倒闭的关注，又迫使政府、公司的管理者和董事会必须把公司治理这个基础问题，作为事关公共经济利益的基本要素来考虑。这种情况表明，推进我国上市公司法人治理结构，需要强化外部监督力度，力求从制度建设方面根本解决问题。

（二）有利于从整体上提高上市公司的质量，夯实证券市场的基石

我国资本市场改革与发展的核心问题之一，是如何抓好上市公司质量问题，因为上市公司的质量是资本市场的基石。当前我国的上市公司还存在很多缺陷，如虚假包装、虚假信息披露、持续盈利能力差，等等。这种

情况与上市公司没有建立真正的法人治理结构是密不可分的。为此，中国证监会提出要以“只争朝夕”的精神，配合市场各方面的力量，来促进企业公司治理结构的建立。我们期待通过制定良好的公司治理标准，强化约束、激励和内控机制，减少由于内部人控制所产生的腐败和决策失误，规范上市公司管理行为，使管理的成本降低，从而提升上市公司的质量，增强投资人的信心，为我国资本市场的进一步发展打下坚实的基础。

（三）有利于将保护投资者利益落到实处

推动公司治理结构的主要目的是为了保护中小投资者利益。因为中小股东是投资者中的弱者，难以参与公司经营与决策，其利益更易受到伤害。从国外的情况看，各国的具体做法虽不尽相同，如有的强调董事的诚信义务、迫使董事诚勉尽责，有的侧重建立独立董事制度，有的实施代理投票制度，有的采用大股东回避制度，有的实行中小股东诉讼机制等，但有一点是共同的，即通过这种制度安排，使得中小投资者的利益得到更多的保护，拥有更多的发言权。

我国上市公司法人治理建设尽管取得一些成绩，但总体上看还是十分薄弱的，表现为：国有股股权的控制权问题不是太明确，控股股东与上市公司关联交易较多；内部人控制问题较明显，对投资人或股东利益不尊重；董事的功能、职能及责任不明确，独立董事制度没有建立，监事会功能难以有效发挥，上市公司缺乏相应制约和激励机制等。这种状况在一定程度上决定了我国上市公司总体质量不高。

二、推进上市公司治理，应从优化股权结构入手，大力培养机构投资者

我国上市公司治理的上述种种弊端是多方面因素造成的，其中股权结构不合理是最重要的原因。因此，笔者认为，推进上市公司治理需要从优化股权结构入手。

从现有的情况看，我国上市公司的股权结构不合理现象确实比较突出。一是未流通股比重大、流通股比重少。截至2000年底，我国境内上市公司有1 088家，总股本为3 576.1亿股。其中国家股为1 331.4亿股，占总股本的37.2%；法人股为890.4亿股，占24.9%；社会流通股为1 354.3亿股，占37.9%。二是大股东股权过于集中。我国很大一部分上市公司是由国有企业改制而来的，国家股和国有法人股在一些上市公司中占绝对控股地位。就国家股而言，2000年11月，国家股占50%以上（不含50%）的上市公司有375家，股本额达1 009.1亿股，分别占上市公司总数和国家股总数的35.3%和75.8%。国有法人股的情况与国家股大体类似。三是社会流通股股权十分分散。我国是一个以散户投资为主的新兴市场，大部分投资者开户资金在10万~50万元之间。这就决定在流通股本来就很低的情况下，投资者持有的流通股极度分散，流通股股东很难给公司的决策和管理施加重大影响。这种不合理的股权结构，使一些上市公司大股东无视中小投资者声音、存在及利益，成为良好的法人治理结构难以形成的症结所在。

股权结构不合理的现象是由历史形成的，情况比较复杂，市场也比较敏感。这就要求我们在优化股权结构的实际操作过程中，态度要积极，步伐要稳妥，充分考虑市场的承受能力。当前及今后一段时期内，应着重考虑以下三个方面的工作：一是逐步增大流通股的发行比例。从民生银行、宝钢股份等特大型企业成功发行上市看，我国证券市场承受大盘股的能力明显增长。据此，可以考虑将新发行企业的流通股比例提高到35%以上，逐步向50%过渡，部分企业经许可，还可以采取“存量发行”的方式，使其股份全部上市流通。二是给予新发行上市国有股和法人股依法上市流通的权利。《公司法》第147条明确规定，“发起人持有的本公司股份，自公司成立之日起三年内不得转让”，因此国有股、法人股的流通在法律上没有障碍。我们将采取“新老划断”的办法，从某一时段起，新发公司、增发和配股公司在“招股说明书”等文件中，不再标明“国有股、法人股暂不流通”，允许国有股和法人股拥有依法转让的权利。至于国家股、国有法人股是否行使这项权利、能不能转让，取决于国家产业政策和国家有关部门的明确授权。三是逐步解决已有上市公司国有股、法人股的上市流通问题。“新老划断”的好处，就在于它不再使国有股、法人股不能流通的问题继续扩大，真正成为历史遗留问题。在此基础上，可以在确保市场稳定的前提下，分清轻重缓急，探索国有股减持的有效途径和方法。比如，配合筹集社保基金就是减持的一个重要方面。

从根本上说，公司治理结构的完善，股权结构的优化，有赖于机构投资者的壮大。只有机构投资者队伍壮大了，庞大的非流通股才有可能逐步减持，大股东股权过于集中和流通股过于分散的现象才能得到缓解。同样，只有机构投资者所持有的股票大量增加时，它才会改变对企业管理被动、旁观、“用脚投票”的态度，开始积极介入企业战略管理，从外部迫使上市公司改善治理结构。这一点已经被成熟市场的经验所证明。1999年，美国保险基金、养老基金、共同基金等机构投资者的持股比重达57.6%，家庭持股为42.4%；日本银行、企业法人和保险公司等主要机构投资者占70%以上，个人占30%以下；英国养老基金股票投资占总市值的比重为32.5%，保险公司占16.3%，其他金融机构占16.2%，个人只占20%。这种以机构投资者为主的格局，从根本上改变了成熟市场资本市场的结构，极大地改善了上市公司治理。我国证券投资基金近两年的发展也从一定程度上印证了这一点。截至2000年底，10家基金管理公司管理的34家封闭式基金资产总值为847亿元，占总市值的1.8%，占流通市值的5.3%，对市场的平稳运行及接受大盘股能量的增强，起到了一定作用。一些基金通过将分散的流通股相对集中，成为上市公司第二、第三大股东，尽管与第一大股东相比差距还很大，但成熟市场那种“用手投票”、直接或间接影响大股东行为的作用已经初见端倪。

我们要进一步加大培养机构投资者的力度，使机构投资者在优化股权结构、推进上市公司完善法人治理结构方面发挥更大的作用。第一，大力发展证券投资基金。在继续规范发展封闭式基金的同时，要根据国务院发布的《开放式证券投资基金试点办法》，尽快推出开放式基金，试行利用银行零售网络向更广泛的客户销售基金产品。同时规范基金公司的资产管理业务，积极推进保险基金的入市，加大保险基金入市比例，使证券投资基金成为证券市场的主要机构投资者。第二，推动社保基金和资产管理公司成为证券市场的机构投资者。社保基金是为了适应国家社会保障体制改革而设立的、以运营社会保障资金为目的的专门机构；资产管理公司是为国有企业“债转股”和国有商业银行不良贷款证券化而新设的专门金融机构。为充实社保基金和资产管理公司资本金，可考虑一次性划拨35%国有资本（包括上市公司股权和非上市公司资本）给这两个机构。社保基金和资产管理公司可以根据情况事先做好准备，在国有企业股份制改组时作为国有股股东事先参与，也可以作为已上市公司国有股长期的机构投资者，还可以根据公司和市场情况，经过监管部门批准，分期、分批地决定上市公司国有资本变现的时间、数量和价格等问题。第三，推进私募基金的规范化发展。目前我国居民储蓄已达6万亿~7万亿元，手持现金高达1.5亿元，民间资本规模相当庞大。但是，由于没有相关的法律约束，这些民间资本多以各种形式的“投资公司”或“咨询公司”出现，实际上是一种私募基金，其资产和运作多处于不透明状态，难以实施有效监管，可能潜藏着较大风险。为此，必须开辟正常渠道，将这些机构纳入规范的基金（资产）管理范围，允许它们发起设立基金，以便加强监管，使其规范运作。第四，一部分国有股、法人股可以向境外合格的机构投资者开放。从境外引入一批合格的机构投资者，是新兴市场渐进开放证券市场的一种成功做法，有利于扩大我国证券市场的资金供应规模，引导投资理念，规范投资行为。可以考虑首先向境外合格机构投资者开放一部分国有股。当然，要做到这一点，必须对1995年《国务院办公厅转发国务院证券委关于暂停将上市公司国家股和法人股转让给外商的请示的通知》作出修订或解释。

三、证券监管部门对上市公司治理要尽快制定准则并监督落实

在全球改善法人治理结构运动如火如荼开展的今天，在中国即将加入WTO，上市公司面临巨大挑战的时刻，制定我国上市公司法人治理标准并认真推行，就显得尤为紧迫。过去我国法人治理结构的建立和完善，一直是原国家体改委和中国证监会在推动，做了不少工作，也取得了一些成绩。目前，国家体改委已经不再有这个职能。在这种情况下，作为证券监管部门，中国证监会要在其他部门的配合下，全力推进上市公司提高公司治理水平。这样说主要是从两个方面来考虑的：一是中国证监会作为监管部门，它已经不再像过去的主管部门那样去插手上市公司经营管理中的具体事务，而主要是依靠法律、法规和行政手段，对上市公司的运作进行规范，如加强上市公司的信息披露，加强对证券市场欺诈行为的打击力度，完善董事会制度和加强董事的诚信义务等。这些本身就是上市公司法人治理结构的重要内容。二是从国际经验看，在法人治理结构特别是上市公司法人治理结构的完善方面，各国证监会及其交易所是积极的倡导者和主要推动者。据国际证监会组织（IOSCO）最近的一份报告，在大部分IOSCO的成员国，证券监管部门是公众公司良好治理行为的主要推动者和监管者。

推动公司治理建设，提升上市公司治理水平，需要有关各方通力配合，共同推进，重点做好以下七个方面的事情：

（一）明确接受OECD公司治理原则

OECD法人治理结构框架的主要内容是：(1)保护股东权利；(2)小股东和外国股东受到平等待遇，如果他们的权利受到损害，他们有机会得到有效补偿；(3)确认利益相关者的合法权利，并且鼓励公司和利害相关者在创造效益和工作机会以及为保持企业良好财务状况方面积极进行合作；(4)治理结构框架应保证及时准确地披露与公司有关的任何重大问

题，包括财务状况、经营状况、所有权状况和公司治理状况的信息；(5) 治理结构框架应确保董事会对公司的战略性指导和对管理人员的有效监督，并确保董事会对公司和股东负责。我们认为，OECD 公司治理原则总结了各国的经验，有着广泛的适应性，也与我国《公司法》对上市公司的要求基本一致。同时，这些原则又是非约束性的，我国可以结合具体情况加以充实和具体化。

（二）根据中国国情探讨并设定有关的基本原则和水准

这项工作涉及面较宽，需要与有关机构和专家共同研究，确定一个最基本的要求。除原有的一些法律法规文件外，中国证监会拟制定一整套制度。一是根据《公司法》，准备出台《上市公司监督管理条例》，对董事的责任和处罚作出明确的界定，促使上市公司董事履行诚信义务；二是制定《关于在上市公司建立独立董事制度的指导意见》，建立我国上市公司独立董事制度；三是建立经理人员股票期权制度，推动和改进激励约束机制，便于优秀人才能够留下来安心创业；四是成立投资者维权中心，通过法律手段来维护中小投资者权益。

（三）强化上市公司法人治理结构

证券监管部门及其派出机构要把强化对上市公司法人治理结构的督察，作为事关证券市场基石是否夯实、保护投资者利益是否落实的大事，常抓不懈。

（四）加强对外部董事的培养

公司治理结构在中国还是较新的课题，至今仍有很多人对治理结构认识不明确。中国改革的过程中没有多少人当过董事、独立董事、董事会秘书。今明两年要求每一个上市公司至少要有 1 个独立董事，在以后 3 年内，独立董事要占到公司董事会成员的 1/3。下一步要通过一系列培训，使得一批人能够合格地担当外部董事和独立董事，能够对上市公司财务报告等方面存在潜在利益冲突的行为进行独立判断，作出公正裁决。

（五）上市公司要明确在改善法人治理结构中的主体地位

要像抓公司财务绩效和指标那样，有针对性地制定切实可行的落实计划，促进公司法人治理建设。为督促上市公司提高治理水准，建议将公司治理结构的状况作为公司信息披露的重要组成部分。拟上市公司在发行上市前要认真做好改制工作，其法人治理结构是否健全，将作为其能否发行上市的重要依据。

（六）积极和相关部门进行交流

应积极和财政部等相关部门进行交流，广泛引进国际上通行的会计标准，根据高质量的会计和审计准则来编制和审计上市公司财务报表，使反映企业财务和经营成果的信息更真实、更透明。同时，完善上市公司外部经营环境，国资委等部门要减少对上市公司的行政干预，避免裁判员上场踢球等问题。

（七）各级中介机构勤勉尽责是推动公司治理的基础条件

公司治理结构起作用也要大量依靠中介机构，其中最主要的是会计师事务所、律师事务所、评级机构等。中介机构专业服务质量的提高，也是改进公司治理结构非常重要的环节。

公司治理研究提纲*

公司治理不仅已经成为一个国际性的企业管理改革运动，而且也是中国上市公司所面临的主要问题。目前，中国相关机构和专家学者对此颇为关注，许多专家学者想借此显示自己的才华。对于刚刚步入这一领域的公司治理研究中心而言，其巨大的挑战性是不言而喻的。对此，我们必须另辟蹊径，真正办出特色，才能在竞争中立足。一是充分利用交易所的资源优势、信息优势，将公司治理研究与公司治理实务结合起来，达到理论指导实践，实践丰富理论的目的；二是精心设计课题，动员、组织和指导社会各方面的力量进行研究，起到组织者、发动者和联络者的作用；三是从积极的和务实的角度出发，多提建设性意见，时刻注意研究成果的可操作性，切实起到推动中国公司治理的作用。

需要说明的是，公司治理是一种涉及规范公司股东会、董事会、高层管理人员和其他利益相关者（如大股东、债权人）的行为和相互关系的制度性安排。这种制度性安排的模式和运作机制，无疑是公司治理主要的研究对象和研究重点。同时，一家企业公司治理的好坏，还间接受一个国家经济、法律制度和监管架构等宏观环境的影响，有时这些因素甚至直接决定了公司治理。另外，从国外的情况看，公司治理是在养老基金等机构投资者和社会公众的强大外部压力下逐步提出的，公司并购、会计制度、审计制度、信息披露制度以及公司治理评级等，也对公司治理产生

---

* 此提纲是笔者到深圳证券交易所公司治理研究中心筹备小组后递交的第一份成果。2001年8月8日，中国证监会同意笔者赴深圳证券交易所博士后工作站学习，同日深圳证券交易所党委任命笔者为公司治理研究中心筹备小组副组长（胡继之副总经理任组长）。15日，笔者到深圳证券交易所博士后工作站脱产学习，受命筹备和主持公司治理研究中心，接着又聘请郎咸平为治理中心顾问。参与此提纲讨论的有：蔡建春、马江河、黄松琛。9月28日向总经理室递交此份研究提纲，意在启动公司治理课题研究。

深远的影响。因此，研究公司治理，除研究其本身的治理机制外，还需要研究公司治理的外部制约机制和宏观环境。据此，我们提出首批研究课题。

一、公司治理目标与原则及评级体系研究

（一）世界范围内公司治理的目标与原则及其比较研究

世界范围内相关机构在大量调查研究的基础上提出的公司治理目标与原则，是关于公司治理的基础的材料。对这些目标与原则加以收集、整理和研究，是中国制定相关规则的前提和条件，也是深入研究公司治理不可或缺的基本参考资料。

1. 收集和整理世界范围内公司治理目标与原则。自 1991 年 5 月英国 Cadbury 委员会成立并发布 Cadbury 报告以来，世界银行、经济合作与发展组织、成熟市场证监会、各主要证券交易所、一些非营利性组织以及养老基金等大机构投资者，先后介入公司治理的研究、培训、宣传和推进活动中，从外部提出公司治理目标与原则。一些著名大公司也据此制定其自身的公司治理标准。据初步统计，到目前为止，外部相关机构提出的公司治理准则约 80 个，著名大公司提出的公司治理准则约 200 个。要求尽可能地收集并整理这些目标与原则。

2. 分析研究各种公司治理目标与原则的异同。一般来说，公司治理的基本原则是跨国境的、全球性的，是微观运行机制方面的基本问题。要求通过各种公司治理目标与原则的比较研究，找出公司治理目标与原则的共同点。同时，各个国家或地区在法律制度、文化背景及公司传统上又存在着较大差异，也就决定这些国家或地区必须根据各自所处的特定情况，有针对性地提出适合本国国情的公司治理原则，从而使公司治理模式和内容具有丰富多彩的性质。要求研究公司治理目标与原则的差异性，并分析决定这种差异性的根本原因。在此基础上，提出我国具体的公司治理目标与原则，或对我国已有的公司治理目标与原则进行评议和

深化。

（二）公司治理的评级体系及其在中国的应用

公司治理评级使公司治理从制定抽象的目标和原则进入可实际操作的测量和评估中，被看作是公司治理深入发展的重要标志。同时，公司治理又是投资者进行投资决策的重要依据和参考。因此，建立和健全公司治理评级体系，就成为推进公司治理的一项重要课题。

1. 世界范围内关于公司治理的主要评级指标。目前，国际上的相关部门和机构已经建立公司评级体系，并着手公司治理评级工作。如美国标准普尔公司和《商业周刊》、欧洲咨询公司戴米诺（Deminor）评级、法国里昂证券亚洲、澳大利亚“公司治理国际”和韩国“公司治理评级中心”等。泰国证监会等也在积极推动。首先，需要对哪些机构在从事这项工作进行摸底；其次，应尽可能地将这些机构的评级指标及相关文献详细列出；最后，对公司治理评级指标进行比较研究，分析公司治理评级机构为什么选择这些指标、依据什么原则确定这些指标以及指标的适应性。

2. 中国公司治理评级体系的层次性及指标选择。从国外情况看，公司治理评级具有多层次性。《商业周刊》只评价最佳董事会和最差董事会，标准普尔则主要针对美国甚至全球上市公司。对于中国来说，首先应该考虑建立中国最佳董事会与最差董事会的评价体系，因为这个评级体系简便易行。在此基础上，设计中国上市公司治理的评级体系。对于以上两种评级体系来说，应该选择什么样具体的指标，是一个需要认真考虑的问题。总的原则是，既要借鉴世界公认的治理原则和外国经验，又切合中国的实际情况；既要考虑国家的法律、制度等外部因素，又充分照顾中国上市公司治理的实际状况，具有可操作性。同时，还要时刻注意公司治理评级的具体执行程序，因为执行程序历来是中国的薄弱环节，这需要向国外同行学习，包括学习如何写工作底稿等。

二、中国公司治理的几个重要问题研究

（一）中国上市公司股权结构及大股东行为研究

股权结构是直接决定公司治理的最基本因素，无疑也是研究公司治理的一个重要方面。同时，在股权结构一定的情况下，如何有效地制约大股东在公司治理中的行为，使其与公司整体利益和长远利益结合起来，也是公司治理的一个重要课题。

1. 中国上市公司股权结构的完善。目前，中国上市公司的股权结构不合理现象十分突出，主要表现在占总股本 2/3 以上的国家股、法人股等类别股未能上市流通。由此带来同股不同权、同股不同利、国有股一股独大、内部人控制严重以及并购市场不发达等问题，成为良好公司治理难以形成的症结所在。为便于分析，首先需要从所有权的角度来统计上市公司的股权，要求设计相关的指标体系，详细反映国家股、国有法人股、社会法人股和流通股等的状况。在摸清中国上市公司股权结构基本情况的基础上，分析这种不合理的股权结构对建立和健全上市公司治理的种种制约，提出解决不合理股权结构的方式和途径。

2. 中国上市公司大股东行为研究。大股东剥削中小股东是国际社会一个共同的现象。中国上市公司股权结构严重不合理，这种现象尤其突出。国有控股公司如此，一些民营企业在取得上市公司控股权之后也尽力模仿。应研究国外大股东不良行为及各国所采取的限制措施（如大股东回避制度等）。要求详细列举中国大股东通过担保、关联交易、操纵股份等手段“掏空”上市公司的违法违规行为，剖析这些现象背后公司千丝万缕的股权结构及其内外部根源，并借鉴国际经验提出解决中国问题的办法。

（二）中国上市公司董事会、监事会建设及其相关责任研究

董事会代表股东大会，根据《公司法》、《公司章程》的规定，行使重大决策和监督职能，在公司治理中起核心作用。在中国，由于特殊的股

权结构等，董事很难“懂事”。因此，董事会的建设在中国更是公司治理的难点所在。

1. 中国董事会建设最佳模式选择。中国上市公司董事会成为摆设已经不是个别现象，从何着手，千头万绪。国外在建设一个高效、公正和有权威的董事会方面进行了大量有益的探索，成功的经验和失败的教训可使我国借鉴。需要研究国外董事会单层结构或双层结构的设置；需要研究不同国家类别和不同股权结构下董事会的职责；需要研究董事会规模与激励和约束机制等。在此基础上，选择和确定我国董事会、监事会及董事会下独立董事的运作模式以及具体运作形式。

2. 中国上市公司监事会制度建设研究。在中国上市公司中，监事会功能难以发挥，几乎形同虚设。需要具体分析造成这种局面的法律、制度等方面的原因，需要研究完善监事会制度的具体手段，需要妥善处理和协调监事会与独立董事的关系。

3. 中国上市公司董事的责任研究。我国《刑法》、《公司法》和《证券法》对董事的权利、义务和相应的民事、刑事责任虽有原则性规定，但由于没有相关的法规加以细化，缺乏可操作性。这样，上市公司董事普遍缺乏制约，权利义务不对等，诚信责任淡薄，有的甚至在出现损害公司和股东利益的行为后没有承担相应的责任。需要根据相关的法律法规，制定《中国上市公司董事的责任》，建立中国上市公司董事的问责机制，真正把相关责任落到实处。

（三）管理层激励和中国上市公司股票期权方案的设计

管理层激励机制是公司治理结构要解决的基本问题之一，合理的激励机制也是实现最佳治理结构的关键。对中国上市公司来说，逐步建立管理层激励机制，显得非常迫切。

1. 国外股票期权激励制度的实践及利弊分析。对成熟市场上市公司股权激励的实践经验及利弊进行分析；对股票期权激励的类型、技术要素和定价模型进行分析；对实施股票期权激励制度所要求的外部环境（资本市场）和相关的配套制度（所得税、信息披露和会计计量等）进行分析。

2. 中国股票期权制度的实践和实施方案设计。近年来，中国在管理层激励方面做了一些有益的尝试。1999 年 9 月，中国政府明确提出要“建立和健全国有企业经营管理者的激励与约束机制”。目前，中国证监会正在着手制定《上市公司认股权试点办法》。北京、上海、武汉和深圳等地的一些上市公司在进行这方面的摸索。所有这些，为管理层激励机制最终在中国确立做了理论上和实践上的准备。需要进一步研究的问题是：当前我国上市公司薪酬安排中存在哪些制度缺陷；通过已有案例分析来剖析实施股票期权存在的法律制度障碍；如何借鉴国外经验修订相关法规；股票期权如何监管；结合我国上市公司具体情况设计期权方案，包括如何授予（价格/期限/范围）和执行、限定条款、税收、会计计量和披露等。

（四）中国证券公司集团化发展及治理研究

新一轮增资扩股和加入 WTO 的新形势，使中国证券公司集团化发展已经成为趋势。如何建立良好的内部控制机制和健全的公司治理，以防范风险，迎接挑战，方方面面十分关注。需要研究证券公司总部对证券营业部的控制问题，研究证券公司分支机构的设立方式和运作方式，以及集团内部经纪、自营和投行业务之间如何设置“防火墙”问题。在此基础上，借鉴国外证券公司或投资银行公司治理的成功实践，研究我国证券公司治理存在的主要问题，提出我国证券公司治理的标准及其相关的完善措施。

三、公司治理的法律框架

宏观环境包括经济、政治、法律等方方面面，其中有效的法律规则和法律实施，对于良好的公司治理是最基本的。鉴于公司治理的法律框架涉及面较大，本提纲首先从投资者保护法律体系和监管法律框架的构建两个方面入手。

（一）投资者特别是中小投资者保护的法律框架研究

推动公司治理的主要目的，从根本上说是为了保护投资者特别是中小投资者的利益。因为中小股东是投资者中的弱者，难以参与公司经营与决策，其利益更易受到伤害。因此，研究公司治理，首先需要研究保护中小投资者的法律框架、投资者可以应用的法律武器以及股东大会的投票制度等。

1. 投资者保护的法律框架研究。收集和整理成熟市场和主要新兴市场中刑法、民法、公司法、证券法等相关法律法规的保护投资者条款，并进行比较研究；研究中国投资者受到伤害的途径和方式；研究中国相关法律法规的成熟程度和完善办法；研究将投资者保护条款落到实处的相关制度和政策措施。

2. 衍生诉讼机制研究。衍生诉讼是指在第三方的行为侵害了公司合法权益时，如果公司董事会不提起诉讼，公司的股东以公司名义向第三方提出诉讼，诉讼所得利益归公司的法律制度。这种制度尤其对大股东侵害公司利益，而公司董事会又被大股东控制的情况有效。对此问题应研究：第一，其他国家和地区的立法和实践；第二，我国建立衍生诉讼的必要性；第三，我国建立衍生诉讼机制的具体内容和框架。

3. 举证责任与证明责任研究。谁主张，谁举证，这是诉讼领域一条公认的原则。由于证券侵害具有同医疗事故同样的性质，各国有时会采取举证责任倒置的方法，以保护弱势群体。比如美国已发展出了一系列的证据规则，例如针对因果关系问题的市场欺诈理论、如何证明被告的过错等。同时，证明责任是指在诉讼双方当事人尽力举证后，案件事实依然存在真伪不明的情况下，法庭根据什么因素来决定谁应当承担不利的后果。这一问题一直是各国特别是德国理论界关心的重大问题，也是各国证券案件司法实践中需要妥善解决的重要问题。因此，我们要研究包括美国、德国在内的其他国家和地区的理论与实践，结合中国实际，充实和完善我国证据规则，明确证明责任分配原则，以有效制裁市场失当行为。

4. 证券集体诉讼改革研究。由于证券案件的特殊性，原告往往是大量、不确定的股东，集体诉讼规则在股东诉讼中非常重要。虽然我国已有集体诉讼的程序，但由于实践较少，可操作性规则还很缺乏，为此，需要在借鉴国际经验的基础上，研究我国应有的集体诉讼规则，并提出改革现有集体诉讼程序的方案。

5. 投票制度和表决制度。我国《公司法》允许股东大会采取代理投票方式，但有些问题尚无规定，例如代理人的资格问题、委托书的有效性问题、受托表决权的限制等。为此，必须研究其他国家和地区的立法与实践，同时提出我国代理投票机制的具体方案。累计投票制度有利于保护少数股东的权益，但在我国尚没有实践。因此，我们必须研究国外累计投票制度的立法与实践、中国是否需要建立此项制度以及建立累计投票制度的具体方案。

（二）证券市场监管的法律和制度框架研究

证券监管的法律和制度框架，构成了公司治理的重要外部条件。监管机构的管辖范围和执法权限，监管机构的配合及是否存在监管真空，以及是否发挥自律组织的作用等，既是监管效率的重要方面，又是打击违法违规行为、推动公司治理的重要条件。很难设想，监管无效或监管理念发生扭曲的市场会有良好的公司治理。

1. 证券监管当局的法定执法权限问题研究。为了强化稽查执法手段和效率，成熟市场和新兴市场均通过法律赋予证券监管部门一定的执法权限，并有较大的行政裁量权。在实际的执法活动中，成熟市场也积累了一整套成功的做法（如 Securities Regulation、《股市大盗》等书所描绘的）。可以比较中国与相关国家在这方面的相关规定和做法，找出中国在这方面的差距和形成这些差距的原因以及修正办法。

2. 证券监管的司法配合问题。在现实生活中，证券犯罪已经成为金融犯罪一个十分重要的方面。同时，对证券犯罪的查处涉及面广、敏感性大、时效性和专业性都很强，除了证券监管部门加大查处力度外，司法的介入和配合是必不可少的。需要研究司法当局对证券监管部门意见的尊重，如美国《证券法》对此有明确规定；研究证券期货相关法律的司法解释方式；研究证券监管部门与司法当局共同对付证券犯罪的组织协调方式，以及法院的配合问题。

3. 中国证监会与交易所和中国证券业协会等自律组织的权力划分问题。成熟市场的监管体系是多层次的，中国证监会、交易所和中国证券业协会的权力划分相对比较明确。首先需要明确三者的法律地位；其次需要分析三者的关系演变，着重研究监管当局与自律组织发生“会所之争”的情况及协调机制；再次需要对成熟市场和新兴市场的监管理念作一比较，确定正确的监管理念；最后需要结合国际上最新的交易所股份化和上市，重新思考三者的关系以及中国的对策。

四、国际上公司治理文献研究综述

公司治理在中国还是一个较新的课题。但在国外，随着公司治理实践的不断推进，公司治理的研究和探讨已经形成一种氛围，许多方面有了比较深入的研究。据美国印第安纳大学前教授帕特逊（Jeanne Patterson）的最新研究，“仅仅在15年前，在公司治理方面几乎提不起学院派的兴趣”，“现在它成为最富有成果和变化的领域之一”，“许多领域的学者，包括国际方面的学者，已经被吸引到公司治理研究的行列中”（The Patterson Report）。在这种情况下，各式各样的公司治理研究中心成立起来了，涉及公司治理的研究文献越来越多。仅罗伯特·芒克斯（Robert A. G. Monks）1999年创办的“公司图书馆”就收集了20 000个单位有关公司治理的文献。因此，比较系统地介绍国外在公司治理方面主要的研究成果和观点，就成为中国公司治理研究的基础。

国外在这个领域研究较多或研究较为成熟的有10个方面问题：公司治理基本理论与研究框架；股权结构与所有权和控制权的分离；资本结构与债权人保护机制；机构投资者与公司治理；董事会结构、运作机制和独立董事制度；管理层补偿与激励机制；“剥削”行为与小股东利益保护；财务信息披露、审计与公司治理；公司控制权市场、多元化经营与公司治理；公司法的演变与公司治理。

公司治理的兴盛及需要妥善处理的若干关系*

一、公司治理在全球兴盛的客观必然性

自1991年5月英国 Cadbury 委员会成立以来，Cadbury 报告（1992年）、Greenbury 报告（1995年）、Hampel 报告（1998年）等相继出台，公司治理结构受到世界各国及国际组织的高度重视。1999年5月，经济合作与发展组织（OECD）Ad－Hoc 工作小组，经过一年多的调研，制定了一套公司治理结构的标准和准则，即著名的“OECD 公司治理原则”。这些原则得到了国际社会的普遍认同，公司治理运动在全球兴起。

公司治理在全球兴盛，有其客观必然性。从内部来说，只要有两权分离和委托代理，原则上就会有公司治理的要求。从外部来说，公司治理在20世纪80年代末90年代初兴起，与机构投资者的发展和“手”“脚”并用，股东积极行动主义的发展以及一系列公司丑闻有关。一是机构投资者“手”“脚”并用，即良好法人治理结构的建立，是在养老基金等机构投资者和社会公众的强大压力下逐步形成的。据统计，1970～1994年，美国机构投资者得到了很大发展，养老基金资产增长了20倍，投资公司主要是互助基金增长了30倍。私人养老基金持有美国所有证券的份额从1950年的0.8%上升到1994年的17.3%，州地方政府退休基金则从未达到8.6%，开放式互助基金从2%上升到12.2%。② 由于机构投资者的大量持股，“以脚投票”即抛售股票的传统做法难以全身而退，不得不采取

* 本文完稿于2002年9月初。

② James P. Hawley and Andrew T. Williams: CORPORATE GOVERNANCE IN THE UNITED STATES: THE RISE OF FIDUCIARY CAPITALISM A REVIEW OF THE LITERATURE, January 31, 1996, http://www.lens-library.com/info/papers96/first/firstcontents.htm.

“积极行为”或“主动参与行为”，“以手投票”，要求公司采取高标准的公司治理结构。二是公司丑闻的出现。社会公众对引人注目公司出现的丑闻及倒闭的关注，又迫使政府、公司的管理者和董事会必须把公司治理这个基础问题，当作事关公共经济利益的基本要素来考虑。Cadbury 报告在某种程度上就是为适应 Asil Nadir's Polly Peck、BCCI、Coloroll 和 Maxwell 等公司丑闻而制定出来的。①

二、英美模式逐步成为公司治理的主要模式

目前世界上有三种主要的公司治理模式：英美模式、德日模式和东南亚家族企业模式。简要分析一下英美模式与德日模式的异同：就融资结构来说，英美公司以股权融资为主，资产负债率较低；日德则偏向于间接融资，资产负债率较高，企业间相互持股较多。就股权结构来说，英美公司股权相对分散，日德公司股权相对集中。就并购市场来说，英美证券市场相对发达，特别是并购市场十分活跃；德日证券市场相对不发达，并购市场不活跃。就内部治理机制来说，英美模式下公司监督机制是董事会下的独立董事制度发挥作用，日本则是董事会、监事会制度，德国等欧洲大陆则是双层董事会制度，即监事会（相当于董事会）和董事会（相当于经理层）制度。

20 世纪 90 年代以前，大家比较推崇日本模式。此时日本企业家和商人腰缠坚挺的日元，在世界各地横冲直撞。日经指数上冲 40000 点，日本主银行制度和企业交叉持股成为各国模仿的样本。中国就曾经学习和引进主银行制度。90 年代以后，日本泡沫经济破灭，股市 10 年下跌，并一度跌破 10000 点大关，银行不良债务越清越多，日元贬值到 1 美元兑 150 日元以下。而此时，美国经过 80 年代中后期的调整，迎来了持续 10 年的高速增

① Ian W. Jones: WHO INFLUENCES DEBATES IN BUSINESS ETHICS? AN INVESTIGATION INTO THE DEVELOPMENT OF CORPORATE GOVERNANCE IN THE UK SINCE 1990, http://www.cbr.cam.ac.uk/pdf/WP221.pdf.

长，号称“新经济”。据统计，1973～1995年，美国非农业部门生产率平均为1.4%；1995～1999年平均为2.8%。正因为这样，许多国家逐步放弃学习日本模式，而学习英美模式，英美模式成为公司治理的主导模式。

2001年以来，美国公司会计丑闻不断，安然公司因虚报利润而破产，安达信公司因此关门。2002年，又相继发生了世界通信和施乐造假案。这些造假事件，给美国会计业自律模式及其诚信体系以沉重打击。美国证券交易委员会（SEC）主席哈维·皮特在讲演中说：“依靠财会业自行监管的时代已经结束。”人们特别是中国一些学者对英美公司治理模式开始持怀疑态度，认为“华尔街危机是美国公司治理模式的危机”，“世界上根本就不存在完美的公司治理模式，至多只存在较合适的治理结构，我们似乎不能在公司治理方面一刀切；股权分散化也好、一股独大也罢，就如黑猫白猫，能抓住老鼠的，就是好猫”。① 对此，我们应该有正确的认识，既要看到会计丑闻，又要看到美国这一套制度快速的纠错机制，不宜轻易下结论。

三、强化诚信责任是落实公司治理的根本

（一）中国上市公司治理结构不完善的种种表现

我国上市公司治理还十分不完善，比较突出的主要有以下三个方面：

1. 大股东或控股股东通过关联交易“掏空”上市公司还比较严重。如猴王集团从ST猴王先后“掏走”数亿元，ST猴王还为猴王集团提供了不少于3亿元的担保。再如三九医药被三九集团“掏空”。据《上海证券报》2002年3月28日开始的“大股东欠款问题系列报道”，70多家上市公司高达290亿元资金被大股东占用，清欠工作十分艰巨。

2. 上市公司恶意造假和虚假信息披露比较突出。如郑百文公司虚假上市和虚假信息披露案。1997年，郑百文实际亏损15 429亿元，而通过

① “公司治理面临两难 股权分散就是美?”《证券时报》，2002年7月11日。类似的文章还有：“公司治理：美国的鞋适合中国的脚吗?”“公司治理：外国月亮并不圆”等。

做假账盈利9 369亿元。从深交所上市公司信息披露的情况看，违规行为主要包括以下三大类：（1）虚假信息披露，包括发行时虚假陈述及上市后虚假信息等，约占违规信息披露事件的13.3%；（2）信息未披露，包括未及时公告重大信息和存在多处重大遗漏等，共占违规信息披露事件的69.72%；（3）未经正式和规定的渠道，擅自披露或泄露有关信息及其他违规行为，共占违规信息披露事件的16.98%。

3. 董事会成为摆设的情况比较多，监事会普遍形同虚设。董事会是公司治理的核心，也是董事会建设的难点。目前，我国上市公司中董事会真正发挥作用的不太多，往往成为摆设。如中科创业董事会被大股东派出的7个董事操纵，而这7个董事又完全受制于吕梁一人。同时，监事的来源一般都是大股东委派或内部职工，有没有相关的财务会计法律知识不说，不独立是一个致命缺陷。因此，我国上市公司监事会普遍缺乏独立性、形同虚设。

针对这种情况，中国证监会会同其他部门，积极推动上市公司的治理，推进上市公司与控股股东在人员、资产、财务分开，机构、业务独立；发布《关于在上市公司建立独立董事制度的指导意见》，引进独立董事制度，要求上市公司在指定时间内逐步建立起独立董事制度；发布《上市公司治理准则》、《上市公司章程指引》等，用以指导上市公司建立和健全公司治理实践；开展上市公司建立现代企业制度情况的专项检查；强调诚信文化建设，要通过10年左右的时间，使绝大多数中介机构都能诚信尽责，建立起资本市场的诚信法则。

（二）诚信的含义及诚信是本

诚信责任讲求勤勉责任和信托责任，它们是代理人对委托人的责任关系。在西方普通法看来，董事与公司的关系属于信托关系，即一方对另一方产生法律上或事实上的信任并有所依赖，另一方因接受他人的信任而负有诚实信用、谨慎、勤勉义务。由于董事会及董事是现代公司治理的核心，《公司法》对上市公司的诚信要求主要变成为具体对董事的要求。一般说来，董事的责任分为注意责任和忠诚责任。注意责任是公司董事在执行其职务时保持应有的关注和勤勉，“以一个理性的谨慎的人在相似情形下所应表现的谨慎、勤勉和技能”，成为一个理性的善良管理者。忠诚责任是指董事在个人利益与自己对公司应尽职务相冲突时，应把公司利益放在第一位。注意责任是对董事“称职”的要求，忠诚责任是对董事“道德”的要求。几百年的司法实践，英美判例法以丰富的案例，充实和发展了注意责任和忠诚责任，使董事责任的标准有了一个从低到高的飞跃。

20 世纪 90 年代以来，公司治理成为全球性浪潮。在各种公司治理准则中，诚信都被置于最重要的地位。如经济合作与发展组织（OECD）的《公司治理原则》就明文规定：“董事会成员应当在全面了解情况的基础上，诚实、勤恳、细致地进行工作，最大程度地维护公司和股东的利益。”《韩国公司治理最佳实务准则》对董事义务是这样描绘的：“在追求公司以及股东利益最大化的前提下，董事应当谨慎、忠实、公平地履行其义务。”《日本公司治理原则》规定，受托者或代理人有按照委托者的要求去谋求最佳策略的义务，其基本内容是忠实义务和善意提醒义务。

“人无信不立”，“祸莫大于无信”。这是自古以来中华民族对做人提出的基本要求。换句话说，诚信自古就是中华民族的美德，也是企业的经营之道、立命之本。但是，应该看到，由于中国正处于从计划经济向市场经济的转型当中，中国上市公司的不诚信行为屡见不鲜。琼民源、ST 红光、郑百文、ST 猴王、ST 黎明、三九医药、银广夏、麦科特等，这些公司要么通过虚假包装骗取上市资格；要么通过编造虚假财务报告恶意造假；要么被大股东通过关联交易等手段“掏空”。更为严重的是，由于部分上市公司不规范运作，一些上市公司的价值取向严重歪曲，表现为一些上市公司在受到谴责或处罚后，还宣称自己违法违规只是小巫见大巫。这种情况说明，公司治理和诚信责任还没有引起足够的重视。

上市公司违法违规事件，严重损害了广大投资者的根本利益，一定程度上造成了我国证券市场的“诚信危机”。这说明推进我国上市公司治理，强化上市公司诚信责任，已经到了刻不容缓的地步。从形式上看，推进公司治理的目的，就是通过股东大会、董事会、经理层和监事会的制度安排，建立起一套有效的激励约束机制。就实质而言，却是通过一系列内外部制度约束，迫使上市公司高级管理人员重视诚信，讲求诚信，以诚信为本。从这种意义上说，强化诚信责任确实是落实公司治理的根本。

正是因为诚信责任在公司治理中至关重要的地位，因此管理层在致力于推进我国上市公司治理过程中，十分关注诚信责任问题。中国证监会反复强调中国证券市场的公信力问题，提出要通过10年左右的时间，使绝大多数中介机构都能诚信尽责，以建立起资本市场的诚信法则；提出“要大力倡导诚实守信的原则，强化市场主体的诚信责任，大力推动市场参与主体的诚信责任，形成诚实守信的企业文化”。2002年1月发布的《上市公司治理准则》，以部门规章的形式，对相关责任人规定了明确的诚信责任。这些都是强化公司治理和诚信责任的治本之举，市场参与各方应就此达成广泛的共识，把它变成上市公司的自觉行动，使我国的证券市场回到讲求诚信的状态。

四、完善中国公司治理需要妥善处理的几个关系

公司治理是一种涉及规范公司股东会、董事会、高层管理人员和其他利益相关者（如大股东、债权人）的行为和相互关系的制度性安排。这种制度性安排的模式和运作机制，无疑是公司治理的主要内容。同时，一家企业公司治理的好坏，还间接受一个国家经济、法律制度和监管架构等宏观环境的影响，有时这些因素甚至直接决定了公司治理。另外，从国外的情况看，公司治理是在养老基金等机构投资者和社会公众的强大外部压力下逐步提出的，公司并购、会计制度、审计制度、信息披露制度以及公司治理评级等，也对公司治理产生深远的影响。因此，公司治理是一项复杂的系统工程，需要妥善处理公司治理本身的治理机制、公司治理的外部制约机制和宏观环境关系。特别是现阶段的中国，推进和完善中国上市公司治理，需要认真考虑和妥善处理以下五个方面的关系：

（一）外部治理与内部治理的关系

我国上市公司所面临的治理任务可以从内部和外部两方面表述。在外部，就是要加快政企真正分开的步伐，尽快克服造成上市公司按照现代企业制度运作的体制障碍、观念障碍和种种旧的习惯形成的巨大惯性；在内部，要尽快形成对全体股东负责，为股东利益最大化的经营理念，以及在这个理念基础上的权力制衡机制、科学决策机制、规范运作机制、激励约束机制和强化管理机制。从实际运作经验看，内部治理和外部治理相互促进，不可偏废。

（二）法制与自律的关系

有效的法律规则和法律实施与经济、政治等宏观环境一起构成公司治理的外部环境。同时，公司治理从根本上说是一种企业自律行为。自律是建立在诚信基础上的。从国外的实践看，诚信不可能自发产生，而是法律的强制和长期教育的结果。有人说，出现 ST 郑百文、ST 猴王、三九医药等事件，是我国上市公司治理不好的重要表现。这话是片面的。因为表面看来确实是这些企业的公司治理不佳，但是实际上却是违规成本低不足以形成强大的法制震慑力。因此，在现阶段的中国，良好的法制和严格的执法就成为自律的关键，是保证企业严格自律的有力武器。只有在强大的法律震慑下，通过教育和培训，广大上市公司高管人员才能真正把完善公司治理结构作为其自觉行动。

（三）激励与约束的关系

管理层激励机制的核心应该是："以未来收益激励现在奋斗，以长远发展约束短期行为。"建立以企业业绩为衡量基础的激励约束机制是市场化改革的目标，国有上市企业由于原有体制问题，更多地依赖于行政手段和上级组织的监督，管事的不管人，管人的不管事。结果不仅是良性的激励机制缺乏，约束机制也无法建立。如何评价企业管理层经营业绩并制定相应的激励机制，是公司治理研究的基本问题。总的考虑是，管理层的报酬应考虑不同的管理文化和治理机制，逐步引入期权奖励方式，把个人利益与企业业绩挂钩。同时，要从制度上建立股东大会、董事会、监事会以及经理层相互监督的机制，约束管理层短期行为和腐败行为。

（四）制约与效率的关系

公司治理的目的是为了建立起一种有效的制约机制，防止出现内部人控制或大股东控制损害外部投资者的行为，保证决策的民主化和科学性。同时，我们也应该看到，企业的根本目的是为了营利，而利益最大化的基本要求就是决策有效率。因此，如何在有效制约机制和决策效率之间寻求一个平衡点，就成为需要认真考虑的重大问题。

（五）市场与监管的关系

市场与监管相结合，推进公司治理和诚信责任。市场是解决证券市场一切问题的根本途径。通过市场可以淘汰劣质公司，通过市场可以给有良好公司治理的公司以好的回报。因此，凡是市场能解决的一定要让市场解决。但市场又不是万能的。从全球金融市场的情况看，监管越来越严格，但监管不可能解决所有问题，监管也是有成本的。更强大的市场制约将使公司治理情况好转。

五、公司治理的层次性及其发挥作用的机制

（一）推进公司治理的五个层次

公司治理是一项系统工程，涉及社会的方方面面。从公司治理的推进角度来看，主要可分为互相衔接又互不重合的五个层次。

1. 证券监管部分等宏观层次，主要是确定公司治理的目标与原则。一般来说，公司治理的基本原则是跨国境的、全球性的，是微观运行机制的基本问题，因此各种公司治理目标与原则有许多相同之处。同时，各个国家或地区在法律制度、文化背景及公司治理传统上又存在着较大差异，从而使公司治理模式和内容具有丰富多彩的性质。

2. 交易所中观层次，主要是确定公司董事最佳行为指引。国外的实践表明，证券交易所是公司治理的积极倡导者和主要推动者，已经和必将发挥更大的作用。目前，世界上各主要证券交易所都推出了公司治理最佳

行为指引，并将这种指引最终体现到上市规则中。

3. 上市公司微观层次，主要根据前两者制定适合公司实际情况的治理目标，并在实践中丰富和发展。公司治理从根本上说是一种企业自律行为，公司治理能不能落到实处，关键还要看每一个企业是否能够根据自身的实际情况自主选择治理结构。目前，国际上著名大公司提出的公司治理准则约200个。

4. 法律层面的规定。经过安然事件的冲击，美国对公司治理的重视程度已经上升到国家法律的高度。2002年7月30日，布什总统签署《上市公司会计改革及投资者保护法》，这个法案被认为是美国继1933年法案之后的最重要法案。法案在决定建立隶属于美国SEC的会计监察委员会的同时，十分强调完善上市公司治理的积极作用。

5. 公司治理评级在全球兴起。公司治理评级使公司治理从制定抽象的目标和原则进入可实际操作的测量和评估中，被看作是公司治理深入发展的重要标志。目前，国际上的相关部门和机构已经建立公司评级体系，并着手公司治理评级工作。公司治理评级具有多层次性，美国《商业周刊》只评价最佳董事会和最差董事会；标准普尔则主要针对美国甚至全球上市公司。

（二）公司治理提供四大机制

公司治理的核心在于，通过公司股东大会、董事会、监事会和管理层等相关制度安排，形成适合公司实际的激励与约束机制，使公司控股股东、银行债权人、职工、供货商以及机构投资者等外部人，免遭公司内部人的侵害。所谓激励机制，就是如何让人不偷懒，既要确保企业家干得舒心，又要通过股票期权等奖励制度，促使企业家把公司长远利益与自己的利益挂钩，并通过“金手铐”留住和吸引优秀人才。所谓约束机制，就是如何使人不干坏事。从广义上讲，除董事会、经理层和监事会的相关制度安排外，约束机制主要体现在以下四个方面：一是并购市场的发达特别是恶意收购行为的存在；二是企业内部有效的内部控制制度；三是职业经理人市场的存在及董事污点记录制度；四是监管当局和相关法律法规的制约。在建立公司激励与约束机制时，要时刻注意激励与约束的平衡，体现出奖励到位、约束到家。

成熟市场的经验表明，公司治理构成现代市场经济健康运作的微观基础，成为资本市场发展非常重要的因素。推进和完善上市公司的公司治理，无论对于上市公司本身，还是对于广大投资者，无论是对一国经济的增长和金融的稳定，还是对培养诚实守信的公司治理文化，都具有非常重要的意义。诚如世界银行前行长吉姆·沃尔芬森 1999 年所指出的那样："对世界经济而言，完善的公司治理机制将像健全的国家治理一样至关重要。"具体表现为公司治理可以提供四大机制：

一是提供科学的决策机制。通过有效约束机制，规范内部高管人员的行为，减少内部人控制所产生的腐败和决策失误，将保护外部投资者特别是中小投资者利益落到实处，增强投资者对资本市场的信心。

二是减少公司代理成本。解决代理成本的关键因素就在于使代理人的利益与股东的利益一致，并通过激励制度留住优秀人才，提升企业业绩。公司治理比较健全，可以使处于困境中的公司早日脱困，进而推动一国经济和金融的稳定与发展。

三是树立企业的品牌效应，降低融资成本，有效实施公司战略。资料显示，投资者愿意为有良好公司治理的公司多支付 17% ~30% 的溢价。

四是培养全社会的诚信意识，创造公司治理文化和社会价值。通过全社会的监督，强化公司治理与诚信责任，迫使企业董事和管理层洗心革面，将诚实守信、勤勉尽责等变成自觉行动。

论独立董事在推进中国公司治理中的作用*

独立董事制度已经成为世界潮流，包括实行比较典型的监事会制度的日本、韩国和我国台湾地区均在学习和实施这一制度。自2001年8月中国证监会推出独立董事制度以来，我国也正在尝试这一新制度。目前，各方围绕这个问题进行了一些讨论，有赞成者，也不乏反对者。本文根据一些资料，对此作一些阐述。

一、独立董事制度或监事会制度是区分公司治理模式的重要指标

根据各国历史文化等因素的不同，我国的学者把公司治理主要分为两种模式：英美模式与日德模式。这种区分当然是有道理的，也能概括出两种模式的一些本质特征。

但是，我们也应该看到，上述区分还不够全面或者说还不够精确。如果仅从监督机制方面来看待公司治理模式，则情况可能会稍有变化。英美模式下公司监督机制是董事会下的独立董事制度发挥作用；日本则是董事会、监事会制度；德国等欧洲大陆则是双层董事会制度，即监事会（相当于董事会）和董事会（相当于经理层）制度。由于德国的监事会事实上是董事会，就这一点而言，德国模式与日本模式是有区别的，它事实上与英美模式更为接近。也就是说，如果从实质内容上看，世界范围内典型意义上的监事会制度只在日本、韩国和我国台湾地区存在。

1950年以前，日本公司的三大法定机关是股东会、董事及监察人，是股东会中心主义。股东会决定一切事务，董事单独行使职权，监察人监

---

* 本文定稿于2002年9月23日。

察董事业务的执行，并具有会计监管权限。1950 年修订《商法》，导入英美董事会制度，将原来由监察人担当的业务监察权转归董事会，监察人只享有会计监察权。但董事多由公司中级经理人员升任或退休人员组成，并且人数越来越多。1989 年，美国和日本就国际收支不平衡问题进行谈判，美国向日本施加压力，要求日本健全企业经营，1991 年明确要求日本导入外部董事及监察人委员会。1993 年，日本再次修订《商法》，仿照独立董事制度，引进外部监察人制度。

过去 20 年，从更严格意义上讲，世界范围内的比赛与竞争，主要是在美国模式与日本模式之间进行的。20 世纪 90 年代以前，大家比较推崇日本模式。90 年代以后，日本泡沫经济破灭，进入世界 500 强的公司从 1995 年的 141 家减少到 1998 年的 100 家。几乎同时，美国经过 80 年代中后期的调整，出现了以信息产业为龙头的“新经济”，持续 10 年增长。据统计，1973～1995 年美国非农业部门生产率平均为 1.4%，1995～1999 年平均为 2.8%。现在大家都在学习美国模式，英美模式成为主导模式。

二、独立董事制度是成熟市场强化公司治理的重要举措

说到独立董事制度，不得不从董事说起。董事在英国被称为执行董事与非执行董事；在美国被称为内部董事与外部董事。根据外部或非执行董事与公司有无关联关系，独立董事的称谓又可分为独立的外部董事和独立的非执行董事。

独立董事成为一种制度是董事会发展和演变的结果。据相关资料，我们可以将这种演变大体上划分为 3 个阶段：第一阶段，19 世纪中期以前，非执行董事占主导地位的阶段。开始时是股东为董事，接着是社会名流为董事。第二阶段，19 世纪中期到 20 世纪 70 年代，执行董事为主的阶段。这主要是经理革命的产物。第三阶段，20 世纪 70 年代以来，非执行董事特别是独立的非执行董事为主的阶段。

当前，无论是美国还是日本，均强制发挥独立董事制度的作用，也就

是说，独立董事制度已经成为一种世界潮流，成为强化公司治理的重要举措。如2000年以来，纳斯达克市场在经受激烈下跌的阵痛后，更加重视公司治理结构，强调发挥独立董事的作用，并提出了最新要求：一是细化了对董事会独立性的要求。规定外部独立董事数量不低于40%，并对独立董事进行了更明确的界定。二是细化了对审计委员会的合约要求。要求用书面合约形式明确界定：审计委员会的职责及完成职能的方式；外部审计师的责任和义务；审计委员会有责任确保外部审计师的独立性。三是细化了对审计委员会的结构和成员要求。除非特殊情况，审计委员会至少由3人组成，并全部由独立董事充当。这些董事要能理解基本的财务报表，包括资产负债表、收益表和现金流量表。其中至少1名董事拥有财会从业经验或职业会计师资格。

安然事件暴露出美国独立董事制度存在的缺陷。据相关资料，安然17位董事中，除董事长及CEO外，其余都是地位显赫的独立董事，如斯坦福大学管理学院前院长、美国奥委会秘书长、美国商品期货交易管委会前主席、GE前主席兼CEO、德州大学校长、英国前能源部长等。但他们或是“花瓶”，或与安然有不同程度的利害关系，或者成为安然在政府制定政策时的代言人，未起到独立董事应起的作用。故有人形容其为“有浓厚人际关系的俱乐部”。针对这种情况，是否认独立董事制度而另谋良策，还是在坚持独立董事制度的前提下，强化独立董事制度呢？美国还是义无反顾地选择了后者。2002年7月30日，布什总统签署《上市公司会计改革及投资者保护法》。这个法案被认为是美国继1933年法案之后的最重要法案。法案在建立隶属于美国SEC的会计监察委员会的同时，坚持了独立董事制度，强调完全由独立董事组成的审计委员会在确保财务审计质量方面的重要性。8月16日，纽约交易所颁布《公司会计责任与上市标准委员会报告》，强调发挥独立董事的作用，增强独立董事的权限和作用。

日本、韩国、台湾等强调发挥独立董事的作用，几乎成为东亚集体行动。从第二次世界大战后的实际情况看，监事会一直难以起到监督作用，公司财务丑闻不断，监事会制度受到多方面的指责。亚洲金融危机暴露出亚洲公司治理中法人交叉持股、家族控制以及监事会形同虚设等问题。于是，东亚地区公司治理出现新的趋势，主要表现为提高董事会的独立性和透明度：增加独立董事的数量；增强董事会结构的透明度；强化独立董事的诚信责任；硬化董事会的责任标准。

就日本而言，亚洲金融危机后，日本各界增强董事会独立性的呼声日益高涨。1998 年公布的《日本公司治理原则》，在强调提高监事的独立性和质量的同时，明确引进独立董事制度。2001 年 1 月，日本生命保险协会在倡议中表示，外部董事是改善公司治理最有效的方法之一。有专家指出，日本的公司治理正处在过渡期，会不会完全接受 Anglo - Saxon 模式尚未可知。不管怎样，目前这种倾向性已经十分明显，据东京证券交易所对在其上市的 1 822 个公司的问卷调查，有回复的公司为 1 137 个，结果有近 40% 的上市公司表示已经或将要选择独立董事（见表 1）。

表 1　东京证券交易所的问卷调查　（单位：%）

	已采取	将采取	不会采取	不知道
筛选独立的董事	35. 6	4. 0	37. 9	22. 5
筛选执行主管人员	3. 5	10. 6	54. 9	31. 0
裁减董事会	28. 6	9. 9	31. 9	29. 6
成立薪酬委员会	0. 4	2. 0	74. 6	23. 0
成立任用委员会	0. 6	2. 0	74. 3	23. 1
成立法律申诉部门	25. 8	10. 0	38. 8	25. 4
成立外部咨询小组	3. 8	2. 6	71. 3	22. 3

资料来源：（台湾交易所）杜煜慧：《日本的公司管控》，http：//www. tse. com. tw/statistics/essayF. htm。

就韩国而言，韩国在 1997 年刚刚加入 OECD“富人俱乐部”不久即发生金融危机，并受到重创。危机之后，韩国痛定思痛，大刀阔斧地进行各项改革，成效明显。在公司治理方面也是如此。1999 年 9 月，韩国公司治理委员会发布《韩国公司治理最佳实务准则》，在引进外部董事制度（实际上是独立董事制度）方面作了大胆的尝试。董事会应当包括外部董事，外部董事独立于公司管理层和有重大影响的股东之外行使职责。外部董事的数量应当保证董事会实际上的独立性，特别建议金融机构与大型上市公司逐渐增加外部董事的比率至总董事人数的1/2以上（至少3名外部董事）。外部董事不应与公司、有重大影响的股东和管理层有任何影响其独立性的利益联系。董事会中应建立一个审计委员会，审计委员会至少有3名董事会成员，最少2/3（包括委员会主席）应为外部董事。至少1人拥有审计专业知识。

就我国台湾地区而言，1998～1999年上市公司财务危机暴露出台湾公司治理存在严重问题。台湾上市公司董事与监察人多由控制股东成员担任。一些大股东借此挪用公司资产炒作股票，甚至“掏空”公司资产，剥夺众多小股东的利益。1989年，台湾证券交易所修订《有价证券上市审查准则》，要求董事、监察人须能独立行使职能，否则不得上市。1993年，台湾证券交易所上市审议委员余雪明教授提出，申请上市的公司须承诺于上市后增加2位外部董事或监察人，此议得到其他审议委员的支持。其后，申请上市的公司约有90%以上在上市后增加独立董事或监察人。台湾证券交易所的上述要求并没有明确的法规文件，仅是道德上的要求。一些上市公司为达到上市目的，在上市前即增加形式上独立的人员进入董事会，遇到董事、监察人改选，则又恢复原状。据台湾交易所的一项问卷调查，到1997年底，在有效问卷的140家公司中，董事会设有独立董事的占67.6%，外部董事人数占全体董事人数的34.96%。

三、独立董事与监事的作用无法相提并论

有比较才会有鉴别。我们可以从独立董事和监事的比较中，来看待和把握独立董事的作用。

讲到独立董事的作用，首先不得不提到董事会的作用。一般认为，董事会是公司治理的核心，因为董事会在现代公司中处于核心地位。从各国的实践看，董事会建设是公司治理的核心，它通过董事会下设的专门委员会来运作：执行委员会在董事会休会期间全权代表董事会；战略委员会；审计委员会：一些交易所规定上市公司或拟上市公司必须有审计委员会，这是最重要的一个委员会；提名委员会；薪酬与考核委员会。

从西方国家的实践看，独立董事的职责可以概括为以下几个方面：参加董事会的会议，并就重大问题进行表决；作为社会公众的代表，保护投资者利益；将外部的、客观的观点引入董事会；为公司带来新的知识、技能和经验；带领公司渡过困难或敏感的时期；控制董事会主席/首席执行官的不当行为；对公司经营管理实施监督；为公司建立更广泛的外部联系。

关于监事会的职能，各国有不同的规定。

日本的规定是：正常会计监察；业务的合法性监察；随时可以要求董事及经理人或其他使用人提供营业报告，或调查公司的业务及财产状况；出席董事会会议并陈述意见；要求董事停止某些因违法可能给公司带来重大损害的行为的请求权；公司对董事或董事对公司提起诉讼时，监事可以代表公司；监事监察的结果应作成监察报告书。

韩国《公司法》规定，监事会至少有9项职能：（1）业务监察权，即监察董事的职务执行，会计监察权包含在业务监察权之内；（2）子公司的监察权；（3）出席董事会并陈述意见权，旁听讨论、表决过程，可以就适法与否发表意见；（4）董事会会议记录上的签章权；（5）董事报告的接收权：即董事发现有可能给公司带来显著损害之事实时，应立即向监事报告；（6）股东大会的召集请求权；（7）留止请求权，当董事违反法令或者章程的行为有可能给公司带来不能恢复的损害时，监事可以为公司请求董事留止该行为；（8）关于解任监事的意见陈述权；（9）公司和董事之间的诉代表权以及各种诉提起权。

中国的规定：《公司法》第 126 条规定，监事会行使下列职权：(1) 检查公司的财务；(2) 对董事、经理执行公司职务时违反法律、法规或者公司章程的行为进行监督；(3) 当董事和经理的行为损害公司的利益时，要求董事和经理予以纠正；(4) 提议召开临时股东大会；(5) 公司章程规定的其他职权。

通过比较，我们不难发现，独立董事与监事会两者的作用不能同日而语。总体上说，独立董事强化了董事会的独立性，并通过董事会发挥作用，监事只是监察机关，并且主要是事后监察，其作用是不能与独立董事相比拟的。具体来说，独立董事可以发挥三个方面的作用：一是通过"以手投票"参与决策，对董事和经理层进行提名，考核业绩与决定薪酬，利用自己的名声和资源为公司服务；二是通过事前把关、事中监督来达到对财务会计、董事职务行为的监督；三是因其独立性，承担着保护中小投资者的社会责任。

四、妨碍独立董事制度发挥作用的几个难点

任何一项制度都不可能十全十美。我们知道，董事会建设是公司治理的核心，又是公司治理的难点。我们常常听到董事难于"懂事"，董事会是摆设等说法，就是针对此而言的。妨碍独立董事制度发挥作用的难点主要有以下几方面：

(一) 独立董事的独立性问题

与目前大家均十分关注的注册会计师的独立性一样，独立性也是独立董事的生命线。可以说，独立董事制度的核心是对独立董事"独立性"的规定，更在于在实践中严格把握这种"独立性"，真正将不独立的董事排除在独立董事之外，避免再出现类似于安然那样的"有浓厚人际关系的俱乐部"。

美国全国证券交易商协会（NASDR）对独立性的规定是：独立董事意味着该董事不是该公司及其附属机构的雇员，并且与公司不存在任

何董事会认为有可能影响到其进行独立判断的关系。下列人员不能担任独立董事：在过去 3 年内曾经被公司雇用；在上一财政年度内从公司及其附属机构获得除董事费、退休金等外的报酬超过 6 万美元；在过去 3 年内曾担任该公司及其附属机构的高级经理人员的近亲；关联公司的合伙人、控股股东或高级经理人员；如本公司高级经理人员担任其他公司董事会薪酬委员会成员，则这些公司的高级经理人员不得担任本公司的独立董事。

英国海尔梅斯（Hermes）养老基金管理公司的规定是：不是或不曾是公司或集团的雇员；担任董事的年限在 10 年以内，年龄不超过 70 岁；不代表大股东或某个利益集团，如供应商、债权人等；未从公司获得除独立董事费以外的收入；未参与公司的股票期权计划或其他以公司业绩为基础的报酬计划；无利益冲突或交叉担任董事；与公司及其高级经理人员之间不存在其他重大的、会妨碍其对股东忠诚的财务关系或个人关系。

中国的规定是：独立董事必须具有独立性，下列人员不得担任独立董事：（1）在上市公司或者其附属企业任职的人员及其直系亲属、主要社会关系；（2）直接或间接持有上市公司已发行股份 1% 以上或者是上市公司前 10 名股东中的自然人股东及其直系亲属；（3）在直接或间接持有上市公司已发行股份 5% 以上的股东单位或者在上市公司前 5 名股东单位任职的人员及其直系亲属；（4）最近 1 年内曾经具有前三项所列举情形的人员；（5）为上市公司或者其附属企业提供财务、法律、咨询等服务的人员；（6）公司章程规定的其他人员；（7）中国证监会认定的其他人员。

这些规定当然是必要的，但问题在于在实践中谁去真正把关。

（二）管理层薪酬安排相互“抬轿”问题

在过去的 20 年中，西方很多公司业绩增长为 15%，而公司管理层的薪酬则增加了 200 倍。这表明，即便在独立董事制度实行得比较好的美国，管理层补偿仍有许多令人担忧的问题：一是管理层薪酬标准的确定过程缺乏独立性与公正性，很多公司的薪酬委员会甚至包括CEO在内；二是管理层的薪酬往往与公司的股价不关联，很多情况下甚至是相反的，特别是股票期权，更成为股价暴涨的另一个诱因；三是透明性远远不够，大多数的上市公司不仅不敢将其管理层的薪酬标准与构成提交股东大会表决，而且互相攀比，水涨船高。《福布斯》（Forbes）根据调查写了一篇很有意义的报道——"I'll pay yours if you'll pay mine"（Forbes，September 3，2001），认为许多大公司的薪酬安排往往成为管理层与独立董事讨价还价的场所。也就是说，独立董事的薪酬由公司管理层定，而公司管理层的薪酬则由独立董事定，这样就成了"如果你给我支付，我将给你支付"的结局。

（三）独立董事与监事会的关系问题

这是实行监事会制度的日本、韩国、中国台北和中国大陆在引进独立董事制度后出现的新问题。从法律地位上说，目前独立董事还只是法规层面的规定，而监事会是法律层面的规定。同时两者的工作时间也不相同，独立董事是公司的外部人员，只在公司工作很短的时间；监事特别是职工监事是公司的内部人员。由于独立董事和监事均具有监督职能，这就必然存在一个分工或两者的最终取舍问题。从目前的实际运行结果看，两者之间形成了一个大体分工，表现为：

财务监督权区分：两者均以财务监督为主，独立董事主要属于事前的把关和事中的监督，监事主要属于事后的审查。

业务监督权区分：业务监督即董事职务行为的监督，独立董事的监督属于自我纠正功能，以妥当性监督为主，同时涉及合法性和效率性；监事则以合法性监督为主，只对显著不当的业务执行进行妥当性监察。

五、中国公司治理的现状呼唤独立董事制度

一般来说，股权结构决定治理结构和治理模式，有什么样的股权结构就会有什么样的治理结构和治理模式。按股权的分散程度，股权结构

可以分成以下3种情况：一是股权高度集中的公司，大股东占支配地位；二是股权高度分散的公司，管理层在公司决策中占支配地位；三是一股独大下的内部人控制情况。在这3种情况下，独立董事通过提高董事会的独立性，可以制约大股东和管理层的极端行为，对内部人形成一定的制约机制，从而代表社会公众的利益，较好地发挥监督作用。

中国上市公司目前的股权结构中，以上3种情况均存在。在缺乏有效制约的情况下，我国上市公司治理还十分不完善，概括起来主要有以下3个方面：

一是大股东或控股股东对上市公司的“掏空”行为较为普遍。据《上海证券报》2002年3月28日开始的“大股东欠款问题系列报道”，70多家上市公司高达290亿元资金被大股东占用，清欠工作十分艰巨。

二是上市公司恶意造假行为及虚假信息披露问题较为严重。从深交所上市公司信息披露的情况看，违规行为主要包括以下三大类：（1）虚假信息披露，包括发行时虚假陈述及上市后的虚假信息等，约占违规信息披露事件的13.3%；（2）信息未披露，包括未及时公告重大信息和存在多处重大遗漏等，共占违规信息披露事件的69.72%；（3）未经正式和规定的渠道，擅自披露或泄露有关信息及其他违规行为，共占违规信息披露事件的16.98%。

三是董事会要么成为摆设，要么成为大股东或内部人的工具；监事会缺乏独立性、形同虚设。如中科创业的董事会被大股东派出的7个董事操纵；三九医药被三九集团“掏空”，监事长就是三九医药的财务总监。监事的来源一般都是大股东委派或内部职工，有没有相关的财务会计法律知识不说，不独立是一个致命缺陷。

在这种情况下，中国证监会于2001年8月16日发布了《关于在上市公司建立独立董事制度的指导意见》，要求各境内上市公司应当按照本指导意见的要求修改公司章程，聘任适当人员担任独立董事，其中至少包括一名会计专业人士（会计专业人士是指具有高级职称或注册会计师资格的人士）。在2002年6月30日前，董事会成员中应当至少包括2

名独立董事；在2003年6月30日，上市公司董事会成员中应当至少包括1/3独立董事。笔者认为，中国引进独立董事制度的初衷或者基本的考虑主要如下：一是在短期内抑制“坏孩子”的示范作用。正如周小川主席所强调的：“中国的上市公司、投资者都相当年轻，就像小学生一样，小学生的模仿性强而理性的主见不够，因此小学校的风气很重要，要看是好孩子起示范作用还是坏孩子起示范作用。现在我们看到的是坏孩子起示范作用，一批恶性案件已经出现或将陆续出现，有更多的人在试图效仿。”二是立足于在中长期内能够形成良好的公司治理及诚信文化。史美伦副主席强调：在5年之内发展一大批独立董事，期望他们在3~5年时间内在公司治理方面产生影响。

出于这样一种考虑，中国引进独立董事制度有着特定的制度安排。这种安排在《关于在上市公司建立独立董事制度的指导意见》中体现得十分明显。也就是说，中国引进独立董事制度，如果能够在以下3个方面发挥一点作用，就可以说基本达到预期目标：第一，上市公司应当赋予独立董事以下特别职权：重大关联交易（指上市公司拟与关联人达成的总额高于300万元或高于上市公司最近经审计净资产值的5%的关联交易）应由独立董事认可后，提交董事会讨论。第二，独立董事应当对上市公司重大事项发表独立意见：上市公司的股东、实际控制人及其关联企业对上市公司现有或新发生的总额高于300万元或高于上市公司最近经审计净资产值的5%的借款或其他资金往来，以及公司是否采取有效措施回收欠款；独立董事认为可能损害中小股东权益的事项。第三，上市公司应当将独立董事的意见予以公告，独立董事出现意见分歧无法达成一致时，董事会应将各独立董事的意见分别披露。

当然，独立董事制度在中国还是一个新事物，强化独立董事制度需要完善外部治理环境。首先需要完善市场机制，包括推动股份的全流通机制，发展并购市场，促进职业经理人市场的形成等；其次需要制定相关的法规，特别是要让投资者拿起法律武器来保护自己，这就是成熟市场通行的民事诉讼制度；最后需要强化执法力度，ST郑百文、ST猴王、三九医药等违法事件，既是公司治理结构的问题，更是有法不依与执法不严的问题。

同时，强化中国独立董事制度建设，还需要方方面面进一步研究独立董事制度发挥作用的机制和制约因素，总结在推进独立董事制度过程中出现的问题，健全独立董事制度的内部细则，真正使我国独立董事制度具有可操作性。一是独立董事的独立性的把握，要真正形成一个不是由公司管理层说了算的选拔机制；二是董事及独立董事责任的落实，在目前的情况下，独立董事需要担负一定的注意责任与忠诚责任；三是要求明确执行董事与独立董事责任的区分，并制定相应的独立董事免责条款；四是独立董事的待遇与工作条件和环境，比如独立董事的保险问题。《上市公司治理准则》第 39 条规定："经股东大会批准，上市公司可以为董事购买责任保险。但董事因违反法律法规和公司章程规定而导致的责任除外。"但这个问题显然没有落实，需要有后续措施。

建立投资者赔偿机制，切实保护投资者合法权益*

引　言

保护投资者是保证资本市场长期发展的基本原则之一，并日益在世界范围内受到认同和执行。国际证监会组织（IOSCO）将“保护投资者”列为对资本市场三大监管目标①之一，欧洲证券委员会论坛（FESCO）更在2001年2月发布了《协调保护投资者的核心商业行为准则》。② 从成熟市场的情况看，保护证券投资者的基本途径主要有二个：一是运用行政手段（或行业协会形式的准行政手段）对证券公司、上市公司执行以信息披露为核心的监管；二是运用市场手段规范投资者与市场、投资者与上市公司、投资者与证券公司之间的法律关系及救济机制。就后者而言，包括教育机制、股东诉讼机制和赔偿机制。首先，投资者是市场的自愿参与者，教育机制旨在让投资者明了市场规则和风险，接受“对自己的决策承担责任”这一原则。其次，投资者又是上市公司的股东，股东诉讼机制旨在赋予投资者运用法律维护自身权利、惩罚违规公司的手段。最后，投资者又是证券公司的客户，赔偿机制旨在为投资者提供因证券公司违规和无力支付而受到伤害的风险。本文试图通过对成熟国家资本市场（主要以美国为例）的证券投资者赔偿机制的考察，探讨建立我国资本市场赔偿机制的可行性和紧迫性。

---

* 本文定稿于2002年9月。

① IOSCO三大监管目标为：保护投资者；确保市场的公正、透明和有效；降低系统风险。

② “Standards and Rules for Harmonizing Core Conduct of Business Rules for Investor Protection”.

一、证券投资者赔偿机制产生的原因及背景

（一）作为经营性机构，证券公司不可避免地会发生违规甚至破产

证券公司是证券市场重要的中介机构，它以金融服务的方式，接受投资者的保证金或委托资产，因此，它们的经营状况直接影响到投资者的利益。然而，在1971～2001年间，美国先后有299家证券公司经营失败，高峰时期每年达到数十家（见图1）；在1988～1999年间，英国先后有1 321家证券公司经营失败，其中有595家集中在1999年，占总数的45%（见图2）；在亚洲，日本三洋证券和山一证券等大批证券公司在20世纪90年代末期的金融危机中破产，造成数十亿美元的损失；中国香港也发生百富勤事件及正达证券、集丰证券、福广证券、福权证券等公司的破产。

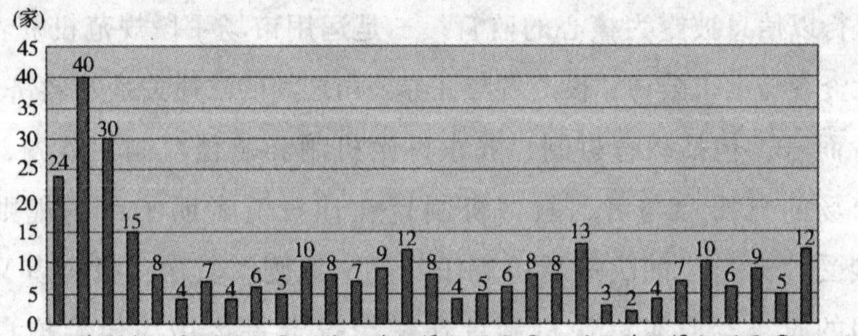

图1　1971～2001年美国投资者保护公司会员经营失败案

图2　1988～1999财年英国证券公司经营失败情况

（二）单个公司或交易所无力独自承担投资者的保证金不受损失的责任

虽然证券公司普遍提取风险准备金，但一旦发生破产，其清算财产往往不足以支付投资者的保证金。面对这种情况，美国曾试图通过自律组织加以解决，如由纽约证券交易所和全国证券经纪商协会干预会员的账户，并可以将财务状况弱的公司转入强的公司。此外，纽约证券交易所还于1964 年创立了一个数额达 1 000 万美元的“特别信托基金”，外加1 500万美元的信用额度，以便协助财务出现问题的会员和保护消费者。在随后的几年中，美国的交易所都陆续建立了这样的“特别基金”。

1969 年，美国证券市场转入熊市，股价下跌、交易量下降。大幅减少的收入和巨额存货损失，使众多证券公司陷入困境。仅纽约证券交易所就有 129 家会员公司遭到清算、合并或要求交易所提供援助，另有 71 家会员要求交易所提供部分资助。到 1970 年夏，“特别基金”用尽，纽约证券交易所又紧急从其建筑基金中抽取 3 000 万美元转入“特别基金”。然而，相对于证券公司所持有的庞大的投资者资产，“特别基金”无异于杯水车薪。据统计，1970 年，纽约证券交易所会员公司的保证金余额达30 亿美元，此外还持有 500 亿美元的客户证券。在这种情况下，亟待建立一种新的证券投资者保护、救济机制。

（三）建立证券投资者赔偿机制，是完善现有投资者保护体系的重要组成部分

以美国为例，1933 年美国国会通过《银行法案》，建立储蓄存款保险公司，以便在银行破产时对存款者进行保护；1934 年美国国会通过《全国住房法案》，建立联邦储贷保险公司，对在联邦储贷协会存款的居民提供保险；1970 年，美国国会修订《联邦信用社法案》，设立联邦信用社管理局，建立全国信用社股份保险基金，给信用社提供保险制度；1974年，美国国会通过《雇员退休收入保险法案》，建立退休收益保险公司。因此，将赔偿机制引入证券投资领域，是完善投资者保护体系的必

要步骤。

1970 年 12 月，美国国会通过《证券投资者保护法》，标志着其证券投资者赔偿机制的正式确立。该法可以被视为美国 1934 年《证券交易法》对投资者实施保护的延伸。《证券交易法》主要针对证券公司的内幕交易、操纵市场等欺诈行为进行规范、惩罚，而没有对证券公司无力支付行为的规定；《证券投资者保护法》则着眼于证券公司破产对投资者的伤害，建立了相关的赔偿机制，从而在一定程度上弥补了《证券交易法》的不足。从后来的实际执行情况看，这种补充是必要而有效的，并得到了其他国家的肯定和仿效，从而使证券投资者赔偿机制在各主要资本市场逐步确立。

二、证券投资者赔偿机制的基本框架

（一）法律基础

除了美国的《证券投资者保护法》，英国颁布了《金融服务法案1986》和《金融服务与金融市场法 2000》，日本于 1998 年颁布了《证券交易法》，中国香港分别于 1970 年、2001 年颁布了《证券条例》和《证券及期货条例草案》，德国于 1998 年颁布了《存款保护和投资者赔偿法案》。

（二）组织机构

依据《证券投资者保护法》，美国于 1970 年成立了“证券投资者保护公司”（Securities Investors Protection Corporation，SIPC）；英国在 1998 年～2001 年 2 月实行“投资者补偿计划”（Investor Compensation Scheme，ICS），2001 年 2 月以后建立了“金融服务补偿计划有限公司”（the Financial Services Compensation Scheme Limited，FSCS）；欧盟从 1998 年 9 月开始实施“投资者赔偿计划”（investor - compensation schemes）；加拿大于 1969 年设立了“加拿大投资者保护基金”（Canadian Investor Protection Fund，CIPF）；澳大利亚于 1987 年建立国家保证基金（National Guarantee

Fund，NGF）；日本在1998年以前有寄托证券补偿基金，之后有由国内券商组成的日本投资者保护基金和外国经纪公司组成的证券投资者保障基金，2002年两个基金合并成为“证券投资者保护基金（日本）”［the Securities Investor Protection Fund（Japan），SIPF（J）］；我国香港特别行政区在2002年建立“新投资者赔偿基金”；此外，中国台湾、菲律宾、印度和土耳其等国家和地区均设立了类似的机构。

以美国SIPC为例，证券投资者保护机构的基本要素为：（1）在组织形式方面，该公司不属于政府机构，而是非营利性会员组织（其会员构成见表1），但公司的解散需要国会相关立法通过。（2）在公司权利方面，SIPC除享有哥伦比亚特区公司法规定的非营利公司的一切权利外，还享有提起诉讼和被提起诉讼的权利；采用、变更和使用一种公司印章的权利；由公司董事会制定、修订和废除一些必要和适当的规则的权利；采纳、修订和废止一些必要和适当的规则的权利；指导执行操作和执行其他法案赋予的权利；租赁、购买和接受馈赠、捐赠或其他来源的财产，拥有、持有、改善、使用或处置，以及出售、转让、抵押典当、租出、交换甚至处理任何财产、不动产的权利。（3）在与监管机构的关系方面，SIPC受美国证券交易委员会SEC的监督，SIPC所建议的规章制度和规则变化都需得到SEC的首肯，而且SEC有权要求SIPC采纳、修订或废除SIPC的任何规章制度或规则。（4）在日常运作政策管理方面，SIPC建立了7人董事会，其中两位董事分别由美国财政部长以及联邦储备委员会指派，另外5位董事经参议院批准由美国总统委任；在这5位董事中，3位来自证券行业，2位来自社会公众。

表1　2001年底美国证券投资者保护公司的会员构成　（单位：个）

National Association of Securities Dealers, Inc.	4 861
SIPC	174
Chicago Board Options Exchange Incorporated	780
New York Stock Exchange, Inc.	410

续表

American Stock Exchange LLC	245
Pacific Stock Exchange Inc.	110
Philadelphia Stock Exchange, Inc.	125
Chicago Stock Exchange, Incorporated	78
Boston Stock Exchange, Inc.	8
Total	6 791

（三）运作模式

证券投资者赔偿机制的运作大致有四种模式：一是由证券监管当局认可并监管。如美国的SIPC受SEC监管；英国的ICS和FSCS受FSA监管；中国香港新的单一赔偿基金由投资者赔偿公司运作，由证监会认可并监管。二是由自律组织的行业协会监管。如日本的证券投资者保护基金就由日本证券经纪商协会（JSDA）监管，并在JSDA下设立“投资者保护基金筹备办公室”（Investor Protection Fund Preparatory Office）。三是由交易所运作并监管。如澳大利亚的国家担保基金（NGF）由澳大利亚证券交易所独资公司——证券交易担保公司（SEGC）运作。四是行业协会和交易所共同监管。如加拿大投资者保护基金（CIPF）由多伦多股票交易所、蒙特利尔交易所、加拿大风险交易所和加拿大投资经纪商协会共同设立并监管。

（四）赔偿范围

就赔偿对象而言，一般只针对指定产品的散户投资者。如中国香港新赔偿基金规定，新赔偿安排是为在联交所买卖的产品而进行交易的散户投资者提供某种程度的保障；机构投资者无权根据新安排提出申诉，交易所参与者亦无权提出申诉。又如英国投资者赔偿计划（ICS）规定，针对在英国认可的市场买卖的股票、单位信托、期货和期权以及个人养老计划，赔偿对象包括个人投资者、小型企业和信托，大型企业和金融公司不在赔偿范围之列。

就赔偿条件而言，只有当会员证券公司发生财务危机或倒闭，并导致投资者的存管证券或交易保证金蒙受损失时，赔偿基金才准予赔偿。因此，各赔偿基金一般把一些不属于赔偿范围的损失排除在外，如由于错误的投资建议而导致的损失；由于市场价格变动而造成的损失；由于通货膨胀的影响而招致的损失；由于股票发行人破产而使投资者持有的股票缩水所造成的损失；由于其他不可抗力因素而导致的损失。

就赔偿的最高限额而言，美国为50万美元（包括现金+证券，其中现金≤10万美元）；英国的ICS和FSCS均规定最高赔偿额不超过4.8万英镑，首次3万英镑可以100%支付，其后的2万英镑只能支付90%；欧盟规定对单个个体最高赔偿额不得超过2万欧元；香港新赔偿基金规定对单个投资者赔偿额最高不超过15万港元。

（五）资金来源

虽然各国赔偿基金的来源不尽相同，但主要都是由会员公司出资，积少成多，体现了“羊毛出在羊身上”的行业自保原则。以美国SIPC为例，其资金主要来源于两部分：一是来自对会员的收费。一般按各会员的总收入或净营业收入收取一定的百分比，但最低不少于150美元；当赔偿基金累积到一定程度，收费会有所减少。据统计，1971～2001年SIPC累计从会员处收取7.3亿美元，占其总收入的42%。二是投资于美国政府证券的利息收入。1971～2001年间，SIPC这部分收入达到10亿多美元，占总收入的58%。此外，SIPC可以在紧急状态下向银行或其他金融机构进行小量的短期贷款，并通过SEC向财政部贷款10亿美元。

可以看出，相对于投资者巨大的保证金等资产，赔偿基金的规模是很小的。这也是设立严格的赔偿对象、赔偿条件和赔偿限额的原因。

三、证券投资者赔偿机制的执行效果及启示

美国SIPC在30多年中处理案件299个，支付金额达51 274万美元。其中，100万美元以下的赔偿有227件，占75.9%，金额为4 887万美元，占9.5%；100万~1 000万美元之间的赔偿有64件，占21.4%，金额为20 383万美元，占39.8%；1 000万美元以上的赔偿有8件，占2.7%，金额为26 003万美元，占50.7%（见图3）。英国ICS在1988年8月~2000年3月，共处理了1 320起证券公司失败案例，向16 325个投资者支付了1.93亿英镑的资金（见图4）。截至2000年11月，对我国香港联交所赔偿基金的申诉共有6 652宗，准予赔偿金额达11.7亿港元，实际已支付4.92亿港元。其中13宗经纪公司失责案，赔偿额为3 932.4万元。

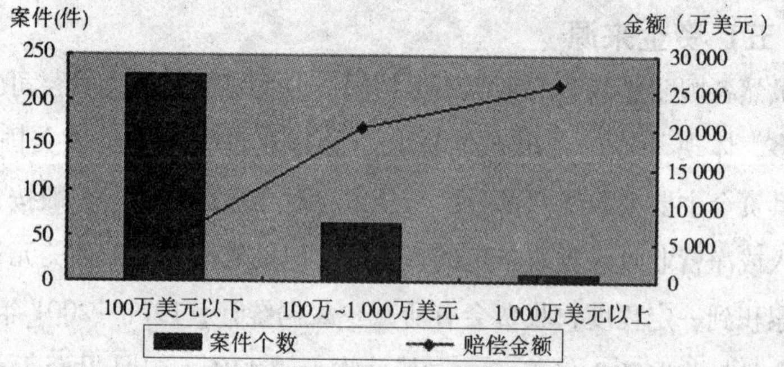

图3　美国SIPC 299个案件赔偿金额比例

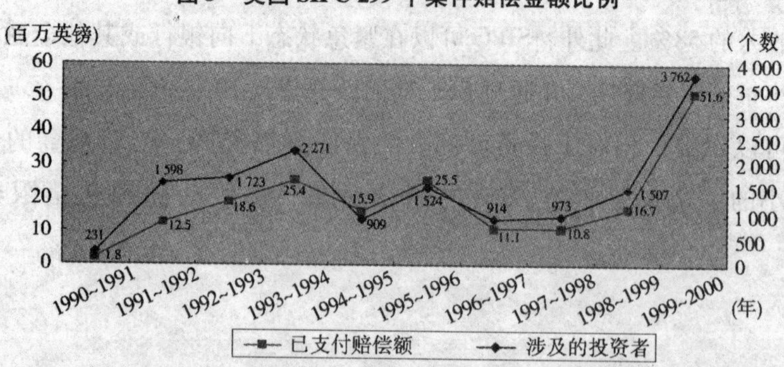

图4　1990~1999财年英国投资者保护计划实施情况

这些实例说明，证券投资者赔偿机制对于资本市场稳定和发展具有重要意义。

第一，赔偿机制通过市场手段实现对证券投资者的法律救助，已经被成熟市场的经验证明是“花小钱，办大事”的有效举措。

第二，赔偿机制采取类似于让证券公司为投资者“买保险”的方式，分散市场风险，从而切实防范和化解系统风险，有助于实现强化监管的目标。

第三，赔偿机制通过发挥金融服务业“安全网”（Security Net）的功能，有利于维护社会安定。

第四，赔偿机制从制度安排上保护投资者利益，能够增强投资者对证券市场的信心和参与积极性。

第五，赔偿机制有利于对会员证券公司的财务状况进行实时监控，从而发挥配合监管当局和自律组织监管的功能。

第六，赔偿机制还有助于化解或缓和金融危机。例如，中国香港在1998年动用赔偿机制处理证券公司破产案件，对减轻金融危机的冲击发挥了重要作用。

四、关于我国建立证券投资者赔偿机制的思考

（一）中国券商行业的发展及隐患

1. 中国的证券公司有了一定程度的发展。到2002年4月底，全国共有证券公司100多家，总资产6 000多亿元，其中注册资本在10亿元（含10亿元）以上的证券公司有43家。不过，与国际大型券商相比，我国证券公司的规模依然很小。例如，上述43家我国最大的证券公司的总资产合计为725亿美元，仅约为美林证券2 120亿美元的1/3。随着我国加入WTO和允许设立合资证券公司、合资基金公司，资本市场全球化带来的竞争迫在眉睫。从这一点上看，我国证券公司存在通过继续增资或购并来扩大规模、以应对挑战的内在动机。

2. 证券公司的股权结构向多元化发展。目前我国100多家证券公司中，只有少数公司由国家直接控制或股权比较集中。经过增资扩股，大部分证券公司的股权进一步分散，并出现了上市公司（宏源证券）和股份有限公司（南方证券等）。股权的多元化为证券公司提供了通过市场手段进行资本经营、兼并重组的可能性。图5、图6、图7提供了3家证券公司的股权结构示例。

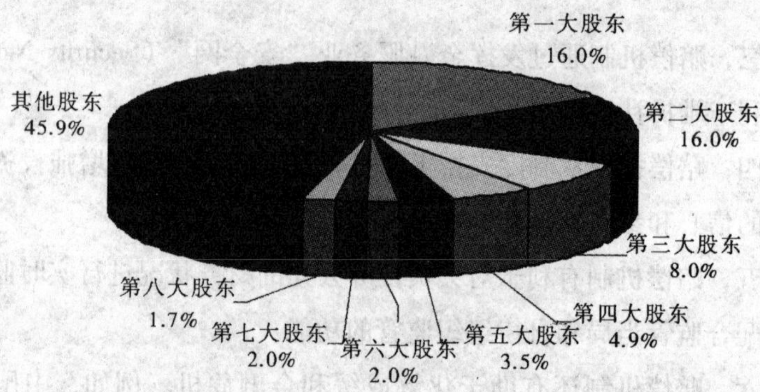

图5 中国某证券公司股权结构（1）

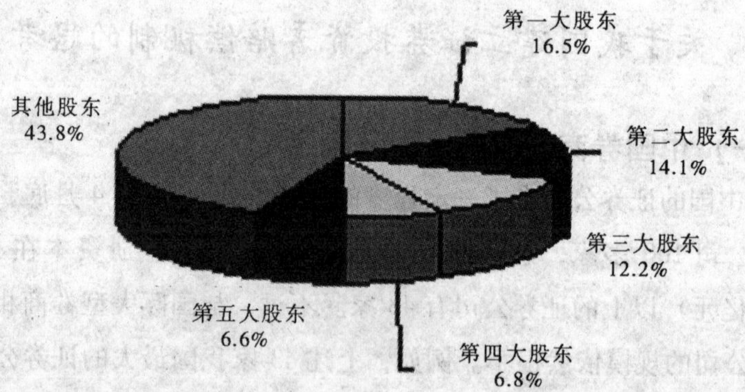

图6 中国某证券公司股权结构（2）

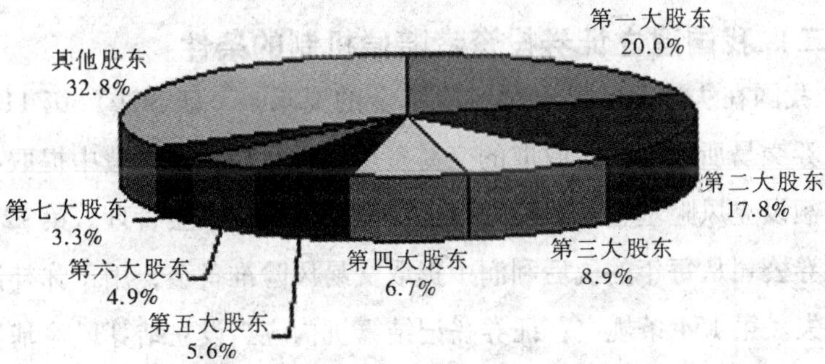

图7 中国某证券公司股权结构（3）

3. 证券公司在经营中的竞争日益激烈。随着我国证券市场的日益规范和市场参与各方理性化程度上升，券商的高利润率逐渐难以维持。从全行业税前利润总额看，2000 年为 200.77 亿元，2001 年降至 63.55 亿元，2002 年更出现了行业性亏损。从我国证券公司收入构成上分析，传统的经纪业务占收入的一半以上，竞争还停留在较低的层面上。随着佣金政策的放开，价格竞争还将全面展开；网上经纪业务的发展，又将给证券公司带来新的竞争风险。此外，证券公司的自营业务和委托理财业务中违规现象屡见不鲜，又缺乏有效的避险工具，导致其中蕴涵了巨大的经营风险。

4. 不良资产、挪用保证金等问题困扰着证券公司的稳健发展。我国证券公司在发展初期的经营不够规范，形成了大量的不良资产。按照中国证监会颁布的净资本计算规则，2001 年底时全国主要的 102 家证券公司的资产折扣与或有负债总和达 406 亿元，而各公司对该部分资产提取减值准备的动力不足。

挪用保证金问题存在已久，虽经整改，到 2001 年底，仍有 28 家证券公司挪用客户保证金 114 亿元，有些公司自身已无力归还挪用的保证金。2001 年时，我国证券公司总资产负债率达 85.42%，总负债是净资产的 5.47 倍；这些债务中“短借长用”、“拆东墙、补西墙”状况严重，资金链一断，就会引发偿付风险。

上述情况表明，我国客观上已有建立证券投资者赔偿机制的必要性。

（二）我国建立证券投资者赔偿机制的条件

1. 我国在法律上已提出对风险基金的要求。《证券法》第 111 条规定：证券交易所应当从其收取的交易费用和会员费、席位费中提取一定比例的金额设立风险基金。风险基金由证券交易所理事会管理。第 128 条规定：证券公司从每年的税后利润中提取交易风险准备金，用于弥补证券交易的损失。第 154 条规定：证券登记结算机构应当设立结算风险基金，并存入指定银行的专门账户。结算风险基金用于因技术故障、操作失误、不可抗力造成的证券登记结算机构的损失。

目前，证券交易所风险基金和结算风险基金均已经建立，证券公司交易风险准备金也在按规定由各公司自行提取。

2. 我国已采取各种措施推动解决证券公司挪用保证金问题。2002 年 1 月 1 日起施行的《客户交易结算资金管理办法》要求，证券公司必须将客户交易结算资金和客户委托资金集中统一管理，与自营资金分开处理，全额存放于客户交易结算资金专用存款账户和清算备付金账户。目前，各公司都在通过诉讼、资产置换和剥离等方式处理这些不良资产，任务十分艰巨。

（三）关于建立我国证券投资者赔偿机制的几点建议

1. 目前我国尚缺乏专门针对证券投资者赔偿基金的法规要求。从我国证券公司所处的情况和现有条件出发，制定有关赔偿机制的法规十分迫切。

2. 就赔偿机制的组织形式而言，可以考虑采取独立的、会员制的、非营利性的投资者保护公司的模式。

3. 该投资者保护公司应由中国证监会或证券业协会认可并监管，证券公司和期货公司加入成为会员。

4. 成立专门小组研究投资者保护公司运作中的具体问题，如注册资本问题、收费问题、赔偿对象问题、赔偿限额问题等。

美国《证券投资者保护法》及其对我国的启示*

美国《证券投资者保护法》针对证券公司等的无力支付行为，要求成立投资者保护公司，建立全国统一的赔偿机制，以替代由交易所等自律组织单个承担的“特别基金”。美国的实践取得了成功，许多国家或地区纷纷模仿，或者成立类似的投资者保护公司，或者建立投资者赔偿基金，旨在通过中介人为投资者买保险的方式，分散市场风险，实现法律救助，构建金融服务安全网，增强投资者信心。本文对《证券投资者保护法》出台的背景及主要内容、成熟市场运用赔偿机制的情况作一初步分析，并就中国如何建立这样的赔偿机制提出一些看法。

一、美国《证券投资者保护法》立法背景

1970年12月，美国国会通过《证券投资者保护法》。这个法案的出台，反映了证券公司单个个体或交易所无法胜任大量公司破产时对投资者的保护重任。因为在20世纪60年代后期，随着美国3年多牛市的结束，一批证券公司宣告破产，交易所与行业自律组织的“特别基金”被耗尽，一大批公司等待破产保护。在严峻的事实面前，美国国会不得不仿照银行存款保险公司的惯例，成立投资者保护公司（SIPC）来运作投资者保护公司基金（SIPC Fund）。

证券公司与银行等金融机构一样，如果破产清算，其破产财产一般不足以支付投资者的保证金损失。即便是像今天证券公司普遍提取了风险准

* 本文完稿于2002年10月11日。

备金，对于数量较大的破产案也是很难办到的。在证券公司单个个体无法应付困难局面的情况下，投资者的利益会受到严重损害，并由此引发“挤提”，形成系统风险。为了尽量抑制证券公司破产所带来的负面影响，美国在20世纪60年代之前采取了由证券业行业自律组织来承担的方式。如当时的纽约证券交易所和全美证券经纪商协会就负有此项义务。据相关资料记载，这些自律组织能够将财务状况比较差的会员公司的账户转移到财务状况比较稳健的公司，可以为经营失败的会员公司提供流动性，或者直接将财务状况差的公司合并到财务状况比较好的公司。但是，这种依赖行业组织承担保险的做法，到了20世纪60年代后期，再也无法持续下去了。

20世纪60年代，美国股市经历了一个大牛市。1962年6月到1966年2月，道·琼斯工业指数持续上涨了3年零6个月，成为道·琼斯指数历史上第二长的上涨期。交易量的大幅增加，对经纪公司在完成每一笔交易时处理复杂的文书工作形成巨大压力。在交易严重依赖人工操作的时代，发生了许多不能及时送达证券凭证或完成交易的情况，并产生了“后台清算”危机。在这个过程中，很多公司挪用顾客保证金去从事经营活动，包括进行交易和包销，从而使这些存款保证金处于风险当中。由于在商业契约方面的巨大失败，美国Ira Haupt and Company于1963年宣告经营失败，纽约交易所不得不插手为公司提供流动性。考虑到问题的严重性，纽约交易所于1964年创立了一个数额达1 000万美元的“特别信托基金”，外加1 500万美元的信用额度，以便协助遭遇麻烦的会员和保护消费者。不久，美国交易所（America Stock Exchange）也紧随纽约交易所加入了这一行列。1968年，美国所有的交易所都建立了这样的“特别基金”。

1969年，美国牛市结束，股价下跌和交易量下降，而许多经纪商手中存货一大把。直线下降的收入和巨大的存货损失，导致129家纽约交易所的会员公司或者被清算、或者被合并、或者要求交易所提供援助，另有71家要求交易所提供资助。1970年夏天，“特别基金”就被用光，不够支付失败会员公司的顾客账户。在这种紧急情况下，纽约交易所从它的建筑基金中转入 3 000 万美元到“特别基金”。如果会员经纪公司继续失败，“特别基金”无疑是杯水车薪。据统计，1970 年，纽约交易所会员公司的保证金余额达 30 亿美元，另外，经纪商还拥有 500 亿美元的顾客的证券。因此，交易所无论如何也不可能提供足够的保护。

在这种情况下，人们感觉到美国证券业需要有像银行业储蓄存款保险公司（FDIC）和联邦储贷保险公司（FSLIC）那样的机构。于是，在证券行业中建立类似机构的提纲提出来了，这个提纲得到美国证监会、财政部和国会联合组成的证券业特别行动组的赞同。在这个时候，甚至有人提出担保所有到美国证监会登记的公司，而不需要作任何进一步的监管检查。这个主张被其他国会议员否认，但对消费者账户进行保险的思想得到了大部分国会议员的支持。1970 年 12 月，国会通过了《证券投资者保护法》。

同时，这个法案的出台，又是美国投资者保护政策向前发展和日臻完善的证明。1933 年，美国国会通过《银行法案》，建立储蓄存款保险公司（FDIC），以便在银行破产时能够对存款者进行一些保护。1934 年国会通过《全国住房法案》，建立联邦储贷保险公司（FSLIC），对在联邦储贷协会存款的居民提供保险。1970 年，美国国会修订《联邦信用社法案》，设立联邦信用社管理局（NCUA），建立全美信用社股份保险基金（NCUSIF），给信用社提供保险制度。1974 年，通过《雇员退休收入保险法案》，建立退休收益保险公司（PBGC）。也就是说，《证券投资者保护法》是美国投资者保护法律体系的重要组成部分，它的制定标志着美国金融安全网建设日益完备。

另一方面，《证券投资者保护法》是 1934 年《证券交易法》保护投资者的必要延伸。1934 年美国《证券交易法》旨在建立保护投资者的法律框架。但这个框架是针对证券公司等进行内幕交易、操纵市场等不诚实的证券欺诈行为的，证券公司等的无力支付行为是不包括在内的。《证券投资者保护法》着眼于证券公司破产对投资者的伤害，应该说在一定程度上弥补了《证券交易法》在这个方面的不足。

二、美国《证券投资者保护法》主要内容

《证券投资者保护法》自1970年颁布以来，成为美国保护证券投资者的基本法律文献，尽管有几次修订，总的原则没有改变。

（一）设立投资者保护公司

依据1934年设立的银行存款保险公司的形式，《证券投资者保护法》要求建立一个投资者保护公司（SIPC），具体实施对证券投资者的保护。这个公司不属于美国政府的机构或组织，是会员制的不以营利为目的的公司。公司的解散需要通过相关的国会立法。

（二）投资者保护公司的权利

除依法享有哥伦比亚行政区《非营利公司法》规定的非营利公司的一切权利外，投资者保护公司在具体执行时还享有一系列权利：

1. 提起诉讼和被提起诉讼的权利，能够以公司的名义和通过它自己的辩护律师，在美国任何州法院、联邦法院或其他法院进行起诉和实施防卫。

2. 采用、变更和使用一种公司印章，这应该被公平地加以注意。

3. 公司董事会能够制定、修订和废除一些必要和适当的规则。比如商业行为准则，董事、执行官和雇员责任与损失的补偿。

4. 采纳、修订和废止一些必要和适当的规则，比如《证券投资者保护法》使用的一些条款的界定，会员流动性安排程序和对客户账户、财产及SIPC经费支付等直接支付程序的规定。

5. 指导执行操作和执行其他法案赋予的权力。

6. 租赁、购买和接受馈赠、捐赠或其他来源的财产，拥有、持有、改善、使用或处置，以及出售、转让、抵押典当、租出、交换，甚至处理任何财产、不动产等的，不管这些财产或不动产处于何地。

（三）公司董事会的组成

法案规定，SIPC 应该建立一个董事会，以便决定管理 SIPC 日常运作的政策。该董事会由 7 位董事构成。董事会的主席和副主席由总统从与经纪公司没有关系的社会公众董事中任命。一般地讲，每一董事的任期不超过 3 年，1 年后需要更换 2 位董事，2 年后更换另外 2 位董事，3 年后更换余下的 3 名。所有关于董事的补偿均须在 SPIC 的规则中加以明确。

（四）投资者保护公司受美国证监会（SEC）监督

监管主要表现在以下三个方面：

1. 建议中的规章制度变化。SPIC 建议制定、修订或废止的规章制度，其董事会均须向证监会递交一份复印件，同时简要陈述做出这些改变的背景和目的。除非因该项变动违背公众利益或者与本法案的目的相冲突，或者该项变动事关公众利益需要公众评论，每一项变动在递交复印件后 30 天内生效，或者由 SIPC 在 30 天后签署生效，或者可能由证监会决定而在 30 天以内生效。

2. 建议中的规则变化。SPIC 建议制定、修订或废止的规则，除需要送复印件外，还需要首先公开听取社会公众特别是利益相关者的意见，并得到证监会的最后批准。

3. 需要证监会采取的行动。在某些规则对公共利益或本法案的目的是必要和适当的时候，证监会可以要求 SIPC 采纳、修订或废除 SIPC 的任何规章制度或规则，不管这些规章制度或规则是什么时候开始实施的。

（五）投资者保护公司基金及其运用

法案规定，SIPC 须建立投资者保护公司基金（SIPC Fund）。SIPC 接收的所有款项必须存入该基金，SIPC 所有的支出必须从该基金中拨出。在基金的平衡表上，基金主要由两部分组成，一是手持现金或存款，二是投资于美国政府债券或代理机构债券的款项。

（六）投资者保护基金的资金来源

法案要求从1970年12月30日算起的125天内，基金的平衡表中，收入不得低于7 500万美元，支出不得超过这个数目。其资金来源主要是对会员的收费。一般是按每一会员的总收入或净营运收入收取一定的百分比，但最低不得低于150美元。如法案要求在基金成立的120天内，可以按1969年财政年度会员总收入一个百分点的1/8收缴。为了应急，法案允许SIPC向银行或其他金融机构有小量的不超过1年的信用借款。另外，还可以通过SEC向财政部贷款10亿美元。

另外，《证券投资者保护法》对投资者保护的申报、基金的运作及相关事宜和程序作了详细规定。

三、成熟市场普遍运用赔偿机制来保护投资者利益

继美国《证券投资者保护法》之后，成熟市场相继通过投资者保护法规，如英国的the Financial Services Act 1986和the Financial Services and Markets Act 2000；欧盟的The European Investor Compensation Directive (1997)；日本的《证券交易法》（1998年）；中国香港的《证券条例》(1970年）和《证券及期货条例草案》（2001年）；德国的《存款保护和投资者赔偿法案》(1998年)；澳大利亚的《1987年澳洲证券交易所国家保证基金法》。

根据这些法规，这些国家或地区或者建立类似于美国的投资者保护公司，或者成立投资者赔偿基金，从而使赔偿机制成为投资者保护的重要机制之一。无论是采取投资者保护公司的模式还是采取英国、中国香港等赔偿基金的模式，基本上都是把证券或期货经纪商作为会员。

从全球范围来看，投资者赔偿机制的运作基本上有四种模式：一是由证券监管当局认可并监管；二是由自律组织的行业协会监管；三是由交易所运作并监管；四是行业协会和交易所共同监管。

要对投资者进行赔偿，就得解决资金来源问题。尽管各国解决资金来

源的方式有所不同，但主要是由会员公司出资，积少成多，体现了“羊毛出在羊身上”的行业自保原则。

就赔偿对象而言，一般只针对指定产品的散户投资者。我国香港新赔偿基金规定：新赔偿安排是为在联交所买卖的产品而进行交易的散户投资者提供某种程度的保障。机构投资者无权根据新安排提出申诉，交易所参与者亦无权提出申诉。英国赔偿计划（ICS）规定，针对在英国认可的市场买卖的股票、单位信托、期货和期权以及个人养老计划，赔偿对象包括个人投资者、小型企业和信托，大型企业和金融公司不在赔偿范围之列。

就赔偿范围而言，只有当会员证券公司发生财务危机或倒闭，并导致投资者存在会员公司的证券、交易保证金蒙受损失时，赔偿基金才准予赔偿。因此，各赔偿基金一般均采用排除原则，把一些不属于赔偿范围的损失排除在外：（1）由于错误的投资建议而导致的损失；（2）由于市场价格变动而造成的损失；（3）由于通货膨胀的影响而招致的损失；（4）由于股票发行人破产而使投资者持有的股票缩水所造成的损失；（5）由于其他不可抗力因素而导致的损失。

投资者可以得到的赔偿有最高限额。

四、建立中国投资者保护机制的基本考虑

投资者赔偿机制之所以在全球主要国家或地区迅速展开，主要是因为证券公司破产清算不可避免。从西方国家的经验看，建立投资者赔偿机制作用是十分明显的。

第一，投资者赔偿机制是运用市场手段实现法律救助的有效形式，已经被成熟市场经验证明是花小钱、办大事的有效举措。

第二，投资者赔偿机制通过中介人为投资者买保险的方式，分散市场风险，从而切实防范和化解系统风险，实现监管目标。

第三，投资者保护基金被誉为金融服务业的安全网，有利于确保社会的安定。

第四，有利于从制度上保护投资者的利益，增强投资者对证券市场的信心，提高投资者入市的积极性。

第五，投资者赔偿机制有利于对会员证券公司财务等情况的实时监控，从而达到配合证券监管当局和自律组织监管的作用。

第六，投资者保护基金还有助于缓和和化解金融危机。

对于目前的中国资本市场，建立投资者保护机制十分必要。

首先，中国证券公司有了一定程度的发展。1999 年，证券公司注册资本在 10 亿元以上的不足 15 家，大部分证券公司在 1 000 万元～5 亿元之间。2002 年 4 月底，注册资本在 10 亿元以上（含 10 亿元）的证券公司达 43 家，注册资本总计为 808 亿元；注册资本在 15 亿元以上（含 15 亿元）的证券公司有 26 家，注册资本总计为 625 亿元。

其次，中国证券公司的生存环境正在发生变化。一是股权正在多元化。目前，我国 120 多家证券公司中，只有少数公司由国家直接控制，如中国银河证券产权 100% 归财政部所有；只有少数公司股权比较集中，如光大证券由中国光大集团总公司和中国光大控股有限公司（香港）拥有。在经过增资扩股后，大多数证券公司股权都在进一步分散，并出现了上市公司——宏源证券，股份有限公司——南方证券等。二是竞争将日趋激烈。我国证券公司规模依然普遍偏小，与海外投资银行的总资产相比差距很大。中国加入 WTO 以及允许合资证券公司和合资基金管理公司的成立，无疑会使我国证券公司面临更加激烈的竞争。同时，佣金制度改革，将从根本上改变过去证券公司旱涝保收的局面，对经纪的收入构成相应的压力。在激烈的竞争中，难免会有一些证券公司退出市场。三是资产质量对证券公司稳健经营提出挑战。据深交所对 102 家会员公司的初步摸底，资产质量不高依然是制约我国证券公司进一步发展的重大因素。2001 年，102 家证券公司的股本增长 46%，但净资产只增长 22%。一些证券公司很难满足资本充足率的要求，持续稳健经营受到影响。近几年来，已经出现一些证券公司因违规经营导致资产质量恶化而被接收或合并的情况，加上信托公司在分离信托与证券业务中出现的问题，一些证券公司的合并或破产将难以避免。

同时，中国逐步建立投资者赔偿机制的条件也在日益成熟。除了中国已经将投资者保护当作监管工作的重中之重外，还体现在两个方面：一方面，中国已经妥善解决了投资者保证金问题。根据成熟市场的经验，保证金问题是赔偿机制的关键之一。欧美均要求将客户保证金与投资银行自有资金严格分隔。在此之前，日本市场由于没有实施分隔，因此，外资经纪公司不愿意与日本证券公司共同建立赔偿基金。最近这个问题得到解决，日本统一的证券投资者保护基金才得以建立。中国证券公司在保证金问题上有过重大教训。1998 年以来，中国采取各种措施，已经妥善解决证券公司挪用客户保证金问题。2002 年 1 月 1 日施行《客户交易结算资金管理办法》，要求证券公司将客户交易结算资金和客户委托资金集中统一管理，与自营资金分开办理，全额存放于客户交易结算资金专用存款账户和清算备付金账户。另一方面，中国证券市场已经着手建立赔偿机制。《证券法》第 111 条规定："证券交易所应当从其收取的交易费用和会员费、席位费中提取一定比例的金额设立风险基金。风险基金由证券交易所理事会管理。"第 128 条规定："证券公司从每年的税后利润中提取交易风险准备金，用于弥补证券交易的损失。"第 154 条规定："证券登记结算机构应当设立结算风险基金，并存入指定银行的专门账户。结算风险基金用于因技术故障、操作失误、不可抗力造成的证券登记结算机构的损失。"目前，证券交易所风险基金和结算风险基金均已经建立，证券公司交易风险准备金也在按规定由各公司自行提取，但是还缺乏对投资者的赔偿基金。从中国证券公司所面临的生存环境看，当前建立这样的基金尤其迫切。

建立中国投资者赔偿机制的几点思考：

第一，建议根据市场需要，尽快研究在中国建立投资者赔偿机制的具体法规。

第二，建立投资者赔偿机制，可以考虑采取独立的、会员制的、不以营利为目的的投资者保护公司的模式。

第三，投资者保护公司由中国证监会或中国证券业协会认可并监管，证券公司和期货公司均应加入该公司成为会员。

第四，成立专门小组研究投资者保护公司运作中可能出现的问题。建立投资者保护公司涉及一系列复杂问题，如注册资本问题、收费问题、赔偿对象问题、赔偿限额问题等，需要认真研究，谋而后定。

健全独立董事制度，提升公司治理水平*

一、独立董事制度是健全公司治理的重要举措

江泽民同志在党的十六大报告中指出："按照现代企业制度的要求，国有大中型企业继续实行规范的公司制改革，完善法人治理结构。"这充分体现了党和国家高度重视法人治理结构在深化国有企业改革，建立和完善现代企业制度中所发挥的重要作用，也凸现了公司治理在我国证券市场规范与发展中的战略地位。健全和完善的公司治理不仅促进国民经济和资本市场的健康稳定发展，而且可以在提升上市公司价值方面发挥重要的积极作用：一是有利于减少公司代理成本，使代理人更好地代表与实现股东利益，促进公司业绩稳定增长，减少企业发展中的曲折和不确定性。二是有利于减少内部人控制所产生的腐败和决策失误，更好地保护投资者利益，提高市场信心和凝聚力。三是有利于树立公司良好的市场信誉和品牌，降低融资成本，更好地实施公司发展战略。据麦肯锡2000年一项对包括美国、英国、德国、法国、日本、中国台湾等13个国家和地区的调查显示，机构投资者愿意为治理良好的公司多付平均达22%的溢价。四是有利于培养全社会的诚信意识，创造公司治理文化和社会价值。诚信是公司治理的精髓，也是市场经济的灵魂。良好的公司治理将督促上市公司高管人员重视诚信，讲求诚信，以诚信为本，使诚实守信、勤勉尽责成为一种自觉的行动，进而推动全社会形成健康的诚信文化和行为规范。

在强化上市公司的治理过程中，独立董事制度建设是一个重要举措。独立董事制度产生的基础在于上市公司事关公众和社会利益。从成熟市场

* 本文完稿于2002年12月2日。

看，上市公司董事会经历了由非执行董事为主到执行董事为主再到独立董事为主的演变过程。19 世纪中期以前，是非执行董事在董事会中占主导地位的阶段。这些非执行董事开始时主要是股东特别是大股东。在企业效益最大化和股东利益最大化一致的主导观念支配下，股东当董事在当时是顺理成章的事情，但大股东在追求利益最大化的同时，往往采用损害他人利益的办法来获利，由此引起大小股东的利益冲突。从 19 世纪中期到 20 世纪 70 年代，是执行董事开始支配董事会的阶段。这是股权高度分散下经理革命的产物，但由此却带来经理层的内部人控制弊端和一系列公司丑闻，危及广大中小股东的利益。20 世纪 70 年代以来，非执行董事特别是独立的非执行董事在董事会中占据了控制权。1978 年纽约股票交易所首先规定，所有上市公司审计委员会的外来董事必须占大多数，并且组成董事会至少要有两名外来董事。这一规定推动了独立董事的成长。80 年代，美国大多数董事会的独立董事比例不断攀升，平均维持在 2/3 的强势比例以上。据经济合作与发展组织（OECD）1999 年统计，美国独立董事比例为 62%，英国为 34%，法国为 29%。另外，美国《财富》1 000 强中，独立董事比例高达 82%。

20 世纪 90 年代以来，独立董事制度在曲折中发展，已经成为全球强化公司治理的重要方向。首先是一直实行监事会制度的日本、韩国、中国台湾开始引进独立董事制度。《日本公司治理原则》明确要求引进独立董事制度，《韩国公司治理最佳实务准则》要求在引进独立董事制度方面作大胆的尝试，韩国交易所对不能达到要求的上市公司将按退市条件处理。中国台湾上市公司中董事会设有独立董事的占 67.6%，外部董事人数占全体董事人数的 34.96%。其次是美国坚持和完善了独立董事制度。安然事件使独立董事制度经受了严峻的考验。据相关资料介绍，安然公司董事会就是一个“有浓厚人际关系的俱乐部”，对此社会各界意见纷纷。2002 年 7 月 30 日，布什总统签署《上市公司会计改革及投资者保护法》，要求建立隶属于美国 SEC 的会计监察委员会，要求完全由独立董事组成的审计委员会来确保财务审计质量。2002 年 8 月 16 日，纽约证券交易所颁布《公司会计责任与上市标准委员会报告》，明确要求独立董事须在董事会中占多数，要求审计委员会在聘任和解雇公司独立审计师方面拥有全权，在批准由审计师提供的非审计报告方面有决断权。

独立董事制度风靡全球，成为完善上市公司治理的重要举措，是由其制度优势决定的。第一，独立董事制度能够提供科学决策机制。独立董事参与决策，可以给公司带来客观性和科学性，增强董事会的独立性，保证决策的公正性和准确性，最大限度地减少公司重大决策失误。第二，独立董事能够提供相互约束的制衡机制。以独立董事为主体的各种委员会的建立，使公司董事和经理层的提名、业绩考核与薪酬决定更加制度化，并通过独立董事的事前把关和事中监督，对公司财务会计、董事职务行为的合法性和妥当性进行全面和全方位的监督。第三，独立董事能够提供投资者保护机制。独立董事不拥有上市公司的股份，与公司没有关联利益，既不代表出资人，也不代表公司管理层，这种独立性使他们有资格成为中小投资者的代表，承担起保护中小投资者的社会责任。

二、独立董事制度在我国的实践和初步成绩

我国独立董事制度首先是在我国境外上市公司中实现的。1999 年，国家经贸委和中国证监会联合发布了《关于进一步促进境外上市公司规范运作和深化改革的意见》，要求境外上市公司董事会换届时，外部董事应占董事会人数的 1/2 以上，并应有 2 名以上的独立董事。2000 年，中国证监会酝酿强化境内上市公司的治理结构，考虑引进独立董事制度。2001 年 8 月和 2002 年 1 月相继发布了《关于在上市公司建立独立董事制度的指导意见》和《上市公司治理指引》，从此我国独立董事制度开始进入实施阶段。

独立董事制度是我国公司治理特定的制度安排。我国上市公司治理还十分不完善，大股东“掏空”现象比较突出，恶意造假和虚假信息披露比较严重，董事会成为摆设，监事会形同虚设现象还比较多。监管当局在

加大打击违法违规力度的同时，希望通过倡导诚信文化和引进独立董事制度，提高我国上市公司治理水平。对此，《关于在上市公司建立独立董事制度的指导意见》至少在3个方面作了相关安排：第一，赋予独立董事在上市公司重大关联交易中的特别职权，上市公司拟与关联人达成的总额高于300万元或高于上市公司最近经审计净资产值的5%的关联交易，应由独立董事认可后提交董事会讨论。第二，赋予独立董事对上市公司重大事项发表独立意见的职权，这些事项包括：提名、任免董事；聘任或解聘高级管理人员；公司董事、高级管理人员的薪酬；上市公司较大借款、重大资金往来和回收欠款情况；可能损害中小股东权益的事项。第三，确定了独立董事起作用的信息披露制度，独立董事发表意见的类型有同意、保留意见及其理由、反对意见及其理由、无法发表意见及其障碍。上市公司应当将独立董事的意见予以公告，独立董事出现意见分歧无法达成一致时，董事会应将各独立董事的意见分别披露。

经过一年多的实践，我国独立董事制度已经开始初步发挥积极作用。一是所有的上市公司均已经开始建立独立董事制度，有些公司已经超过了规定的比例，并着手一系列的制度创新；二是社会各界对独立董事制度从怀疑到接受；三是一些独立董事凭借自己的独立性承担起监督的重任，并用自己的专业知识为上市公司出谋划策，如天大天财、中农资源等公司的独立董事已经勇敢地发表了不同的意见，为独立董事树立了一个良好的社会形象；四是对独立董事职业有了较多的理性认识，风险意识唤醒了不做糊涂独立董事的认识。截至2002年9月13日，已有28家上市公司的37名董事离职，其中独立董事也占了一定的比例，这说明独立董事已感到自己肩负职责之重大。

当然，独立董事制度依然有许多令人担忧的问题，即便在美国也是如此。在管理层薪酬安排上，尽管有独立董事把关，但公司管理层薪酬的增长速度仍远远高于公司业绩增长速度。在独立性上说，尽管有各种各样的规定，但执行起来依然困难重重。安然公司的17位董事中，除董事长及CEO外，其余都是地位显赫的独立董事，如斯坦福大学管理学院前院长、美国奥委会秘书长、美国商品期货交易管委会前主席、GE 前主席兼CEO、德州大学校长、英国前能源部长等，但依然是“有浓厚人际关系的俱乐部”。对我国来说，一些潜在的问题确实不容忽视：一是有关独立董事的法律责任、激励办法和风险分担机制还有待完善；二是部分上市公司没有充分认识到独立董事的重要性，只是从完成任务的角度去聘任独立董事；三是部分独立董事的独立性、诚信意识与专业水准还亟待提高。

三、健全独立董事制度的若干意见

独立董事制度在中国还是一个新生事物，要使它在公司治理中发挥应有的作用，需要有可以操作的完整内部治理安排，需要有一套行之有效的选拔、培训、激励、约束和风险分担机制。

第一，健全独立董事能够充分发挥作用的相互约束与制衡机制。独立董事制度只是上市公司治理制度安排的一个重要环节，科学合理地设立上市公司股东大会、董事会、监事会和管理层相互约束、相互制衡的机制，是独立董事发挥作用的基本前提。当前，首先要妥善解决独立董事与监事的分工合作，在财务监督方面，独立董事主要是事前的把关和事中的监督，监事主要是事后的审查；在业务监督方面，独立董事以妥当性监督为主，同时涉及合法性和效率性，监事以合法性监督为主。其次要积极引进董事选举中的累积投票制度，保证中小投资者选择能够代表自己利益的董事，使他们与独立董事共同配合，形成监督合力。最后是逐步增加独立董事的数量，推进董事会下独立董事为主导的各专业委员会的建设，使独立董事能形成规模优势。

第二，建立独立董事的资格保障与市场选拔机制。为保证独立董事的整体质量，资格问题就成为整个独立董事制度发挥作用甚至能否成功的关键一环。一是要保证独立董事的独立性，这是独立董事制度的生命线。安然事件再一次提醒人们，对独立董事资格的消极规定是远远不够的，还需要在实际操作中推进严格的公示制度、审查制度和回避制度。

二是要保证独立董事有过硬的业务能力，这是独立董事发挥作用的重要前提，几乎所有的公司治理指引只规定担任独立董事所必需的财务和法律等专业知识，实际工作能力如何有待市场检验。三是要促进董事特别是独立董事人才市场的建设，考虑设立独立董事协会，加强独立董事自律，组织全国性的独立董事资格考试，逐步实现独立董事职业化和市场化。

第三，建立独立董事的培训与教育机制。独立董事的岗前培训和后续教育有利于独立董事熟悉上市公司运作的法律框架、会计政策与发展战略，有利于独立董事深入了解董事的权利、义务、责任和职业操守，有利于提高独立董事的职业道德、专业水准和风险意识。这是建立上市公司独立董事人才库和推进上市公司独立董事人才队伍建设的重大举措。

第四，积极落实独立董事的责任与激励机制。根据我国现有的法律法规，独立董事同其他董事一样，对公司和全体股东负有忠实义务与注意义务，违者须承担相关的法律责任和民事赔偿责任。前郑百文独立董事因董事会决策失误而相应地承担连带责任的处罚，已开独立董事承担责任的先河。同时，需要相关规定，把独立董事利益激励机制提上议程，确定独立董事的合理报酬，以符合按劳取酬的分配原则，体现权利与义务的对等。

第五，研究建立独立董事的保险与风险分担机制。需要借鉴国外成熟市场的经验，研究我国独立董事投保的资金来源、理赔方式，从制度上分散独立董事因执行业务时所带来的风险。

独立董事制度是一项系统工程，涉及方方面面，依赖于多种因素，需要社会各界共同营造良好的外部政策法规环境。一是要根据党的十六大报告的精神，深化国有资产管理体制改革，探索有效的国有资产经营体制和方式，坚持政企分开，实行所有权和经营权分离，使企业自主经营、自负盈亏；二是要完善证券市场功能，促进并购市场的发展，建立上市公司退出机制以及大股东和管理层的淘汰机制；三是健全投资者保护的集团诉讼制度和衍生诉讼制度，让投资者拿起法律武器来保护自己；四是要强化执法和打假力度，加大违法违规行为的成本，有法必依，执法必严；五是要加强全社会诚信制度和文化建设，通过10年左右的时间，使绝大多数中介机构都能诚信尽责，建立起资本市场的诚信法则。

把诚信变成沉甸甸的责任*

“真实无妄，始终不息，表里不杂，谓之诚；徇物无违，四端百行，必以其实，谓之信。”这是古人对诚信的精辟概括。古代思想家对“人无信不立”、“国无信不兴”的宣传和弘扬，“德主刑辅”、“失礼则入刑”、“一准于礼”等中国刑法思想的儒家化，以及在礼法混同原则下违礼即犯罪，使诚信不仅是一种美德，而且是一种责任。中国享有“礼仪之邦”的美誉就源于此。

诚信在西方也是责任多于道德说教。信托法有明确的个人责任和连带责任，受托人的积极行动与消极不作为，都有可能违反信托义务，这种责任和义务不会因受托人去世、辞任或者破产而终止；衡平法要求有错误必须有救济，强制履行令、禁令和防患未然令等，共同构成财产性救济机制；判例法对董事注意责任（Duty of Care）和忠诚责任（Duty of Loyalty）的细分、界定和裁决，使诚实、勤勉尽责、忠诚等抽象的概念变为实实在在可以量化的具体责任；集团诉讼制度的盛行，“深口袋”理论的深入人心，以及类似美国20世纪20年代“耙粪运动”的兴起，不诚信成为人人喊打的“过街老鼠”，任何人都得掂量不诚信的成本。

讲究诚信需要抵御各种诱惑，需要在自律基础上的外部监管。马克思就曾说过，资本追逐利润，有300%的利润，它就敢犯任何罪行，甚至冒绞首的危险。20世纪30年代以前，资本市场更多地要求自律，“股市几乎不受管制，只有极少数制约交易的惯例和规章”。1929年股市大崩溃的惨痛事实证明，资本市场的诚信仅靠自律是远远不够的，必须依靠健全的法制迫使人们自觉守法和自我约束。于是，各国监管当局挥起了监管之

* 本文是《证券市场导报》2004年第7期“编者絮语”。

剑，法令愈来愈密，手段愈来愈多，监管越来越严。

诚信体系建设可以布下失信者的天罗地网。国际经验表明，信用档案管理规则、黑名单信息管理规则、荣誉榜信息管理规则、荣誉专家规则、公开投诉信息暂行管理规则等，以及公开投诉权与曝光权制度、3A信用制度、警示制度和黑名单制度，都是信用监督体系不可或缺的。由此，在西方，信用破产成为天大的事，只要被曝光、被谴责、被记入黑名单，银行债权人会上门索债，担保方会停止保证，信用机构会降低评级，供货商会拒绝供货，消费者将不再问津其产品或服务。

中国讲诚信在许多场合往往是一个道德用语，不诚信被视为“道德悲剧”，使诚信的约束成为一种“软约束”，直接造成了诚信危机。失去诚信不仅成为礼仪之邦国民的悲哀，更对我国社会经济发展造成致命的损害。有数据显示，由于“诚信缺失”，我国每年国民生产总值的10% ~20%是无效成本，直接和间接经济损失每年高达5 855亿元。在资本市场上，假账、操纵、欺诈、掏空等现象屡见不鲜，给市场划上了一道道难以治愈的伤痕，成为投资者心中永远的痛。更有甚者，面对交易所的谴责，一些上市公司无动于衷，我行我素。在这里，没有强制的法律约束，诚信责任无法量化，成为中国信用制度的致命伤。为此，健全诚信的法律保障制度，建立信用监督和失信惩戒制度，构建有效的社会诚信评价体系，将失信者绳之以法，提高不诚信的成本，已成为我国诚信建设的当务之急。

《中国诚信报告》一书中有这样一段话：“诚信不仅是一种品行，更是一种责任；不仅是一种道义，更是一种准则；不仅是一种声誉，更是一种资源。”就上市公司而言，诚信是宝贵的无形资产。让我们共同期待，依靠全社会的监督和努力，使诚信成为沉甸甸的责任！

我国实施保证金有限保护制度的前提条件*

近期有关部门提出：金融机构该破产的就要破产，要最大限度地防范金融机构套取中央银行资金，对存款人、投资者只能进行有限保护。落实到证券行业，就是要实施保证金有限赔付制度，以此提高投资者的市场意识和风险意识，将不合格的证券公司淘汰出局。

我们认为，从长期而言，建立证券公司市场化退出机制和保证金有限赔付制度是必要与合理的，符合证券市场的改革与发展方向；但是在目前阶段，实施这项政策的条件还不具备，绝不能急于求成、一蹴而就。一方面，我国证券市场是从计划体制下发展而来，保证金问题的形成有一定的历史原因，如果骤然改变游戏规则，而让无辜的投资者承担损失，显然有失公平；另一方面，证券公司作为金融机构，对社会经济稳定具有特殊的影响力，在相应的风险控制机制和应对机制尚不健全的条件下，一旦出现挤兑保证金的情况，就可能扩散成为行业风险甚至系统性金融风险。

为此，我们应当认真研究各种尚需妥善解决的问题，借鉴世界上成熟市场经济国家的做法，采取有针对性和建设性的措施，当前宜重在“放钱买机制”，在此基础上积极创造条件，实施保证金有限赔付制度。

一、实施保证金有限赔付制度的前提条件

在成熟市场经济国家，主要是由投资者自行承担经济活动中的风险。然而，我们必须看到，这种市场化的风险承担体制是建立在一整套相应的

---

* 2004年8月18日完成第一稿，2005年1月10日修改后提交在广东肇庆市召开的第十六届全国财政理论充分讨论会，载于中国财政学会编：《第十六届全国财政理论讨论会文选》，中国财政经济出版社2005年版。

法律环境、社会文化、监管制度及风险管理体系基础上的。第一，成熟市场经济国家经历了几百年的发展，逐步形成了以财产私有制为核心、市场主体的责任与权利相对称的经济体系，并建立了较为完备的法律制度作为保障，这使得“风险自担”具备了法律文化上的基础。第二，成熟市场经济国家逐步建立了对各类市场风险的披露、评价和监督体系，人们已经将风险视为市场经济的内在构成因素，并通过确立风险程度与收益率水平相对称原则，使“风险自担”具备了经济上的基础。第三，即便如此，就是在市场化程度最高的国家，也仍然保有对银行、证券等金融机构的政府干预机制，以便对市场机制缺陷所产生的风险实施补救，使“风险自担”处于可控制的限度内，不至于危及社会稳定。

因此，要实施保证金有限赔付、建立市场化的风险承担体制，必须满足一定的前提条件，概括起来说，主要应具备六个机制。

（一）风险的界定机制

判断某项经济活动的风险程度，首先要对该风险的性质做出界定。就保证金风险而言，应当是属于证券公司的信用风险。在成熟市场经济国家，证券公司属于私营企业，因而其信用风险必然高于政府信用风险；同时，由于证券公司处于监管较为严格的金融行业，其信用风险要低于普通企业的信用风险以及个人信用风险。在这种情况下，投资者对保证金风险的认识是比较清晰的。

（二）风险的识别机制

要进一步了解证券公司的信用风险，必须有较为健全的风险识别机制。在成熟市场经济国家，大多数证券公司是公众公司甚至上市公司，其信息披露工作较为全面、具体，投资者能够了解证券公司的经营状况和财务状况。一些独立的信用评级机构还会对证券公司的信用和风险情况进行分析和评估，这也为投资者提供了风险识别的依据。此外，有的证券公司还成为相关投资者保护及赔偿计划的会员，以此来传递降低信用风险的信号，增大对投资者的吸引力。

（三）风险的制约机制

即使具有风险识别机制，投资者总体上仍然处于信息不对称的弱势地位，因此，成熟市场经济国家非常强调对证券公司信用风险的制约机制，包括内部制约机制和外部制约机制。内部制约机制主要是要求证券公司强化自身的治理结构，包括完善运作流程、职责分离、业绩考核、风险管理、内部稽核制度等；外部制约机制主要包括监管机构、交易所和行业协会通过严格的审批、检查、授权、规章制定以及对证券公司管理层考评等手段，对证券公司进行监管。以防范保证金风险为例，美国《证券交易法》规定证券公司必须在银行开立“客户特别存款账户”，而美国证监会（SEC）会定期检查账户的对应关系以防止挪用。又如，韩国要求证券公司必须将当日收取的客户保证金全额缴存到韩国证券金融公司，进行第三方集中托管。

（四）风险的分担机制

在市场经济中，市场参与主体需要根据自身的角色和行为，分担各自的风险。保证金风险涉及证券公司与投资者双方，仅仅由投资者来承担风险显然不公平。因此，成熟市场经济国家大多建立了由证券公司会员缴费成立的投资者赔偿基金，当证券公司发生流动性风险无法归还保证金时，投资者可以获得一定比例的赔偿，这样，就构成了涵盖证券公司的风险分担机制。例如，加拿大在 1969 年设立投资者赔偿基金，美国在 1970 年设立证券投资者保护公司，英国在 1998 年设立投资者赔偿计划公司，欧盟从 1998 年开始实施投资者赔偿计划，日本在 2002 年成立了证券投资者保护基金。

（五）风险的化解机制

成熟市场经济国家，出于对金融行业特殊性的考虑，都拥有一套以政府机构为主导的快速反应机制，以便在风险出现时能尽早化解，防止风险扩散而危及社会稳定。例如，金融监管当局对出现问题的金融机构提供紧急的流动性支持，必要时进行接管，尽力挽救；在必要时动用政府、财政等公共资金，如 20 世纪 90 年代初美国政府发行 500 亿美元债券拯救储贷协会，1993 年法国政府“输血”35 亿法郎抢救里昂信贷银行，1996 年巴西政府注资 82 亿美元救助巴西银行等；建立存款保险机构、投资者保护公司等机构，起到有限赔偿投资者、维持投资者信心和防范系统性风险的作用；由监管当局号召，以金融机构间同业互助的形式来化解风险，如 1998 年在美联储的组织下，华尔街几家大公司联手接管了长期资本管理公司。

（六）风险的责任追究机制

完善的法制是市场经济的基础，在保证金风险发生之后，必须有相应的法律制度对责任机构与责任人进行追究和处罚，保护受侵害投资者的合法权益。在成熟市场经济国家，这种责任追究机制主要表现在民事诉讼机制和破产机制方面。在民事诉讼机制方面，投资者对由于证券公司违法行为而导致的损失，可以采用个人诉讼、共同诉讼、股东派生诉讼及集团诉讼的方式向法院提起民事侵权诉讼，要求获得索赔。从美国的经验看，其中集团诉讼的效用尤为突出。在破产机制方面，成熟市场经济国家对公司或自然人破产都做出了较为完善的法律制度安排，其核心就是保护债权人利益。如果投资者的保证金被挪用，将形成对证券公司的债权，其索赔顺序先于股东权益。

二、目前我国尚不具备实施保证金有限赔付制度的前提条件

从海外成熟市场经济国家的做法可以看出，实施市场化的风险承担体制需要一整套机制作为前提条件。如果不给投资者以充分的市场化的权利、手段和保护，却单方面地要求其承担市场化的责任和损失，显然是不可行的。从我国目前的情况来看，上述一系列机制还不具备或不完善，因此实施保证金有限赔付制度的条件还不成熟。

（一）对保证金风险的界定尚不清晰

在我国，政府长期以来同时担当证券公司所有者与监管者的角色，这

不仅存在角色和职能冲突的问题，而且使得证券公司一直不能确立独立的市场主体的形象。由于证券公司在名义上是由国家出资的金融企业，投资者认为其具有隐含的国家担保的成分，因而将证券公司的信用风险等同于政府信用风险。在投资者心中，把钱放在证券公司与放在银行是差不多的，基本上是不存在风险的。

（二）对保证金风险的识别机制尚未建立

在我国，证券公司的信息披露制度不完善，投资者无从了解关于证券公司经营状况与财务状况的有效信息，也无法知道自己的保证金是否被挪用。同时，我国的相关信用评级机构不发达，缺乏对证券公司的信用评级与风险评估；监管部门和行业自律组织也还没有建立统一的风险分类标准，对证券公司进行风险类别划分。因此，我国的投资者无法准确地了解证券公司的优劣，难以识别保证金风险的大小。

（三）对保证金风险的制约机制不健全

在内部制约方面，目前我国证券公司普遍存在国有股权虚置、内部人控制、激励机制、内控机制不健全等治理结构问题，道德风险、信用风险和经营风险比较突出。许多公司的决策、执行、监督权过多集中于控股股东，监事会的作用难以发挥，独立董事作用有限。有的公司内部已是千疮百孔，其高管人员却仍拿着高薪。在外部制约方面，监管部门和行业自律组织对证券公司的监管手段还十分有限，一些管理制度尚有待健全。就保证金存管制度而言，虽然《证券法》明文要求证券公司自营、经纪业务账户分开，但由于我国证券市场实行的是法人结算制度，在结算环节，证券公司自有资金和客户资金是混在一起的，难以监控，结果证券公司挪用客户交易结算资金成为普遍现象，长期以来积累了巨大的问题。

（四）对保证金风险的分担机制尚未形成

据业内人士保守估计，2003 年底被挪用的客户保证金总额至少在 3 000亿元以上，但目前我国证券市场还没有形成适当的风险分担机制。到2004 年6 月30 日，129 家会员证券公司的各项计提总额不足80 亿元，而且我国还没有建立投资者赔偿保护基金。

（五）对保证金风险的化解机制不完善

与成熟市场经济国家的一整套风险化解机制相比，我国的政府财政支持、投资者保险机制、金融同业互助等应急机制都未建立起来，只有中国人民银行作为最后贷款人，在证券公司财务危机的处理中发挥着重要作用。如在关闭鞍山证券、新华证券和接管南方证券过程中，为防止投资者可能的保证金挤提，央行直接拿出了15亿元、14.5亿元和80亿元再贷款。因此，尽管目前中央银行再贷款的程序复杂，操作难度大，但这种机制只能加强，而不能撤销。

（六）对发生风险后的责任追究机制不健全

在民事诉讼机制方面，我国当前的法律体系尚不接受集团诉讼，而单独个人诉讼面临着诉讼效率低、成本高、获得补偿的概率小等重重障碍，诉讼救济机制的作用难以发挥。在破产机制方面，我国目前还缺乏关于证券公司破产与保证金清偿的法律规定：一是法律上对挪用委托财产的性质还没有明确的界定，严格地说，客户保证金属于委托财产，挪用委托财产即侵犯他人财产，但我国的相关法律对此未作出明确定义；二是对委托财产被挪用形成的债权的优先清偿权没有明确界定，对保证金被挪用损失后，是否构成为委托人对受托人的债权，此债权是否有优先清偿权，理论界和实务界争议很大，相关的法律未予明确；三是我国的新《破产法》尚在起草中，而且对金融机构破产不适用。

三、采取有针对性的解决措施，积极稳妥推进“有限赔付”制度

基于以上分析，我们认为，应当采取有针对性的解决措施，在完善风险控制机制和投资者保护机制的基础上，积极稳妥地推进“有限赔付”制度。

（一）开展投资者教育，强化投资者的保证金风险意识

在实施保证金有限赔付制度之前，首先应进行广泛的投资者教育工

作，树立证券公司独立的市场主体形象，使投资者逐步实现思想认识上的转变，明确保证金风险的性质，为将来的市场化改革做好心理准备。

（二）建立完善的证券公司信息披露制度与外部评级制度，为投资者提供风险识别的渠道

在信息披露方面，通过实施《证券公司报表报送制度》、《证券公司审计制度》及《证券公司信息披露管理办法》等，形成完整的信息披露体系，并分步实施，在行业内和向社会披露。在建立外部评级机制方面，一是要鼓励发展市场化的、独立的信用评级机构；二是要充分发挥中国证券业协会及交易所自律组织的作用，建立统一的风险分类标准并对外公布。

（三）强化风险制约机制，进一步推行客户保证金独立存管实施方案

在强化内部制约方面，要督促证券公司改进治理结构，规范大股东行为，建立长期的激励机制，完善运作流程与风险管理。在强化外部制约方面，要建立包括监管部门、自律组织及社会力量在内的多重监管机制，完善监管系统的风险处置机制，定期检查行业风险，并根据风险分类标准，对高风险的证券公司采取警示和限制业务范围等措施。

就防范保证金风险而言，要不断完善现有的客户交易结算资金管理制度，督促证券公司严格遵守有关规定，切实做到客户资金与自有资金独立封闭运行，抓紧实现客户交易结算资金“安全、透明、完整、可控、可查”；鼓励有条件的证券公司在达到客户资金存管基本要求的基础上，结合自身特点，探索具有更高标准的客户资金存管模式。

（四）建立投资者保护基金，完善保证金风险分担机制

建立面向中小投资者的赔偿基金，由中国证券业协会、交易所等组成机构保管，资金来源可以包括证券公司缴纳的会费、新股申购利息存款、印花税返还等。

（五）建立有效的应急机制和风险化解机制

长期以来，证券市场承载了相当一部分改革成本，而投资者为证券市场做出了巨大贡献。一项证券行业问卷调查显示：超过90%的受访证券公司赞成引入淘汰机制，把问题严重的证券公司淘汰出局；但对于破产成本，其中仅有15%认为应主要由市场来承担，有53%认为应由国家和市场分担，有26%认为国家应承担大部分成本。因此，应当建立以国家为主导的风险化解机制：一是完善最后贷款人制度，优化央行“最后贷款”的决策程序，能够迅速提供流动性支持；二是建立临时性的专门救助组织，对问题机构进行托管、重组或清算；三是可以与财政部签订融资安排；四是组织证券公司之间的同业互助等。

（六）完善法律法规，强化保证金风险的责任追究机制

一方面，要完善民事诉讼机制，在证券公司破产的具体解决办法中，切实履行相关程序，切实维护中小投资者的利益。完善包括集团诉讼在内的法律制度，加强对证券公司管理人员等责任人的追究和处罚，逐步在我国建立类似于美国“深口袋理论”为基础的诉讼机制，降低投资者的诉讼成本。另一方面，要完善《破产法》，明确投资者被挪用保证金的债权性质和优先清偿权利。

（七）从选择影响面较小的机构入手，审慎试点

如果现阶段确实要进行“有限赔付”制度的试点，建议可以从财务公司、中小银行等影响面较小的金融机构开始。这样，即使出现问题，也不会带来太大的冲击或引发系统性金融风险。通过在这些机构的试点，逐步积累经验，为全面推行“有限赔付”制度打好基础。

建立投资者保险机制正当其时*

金融脆弱性、防范系统风险、保护消费者权益，金融安全网不可或缺。为此，各国（地区）对金融安全网的建设不遗余力，并逐渐形成一套严密、科学的法律制度安排。成熟市场的经验表明，推进金融安全网建设，至少需要在三个方面下工夫：一是发挥衍生产品工具的内在稳定器功能；二是完善中央银行的最后贷款人机制；三是构筑涵盖银行、证券、保险等金融机构的消费者或投资者的资产保险机制。

据考证，消费者资产保险制度最早产生于中国。我国清代实施广州一口通商制度，由“广东十三行”官商垄断对外贸易。每一行商从自己的佣金中提取一定比例，形成行会的“公所基金”。行商破产时，所欠外商债务先由行商的破产财产和家庭财产支付，必要时动用“公所基金”。据统计，仅1809～1816年，动用“公所基金”支付外商债务133.8万元，占“公所基金”总额的45%。对于做东方贸易的外国商人来说，此举被认为是“非常有价值的一种保障”。

正是受此启发，美国商人于1829年在纽约州设立了银行安全基金，各州也逐步建立了私人存款保险公司。20世纪30年代的大危机期间，美国国会相继通过相关法案，建立储蓄存款保险公司和联邦储贷保险公司，对银行存款提供保险。目前，全世界已经有100多个国家（地区）相继建立了这样的存款保险体系。

将保险机制引入证券投资领域始于20世纪60年代的美国。在此之前，纽约证券交易所的会员证券公司很少有破产的现象。1938～1963年，仅有一家公司破产，纽约证券交易所为此支付了70万美元。1964年，纽

* 本文是《证券市场导报》2004年第10期“编者絮语”。

约证券交易所专门建立了“特别信托基金”，提供1 000万美元的资金和1 500万美元的银行信用额度。到1968年，美国所有的交易所均建立了类似的“特别基金”。在当时美国证券公司大量破产的风潮中，129家公司破产清算，单个交易所的“特别基金”显得杯水车薪。

1970年12月，美国国会通过《证券投资者保护法》，决定建立投资者保护公司（SIPC）。SIPC的资金来源主要分为两部分：一是来自对会员的收费，约占SIPC总收入的42%；二是投资于美国政府证券的利息收入，约占SIPC总收入的58%。另外，SIPC还可以按规定从银行获得一定额度的贷款。如果确实需要，SIPC可以通过美国证监会（SEC）从美国财政部得到10亿美元的借款。SIPC初期的资金就来自美国财政部的借款，这部分款项后来被全部偿还。

投资者保险基金的运作有4种模式：一是由证券监管当局认可并监管，如美国的SIPC受证监会监管；英国的“金融服务补偿计划有限公司”（FSCS）受金融管理局（FSA）监管；中国香港特区新的单一赔偿基金由投资者赔偿公司运作，由香港证监会认可并监管。二是由自律组织的行业协会监管。如日本的证券投资者保护基金就由日本证券经纪商协会（JSDA）监管。三是由交易所运作并监管。如澳大利亚交易所的国家担保基金（NGF）由澳大利亚证券交易所下属的证券交易担保公司（SEGC）运作。四是行业协会和交易所共同监管。如加拿大投资者保护基金（CIPF），由多伦多股票交易所和加拿大投资经纪商协会共同设立并监管。

投资者保险机制是运用市场手段实现法律救助的有效形式，已经被成熟市场经验证明是花小钱、办大事的有效举措。当前，我国证券经营机构股权正在日益多元化，又处在一个非常时期，在强化外部监管和内部治理的基础上，建立我国投资者保险机制可以说正当其时。

建立投资者权益保护法律制度*

各国资本市场的发展史，就是投资者权益保护的斗争史。我国资本市场投资者权益保护的法律制度严重不足，中小投资者还不能拿起法律武器捍卫自己的权益。着手建立投资者权益保护法律制度，是我国资本市场实现转折的关键因素。

第一，抓紧修改《证券法》。一是体现保护投资者权益为《证券法》的首要宗旨，明确《证券法》经济行政法的性质和私法的根本属性；二是适当扩大《证券法》调整范围，扩展《证券法》生存空间；三是强化上市公司主体地位，建立和完善证券市场风险分担机制；四是规范政府监管行为，切实强化证券市场自律功能；五是建立科学、合理、有效的证券执法机制，协调与其他法律法规的关系。

第二，适时修订《公司法》。一是正确把握《公司法》的性质，强调公司的社会性和自治；二是将投资者权益视为《公司法》的核心理念和公司运作的基石；三是进一步规范和明晰股东的实体与程序权益；四是强化控股股东、董事及管理层的诚信责任，完善公司治理；五是建立公司人格否认制度，强化关联交易的法律规则；六是强化公司行为立法，规范公司利益冲突；七是强化股份自由转让原则，建立多层次股份转让市场；八是强化公司法律责任，完善公司诉讼机制。

第三，推进投资者权益保护的特别法建设。一是要完善担保法律法规，切实控制上市公司的担保风险；二是要完善信托法规，引进信托产品的信息披露制度，强化信托当事人法律责任；三是要调整《证券投资基金法》的对象与范围，健全激励约束机制；四是要抓紧修订我国《破产

* 本文是《证券市场导报》2005 年第 5 期“编者絮语”。

法》，有效保护公司债权人和公司债务人的利益；五是要抓紧制定《投资者权益保护法》，抓紧建立投资者保护协会和投资者诉讼赔偿机制。

第四，民法对投资者权益的保护是一个基础和底线。物权法保护证券市场投资者股权的合法性和不可侵犯性；合同法救济成为许多情况下投资者权益遭受侵害最直接的救济途径；侵权行为法成为投资者权益救济的首要法律途径；民事诉讼程序或其他争议解决途径，使投资者的实体权益可获得法律救济。当前，我国迫切需要颁布《民法典》、《物权法》和《侵权行为法》，以此为基础，建立健全证券民事责任制度和公司民事赔偿责任，确立和完善投资者诉讼机制。

第五，《刑法》对投资者的保护是全方位的。《刑法》保护具有间接性、附属性、一般性和双重性的特点。当前尤其需要加大刑事法律责任，完善刑事诉讼程序，改进举证责任制度，强化刑事执法力度，加大打击公司犯罪和证券犯罪的力度，增强证券监管机关的调查权和取证权，并着手建立证券监管机关同公安机关、司法机关的协调配合机制。

第六，行政法律制度对投资者权益构成直接影响。一是改革证券监管体制，制定专门的《证券监管条例》；二是进一步放松行政管制，减少事前行政审批项目，加大事后检查和执法的力度；三是强化证券行政执法，增加调查权、取证权和违法违规资金冻结权；四是健全证券行政监管程序制度，明确行政监管相对人的权利，实行行政过程和行政结果的公开制度。

第七，司法保护方式具有最高效力。资本市场投资者司法保护的核心是诉权，需要进一步改进证券司法保护，实行证券案件的指定管辖制度；需要改革证券民事诉讼制度，逐步建立投资人派生诉讼机制，尝试建立投资者集团诉讼制度；需要进一步强化对证券监管机关的行政诉讼，加强对证券规章的司法审查，加强对证券行政行为的司法监督力度，注重保护行政相对人的权益；需要建立以自律组织为基础的证券仲裁与调解制度，充分发挥证券非诉讼机制在保护投资者权益中的作用。

强化投资者关系工作　推动资本市场和谐发展*

提升投资者关系工作，事关我国资本市场的和谐发展，正日益受到市场各方的重视；股权分置改革的顺利推进，又赋予了这项工作以新的时代意义。

一、提升投资者关系工作是资本市场走向成熟的重要标志

根据中国证监会的定义，投资者关系工作是指“公司通过信息披露与交流，加强与投资者及潜在投资者之间的沟通，增进投资者对公司的了解和认同，提升公司治理水平，以实现公司整体利益最大化和保护投资者合法权益的重要工作”。不断提升投资者关系工作，是中国资本市场逐步走向成熟的一个重要标志。

投资者关系工作是西方成熟资本市场发展和股权文化兴起的产物。从1953年“投资者关系”工作的概念在美国产生以后，作为上市公司公共关系的一部分，投资者关系逐步受到全球成熟市场上市公司的重视。1969年，美国全国投资者关系协会（NIRI）成立；20世纪70年代末，英国一些公司的失败及敌意收购行为的发展，促使了其投资者关系工作的发展，英国投资者关系协会（IRS）于1980年宣告成立；到90年代初，公司治理运动、“股东积极行动主义”兴起，发达国家的投资者关系协会纷纷建立。在此基础上，国际投资者关系协会（IIRF）也于1990年成立，发展

* 本文完稿于2006年6月24日。

到目前，其会员已包括美国、英国、德国、法国、加拿大、澳大利亚、日本等19个国家的投资者关系协会组织。在这个过程中，海外成熟市场形成了一整套系统化的关于投资者关系工作的理论和实务。

国际经验表明，投资者关系工作是资本市场健康发展的必然产物和客观需要，对上市公司和投资者都具有极为重要的作用和意义。

首先，投资者关系工作是公司治理的重要内容，有利于完善上市公司治理结构和经营管理水平，促进公司规范运作，不断吸收投资者的合理化建议，提升公司的核心竞争能力、投资价值和股东价值，促进公司的持续健康发展。例如，麦肯锡的一份研究报告表明，投资者愿意为治理有方、信息透明的公司支付高达30%的溢价。

其次，投资者关系工作是重要的投资者权益保护机制，有助于提高投资者的地位，发挥投资者在完善市场定价机制方面的作用，形成市场化的制衡约束机制，切实保护投资者特别是中小投资者的合法权益。

再次，投资者关系工作是资本市场诚信建设的重要措施，有助于强化上市公司诚信文化建设，切实提升上市公司质量，增强投资者的信心，提高投资者对上市公司的认同度。

最后，投资者关系工作是公司长期战略管理的重要环节，有利于提高上市公司的声誉，树立良好的市场形象，发现并引入稳定的战略机构投资者，优化公司的股东结构和股权结构，获取投资者的长期资本支持，降低公司的融资成本。例如，标准普尔在有关透明度和信息披露调查中得出结论："增加透明度和加强信息披露，可以降低投资风险，从而减少资金成本。"

总之，投资者关系工作通过在公司与投资者之间建立良性关系，能够促进实现公司价值最大化和股东利益最大化，并通过效益的传递使整个资本市场的效率得到提高。当前，大力推进投资者关系工作，对中国资本市场实现转折与和谐发展，具有十分突出的现实意义与战略意义。

二、我国上市公司投资者关系工作面临新的发展契机

在我国，上市公司投资者关系工作已经起步，受到了社会各界的重视，得到了市场各主体的积极参与。伴随着股权分置改革与全流通时代的到来，我国的上市公司投资者关系工作正面临着新的发展契机。

早在 2002 年 1 月，中国证监会就提出上市公司在加强内部治理的过程中，要考虑引进国际上的投资者关系管理理念。2003 年 7 月，中国证监会发布了《关于推动上市公司加强投资者关系管理工作的通知》。到 2005 年 7 月，中国证监会又发布了《上市公司与投资者关系工作指引》，对投资者关系工作的定义、目的、原则、工作内容、工作方式、组织设置、工作机制等进行了全面的阐述。在中国证监会的推动下，越来越多的上市公司逐渐树立了投资者关系工作的意识，大部分的上市公司都已制定和披露了投资者关系管理的规章制度，有些公司还建立了专门的机构，更为积极地与投资者进行沟通。同时，一大批投资者关系管理的专业研究、服务机构相继涌现，极大地提升了境内上市公司投资者关系管理的专业水准。

尽管如此，我们仍应该清醒地看到，我国上市公司投资者关系工作总体上还处于初级阶段，存在不少矛盾与问题：（1）投资者关系工作理念不成熟，自愿性披露还比较薄弱；（2）投资者关系工作的活动形式单一，沟通渠道体系有待完善，沟通的互动性尚显不足；（3）公司投资者关系管理组织体系尚有待健全，与国际投资者关系协会（IIRF）的联络工作需要强化等。分析产生这些问题的原因，主要包括以下几个方面：一是国内市场长期存在的股权分置及一股独大现象，排除了敌意收购的可能，使公司管理层容易忽视与投资者尤其是中小投资者沟通。二是一级市场发行的市场化程度不足，上市公司发行证券时，主要考虑的是如何获得核准，而并不重视向投资者的推介与宣传。三是控股股东所持股权不能流通，因此，缺乏通过实施投资者关系工作提升公司价值的内在动力。

股权分置改革为我国投资者关系工作注入了新动力，并有望成为化解这些制约因素的“金钥匙”，从而切实推动我国上市公司投资者关系工作迈上新台阶。一方面，股权分置改革把不同股东之间的利益、公司长远利益和眼前利益统一起来，使公司完善治理结构、强化投资者关系工作有了更为坚实的基础；另一方面，股权分置改革“统一组织、分散决策”机制，重在构建各类股东利益的平衡，只有通过有效的谈判、沟通，才能最终形成对股改方案的共识，这从本质上讲就是投资者关系工作。因此，保护投资者权益、和谐投资者关系，既是股权分置改革的一项基本原则和出发点，也是上市公司股改能够取得成功的一个重要前提。

我们高兴地看到，在股改过程中，许多上市公司对投资者关系工作相当重视。热线电话、董秘信箱、传真、网络、路演、推介会、现场参观、接待来访、上门拜访等，利用各种能跟投资者沟通的方式，使上市公司与投资者之间的距离前所未有地“拉近”。有的公司高管人员带领几十人的队伍，在1个多月的时间内，走访了遍布全国的上百家营业部，与投资者面对面地沟通。无数案例表明，投资者关系做得扎实、细致，整体策划及沟通到位的股改方案，就容易获得投资者的认同；而有些态度强硬、双向沟通不足的方案，就会遭到投资者的抵制和反对。可以说，股改的过程为中国资本市场上了“投资者关系”的生动一课。

随着股权分置改革的逐步完成与全流通时代的到来，投资者关系工作的环境基础发生了根本的改变，包括：（1）股改后上市公司实现了真正意义上的资产证券化，股价成为资产价值的衡量指标，股价下跌直接导致控股股东的财富损失，过去非流通股股东任意忽视其他投资者利益的局面将发生根本改变；（2）上市公司的并购重组在全流通时代将大为增加，管理层地位能否稳固，将更多地取决于市场投资者的态度；（3）权证等与上市公司相关的投资品种、金融创新的增加，意味着上市公司会与更多类型的投资者细分群体打交道，投资者关系工作的难度和复杂度不断增加；（4）证券投资基金的发展，保险公司、社保基金、资产管理公司、证券公司和QFII等机构投资者的壮大，以及随之而来的“股东积极行动主义”，必将对上市公司管理层产生更大的压力和影响力。这些新的机遇和挑战，都在客观上要求上市公司把投资者关系工作提升到一个新的层面。

三、充分发挥交易所在推动投资者关系工作中的指导性作用

新时期，进一步提升上市公司投资者关系工作，增强投资者信心，是我国资本市场实现和谐发展的一项基础性工作。作为市场的一线监管机构，交易所在这方面起着十分重要的推动和指导作用。长期以来，深交所一直高度重视和积极推动上市公司的投资者关系工作，发布相关指引，开展培训与宣传，构建交流与沟通平台等。新形势下，我们将一如既往地做好相关工作，推动和指导我国上市公司强化投资者关系工作进入一个崭新的发展时期。

（一）督促上市公司落实“投资者关系管理指引”

2003 年 10 月，深交所发布了《深圳证券交易所上市公司投资者关系管理指引》，对上市公司投资者管理工作做出较为明确的规范和指导，有力地推动了上市公司投资者关系工作的制度化和规范化。今后，我们将根据新形势，重点督促上市公司完善股东大会制度，提高股东大会的透明度；推动上市公司的网站建设，完善自愿性信息披露制度；推进分析师会议、业绩说明会和路演的制度化。

（二）推动投资者关系工作的培训、宣传和评级工作

深交所与相关机构一道，多次举办“上市公司投资者关系管理培训班”，就投资者关系工作的主要环节、现有持股人确认及目标持股人定位、上市公司突发事件应对措施等问题，对上市公司高管人员进行投资者关系方面的知识和技能培训，提高其投资者关系工作的意识及资本市场沟通能力。同时，深交所参照国际市场的经验，选取公司治理结构有效、经营业绩良好的上市公司，由深圳证券信息公司编制“巨潮公司治理指数”

和“深证公司治理指数”，鼓励上市公司改进公司治理，提升在投资者心目中的形象。

（三）为上市公司与投资者之间搭建便利的沟通渠道

深交所深圳证券信息公司专门设立了“投资者关系互动平台”、“股民呼叫中心”、“网上路演”等互联网及电话交流平台，为上市公司与投资者之间建立实时、互动的交流渠道，在市场上有广泛的影响力，发挥了积极的作用。例如，“投资者关系互动平台”为投资者与上市公司提供了常年开放的沟通窗口，投资者可随时向公司提出问题或建议，上市公司高管也可随时对投资者的提问进行答复，一问一答，实时更新，滚动发布；上市公司高管人员还可在“投资者接待日”集体亮相，与投资者进行互动交流，促进投资者对整个管理团队的认识与认可。

（四）不断推出有关规则与指引，为上市公司完善投资者关系工作营造有利的制度环境

2006年初，深交所发布了《中小企业板块投资者权益保护指引》，其中规定：“上市公司应当充分保护中小投资者查阅公司有关资料的权利。深交所鼓励上市公司建立独立的网站或网页，开设投资者关系管理专栏。”目前，深交所正在就《上市公司内部控制指引》和《上市公司社会责任指引》公开征求意见。在广泛听取相关方面的意见后，我们将择机发布指引，旨在完善上市公司的信息披露和治理结构，从根本上保障投资者权益。

提升上市公司投资者关系工作是一项长期而复杂的基础性工作，需要包括监管机构、理论界、各种专业性的中介机构、上市公司、新闻媒体以及投资者各方的共同参与和探索。经过社会各界、市场各方特别是上市公司自身的努力，我国上市公司投资者关系工作将谱写新的历史篇章，为中国资本市场的和谐发展贡献一份力量！

《萨班斯法案》404条款的博弈*

2006年8月9日，美国证券交易委员会宣布将再次推迟小型公众公司和部分外国公司执行《萨班斯法案》404条款的最后日期。404条款要求管理层和外部审计公司在内部控制评估报告上签字，并承担法律责任。出于对法律和自己签字的尊重，美国人把这项规定宽泛、模糊的168个字落实得复杂无比、成本高昂，这也使404条款成为美国资本市场上具有划时代意义、但同时又极具争议的一项法律条款。

舆论认为，美国证券交易委员会的决定是对企业界、资本市场和政界批评的又一次妥协。美国企业界、尤其是小型公司对执行404条款高额成本的抱怨获得了广泛的声援。但美国证券交易委员会没有豁免小公司，只是再度推迟执行时间。业界猜测，这极有可能是美国证券交易委员会的最后一次妥协。美国证券交易委员会主席考克斯最近在多个场合表示："美国证券交易委员会的目标是使404条款的执行更有效率，而不是简单地豁免。"

支持小公司豁免404条款的声音主要来自企业界、华尔街和政界。他们认为，404条款执行成本过高，影响美国公司在全球范围内的竞争力，减弱美国资本市场对小企业和外国企业的吸引力。美国证券交易所主席尼尔在美国证券交易委员会组织的圆桌会议上就表示，美交所最近的推广活动遭到了企业的抵触，主要原因之一就是404条款的执行成本太高。一个明显的例证是，2002年以来，筹资规模前10大IPO项目只有1个是在美国发行上市。据全球高管搜索巨头美国Korn Ferry猎头公司的一项调查显示，超过58%的受访公司董事认为，《萨班斯法案》应该取消；72%的公

* 本文是《证券市场导报》2006年第8期"编者絮语"。

司董事认为，法案将使他们过于谨慎、不愿意承担促进公司增长的合理风险。

反对豁免404条款的主要是投资者组织和证券监管机构。《华尔街日报》撰文强调，“20世纪90年代后期出现的公司欺诈和违规行为的规模和范围远远超过了自20世纪30年代及之前以来的程度”，华尔街几乎等同于“骗子街”。从这个角度看，《萨班斯法案》的出台及其严厉程度，有其必然性。美国证券交易委员会前任主席唐纳德将美国证券市场比喻成海军陆战队，有着非常高的身体素质、意志方面的标准要求，但这丝毫不阻碍甚至是有利于海军陆战队招聘新队员的工作。美国证券交易委员会认为，短期上市成本的上升换来一个信息透明的证券市场是值得的，《萨班斯法案》对于提升上市公司的长久竞争力非常关键。

面对来自企业界和华尔街的呼声，美国国会也不甘寂寞。2006年5月17日，美国国会议员汤姆·费尼和吉姆·德尔明在向国会提交的《竞争法案》中建议：股票市值在7亿美元以下，或者营业收入低于1.25亿美元的公众公司豁免404条款；不能豁免的公司在执行1年后，由所在交易所随即抽取10%的公司执行404条款。《竞争法案》目前只是在国会递交并宣读，没有进入表决程序。议案的提出更多是要给美国证券交易委员会进一步的压力，以有效解决404条款的执行成本问题。《竞争法案》发起人之一的众议员费尼说，他希望美国证券交易委员会能在国会采取行动前采取有效行动。美国证券交易委员会在同一天公布了下一步行动计划，可以说是对国会最迅速的回应。

尽管美国各界对404条款执行成本的争论在继续，但目前取得的共识是：美国资本市场不能没有《萨班斯法案》。纽约证券交易所执行副总裁诺林·卡尔汉引用俄亥俄州立大学安德鲁·卡罗理教授的研究成果说，尽管404条款增加了企业上市成本，但由于《萨班斯法案》下严格的公司管制要求，外国公司在美国资本市场两地挂牌比仅仅在本国挂牌要多13.9%的市值溢价，在纽约证券交易所挂牌的溢价更高达31.2%，到美国上市付出的成本是有回报的。而纳斯达克交易所更关心404条款的执行成本问题，鼓励所有的上市公司把《萨班斯法案》当作提升财务报告可信度、公司治理和企业风险管理的一次机遇。

关于404条款的争论还在继续，美国证券监管当局正努力谋求监管与效率、收益与成本、短期与长期的平衡。无论如何，原因就在于它是一种艺术，而不是一门科学。如何把握好这个度，是一项严峻的挑战。美国人对待法律的严谨态度、对法律实施效果的执著追求，值得我们深思和借鉴。

企业社会责任之真谛*

企业社会责任正在流行、正在实践。20世纪80年代以来，世界企业可持续发展委员会（WBCSD）、国际社会责任组织（SAI）等国际组织，联合国、经济合作与发展组织（OECD）等国际机构，提出了各种各样的企业社会责任标准；美国、欧盟、日本等国家的政府部门、民间组织和行业协会纷纷倡导企业社会责任；越来越多的公司也日益重视和广泛参与企业社会责任，遂使企业社会责任演变成一个企业的社会责任运动。

企业社会责任成为一种世界性潮流，与时代及环境的深刻变化分不开。经济全球化进程的加快、世界范围内的经济结构调整和产业转移，企业在创造巨大物质财富的同时，带来的社会代价非常惨重，部分人的就业受到冲击，企业直接和间接的浪费资源以及环境污染等问题更加引人关注。残酷的事实使人们认识到，企业在创造利润、对股东利益负责的同时，还要承担对利益相关者的责任，以获得在经济、社会、环境等诸多领域可持续发展的能力。企业承担社会责任已成为一种很重要的公共关系传播途径，可以改进与客户和供应商、政府和社区的关系，树立企业良好的公众形象，提高企业的内在价值和品牌形象。

作为一个与管理道德密切相关的问题，因社会经济的不同阶段和时代发展，企业社会责任的主旨也有所变化。企业社会责任既包括基本的社会责任，也包括高层次的社会责任。遵守法律、法规和行业规范，为消费者提供合格的产品或服务，是企业的基本行为准则。从严格意义上说，企业的社会责任至少应该包括以下几个方面：一是要体现对员工的责任。公司不能雇用童工或支持雇用童工的行为；不能因种族、社会阶层、国籍、宗

* 本文是《证券市场导报》2007年第4期“编者絮语”。

教、残疾、性别或政治归属等而对员工有歧视行为；不能从事或支持对员工的体罚、精神或肉体胁迫以及言语侮辱；保证员工的休息时间；公司标准工作周的工资至少能够达到法律或行业规定的最低工资标准；公司不能逃避劳动法和社会安全法所明确的对员工应尽的义务等。二是要体现对利益相关者的责任。在公司治理上，要从注重公司内部权利关系的授予、监控、制约安排，向注重内外部的各种利益相关因素的协调转变；从更倾向于股东和管理层关系的安排，向消费者、供应商、债权者和所在地区居民等原来忽略的因素倾斜。三是要体现对环境的责任。企业应当注重研发无害于环境和人体健康的产品，在生产过程中要维护环境质量，使用清洁能源，注重水、能源等资源的循环利用，降低废弃物的产生量，共同应对气候变化，保持生物多样性和生态平衡等。四是要体现对整个社会的责任。企业应积极支持社会慈善公益事业，自觉地支持和参与社会公共事务，关心周围社区的发展，为弱势群体提供更多的就业岗位或援助等，树立企业良好的公众形象。

把握企业社会责任的真谛，关键在于理解其整体性。遵守法律、遵守劳工标准，这仅仅是企业最基本的社会责任，它不能代表完整的企业社会责任概念。如果一个企业做到了遵守法律，照章纳税，保证员工生产安全、职业健康，只能说是履行了最基本的企业社会责任，还不能说达到了较高层次的企业社会责任水准。反过来，如果一个企业为社会公益事业做了大量的捐赠，然而它在基本的社会责任方面受到了谴责或投诉，如偷税漏税、使用童工、发生安全事故等，那肯定是没有履行好企业社会责任。

“千里之行，始于足下”。在社会急剧转型和经济高速发展的当代中国，发展循环经济，建设资源节约型、环境友好型社会，关心民生，实现小康与和谐，是每一位企业家应尽的社会责任，更是上市公司义不容辞的神圣使命。希望广大企业家能准确把握企业社会责任的真谛，自觉履行最基本的企业社会责任，按较高层次的企业社会责任水准行事，以造福人民，造福社会，造福企业！

美国《多德—弗兰克华尔街改革与消费者保护法案》初步分析*

2010年7月21日，美国总统奥巴马正式签署《多德—弗兰克华尔街改革与消费者保护法案》（以下简称《金融改革法案》），这是20世纪30年代大萧条以来美国金融发展史上规模最大、范围最广的金融改革立法，必将对美国金融体系及其全球金融市场格局产生深远影响，标志着美国金融业进入新监管时代。同时，这部《金融改革法案》也饱受争议，从起草到签署生效历时两年，经历了党派之争、部门博弈和利益团体游说。这部2 300多页的法案包含了哪些重要改革？对于投资者保护有哪些新措施？给美国乃至世界金融体系将带来哪些变化？带着这些问题，我们对《金融改革法案》进行整理和分析。

一、《金融改革法案》的8项立法精神

《金融改革法案》开篇指出，立法的目的是加强美国金融体系的透明度和问责制，终结金融机构“大到不能倒”的局面，杜绝用纳税人的钱来拯救金融机构的现象再发生，打击欺诈性金融行为，保护投资者利益（见表1）。

（一）保护金融消费者

《金融改革法案》提出要创建一个全新的监管机构，即消费者金融保护局。该机构设于美联储之内，整合了原本分布在货币监理署、储蓄机构监理局、联邦存款保险公司、联邦储备局、信用社管理局和联邦贸易委员

* 本文定稿于2010年7月30日，与刘辅忠、姚娜、马莎莎、刘菡、黄元晨合作。

会的投资者保护职能，对消费者贷款、按揭贷款、信用卡等实施监管，并有权独立制定规则。所有资产在100亿美元以上的银行、信用社或非银行金融机构，都要接受消费者金融保护局的监管。消费者金融保护局下设投资者教育办公室和投资者投诉热线。

表1　　《金融改革法案》关注要点和主要措施

<table>
<tr><th>立法者关注要点</th><th>监管机构</th><th>监管手段</th></tr>
<tr><td rowspan="6">投资者保护</td><td rowspan="3">消费者金融保护局（新设）</td><td>制定金融消费产品监管规则</td></tr>
<tr><td>设立投资者教育办公室</td></tr>
<tr><td>开设投资者投诉热线</td></tr>
<tr><td rowspan="3">美国证监会</td><td>30%缴获非法所得用于奖励举报者</td></tr>
<tr><td>设立信用评级机构监管办公室，加强评级方法的披露及法律问责</td></tr>
<tr><td>成立投资者委员会，向美国证监会建议如何增强预见性、主动改进投资者保护机制</td></tr>
<tr><td rowspan="2">系统性风险预警</td><td>金融稳定委员会（新设）</td><td>由9个监管机构代表组成跨系统监管机构</td></tr>
<tr><td>财政部</td><td>成立金融研究所进行数据分析和研究，提示系统性风险</td></tr>
<tr><td rowspan="7">“大到不能倒”</td><td rowspan="5">美联储</td><td>拆分过大金融机构
沃克尔规则</td></tr>
<tr><td>增加资本充足率、杠杆、流动性、风控机制和其他要求</td></tr>
<tr><td>监管大型银行和非银行类金融机构</td></tr>
<tr><td>金融机构经营不善将破产</td></tr>
<tr><td>限制美联储向金融机构贷款的权力</td></tr>
<tr><td>联邦存款保险公司</td><td>建立500亿美元的破产清算基金，建立有序破产清算机制</td></tr>
<tr><td>财政部</td><td>制定金融机构担保监管标准</td></tr>
</table>

续表

立法者关注要点	监管机构	监管手段
银行监管体系	美联储	监管资产在500亿美元以上的大型银行及银行控股公司
	联邦存款保险公司	监管资产在500亿美元以下的州立银行、储蓄机构及银行控股公司
	货币监理署	监管资产在500亿美元以下的联邦银行、储蓄机构及银行控股公司
	各州银行监管机构	监管社区银行
场外衍生品市场监管	美国证监会和商品金融期货委员会共同监管	联合制定规则，弥补漏洞，集中交易和清算，增强透明度
	金融稳定委员会	协调美国证监会与期监会的分歧
对冲基金监管	美国证监会	注册并监管1亿美元以上的对冲基金
	各州政府	注册并监管1亿美元以下的对冲基金
保险监管	全国保险监管局（新设）	作为信息收集、咨询和协调机构
	州政府	确认各州监管保险公司业务
信用评级机构监管	美国证监会	设立信用评级机构监管办公室
		要求公布分析方法，第三方尽职调查；对评级结果负法律责任
		证监会有权吊销评级机构营业执照；提供分析师持续教育培训；降低评级依赖
高管薪酬监管	美国证监会	股东有权就高管薪酬事宜投票
		股东有权指派代表提名董事，董事任命必须经过超额选举
		公司上市前必须设立薪酬委员会
		公众公司高管如有虚假陈述，其薪酬将被追回
		要求上市公司披露公司业绩与高管薪酬的历史对照表

续表

立法者关注要点	监管机构	监管手段
资产证券化监管	美国证监会	风险捆绑：出售者承担5%的信贷风险
		强化披露：不仅披露基础产品资质，还要披露与分析相关的其他信息
市政证券监管	美国证监会	市政金融顾问机构、掉期产品顾问机构和投资经纪人必须在美国证监会注册
		市政证券规则制定委员会和美国证监会制定并执行监管规则
美联储	政府问责办公室	严格监控紧急借贷机制
		专设副主席，每半年向金融稳定委员会和国会汇报系统风险监控状况
		加强内控和人员任用方面的利益冲突
		强化纽约联储主席的问责，加强资本市场信息跟踪和监控

（二）终结金融机构“大到不能倒”的局面

《金融改革法案》规定，美联储有权制定资本和杠杆率要求，有权拆分过于庞大的金融机构，严控大型金融机构的扩张；提出了“沃克尔规则”，限制大型金融机构从事自营业务，禁止银行设立对冲基金或私募股权基金，但允许小规模投资对冲基金和私募股权基金，投资金额不得超过一级资本的3%；建立“葬礼计划”，做好破产清算安排，向大型金融机构收取费用，建立500亿美元的清算准备金，以备破产清算使用。

（三）建立系统风险监控机制

《金融改革法案》设立金融稳定监管委员会，由9位其他监管部门负责人组成，监管银行和非银行金融机构收集、整合监管信息，监控金融机构的规模和复杂程度，监测和处理威胁国家金融稳定的系统性风险。

（四）金融衍生产品的透明度和问责制

《金融改革法案》对场外衍生市场产品提出了监管要求，这些产品包括资产证券化、对冲基金、抵押贷款、发薪日贷款。在此之前，这些产品的监管长期被忽视，《金融改革法案》对这个漏洞作了补充规定，支持对场外衍生品交易市场实施全面监管。《金融改革法案》要求普通种类的衍生品交易在交易所和第三方清算机构中进行集中清算；还要求银行剥离风险最高的衍生品业务，但仅以风险对冲为目的的商品和汇率掉期交易仍可通过场外市场进行，只需将相关交易上报监管部门集中备案。《金融改革法案》将对从事衍生品交易的公司实施新规定，对其资本、保证金、信息发布、记录保存以及业务活动等方面进行限制。

（五）强化商业银行和存款机构监管

美国有 4 个银行监管机构实行多头监管。金融危机充分暴露了银行监管交叉与监管漏洞。《金融改革法案》整合了监管机构，并对银行监管权限进行了划分：联邦存款保险公司监管资产在 500 亿美元以下的州立银行、储蓄机构和银行控股公司；财政部储蓄机构监理局合并到货币监理署，监管资产在 500 亿美元以下的全国性银行、储蓄机构和银行控股公司；各州负责监管辖区的社区银行；美联储监管资产在 500 亿美元以上的银行机构，并设负责银行风险监控的副主席，每半年向国会报告一次。

（六）加强高管薪酬与公司治理

《金融改革法案》赋予上市公司的股东无约束投票权（Non - binding vote），以增加中小股东对高管薪酬和公司事务的影响力，例如股东有权投票决定管理层的薪水和退职补偿的金额；有权追索不合理薪酬。《金融改革法案》要求金融机构披露薪酬结果中所有的激励要素，允许监管机构强行终止金融机构不恰当、不谨慎的薪酬方案。

（七）加强金融产品的风险监控

《金融改革法案》规定，出售资产证券化产品的金融机构必须自己承担 5% 的风险；出售机构不仅要披露基础产品信息，还要披露并分析与产品质地相关的其他信息。《金融改革法案》加强了对信用评级机构的监管，赋予美国证监会吊销信用评级机构营业执照的权力，要求评级机构披露分析方法，对评级结果承担法律责任。《金融改革法案》增强了美国证监会保护个人投资者的职能，鼓励向美国证监会举报金融欺诈行为，要求把查实30%的非法所得奖励举报人。建议美国证监会进行主动的投资者保护工作，在证监会内部设立由投资者组成的投资者委员会。

（八）加强保险监管

《金融改革法案》规定在财政部设立联邦保险局。金融改革后，保险公司的日常监管工作仍由各州政府掌管，联邦保险局仅为联邦政府在保险监管方面的咨询和协调机构。《金融改革法案》明确保险公司的交易受各州法律监管。

二、金融监管机构改革

本轮金融改革新设两个机构：金融稳定委员会和消费者金融监管局；重点改革两个机构：美联储和证监会。改革后，金融稳定委员会成为系统风险监管者，消费者金融监管局整合了投资者保护功能，美联储权力空前增大，成为超级监管者，证监会也获得了场外衍生产品和对冲基金的监管权力。但拟议中把期货交易委员会合并到证监会的设想没有实现（见表2）。

表2　美国金融改革前后监管机构变化一览表

	银行	证券	保险	消费金融
改革后	• 金融稳定监管委员会 • 联邦储备局 • 联邦存款保险公司 • 财政部货币监理署（收编储蓄监理局） • 全国信用社管理局 • 各州银行监管部门	• 证监会（新增信用评级机构监管局） • 商品金融期货委员会 • 金融稳定委员会 • 各州证券监管部门	• 全国保险监管局 • 各州保险监管机构	• 消费者金融保护局 • 美国证监会
改革前	五、联邦储备局 六、联邦存款保险公司 七、全国信用社管理局 八、财政部货币监理署 九、财政部储蓄监理局 十、各州银行监管部门	十一、证监会 十二、金融行业监管局 十三、各州证券监管部门	十四、各州保险监管机构	十五、货币监理署 十六、储蓄机构监理局 十七、联邦存款保险公司 十八、联邦储备局 十九、全国信用社管理局 二十、联邦贸易委员会

（一）金融稳定监管委员会监控系统风险

金融稳定监管委员会向国会负责，由投票成员和非投票成员组成。投票成员共有9名，包括财政部部长、美联储主席、货币监理署署长、储蓄机构监理局局长（并入货币监理署后取消）、证监会主席、期货交易委员会主席、联邦存款保险公司总裁、联邦住房金融局局长、全国信用社管理局局长，还有一名成员经过参议院的同意后由总统委任，并且是保险行业的专家。非投票成员共有5名，包括该委员会金融研究办公室主任、联邦保险办公室主任、一个保险业政府特派员、一个证券业政府特派员、一个银行业政府特派员。非投票会员不得被排除在任何议程、会议、讨论和审议程序之外。该委员会是非常设机构，工作人员由各监管部门决定，临时召集，财政部必须任命永久工作人员；经费则按投票决定的比例由监管部门承担。

金融稳定监管委员会有权认定具有系统性风险的金融机构，并对其提出更高的资本充足率、杠杆率、流动性、风险管理等要求。如果委员会认定某金融机构过于庞大复杂，对美国金融体系的稳定性产生了严重威胁，可立即向美联储提出建议，实施接管和分拆。与此同时，美国财政部将预先支付接管倒闭金融公司的前期成本，政府必须制定资金偿付方案，创立一个由美国联邦存款保险公司运作的清算程序。

为了保证金融稳定委员会更加专业、有效的运行，委员会内创建了一个金融研究公办室。办公室的成员由金融领域各个行业的高端人才组成，包括经济学家、会计师、律师、前任监管专家。根据金融研究办公室及其他机构的研究成果，委员会将会分析得到的数据和资料，监测风险变化，提请美联储副主席指派专人执行相关任务。金融研究办公室会将信息公开，并且每年向国会报告。

（二）消费者金融保护局整合投资者保护功能

奥巴马政府认为，危机前，消费者保护没有得到应有的关注，加之金融产品过于复杂，造成了次贷次债危机中不公平和欺诈交易行为肆意蔓延，几乎拖垮了美国整个金融体系。因此，奥巴马政府在《金融改革法案》中提出，要建立消费者金融保护局。

过去，涉及消费者权益保护的职权，分散于财政部货币监理署与储蓄机构监理局、联邦存款保险公司、美联储、美国信用社管理局、联邦贸易委员会等机构。《金融改革法案》将分散的职权予以统一，集中到消费者金融保护局，涉及信用卡、抵押贷款、个人储蓄等消费金融产品与服务，强化了问责。

消费者金融保护局有三大职责：一是帮助消费者获取信息，使其免受不公平及欺诈行为的侵害；二是帮助建立面向消费者的公平、有效和创新的金融服务市场；三是提升消费者获取金融服务的能力。

虽然消费者金融保护局设立于美联储的内部，却具有很强的独立性，这种独立性主要表现为：一是独立领导。消费者金融保护局局长可经过参议院的批准，由总统直接任命。二是独立预算。消费者金融保护局实行专项预算，经费由美联储统一划拨。三是独立制定规则。消费者金融保护局独立制定针对所有资产超过 100 亿美元金融机构的监管规则，监管其提供消费金融服务或产品等行为。这些机构包括银行、信贷机构、发薪日贷款机构、支票兑换机构及其他非银行金融机构。而其他资产在 100 亿美元或 100 亿美元以下的银行，将由适当的银行监管机构进行监管。

消费者金融保护局可以做到迅速行动，快速执法。消费者不必等待国会通过法律，消费者金融保护局即可以采取行动。《金融改革法案》提出了消费者金融保护局需要坚持的三个原则：一是透明度原则。对包括信用卡和抵押贷款在内的金融产品成本、杠杆率、风险状况以及消费者应明确知道的事项，要求及时披露。二是问责制原则。对联邦金融机构侵害消费者权益的行为予以制裁，加大对违规行为的问责力度。三是审慎原则。加强金融产品监管，特别是限制高风险、猎取性金融产品，但同时也必须保证个人信贷资源的投放，进一步推行《公平借贷法》和《社区再投资法》，努力确保金融服务不足的消费者和社区获得审慎的贷款和投资。

消费者金融保护局将特别设立一个全国消费者投诉热线，让消费者通过热线电话来报告所遇到的金融产品和服务方面的问题，这在美国尚属首次。消费者金融保护局还创建了一个投资者教育办公室，用以加强对投资者教育和推广金融知识。

（三）美联储成为超级监管者

美联储的基础功能是保持货币和就业稳定，《金融改革法案》赋予其保持金融稳定的职能。按规定，美联储监管大型银行、非银行类金融机构和对冲基金；美联储有权向银行及非银行类金融机构提出资本充足率和杠杆率要求，有权向金融监管局建议拆分规模过大的金融机构；美联储下设消费者金融保护局，负责其经费，但不参与日常管理；美联储有权设定信用卡、借记卡等银行服务收费标准。

（四）证监会弥补监管漏洞，增强投资者保护

“麦道夫欺诈案”令许多人意识到美国证监会的改革已经迫在眉睫。《金融改革法案》为了保护投资者和企业，提出了奖励举报人、对美国证监会进行改革、组建永久性的投资者咨询委员会、增强信用评级机构的透明度和问责制等。

根据奥巴马政府的改革计划，美国证监会对其行政执法机构进行了大刀阔斧的改革。首先，简化了内部流程，允许行政执法机构负责人直接启动正式调查程序，或直接与被调查对象进行和解，而不再需要事先经过证监会批准；其次，将该机构旗下原有的各部门领导重新部署至一线监察环节，使整个管理结构扁平化，减少中间环节。2009 年，美国证监会数据显示，这些新措施是有效的，几乎各个领域的强制执行案件数量都有增长。此外，证监会在行政执法机构内新建了 6 个特别小组：资产管理小组、市场滥用小组、结构性新产品小组、外国反腐败法小组、市政证券与公共养老金小组，这无疑有助于提升执法人员的专业知识。美国证监会每年对内部控制进行评估，政府问责办公室（GAO）也会对其管理问题进行研究。

美国证监会还完善了举报奖励机制。为了鼓励知情人举报证券市场的违法违规行为，美国证监会设立了举报奖励基金，对那些为执法提供有效信息和证据的人进行奖励，奖励规模达查办金额的 30%，并且奖励范围

也较以前有所扩大。另外，为了更好地发挥证监会对投资者保护的责任，《金融改革法案》规定证监会的经费筹集不再受限于每年的固定拨款。国会已经同意美国证监会在未来的5年，经费可由目前的11亿美元增长到22亿美元。

为了保护投资者的权益，美国证监会在2009年7月组建了投资者委员会，主要由比较有声望的各界投资者团体组成，用以对美国证监会的重点监管工作提供咨询，包括对新产品、交易策略、收费方式的监管，以及披露的有效评估等。《金融改革法案》明确了这一机构的合法地位，监管者将透过委员会的声音确定哪些领域存在重大问题，投资者需要什么样的帮助。

除此以外，《金融改革法案》还要求美国证监会对于提供投资建议的经纪人是否要与投资顾问拥有相同的职业标准进行研究。

三、《金融改革法案》25个改革要点

《金融改革法案》是美国至今最为严厉的金融改革举措之一，但也是最具争议的法案之一。在参众两院讨论过程中，各利益团体进行了针锋相对的争夺。因此，法案虽然基本体现了立法者的意图，但在具体行文中也体现了大量的妥协和折中。参众两院在讨论中充满分歧，各利益集团和游说团体也在法案中留下痕迹。《金融改革法案》涉及的具体改革，按照重要性排名，可以概括为25个方面：

1. 金融稳定委员会对风险较大的大型金融机构设立更高的资本金杠杆和流动性标准。

2. 必要时，金融稳定委员会可以自由裁让金融机构的杠杆比率。

3. 实施“沃克尔法则”，只允许银行将其资产的3%投入对冲基金和私募基金的自营交易中。

4. 赋予美联储分拆超大银行的权力。

5. 要求银行剥离部分衍生品的交易。

6. 大银行需要进行风险拨备。

7. 对美联储救市融资进行一次性审核，美国政府审计办公室对美联储贴现窗口借款和公开市场交易进行持续性审查。

8. 美联储救市融资权力将受到限制，接受政府救助的机构必须偿还救助资金。

9. 禁止华尔街公司将高风险的证券打包出售给消费者。

10. 消费者金融保护局将负责所有种类的学生助学贷款，制定相应的法规、接受投诉并每年向国会提出政策性建议。

11. 汽车销售商获得豁免权，不接受消费者金融保护局监管，由联邦贸易委员会监管。

12. 美联储获得限制银行手续费的权力，资产小于100亿美元的金融机构可不受限制，另外电子津贴转账及其他预付费卡也可豁免。

13. 90%的衍生品及外汇掉期均被要求进行清算，场外衍生品将被纳入场内交易并受到监管，以风险对冲为目的的掉期交易可以在场外交易。

14. 证监会和商品期货交易委员会有权对清算机构出让股权作出上限规定。

15. 规定掉期交易商的信托义务和信息披露要求，分拆风险较大的掉期交易。

16. 经纪人将对其客户担负信托义务。

17. 证监会将设投资者直接参与的投资者委员会，为投资者维权。

18. 公司股东可以通过代理人参与董事选举。

19. 股东对高管薪酬和高管离职薪酬享有无约束投票权，并有权追索错发薪酬。

20. 证监会下设信用评级办公室，对信用评级机构进行监管和规章制定。

21. 评级机构须披露数据来源与评级方法，评级员须符合资历并通过考核。

22. 评级机构也应公平披露信息，不得推荐任何公司或证券。

23. 评级机构将对其评级结果负法律责任，证监会有权撤销评级不准确的机构。

24. 资产担保证券发行商将不能自行选择给予其最高评级的机构。

25. 评级机构董事会一半以上为独立成员，评级员离职时需重新审查其所作评级。

四、《金融改革法案》的立法特点

（一）弥补监管漏洞

针对金融危机暴露出来的问题，《金融改革法案》重在提供工具和手段，设立新机构，增加现有机构功能，重新划分监管机构的权力，增强监管的针对性，以加强系统性风险的监控，强化投资者保护，强化资本约束，保护纳税人的利益。

（二）立法留有余地

本次立法虽然严厉，但仍为相关利益集团留出了较大空间。银行可以用3%的自由资金进行自营交易、投资对冲基金或私募基金；汽车贷款可以不受消费者金融委员会监管；10%的场外衍生产品市场可以不必集中交易清算；金融机构15∶1的杠杆比率要求改为自由裁量。

（三）立法未涉及“两房”雷区

法案未涉及“两房”倒闭和后期处理，遭到众议院和共和党人批评。奥巴马政府和民主党党团急于在2010年11月的国会中期选举前取得金融监管改革突破，而“两房”改革任重道远，属于政治雷区。此其一。其二，经济原因也是重要考虑因素。目前，美国房地产市场问题暴露得依然不充分，房地产黑洞究竟有多深，迄今很难有人真正说得清楚。奥巴马总统认为，在没有好的替代方案之前，贸然处置“两房”，可能会威胁到美国房地产市场来之不易的微弱复苏。

（四）保持联邦和州政府共同监管的格局

美国证券监管历来存在联邦与各州的博弈。在本次立法中特别强化了各州的监管权力，例如对冲基金在证监会的注册标准从 2 500 万美元提高到 1 亿美元，即 1 亿美元以下的对冲基金由各州监管，州级监管资源提高了 28%；在保险方面，明确了各州是监管保险业务的监管主体，并负责监管社区银行；在股权交易方面，本法案未涉及场外股票市场，各州仍然掌握场外股权市场的监管权力。在交易日益分散化的情况下，保留和扩大州监管权力是必要之举。

总之，法案涉及内容虽然广泛，但仍属框架型立法。《华尔街日报》称，将法案付诸实施需要制定至少 533 条执行性法规。奥巴马总统表示，美国政府各部门将用 1 年的时间完成配套法规的制定和修订。因此，《金融改革法案》的签署并不意味着金融改革的结束，而是刚刚拉开美国金融改革的大幕。评判《金融改革法案》对于美国金融市场和世界金融市场的影响还为时尚早，也许只有时间才能给我们明确的结论。

第七部分

互助裂变：揭秘会员制交易所和金融机构股份化的原动力

对中国香港《证券及期货市场改革之政策》的意见*

我们对中国香港《证券及期货市场改革之政策》进行了认真研究，现将有关意见报告如下。

一、香港证券期货市场改革的主要内容和时间表

香港的改革由中国香港特别行政区政府（以下简称“香港特区政府”）推动，其主要内容是：将香港联交所、期交所和相关结算公司合并，组成一个控股公司，香港特区政府称其为“新公司”。新公司下面将存在三个平行机构，即联交所、期交所和结算公司。这三个机构是新公司下面的运行实体。新公司的股东是：联交所和期交所的会员、社会公众股东。新公司的管理分三个层次：董事会代表股东进行管理；新公司行政总裁和管理委员会按董事会决议进行专业化管理；联交所、期交所和结算公

---

* 本文定稿于1999年4月1日。

司的行政总裁和管委会负责日常业务管理。新公司的目标是成为一家上市公司。

改革分三个阶段实施：到1999年9月30日前，联交所和期交所完成资产评估，就将来在新公司中的股权份额达成协议，两家交易所的会员通过表决批准改革方案；到1999年底或2000年初，最晚不迟于2000年3月31日完成立法工作，扫清改革和新公司成立的法律障碍；2000年9月30日之前，新公司将完成上市工作，成为公众公司。

香港特区政府将在香港财经事务局下设立一个机构以监督改革的推进，香港证监会将协助并保证改革期间的市场正常运转。改革如果遇到任何阻碍，香港特区政府表示将会采取强制措施予以推行。

二、香港证券期货市场改革的原因

回顾过去10年的历程，香港证券期货业确实取得了长足的发展，但是也深深感受到证券期货业日益激烈的竞争压力。经过系统回顾和认真反思，香港特区政府得出的结论是：证券期货业改革源自全球的大趋势，香港不能独善其身；没有改革，就没有香港今后的长远发展。具体说，有以下几点：

（一）传统证券交易所的“整合”和“上市”所带来的压力

目前，国际上的证券期货交易所都在进行“整合”，即对传统交易所体制和交易系统进行改革。改革内容包括三个方面：一是证券期货交易所之间的合并和重组；二是交易所的体制发生了重大变化，传统的会员制交易所经过股份化正在转为公司制交易所；三是部分交易所已经上市或正在谋求上市成为公众公司。这种变化使香港证券期货市场感受到了日益紧迫的压力。我们可以看到，澳洲证券交易所已经与悉尼期货交易所合并并完成股份化。这个交易所股份公司已经上市，上市首日股价为4.25澳元/股，1999年2月中旬升至12澳元/股。新加坡证券交易所在1998年11月也与新加坡国际金融交易所合并。截至1999年3月底，全球至少有14家证券交易所实现了合并，可以预期，这股浪潮在未来还会继续。

（二）场外独立交易系统发展使传统交易所被迫革新

计算机和互联网技术的进步与大量应用，有力地促进了传统交易所以外的交易系统的发展，反映在两个方面。

1. 场外交易系统正在“重整”和革新。如美国纳斯达克市场合并了美国证券交易所和费城证券交易所（期权为主），并准备建立期货交易所和结算公司，目前还在考虑与中国香港联交所、新加坡证券交易所、德国法兰克福证券交易所和英国伦敦证券交易所进行结盟，开展跨境交易业务。

2. 互联网带动“网上交易”迅速发展。这类交易为大型市场参与者提供了成本低廉而快速的交易服务，市场专业人员已经可以参与这种交易系统，相信以后一般投资者也可参与这个系统。这种全新的网上交易和电子交易市场，以其独特的优势构成对交易所的更大挑战。

（三）香港资本市场本身的交易体制已经落后

目前，香港证券、期货市场进一步发展主要有四大障碍：

1. 联交所和期交所相互隔离。在政策制定与协调方面，存在不一致的情况和政策空隙。亚洲金融危机期间，面对国际炒家的进攻，两者的立场也有分歧，同时在新产品开发方面又存在相互竞争和重叠。

2. 资本市场核心机构难以形成合力。从全球角度看，我国香港仍然是一个小经济体，却存在着 2 个交易所、3 个结算公司。这种机构分散、各自独立的现状，极大地降低了香港地区应对系统风险的能力。

3. 交易所商业利益与公共利益的冲突。目前，交易所以公司制形式注册，实行会员制管理。这种体制存在的矛盾是：一方面，交易所在关键时刻充当着商家，而不是管理者，很难将公共利益放在首位；另一方面，为照顾和保障现有会员利益，会严格限制新会员加入，更会拖延各项改革的推进，从而使公共利益失衡，导致香港创新能力落后于其他市场。

4. 技术更新与进步受到妨碍。与德国、法国等交易所 IT 技术进步和交易系统先进性相比，香港交易所设备比较落后，庞大的经纪人队伍又制约着技术进步，加上交易所财力十分有限，使香港交易所在高新技术的使用方面严重受到限制。

三、香港改革可能出现的问题

香港特区政府认为，证券期货业改革方案是香港市场迈向21世纪所必需的举措。但是，尚有以下问题值得进一步关注：

（一）相关各方利益的平衡问题

香港证券期货市场改革涉及面宽，协调各方利益难度较大。由于合并涉及各方的切身利益，各方的态度至关重要，在联交所和期交所资产净值不平衡的情况下，合并各方的动力令人关注。会不会节外生枝，或者出现“合而不拢”的情况？这些问题均需要密切关注。

（二）公共利益的保护问题

香港此次证券期货市场改革，推动两家交易所合并主要侧重于商业考虑，对于增强香港在国际证券市场的竞争力和吸引力，无疑是有益的尝试。但如何防止商业利益过分膨胀影响甚至制约公共利益，仍是香港证券市场面临的十分严峻的问题。

（三）“新公司”的上市问题

香港交易所作为公众公司上市，可以筹集资金，特别是打破交易所无法筹集社会资本的僵局，迎合信息技术日新月异发展的需要，缓解沉重的财政负担。同时，新公司上市还有利于在香港证券市场上树立一个“金融市场旗舰机构”的新形象。当然，新公司在自己的交易所上市，如何操作和监管，需要研究，全球正在探索当中。

（四）证监会与交易所的关系问题

交易所合并到新公司后，原来属于交易所的一些监管权力将移交到证监会，证监会的权力将更加突出，这对于强化监管有好处。但是，证监会与交易所的权力如何分配，如何界定两者的上市审核权，如何充分发挥市场一线的自律监管作用，也需斟酌。

四、对中国内地证券市场未来发展的建议

香港证券期货市场改革不是空穴来风。改革的动向既值得我们关注，也值得我们借鉴。首先，香港证券期货市场改革，在很大程度上是瞄准中国内地证券市场而来的。其次，在高科技日新月异发展的世纪末，把一个什么样的证券市场带入21世纪，对于掌握未来的主动权至关重要。为此，各国或各地区的金融当局都在酝酿着有利于金融市场发展的“大爆炸”。鉴于国际金融市场格局的大调整与大变化，鉴于东西方成熟市场同时吹起改革之风，有必要深入研究我国证券市场长期发展的战略问题。

（一）我国证券市场在国际金融体系中的定位问题

国际定位问题涉及我国证券市场长期发展的战略和方向。我国经济要走到世界经济的前列，我国证券市场也必然要跻身于国际主要证券市场，为此，应该认真考虑A股、B股和H股市场的关系和统一问题，我国证券市场的开放顺序、开放内容和开放时间表问题，我国证券市场的规模、交易品种和结构问题，我国证券公司的发展问题，我国养老基金、保险基金、共同基金等机构投资者的发展问题。对于这些问题，必须有一个统一的认识。

（二）证券市场深层矛盾的解决问题

我国证券市场在快速发展的基础上，有许多问题亟待解决，如发行制度改革问题，国家股、法人股入市流通与变现问题，提高上市公司质量问题，证券市场品种过于单一问题，B股市场长期低迷问题，中小企业尤其是高科技企业筹资问题，公司债券市场发展与资产证券化问题，信用交易、融资融券与金融期货问题。这些问题的解决必须统筹考虑，现在已经到了不能再拖的地步了。

（三）证券交易所的改革问题

随着信息科技进步及其成本下降，证券交易所之外的“屏幕交易系统”和大型中介机构营运的内部“交易对盘系统”，使证券交易二级市场

的格局发生深刻而激烈的变化，高透明度、高流通性、中介成本低廉、产品多元化的市场会极大地冲击交易所市场，对证券交易所形成强有力的挑战。在我国，尽管证券交易所一开始即采用电子化交易，但目前存在的问题确实不少。一是两个交易所并列的局面。目前上海和深圳证券交易所品种相同、规模相近、毫无特色，投资者却要两面开户，既不经济，又不方便。可否考虑共建交易平台，进一步可考虑合并；或将两个市场先作一分工，经过几年的发展，视香港改革的成果再考虑作类似的大合并。二是交易品种匮乏的问题。在我国证券市场上，交易的品种95%为股票，其他品种少得可怜或几乎没有。应该发展债券市场、资产证券化产品等。

（四）现存交易结算体系的改革问题

目前在香港，除了香港中央结算有限公司外，还有附属于联交所的期权结算所有限公司和附属于期交所的期货结算有限公司。按《证券与期货市场改革之政策》，将在新公司的控股架构下，3家结算所全面合并为1家单独的结算机构，与两家交易所平等营运。从防范风险和便于运作上看，这种框架是合理的，也是符合国际惯例的。我国目前分别在上海和深圳证券交易所设立上海证券中央登记结算公司和深圳证券结算公司，各自独立并自成系统。这种从属于交易所分割的交收制度，不利于提高结算效率，并蕴含着很大的风险。根据《证券法》，“证券登记结算采取全国集中统一的营运方式”，应尽快采取切实步骤予以落实。

（五）金融期货产品的研究与试点问题

国际上，金融期货的发展已经进入与证券交易所联合的新阶段，这有利于发挥期货和证券的整体优势，壮大交易所的规模与实力。在我国，由于种种原因，期货仅局限于商品期货，金融期货在法律上是一个盲点，这对于我国证券市场的稳定与发展是极为不利的。因为只有金融期货发展了，证券市场才完整，投资者才有避险的工具。这个问题也必须尽快开展研究，并择机立法试点。

上述问题不仅涉及我国证券市场的长期发展，而且涉及证券市场对国民经济发展的支持能力和支持力度，涉及中国经济21世纪的发展，关系重大。因此，建议由中国证监会主要领导牵头，政策研究室负责组织会内外有关专家，成立“证券市场发展战略专家小组”，根据中国经济发展的新形势和《证券法》及修订后《宪法》的要求，对我国证券市场进行认真的总结和反思，在广泛调查、听取多方面意见的基础上，提出面向21世纪的“中国证券市场发展与改革计划”。

论欧洲股票交易所的股份化与并购（概要）*

股份化（Demutulisation）与并购是世界金融服务业最重要的趋势。包括期货交易所、清算和交收系统在内的欧洲股票交易所，以极大的热忱参与了这两个重要趋势。2000 年 3 月，伦敦证券交易所完成了股份化，其股票在场外市场（Brokers Cazenove）交易，目前是世界上最大的股份化交易所。德国交易所集团早在 1991 年就完成了股份化，将德国所有现货、期货、清算、交收系统等囊括在自己旗下，正在准备上市。法国巴黎交易所集合了法国所有现货、期货市场，并拥有 Clearnet SBF SA 清算公司和 Euronext SBF SA 技术开发公司两个特殊的子公司，成为一个单一市场体系，正在考虑上市。泛欧交易所（Euronext）是法国、比利时和荷兰交易所合并的产物，它本身又是一个相当成功的案例，被视为建立泛欧股票交易所的雏形。欧洲期货交易所（Eurex）由德国交易所集团和瑞士交易所在 1998 年共同建成，1999 年后成为世界最大的期货交易所。Clearstream 国际清算公司现在已经成为世界最大的清算平台，它由卢森堡的世达（Cedel）国际集团和德国交易所清算公司合并而成。可以相信，随着欧洲交易所的股份化和并购的发展，欧洲股票市场的一体化进程会加快，欧洲交易所将会为投资者、发行人和中介机构提供更加方便、快捷、低成本和高效率的服务。

相当一批欧洲股票交易所之所以致力于股份化和并购，是因为它们处于竞争压力日增的市场环境下。金融监管的放宽，经济全球化以及信息技

---

* 2000 年 9 月 1 日～12 月 1 日，受中国证监会委派，笔者作为经济合作与发展组织（OECD）的访问学者在巴黎 OECD 总部工作了 3 个月。与所在部门的日本同事晒刻苦、比意志，收集大量文献，苦练英文写作，挑灯阅读，完成近 50 页的英文研究报告。11 月底递交 8 页英文简要报告，受到 OECD 官员的肯定和表彰。离开前，OECD 官员答应笔者，同意接受中国证监会派遣的第二批访问学者，时间延长为 6 个月。此稿为英文简要报告的摘要，定稿于 11 月 30 日。

术的发展是三个重要的因素，它们直接引出了股份化和并购这两个趋势。除此之外，欧洲还有另外的关键因素，这就是欧洲经济一体化、欧元的到来以及欧洲金融市场的改革。发行、上市和交易的全球化，消除了股票交易所的地域概念；新的交易系统的建立，又打破了交易所的传统垄断地位。欧洲股票交易所彼此之间激烈竞争，还需要面临美国的竞争压力。一大批网上经纪商和电子交易网络也成为欧洲交易所的竞争者。事实上，当一个金融机构在欧共体任何一国得到营业执照后，它自然而然可以在欧共体内任何国家执业。这自然强化了欧洲交易所之间的竞争。

关于股票交易所的股份化和并购的目的，可以指出以下几点：一是股份化意味着交易所发行新股筹资能力的加强。受股票交易所传统互助地位的限制，股票交易所是不可能这样做的，但交易所一旦股份化并上市，它就可以通过向社会公众公开发行股票达到这一目的。二是股份化意味着交易所拥有更好的公司治理结构。这种良好的公司治理结构，是建立在完整的信息披露和规范透明的运作上的，它有利于增强公司的信用度。三是股份化可以增强交易所对管理层和员工的激励。这主要是因为交易所在股份化后有可能建立诸如股票期权等激励制度。四是股份化可使交易所内部决策机制更加有效率。因为股份化后直接的决策动机来自增加利润的驱动。五是交易所合并的根本目的在于建立在多种不同市场基础上的单一交易平台，通过交易所的结构改革增强竞争力，从而满足日益变化的竞争环境的需要，提高对消费者的服务水平。

交易所在国民经济中的特殊地位，决定了交易所的股份化有着其他互助金融机构股份化所没有的特点。这种特殊地位首先表现为，到目前为止，交易所还是一个带有自然垄断性的特殊市场。除此之外，作为一个互助机构，只有会员才有资格直接进入它的市场。其次，交易所是一个赋予决定上市条件等某种权力的重要场所。再次，交易所是一个自律组织，历来是各种利益冲突的中心。最后，交易所是拥有诸如股票、债券、金融衍生工具等产品的一系列市场，并包容从交易、清算到交收等一揽子服务。正是由于这些特殊性，使得交易所的股份化呈现出下列特征：一是将会员对交易所的所有权与进入市场垄断权作了分离。交易所股份化后，交易所的会员不再有垄断权，会员资格与市场准入的纽带被剪断。二是要求对整个市场监管结构作出新的调整。为协调股份化了的交易所内公共利益与商业利益的矛盾，保护投资者利益，整个市场监管结构不可避免要进行相应的调整。

至于交易所的并购，也呈现出如下特点：第一，交易所的并购一般均建立拥有新的信息技术的单一交易平台。第二，在一些情况下，并购将建立起从股票到期货，从创业板到清算交收系统的单一市场。第三，跨国并购更为普遍。第四，并购后在交易所内交易的品种日益增加。第五，最大限度地减少交易成本和增强市场流动性。第六，出现了敌意收购的新的并购方式。第七，在并购过程中，货币市场与资本市场合作良好，特别是在清算方面，这更加方便了投资者。

毫无疑问，股票交易所的股份化与并购将对欧洲的股票市场产生持久而深远的影响。一方面，股份化与并购有利于强化欧洲交易所的市场竞争力；另一方面，不断增强的竞争又有可能带来诸如在投资者保护和市场分割方面的风险。在一些新兴市场中，由于交易所很大的市价总值，它的挂牌还可能对股票市场产生较大的影响。比如说香港交易所及清算公司在自己的市场上挂牌后，他们认为交易所会成为香港股票市场的“金融旗舰”。另外，一些股份化了的交易所，通过开发新产品以及与其他金融机构合并，还可能变成为一种全能的金融公司。诚如美国商品期货交易委员会主席托马斯·J. 艾瑞克逊（Thomas J. Erickson）在2000年4月所说的那样，已经有征兆表明，交易所正在利用自己的牌子作为杠杆，力图建立一个无所不包的超级金融公司，以便与高盛公司、J. P. 摩根公司，甚至于互联网公司开展竞争。

可以肯定的是，股份化交易所的股东与其使用者之间存在着一些利益冲突。这是因为，股份化交易所在作出任何一项决定或采取任何一项行动时，都是以满足股东的最大利润为宗旨的，监管的功能和自律的作用就在于尽量缓解这个冲突，寻找到某种平衡。

证券监管者需要对上面提到的这些问题尽责。也就是说，在如何处理监管机构与股份化交易所的关系，如何避免市场垄断和市场分割等问题，以及如何保护投资者特别是中小投资者的合法权益等方面，证券监管者责无旁贷。为此，以下三点需要加以特别强调：

第一，监管者应该确保在股份化交易所与其他类型交易系统之间的公平竞争。

第二，股票交易所与监管机构之间的权力应该进行重新分配，既要防止股份化交易所利用手中的权力在利润驱动下侵害公共利益，又要确保交易所对于其他发行人和投资者足够的纪律处分权力，以维持基本的市场秩序。

第三，监管者应该继续督促股份化交易所严格履行其保留的部分自律功能。同时，交易所如果能够继续保持提供公正和有效的市场名誉，对其自身的商业发展也是有巨大好处的。

从经济合作与发展组织（OECD）成员国的经验和一些新兴市场国家和地区的经验看，中国政策制定者的首要任务在于，尽快改变股票市场监管模式以适应国际标准和市场化原则。同时，在中国加入世界贸易组织（WTO）后，迎头赶上全球金融监管放松的趋势，创立一个更适应中国新地位的新制度，也就变得越来越重要。第一，中国应该逐步打破金融业的行业壁垒，允许金融集中经营。西方金融混业经营的日益流行迟早会影响到中国金融业。在这种情况下，现行的相关监管框架需要重新审视，特别需要认真研究金融业集中监管模式的利弊得失。事实上，在全球金融市场一体化的大背景下，全球金融市场监管合作的必要性正在广泛讨论中。第二，中国需要放宽对股票交易所的政策管制。由于政府的严格控制和彼此之间竞争的缺乏，压抑了包括上海和深圳证券交易所在内的市场主体的创新积极性和动力，这对于市场的进一步发展是极为不利的。随着面向高成长型公司的创业板市场在深圳启动，目前已经到了需要重新考虑交易所和监管机构关系的时候了。尊重市场规律，“把市场办成真正的市场”，应该是中国政府政策的唯一目标。

至于欧洲股票交易所股份化与并购对中国交易所的启示，下面几点是特别重要的。首先，尽快增加新的金融品种。在这方面，衍生产品的引入变得越来越重要，因为它们是回避风险的必要工具，是股票市场的“内在稳定器”，因此交易所需要认真考虑逐步创立一个金融衍生产品市场。当然，债券市场的发展也是十分重要的。按照欧洲的经验，相当多的不同金融产品是在一个股票交易所内完成交易的，所以笔者认为，金融衍生产品市场应该建立在上海证券交易所内，这有利于金融机构和投资者方便快捷地在单一市场内交易现货和期货产品。其次，尽快建立全国集中统一的清算和交收系统。再次，强化交易所的基础设施建设。鉴于世界特别是欧洲在这方面的建设不遗余力，中国也应该在交易、清算及交收系统方面紧紧抓住新技术不放松。最后，在所有这些因素取得重大进展后，中国还面临着如何清理和计算会员的权益、政府的投资等十分复杂的微观问题，这个问题在西方成熟市场也是有重大利益纷争的，使相关各方伤神费心。当然，对于中国来说，要不要让交易所股份化并上市是矛盾的主要方面，能不能股份化并上市倒是矛盾的次要方面，属于技术细节问题。

交易所股份化、上市及治理研究提纲*

一、前言

证券交易所的股份化和上市，是20世纪90年代以来国际金融领域一个令人瞩目的现象。伦敦股票交易所股份化后，其股票在卡泽诺沃证券交易商（Brokers Cazenove）挂牌交易；巴黎股票交易所已经股份化正在准备上市；斯德哥尔摩交易所、澳大利亚交易所、中国香港联交所、新加坡交易所和德国交易所股份化后已经在自己的交易所上市；东京和纳斯达克市场也正在考虑股份化。股份化和上市确确实实成为全球主要证券交易所竞相追求的目标。

2000年6月27日，笔者有幸参加中国证监会主席周小川和香港特别行政区财政司长曾荫权的会晤。会谈是从谈论刚刚挂牌上市的香港联交所开始的。曾荫权说："今天是香港交易所挂牌上市的第一天，对香港证券业的发展具有里程碑式的意义。"周小川主席赞赏香港交易所的上市工作计划相当周密，他指出："联交所、期交所与结算公司的重组上市，使证券业组织结构发生了重大改变，交易所与证监会之间的分工也会加以调整，这是一个重要的发展趋势。"

同年9月1日~12月1日，受中国证监会派遣，笔者去总部设在法国巴黎的经济合作与发展组织（OECD）做访问学者，研究课题是"欧洲股票交易所的股份化和并购"。这个课题是事先与OECD商定好的，说明中国证监会对海外证券交易所这些改革举措的重视。短短3个月，笔者搜集了大量的文献资料，在经济合作与发展组织财政金融企业局官员、日本学者林藤树（Fujiki Hayashi）的指导下，写出了一份长达22页的英文报告（草稿）。

---

* 本文是笔者提交深圳证券交易所博士后工作站的课题研究提纲。定稿于2000年底。

这次深圳证券交易所博士后招生，将“证券交易所上市问题研究”作为一个重要选题，这是很有意义和很有远见的，说明我国证券交易所在这个国际大趋势面前的积极进取态度。海外证券交易所的股份化及上市，对我国证券交易所有什么样的启示及借鉴意义，应该说是这一选题的题中之意。

笔者的初步设想是，通过对世界各主要交易所治理结构历史演变的考察，通过对20世纪90年代以来证券交易所股份化和上市的个案研究，通过证券交易所和20世纪80年代以来其他会员制互助金融机构股份化和上市的比较研究，力图在经济学的理论层面上和交易所的实践层面上，对证券交易所的股份化和上市作一深入、全面的分析。需要强调的是，证券交易所股份化及上市后，如何科学地处理证券监管当局与证券交易所的关系特别是两者的分工问题，方方面面十分关注，确实是一个迫切需要认真研究和妥善解决的问题。行业专家安德鲁·海格（Andrew Haigh）在谈到互助金融机构股份化时就说：“从互助形态到公司形态的转化，不仅仅是改一个名字。支持这种法定变化的特殊要求，以及事业如常的所有方面，都需要重新审视，以确保变化的结果的潜在冲击。”① 这样，从监管的角度出发，系统总结海外互助金融机构特别是已经上市证券交易所的成功做法，或许有助于这个问题的解决。

本报告拟分为9个部分，具体结构如下：

第一部分：前言。简要说明本选题的重要意义及主要的研究思路。

第二部分：海外证券交易所治理结构的演变。会员制和公司制是证券交易所的两种组织形式。这两种组织形式各有优势，各有弱点。在实践中，世界各国主要交易所出自公共利益的考虑，大都采用会员制的方式，重在“不以营利为目的”。20世纪80年代中后期，随着伦敦、巴黎交易所先后登记为私人公司，公司制证券交易所开始引人注目。20世纪90年代以后，公司化甚至于上市成为交易所追求的重要目标。

① Andrew Haigh：Exploiting the Benefits of Demutualisation，http：//www.kprng.co.uk/kpmg/uk.

第三部分：股份化和上市的一般含义及两者的关系。对证券交易所股份化和上市的内涵和外延作一考察，并扼要说明为什么要将股份化和上市问题一并加以研究。

第四部分：西方国家房屋建筑会和互助人寿保险公司的股份化和上市。20 世纪 80 年代，西方国家会员制的房屋建筑会、互助人寿保险公司着手股份化并上市。到 90 年代，会员制金融机构的股份化及上市已经成为全球金融市场的一个重要趋势。总结这些会员制金融机构的股份化及上市过程，对于同样是会员制的证券交易所来说，恐怕不无参考意义。退一步说，它至少可以说明会员制证券交易所的股份化和上市并不是国际金融领域单个的孤立现象。

第五部分：海外证券交易所的股份化及上市的基本情况。本部分从实证的角度，对主要发生在欧洲、亚洲的证券交易所股份化和上市作一考察。当前，许多期货交易所已经合并到证券交易所，如巴黎股票交易所、德国交易所以及中国香港交易与结算所。在单一交易所体制下，期货交易所的股份化理所当然成为交易所股份化的一项重要内容。为了反映独立的期货交易所在股份化和上市方面不同于股票交易所的特征，本部分还要介绍美国 3 个期货交易所、澳大利亚悉尼期货交易所等期货交易所股份化和上市的计划。

第六部分：证券交易所与其他会员制互助金融机构股份化的比较。既然都是会员制金融机构的股份化和上市，证券交易所与其他会员制互助金融机构就属于同一类型，因而在许多方面就不可避免有相同或相近的地方，比如说在股份化和上市的程序和目的方面，在股份化带来的“意外果实”方面等等。尽管如此，两者在股份化和上市上的区别也是十分明显的，这种不同是由证券交易所在国民经济中无可比拟的天然垄断的地位决定的。

第七部分：证券交易所股份化和上市的原因、目的和影响。通过研究发现，相当一部分证券交易所之所以热衷于股份化和上市，是因为金融监管的放宽、经济全球化以及信息技术的发展，使交易所的经营不再是一国孤立的事情，而必须面临全球范围的竞争。同时，通过股份化和上市，交易所筹资能力可以得到加强，公司治理结构可以得到优化，对管理层和员工的激励可以增强，交易所内部的决策也较之前容易。至于影响，有两点需要特别关注：一是上市的交易所有可能成为证券市场中备受投资者厚爱的“金融旗舰”；二是上市的交易所可能利用自己的牌子建立一个无所不包的超级金融公司。

第八部分：证券交易所改制上市与自律监管职能的关系。一线监管职能和追逐利润之间的利益冲突，是证券交易所改制上市后面临的一个重大问题。对此，一些国家的监管当局已经采取了防范风险的措施，并在认真研究对策。在证券业组织结构发生重大改变的情况下，交易所与证监会之间如何科学地分工，各方十分关注，意见也不尽一致。本报告在总结已有经验的基础上，对这个问题作一些阐述。

第九部分：我国证券交易所治理结构的历史沿革与发展趋势。根据交易所早期的章程，上海、深圳证券交易所设立伊始就采用了“会员制、非营利性的事业法人”。与海外交易所相比，我国证券交易所治理结构不尽完善，需要在发展中逐步规范，并为下一步的改制上市创造条件，以便适应证券市场发展的需要和国际上证券交易所变化的趋势。

二、海外证券交易所治理结构的演变

（一）会员制和公司制是证券交易所的两种组织形式

交易所依其管理方式、承担风险方式以及交易所与其成员之间关系的不同，可以分为会员制证券交易所和公司制证券交易所。会员制证券交易所是由证券商构成的会员共同出资组成的、非营利性的社团法人组织。参加交易所的会员必须符合规定的会员条件，并不得为其他交易所会员。会员必须遵守交易所的章程和有关细则，缴纳会费，并以其出资额为限承担责任。公司制证券交易所是由股东按《公司法》设立的。

（二）世界主要交易所大都采用会员制的组织形式

会员制和公司制两种组织形式各有优势，各有弱点。美国纽约证券交易所、日本东京证券交易所、英国伦敦证券交易所、法国巴黎证券交易所、中国香港联交所及期交所、澳大利亚证券交易所和悉尼期货交易所，以及美国芝加哥商品交易所等一些著名交易所均采取会员制的组织结构。

（三）20 世纪 90 年代股份化及上市成为公众公司逐渐流行

在会员制占主导地位的情况下，一些国家或地区的交易所根据自身证券市场的发展要求，也有采用公司制交易所的组织形式的，如加拿大和中国台湾地区的交易所就采取公司制的形式。1986 年和 1988 年，伦敦证券交易所和巴黎证券交易所先后登记为私人公司，公司制证券交易所开始引人注目。20 世纪 90 年代以后，瑞典斯德哥尔摩证券交易所、德国法兰克福证券交易所、澳大利亚证券交易所、中国香港交易与结算所、新加坡交易所采取了股份化的重大步骤，并上市成为公众公司。股份化甚至于上市成为交易所追求的重要目标。

三、股份化和上市的一般含义及两者的关系

（一）将股份化与上市问题一并考虑的原因

会员制金融机构由会员出资建立，并为会员服务。会员制金融机构要挂牌上市成为公众公司，股份化是其前提条件。因此，在研究会员制金融机构上市时，如果撇开其前提股份化不谈，许多关键问题将说不清、道不明。就交易所而言，世界上主要交易所大都采取会员制的组织结构，将股份化与上市联系起来加以研究就显得更加重要。

（二）股份化的定义

股份化是中国香港证券界对 Dcmutualization（英国使用的是 Demutualisation）一词的中文翻译，有的将它译成“非会员化”或“单体化”。它是指带有互助性质的金融机构由会员制公司变为股份制公司的过程。在这个过程中，公司原有的会员成为公司的股东，公司由不以营利为目的变为以营利为目的。

（三）股份化的主要步骤

一般而言，股份化大体包括以下几个步骤：

1. 有人提议。一般情况下由公司管理层特别是董事会提议，也有由某一个或几个会员倡议、并得到足以召开临时会员大会的其他会员支持。

2. 起草股份化计划。这个计划需要回答“什么是股份化”、“为什么股份化”、“会员如何投票”、“会员所得利益的种类”等问题，并提供相关的审计、金融、法律等专家意见书。

3. 会员区分为合格会员与非合格会员。按加入公司的时间、当年的约定等因素，会员被区分为合格会员和非合格会员。只有合格会员才能参与投票，才有资格享受相关权益。

4. 召开临时或特别会员大会。会员大会的主题就是对股份化计划进行投票表决，按会员金融机构的章程，一些重大事项要获得表决通过，须要参加会议和征集投票的合格会员 3/4 以上的同意。

5. 政府批准。在有些国家或地区，股份化计划还须得到财政部、证券监管当局甚至议会的批准。

（四）股份化中“意外的果实”

随着会员制公司的股份化，每一合格会员将获得“免费的股票”，西方人给它取了一个名字叫“Windfalls”，意思说被秋风吹落的“意外果实”。这些免费的股票是用来交换和结束会员的权利的。在利益机制的驱动下，这种“意外果实”已经在其他会员制金融机构股份化案例中大量产生，并且出现了专门以此营生的所谓食利者，即“Carpetbaggers”或 Windfall Seekers。[①] 这些特殊会员借此煽动其他会员迫使会员制公司股份

---

① Carpetbagger 或 Windfall Seekers，即晚来的乞讨者和追逐意外果实（Windfalls）的食利者。这些人把很少的钱存入几个房屋建筑会的储蓄账户中，或者向几个人寿保险公司购买很少份额的保单，期望房屋建筑会和人寿保险公司公开上市后，他们有资格得到免费股票和现金支付。“Carpetbagger”一词起源于美国南北战争期间，形容战争结束以后从北方到达南方的不受欢迎的陌生人。他们仅仅带着小背包或毯制的旅行袋，眼中只有利益，属于美国内战后利用南方不稳定局势谋利的人。当时英国主流媒体借此称呼向互助金融机构发动进攻的会员特别是外国骨干会员。当然，也有人认为，使用这个词语来描绘股份化的支持者是无礼的。

化。证券交易所的股份化有没有这种“意外果实”，目前存在着很大的争议。笔者的初步研究结论是它确实存在。如澳大利亚证券交易所的会员绝大多数为个人会员，其席位费仅为25 000澳元，交易所上市之日，这些会员所得免费股票的市价是其席位费的27倍。为了保护会员的利益，大部分股份化金融机构不追求公开发行股票，同时严禁向公司雇员提供任何股票，公司员工奖励计划要等到股份化完成后才予以考虑。

（五）交易所上市（Listing）是证券市场的一次革命

上市是指完成股份化的会员制金融机构在交易所或者别的市场公开挂牌成为公众公司的行为。交易所在自己的市场上挂牌成为公众公司，在某种程度上说是一次革命。

1. 交易所是证券交易的重要场所、市场组织者和自律管理者，它成为一个上市公司，将引起证券市场结构的深刻变化，并带来监管模式的变革。

2. 通过上市，交易所可以筹集必需的资金，提高效率、降低成本，以应付随着信息革命、全球化而来的激烈的竞争，甚至有可能因每天面临股东的赢利和分红压力而变得目光短浅。

（六）股份化与上市关系

就两者的关系而言，股份化仅仅是上市的最初一步，上市则是股份化的逻辑发展。就目前的情况看，其他会员制金融机构如互助人寿保险公司股份化后，一般均在交易所上市成为公众公司。而证券交易所的情况则复杂得多。大体说来，完成股份化的交易所有多种选择。一是完成股份化，但它的股票不上市，仅限在会员之间交易，如巴黎证券交易所集团和阿姆斯特丹证券交易所。二是完成股份化，其股票在其他非正规市场上交易，如伦敦证券交易所、赫尔辛基证券交易所、哥本哈根交易所和悉尼期货交易所。三是完成股份化并在自己市场上上市，这包括澳大利亚股票交易所、中国香港联交所、新加坡交易所和德国证券交易所。当然，最后一种选择可能是绝大多数证券交易所股份化的重要目标之一。

四、西方国家房屋建筑会和互助人寿保险公司的股份化和上市

（一）股份化和上市是西方会员制金融机构的共同趋势

20世纪80年代以来，“股份化”一词在西方成熟市场国家相当流行。房屋建筑会（Building Societies）、储贷协会（the Saving and Loan Association）、互助储蓄银行（Mutual Saving Banks）、互助人寿保险公司（Mutual Life Insurance Companies）和信用合作社（Credit Unions）等一些互助金融机构相继完成股份化并上市。会员制证券交易所不以营利为目的，为会员拥有并为会员服务，会员享有交易垄断权，这就使得证券交易所在性质上与房屋建筑会、互助人寿保险公司属于同一类型，具有许多共同的地方。同时，证券交易所的特殊地位，又使它具有与这些机构不同的地方。有比较才有鉴别，将证券交易所的股份化放到这样的大背景下加以考察，可以通过比较异同，加深我们对证券交易所股份化和上市的理解和认识。从这个意义上说，深入考察会员制金融机构股份化和上市，是一件很有意义的事情。

（二）会员制金融机构在西方经济生活中占有一席之地

会员制金融机构是一个古老的经济机构，它由会员建立和拥有，并为会员谋利。从1600年荷兰证券交易所成立以来，证券交易所一直是一个“私人俱乐部”，可以说是最早的会员制互助金融机构。至于其他互助金融机构，当算1775年成立的英国理查德·凯特利（Richard Ketley）房屋建筑会。当时，一群为购房而自愿将经费聚集起来的人们组织起来，成立带有互助性质的团体。会员制互助金融机构在西方经济生活中已经和仍将起到重要作用。在英国，房屋建筑会占到了英国住房抵押贷款的23%，占到英国全部金融机构个人存款的18%；在美国，互助储贷协会资产占全部储贷协会资产的31%，互助人寿保险占全部人寿保险公司资产的30%；在日本，几乎所有顶尖人寿保险公司都是相互人寿保险公司，1994

年全球前20大保险公司中，有9家互助公司，其中日本有7家（见表1）。

表1 1994年世界前20大保险公司的治理结构及资产变化表

排名	公司英文名称	公司中文名称	国别	1994年资产（10亿英镑）	1994年公司形式
1	Nippon Life	日本生命保险相互会社	日本	253	互助
2	AXA/UAP	法国安盛保险有限公司	法国	183	股份制
3	Daiichi	第一生命保险相互会社	日本	179	互助
4	Sumitomo	住友生命保险相互会社	日本	155	互助
5	Prudential	信诚互助保险公司	美国	126	互助
6	Meiji	明治生命保险相互会社	日本	108	互助
7	Allianz	安联保险有限公司	德国	91	股份制
8	GAN	法国甘保险集团公司	法国	87	股份制
9	AIG	美国国际保险集团	美国	82	股份制
10	Metropolitan	大都会保险互助公司	美国	82	互助
11	Asahi	朝日生命保险相互会社	日本	81	互助
12	Fortis	富通保险公司	比利时	76	股份制
13	Travellers	旅行者集团公司	美国	69	股份制
14	Mitsui	三井生命保险相互会社	日本	67	互助
15	Yasuda	安田生命保险相互会社	日本	60	互助
16	Prudential	保诚集团保险公司	英国	59	股份制
17	Aetna	安泰国际保险公司	美国	56	股份制
18	Cigna	信诺保险股份公司	美国	52	股份制
19	AGF	法国AGF国际保险公司	法国	47	股份制
20	Aegon	荷兰埃贡保险公司	荷兰	47	股份制

资料来源：P. Guijarro and D. J. P. Hare：Corporate Diversity and the Provision of Financial Services，18 February 2002。http：//www. actuaries. org. uk/sessional/smo205. pdf.

（三）互助金融机构的会员制天平开始倾斜

1986年，英国通过新的《房屋建筑会法案》，允许房屋建筑会股份化。1989年7月，阿比国民（Abbey National）房屋建筑会完成股份化后在交易所上市，成为阿比银行，这是1986年法案通过后第一家转化为银行的房屋建筑会。阿比国民房屋建筑会的这一举动引起了阵阵涟漪。在以后的10年间，包括哈里法克斯和北岩房屋建筑会在内等8家房屋建筑会进行了股份化并上市，转变为哈里法克斯银行和北岩银行等。2000年，Bradford & Bingley 房屋建筑会，即英国第二大房屋建筑会宣布其股份化计划。此举对英国房屋建筑联合会的其他成员产生强大的压力。① 同时，在生命互助保险公司方面，这种情况更为突出。在澳大利亚，国民互助保险公司和殖民保险公司分别于1996年和1997年完成股份化并上市，澳大利亚 Provident 互助保险公司在1996年12月12日宣布它的股份化计划，1998年完成该计划。在美国，1990年，在前10位保险公司中，有7家是互助人寿保险公司，截至2000年底，仅有纽约人寿保险公司保持着会员制的地位。在加拿大，1990年在前7位保险公司中，有4家保险公司是相互人寿保险公司，到2000年底，这4家已经完全股份化并上市。

五、海外证券交易所的股份化及上市的基本情况

（一）证券交易所股份化的起源

股票交易所的股份化始于20世纪90年代早期，但它的源头则可以追溯到20世纪80年代后期英国伦敦交易所和法国巴黎交易所分别调整其股权结构时。1986年，伦敦交易所部分股份化，以一个私人有限公司的名义重新登记注册。1988年，巴黎交易所也完成股份化，变成一个私人商业公司。严格地说，这种股份化的方式只能算是股份化的萌芽形式，因为它的股票仅仅面向它的会员，并且股票转让和所有权严格限定在会员以内。换句话说，股票交易所的所有权与市场准入权之间的联系纽带仍没有

① 2008年北岩银行和 Bradford & Bingley 银行受到金融危机的严重冲击，被英国政府国有化。

割断，而这种无形的纽带正是股份公司与会员制公司关键的区别之一。基于此，笔者认为，此时的伦敦交易所和巴黎交易所仍然是带有互助性质的、为其会员所拥有的交易所，而非真正的为股东所拥有的公司型交易所，直到以后有非会员公司进入为止。关于这一点，在2000年年报中，伦敦交易所前主席约翰·肯普·威尔奇（John Kemp－Welch）就把交易所看作为准会员制机构。

（二）欧洲股票交易所在股份化和上市方面走在全球前列

1993年，瑞典斯德哥尔摩股票交易所被股份化，人们认为它是全球第一个完全股份化的股票交易所。按照当时的记载，斯德哥尔摩交易所将其发行的股票一半送给了它的会员，另一半则面向在交易所有交易的其他金融机构发行。1997年，斯德哥尔摩股票交易所被在其市场上市的OM集团收购。

在荷兰，阿姆斯特丹交易所集团由阿姆斯特丹交易所和欧洲期权交易所合并而成，它在1997年完成股份化。在法国，巴黎交易所自1988年变成由会员持有的私人商业公司后，它的股东逐渐扩大到会员以外的金融机构。在大约90个股东中，国际机构占到30%。目前巴黎交易所集团正在考虑上市问题。

在德国，1993年，由德意志银行设立的德国交易所集团买下了法兰克福交易所。之后，其旗下的期货交易所和结算公司相继股份化。有资料表明，德国交易所集团的主要股东是银行，包括私人银行、外国银行等。

在英国，伦敦交易所于1999年决定继续20世纪80年代中期未完成的股份化事业。2000年3月，伦敦交易所完成艰难股份化过程，其股票在卡泽诺沃证券交易商（Brokers Cazenove）交易，成为目前世界上最大的股份化交易所。按1986年伦敦交易所重组时的设计，伦敦交易所的会员分为A股持有者和B股持有者。A股股东不享有投票权，但在公司关闭清偿时有优先赎回权，伦敦交易所遂决定以每股10 000英镑的价格赎回票面价值仅为5便士的A股。据统计，交易所共有3 630股A股，预计需支付3 630万英镑。B股是可交易股份，B股股东作为有资格的会员，在股份化过程中享有投票权，并可以分配到交易所的“免费股票”。2000年3月15日，当B股股东投票通过交易所股份化计划时，交易所决定以每股1英镑的价格买回面值也是每股5便士的B股。根据2000年财政年度税后盈利3 390万英镑，每股收益114.1便士，交易所决定向以前的B股股东发行2 970万股普通股，计每一股东免费送给99 999股。2000年7月24日，伦敦交易所的股票首次在卡泽诺沃证券交易商中交易。对此，交易所主席克鲁克香克就此评论道："这是交易所迈向一个商业公司的另一个信号，它清楚地表明了交易所的使用者和顾客的兴趣所在。同时，它也给我们交易所员工更加明确的工作重点。”

（三）澳大利亚、中国香港和新加坡交易所的上市

从严格意义上说，澳大利亚交易所是世界上第一家在自己交易所上市的交易所。早在1995年，澳大利亚股票交易所开始考虑股份化和上市问题。1996年10月18日，交易所96%的有资格会员投票通过股份化建议。1997年12月16日，有关股份化的相关法律获得澳大利亚议会通过。据此，澳大利亚交易所606个有资格会员共接受1亿多股免费股票，平均每一会员为16.6万股。1998年10月14日，澳大利亚交易所在自己的市场上市。

1999年7月，中国香港特区政府发表一份报告，决定将香港联交所、期交所及3家结算公司合并为新交易所。9月28日，联交所、期交所会员分别以98%和100%票数通过这项改革决定，共同成立全新的香港交易及结算所。经过一系列复杂的股份化过程，联交所、期交所及结算公司于2000年3月6日实现“三合一”，香港交易及结算所正式运作。交易结算所是一个商业机构，共向会员发行10.4亿股，面值为1港元，招股价为3.88港元，低于每股净资产3.99港元。在这种优惠面前，95%原联交所和期交所的会员接受了交易所的股票，其中联交所股票交易经纪商的每个交易席位得到80.5万股，期交所交易经纪公司的每个交易席位得到139万股。6月27日，香港交易及结算所在自己的交易所上市，开市价为7港元，最高升至9.2港元，收于8.25港元，较发行价上涨了112.6%，市

价总值达85.85亿港元。

1999年12月，新加坡证券交易所和新加坡国际金融交易所各自完成股份化后合并，成立一家私人控股公司，称为新加坡交易所。新加坡交易所将其50%的股权分配给原两个交易所属下的会员，另外50%的股权则通过私下配售和公开售股的方式，售给新的投资者，如金融机构、上市公司等，售价为每股1.1元新元。据有关方面统计，其中社会公众中认购的股份为7 500万元。2000年11月23日，新加坡交易所在自己的交易所挂牌上市。

（四）其他交易所的股份化及上市计划

除前面讲到的欧洲和亚洲一些国家和地区证券交易所的股份化和上市外，美国三大期货交易所、加拿大温哥华交易所等也正在进行股份化工作。

六、证券交易所与其他会员制互助金融机构股份化的比较

（一）两者的相似之点

既然都是股份化和上市，那么，无论是会员制证券交易所的股份化和上市，还是其他会员制金融机构的股份化和上市，就必然具有共同特点。

（二）证券交易所的特殊地位

在一国国民经济中，证券交易所具有独一无二的特殊地位。这是其他会员制互助金融机构所无法比拟的。第一，股票交易所是一个到目前为止具有垄断性的特殊市场；第二，股票交易所是一个赋予某些公共监管权力的重要场所；第三，证券交易所是一个处于各种利益冲突中的自律机构；第四，证券交易所在某种情况下是一个拥有股票、债券、期货以及交易平台和清算交收系统的一系列市场。

（三）证券交易所股份化和上市的显著特征

证券交易所的特殊地位决定了证券交易所的股份化和上市明显不同于

其他互助金融机构。

1. 分离会员所有权与市场进入权。除了普通的投票权外，证券交易所的会员还拥有其他互助金融机构所没有的交易权。也就是说，在会员资格和市场准入之间有一个有机联系纽带，金融机构只有满足相关的条件，通过购买交易席位成为交易所的会员，才可以进入股票市场。一旦交易所完成股份化，股票交易所的垄断地位将被打破，会员资格与市场准入的纽带将被割断。任何一家新金融机构无论是否为交易所的股东，它都可以进入市场交易。如香港交易结算所股份化和上市后，合并前的香港证券交易所与香港期货交易所的会员都成为香港交易结算所的会员，他们还保留交易权。但交易权与股权是分开的，会员可以保留交易权而卖掉其持有的交易所的股票；也可以保留其持有的交易所的股票而卖掉交易权。因为交易权与拥有权（所有权）是分开的，所以，非经纪商也能持有股份，非股东也能参与市场。

2. 极大地改变市场监管结构。证券交易所担负着监管职能，因此，证券交易所的股份化和上市不仅会改变它的互助地位，而且会引起证券市场监管结构的极大变化。第一步可能就是将交易所的一些监管权力转移给监管当局。例如，在英国议会讨论伦敦股票交易所股份化时，一些议员就认为，一个股份化交易所将以营利为目的，不再适合继续执行监管功能。因此，英国财政部宣布将伦敦交易所下的上市局从交易所转移到金融监管局。另外，交易所和监管当局之间如何进行监管权力划分也被提上了议程。

3. 需要协调公共利益与商业利益的矛盾。作为一个自律机构，证券交易所比其他互助金融机构常常涉及更多的公共利益。从历史上看，证券交易所一直处在各种利益冲突的中心，在一国国民经济中起着关键的作用。证券交易所股份化后，如何协调公共利益与商业利益的矛盾，不仅决定着证券市场能否稳健发展，而且也决定着证券交易所未来的命运。

4. 更多地强调交易所的内部整合与外部合作。与其他互助金融机构的股份化主要侧重于同外部机构合作不同，证券交易所的股份化则将内部整合与外部合作并重。所谓内部整合，是指证券交易所将一个国家或一个地区的股票、债券、金融衍生工具整合到单一交易所之下，如法国巴黎交易所、德国法兰克福交易所、中国香港联交所和新加坡交易所就采用了这种模式。所谓外部合作，是指交易所与别国或地区的交易所合并或合作。2000 年 8 月，德国交易所与英国伦敦交易所商量共建国际交易所，只是由于瑞典 OM 的插足和英国议会的反对才没有成功。

七、证券交易所股份化和上市的原因、目的和影响

（一）证券交易所改制上市的客观原因

证券交易所竞相改制上市，是因为它们处于竞争压力日增的市场环境下。可以这样说，竞争已渗透至证券市场的几乎每一个领域，无论是时空的限制、法规的障碍和垄断的保护都无法阻挡。这种竞争局面是由金融监管的放宽、经济全球化以及信息技术的发展三个重要因素带来的，它们直接推动了交易所的股份化与上市。我们知道，发行、上市和交易的全球化，打破了股票交易所的地域概念；新的交易系统的建立，又瓦解了交易所的传统垄断地位。正如美联储主席格林斯潘所说："我们的市场结构正在超常规的变动中，几乎每周都能听到新的交易系统建立或现有交易系统改进的消息发布。无人能够预见哪些交易场所能够提供最符合投资者要求的服务。我们只知道竞争决定胜者和负者。"

（二）证券交易所股份化和上市的目的

1. 股份化意味着交易所发行新股筹资能力的提高。受股票交易所传统互助地位的限制，股票交易所是不可能这样做的，但交易所一旦股份化并上市，它就可以通过向社会公众公开发行股票达到提高筹资能力目的。

2. 股份化意味着交易所拥有更好的公司治理结构。这种良好的公司治理结构，是建立在完整的信息披露和规范透明的运作上的，它有利于增强交易所的信用度。

3. 股份化可以增强交易所对管理层和员工的激励。这主要是因为交

易所在股份化后有可能建立诸如股票期权等激励制度。

4. 股份化可使交易所内部的决策相对容易一些。因为股份化后直接的决策动机来自增加利润的驱动。

(三) 证券交易所股份化和上市的影响

毫无疑问，证券交易所的股份化和上市将对证券市场产生持久而深远的影响。诚如前面所说，股份化与上市有利于通过筹资改善交易所的财务结构，提高效率、降低成本，从而强化交易所的市场竞争力。除此之外，在此，笔者想特别强调两点：

1. 在一些新兴市场中，由于交易所很大的市价总值，它的挂牌还可能对股票市场产生较大的影响。比如说香港交易所及清算公司在自己的市场上挂牌后，他们认为交易所会成为香港股票市场备受投资者追捧的、有利于市场稳定的“金融旗舰”。2000 年 6 月 27 日，香港交易和结算所的市值为 85.85 亿港元，同年 11 月 16 日，市值已达到 167 亿港元，不到 5 个月时间，市值增长了 94.5%。

2. 一些股份化交易所通过开发新产品以及与其他金融业合并，还可能成为全能的金融公司。正如 2000 年 4 月美国商品期货交易委员会主席托马斯·J. 艾瑞克逊（Thomas J. Erickson）所说的那样，目前已经有征兆表明，交易所正在利用自己的牌子作为杠杆，力图建立一个无所不包的超级金融公司，以便与高盛公司、J. P. 摩根公司，甚至于互联网公司开展竞争。

八、证券交易所改制上市与自律监管职能的关系

(一) 证券交易所股份化和上市可能引发的问题

伴随着证券交易所的上市，一些问题同样不可忽视。这主要表现为一线监管职能和追逐利润之间的利益冲突。如何处理公共利益和商业利益的矛盾，一直是摆在各国证券交易所面前的重大问题。在世界交易所的发展史上，绝大部分证券交易所采用会员制的方式，强调不以营利为目的，最主要的原因恐怕就是为了避免证券交易所追求商业利益而忽视甚至损害公

共利益。交易所变成非会员制的股份公司后，确实可以提高交易效率和减少成本，使投资者享受更好的服务。同时，出于为满足股东的最大利润考虑，交易所可能放宽上市交易的标准和监管措施，造成股份化交易所股东与其使用者之间存在着一些利益冲突。在这种情况下，两者的协调难度和投资者保护难度均比以前加大。

（二）各国监管当局已经采取的防范措施

面对交易所从传统会员制公司向公司制转化的新情况，一些国家和地区已经采取措施改善和加强对证券期货市场的监管，防止因此带来的风险。比如澳大利亚证券监管当局就与交易所重新签订了监管备忘录，明确交易所的监管责任。比如伦敦交易所，英国议会经过讨论认为，由商业化的伦敦交易所来审核上市事宜已经不再适宜，建议将这部分权限收到英国金融管理局。为此，2000 年 5 月 1 日，英国财政部作出决定，将伦敦交易所的全国挂牌上市管理职能连同其人员一并收归金融管理局。再如中国香港为避免这一商业利益上可能造成的不公平，香港联交所《证券上市规则》已加入新的第三十八章，列出了香港交易所在联交所上市必须符合的规定。同时，香港交易所及联交所已经同意与香港证监会订立谅解备忘录。其中，包括诸如香港证监会和联交所在香港交易所申请上市及取得上市发行人地位一事上各自拥有的权力及职能；香港交易所和联交所与其他上市申请人和上市发行人产生上述的买卖或潜在利益冲突时，香港证监会拥有的权力和职能，以及香港交易所上市后作为一家上市公司所必须履行的责任以及发生上述利益冲突时的处理程序。

（三）证券交易所股份化及上市后交易所与监管当局的权利分配

证券交易所除了拥有拟上市公司上市挂牌的管理职能外，它还是市场的组织者，有发现和查处证券市场操纵市场、内幕交易和欺诈等三大违规事件的义务，以及对投资者进行教育和赔偿的责任。对于这些职责，我国把它形象地称为“一线监管”。股份化和上市后，交易所谋求利润的最大化，还能保证其一线监管的公正性吗？对于这个问题，各方面的意见是不一样的。有的认为能够做到而且必须做到。他们认为，完善的监管是其商业价值的一部分，如果交易所只顾自身的商业利益，而置公共利益于一边，甚至为了商业利益而损害公共利益，最终会损害交易所的声誉，在激烈的竞争中败下阵来。有的认为难以做到，或不需要做到。他们的主要理由是，在会员制体制下，交易所既是市场监管者，又是市场获益者，为了活跃和发展市场，有时不免会在监管上做出让步，经常导致监管不到位，牺牲了市场的长远利益。证券交易所股份化和上市后，一方面是更不好协调商业利益与公共利益的关系；另一方面，剥离交易所现有的监管职能，将其交还给证券监管部门，让市场参与者各司其职，有利于培育健康的市场机制，保证证券市场健康发展。根据第一种意见，交易所尽管股份化和上市，但其自律监管的职能还是不能放弃。美国商品期货交易委员会主席托马斯·J. 艾瑞克逊（Thomas J. Erickson）就强调，美国芝加哥期货交易所、芝加哥商品交易所和纽约商品交易所等股份化及上市后，监管当局必须监督交易所健全其自律机制。根据第二种意见，证券交易所上市后就不再有监管职能。如德国交易所股份公司总裁塞弗特在公司上市后举行的新闻发布会上说，该公司上市的意义在于证券交易所已经成了和其他公司一样的普通公司。

目前，对于如何正确划分交易所与监管当局的分工在讨论中。不过有一点可以肯定，监管者应该继续督促股份化交易所严格履行其保留的部分自律功能；同时，交易所继续保持提供公正和有效的市场名誉，这对其自身的发展也是有巨大好处的。当然，在做出这样或那样的划分之前，首先要清理一下交易所和监管当局在市场监管方面究竟有哪些权力，究竟需要哪些权力。在此基础上，再通过深入的调查研究，总结一些交易所的成功做法，才能得出具体结论。

九、我国证券交易所治理结构的历史沿革与发展趋势

（一）我国证券交易所设立伊始就是“会员制、非营利性的事业法人”

我国上海、深圳证券交易所虽然只有短短10年的历史，但伴随着证券市场的飞速发展，交易所各项事业蒸蒸日上。根据交易所早期的章程，上海、深圳证券交易所设立伊始都是“会员制、非营利性的事业法人”。1999年生效的《证券法》虽没有明确证券交易所为会员制交易所，但相关的条款还是非常清晰地说明了证券交易所的会员制性质。如第95条规定：“证券交易所是提供证券集中竞价交易场所的不以营利为目的的法人。”第98条规定：“证券交易所的积累归会员所有，其权益由会员共同享有，在其存续期间，不得将其积累分配给会员。”第103条规定：“进入证券交易所参与集中竞价交易的，必须是具有证券交易所会员资格的证券公司。”

（二）我国证券交易所治理结构存在的主要问题

与海外交易所相比，我国证券交易所治理结构不尽完善，表现为：一是带有强烈的政府干预痕迹，交易所的独立性较差；二是会员制的组织体系不是十分健全，没有会员大会和监察委员会，法定代表人也不是十分明确；三是会员资格与法律规定有一定距离等，一些信托公司会员待规范、待整顿，一些非法会员待清理；四是席位费的法律性质不明确，导致会员之间转让席位时，其转让价格缺乏法定依据。

这些情况之所以发生，是因为我国证券市场是在政府推动下发展起来的，政府干预尽管是权宜之计，但也可以说带有某种必然性。同时，在证券市场清理整顿和分业经营、分业管理的大背景下，交易所原来的信托公司会员资格失去了法律依据。如何妥善处理此类问题，使交易所走上正轨，是深沪两个交易所目前面临的一个重大课题。

（三）我国证券交易所治理结构的发展趋势

在全球证券交易所股份化、上市和合纵连横面前，我国证券交易所何去何从，需要认真对待。笔者认为，股份化和上市既然是趋势，我国恐在所难免，问题只是时机的选择了。实事求是地总结我国证券交易所10年来的发展经验，认真研究海外证券交易所股份化和上市的做法，仔细分析西方互助金融机构股份化的特点、差异和启示，恐怕是现阶段唯一可以做的事情。

关于交易所股份化的发布稿*

导言

本报告介绍了近年来证券①监管者在其法律管辖权限内，对交易所的所有权结构改变进行监管所着手解决的问题。一般地说，这些变化是指交易所由不以营利为目的的会员组织转变为股东拥有的组织，并很可能成为一个以营利为目的的公司。这个过程就是被大家所熟知的股份化。

对每一个管理当局和交易所②来说，股份化所面临的特定情况千差万别。本报告无法涵盖所有的问题或监管对策，③ 包括已经出现的，或者未来可能出现的。本报告也无意在对特定的股份化进行监管方面，或者在是否应该改变或怎样改变监管以适应新的局面等方面，提供指导、建议或规范性的行动纲领。④ 因为没有什么唯一"正确的"监管之路可以依循。

本报告有两个目的：（1）概括监管当局主要关心的在不同法律管辖权内的股份化类型；（2）为法律管辖权内未来可能发生的股份化提供一种信息资源。

---

* 2000 年 12 月，国际证监会组织（IOSCO）技术委员会发布题为"股票交易所股份化讨论文件"的咨询文件。2001 年 6 月，IOSCO 经过讨论并修改，技术委员会以正式报告的形式推出了"关于交易所股份化的发布稿"。该报告是 IOSCO 关于交易所股份化、自我上市和治理结构等重大问题的第一个文件，提出了值得证券期货监管部门、交易所"重新进行审视"和"应继续关注"的许多问题。此译文系与孟薇共同翻译，2001 年 10 月 20 日定稿。曾载于《证券市场导报》2001 年第 12 期。收入本书时重新进行了校订。

① 为方便起见，除本文不允许或被特别限定，在这个报告中使用"证券"这个词时包含了衍生产品；同样的道理也适应于"证券监管"、"证券公司"和"证券市场"这些词；"市场"包括现货交易及衍生产品交易的证券市场和其他被监管市场（例如交易所）的市场和场外市场。

② 例如，它可能因在这个交易所中所有者利益是否集中或者类型是否受到限制而有所区别。

③ 特别地，期货交易所的股份化可能引起另外的问题或迥然不同的对策。

④ 一些交易所拥有自己的清算公司，这些清算公司可能在这个交易所股份化后仍然继续构成交易集团的一部分，这个报告将不涉及股份化过程中有关清算公司可能引起的任何问题。

这个讨论所围绕的三个主题，对于已经发生的各种股份化而言具有普遍性。报告的第一部分提供背景资料，第二部分将具体介绍三个主题以及监管者所考虑到的各种问题和对策。

一、背景

历史上大部分交易所都是不以营利为目的、为会员拥有的机构。近年来，在交易所中存在这样一种趋势，即考虑选择以一种新型的治理结构替代传统的互助或合作模式。在多数情况下，交易所转变成一个以营利为目的、股东拥有的公司。

交易所的股份化可以采取多种形式，每种形式都有各自的问题。有些交易所股份化后成为在自己交易所上市的公众公司。有些交易所虽然股份化，但还是私人公司。① 还有一些交易所变成了公开交易的控股公司的子公司。

据国际交易所联合会（WFE）1999 年年会的非正式报道，当时的 54 家交易所，有 15 家已经完成股份化，14 家通过会员投票同意实行股份化，15 家正在积极考虑股份化。竞争和技术的变化，极大地推动了股票交易所的股份化趋势。传统交易所之间以及交易所与其他交易系统之间日益增强的竞争，要求交易所在包括其决策过程在内的各项活动中有更高的效率。创建更高效的交易系统，需要在新技术方面进行重大投资，从而扩大对资本的需求。另外，出于竞争的某些对策，比如交易所之间的结盟和合并，可能因股份化而变得容易。

会员制交易所的显著特点是它的所有者、决策者和交易服务的直接使

---

① 澳大利亚股票交易所是一个在自己交易所上市的公众公司。荷兰阿姆斯特丹和加拿大多伦多股票交易所目前均已是私人公司。英国伦敦股票交易所的股票在一个场外市场交易场所交易。美国太平洋交易所已经将它的证券业务转移到这个交易所全资拥有的子公司中，瑞典 OM 斯德哥尔摩交易所也是一个上市公司的全资子公司。许多其他交易所也正在考虑或已经投票进行股份化。

用者经常是同一人，即会员公司。[①] 决策往往建立在一个会员、一张选票的基础上，[②] 并且经常由会员公司代表组成的委员会作出。会员制交易所的所有权不可能自由转让，[③] 而且会随着会员资格的到期而终止。会员拥有的交易所很难从会员以外的其他人筹集到资本。

相反，大部分以营利为目的的企业以股份公司形式进行组织，其所有者、决策者和主要顾客可以被划分为三个相互隔离的集团。股东们将公司决策权授予拥有选举和罢免权限的董事会，在日常活动中由公司管理层执行这些权力。股东的投票权与他们在公司的经济利益相一致：一股一票。[④] 股东所代表的经济利益构成财产权，这与会员经济利益截然不同。股份公司可以通过各种方式和渠道筹集资本。

竞争加剧使交易所从会员制或合作制实体向追求营利的股份公司转变，各种新情况出现了。交易所所有者的利益可能会与它交易服务的主要顾客的利益背道而驰。交易所的商业特征变得越来越明显：利益最大化成为非常清晰的目的。这些变化引发一系列问题和担心：

1. 当一个追求营利的公司执行交易所监管功能时，特别是当涉及一级市场监管（公司的上市和准入）、二级市场监管（交易规则）和会员监管时，会出现或增加什么样的利益冲突？

2. 公平和有效的资本市场符合公众利益。一个营运良好的交易所是资本市场至关重要的组成部分。为保护公共利益，是否需要对交易所强制性地增加特殊机制，诸如在股权方面有特定的公司治理安排，或者制定特定的规则？

3. 一个以营利为目的的交易所在运作过程中，是否会正当地顾及它

---

① 弗拉克·多那："澳大利亚股票交易所的自律和股份化"，《澳大利亚公司法季刊》1999年第10期。20年前，在美国出租交易所席位就已经是一件平常的事情。当某一席位被出租时，所有权的利益就从交易权中分离出来。

② 一个会员对公司这些决议的影响力，会因此与它在交易所里可能享有的经济利益的水平相分离。

③ 通常，唯一许可的购买者是其他会员公司或有资格成为会员公司的其他公司。

④ 至于其他公司，有许多不同形式，比如多倍表决权、黄金股、持股限额及其他安排。

的财务持续能力？是否有足够的资金分配到监管功能方面，包括制定计划来管理不能履行的债务？①

上述许多问题并不新鲜，但股份化和日益增强的竞争有可能会激化某些问题，对这些问题和相应的监管对策重新进行审视就变得很有必要。

归根结底，问题的核心在于，一个以营利为目的机构的商业压力或治理结构，是否会从根本上影响交易所被要求承担的配置资源的能力？是否损害其按适当标准有效地履行监管职能和维护公共利益的义务？②

这些问题在本报告第二部分进行讨论。值得注意的是，已经出现的问题和采取的相关监管对策在一定程度上是相互依存的。选择一种方法去解决某一特定问题，可能对其他问题的存在形式或严重性产生影响。例如，如果交易所的所有权仅仅局限于监管者颁发执照的证券公司，这些公司又在已有的法律框架下公正和适当地经营，那么由谁控制交易所这个潜在的问题可能并不那么重要。同样，股份化交易所采取何种组织形式，即是变成一个仅包括其会员的私人公司，还是变成一个被广泛持股的上市公司，也会影响到这些问题和问题的严重程度。最后，恰如其分的对策会依据股份化交易所从事活动性质的不同而变化。也就是说，当这个交易所不承担什么监管职能时，对交易所各项活动监管干预的必要性就可能大大减少。

不能假定，解决本报告中所提到的问题和担心没有适用可行的方案。许多监管当局在慎重考虑这种特定情况后，已经采取了一些措施。当然，这些对策是各不相同的。

---

① 有效地管理失败是交易所的一个关键功能，包括市场失败以及市场参与者清偿能力的丧失。当交易所在交易中作为双边中央清算中介人运作时，这点就显得特别正确。与追求营利为目的的结构相联系，对成本最小化的强调，可能对交易所完成这项任务的能力和倾向形成压力。

② 澳大利亚股票交易所授权进行股份化相关法律，澳大利亚众议院第二委员会官方议会议事录，1997 年 11 月 27 日，第 11541 页。

二、讨论

（一）利益冲突

无论是否股份化，一个交易所都将履行以下几个职能：

1. 作为商业实体负责股票交易所的日常运作，并致力于保障和提高它的业务。

2. 依靠制定和执行适当的市场监管规则，保证资本市场的完整和有效。

世界各交易所均担负着一系列责任。这些职责可能包括：设计交易规则，保证它们得到遵守；决定上市或交易准入资格，确保上市公司向市场持续披露重要信息；通过和执行针对交易所会员行为的准则；颁布业内专业人员的任职资格和财务标准；执行对市场及其参与者的监管；调查违反交易所规则的行为，惩罚违规者；监理每天的交易活动和市场的运作情况，确保市场的完整性；充当公共利益的代表。

交易所在管理和公共利益方面的角色，与它的商业角色和目标形成鲜明对照。一个交易所的商业角色就是提供服务赚得收益。交易所的收益[①]来自：上市和交易服务、结算费、会员费以及提供市场信息的收费。它可以直接取自使用或购买交易所信息的机构，如证券商、中介机构、上市发行人和信息卖主；也可以间接取自投资大众。这样，交易所的上市资源和其他服务的范围与质量，以及交易所吸引和留住高质量上市公司的能力，就成为决定交易所总体营运收入水平的关键。

交易所容易形成利益冲突并不是新现象，尽管历史上交易所一直作为一个自律组织在运营。利益冲突之所以出现，是因为会员被要求：（1）基于公共利益立场上制定规则，这些规则可能对他们的商业利益发

① 为提供一系列服务，交易所可能变成某些受它监管的上市公司和会员公司的一个竞争者。

生消极影响；（2）监督和执行这些规则的对象也是他们自身。对这些冲突的补偿性好处，就在于存在着这样一种期望，即自律能够产生良好的规则，因为这一行业参与者在技能和知识方面具有最高的专业水准。会员们也会尽力遵守他们曾参与制定的规则。会员还共同承担因操作失败而招致的财务和名誉风险，这会迫使它们实施恰如其分的监管。最后，大部分监管成本很可能由这个受管理的行业分担。

股份化有可能减缓自律组织的冲突。股份化使交易所的所有者与它的会员分离，所有者利益的存在，可能会使过去仅仅有利于会员公司利益的行为得到控制。当人们把公正和有效市场的名誉看作竞争优势时，[①] 一个以营利为目的的交易所就可能动用更多可利用的资源，并有更大的动力将这些资源用于各种活动来促进这种荣誉。有人提出，虽然罚款是一种潜在的收益来源，但以营利为目的的交易所可能会比传统交易所更加孜孜不倦地推行它的执法活动。

然而，更为普遍的担心是，股份化交易所对利润的追求，将会增加冲突的范围和程度。在不以营利为目的的环境下，交易所重点放在收取足够的费用，以满足日常开支、资本投资及其他支出的预算需要。相反，在以营利为目的的环境下，收入除了满足这个预算外，还需要产生投资者可接受的投资回报率。这样，交易所收入和支出的决定就受到对财务报表底线所期望结果的左右。在交易所的商业运作中，当成本/收益平衡两者完全直接对应时，只有监管功能的现金支出是明确的。[②] 由于良好监管带来的利益很难量化，它可能不会置于重要地位。因此，以营利为目的自律性组织不情愿承担这部分资源，而这正是强有力的自我约束所要求的。在对股东带来投资回报[③]的压力不断增强的情况下，以营利为目的的交易所可能

---

① 有评论者已经注意到，公正性的名誉是运作一个成功交易所的关键。

② 成本/收益平衡也可能根据执行的监管功能差异而有所区别。有些监管功能可能比其他监管功能产生更多的收益。

③ 作为一个以营利为目的的实体，交易所还可能被迫去满足投资者其他要求，比如短期营利增长目标。

不愿意对其客户或使用者强制行动，因为他们是交易所收入的直接来源。同理，以营利为目的的交易所可能不愿意暂停在其市场上市的、有较大流动性产品的交易，因为这样做可能会对交易费用造成不利影响。

尽管交易所与受它监管的竞争者之间的内在冲突不是新出现的，但是当这个交易所变成一个以营利为目的的机构①时，冲突会变得更加明显。如果这个交易所是某种特定需要服务的唯一提供者，这种垄断②地位无疑将给予它更强的能力，影响其竞争者的活动。向一个以营利为目的的公司转变，可能允许该交易所开始从事新的业务，因此作为市场上的一个竞争者，交易所的监管角色与新业务之间的冲突机会增强了。

自我上市

在自己市场上市所引起的冲突是股份化带给交易所的一个全新的冲突。股份化的关键理由之一，就是赋予交易所通过各种方式筹集资本的能力，包括对更广范围的投资者进行私募或公募。上市无疑会给作为公众公司的交易所、它的投资者乃至整个市场带来巨大好处。公司透明度和其证券的流动性得到增强，同时进一步推动了发行。市场良好的价格发现机制和流动性使投资者受益。整个市场也因这种上市和市场监管过程中所提供的会计责任、透明度和市场纪律而得到好处。

如果交易所实现自我上市，作为其自身的监管者，它能够有效地行使职责吗？相对于自律组织内部各种固有的冲突来说，这是一个更基本的冲突。交易所自我上市，会使它与受其监管、也在其市场上市的竞争机构或企业组织之间的冲突恶化吗？在反对差别对待竞争者的手段方面，有两个因素会起作用：一是竞争，交易所之间为争夺上市资源的竞争——发行人

① 一个交易商经营某个另类交易系统或者高流动性有竞争的集合投资场所，同时它又是这个交易所的用户。当交易所对这个提供竞争服务的交易商进行监管时，就可能会产生利益冲突。这些冲突以各种不同的方式表现出来。为对付某一提供竞争服务的实体，交易所会通过一些方式实行歧视，如执法活动的强加制裁，禁止参加特定活动的不公正对待，收费方面的区别对待，或者拒绝作出一些必要的调整。当这个交易所是一个以营利为目的的公司时，这种为交易所商业利益而采取行动的压力会增强。

② 监管者应该考虑交易所在某一产品或服务方面垄断可能对竞争所产生的影响。

可能正在其他地方寻求上市；二是风险，差别对待行为给交易所公正市场名誉带来的、远远超过可能收益的风险。然而，这种担心仍然继续存在，即当交易所被要求监管其自身的上市时，对某些专门行为的市场纪律就可能不是十分坚决。一个交易所的证券被限定只能在自己市场上交易，而它所有的上市监管事宜却由另一个交易所或监管者去承担，一些潜在的冲突就可能减少。

对策

在自律监管的环境下，不管交易所采用哪一种形式，以营利为目的也好，不以营利为目的也罢，利益冲突从不可能完全消除。但是，创造一种良好的氛围，使冲突能够被认知、最小化甚至于能够被有效管理，这确确实实是一项挑战。绝大多数方法包括下面的一个或几个：

（1）公司治理的要求，比如要求设立“公共董事”，以增加董事会[①]对管理过程的公正性责任；

（2）一个明确的、有关交易所责任的法定声明书，以提供一个公正、有效的公共交易市场；

（3）严厉的、有章可循的监管；

（4）通过要求公布规则、措施和决议等，增强交易所决策透明度；

（5）交易所对监管当局和社会公众会计责任机制的强化；

（6）交易所商业活动从监管功能中的分离，从划分单一公司内权利和义务的界线，到建立一个独立的法定实体，再到将部分或全部监管职能转移到交易所的监管部门或另一机构。

上述某些方法可能会引起其他问题。例如，为减少利益冲突的机会，交易所的监管活动和商业活动可能被分离。

（1）将交易所部分或全部自律职能通过订立合约移交给另一自律组织或商业机构等第三方，可能引起一系列问题：监管当局对承担这些任务

① 在这个讨论中，“董事会”这个词意味着包括不同类型国家的公司治理结构模式。在有些国家发现的双层体制中，“董事会”说的是这个公司的监督部门。

的机构的管辖权；对这个机构财力、经验和名誉的评估要求；交易所可能承担对它的订约人后续责任程度；[①] 如何调整监管者的监管活动；以及目前订约者正在履行这些职能时[②]所形成的其他问题。

(2) 将交易所监管职能转移到法定的监管者，可能对这个监管者形成挑战：它是否拥有或能够获得经济资源和专门技术去履行这些职能?[③]

可以肯定的是，不论发生哪一种情况，交易所监管职能与交易执行或者其他商业活动之间可能存在的协力优势，都不能对责任的转移起作用。[④] 最后，在实践中完全将监管功能从商业活动中分离也是困难的。

(二) 交易所被视为公共利益代表

交易所公正和有效地发挥功能，对社会公众有重大好处。二级市场在提供流动性和准确的价格发现方面的效率，将有效地促进公司筹集资本，这对于更多公司和国民经济来说是极为有利的。如果交易所不能履行监管职能，也将带来同样广泛的消极影响。

在决定是否应该向一个股份化交易所提出任何特殊的要求方面，监管者需要考虑现存的监管和市场框架总体状况，包括法定的责任，一般的公司治理方式，以及公众透明度和会计责任要求。还应该考虑，交易所作为一个商业实体有权像其他任何公司一样组织它的事情，免除不必要的妨碍。

董事

为了确保会员制交易所的公共利益，将利益冲突控制在可以承受的范

---

① 交易所被允许将监管功能和责任委托给订约人到何种程度，每一个管理当局不得不作出评估。在许多案例中，这种观点可能是，交易所必须继续对这些职能以及订约人履行这些职能的活动负责。即便是一系列功能被委托出去，为确保交易的完成，交易所仍然有责任维持有秩序的市场和充分的财务监管。

② 例如，可能要求回答一些问题，在订约人依赖交易所的利益得到它大部分收益的情况下，订约人独立起作用的能力。

③ 经常被引证的自律组织的优势之一是专门知识技术；条例是那些熟悉日常市场知识的人制定出来的。为承担这些责任，法定监管者将不得不找到适当的途径，确保它的职员与市场保持紧密联系。

④ 证券业协会：《再造自律》，2000 年 1 月 5 日，第 5 页。

围内，普遍的做法就是要求交易所在它的董事会中设立公共董事。公共董事超脱于会员所有者，成为公众利益的代表。这些公共董事被期望在自律组织中充当利益冲突的平衡器，提高董事会决策的公正性。相反，大部分商业机构的董事会董事在作出决策时，被要求只考虑公司和股东利益的最大化。

问题是：为维持公共利益，在一个被广泛持股的股份化交易所，仍需要在它的董事会中任命公共董事，或者设置其他干预机制吗？如果确实需要设置公共董事，是否应该在交易所所有董事职责之外，还赋予这些公共董事特殊的公共利益责任呢？

在股份化的环境下，一个公正、有效的交易所的公共利益将继续存在，就像其商业运作与监管功能之间的冲突照常存在一样。这表明仍然需要公共董事。然而，交易所所有权的广泛性，使经过正式董事选举过程产生的董事会有更多的机会代表一般公共利益。同样，对于个别股份化交易所而言，不管其对管理当局的国民经济如何重要，也必然要求强制设立同样的公共董事。

应该注意到，在已经私人化的公共事业公司部门也出现了同样的担心。经常地，公共事业公司的所有董事在公共利益方面均负有强制的、法定的职责。这些职责被一个法定监管者强制执行。目前，一些证券监管当局在管辖范围内，将同样的责任强加给交易所全部董事。

高级职员

会员公司代表和交易所自身高级职员被推选进入交易所董事会，成为会员制交易所的主要决策者。作为交易所的会员（或代表），这些会员公司（及其他们的代表）通常会被监管当局或者交易所批准，因为他们拥有作为交易所会员（或代表）经营业务所需要的较好的声誉、足够的资源和必要的专门技术。随着股份化交易所股权的广泛分散，其日常活动的主要决策者极可能就是交易所高级管理人员。市场需求将推动交易所尽可能地雇用有能力的人才。但是，监管者有必要直接卷入决策吗？

在交易所新建或认同阶段，交易所管理团队的实力容易受到全面的监管审查。但是这些评估（例如，“恰当性和合适性”），对于处于变动状况下的交易所的管理是否适用呢？评估金融中介董事会和高级管理人员资格和专门技术，是银行业、保险业和证券业的一个核心管理目标。为公众提供公正和有效的市场，从会员营运组织向股份制组织的转移，意味着对真正负责交易所的管理者采取更加严格的监管审查。当交易所的监管功能被转移到另一个相关机构时，或者全部转移出去时，对实际上执行监管功能的单位职员进行专门技术评估，就变得特别重要。

股东

诚如前面指出的那样，在传统的合作性交易所中，没有一个会员能够对交易所的运行实施控制。作为确认会员资格过程的一部分，全部所有者均有待于资格评估。当股份化涉及将交易所的所有权扩大到其他非批准的公司时，会出现两个问题：这个交易所可能是被一个人或更多人控制，或者容易受“不合适”股东的影响。[①]

公共利益需要某种机制来处理这些担心吗？比如强制性地限制股票所有权，对超过某一持股极限比例的所有权要求优先的监管表决权，或者赋予监管者一项否决权。

在大多数商业机构中，对股东的监管审查程度是相当轻微的。一般来说，公众公司重要股东的唯一职责，就是必须向公司或市场披露其状况。然而在一些关键行业，特别是金融服务业，所有权的限制或者对重要股东的监管表决是普遍存在的。维持有效交易所的公共利益，可能意味着即使监管职能在交易所以外的其他地方执行，也应保证对其所有权的监管限制或审查。

（三）财务情况

监管者对交易所财务方面的问题有很多担心。向股份制结构的转变，

① 例如，可能有这样的担心，是否会出现这样一种情况，即某个被排斥在证券业以外的人，得到足够股份向交易所董事会推荐一名候选人。一个非金融类公司获得有支配地位的所有权，可能引起其他问题。

可能对其中的有些担心产生影响。监管职能的经费不足问题已经讨论过了，其他问题则包括：

1. 监管活动和商业活动的交叉资助，特别是将监管活动所得费用和罚款用于资助交易所的商业运作；

2. 为扩大市场份额等商业目的，在某一水平上征收的服务与其他费用，正过度耗费交易所的资源；

3. 向市场参与者平均分摊监管成本；

4. 所有在交易所持续良好的财务状况中的公共利益问题。

交叉资助

监管与商业活动的每一个方面均可能给交易所带来收入，这样交易所就可能有机会将监管费用挪用到商业活动中。更进一步，交易所有能力维持交易服务或者监管服务的垄断价格，导致交易所有可能把对顾客征收的费用用于资助商业服务，而这些顾客比如另类交易系统（ATS）刚好只是享受交易所的监管服务，从而产生公平问题。这种类型的交叉资助无疑是一种扭曲的竞争。[①] 为了评估和监管这类交叉资助问题，交易所的账簿与记录应该明确地分离商业活动与监管活动的收入与支出。

定价不经济

在交易所力图扩大市场份额的过程中，特别是为拓展某种新产品或服务时，存在这样的风险：价格被确定在某一水平上，但不能产生足够的收入以支撑相关的监管活动。还有一种可能，即价格决定没有从交易所的长远利益和财务可持续能力[②]出发。而运作良好、有恰当的内部控制机制以及适合公众公司的市场纪律，无疑有助于减少这些风险。同样，明确界定提供监管活动经费的职责，也是有帮助的。

监管成本的分摊

① 罗宾李：《什么是交易所？自动化、管理和金融市场监管》，牛津大学出版社 1998 年版，第 311 页。

② 即便是会员制交易所，这也是十分严重的问题。“为招揽顾客而亏本出售的商品”，短期内会员们能够直接从低价格中获利，更不可能有公共股东来干预这种价格决定。

监管成本应该由受益者均衡分摊。如果监管职能被某一法定监管者再次承担，成本将按照这一机构的经费来源模式，或者由所有纳税者承担，或者由向监管者支付费用者承担，或以其他方式承担。如果不是由法定监管机构而是某一实体来履行这些职能，公平分摊成本问题就出现了。

财务可持续能力

交易所现行的令人满意的财务状况也需要考虑。作为会员拥有的组织，交易所通常拥有评估会员财务状况和要求资本分担的权力。交易所这种传统的向会员毫无拘束的筹资能力，面临两个现实限制：一是会员支付能力，以及选择付款而不是辞去会员资格的意愿；① 二是交易所会员事实上处于决策者地位，它们没有必要把这种征集资本的方式作为首选。作为已经股份化的公司，交易所将失去要求股东分担追加资本的权力。② 作为回报，它将从那些拥有不同投资目的和风险容忍能力的广大投资者中获得筹资的灵活性。

依据强制的资本要求及其他谨慎性要求，监管者会关心金融中介的财务状况。资本充足要求和清偿要求至少服务于两个目的：第一，减少公司失败的风险，办法就是要求所有者预留一定的现金作为缓冲，用于承担意想不到的损失；第二，资本充足可以应付流动性风险，使公司即便在经济不景气时依然能够持续经营，并完成相关产业的转移。中介机构的失败可能产生系统影响，这时的重点经常被要求放在保持公司偿付能力上。

假定一个持续经营的交易所代表着公共利益，那么对于股份化交易所来说，还应该提倡资本充足要求吗？③ 其他可供选择的方案是要求已经股

① 如果评估是在市场处于下降趋势期间作出的，这个限制就可能特别重要。在这些情况下，有些会员可能没有资源去承担这种资本分担的要求。

② 当这个股份化交易所没有权力向它的所有者要求进一步的资本分担时，某个股东可能倾向于提供资本追加，以便维持它在这个正常运转中的交易所的投资。

③ 如果资本充足要求是强制的话，那么至少有两个深层次的问题需要着手解决：第一，什么样的资本结构是适当的，而且符合交易所业务的属性？第二，资本充足要求在多大范围内适应？这种资本框架是仅仅运用到交易所营运公司呢，还是进一步扩大到其控股公司，或者交易所的所有相关公司？

份化的交易所建立一定储备，以应付资本不足，以备监管者稽查其财务状况，并在交易所财务状况开始恶化时采取补救行动。

最近，交易所扩大了提供的产品和服务的范围，如资料的处理、信息的销售、托管和登记服务的供应，以及结算和交收系统的运作等。股份化交易所追求利润的行动，为它进入其他业务领域提供了进一步的动能，交易所已经不满足于仅局限于直接地、辅助性地执行传统交易功能。正如上面提到的，潜在的利益冲突可能增加，特别是交易所的产品或服务与其服务的客户的产品和服务发生激烈竞争时尤其如此。新业务使交易所的收入多样化，减少了财务风险，也带来了新的风险。交易所从事商业活动的能力应该不受任何限制吗？或者应该倾向于对它作出某种限制。比如说，分隔核心业务与非核心业务；设计防火墙以保证交易所运用核心业务所必需的资源；限定只能从事依附于核心业务的产品和服务；或者要求有优先的监管表决权？

三、结论

在目前的环境下，交易所的监管者面临许多挑战。在竞争的市场中，当交易所决定调整其运作方式，成为一个追求营利的实体时，这些挑战更具有爆发性。在其管辖范围内面临股份化的监管者，对于上述问题都曾有过考虑。对策是五花八门的，取决于监管者在他们管辖范围内对某种特定情况的估量。未来的股份化还可能引起其他问题，会要求有不同的处理方法。没有任何放之四海皆准的监管之路可以遵循。当然，如果交易所在一个国家的金融和经济制度中十分重要，并因为交易所即将变成追求营利的实体而使竞争白热化，情况就会变得更加复杂，这些问题需要监管者予以持续关注。

英国标准人寿互助保险公司股份化遭遇战经典案例剖析*

自1999年5月英国议会着手股份化调研和英国标准人寿互助保险公司（以下简称“标准人寿”）在英国议会作证开始，到2000年6月27日会员投票维持互助地位结束，标准人寿经历了股份化前期的讨论、中期的较量和后期的投票过程。由于标准人寿在英国和欧洲举足轻重的地位，标准人寿股份化投票过程，成为当时英国和欧洲社会政治经济生活中的重大事件，成为经济学家和行业专家解剖西方互助金融机构股份化的经典案例。本文分四个部分来阐述：第一部分说明分析标准人寿案例可以窥见西方互助金融机构股份化之全貌；第二部分简要介绍英国议会对股份化问题的调研与标准人寿的作证；第三部分详细叙述标准人寿股份化遭遇战的过程；第四部分深入分析标准人寿赢得股份化遭遇战的影响和启示。期望通过这个活生生的案例，让广大读者能够深切地了解到标准人寿股份化的起源和演变，明白影响和制约互助金融机构股份化的内外部因素，加深对什么是互助公司、什么是股份化、为什么要股份化等这些抽象的概念和繁琐程序的理解。

一、解剖标准人寿股份化“麻雀”，破译互助金融机构股份化

20世纪80年代以来，西方互助金融机构股份化已经成为浪潮，一大批各式各样的互助公司变身为股份公司，在西方学术界和相关行业引起了

* 本文定稿于2003年5月31日。2006年，在标准人寿管理层的主导下，标准人寿选择了股份化的道路，并在伦敦证券交易所上市。

广泛关注。在这些变化中，标准人寿比较典型，可以作为经典案例。

（一）标准人寿在英国、欧洲甚至全世界享有盛誉

标准人寿是英国第二大保险公司，也是欧洲最大的互助人寿保险公司，管理的资产达790亿英镑。该公司成立于1825年，当时为股份公司。1925年转化为互助公司，资本额仅为300万英镑。截至2002年底，标准人寿资本额达110亿英镑，员工达到11 000人，持单会员超过240万人。根据欧洲《货币管理》杂志的分析，1985年10月~2002年4月，在寿险和养老基金的回报方面，标准人寿比股份制保险公司平均高9%。由于运作平稳，赢利和回报一直十分可观，财务状况良好，美国穆迪和标准普尔评级公司连续两次给予该公司最高的信用等级AAA。

（二）这是一场激烈的没有硝烟的遭遇战

与大多数互助金融机构比较平稳地进行股份化不同，标准人寿围绕是否需要股份化，分为势不两立的两大派别。一派以公司管理层为首。他们认为，公司财务状况良好，不需要增加资本，而互助地位又是标准人寿赖以生存和发展的基础，保持这种地位对保单持单人是最大利益，公司没有必要进行股份化，坚决反对将公司股份化。另一派以澳大利亚人弗雷德·伍拉德（Fred Woollard）等会员为首。他们认为，如果强迫标准人寿股份化，保单持有人将人均得到6 000英镑的“意外果实”，坚持要将公司股份化。伍拉德成立了标准人寿会员行动集团（SLMAG，以下简称“伍拉德集团”），运用现代互联网技术，设立起自己的网站（http://www.slmag.co.uk/），发起了对标准人寿的进攻。按照互助金融机构的公司章程，要通过一项重要议案，至少需要得到参加表决会员75%的同意。于是，双方唇枪舌剑，以互联网、电视台和新闻媒体等为平台，吸引和运用学者、机构、议会和政府的影响力，开始了对保单持单人的选票争夺战。据估计，标准人寿为此花费了1 000万英镑，伍拉德集团的活动经费也达到10万英镑。

（三）这次遭遇战涉及方方面面

在遭遇战开始前夕，英国议会就股份化问题进行了调研，相关公司、行业协会、政府和监管部门、著名学者都成了被调研的对象。调研内容涉及互助金融机构的发展、公司治理和股份化等许多方面，在此基础上，议会发布了股份化报告，英国政府也专门作了回应。在议会外面，各种势力根据自身需要加以剪裁、引申和报道，在英国社会引起很大反响。更为重要的是，这次遭遇战当事人之一的标准人寿，按要求向议会递交了备忘录，派出财务总监莱恩·拉姆斯登（Lain Lumsden）到议会作证，成为当时的焦点人物。一方面，拉姆斯登在回答议员关于公司治理方面的问题时考虑欠周，受到议员们的严厉责问，被新闻媒体渲染成对“互助概念的沉重一击”；另一方面，拉姆斯登强调标准人寿不需要资本、不需要股份化，但又顺便提到“要证明持单人不会从意外果实中受益将是很困难的”，这勾起了食利者的无限遐思，成为食利者下决心迫使标准人寿进行股份化的重要诱因。遭遇战开始后，公司董事会与管理层及伍拉德集团，一般保险持单人及资格会员，大保单持有人如德国德累斯顿银行，公司员工和客户，英国议会议员，苏格兰主要党派和议员及地方政府官员，独立财务顾问与经济学家，捐赠基金、房屋建筑会和信用社等互助机构，以及电视台、电台、新闻媒体和记者等都粉墨登场，不同程度地卷入了这场纷争中。因此，对英国议会调研活动的追踪和剖析，对遭遇战当事人和机构的描绘与分析，能够使我们更加全面深入地了解股份化产生的深层原因、股份化的实质与影响，以及政府和政治在股份化中的作用。

（四）这次遭遇战关系到英国互助金融机构的生与死

表决不仅关系到标准人寿是否股份化，而且还涉及其他互助金融机构的未来。这次遭遇战是英国互助金融机构如房屋建筑会和互助人寿保险公司股份化过程中的一个重要插曲。在此之前，已经有相当一批房屋建筑会和保险公司完成了股份化。就在标准人寿遭遇战进行当中，英国 Friend Provident、Scottish Provident 等互助人寿保险公司面对食利者的进攻，不得不缴械投降，宣布股份化，向会员分发免费股票和现金。当时的一项民意调查显示：“对标准人寿发动战役的结局绝对不能低估。大约 60% 以上的读者相信，如果这家互助金融机构被迫转化，将标志着互助机构作为金融服务业重要力量的完结。"①

（五）这是互助金融机构赢得遭遇战的少数经典案例之一

2000年6月27日，经过近1年的较量，标准人寿有资格的会员进行了投票，结果是54.3%:45.7%，主张保持互助地位的公司管理层赢得了胜利。据资料记载，1998年英国第二大房屋建筑会即全英房屋建筑会（Nationwide Building Society）曾以50.8%的微弱优势战胜了食利者的进攻，维持其互助地位。标准人寿以较大比例打赢这次遭遇战，在英国是不可多得的第2次。因为就在表决前的前4天，英国第11大保险公司Friends Provident宣布股份化计划，为它的会员至少平均支付500英镑。因此，这次遭遇战影响颇为深远，"被认为是有决定性意义的结局，它打破了在房屋建筑会和其他会员制行业中流行的趋势"。2001年，诺顿·多伊（Naughton－Doe）向Chelsea房屋建筑会发起了进攻，要求其进行股份化，遭到失败。接着，安迪·缪尔（Andrew Muir）与诺顿·多伊相继向英国最大的全国房屋建筑会发起进攻，均以失败告终。鉴于此，互助金融机构的支持者们甚至有些乐观地认为："食利者的时代已经过去，不是吗？那是昨天的故事！"②

2000年9月，笔者在巴黎收集了两大夹厚厚的资料。挑灯夜读，笔者深深地为这次遭遇战的故事和情节所吸引，产生了将这一遭遇战作为股份化经典案例的写作冲动。2000年底，笔者从巴黎归来之时，经济合作与发展组织（OECD）的经济学家还专门在英国召开了标准人寿股份化的分析例会，足见这次遭遇战的影响力。对于这次表决，当时就有分析人士评论道："表决没有对互助形式构成大的打击。由于标准人寿的规模与资本实力，倒是可以看作为一个独一无二的案例。"③ 两年多过去了，股份

① Jeff Prestridge："Standard loses a life"，Financial Mail 28 May 2000，http://www.slmag.co.uk/.

② Carpetbaggers hold no fears as Co－op looks to extend full membership rights，Sunday Herald 21/10/2001，http://shareleague.com/carpetbagger/article.php.

③ Stephen Kahn：Victorious Bell "must ring changes" at Standard Life，28 June 2000，http://www.slmag.co.uk/.

化的浪潮在全球股市的理性回归中暂时寂静了许多，标准人寿以其互助地位在全球经济和股市不景气中再次创造了辉煌的业绩。2003 年初，在深圳这片热土上，笔者重温这些资料和当时点点滴滴的札记，掩卷沉思，仍不免对遭遇战的另一个主角“食利者”心怀鄙视之心。尽管我们的老祖宗司马迁早在 2000 多年前就曾教诲道：“人之就利如水之就下”；尽管笔者受朋友师长的忠告，应该尽可能地对交战双方保持中立，笔者为此也将“标准人寿保卫战”改为“标准人寿遭遇战”，但笔者还是认为，这样一种纯粹是为了瓜分“意外果实”而将公司或迫使公司股份化的行为，是不可取的；同样，纯粹是为了赶时髦而不顾自己的实际需要，就稀里糊涂进行股份化的金融机构或交易所，也是不可取的。历史不能够假设，如果英国议会和苏格兰地方政府当时不出面加以干预，结局怎样？演变如何？影响几何？这是研究股份化过程中不能回避的一些重大问题。因此，标准人寿股份化投票过程尽管已经过去了，但作为全球互助金融机构股份化高潮中的一个重大事件，始终有其重要的借鉴价值。

二、英国议会对股份化的调研与标准人寿的作证

（一）英国议会的调研

标准人寿股份化问题的提出，与英国议会对股份化的调研有着很深的牵连。当时，英国互助金融公司股份化正处于高涨时期，一个又一个互助金融机构如房屋建筑会、互助保险公司，或者主动股份化，或者在食利者的进攻下被迫股份化。这种情况引起了英国议会的关注，下议院财政事务委员会就此对股份化问题进行调研，并发布股份化报告。报告认为，尽管股份化是会员的事情，却建议在法律上作一些修订，以便对股份化进行一些限制。英国政府坚持机构的多元化和产品的多样性，把互助金融机构视为促进和活跃竞争的重要因素，但却认为即便修订相关法律，对股份化的影响也是微弱的，因而主张不宜修订法律。正是在这种局面下，食利者发起了对欧洲最大的互助保险公司——标准人寿的进攻。

1999年5月下旬，英国下议院财政事务委员会就互助金融机构的股份化问题进行调研。这次调研正当英国房屋建筑会、互助人寿保险公司等互助金融机构的股份化如火如荼地开展，各方的争执十分激烈之时。调研涉及的当事人相当广泛，有大学著名教授，如戴维·卢埃林（David Llewellyn）；有互助金融机构，如标准人寿、全英房屋建筑会；有行业组织，如英国互助保险公司协会、房屋建筑会协会和消费者协会；有政府及监管部门，如英国财政部和房屋建设委员会；有相关团体，如“挽救我们的房屋建筑会”；有企业家代表，如安迪·扬（Andrew Young）、莱恩·拉姆斯登等。标准人寿作为调研对象之一，以书面文件陈述了自己对股份化的立场，提出了为保证股份化的公正性而应该采取的种种措施：

1. 互助保险公司与股份保险公司的本质区别在于，前者是对持单会员尽义务，后者是对股东尽义务。

2. 历史数据显示，在保单到期时，互助公司对持单人的回报平均高出股份公司5个百分点以上；在经营效率上，互助人寿保险公司好于股份公司，如互助公司的成本率平均比股份公司低30%。

3. 英国最近保险公司股份化的主要原因，在于一些保险公司过快的增长导致对外部资本的需求。如果互助保险公司对它的持单人有良好的业绩，以任何理由进行股份化都可以视为正当性，但标准人寿目前还看不到这种正当性。

4. 互助公司股份化后，新股东急功近利地期望从现在和将来的营业中得到好处，现有持单人将因此受益，这就存在公司未来持单人的利益向现有持单人潜在转移的情况。由于受短期利益的鼓励，现有持单人会要求进行股份化，而不顾这样做是否公正，这就要求互助公司董事会要注意维持现有持单人和未来持单人的利益平衡。

5. 股份化过程必须包括一个法院听证程序，由独立保险统计员提供报告，并需要由英国金融服务局（FSA）出具证明其股份化正当的材料。比如说，如果公司要求更多的资本或需要用股票进行一项并购，则股份化是正当的。向法院和金融服务局提供的证明材料，要清晰地表明股份化后未来持单人的利益得到了保护，从而反过来提高独立保险统计员的行为操守，确保股份化的任何成功计划会对所有持单人有利。

6. 对赞成股份化计划的表决设置最低限制。在房屋建筑会方面，一般要求75%表决赞成，且至少有50%以上的合格会员参加表决；在保险公司方面，则取决于各家保险公司及其章程的规定。鉴于这种表决的典型意义，75%应该予以满足，法院在考虑这项计划时，会员总体支持程度应是重要尺度。

7. 对提交股份化特别提案的人数条件加以限制显得十分必要。一般来说，少数会员为获得“意外果实”会倡议准备这项提案，引起公司较大的支出。如果在准备股份化相关提案时，立法上能够成功地介绍一种合适要求，比如说最低的合格会员支持人数，将会对此事提供帮助。

8. 未来，人寿保险公司的董事们应该被金融服务局视为“正当与合适的人”。为了限制没有恰当经验的会员去充当董事，金融服务局应该以正式提名的方式事先而不是事后批准潜在的董事。①

（二）作证

6月29日，戴维·卢埃林教授、标准人寿财务总监拉姆斯登、英国房屋建筑会协会代表肯·霍顿（Ken Houghton）等11人分三批先后到议会作证，接受下议院财经事务委员会的询问。委员会主席吉尔斯·雷迪斯（Giles Radice）、议员利兹·布莱克曼（Liz Blackman）、刘易斯·穆尼（Lewis Moonie）、文森特·凯布尔（Vincent Cable）、特迪·泰勒（Teddy Taylor）、吉姆·卡曾斯（Jim Cousins）和戴维·基德尼（David Kidney）等对他们进行了询问。这次作证问了97个问题，涉及两个核心：一是股份公司与互助公司在公司治理方面的表现与差异；二是互助金融机构股份化的原因与解决办法。鉴于议员的一些说法在外界引起极大反响，故需要将有关事实的来龙去脉在这里陈述清楚。

① Memorandum from Standard Life Assurance Company, Demutualisation, http://www.parliament.the-stationery-office.co.uk/pa/cm199899/cmtreasy/605/9062910.htm.

1. 标准人寿是否需要股份化？

议员特迪·泰勒："是否像房屋建筑会那样，标准人寿也容易遭到同样数目食利者的围攻？"

拉姆斯登："到目前为止还没有。我不能说它不会发生，因为这段时间以来，一直存在许多这样的投机，为了'意外果实'而迫使互助人寿保险公司股份化。我们在对付潮涌般的（以股份化为目的）小额保单的销售方面，还有一点点经验。"

泰勒："让我们来假设一下，如果你们公司的持单人确实举行了一次会议，要求标准人寿成为一个股份公司，结果会如何呢？你们最担心什么？"

拉姆斯登："我确实不能肯定这会是真的，因为我们作为互助公司有着相当广泛的竞争优势，能给持单人以丰厚的回报。当然，如果如您讲的那样，给持单人的回报将下降 1 个百分点。"

2. 互助人寿保险公司股份化理由是否正当？

议员戴维·基德尼："会员迫使人寿保险公司股份化的动机是否与房屋建筑会相同，都是为了得到公司许多年积累下来的储备资产？"

拉姆斯登："不，我不认为如此！我相信，人寿保险行业不会发生会员追求意外之财的行动。由于法院的事后介入，要证明人寿保险业不这样做或可能这样做的公正性，都是更困难的事情。一些互助公司发生股份化的主要理由，是由于它们发展太快，需要更多的资本。标准人寿尽可能限制公司的增长率，所以不需要股份化。否则，我们将损害未来持单人 1 个百分点的回报利益。"

基德尼："所以，你们视股份化有正当的商业理由。"

拉姆斯登："对各种各样的股份化，我们还缺乏足够的了解，但我们不想说我们国家的股份化没有充足的理由。除了经常可以得到更多的资本或实现战略发行外，一些公司还觉得，如果股份化，可以通过更好的保单发行来实现更低的销售成本。因此，我们主张，在评估一个股份化计划时，法院应该考虑未来持单人的利益是否得到有效保护。"

3. 互助机构是否为“龌龊的秘密社会”？

在第一轮询问中，正当卢埃林教授向议员刘易斯·穆尼列举摩根士丹利投资银行的报告，证明互助机构在借贷方面的优势时，议员泰勒突然插话，将话锋转到互助机构的公司治理上来。

议员泰勒：“从这一点上说，互助机构是较好的，您是否接受这样一个观点，即股份公司是开放和负责任的，而互助机构则是相当龌龊的秘密社会，各式各样千奇百怪的事物隐藏其中。”泰勒还举了一个例子加以证明。

卢埃林：“这是互助机构的公司治理问题，确实名副其实！但我与您的看法不一样，股份公司同样存在相同的公司治理问题。我们正生活在一个公司治理不完善的世界中，没有一点证据表明，互助机构转化为股份公司后，其治理结构可以变好，您只能用一种不完善的公司治理去代替另一种。至于您引用的案例，我不知道实际情况究竟如何，我想说的是，相同的案例可以举出无数，包括互助机构，也包括股份公司，我们还很难说谁好谁坏、谁多谁少。”①

4. 标准人寿是否有来自会员的压力？

议员泰勒：“对房屋建筑会有一个抱怨，说会员不在意他们干什么。标准人寿是如何看待会员的，你们关心会员的权利吗？”

拉姆斯登：“我们确实力图告诉会员，他们的权利在哪里？董事会也真诚地希望更多的会员能够来参加年度大会，但不幸的是，他们没有来。”

议员基德尼：“你们蔑视股份化中的‘意外果实’，认为它的支付将引起扭曲。但是，是不是可以这样说：正是因为管理不善，对未来持单人考虑过多，导致无人认领的‘孤儿资产’膨胀，从而使互助人寿保险公司成为攻击者的目标。”

拉姆斯登：“过去20年，互助人寿保险公司回报率要比股份保险公

① http://www.parliament.the-stationery-office.co.uk/pa/cm199899/cmtreasy/605/9062908.htm

司高 5 个百分点，但平均成本率低 30%，保单失效率低 12%。因此，绝对没有证据表明股份公司的治理机制会比互助公司的机制更能提升公司管理的质量，它们事实上很少有差距。”

议员吉姆·卡曾斯：“你在前面对我同事的证词我已经相当清楚，你的观点是，那些已经发生了股份化的保险公司的压力，既不是来自持单人本身，也不是来自食利者等，而是完全来自控制互助机构的那些人的决定。”

拉姆斯登：“是，这是对的。”

卡曾斯：“我理解，你是想强调，互助保险公司依靠业绩使会员得到利益，而不像房屋建筑会那样，需要依靠会员奖励和额外的分红来保持会员的忠心。那么，你如何认识在会员制保险公司中来自会员的健康的压力？”

拉姆斯登：“这里是两个问题。我只能就我们公司来说。我们公司的目标就是给我们的会员持单人产生最好的回报，在这一点上，会员的压力起不到改善公司经营的作用。就会员压力产生额外分红来说，我们的分红是公正的，与我们应该支付的一样大，做到了应支尽支。因为这涉及现有会员与将来会员的利益平衡问题。”

卡曾斯：“没有会员的压力？你给了一个令人惊奇的答案！没有人参加你们董事会会议。没有人来，也没有人回应，绝对没有持单人的压力。你是相当清楚的？”

拉姆斯登：“绝对正确！但那不能说我们没有产生营利回报的压力。首先，那是我们公司生存的唯一理由。其次，每一次财务报告都会产生较长的分红表格。”

卡曾斯：“你们将这些表格分寄给你们的会员吗？”

拉姆斯登：“没有。”

卡曾斯：“没有？你们没有分寄给会员，这是真的？你们是一群自我招募、自我任命的所谓精英，不受来自你宣称要服从的那个章程的任何约束。”

拉姆斯登："对不起。在我们工作的时候，我们没有这样的感觉。"

卡曾斯："当然，你们感觉不到。我正在向你强调，无论你们是否承认，你们就是这样。"

拉姆斯登："对不起。我不得不说，我不同意你的说法，我们承受大量的外部压力以产生红利。在我们公司也有大量的内部压力让我们去产生红利。尽管我们偶尔接到会员要求更多红利的来信，但我们更多接到会员真正相当满意的来信。对不起。我不同意你的说法。"①

标准人寿对议会的答复及其作证行动，有着意想不到的结果。一是新闻舆论刻意渲染互助组织是"龌龊的秘密社会"，把议员泰勒和卡曾斯对互助机构的指责，称为"对互助概念的沉重一击"。② 二是标准人寿对互助人寿保险公司股份化的原因认识不全面，只看到互助公司发展较快需要资本的正当理由，对会员为获得意外果实迫使互助公司进行股份化的压力认识不足，而这在当时已经相当流行。三是标准人寿在公司治理方面确实存在种种问题，议员本来也没有挑剔的意思，但标准人寿回答不周，招致议员的过激批评，也是引火上身的一个重要因素。四是标准人寿强调不会股份化，但又顺便提出"要证明持单人不会从意外果实中受益将是很困难的。"③

正是这句不起眼的话，成为食利者下决心迫使标准人寿进行股份化的推动力。相关资料显示，早在 1999 年 5 月，澳大利亚人弗雷德·伍拉德曾以私人投资者的身份拜访独立财务顾问乔恩·布里格斯（Jon Briggs），就互助保险公司的未来进行咨询。会见大约持续 1 个半小时，双方讨论了标准人寿可能股份化的事实，因为它有许多资产可以作为"意外果实"来分配。据伍拉德 2000 年回忆，他寻找这个目标已经整整 2 年了，最后决定这么做是 1999 年，首先看到了英国布拉德福德和宾利（Bradford and

① Examination of Witnesses（Questions 60 – 81），Tuesday 29 June 1999，http：//www. parliament. the – stationery – office. co. uk/pa/cm199899/cmtreasy/605/9062915. htm.

② Patrick Sherwen：Mutual insurer seeks SFA aid mutual，June 30，1999，http：//www. guardian. co. uk/.

③ Susan Emmett：Standard Life ' losing battle ' to stay mutual，The Times 11 February 2000，http：//www. slmag. co. uk/feb – 11. htm.

Bingley）房屋建筑会的股份化投票，其次看到了英国 Scottish Widows 人寿保险公司的股份化，最后是听到拉姆斯登向议会作证时承认股份化对持单人来说有利。

（三）股份化报告

1999 年 7 月 27 日，下议院财经事务委员会发布了“股份化报告”。报告的主基调是想对非正常股份化有所限制，相关立法措施及政策建议主要有 5 条。

1. 承认会员拥有进行股份化的表决权力。报告强调，尽管房屋建筑会的资产是过去几代人建立起来的，但是一个互助机构是在现有会员控制之下，他们拥有进行股份化的表决权力。

2. 肯定会员对孤儿资产“合情合理的期望”。报告认为，“孤儿资产”是互助人寿保险公司的储备，持单人完全可以“合情合理的期望”。当然，这些资产不仅是现有持单人积累起来的，也来自过去的持单人，有的甚至来自一个世纪以前的持单人，将这些资产部分用于弥补养老基金被错卖的损失，也是可行的。英国金融服务局应该制定规则，明确持单人“合情合理的期望”的含义。①

3. 要求废止最低存款数量限制。面对食利者小额存款的进攻战略，一些房屋建筑会设置了最低存款数量进行抵制。报告认为，这项措施排除了诚恳的小额存款人，应该予以终止；可以考虑使用慈善计划，即将一部分孤儿资产用于慈善事业，这是阻止食利者进攻的积极办法。

4. 提醒互助人寿保险公司的治理问题。报告强调，在保险公司的公司治理方面，持单人更大程度的参与是十分必要的，保险公司应该采取措施使之变成现实。英国金融服务局也应该实施有效监管，以便保险公司能将保单上的重大变化及时告知持单人。

5. 建议收紧股份化的法律条件。报告建议至少需要做出 3 项法律修

---

① Ninth Report，http：//www. parliament. the - stationery - office. co. uk/pa/cm199899/cmselect/c…/60507. htm.

改和1项规则修订：第一，无论是会员还是董事会，他们的提案建议权都应该得到同样的绝大多数票的支持，符合存款人和借款人各自的最低门槛。第二，借款人提出转化提案，应该与存款人的提案要求一致，即有50%出席率、得到75%赞成率。① 第三，股份化意外果实的分配只能对有2年以上固定期的借款人和存款人有利。第四，从监管规章的层面增加提出动议、推荐董事候选人、要求召开会员大会的会员数量。

从内容上看，议会的股份化报告在很大程度上反映了互助机构反对被迫进行股份化的愿望。英国互助保险公司协会（MICA）代表英国30亿英镑保费总收入和500万名会员，在备忘录中集中表达了3层意思：一是互助机构能够以低成本的方式运作，它植根于社区的社会经济生活中，在低收入的顾客群体中有着广泛影响，可以避免低收入的社会经济集团面临的“金融排挤”，政府应该鼓励这种“自助自立”的组织。二是互助机构易受到食利者的攻击，许多互助机构为了保持互助地位不得不增加支出，这是严重的资源浪费。三是不主张禁止一切股份化，但应该有更多措施阻止食利者的进攻，法国制定了支持互助公司保持现状的法律，规定互助金融机构清盘时，结余必须转到另一互助机构或者交给慈善机构，英国至少应该在对意外果实的征税和会员表决方面采取相应的补救措施。②

（四）财政部的备忘录

对待互助金融机构，英国政府与议会的立场基本一致，在有些方面，英国政府的目标更加明确，这从英国财政部递交的备忘录中反映出来。在22条备忘录中，财政部主要从8个方面比较系统地阐述了英国政府对互

① 按当时的相关法规，只有董事会才有权提议股份化，但事实上会员通过互助公司的章程可以迫使公司董事会对股份化进行表决。故议会要求修订法规时将此条明确，做到会员建议转化的提案与董事会建议的转化提案一样。同时，房屋建筑会表决通过一项股份化提案时，对储蓄会员和借款会员的要求是不一样的，储蓄会员需要有50%出席率和75%赞成率，借款会员则只要求有参加表决的会员一半的赞成。由此，议会建议增加一条，如果是借款会员提出股份化提案，则应该与储蓄会员的要求一样。

② Memorandum from the Mutual Insurance Companies Association, http://www.parliament.the-stationery-office.co.uk/pa/cm199899/cmselect/cmtreasy/605/9062912.htm.

助机构及其股份化的立场。

1. 寻求建设一个公开、创新和有竞争力的金融市场，致力于机构的多元化和品种的多样化，确保给予顾客以良好的服务和可供选择的多种现实方案。

2. 长期以来，互助金融机构做出了令人尊敬的成就，它为顾客所拥有，一定会把顾客的利益置于优先考虑的位置，更何况它有着深厚的地方背景，能为地方创造高质量的就业机会。

3. 互助机构与股份公司平行发展，在许多方面填补了股份公司不能或不愿经营的市场空白，在零售金融服务领域，互助机构的法律结构有着广泛的多样性，如房屋建筑会、信用社、人寿保险公司、合伙企业、有限担保公司等。

4. 一些互助机构有股份化的动力，现行会员能够从前代会员中得到资本的释放，而从股份公司转为互助公司的反向转变则很少。当然，确实有一些互助公司如信用社就没有改变互助地位，许多其他互助机构即便给予选择的便利，也没有进行股份化的打算。

5. 尽管互助机构有实际的和潜在的增长实力，但一些互助机构还是选择了股份化，其主要原因不外是：可以方便快捷地筹集到赖以发展的新资本；股份公司地位在改善行业结构和关系方面能提供更多机会和自由；股东对管理层的约束有时更有利于提高效率和成功概率；现有会员立即兑现的价值，这也是在实际生活中为什么互助公司的会员顾客经常赞同股份化的主要理由。

6. 股份化最终决定权落到互助机构的会员手中，他们可以根据自己的意愿，选择在转化后作为顾客或者顾客兼所有者，享有在股份化前后表达他们令人尊敬的民主权利。在这种情况下，董事会的诚信责任，就是确保给予会员适当和均衡的权利，因为只有互助金融机构的董事会才能向它的会员建议改变互助结构。

7. 股份化不是在真空中进行。事实上，英国金融服务局作为监管者有责任决定，这项新的活动是否应该得到授权。有时候，金融服务局需要考虑到第三方的建议，比如审计师或独立保险分析师，以确保保险公司的长远利益。

8. 财政部对互助金融机构的监管责任，就是在保护顾客利益的前提下，确保互助事业能够平稳有序地进行。在互助金融机构面临转化的关头，这种责任可能尤为关键。在互助组织与互助主义如何发展的问题上，财政部愿意听取任何建设性意见。很明显，存在着股份化的诸多压力，对大的互助机构来说尤其如此。只有会员们自己有权依据事实采取关键性决定，任何不顾会员意志、强行保护互助机构的举动是不得人心的家长式的作风。①

（五）政府的答复

1999 年 10 月 22 日，英国政府对下议院财政事务委员会报告中的建议条款做出正式答复。在 19 条的答复中，英国政府首先对财政事务委员会组织这个焦点和困难问题的讨论表示感谢，再一次重申了财政部提出的机构多元化和产品多样化的立场。英国政府认为，政府确认互助机构给银行和保险业带来的变化和机会："维持这种多样性，是促进和活跃竞争的重要因素，消费者将从中受益。"针对财政事务委员会提出修改法律的建议，英国政府在答复中提出了两条基本原则。

1. 股份化的决议不应该轻易做出，但这主要取决于董事会和会员。"剥夺源于 1986 年《房屋建筑会法案》有关股份化的权利是不对的，以牺牲希望实现股份化的人利益为代价，简单地增加希望保持互助地位的人的权利也是不正确的。"

2. 也是同样重要的，相关法规架构的任何修改应该是有效率的，有利于对互助机构和会员提供真正的保护，且这种保护是公正的。

根据上述原则，英国政府不赞成财政事务委员会提出的前三项法律修改的建议。因为即便这样做了，对股份化的投票结果不会产生任何影响，

---

① Memorandum from HM Treasury, Demutualisation, June 1999, http://www.parliament.the-stationery-office.co.uk/pa/cm199899/cmselect/cmtreasy/605/9071304.htm.

在互助公司组织对食利者的反攻和缓解股份化的压力方面，也只有微弱的影响。相反，这些法律的修订，却不可避免会给一些慈善事业的收入带来影响。英国政府解释道，1986 年《房屋建筑会法案》本身创造了股份化低出席率表决通过的风险，为了解决这个问题，1997 年将股份化表决出席的会员人数由 20% 提高到 50%。这样，股份化的门槛已经很高了，只有房屋建筑会董事会能够建议被接收或转化，这类建议需要得到储蓄会员 50% 的出席率和 75% 的赞成率，以及参加表决的借款会员一半的赞成。据财政部分析，当董事会提议股份化时，来自储蓄会员和借款会员的支持率达 96%，出席率在 75% 左右；当董事会反对股份化时，尽管投票模式各不相同，但经常难以达到进行股份化的要求。至少财政事务委员会提议的第四项规则修订，财政部表示可以接受，要求英国房屋建筑会委员会（BSC）通过发布命令加以解决。①

三、标准人寿股份化遭遇战徐徐揭幕

（一）标准人寿股份化问题的提出及双方争夺持单人的选票

2000 年 2 月 9 日，伍拉德集团向标准人寿递交了一份由 89 个会员联名签署的股份化提案。提案要求公司董事会将互助公司转变为投资者拥有的公司。根据伍拉德的计算，标准人寿大约值 190 亿 ~ 240 亿美元，平均每个持单人可得到 8 260 ~ 10 430 美元，最低可达到 810 美元。提案要求按如下比例分配股票，第一，1% 的股票（约 2 亿美元）用于公司周年纪念会的慈善事业；第二，1.5% 的股票给标准人寿及其附属公司的员工（大约 29 000 英镑/员工）；第三，每一个持单人将分配价值 500 英镑的股票，余下的股票按持单人持有资产份额的多寡和持有时间长短等进行

---

① Select Committee on Treasury Ninth Special Report , http: //www. publications. parliament. uk/pa/cm199899/cmselect/cmtreasy/880/88003. htm.

分配。[1]

根据标准人寿的章程，任何50个以上会员提出任何一项提案，公司董事会必须在20天内召开会员大会进行表决。在3月1日之前的答复期间，标准人寿做了四件事。一是摸清会员态度和动向。2月中旬，公司对会员做了一次问卷调查，要求回答如果就股份化问题进行投票，您将倾向于如何投票？二是研究伍拉德提案的漏洞。2月28日，公司宣布提案无效，毋须投票表决，因为提案不恰当地给予了董事会有关特殊行动的权力，存在法律漏洞。三是斩断潜在的威胁。公司宣布，以2000年2月9日为界，在未来3年内，新的保单及现有保单的增加额，不能分享因转化带来的"意外果实"。四是提醒会员股份化将使公司和会员受损。公司向会员解释道，从互助公司向股份公司的转化，将使公司未来的收益分配减少10%。

4月17日，伍拉德集团在互联网上发布一份新的符合法定程序的提案。新提案要求召开会员特别大会，决定是否将公司股份化及安排股份化的日程。同时，伍拉德集团公布一项针对500名会员的调查结果，称有57.2%的会员赞成股份化，10.6%的会员反对，4.4%的会员将不参加投票，27.8%的会员没有决定。在这种情况下，标准人寿被迫按要求在4月25日召开年度大会。在这次大会上，标准人寿公布了2月中旬针对1 500名会员的问卷调查，说有25.4%的会员赞成股份化，23.3%的会员反对股份化，49.6%的会员还没有决定，1.7%的会员表示不会参加表决。[2]鉴于有近一半的会员尚没有考虑好，故公司宣布将在3个月内举行特别大会。随后标准人寿决定在6月27日召开年度大会进行股份化表决。

2000年5月21日，标准人寿发布了70位著名独立财务顾问的意见。

---

① Revolution at Standard Life Assurance Company, 11 February 2000, http://www.slmag.co.uk/feb-11.htm.

② Hiroshi Matsuoka: New developments in demutualization among life insurance in the U.S. and U.K., NLI Research 2000. No.141, http://www.nli-research.co.jp/eng/resea/life/liooo86.pdf, Chronology of Events, http://www.slmag.co.uk/chronology.htm.

38%的顾问相信，持单人应该关注转化，以得到250英镑到10万英镑的浮财；56%的顾问认为，标准人寿应该保持英国互助人寿保险公司的旗舰地位；6%的顾问还没有决定。同一天，萨莉·戴维森（Sally Davidson）女士著文提醒标准人寿保单持单人，互助保险公司转化为股份公司，绝对不像房屋建筑会转化为银行那样简单。如果转化为银行的房屋建筑会不能提供有吸引力的存单，储户可以把钱拿走。但是，标准人寿的顾客都是长期投资者，仅仅为几百英镑而损失长期利得有些得不偿失。

5月22日，苏格兰教会通过一项议案，支持Kirk's基金信托人反对股份化的立场，并劝说Kirk有资格参加投票的会员这样做。他们认为，股份化的主要诱因似乎是短期行为和对货币的贪婪。保留标准人寿的互助地位有明显的道德意义，而这种地位的丧失，无疑会对爱丁堡社会和经济结构带来严重的影响。接着，大约200家标准人寿的主要供应商，从印刷厂到家具供应商，以各种方式表达了对标准人寿的支持。有人认为，这是标准人寿保持互助地位的活动陷入绝望的表现，在这个问题上，只有董事会和持单人说了算，哪有供应商说话的份。

5月23日，伍拉德集团散发"标准人寿为什么应该股份化"的传单。接着，伍拉德接受媒体采访时表示："我感觉会得到多数票，但我不能肯定能够得到75%的选票。"如果达到75%，则将公司股份化，并瓜分"意外果实"；如果只达到多数，则由他的会员行动集团向公司董事会提出挑战。标准人寿立即予以驳斥："我们从总体上反驳这项主张，因为仅仅为意外果实而将公司股份化是极端的短期行为。"

5月下旬，为争取加拿大持单人的选票，标准人寿与伍拉德集团进行了激烈争夺。加拿大有标准人寿67 000个合格会员持单人，又是全球互助保险公司股份化最多的地方。自1999年9月以来，已经有6家互助保险公司实行了股份化，加拿大人接受了近100亿加元的股票或现金。伍拉德亲自到加拿大活动，以会员平均能够得到11 000~14 000加元的意外浮财相引诱，要求会员投票支持股份化。他还说："为了钱我就不这样做了，我打算这样做，是因为我相信需要这样做。"标准人寿在向会员散发的小册子中强调："标准人寿的未来在你们手中，不要让你们计划中的一切从指缝中溜掉。"标准人寿公开许诺，如果公司的利润不因为股份化而分给股东的话，公司保证给参加投票的持单人以更好的回报，请求会员投票时说"不"。为了这个目的，标准人寿花 200 万英镑在加拿大国家电视台做广告。

同时，英国各主要媒体开始介入标准人寿的股份化活动。5 月 26 日，《这就是钱》杂志发表理查德·布朗宁（Richard Browning）"标准人寿——你说是"一文。该文章公布了对近 700 家欧洲最大互助保险公司的网上调查结果，523 家公司说他们打算转化，有 155 家反对转化，宣布"互助已经死亡！"第二天，独立民意测验机构 MORI 公布由标准人寿主持的一项民意调查，43% 的会员反对股份化，支持伍拉德的则由 3 周前的 32% 下降到本周的 18%，未决定的有 39%。第三天，英国 BBC 广播公司公布一项听众调查，在被问及的 1 300 位听众中，大约 95% 是公司的持单人，其中 82% 赞成公司转化为股份公司。对于新闻媒体公布的大部分持单人支持股份化的问卷调查，被称为股份化金融设计师的内德·卡扎勒特（Ned Cazalet）声称："会员绝不会像标准人寿想像的那样愚蠢。投票赞成转变是他们的经济利益，标准人寿拿不出任何方案可以应付这项挑战。"①有些刊物甚至借读者之口说，现在已经到了标准人寿公司董事会举起白旗和让白旗在转化中迎风飘扬的时候了。

在这个过程中，目光一致转向对"孤儿资产"的分析上。会员制互助金融机构不能够向会员分配红利，公司内部积累的资产随着时间的流逝日益增多。这部分资产被西方经济学家称作"孤儿资产"，也就是没有所有者的无主资产。布伦伯格《货币》杂志就说，孤儿资产是因为上一代持单人接受的回报较他们应该得到的要少。据施罗德证券公司人寿保险分析员安德鲁·克林（Andrew Crean）计算，标准人寿的"孤儿资产"达到 66 亿英镑规模，仅有英国保诚保险公司能与之抗衡。一些专家建议，为

① Standard loses a life, http://www.slmag.co.uk/.

了保持公司的互助地位，标准公司应该想办法使现有的会员能够从这部分“孤儿资产”中受益。①

5月28日，标准人寿向每一会员散发了长达20页的宣传文件。在这个文件中，标准人寿估计大约一半持单人得到的意外果实可能小于2 500英镑，5个人中只有1个人可能超过6 000英镑。对此，伍拉德针锋相对地提出，该是标准人寿停止误导会员的时候了。他认为，会员得到的意外果实平均在5000~6 000英镑之间。第二天，标准人寿首席执行官斯科特·贝尔（Scott Bell）发表讲话，为许多年来标准人寿的骄人业绩和高质量的客户服务而骄傲，强调所有这些均来自互助结构。他警告持单人说，股份化将是一个“长期而费成本的过程”，将影响他和他的管理团队对公司的营运管理达2年之久。

（二）英国议会、金融机构及地方政府的出面干预

就在各种力量猜测标准人寿的未来以及标准人寿似乎处于弱势的时刻，一些意想不到的声音出现了，这就是英国议会、部分大型金融机构等的直接出面。这使标准人寿股份化问题或多或少“成了苏格兰一大政治问题”。

1. 英国议会议员的声音。2000年5月下旬，51位英国下议院议员向英国议会提交了一份提案，陈述股份化不符合标准人寿的最大利益。议员们呼吁：“标准人寿会员实际得到的意外果实，将会比媒体炒作的要少得多。作为欧洲最大的互助保险公司，如果标准人寿股份化了，那么极有可能英国保险业的较大部分将因为外国的控制而结束。”②

2. 员工的支持声音。5月30日，《苏格兰人》杂志公布一项由独立民意测验机构MORI进行的对公司近500位员工的调查。伍拉德集团尽管在其股份化计划中建议，如果标准人寿接受股份化，将拿出1.5%的股票分配给公司员工，但依然有90%的员工支持公司保持互助地位。

① Time to raise the white flag, 28 May 2000, Financial Mail.

② Summary of press articles regarding Standard Life, 12 June 2000, http://www.slmag.co.uk/.

3. 大型金融机构浮出水面。德国德累斯顿银行是标准人寿最大的持单人，它在6月1日公开表示支持股份化。据估计，德累斯顿银行持有标准人寿的4 500万份保单，如果标准人寿股份化，它将得到意外果实2 000万英镑。伦敦巴克莱全球投资者公司是标准人寿第二大保单持有者，它与苏格兰价值公司等大型机构开始给予伍拉德财政支持。按标准人寿的公司章程，这些大型金融机构尽管持单量很大，但实际拥有的投票权却只有一票或几票。这种状况决定了这些机构难以支配股份化，它们转而将伍拉德集团作为其代理人。

4. 标准人寿向议会和政府求援。6月5日，标准人寿英国运营部执行官吉姆·斯特雷顿（Jim Stretton）呼吁英国政府和民众支持公司。他强调："公众的支持对我们非常重要，支持的理由就在于我们是爱丁堡生活中的重要部分。我们在这个城市雇用了7 500人，我们是爱丁堡最大私人部门的老板。"斯特雷顿提出，如果标准人寿被迫股份化，就有可能被敌意收购，总部可能迁出爱丁堡。"我能够明白，政治家们需要讨论这将意味着什么？""没有标准人寿的爱丁堡，肯定会令人十分不愉快，这正是政治家们最担心的问题之一。"①

5. 地方议会和政府出面。斯特雷顿的讲话果然点到了痛处，苏格兰国民党党魁马戈·麦克唐纳（Margo MacDonald）、亚历克斯·萨蒙德（Alex Salmond）相继表示："标准人寿带给苏格兰和爱丁堡很多很多，我不希望看到它被股份化或解体，我将在苏格兰议会中表明这个立场。"苏格兰企业部长亨利·麦克利什（Henry McLeish）呼吁消费者慎重考虑他们投票的长期后果。苏格兰财政部长杰克·麦康奈尔（Jack McConnell）告诉集会者："标准人寿是一个对苏格兰、爱丁堡有很大贡献的公司，也是我们应该为之自豪的公司。"6月4日，财政部长办公室对《苏格兰》杂志表示，考虑标准人寿的政治敏锐性，财政部长的谈话并没有打算影响

---

① Lan McConnell: Standard issues stark warning, 6 June 2000, http: //www. slmag. co. uk/.

股份化的投票。[1] 6月7日，苏格兰议会举行标准人寿股份化的跨党辩论会，决定支持标准人寿保持互助地位。受此影响，87%的苏格兰持单人认为，标准人寿应该保持互助地位。据统计，大约有12%的标准人寿的有资格持单人住在苏格兰。

（三）争议的白热化及最终表决

随着苏格兰议会和大型金融机构的卷入，随着会员表决日的日益临近，标准人寿股份化问题的争论更加白热化和公开化。[2]

2000年6月1日，德意志银行公布其研究报告，强调标准人寿作为互助公司有足够的资本支持其进一步发展，并能以它现在的地位吸引新业务，没有股份化的金融需要。这个报告几乎与标准人寿的电视广告相一致。当然，报告也说到，按保守估计，74%的持单人至少得到1 000英镑甚至更多。正因为如此，有人认为，这个报告起到了为"股份化战争"双方加油的作用。接着，英国汇丰银行分析员、著名股份化专家约翰·拉塞尔（John Russell）强调三点：（1）大部分会员从股份化中获益的说法"还相当不明细"；（2）股份化的成本却意味着持单人收益将每年减少0.75%~1%；（3）互助地位可能是驱动标准人寿向前发展的最佳结构，公司能够保持同股份公司的竞争态势而继续持续地成长。[3]

6月5日，《苏格兰人》发表格雷戈尔·保罗（Gregor Paul）撰写的"转化随着上市会有良好回报"一文。文章列举了苏格兰公平公司（Scottish Equitable）、苏格兰友好公司（Scottish Amicable）和苏格兰互助公司（Scottish Mutual）等互助公司通过股份化获得长足发展的事实，强调标准人寿持单人能够从股份化中得到许多。如苏格兰公平公司经过20世纪80年代后期的飞速发展，迫切需要资本支持。1994年1月1日，它被荷兰安联保险公司收购后，管理资产增长了5倍，员工增加到4 000人。该文

① Politicians stir up Standard Life row, 4 June 2000, http: //www. slmag. co. uk/.

② Demutualisation debate hots up, International Financing Review, 3 June 2000.

③ Standard Lifetoo big to face hostile bid', Scotsman, 3 June 2000; Lan McConnell: Standard issues stark warning, 6 June 2000, http: //www. slmag. co. uk/.

还认为，标准人寿可能确实不需要转化以进入资本市场筹资，因为它不缺钱。但更多的外部压力，能够使董事会少一些心胸狭隘与思路狭窄，从而使公司的运作更有效率。

6月9日，标准人寿主席约翰·特罗特（John Trott）写信给公司230万名持单人，请求他们支持公司。信中写道："我们的会员投票保持公司互助地位的越多，我们战胜食利者的机会就越大，他们唯一的目的就是得到一次性支付。我再一次恳请你们投票说'不'，以支持公司董事会与自私自利的食利者的战争。"

6月11日，互联网同时公布了进攻方、防御方及相关专家关于股份化的意见。进攻方列举了6点理由：（1）如果公司在交易所挂牌，持单人将接受5 000～6 300英镑的意外果实；（2）人寿保险抵押保单的亏空将通过股份化收益得到弥补；（3）每一份现有保单接受的免费股票值受到股票市场状况的影响；（4）保单持有人将从股票价值及其红利的任何增长中受益；（5）根据伍拉德集团的安排，慈善机构将接受1%的股票，标准人寿员工将得到1.5%的股票；（6）公司变成为公众公司，管理层不能再像现在那样对它的持单人敷衍塞责了。

防御方列举了8点理由：（1）股份化将要求管理层转移营利给股东，意味着未来保单的低回报和现有保单的高收益；（2）当一些保单持有人因接受意外果实而明显地改善境况时，那些全部购买养老金的客户将因持有未来保单而满盘皆输；（3）过去15年，标准人寿在人寿保险和养老基金方面的业绩比股份制保险公司平均高出9%；（4）互助保险公司为保险持单人所有，为保险持单人利益而运作；（5）转化后公司股票市值为12亿英镑，按230万名持单人计算，一半持单者获得意外果实最多不超过2 500英镑；（6）公司需要花费2年时间准备挂牌，这意味着意外果实不是生来就有的；（7）标准人寿已经开办了一个拥有50亿英镑贷款额度的银行，不需要以股份公司的形式扩展自己的业务；（8）关于人寿保险抵押保单亏空的报告，夸大了标准人寿保单抵押贷款可能带来的问题。

6月16日，标准人寿经济顾问戴维·辛普森（David Simpson）认为，食利者想在“他们没有播种的地方收割”，纯粹是受贪婪的驱使，甚至可以称作为偷窃行为。他强调，目前对股份化的大部分讨论，都集中在持单人可能得到意外果实大小上面，却不顾这些钱是如何来的。“意外果实”这个词真正是用词不当，因为“世上没有免费的午餐”。辛普森指出，互助是标准人寿企业文化的主要因素，这种文化保证了公司长期的投资观念、优厚的投资回报及稳定的员工队伍。如果摧毁互助，就等于毁掉了公司赖以存在的根本。①

6月17日，伍拉德与标准人寿首席执行官贝尔进行了激烈的交锋。伍拉德要求会员投票赞成股份化，只要他们这样做，就可以得到如下好处：（1）会员平均“意外果实”将介于5 000～6 300英镑之间；（2）法律保护意味着现有持单人的未来利益在股份化后不会减少；（3）有潜力支付影响到公司53万份人寿保险抵押保单的不足部分；（4）公司股票的红利收益和资本增值的前景；（5）作为股东可以在自己拥有的公司中发挥积极作用。贝尔反击道，股份化将使整个行业受到伤害，要求会员投票否定股份化。他特别强调，股份化最强有力的理由，莫过于伍拉德鼓吹的可以得到免费的股票。对此，各位会员更要小心。一是这些“意外果实”的价值依赖于未来2年的市场状况，谁也无法提前预料公司的价值；二是免费股票的分配比会员预期的要复杂得多，有可能成百上千的会员只能接受区区几百英镑的股票，而少数机构投资者则得到数百万英镑，伍拉德本人将从中得到15万英镑。②

6月24日，伍拉德表示，如果他不能得到50%以上的投票支持，他将放弃这个活动。他认为，在这次对峙中，双方处于不对等的地位。公司在这次活动中的花费远远超过我们，并且持续地欺骗持单人，因而这是一次不公正的战斗。表决的结果应验了他的预知。6月27日，年度投票表

① David Simpson: The case of resisting greed, June 17 2000, http://www.slmag.co.uk.

② Fred Woollard and Scott Bell: Standard Life: yes or no? 18 June 2000, http://www.slmag.co.uk/.

决大会在爱丁堡举行，包括邮寄等方式在内，共有100多万名持单人参加了表决。结果显示，591 000个持单人（54.3%）投票保留互助地位，497 000个持单人（45.7%）投票支持转化为股份公司。按英国相关法规和公司章程的规定，伍拉德发起的股份化计划被否决。

四、标准人寿赢得股份化遭遇战的影响和启示

（一）标准人寿和政府开始严格股份化的规则

标准人寿会员投票表决保持互助地位，对各方产生了广泛的影响。

对于胜方来说，表决结果一出来，"标准人寿独立会员组织"与"挽救我们的房屋建筑会"等互助机构，集会欢庆标准人寿取得遭遇战的胜利。他们认为，标准人寿受到的进攻，是继全英房屋建筑会之后又一次大的考验。表决结果以胜利结束，表明人们已经明白，意外果实不是免费的施舍物；如果得到意外果实，就会丧失现在及将来的整体利益。6月28日，标准人寿主席特罗特（John Trott）声称："对互助机构来说，这是一个有决定意义的活动，互助应该能够兴旺和繁荣，而不必为战胜股份化而分心和开支。"

对于败方来说，支持股份化的独立保险分析家卡扎勒特就此评论道："尽管伍拉德在表决中败北，但并不意味此事已经完结。因为损害已经形成，而问题依然存在，公司的路在何方？"扎勒特强调，许多人相信，公司将可能在新的管理层下实现股份化。[①] 2000年8月，标准人寿长期持单者戈登·哈特（Gordon Hart）和米克·安东尼（Mike Anthony）相继表示，要发起对标准人寿新一轮的进攻，迫使标准人寿股份化，分享意外果实。戈登·哈特发起设立"会员权利运动"的组织，米克·安东尼则建立"标准人寿会员联合会"的行动集团。他们认为，标准人寿在前一次

① 54% enough to keep Standard Life mutual, 28 June 2000, http://www.slmag.co.uk/june-26-30.htm.

行动中，隐瞒了股份化后会员可以得到的意外浮财的数量，要求公司提供详尽的意外浮财的估计数和公司市场价值数。

为了防止类似事件的重演，标准人寿及其相关方面要求采取措施阻止食利者的进攻。公司首席执行官贝尔说，对于50个持单人联名就可以要求公司进行股份化表决的制度，公司董事会将考虑予以改变，当然这项决定需要得到75%会员的投票支持。同时，英国前社会保障部长、互助组织坚强的捍卫者弗兰克·菲尔德（Frank Field）表示，“对互助形式的保护不得不提上政治日程”。

在这些因素中，最为重要的是标准人寿的业绩增长。2002年3月19日，标准人寿公布2001年度业绩报告。报告称，在2001年经济和市场条件均比较糟的情况下，公司各项业务指标均取得重大突破。新的保费总收入超过60亿英镑，市场份额由6.6%上升为11.4%，使得2001年成为标准人寿破记录的一年。对于标准人寿的骄人业绩，各方好评如潮。英国《金融时报》指出：“标准人寿，欧洲最大的互助保险公司，报告了闪闪发光的新的业绩数据。”《每日电讯》则说：“‘标准’的产品，有如20世纪80年代购买IBM设备的金融等价物，没有人会因为推荐它们而感到羞辱。”一个苏格兰人则直言不讳地说：“2001年是不平凡的一年，标准人寿不仅回答了它的批评家，而且把他们掀翻在地。”2002年上半年，标准普尔和穆迪公司再一次确定标准人寿最高等级的AAA评级。穆迪说，评级是依据“标准人寿雄厚的资本实力，强大的行业地位，骄人的经营业绩和坚强的管理团队”。①

正是在这样的背景下，标准人寿于2002年4月30日召开临时会员大会。在当时的240万名会员中，有19.5万名会员参加了会议，会员以93.3%的压倒多数票赞成修改公司章程，主要内容如下：一是将动议召开特别会员大会的会员个数由50个提高到1 000个；二是将在董事会选举中提名1个候选人的会员个数由2个提高到250个；三是在董事选举中更

① Members Update Autumn 2002, http: //www. standardlife. com/.

加民主化；四是简化多重的投票规定，以确保1个会员、1张选票制度的实现；五是在某种情况下，允许要求召开特别会员大会的规定可以不予接受。这在事实上降低了个别会员借此对公司发动进攻的可能性。

2002年1月，西布罗姆维奇（the West Bromwich），即英国第9大房屋建筑会，受到食利者的进攻。于是，英国方面加快了相关法案的修订进程。被修订的法案是《1965年工业及互助法》（Industrial and Provident Bill），取名为《2002年工业及互助会法》（Industrial and Provident Societies Act 2002）。该法案由工党议员加雷思·托马斯（Gareth Thomas）倡议提出，又叫“私人会员法案”（A Private Members Bill）。立法旨在涵盖1986年《房屋建筑会法》和1992年的《益友社法》（Friendly Societies Act）等，将这个领域内各种各样的互助机构融为一个整体，增强其一体性。他们相信，互助机构无论现在还是将来，均会向个人会员和相关团体提供潜在的利益，发挥很大的作用。2002年7月8日，该法案获得通过。主要内容有2条，一是重大事项必须由有资格的会员3/4的绝对多数同意；二是参加表决（包括委托投票）的会员不能少于有资格会员的1/2。

（二）标准人寿股份化遭遇战的启示

通过对标准人寿股份化投票过程的剖析，我们初步明白什么是股份化、为什么要选择股份化等问题，并得到如下几方面的启示：

1. 股份化就是互助公司转化为股份公司的过程。标准人寿股份化投票过程的核心，就是要不要把标准人寿由一个互助公司变成一个股份公司并上市，从而分得包括免费股票、现金在内的“意外浮财”，分享来自股票市场的投资收益。从字面上理解，“mutualization”是互助化的意思，“demutualization”是个体化、非互助化的意见。从其实质内容上说，互助化是投资者拥有的、建立在一股一票基础上的股份公司转化为会员所有的、建立在一个会员一张选票基础上的互助公司的过程；而股份化则是互助公司转化为股份公司的过程。

2. 股份化有一套十分复杂的运作程序。一般而言，股份化大体包括以下几个步骤：（1）要有相关的法律法规为依据。在英国，会员制金融机构股份化的相关法规，最早可以追溯到 1986 年的《房屋建筑会法》，最后演变成《2002 年工业及互助会法》。（2）要有人动议进行股份化。标准人寿是由部分会员动议的，但大部分动议则是由公司管理层做出的。不管是谁做出的，均需要就改变公司会员制地位和互助性质起草股份化计划。从实际情况看，大部分由管理层动议的股份化，一般均非常轻松地过关，而由会员发动的股份化，则要视管理层的反对程度而定。（3）要得到绝大多数会员的投票通过。按照公司章程，公司重大问题的决定，需要召开会员大会，不管会员在公司的实际利益多寡，均按一个会员、一张选票的原则进行投票表决。表决时，要有参加投票的有资格会员 75% 的赞同。

3. 获得意外果实是要求标准人寿进行股份化的直接动因。“免费股票”和“现金”、“意外果实”与“孤儿资产”，是股份化过程中最动人心弦的字眼。在标准人寿股份化投票过程中，这一景象再一次显现。标准人寿的蛋糕有多大成为各方关注的焦点，形成了 120 亿英镑、120 亿～150 亿英镑和 160 亿英镑市值三种说法。当时有人指出，在标准人寿的这个案例中，关于股份化的争论是混乱的，标准人寿和伍拉德各执一词。① 从投票的结果看，尽管标准人寿花费了 1 000 万英镑，动用了包括政治力量在内的各种手段，做了大量的工作，但仍然有 43.7% 的会员选择股份化。这说明“意外果实”吸引力之大。不仅如此，资料还显示，一些持单者最后选择反对股份化，并不是反对股份化本身，也不是不喜欢股份化的果实，只是由于持单时间短，得到的实在太少，故投票反对此时进行股份化。据统计，大约 30% 的持单者持单时间少于 5 年，2/3 小于 10 年，如果投票赞成股份化，他们得不到多少意外果实。由此，笔者认识到，不管公司是否需要，纯粹为了“意外果实”而发动股份化是有害而无益的，也不可能持久。为此，笔者主张反对两种股份化：一种是由食利

---

① Brendan McGrath, Business Opinion – Standard has a fight on its hands to beat carpetbaggers, 5 June 2000, http://www.slmag.co.uk/.

者搬弄出来的股份化，另一种是纯粹为了赶时髦盲目追求的股份化，这两种股份化都有可能给企业或公司的长远发展带来灾难。当然，反过来说，历史往往不按常理出牌，正是因为有这股力量现实存在，标准人寿的股份化可能难以避免。

4. 增加透明度也是股份化的一个重要原因。标准人寿资本力量雄厚，不需要进入资本市场筹资；拥有50亿英镑贷款额度的银行，不需要以股份公司的形式扩展自己的业务。这是标准人寿管理层对股份化兴趣索然的重要原因和他们反驳对手的重要理由。但是，也确实应该看到，标准人寿与其他互助金融公司一样，经过几十年发展之后，逐渐偏离了最初设立的初衷。由于没有一套有效的制度加以保障，公司与会员间那种亲密的联系不见了，会员的权利看不到踪影，“会员是主人”很难得到体现。对此，英国一些议员用“龌龊的秘密社会”、“偷偷摸摸的动物”来形容互助机构，指责它们在公司治理方面没有公众公司的透明度和公开性，这是有道理的。从这种意义上说，增强互助金融机构的透明度，也是促进标准人寿股份化的重要理由。2000年6月5日，《苏格兰人》杂志发表的署名文章就强调，更多的外部压力，能够使董事会少一些心胸狭隘与思路狭窄，从而使公司的运作更有效率。就这一点而言，理由应该是充分的。标准人寿表决胜利后，拉姆斯登接替退休的贝尔出任首席执行官后表示，标准人寿将积极寻求方法，完善公司治理和董事会结构。拉姆斯登的主要措施有：引入独立董事制度，成立以独立董事为主体的审计委员会、提名委员会和薪酬委员会，规范会员大会制度。由此，笔者认识到，股份化运动有助于强化互助金融机构的公司治理，提高公司的透明度。

5. 政治干预是标准人寿赢得遭遇战的重要因素。标准人寿是少数几个面对进攻而能保持互助地位的公司之一。能做到这一点，与标准人寿管理层的坚决抵制与宣传有关，与标准人寿稳定的业绩有关，与汇丰银行和德意志银行倾向于互助的态度有关，与食利者自身的形象不好有关。但在这些因素中，最为重要的莫过于政府的干预，英国50个议员认为股份化不是保险公司的最佳利益，苏格兰议会在跨党派辩论中支持互助。据统计，大约12%的标准人寿的持单人住在苏格兰。受此影响，87%的苏格兰持单人认为标准人寿应该保持互助地位。故《星期日先驱报》（the Sunday Herald）认为，议会拥有比想像中更多的权利，英国拥有迫于政治压力而取消股份化计划的先例。有人认为："如果我们在投票中与国家利益有明显的裂痕，这对苏格兰来说就毫无疑义变成了一个大的政治问题。"一位通晓法律制度的房屋建筑会老板当时也说："毫无疑问，股份化可能被停止，只要人们想让它这样的话。"①

① Courts could save Standard Life, Sunday Herald, June 11 2000, http://www.slmag.co.uk/.

大裂变：西方互助金融机构股份化浪潮述论*

在遥远的西方和近邻日本，有那么一群不起眼、“消费者控制”的金融机构，200年多来一直在默默地工作和耕耘，拾遗补缺，自助自爱，自得其乐，慢慢地积累甚丰，渐居要津。这就是西方互助金融机构，一群既古老又鲜活、会员制的私人俱乐部。20世纪70年代以来，急剧波动的利率、汇率与激烈竞争的市场环境，开始波及这一块神奇而纯洁的领地，面对“股份公司是开放和负责任的，而互助机构则是相当龌龊的秘密社会、各种奇形怪状的东西”的指责，在政府借助市场弥补亏损的政策导向下，在逐利者瓜分利润积累的驱动下，西方互助金融机构逐渐出现了集中地向股份制金融机构单向转化的现象，这就是到目前为止被国内冷淡处理的互助金融机构“股份化”浪潮。

互助公司和股份公司是金融机构两种重要的公司组织形式，互助公司的股份化在互助公司成立后不久就已经存在，只不过是零星的，未形成趋势，并且还存在着股份公司转化为互助公司的情况。20世纪70年代后期，情况发生了很大改变，一些国家特别是美国一改过去限制互助公司股份化的政策，鼓励互助公司进行股份化，使股份化逐步形成浪潮。在行业上，从储贷协会和房屋建筑会扩大到互助人寿保险公司；在范围上，从美国扩大到英国、澳大利亚、加拿大、南非等。总体上看，互助金融机构股份化可以分为三个阶段。第一阶段，从20世纪70年代到80年代，主要是美国储贷协会和英国房屋建筑会的股份化。第二阶段，从20世纪90年代到2000年标准生命保险公司股份化遇阻，主要是西方互助人寿保险公司的股份化。第三阶段，21世纪的头10年，伦敦证券交易所、巴黎证券

* 本文定稿于2003年8月6日。开头部分是收入本书时加上的。

交易所、德国证券交易所、日本东京证券交易所以及美国纳斯达克市场和纽约证券交易所等全球主体证券交易所均选择了股份化和上市。

股份化是继20世纪80年代里根和撒切尔夫人推行国有企业私有化浪潮之后，又一个让金融企业集中奔向股票市场的重要事件，并因派发“免费股票”而在西方社会中出现了排队向互助储蓄机构存钱、争相购买互助保险公司保单的现象。进入21世纪，这种浪潮有如钱江大潮一般，汹涌澎湃，势如破竹，不可阻挡。一大批储蓄机构和房屋建筑会选择变身为商业银行，有着几百年互助悠久历史传统的大型互助人寿保险公司或主动或被动地结束互助地位，一向低调的会员制证券期货交易所以席位易股票、以表决权换交易权。一时间，筹资、透明、并购、转化、效率、免费送股票、自我挂牌上市、IPO首日高溢价等，一个个惊世骇俗而又精彩绝伦的故事在演绎，一场场“只为了钱”、“这就是钱”的表决游戏在上演，一只只超级的“金融旗舰”驶向股票市场“沉浮”。总体上看，这场潮流的主体是持单人、存款人和会员们，夹杂着互助金融机构管理层、各级政府和经济学家的声音，精算师、评估师和律师忙着计算各家会员制金融机制累积了多少“孤儿财产”，人均可以分得多少“意外果实”。太多的幻想中难免带着几许疯狂。君不见发起召开特别股东大会的提案有如雪片，通知特别股东大会的信笺铺天盖地，汽车广告、平面媒体扑面而来，电视总发动叠加网络总动员，总之，为分浮财各方不惜本钱，影响了所在公司的长远竞争力。君不见参加股东特别大会的人数之多、投票比例之高超过政治选举，首日IPO定价之高、回报之丰让人瞠目，财富效应在西方弥漫，股票市场的影响力在扩大。关于这些，读者可能已经从前面的标准人寿表决案例中感觉出来了。

表面看来，西方互助金融机构的股份化与资本市场关系不大，事实上这是西方股票市场最后一块上市资源和宝藏，借助于股份化，最保守的互助金融机构和最封闭的证券期货交易所走出了几百年的封闭社会和私人俱乐部，进入了资本市场最前沿，整个的想法和做法将彻底发生改变。可以这样说，到这个时候，西方几乎所有的金融机构最后都有如百川归海般地全部集中到股票市场，体现了西方证券化的最高水平，体现了资本市场的无限魅力。正因为如此，才会有百年一遇的全球金融危机，因为所有的东西都集中了，这可是最没有限制、绝对没有门槛的混业经营。

对于西方金融市场和金融机构在国民经济和社会生活中的突出地位，对于已经和正在演出的这一场亘古未有之变局，中国人了解的不多，经历的很少，学术界介绍得很不充分，至于其深远的影响更是无从谈起。10多年来，笔者一直在留意搜集整理相关资料，断断续续，既充满挑战，又富有乐趣，这中间还尝试进行了大量写作和翻译工作，苦乐自知。本来，关于这个题目，笔者一直按一部专著在准备，无奈琐务缠身，始终不能如愿，面对浩瀚的资料，看了一遍、停下一段时间、再看一遍，如此劳而无功的重复，只能增加无名的烦恼与无数的痛楚。这一次借出版本书的机会，强行定稿，浓缩为一章，尽管许多想法还难以全部表述清楚，但究竟走出了第一步，也可以排遣留在心中的恼与痛，并且以后可以再完善。

本想是为这篇文章重新写一个开头，没想到就写了这么多，写出了许多感想和火花来，心情也由此舒缓了很多，但愿读者能够随着笔者的思绪，真正关注这样一件大事。当然，笔者这些年执意要从更宽广的角度来分析整个互助金融机构的股份化和出路，坚持要用“大裂变”这样带有夸张性的标题，是因为即便是在经历百年一遇的全球金融危机的今天，还有许多东西看不清楚、想不明白。但不管怎样说，别人已经行动了，已经实践了，已经见到成效了，也尝到了教训，又在开始总结了，相信今后的路会好走很多。“故人西辞黄鹤楼，烟花三月下扬州”。借用李白的这句诗，来表达别人已经“在路上”了。目前，全球主要交易所都已经选择了改变治理结构，结束了互助地位，成为上市公司。我们自己还在徘徊，在隔岸观火，在举棋不定。在“大裂变”过程中，急功近利者有之，短期行为者有之，但独立性增强了，决策效率提高了，市场份额集中了，筹资、投资更便捷了，并购烽烟席卷全球了。在这样的局面下，笔者能够理解“我自岿然不动”、“稳坐钓鱼台”的无奈选择，但是如何从长远发展的角度构建我国证券期货交易所持久的发展动力，增强交易所的核心竞争力，最大限度地减少我们与西方在软件和实质方面的差距，这是可遇不可求的重大战略，需要每一个资本市场人去理性思维。2000 年笔者在巴黎研究证券交易所的股份化与上市问题时，经济合作与发展组织的学者就说："你们国家目前还没有这个资格谈论这个问题，因为你们的交易所没有独立性。"笔者相信，对于银行人和保险人来说，他们会感觉好读一些，因为这毕竟是他们的行当；对于证券人来说，有了这样一个背景知识，对于境外证券期货交易所的股份化和上市可能出现的矛盾和问题、好处与优势、冲击与影响，对于我国证券期货交易所治理结构的改善、独立性的增强、长远的规划等，可能会有更充分的理解和更多样的借鉴。

一、美国互助储蓄机构和保险公司的股份化

美国是最早大规模进行互助金融机构股份化的国家。根据股份化演变的过程和特征，美国互助金融机构股份化主要可以分为两个阶段。

第一阶段：1976～1993 年。大规模股份化的起步阶段，主要是为了解决"问题公司"的资产质量问题。

1955～1975 年间，美国为防止互助金融机构瓜分"意外果实"，要求所有公司暂停股份制转化，大多数州也禁止进行股份化。1976～1982 年是美国储蓄机构股份化的实验时期，联邦住房贷款委员会于 1976 年通过相关法案，允许互助储贷协会股份化。据美国经济学家 Masulis 在 1987 年的分析，在这一时期，有 130 家储贷协会实现了股份化。同时，由于对储贷协会税收优惠的取消，美国储贷协会的经营出现了很大困难，许多储贷协会陷入亏损中，从此开始了 20 世纪 80 年代美国储贷协会危机。1981 年，美国 85% 的储贷协会发生亏损。

在这种情况下，陷入财务困境的互助金融机构把股份化作为一种生存战略，希望筹资改善资本结构；政府则想借此克服危机，并避免过多地耗用联邦存款保险机构的资金。1982 年，美国政府颁布《加恩圣杰曼存款机构法案》，进一步放宽对互助储蓄机构股份化的限制，为亏本公司的股

份化大开绿灯。据统计，1980～1988 年，共有 655 家互助储蓄机构进行了股份化（见图 1）。据另一资料记载，1987～1996 年，有 316 家互助储蓄机构进行了 IPO，融资 102 亿美元（见图 1 和表 1）。

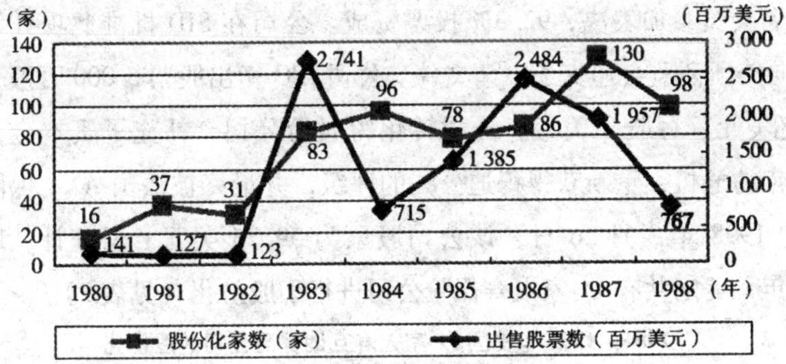

资料来源：Catherine Schrand and Haluk Unal：Hedging and Coordinated Risk Management：Evidence from Thrift Conversions，http：//www. rhsmith. umd. edu/finance/hunal.

Rebel A. Cole：The effect of changes in ownership structure on performance：Evidence from the thrift industry. http：//www. federalreserve. gov.

图 1 1980～1988 年美国互助储蓄机构股份化

表 1 1987～1996 年互助储蓄机构转化为股份公司的年度 IPO 情况表

年份	IPO 家数（家）	筹资额（百万美元）	发行股份（百万股）
1987	27	901	137
1988	15	210	53
1989	4	62	15
1990	9	300	51
1991	5	85	23
1992	26	582	76
1993	46	1 431	139
1994	63	3 264	277
1995	79	1 973	201
1996	42	1 398	130
总计	316	10 206	1 102

资料来源：Eligah Brewer III，Douglas D. Evanoff and Jacky So：Pricing IPOs of Mutual Thrift Conversions：the Joint Effect of Regulation and Market Discipline，http：//www. siue. edu/.

1990 年 12 月，美国保平人寿保险公司（Equitable Life）因大量投资于房地产失败而耗尽资本，打算进行股份化。1992 年 4 月，SID 为此举行了 3 个半小时的听证会。1992 年 5 月，平衡公司宣布持单人表决结果，88 万名会员参加表决，92.3% 投票赞成。公司在 SID 批准此项计划两周后，向美国证监会递交了申请文件。公司 IPO 卖出股票 5 000 万股，筹资 4.5 亿美元，每股 9 美元。公司转化为股份公司，补充了资本金，克服 1991 年的危机，重新获得穆迪公司的评级，并最终被法国 AXA 保险公司收购。1998 年 3 月 26 日，该公司股票为 59.75 美元。据统计，1984 ~ 1995 年，美国共有 11 家人寿保险公司进行了股份化（见表 2）。

表 2　　1984 ~ 1995 年美国 11 家人寿互助保险公司的股份化

序号	公司名称	成立时间（年）	股份化批准时间（年）
1	Old Equity Mutual Life Ins. Co.	1950	1984
2	Utah Farm Bureau Mutual Life Ins. Co.	1937	1984
3	National Term Life Ins. Co.	1960	1985
4	Inter – State Assurance Co.	1908	1985
5	Union Mutual Life Ins. Co.	1848	1986
6	Grinnell Mutual Life Ins. Co.	1965	1988
7	Rushmore Mutual Life Ins. Co.	1937	1989
8	Equitable Life Assurance	1859	1992
9	Midland Mutual Life Ins. Co.	1905	1994
10	Guarantee Mutual Life Ins. Co.	1901	1995
11	State Mutual Life Assurance Co. of Am.	1844	1995

资料来源：James M. Carson, Mark D. Forster and Michael J. McNamara：Changes in Ownership Structure：Theory and Evidence from Life Insurer Demutualizations，http：//www. cob. fsu. edu/rmi/jii/wriaabs/1s1998. pdf.

同样是为了解决“问题公司”的困难，互助储蓄机构与互助人寿保险公司的困难程度是不同的，在股份化的方式与途径的选择上差距很大，形成了两种风格各不相同的股份化模式。人寿保险公司属于完全股份化模式，公司的资格会员享有是否同意股份化的表决权，它们放弃会员权利是以接受公司免费股票、现金及等价物为条件。储蓄机构大部分采纳转化模式，协会的资格会员在投票表决允许协会转化为股份公司时，只能享有优先购买公司股票的权利，因为监管当局明确规定只允许使用“出售股票”的方式进行转化，会员放弃认购股票，即放弃会员权利。

正是因为这个差异，人寿保险公司的会员在能得到现金时选择现金，考虑到接受现金时要纳税也接受股票，反正是“意外果实”，到股市上碰碰运气也是可以的。储蓄机构的会员则有许多无奈，胆小的干脆放弃优先认购权，胆大的拿出一点钱去撞大运。好在股票认购价格较低，要拿出来的钱并不多。据专家对1980~1988年的211家样品公司的研究，认购价低于评估价的占到近70%，略高于评估价的占18%。[①] 当然，问题公司的首日上市溢价幅度也是比较少的。据统计，1987~1993年，在选取的75个样品中，首日平均回报率只有16.65%，最大的为55%，最少的为-13.07%。这个溢价水平与普通的IPO首日平均回报差不多，但由于首日股价存在着不升反跌的可能性，使其潜在的风险超过普通的IPO。

人寿保险公司的股份化和储蓄机构的转化，在一定程度上缓解了互助金融公司的困难。这一点在保险公司方面表现得更为突出。美国保平人寿保险公司可以算是比较成功的一个例子。1991年，该公司保费收入34.52亿美元，评级为A3，1994年保费收入达到46.85亿美元，达到A2，1997年为78.43亿美元，评级为Aa3。对储蓄机构来说，情况则复杂得多。有些储蓄机构因为筹集到了一些资金，从20世纪90年代中期后资产状况有所好转；有些储蓄机构则利用转化掩盖矛盾，运用得到的资本大量吸收存款发放贷款，盲目扩大业务，以至于一发不可收拾。据统计，1983~1987年，共有486家储蓄机构进行了转化，到1994年，有123家被监管当局关闭，占1/4强；165家被别的公司并购，占1/3强；只有198家生存下来，占40.7%。到交易所或场外市场挂牌的230家储蓄机构，存活率也

① Vojislav Maksimovic, Haluk Unal: Issue Size Choice and “Underpricing” in Thrift Mutual - to - Stock Conversion, Journal of Finance, Volume 48, Issue 5 (Dec. 1993) http://www.rhsmith.umd.edu.

不到一半（见表3）。对此，当时有人批评道："当大量的新资金将它们的口袋烧出洞来的时候，许多刚转型的储贷协会急忙发放一切可以发放的——通常通过提供充分的资金去为建筑业和早期利息融资。"① 也就是说，部分有问题的储贷协会的股份化，不仅延缓了储贷协会问题爆发的时间，而且加重了储贷协会危机。到20世纪80年代末，有850家储贷协会在这10年间失败。

表3　　1983～1987年美国储蓄机构从互助到股份化的转化

时间（年）	储蓄机构转化总数（家）	1985～1994年监管当局关闭数（家）	占转化总数百分比（%）	1985～1995年并购数（家）	占转化总数百分比（%）	到1994年生存下来的机构数（家）	占转化总数百分比（%）
一、储蓄机构转化总数							
1983	85	37	43.5	22	25.9	26	30.6
1984	92	24	26.1	34	37.0	34	37.0
1985	83	27	32.5	28	33.7	28	33.7
1986	90	14	15.6	27	30.0	49	54.4
1987	136	21	15.4	54	39.7	61	44.9
合计	486	123	25.3	165	34.0	198	40.7
二、在纽约交易所、美国交易所和场外市场公开交易的储蓄机构							
1983	35	8	22.9%	9	25.7%	18	51.4%
1984	27	6	22.2%	7	25.9%	14	51.9%
1985	32	6	18.8%	12	37.5%	14	43.8%
1986	57	8	14.0%	16	28.1%	33	57.9%
1987	79	12	15.2%	35	44.3%	32	40.5%
合计	230	40	17.4%	79	34.3%	111	48.3%

资料来源：Rebel A. Cole，Hamid Mehran：The effect of changes in ownership structure on performance：Evidence from the thrift Industry（23 Septement 1997），Journal of Financial Economics 50（1998）291－317，http：//banking. web. unsw. edu. au/staff/profiles.

① ［美］马丁·迈耶著：《美国金融大灾难——是谁洗掉了储户》，海南出版社2001年版，第58页。

第二阶段：1994～2010年。这是大规模股份化阶段。表现为大批大型互助金融机构加入股份化的行列，企图通过股份化谋求发展，从而推动了股份化高潮的到来。

在这个过程中，人寿保险公司尝试使用互助控股公司（MHC）模式，结果引起了一场激烈的争议。互助储贷协会在进行转化时，有一部分就是采取互助控股公司的形式。这对于储贷协会而言，由于两种方式均得不到补偿，因而并没有引起储贷协会存款人的注意和反对。但在人寿保险公司，情况有所不同。

互助控股公司概念是马萨诸塞马斯（Mass）互助保险公司倡议的一个建议，它允许保险公司通过卖出不多于49%的公司股份筹集资本。1992年末，美国互助人寿保险公司（American Mutual）在探索股份化方案的过程中，提出了互助控股公司的方案。1995年1月，爱荷华州通过互助控股公司的立法，美国互助人寿保险公司（改名为AmerUs）即于年底转变为互助控股公司，成为美国第一家按互助控股公司模式进行调整的人寿保险公司。AmerUs集团是一个中介控股公司，拥有50.4%的股份，公众公司（AmerUs Life Holding Inc）拥有49.6%。接着，美国多达20多个州通过了相似的法案。

互助控股公司作为股份化的一种模式，确实有其优点，比完全股份化"有更大的吸引力"。第一，互助控股公司模式来得"更快"。与完全股份化模式需要花2年或更长时间才能完成股份化相比，互助控股公司在紧急时只需要花3～6个月就可完成。第二，互助控股公司模式"更便宜"。如保平人寿保险公司股份化花了1亿美元，纽约互助（Mutual of New York）保险公司股份化花了2 500万美元，保障人寿（Guarantee Life）保险公司股份化至少花了2 000万美元，而美国互助人寿保险公司（AmerUs）只花了350万美元。第三，完全股份化受市场条件变化影响大，而互助控股公司则有所缓冲，并且互助控股公司的结构依然保持有完全股份化的选择，即进行第二阶段股份化。据美国互助人寿保险公司估计，如果它在1997年1月1日进行股份化，将分配4.8亿美元给它们的持单人。按 IPO 后价格，持单人将得到 9.25 亿美元“意外果实”。[①] 第四，控股公司模式可以取得好的成绩。转化前的 1994 年底，美国互助人寿保险公司资产为 34 亿美元；到 1997 年底，资产达到 102 亿美元。1996 年 6 月，美国互助控股公司成立，1997 年 1 月进行 IPO 发行。上市时每股股价为 16.50 美元，年底达到 36.875 美元。

互助控股公司模式引起了激烈的反对之声。除美国互助人寿保险公司的持单者外，反对者主要包括消费者协会、美国消费者联合会、美国退休人协会、市民顾问中心、保险研究中心、纽约公共利益集团、哈特福德（Hartford）保险公司、林肯国民公司（Lincoln National Corporation）等单位和个人等。[②] 他们认为，互助人寿保险公司的所有者是它的持单人，这一点已经在相关的保险法中予以明确。互助控股公司模式抢劫了持单人的所有者权益，而不给予他们补偿。一些股份制保险公司认为，互助控股公司模式对它们来说是不公平竞争，也加入了反对行列。

面对各方反对，美国各州议会、保险委员会以及互助保险公司发生了分化。当时，美国大都会保险公司（第 2 大）和纽约人寿保险公司（第 3 大）正在向纽约州议会施加压力，希望通过控股公司方面的法案；西北互助生命公司（第 4 大）正准备如此干，第 5 大保险公司信安（Principal）保险公司已经宣布转化为控股公司模式。1998 年 2 月，宝德信（Prudential）公司宣布，已经决定实行完全股份化。接着，美国恒康人寿保险公司（John Hancock，第 6 大）宣布采取同样的行动。宝德信公司是美国最大的人寿保险公司，拥有资产 2 600 亿美元、资本 127 亿美元，在《福布斯》杂志中保持第 10 位，是“最受人欢迎的公司”。此举对控股公司模式无疑是最大的冲击，不仅等于“锯掉了它们的脚”，而且增加了持

① AmerUs Group: Defending The Mutual Holding Company, http://www.ambest.com/review/lh/1998-08/.

② http://www.essential.org/orgs/cir/IN-CIR.html.

单人对采取互助控股公司模式的公司的压力。故当时有人评论道："尽管19 个州已经通过了互助公司控股公司法，但该提议似乎日益站不住脚。"①正是因为宝德信保险公司提出了这个愿望，它所在的新犹他州抓紧研究相关法案，同年 8 月即通过股份化法案，又称宝德信法案。法案没有禁止互助控股模式，显然是将它忽视了。法案提出了完全股份化的三个条件：一是互助公司有一个详细的股份化计划，递交给州保险委员会并得到批准；二是至少有互助董事会 3/4 的董事的同意；三是至少有 100 万名会员持单人参加表决，并得到至少 2/3 会员的赞同。不久就有 10 个州通过了相似的法规。1999 年 3 月，美国国内税务总局发布收入规则 99 - 3，允许 MHC 下面的股份制子公司可以抵扣持单人的红利，如果仅从省税角度出发，此举也使互助保险公司可以选择 MHC。3 年来，已经有 19 个州和哥伦比亚特区通过控股公司法案。自那以后，美国互助等互助机构要么已经转化为控股公司，要么打算这么做。1999 年 11 月 4 日，美国国会通过《现代金融服务法案》，允许互助公司建立 MHC（见表 4）。

表 4　　美国互助人寿保险公司的股份化

公司名称	股份化方式	完成时间	备注
American Mutual	MHC	1996 年	改名为 AmerUs Life
Central Life Assurance	MHC	1996 年	2000 年 10 月完全股份化
Acacia Mutual	MHC	1997 年	1999 年 1 月与 Ameritas 合并
General American	MHC	1997 年	2000 年 1 月与 MetLife 合并
Ameritas	MHC	1997 年	
Pacific Mutual	MHC	1997 年	
Principal Mutual	MHC	1998 年 2 月	2001 年 10 月完全股份化和 IPO 发行
Ohio National	MHC	1998 年 7 月	
Security Benefit	MHC	1998 年 7 月	

① The mutual holding company guessing game, National Underwriter, Cincinnati, Jun 1 1998. http://global.umi.com/pqdweb.

续表

公司名称	股份化方式	完成时间	备注
Minnesota Mutual	DM	1998 年 10 月	
Mutual of New York	DM	1998 年 11 月	成为 Mony 人寿保险公司
National Life of Vermont	MHC	1998 年 11 月	
Provident Mutual	MHC	1999 年 2 月	2002 年 10 月完全股份化
Standard Insurance Co.	DM	1999 年 4 月	
Mutual Trust	MHC	1999 年 12 月	
Woodmen Accident & Life	MHC	1999 年 12 月	2000 年底与 Lincoln 互助控股公司合并
Security Mutual Life of Nebraska	MHC	1999 年 12 月	
National Travelers	MHC	2000 年 1 月	
Lafayette Life	MHC	2000 年 4 月	
Metropolitan（MetLife）	DM	2000 年 4 月	
Western & Southern Life	MHC	2000 年 6 月	
Prudential	DM	2000 年 12 月	2001 年 10 月进行 IPO 发行
Massachusetts Mutual	DM	2001 年 1 月	
Phoenix Home Life	DM	2001 年 4 月	
United Heritage	MHC	2001 年 8 月	
Manhattan Life	DM	2001 年 11 月	

注：MHC 是指互助控股公司（Mutual Holding Company），DM 是指股份化（Demutualization），IPO 是指首次公开发行（Initial Public Offering）。

资料来源：Glenn S. Daily：Reorganization Status of Mutual Life Insurance Companies，May 20，2003，http：//www. glenndaily. com/mhctable. ytm.

大型的业绩优良的互助金融机构为谋求更大发展加入到股份化的队伍。20 世纪 90 年代中期，美国年均 9% 的互助储蓄银行发生了转化。据 OTS 报告，在 1995 ~ 1997 年间，平均每年达到 55 起。1998 年第一季度达到16起。2000～2001年，恒康人寿、宝德信和大都会均采取了股份化的模式，给它们的会员分配了近500亿美元。2001年11月，美国几位经济学家在调查美国自由（Liberty）互助人寿保险公司活动支出时，就指责自由公司通过贿赂议会通过MHC立法，使广大持单者蒙受了44亿～90亿美元的补偿损失。① 宝德信并不完全是因为需要资本才股份化，扩大竞争的金融服务业的市场份额，以及金融服务业的国际拓展，它需要转化，以便能够更有效地参与竞争，同时也需要额外的资本去买其他公司。

二、英国房屋建筑会的股份化

自1989年英国第一家房屋建筑会完成股份化以来，到2000年底，共有10家房屋建筑会进行了股份化。2000年以后，尽管可以听到食利者进攻房屋建筑会的声音，但没有一家建筑会打算进行股份化。从资产上估计，到1997年，以1992和1993财年计算，股份化的房屋建筑会全部总资产达到1 664亿英镑，占全部总资产的67%。1986年存在的前15名房屋建筑会中，前10名已经完成股份化。

1985年，阿比全英（Abbey National）房屋建筑会是英国第二大建筑会，总资产达180亿英镑，储备资产7.5亿英镑。其管理层表示打算从互助机构转化为股东持有的公众公司。1986年，英国议会通过《房屋建筑会1986年法案》，法案扩大了房屋建筑会在房屋和个人银行服务方面的权限，决定建立房屋建筑会委员会（BSC）作为该行业监管者，并第一次给予房屋建筑会决定股份化的选择权。1988年，阿比全英房屋建筑会转化为股份公司，它免费送给它的会员100股新公司的股票。这些股票在1989年7月首日交易中价格达到140英镑，即会员可得到14 000英镑的

① Buying influence: Liberty Mutual Insurance Group's Lobbying Expenditures, Campaign Donations and Legislative Agenda, November 2001 http: //www, thewatchdog. org. /lmw/lmstudy. pdf.

账面收入。

1995 年，Cheltenham & Gloucester 房屋建筑会进行了股份化。这一次是采取英国劳合银行（Lodyds Bank）接收的方式。劳合银行动用了 18 亿英镑现金收购 Cheltenham & Gloucester 房屋建筑会，建筑会每个会员得到 500 ~ 13 500 英镑不等的补偿，平均为 2 000 英镑。但管理层的收益却不止这些，首席执行官得到了 4 倍于本人基本工资的股票期权，这使他在 1995 年的年收入达到 354 462 英镑。另外，他和他的家人还得到 37 600 英镑的现金红利。公司主席和他的家人得到了 55 000英镑的现金红利，其他 8 位执行官也得到了股票期权。股份化过程中因操作不当引发的直接冲着互助公司储备资产而来的行为，引起了英国房屋建筑委员会（BSC）和财政部等监管部门的严重关切和不安。据保守估计，在过去 150 多年中，英国房屋建筑会积累了 160 亿英镑的储备资产。英国房屋建筑委员会（BSC）和财政部认为，案件中的现金因素是贿赂，劳合银行以贿赂会员为手段，把互助主义的原则说得一无是处。① 自此，人们对互助公司转化为股份公司抱有一种热切的向往之情。据介绍，开始是投资者排队同时向几个房屋建筑会进行小量的投资（一般为 100 英镑），期待房屋建筑会股份化后天上能掉下“大馅饼”。

结合上述两次股份化的经验教训，英国议会于 1997 年 3 月对《房屋建筑会 1986 年法案》进行重大修改，并增加房屋建筑会分配法案。一是给房屋建筑会更为宽松的运作体制；二是要求委员会（BSC）强化房屋建筑会董事会对会员的诚信要求；三是在分配法案中关心房屋建筑会转化和接收过程中的现金和股票分配问题，将 20% 上调到 50%。

1997 年，哈利法克斯（Halifax）房屋建筑会转化为公众公司。哈利法克斯合并利兹·永久（Leeds Permanent）房屋建筑会后，成为英国最大

① Manfred Davidmann: Building Societies, 1996 co - op study 3 http: //www. solbaram. org/articles/bldngs. htm.

的房屋建筑会。1996 年 12 月，哈利法克斯董事会为准备好相关股份化文件，1997 年 2 月 24 日举行特别会员大会，进行股份化表决。6 月，哈利法克斯交易所上市，市值达到 184 亿英镑。由于一家德国银行出资购买 25.1 亿股，此举给 760 万名会员人均带来“意外果实”2 400 英镑，成为金融时报 100 指数中第 8 大公司，在英国为第三大银行，仅次于劳合银行和汇丰银行。受哈利法克斯的带动，4 家房屋建筑会进行了股份化。

接着，由阿比全英（Abbey National）房屋建筑会转化而来的阿比全英银行出资 13.5 亿英镑，收购 National and Provincial 房屋建筑会，100 万～150 万名 NP 会员得到阿比全英银行的股票，平均为 500～600 英镑，两年储户平均可得到 1 200 英镑。完成此项并购后，阿比全英银行尽管关闭了 NP 的 200 家社区分支机构，仍成为英国第二大抵押借款银行，拥有 1 500 万名客户和 880 家分支机构。由于种种限制，这次并购活动没有给管理层任何好处，股票期权计划也得在合并两年后才能实行。这样，大机构并购方式开始对互助组织的管理层失去吸引力。1996 年 10 月，联合及莱斯特（the Alliance and Leicester）房屋建筑会计划股份化，240 万名会员将接受股票 250 股，约值1 000 英镑。

1997 年，Bradford and Bingley 房屋建筑会在管理层的主持下，以 62% 赞成、38% 反对的比例实现了股份化。这是第一家由会员发起实现股份化的房屋建筑会。此事在英国引起轩然大波，在互助金融机构内部分化出一批专门从事股份化的食利者（Carpetbaggers or Windfalls Seekers），他们寻找一切可能的机会，千方百计迫使互助金融机构实行股份化，使剩余的房屋建筑会深感生存压力。

1998 年，食利者向英国第二大的房屋建筑会——全英房屋建筑会发起进攻。由于公司管理层的抵制，在临时会员大会上，参加投票的会员以 49.2% 赞成、50.8% 反对维持了公司的互助地位。这被认为是互助组织遭遇战的第一次胜利（见表 5）。

表 5　20 世纪 80 年代以来英国房屋建筑会股份化情况表

房屋建筑会名称	股份化时间	平均"意外果实"	备注
Abbey National	1989 年 7 月 12 日	100 股免费股票	
Cheltenham & Gloucester	1995 年 8 月 1 日	2 000 英镑	由英国劳合银行收购
National and Provincial	1996 年 8 月 5 日	500 ~ 600 英镑	由 Abbey National 收购
Alliance & Leicester	1997 年 4 月 21 日	250 股免费股票	上市银行
Halifax	1997 年 6 月 2 日	200 股免费股票	Halifax 和 Leeds Permanent 合并
Woolwich	1997 年 7 月 7 日	450 股免费股票	上市银行
Bristol & West	1997 年 7 月 28 日	250 股免费股票	爱尔兰银行的分行
Northern Rock	1997 年 10 月 1 日	500 股免费股票	上市银行
Birmingham Midshires	1999 年 4 月 19 日	400 股优先股	Halifax 的一部分
Bradford & Bingley	2000 年 12 月 4 日		上市银行

资料来源：Appendix 7 Memorandum from the Building Societies Commission，http://www.publications.parliament.uk.co/pa/cmselect/cmtreasy/605/605ap08.htm.

BSA：Conversions and Mergers of Building Societies，Chronological，December 2001.

三、互助金融机构股份化的内外部原因与潜在影响

20 世纪 70 年代后期，为了缓解互助金融机构中"亏本公司"的困难，美国率先于 1976 年重新允许互助储贷协会转化为股份储贷协会，接着于 1982 年通过相关法律扩大储贷协会股份化的范围，并在 80 年代末 90 年代初将这个政策沿用到相互人寿保险公司中。美国的这一政策在英国和澳大利亚均得到不同程度的应用。20 世纪 90 年代中期以后，股份化有了新的变化，更多地体现为互助金融机构通过股份化谋求发展，并形成高潮。从这里，我们可以总结出，股份化是互助金融机构"经营困境"逼出来的。这是其一。

其二，股份化是会员为了获得短期利益而做出的制度安排，会员在乎免费分配股票和现金，管理层可望得到股票期权激励（见表 6）。

表 6　　互助金融机构股份化过程中的“意外果实”

公司名称	股份化时间（年）	平均“意外果实”	公司名称	股份化时间（年）	平均“意外果实”
英国房屋建筑会			Sun Life of Canada	2000	400～3 300 英镑
Abbey National	1989	130 英镑	Scottish widows	2000	6 000 英镑
Northern Rock	1997	2 315 英镑	股票和期货交易所		
Norwich Union	1997	1 300 英镑	澳大利亚交易所	1998	166 000 股
Bradford and Bingley	2000	1 000 英镑	伦敦股票交易所	2000	99 999 股
澳大利亚、美国、加拿大和英国互助人寿保险公司			香港交易结算所	2000	联交所会员平均 80.5 万股；期交所会员平均 139 万股
AMP	1998	3 000 英镑	悉尼期交所	2000	36 400 澳元
Manulife	1999	740 股	新加坡证券交易所	2000	6 000 000 新元
Metropolitan Life	2000	44 股			

资料来源：“股份化中的‘意外果实’”，http：//moneywise. co. uk/，各交易所网址。

其三，从政府的角度看，改善公司治理、提高互助金融机构的透明度，也是政府力图推进股份化的重要原因。股份化有利于公司的发展。以美国华盛顿互惠公司为例。该公司于 1889 年设立，1908 年改名为华顿储贷协会。1983 年 3 月 11 日，华顿储贷协会从互助储蓄银行转化为股份储蓄银行后在纽约交易所挂牌上市，普通股全部销售一空，筹资 7 200 万美元，比预期多 26%。上市后 6 个月，其资产即翻番。2002 年 4 月 29 日，华顿储贷协会以 275 亿美元总资产、129 亿美元存款位居美国前 50 名储蓄机构的首位。

股份化有助于推进互助金融机构完善公司治理。这里分为两种情况，一是完成股份化，接受资本市场的洗礼；二是没有股份化，但受冲击，感到需要强化公司治理。这种情况，突出地表现为 2002 年互助机构的变化上。如英国房屋建筑会全国协会发起了"互助会员运动"，强调民主和责任，倡议改进公司治理。一是保证公正的选举；二是使会员能够更容易提出提案，而不用担心复杂的法律障碍；三是更好地遵从公司治理标准。

究竟如何评估股份化？笔者提出三点意见。

一是股份化日益成为趋势。有一位保险业的执行董事曾这样说过："30 年前，互助人寿保险主宰英语国家市场，绝大部分股份制保险公司都不得不假冒互助来行动，至少将 90% 的营利分配给持单人。没有人讨论股份化。事实上，互助主义就是一个绝佳的卖点。20 年前，许多互助公司断定，它们缺乏足够的资本。偿付能力的要求迫使它们进行了最初的转化。最近，更多的互助保险公司致力于寻找更多额外的资本，以便扩大同跨国股份公司的竞争。"①

二是股份化的份额不多。从互助银行来看，亚洲占全球 45%，欧洲占 47%，美洲占 8%。在亚洲，日本占到 90%；在欧洲，法国、德国、意大利和荷兰占 80%，其他 23 个国家占 20%；在美洲，美国占 96%，拉美 4%。也就是说，从世界范围来看，股份化的互助银行占世界的份额并不多。荷兰、德国和法国监管限制非常严格，以阻止英国式的食利者。互助银行在出售股份过程中不允许得到任何个人好处。荷兰互助银行占全部零售存款的 35%。在德国，3 个银行中有 2 个为互助，控制全部存款的 20%。法国互助银行占零售存款的 37%。法国和德国还认定，仅仅为了短期利益而将健康的、有竞争力的互助机构转化为投资者拥有的机构是错误的。②

三是股份化有利于证券市场的发展。股份化和私有化一道，有力地推动了证券市场的发展。股份化既是证券市场处于良性状况的结果之一，又有力地推动了证券市场的发展。表现为以下几个方面：一是投资者更多

① Tillinghast - Towers Perrin 执行董事 Michael R. Tuohy："保险业的沉思"（Reflections on the Insurance Industry），http://www.tillinghast.com/.

② Mervyn Pedelty："Capital, Democratisation and Governance", International co - operative banking association, Seminar, Journal No. 11 1999.

了。1990 年，澳大利亚直接或间接持有股票的成年人的比例不到 20%，其中直接持有的 15%，间接持有的不到 5%。到 2002 年底，这一比例已经上升到 50%，其中直接持有的 37%，间接持有的 13%。这一比例与美国持平。而同一时期加拿大为 46%，德国为 18%。二是市值增多。三是使上市公司结构趋向合理。特别是大量金融机构的加入。在澳大利亚，1992 年 6 月，国内市场市价总值为 1 980 亿澳元，到 2002 年 6 月，达到 7 000亿澳元，增长 2. 53 倍。其中金融机构上市公司由 336 亿澳元增加到 2 783 亿澳元，增长 7. 28 倍，高于平均数仅 3 倍，成为市值最大的部门。同时，由于私有化，包括通讯等行业在内的市值也由 306 亿澳元增长到 1 914亿澳元，增长 5. 25 倍。

股份化交易所直面并购浪潮与金融危机挑战*

20世纪80年代末以来，西方一些会员制互助金融机构，如英国的房屋建筑会、美国的储蓄和贷款协会，以及英国、美国、日本、澳大利亚和加拿大等国家的相互人寿保险公司等，开始了股份化（Demutualization），将会员制公司改为股份公司，将会员积累的财富转化为股票免费送给会员。一时之间，“意外果实”（windfall）、免费股票（free share）、灵活的运作方式、高效的决策效率、较高的透明度等，引起了包括投资者、会员、公司管理层、新闻媒体、监管者、地方政府和立法当局在内的方方面面的关注与重视。

受此影响，早在20世纪80年代末，英国伦敦证券交易所和法国巴黎证券交易所在推进证券市场大改革时，就允许两家交易所引进股东。瑞典斯德哥尔摩交易所在1993年、澳大利亚交易所在1998年最早进行了股份化和上市的尝试。自此以后，交易所的股份化有如长江后浪推前浪，一浪更比一浪高。新加坡交易所（2000年）、加拿大多伦多交易所（2000年）、德国交易所（2001年）、伦敦股票交易所（2001年）、泛欧交易所（2001年）、纳斯达克市场（2003年）均先后加入这一行列。2005年，纽交所和东交所开始了股份化的准备，由此掀起了交易所股份化和上市的高潮。到2009年上半年，全球主要证券交易所均已经完成股份化工作，日本东京交易所因一再亏损，其股票被推迟上市。

一、股份化与上市有利于交易所的发展

股份化与上市可以看到的好处有：

第一，交易所的股权更加多样化，这无疑有助于改变会员制的决策迟

---

* 本文定稿于2009年12月底。

缓局面，大大提高决策效率。

第二，交易所要披露相关财务信息，进行投资者关系管理，增强了透明度。

第三，进一步提升了交易所的独立性，强化了交易所追求利润的动机，收入结构更加多元化（见图 1）。同时，交易所维护公共利益、履行监管的传统职能与追求利润最大化的矛盾，也尖锐地摆在人们的面前。有些交易所被剥离了监管职能，有些交易所被剥离了上市审核权，有些交易所被政府派驻了公共董事，有些交易所被规定了最高持股限额。在这个过程中，中国香港联交所与香港证监会还围绕上市审批权进行了激烈的较量。当然，同样是股份化，模式不尽相同。有免费向会员送股票的，如中国香港、英国、新加坡等，这些交易所没有进行 IPO 融资；有既向会员送股票，又进行 IPO 融资的，如德国交易所集团、泛欧交易所和纽约证券交易所，它们手中握有不少的现金；有既向会员送股票，又进行私募的，如纳斯达克市场。

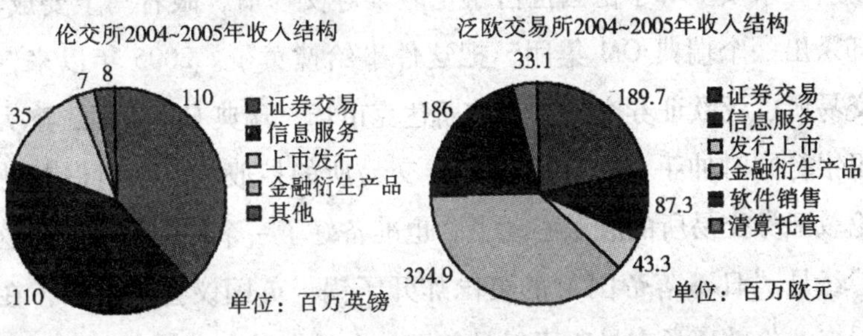

资料来源：伦交所及泛欧交易所 2004 ~ 2005 年度报表。

图 1　伦敦证券交易所和泛欧交易所收入结构多元化

二、交易所股份化深深地影响了交易所的世界竞争与并购格局

在充分竞争的市场环境中，在交易所股份可以自由流通和买卖的情况下，受利益的驱使，全球主要证券交易所都在跑马圈地，并购战鼓咚咚

响，弱肉强食表现得淋漓尽致。这样，市场愈来愈集中化，强者恒强、强者通吃，成为新时期最为突出的事例。在这里，笔者要讲述三个小故事。

（一）并购首先得靠钱说话

伦敦证券交易所和泛欧交易所同时准备收购伦敦国际金融期货交易所（Liffe）。伦敦证券交易所股份化时没有IPO融资，手头缺现金，寄希望于股票互换。泛欧交易所IPO后手握大量现金，表示可以用现金支付。从英国金融格局的整合来看，Liffe合并到伦敦证券交易所，当然会极大地增强伦敦证券交易所的国际竞争力，有利于强化伦敦的实力，便于同纽约展开国际金融中心的争夺。但Liffe的股东还是选择远嫁巴黎，这为泛欧交易所系统整合期货市场提供了良好的契机，又为Liffe并入纽约麾下做了前期铺垫。

（二）并购有时候得靠政治说话

抢夺老牌的伦敦证券交易所是国际上证券交易所的夙愿，它是显示实力的最佳方式。2000年，德国交易所集团与伦敦证券交易所商定成立国际交易所，事实上等于德国抢占了伦敦证券交易所，眼看马上要成功了，半路却杀出一个瑞典OM集团，把这件事给搅黄了。2005年以来，德国证券交易所、泛欧证券交易所、纳斯达克市场、瑞典OM集团、澳大利亚麦格里银行同时伸手，争夺伦敦证券交易所的控股权。面对白花花的银子，伦敦证券交易所的股东心动了，也准备好了一个好的出价。但这件事却在曾经是“日不落帝国”的英国炸开了锅。英国议会不干了，在一些议员看来，伦敦证券交易所不仅是英国的金融命脉，更是大英帝国遗留下来不多的“面子”。没有“里子”，“面子”还是要撑下去的，难道不是吗？所以伦敦证券交易所当然不能出售，无论多高的价格都不行，这可不是差不差钱的事。议会坚决不答应。借用英国金融专家罗宾·李的话来说，伦敦证券交易所的并购，已经不是经济而是政治，英国政府必然会固守这一底线。面对来自英国政府的强大压力，伦敦证券交易所管理层采取了一系列反收购的安排，包括收购意大利交易所，实施了“毒丸计划”。虽然成功地迫使纳斯达克市场等并购方退却，但伦敦证券交易所自身财务状况也在恶化，2009年还出现了亏损，不得不发债（见图2）。

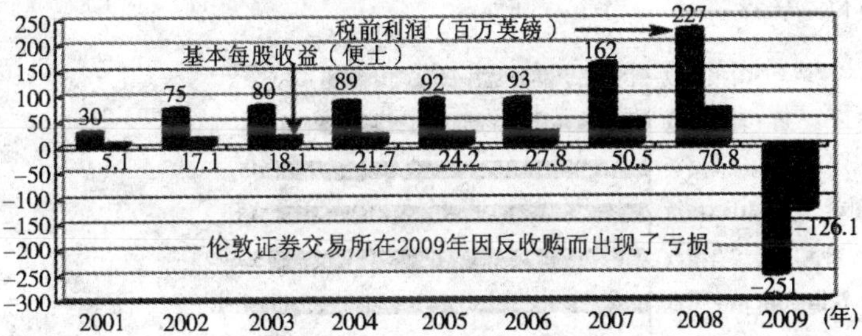

图2 2001～2009年伦敦证券交易所税前利润与每股收益变化情况

（三）并购最终可能由股权和霸权说了算

2005年，在欧洲大力推进资本市场一体化的火热时节，德国交易所集团CEO维尔纳·塞弗特（Werner Seifert）和监事会主席罗尔夫·布鲁尔（Rolf Breuer）宣布辞职。这两个人均是主张欧洲股市统一的强力人物，认为欧元核心的德法交易所应该首先合作。从背后透露的信息看，他们是被德国交易所的英美股东联手赶下台的。① 随着塞弗特的下台，德国交易所和泛欧交易所渐行渐远，泛欧交易所年度股东大会否决了德国交易所的收购计划。在这种情况下，法国政府出面协调。2006年6月6日，法国总统希拉克在与德国总理默克尔举行正式会谈后表示，他支持泛欧交易所与德国交易所合并，反对泛欧交易所与纽交所的"联姻"。但最后，希拉克的反对无效，纽交所顺利完成了与泛欧交易所的合并。这成为希拉克和欧洲一体化永远的痛。

三、金融危机使交易所面临上市以来重大考验

全球金融危机时期，世界主要资本市场都是跌声一片，哀鸿遍野。俄罗斯RTS指数跌幅最大，达到80%，伦敦金融时报指数最小，为47.8%

① 德国交易所有三大海外股东：富达投资集团（Fidelity Investments）、TCI基金管理公司和Atticus基金。它们都是以英美资本为后盾的公司。三大股东表示，如果塞弗特和布鲁尔两人不主动辞职，就要把他们扫地出门。

（见图3）。在这种情况下，已经股份化并上市的交易所处于金融危机的漩涡中，深受其害。

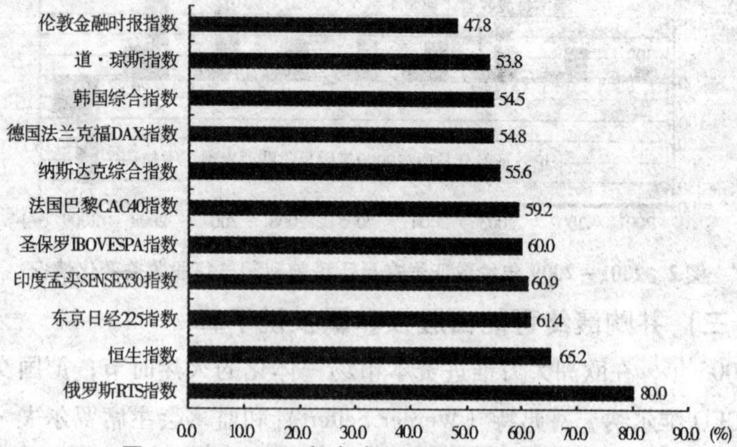

图3 2007～2009年全球主要股指收盘最大跌幅

（一）大部分交易所出现了亏损

在会员制交易所时代，尽管交易所不以营利为目的，但基本上财务状况都还算健全。交易所上市后，首先是大手笔高价并购，其次是对外投资。据纽约泛欧交易所集团年报披露，它们购买了与住房抵押相关的抵押担保债务证券（CMO产品）。这样在金融危机期间，交易所作为一家上市公司，亏损在所难免。除了前面讲到的伦敦证券交易所亏损和发债外，纽约证券交易所也是这种情况。2008年，纽约泛欧交易所集团累计亏损7.4亿美元，平均每股收益为－2.78美元，通过发行商业票据、短期债券和长期债券融资28.8亿美元。在日本，东京证券交易所已经股份化，但因为一直亏损，达不到上市条件。据东京证券交易所年报，2008～2009财年，东京证券交易所分别亏损37亿日元和36亿日元。

（二）市值严重缩水，交易量发生分化

相对于2007年，全球主要交易所的上市公司总市值均在不同程度上缩水。比如说，纽交所2007年的总市值为15万亿美元，到2008年只剩下9万亿美元。与此相对应，美国市场的交易却在危机中变得更为活跃，纽交所2008年全年交易额突破33万亿美元，纳斯达克交易所更是达到

36 万亿美元。当然，其他交易所交易额还是有所萎缩（见图 4）。

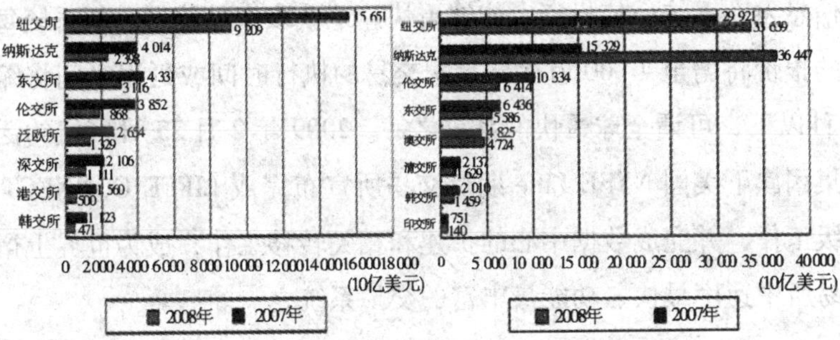

图 4 全球主要交易所 2007 ~ 2008 年总市值与总交易额变化图

（三）交易所股价急剧下跌

纽约泛欧交易所股价最高时是 2006 年 11 月 22 日，为 108.96 美元，最低时是 2009 年 3 月 20 日的 18.07 美元。香港交易结算所的股价累计跌幅达到 81.5%。

（四）进一步剥离监管职责

纽约证券交易所改制成上市公司，也采用类似纳斯达克市场的模式。改制后的纽约证券交易所名称为纽约证券交易所集团公司，由三部分组成，分别是纽约证券交易所有限公司、纽约证券交易所市场公司及纽约证券交易所监管公司。其中，纽约证券交易所有限公司将继承原来的纽交所而成为美国注册的全国性交易所，而纽约证券交易所市场公司和监管公司则将分别承担交易所业务和监管职责。2007 年 7 月，美国证券商协会（NASD）与纽约交易所集团（NYSE）中负责监管券商的部门合并组成单一自律性监管机构——金融业监管局（FINRA）。2008 年 8 月 13 日，金融业监管局与纽交所监管公司以及 10 家交易所签订协议，首次实现了全美范围内统一监控、打击内幕交易。

（五）强化技术开发与投入

2008 年 8 月，新加坡交易所启动新的交易系统。新交易系统名为“Quest - ST”，取代已经使用 19 年的旧交易系统，以提高交易系统的速度和可靠性。该系统由纳斯达克北欧交易所集团提供。2009 年 2 月 4 日，韩国证券期货交易所宣布，该所已完成交易系统的升级，整合了交易、清算及信息发布系统，使投资者能够更快速地获取产品信息。新系统每天可处理的报价将增至4 000万次，每次交易的执行时间或延误时间将缩短至0.08秒以下，可谓全球最快的系统之一。2009年2月25日，纽约泛欧交易所集团旗下美国NYSE Liffe期货交易所宣布完成LIFFE CONNECT系统的升级工作，并完成数据中心的扩建和相关转移工作，成为世界上衍生产品交易所中速度最快、功能最丰富的交易系统之一。

西方互助金融机构与股份金融机构长期共存与来回钟摆*

互助是一个与竞争相对的非常古老的概念。近代俄国著名动物学家凯土勒教授“第一个把互助充分理解为一条自然法则和进化的主要因素”。克鲁泡特金在其名著《互助论》中把互助认定为“生物的本能”，强调“动物的合群”与“人的互助”。[①] 正是在互助思想的深远影响下，西方互助金融机构得以诞生。互助金融机构是指以会员制为组织形式的金融机构，由会员建立和拥有，并为会员谋利。这些机构是18世纪中期西方产业革命蓬勃发展、大批农民进入城市变成工人的产物。在西方，互助性金融机构又被称为“消费者控制的公司”，主要包括：房屋建筑会（Building Societies）或储贷协会（the Saving and Loan Association）、互助储蓄银行（Mutual Saving Banks）、互助保险公司特别是相互人寿保险公司（Mutual Life Insurance Companies）、信用合作社（Credit Unions）、贸易联盟和职工协会（Trade Unions & Staff Associations）、益友社（Friendly Societies），以及各种证券和期货交易所（Stock and Future Exchange）等。

互助金融机构成立之初多限于当地，规模较小。在其发展过程中，互助金融机构完成了三个过渡：一是从临时机构向长期机构过渡；二是从区域机构向全国机构过渡；三是从受严格限制的机构到限制日益放松的机构过渡。正是这种过渡，形成了西方金融市场中独特的互助金融机构和股份制金融机构长期共存、共同发展的局面，使互助金融机构在西方金融市场中占有一席之地，比较特殊，也比较重要。这种重要性具体表现为三个方面：一是互助金融机构的产生和存在，是因为股份公司不能为和不屑为，

---

* 本文定稿于2010年10月7日。

① ［俄］克鲁泡特金：《互助论》，商务印书馆1997年第3次印刷，第21页。

在很大程度上填补了西方社会经济生活的空缺；二是互助金融机构的总资产或市场份额在整个金融产品和金融服务中占有重要地位；三是一些特大型的互助公司在行业中具有突出的影响。这尤其以英国和美国的互助金融机构最为典型。

一、英国互助金融机构的发展及其在经济中的地位

房屋建筑会和互助人寿保险公司构成英国互助金融机构的主体。

（一）英国房屋建筑会有力地推动了英国（住房）梦

房屋建筑会诞生于18世纪后期。英国第一个房屋建筑会是伯明翰理查德·凯特利（Richard Ketley）房屋建筑会。1775年，当时为小旅店老板的凯特利动员客户与朋友建立一个带有互助性质的小团体，团体内每一个人自愿将各自的钱聚集起来，以供建房和购房使用。开始时房屋建筑会属于临时性的团体，一旦所有会员拥有了房屋，该建筑会将解散。1825年，英国有250个房屋建筑会，遍布全英各地。1860年，伦敦有750个房屋建筑会，其他地区有2 000个。19世纪末，房屋建筑会停止建设住房，集中为建房提供有抵押的资金支持。到1910年，英国有1 723个房屋建筑会，会员达62.6万人，总资产为7 600万英镑。第二次世界大战结束后，由于合并、转化为银行或被敌意接收，房屋建筑会的数量急剧下降，但质量明显提高，主要表现在4个方面。

1. 出现大型房屋建筑会。房屋建筑会由地方性机构转化为分支机构遍布全英的全国性机构，市场集中度进一步提高。比如说，全英最大的Nationwide房屋建筑会在2009年的资产规模达到1 914亿英镑，占到全部房屋建筑会总资产的53.3%。

2. 全面改善财务指标。1996年，英国房屋建筑会下降到77家，但分支机构达到4 613个，投资者达到3 777万人，总资产为3 184亿英镑，均创历史记录（见表1）。

表1 1910～2008年英国房屋建筑会变化情况表

时间（年）	家数（家）	投资者数（万人）	抵押资产额（亿英镑）	总资产额（亿英镑）
1910	1 723	62.6	0.6	0.76
1920	1 271	74.8	0.69	0.87
1930	1 026	144.9	3.16	3.71
1940	952	208.8	6.78	7.56
1950	819	225.6	10.6	12.56
1960	726	391	26.5	31.7
1970	481	1 026.5	87.5	108.2
1980	273	3 063.6	424.4	537.9
1990	101	3 694.8	1 757.5	2 168.5
1996	77	3 776.8	2 369	3 184
2000	67	2 223.7	1 341	1 777.5
2005	63	2 209	2 032.6	2 652.3
2006	60	2 239.6	2 281	2 944.2
2007	59	2 303.8	2 578.1	3 302.7
2008	55	2 499	2 655.5	3 589.6

资料来源：BSA Yearbook 2009/10，http：//www.bsa.org.uk/.

3. 主导住房抵押贷款市场。在20世纪80年代以前，房屋建筑会主导着英国住房抵押贷款市场，是购房贷款的主要来源，并在确定住房抵押和存款利率方面起主导作用。1986年房屋建筑会占全部新增住房抵押贷款的74%；1992年占全部新增贷款份额为61.2%，净抵押贷款份额为74.4%（见图1）。

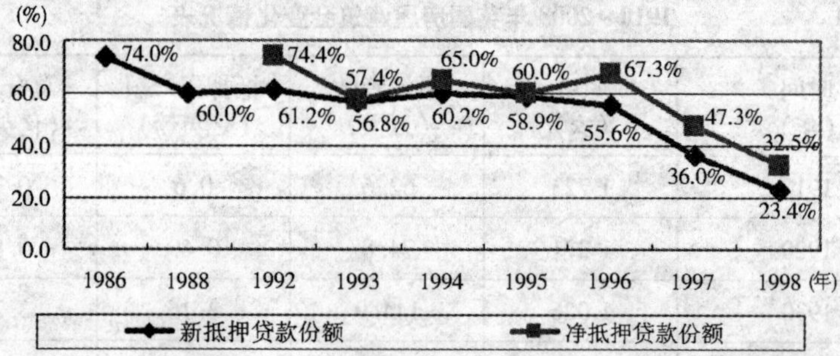

资料来源：Dr E. Griffiths：The U. K. Residential Mortgage Market，September 1999 http：//www. leeds. ac. uk/iibfs/news/execrep/.

图1　房屋建筑会在英国住房抵押贷款中的份额

4. 圆了老百姓住房梦。房屋建筑会来源于民间集资建房活动，后变成提供抵押贷款，而且真正起作用。可以这样说，如果没有房屋建筑会，英国就不会有20世纪住房建设的长期增长，它使英国2/3以上的家庭拥有自己的住房。①

1997年是英国房屋建筑会的转折年，机构数量下降到71家，总资产下降为1 378亿英镑。截至2008年底，房屋建筑会数量进一步下降为55家，但总资产较1996年增长了12.8%，较1997年增长了161%。需要说明的是，受全球金融危机的冲击，房屋建筑会的贷款下降速度快于提前还款的下降速度，2009年出现了英国历史上少有的净贷款额为负的情况（见图2）。尽管如此，房屋建筑会依然是英国金融体系中一个相对重要的组成部分。截至2010年8月底，英国房屋建筑会还存在49家，资产3 650亿英镑，持有2 350亿英镑的住房抵押贷款，占到英国住房抵押贷款余额的19%，拥有零售存款2 450亿英镑，占英国所有这类存款的21%，拥有分支机构2 000个，提供就业50 000人。

① Mutual Interest Campaign：A Guide for Building Society Staff，http：//www. mic - online. co. uk/pdf.

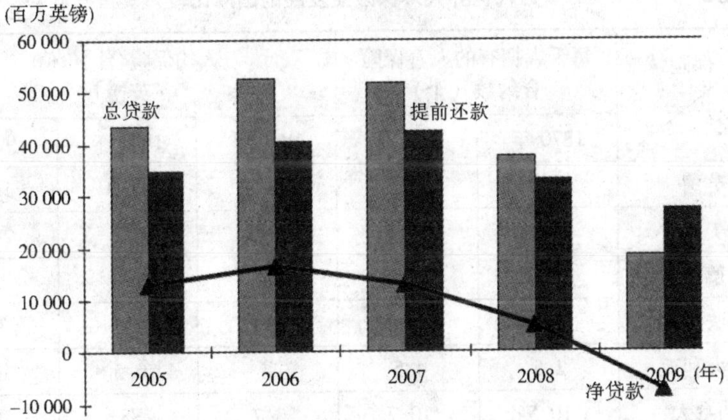

资料来源：英国财政部：Building Society Capital and related issues：a discussion paper，March 2010，http：//www. bsa. org. uk/docs/statisticspdfs/operationalinformation. pdf.

图 2　2005～2009 年房屋建筑会净贷款变化情况

（二）英国互助人寿保险公司堪称欧洲和世界楷模

1. 英国是世界保险业的发源地之一。据介绍，英国互助人寿保险公司诞生于 18 世纪初，它是 1706 年以简单俱乐部方式成立的友善社（Amicable Society）。友善社成立之时，会员们在年初支付保费，年末将集合的保费分配给死去会员的继承人。到 18 世纪中期，保险的近代特征开始显现，这就是依据年龄和特定的数量设置不同的保费。这一时期，互助形式占有支配地位，这是因为尽管精算学有了较大进步，但计算仍具有较大的不确定性，保费定得太低，投资者所有的公司有破产之虞；保费定得太高，投资者会有超额收益。18 世纪的俱乐部方式较公正地处理了这类矛盾。1762 年，英国 Equitable 生命互助保险公司诞生，这应该是一个标志性的年份。进入 19 世纪，相关法律明确划分 80% 的营利归持单人所有、20% 归股东所有，投资者所有股份制保险公司才得以发展起来。正是得益于此，按每千人拥有的保险合同数量和人均合同价值两项指标，19 世纪的英国保险业水平位居全球第 1（见表 2）。20 世纪以来，美国超过英国成为第 1，但英国始终保持着保险大国的地位。2007 年，在经济合作与发展组织成员国中，英国以 14% 的份额排名第 2，与美国一道占据了保费收入的半壁江山。

表 2　　近代世界人寿保险业发展的国际比较

国家＼保险情况	每千人拥有的人寿保险合约数（个）		人均保险合同价值（英镑）		
	1870 年	1880 年	1870 年	1880 年	1905 年
英国	26.2	23.5	12.9	11.3	16.5
美国	19.4	14.4	10.5	6.2	28.5
德国	12.0	17.6	1.6	2.8	缺
法国	3.6	5.5	1.4	2.3	3.7
澳大利亚	2.5	4.5	–	0.5	缺
加拿大	10.5	10.7	3.7	38	缺

资料来源：Pierre – Cyrille Hautcoeur：Efficiency，competition and the development of life insurance in France（1870 – 1939），http：//www. delta. ens. fr/hautcoeur/efficiency. PDF.

2. 人寿保险是英国保险界的一面旗帜。1989 年，英国寿险公司为 206 家，占保险公司总数的 1/4。其中 Old Equitable 人寿保险公司是欧洲最大、全球第三大保险公司，占全球保费收入的 10%。到 1998 年，英国保险公司有 870 家，其中人寿保险为 280 家，占全部保险公司家数的 32.2%；净保费收入为 724 亿英镑，占全部保险公司净保费收入的 69%；保费投资余额占全部保险公司投资余额的 91.8%（见表 3）。1998 ~ 2007 年，英国人寿保险公司的保费收入从 1 233 亿美元上升到 4 238 亿美元，增长了 244%，占英国全部保险公司保费总收入的比重从 64.5% 上升到 76.1%（见图 3）。

表 3　　1989 ~ 1998 年英国人寿保险公司的情况

时间（年）＼保险公司	人寿保险公司			全部保险公司			寿险公司三项占比		
	家数（家）	净保费收入（亿英镑）	投资余额（亿英镑）	总家数（家）	净总保费收入（亿英镑）	总投资余额（亿英镑）	家数占比（%）	保费占比（%）	投资占比（%）
1989	206	303	2 344	833	525	2 643	24.7	57.7	88.7
1990	205	342	2 147	839	572	2 421	24.4	59.8	88.7

续表

时间（年）\保险公司	人寿保险公司			全部保险公司			寿险公司三项占比		
	家数（家）	净保费收入（亿英镑）	投资余额（亿英镑）	总家数（家）	净总保费收入（亿英镑）	总投资余额（亿英镑）	家数占比（%）	保费占比（%）	投资占比（%）
1991	202	404	2 452	837	661	2 870	24.1	61.1	85.4
1992	196	437	2 876	824	752	3 376	23.8	58.1	85.2
1993	194	475	4 141	829	810	4 538	23.4	58.6	91.3
1994	191	442	3 854	822	766	4 248	23.2	57.7	90.7
1995	174	461	4 681	826	779	5 151	21.1	59.1	90.9
1996	177	540	5 135	814	850	5 674	21.7	63.5	90.5
1997	177	604	6 315	841	915	6 877	21.0	66.0	91.8
1998	280	724	8 203	870	1 049	8 935	32.2	69.0	91.8

资料来源：经济合作与发展组织：Insurance Statistics Yearbook 1989 ~ 1996，OECD2000 年版，第 239 ~ 243 页。

资料来源：http://www.oecd.org/document/37/0，3343，en_ 2649_ 34851_ 39473765_ 1_ 1_ 1_ 1，00. html.

图 3　1998 ~ 2007 年英国人寿保险公司和全部保险公司的保费收入

3. 互助人寿保险公司地位十分重要。截至 1997 年，英国前 15 家保险公司中，5 家属于互助人寿保险公司，管理的资产均在 100 亿英镑以上。排名第 2 位的标准人寿保险公司管理了 455 亿英镑。排名第 3 位的克诺奇（Norwich）保险公司在 1997 年完成股份化并上市。Scottish Widows

和 NPI 两家保险公司正在着手股份化。对英美保险公司素有研究的日本研究员认为，这些英国互助人寿保险公司“较低的权益比率和上乘的费用比率，表明它们有着良好的管理”（见表4）。

表4　　1997 年英国前 10 位互助人寿保险公司的情况

	英文名称	中文名称（可能）	管理资产（亿英镑）	寿险排名	权益比率（%）	费用比率（%）
1	Standard Life	标准人寿保险	455	2	19.2	11.1
2	Equitable Life	衡平人寿保险	238	5	6.0	4.0
3	Scottish Widows		201	7	15.9	11.9
4	Friends Provident	友诚保险	139	11	15.2	14.5
5	NPI		104	14	9.9	13.9
6	Scottish Provident		75	26	15.9	28.9
7	Royal London	皇家伦敦保险	65	32	26.7	29.8
8	Scottish Life		62	33	8.9	15.9
9	Liverpool Victoria	利物浦维多利亚保险	37	41	24.3	28.8
10	National Farmers	全英农民保险	36	42	12.2	11.6

资料来源：Hiroshi Matsuoka：New Developments in Demutualization Among Life Insurers in the U.S. and U.K. http：//www.nli－research.co.jp/english/socioeconomics/2000/li0008b.pdf.

二、美国互助金融机构的发展及其地位

美国互助金融机构主要是指互助储蓄银行、互助储贷协会、信用社和互助保险公司等。资料显示，互助金融机构在各自行业的占比不尽相同，2000 年互助人寿保险占全部人寿保险公司资产的 30%，互助财产保险公司占全部财产保险资产的 21%，互助储贷协会资产占全部储贷协会资产的 31%，互助储蓄银行占全部储蓄银行资产的 4%。① 以 2000 年为界，越往前推算，互助金融机构各项指标的占比越大，在社会经济生活中的影响

① Barbara Remmers：Viability of the Mutual Organizational Form, April 15 2001 http：//www.sirif.org.uk/pdf/rfs.pdf.

和作用越显著；越往后演变，互助金融机构各项主要指标的占比就越少，在社会经济生活中的影响和作用就越细微。在这些互助金融机构中，美国互助储贷协会和互助人寿保险公司最为突出。

（一）美国互助储贷协会担当美国住房抵押贷款的主力军

储蓄银行、储贷协会合称储蓄机构（Thrift Institution），它们与商业银行和信用社一道构筑了美国储蓄存款体系。由于历史久远，头绪较多，破产倒闭是常态，确实比较复杂，不容易搞明白。在这里，笔者简要地概括出 5 点。

1. 储蓄机构在美国储蓄存款体系中占有一席之地。美国是银行和非银行金融机构“多如牛毛”的国度。在储蓄存款机构中，美国就形成了商业银行、储蓄机构和信用合作社在数量上三足鼎立的局面。更早就不详说了，如 1921 年商业银行达到 31 076 家，1924 年储贷协会数量达到 11 844家，1939 年信用合作社的数目超过 10 000 家。1970 年是美国在第二次世界大战后银行数量的最高峰，三类机构合计达到 41 892 家。之后数量逐年减少，1985 年为 3. 5 万家，1992 年为 2. 6 万家，其中储蓄机构、商业银行和信用社分别为 2 390 家、11 466 家和 12 596 家；2001 年接近 20 000 家，三者分别为 1 533 家、8 080 家和 10 145 家；2007 年为 1. 69 万家（见图 4）。从资产分布上看，1992 年，储蓄机构占 21. 5%，商业银行占 73. 1%，信用社占 5. 4%；2001 年，三者的比例分别为 15. 6%、78. 7% 和 5. 7%，储蓄机构下降了近 7 个百分点；2007 年，三者的比例分别是 13%、81% 和 6%。

2. 储贷协会高峰时提供了全美 20% 的住房抵押贷款。储贷协会是美国对房屋建筑会的称呼。第一家储贷协会是牛津远见建筑会，1831 年成立于费城。储贷协会的称呼多达 143 种，如房屋贷款会（Building and Loan Association）、储贷协会（Saving and Loan Association）、合作银行（Cooperative Bank）以及家园协会（Homestead Association）等。不管叫什么，其核心功能有两个：一是鼓励会员储蓄，二是帮助会员建设或购买房屋。

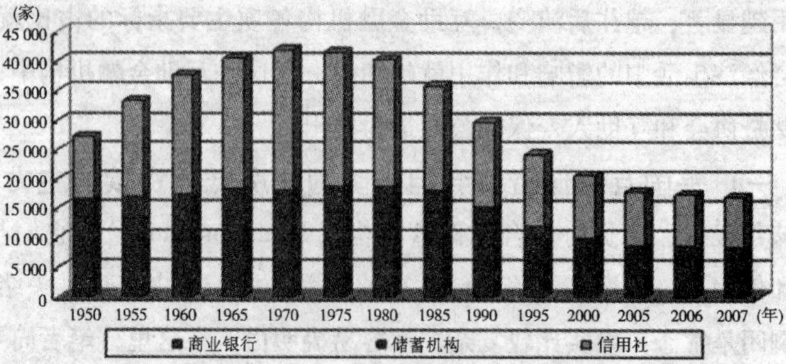

资料来源：http：//www2. fdic. gov/hsob/HSOBSummaryRpt. asp；Credit Union Report Year - end 2007；Office of the Thrift Supervision Fact Book 2002/2007.

图 4　1950 ~ 2007 年美国存款机构数量结构图

伴随着美国工业化的脚步，储贷协会的成长十分迅速。1888 年，储贷协会为 3 500 家、资产达 3 亿美元；1900 年达到 5 356 家、资产为 5. 7 亿美元。20 世纪 20 年代是储贷协会发展最快的时期，1924 年分别为11 844家和 48 亿美元，1930 年分别为 11 777 家和 88 亿美元，平均每一家储贷协会的资产规模达 70. 4 万美元，资产超过 1 000 万美元的达 100 家，提供了全美 20% 的住房抵押贷款。这之后，储贷协会机构无论是数量还是资产均有所下降。1945 年，机构为 6 149 家、资产为 87 亿美元。20 世纪 50 年代中期以后，尽管机构数量仍在减少，但资产总额却在增长，1952 年为 226 亿美元，1965 年为 1 294 亿美元，1979 年为 5 793 亿美元。

3. 储贷协会是 20 世纪 80 年代“美国金融大灾难”的主角。20 世纪 80 年代是储贷协会危机时期，1980 ~ 1989 年，累计破产的储贷协会达到 4 853 家，破产资产达到 25 370 亿美元（见表 5）。这次危机使储贷协会有了另外一些名称，这就是“负净值机构”、“僵尸储贷协会”与“活死人”。据国际货币基金组织的估计，储贷协会危机的损失达 2 800 亿美元，相当于美国当时国民生产总值的 5% 左右，这确实是“美国金融大灾难”。需要特别说明的是，在此期间，美国新设立储贷协会 492 家，其中州立储贷协会 348 家，占 70. 7%。正因为如此，储贷协会总资产反而从 6 040 亿美元增加到12 520亿美元，增长了107%。

表5 1980～1989年美国储贷协会危机的各项指标

时间（年）	家数（家）	总资产（亿美元）	净收入（亿美元）	有形资本（亿美元）	有形资本占总资产比重（%）	破产数（家）	破产资产（亿美元）	储蓄机构存款保险公司储备
1980	3 993	6 040	8	320	5.3	43	4	65
1981	3 751	6 400	-46	250	4.0	112	285	62
1982	3 287	6 860	-41	40	0.5	415	2 200	63
1983	3 146	8 140	19	40	0.4	515	2 846	64
1984	3 136	9 760	10	30	0.3	695	3 602	56
1985	3 246	10 680	37	80	0.8	705	3 583	46
1986	3 220	11 620	1	140	1.2	672	3 431	-63
1987	3 147	12 490	-78	90	0.7	672	3 538	-137
1988	2 949	13 490	-134	220	1.6	508	2 973	-750
1989	2 878	12 520	-176	100	0.8	516	2 908	NA

资料来源：History of the 1980s, Volume I: An Examination of the Banking Crises of the 1980s and Early 1990s, Chapter 4 The Savings and Loan Crisis and Its Relationship to Banking, http://www.fdic.gov/bank/historical/history/167_188.pdf.

4. 互助储贷协会扮演着储贷协会的主体角色。在早期，绝大部分储贷协会是互助机构。1960年，互助储贷协会家数占整个储贷协会家数的87%，经营着整个储贷协会资产的85%。20世纪70年代，宏观经济环境特别是高利率对整个储贷协会产生极为不利的影响，其中互助公司的困难比股份公司更多一些。因此，这一时期新成立的储贷协会中，股份制储贷协会有247家，互助储贷协会只有87家。1980年互助储贷协会家数和资产占整个储贷协会的比重分别为80%和73%。也就是说，在提供住房抵押贷款上，在储贷协会危机之前，互助储贷协会长期占领了储贷协会2/3的市场份额。伴随着储贷协会机构数量的大量减少，特别是受储贷协会危机的冲击，互助储贷协会占整个储贷协会的比重在下降。1985 年家数和资产占比分别为 67% 和 44%；1989 年分别为 59% 和 26%；1998 年分别为 47% 和 16%（见图 5）。

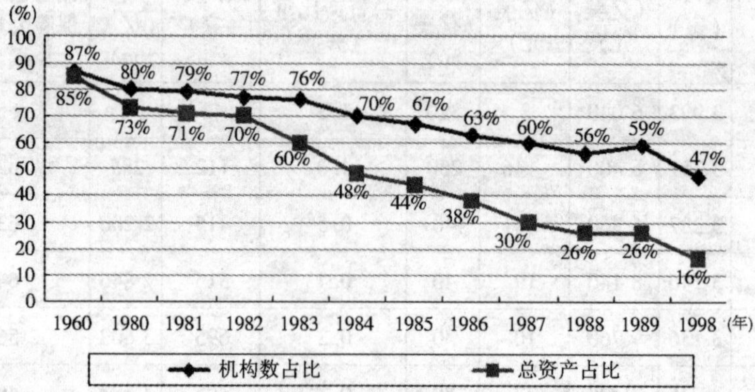

资料来源：Catherine Schrand and Haluk Unal：Hedging and Coordinated Risk Management：Evidence from Thrift Conversions，http：//www. rhsmith. umd. edu/finance/hunal；Dr. Lawrence B. Morse Department of Economics NC A&T State University "the optimal ownership of thrifts"，http：//www. ncat. edu/.

图 5 美国互助储贷协会机构和资产占整个储贷协会的比重

5. 互助储贷协会日益变得无足轻重。美国财政部储蓄机构监理署是专门监管储蓄银行和储贷协会的政府部门，2008 年全球金融危机之后，按照新的监管法案，将被合并到财政部的货币监理署。从它提供 2009 年的数据看，储蓄机构分为联邦注册和州注册两种，公司类型划分为股票公司和互助公司两种。互助储蓄机构包括互助储蓄银行和互助储贷协会，两者合计占储蓄机构的家数和资产的比例均在下降。就机构来说，1978 年为 76%，1993 年为 46.4%，2009 年为 38.4%；就总资产来说，1987 年为 29.8%，1993 年为 15.3%，2009 年为 7%。单独算互助储贷协会，2009 年仅剩下 212 家，占全部储蓄机构的 27.7%，资金总额为 389 亿美元，占 4.1%（见表 6 和表 7）。

表6　1993～2009年美国受监管储蓄机构的互助储贷协会家数占比（单位:%）

时间（年）	总和	联邦注册				州注册			
		股份公司		互助公司		股份公司		互助公司	
		储贷协会	储蓄银行	储贷协会	储蓄银行	储贷协会	储蓄银行	储贷协会	储蓄银行
1993	100.00	7.43	35.53	21.03	11.20	10.67	0.00	14.14	0.00
1994	100.00	7.97	39.47	20.29	10.30	9.01	0.00	12.96	0.00
1995	100.00	9.67	42.10	19.14	10.86	7.03	0.00	11.20	0.00
1996	100.00	9.67	43.48	18.29	10.79	6.67	0.00	11.09	0.00
1997	100.00	9.79	43.95	18.19	11.03	6.09	0.00	10.95	0.00
1998	100.00	10.31	44.54	17.47	11.09	5.85	0.00	10.74	0.00
1999	100.00	10.06	45.78	16.95	11.42	5.44	0.00	10.34	0.00
2000	100.00	10.02	46.82	17.32	11.61	4.31	0.00	9.93	0.00
2001	100.00	10.50	47.11	17.66	11.29	3.43	0.00	10.01	0.00
2002	100.00	9.65	47.74	17.66	11.81	3.49	0.00	9.65	0.00
2003	100.00	9.59	47.95	18.00	12.28	2.91	0.00	9.27	0.00
2004	100.00	8.92	48.42	18.40	12.42	2.93	0.00	8.92	0.00
2005	100.00	9.15	49.25	18.77	12.28	2.32	0.00	8.23	0.00
2006	100.00	12.19	46.98	19.41	11.48	2.01	0.00	7.93	0.00
2007	100.00	15.64	44.12	20.36	11.15	1.70	0.00	7.03	0.00
2008	99.14	17.90	42.10	20.37	10.49	1.60	0.00	6.67	0.00
2009	99.87	19.22	40.52	21.05	10.72	1.70	0.00	6.67	0.00

表7　1993～2009年美国受监管储蓄机构的互助储贷协会的资产占比

（单位:%）

时间（年）	总和	联邦注册				州注册			
		股份公司		互助公司		股份公司		互助公司	
		储贷协会	储蓄银行	储贷协会	储蓄银行	储贷协会	储蓄银行	储贷协会	储蓄银行
1993	100.00	11.76	65.69	6.89	5.49	7.27	0.00	2.90	0.00
1994	100.00	12.23	70.68	6.03	3.65	4.94	0.00	2.47	0.00

续表

时间（年）	总和	联邦注册				州注册			
		股份公司		互助公司		股份公司		互助公司	
		储贷协会	储蓄银行	储贷协会	储蓄银行	储贷协会	储蓄银行	储贷协会	储蓄银行
1996	100.00	10.75	76.05	4.94	3.79	2.72	0.00	1.75	0.00
1995	100.00	12.11	73.52	5.43	4.03	3.03	0.00	1.88	0.00
1997	100.00	10.02	78.10	4.20	3.49	2.54	0.00	1.65	0.00
1998	100.00	9.82	79.05	3.80	3.18	2.67	0.00	1.48	0.00
1999	100.00	9.95	80.27	2.85	3.02	2.57	0.00	1.33	0.00
2000	100.00	9.67	81.94	2.76	2.89	1.50	0.00	1.24	0.00
2001	100.00	9.18	82.92	2.61	2.77	1.29	0.00	1.23	0.00
2002	100.00	9.15	82.97	2.56	2.80	1.36	0.00	1.16	0.00
2003	100.00	8.85	84.08	2.37	2.68	0.98	0.00	1.04	0.00
2004	100.00	8.83	85.08	1.95	2.32	1.07	0.00	0.75	0.00
2005	100.00	8.66	86.52	1.75	2.05	0.41	0.00	0.61	0.00
2006	100.00	38.33	56.69	2.01	1.98	0.39	0.00	0.61	0.00
2007	100.00	45.45	49.86	2.09	1.81	0.35	0.00	0.44	0.00
2008	100.00	31.57	62.61	2.61	2.23	0.44	0.00	0.55	0.00
2009	100.00	35.39	57.01	3.43	2.89	0.58	0.00	0.70	0.00

资料来源：Office of Thrift Supervision：2009 Fact Book A Statistical Profile of the Thrift Industry March 2010，http：//www. ots. treas. gov/_ files/481165. pdf.

（二）互助人寿保险公司在美国有着根深蒂固的影响力

1. “互助思想抓住美国人”，寿险公司迎接小高潮。美国人寿保险公司可以追溯到殖民地时代。1787～1837 年，共有 26 个人寿保险公司开门营业。19 世纪 40 年代，美国人寿保险公司经历了一个快速发展阶段，互助保险公司占据了主导地位。相关资料显示，1843 年是美国互助人寿保险公司值得纪念的年份，这一年纽约互助人寿保险公司开始运作。由于互助公司只要求少量的初始资本，到 1849 年至少有 15 家互助保险公司成立，而 1838 ~ 1846 年，只有一家人寿保险公司依靠股票发行筹集资本。诚如美国作家欧文·斯塔尔逊（J. Owen Stalson）在《1843 年的革命》一书中所说："这一年，可以看到互助思想在美国结果。1843 ~ 1847 年，有 7 家著名的保险公司形成。当互助思想抓住美国人的时候，至关重要的和积极的推销效果才得以变成现实。"①

美国南北战争对人寿保险业来说是一个重大的刺激因素。战争爆发前夕，美国仅存在 43 家人寿保险公司，而在 1865 ~ 1870 年期间，新成立的人寿保险公司达 107 家。特别是股份制人寿保险公司增长较快，使得互助人寿保险公司的市场份额在 1870 年下降到 54%。在随后的经济萧条中，有 98 家公司陷入困境，其中 46 家在 1871 ~ 1874 年间停止营业。20 世纪头 20 年是美国人寿保险公司急剧扩张的 20 年。1904 年，美国有 106 家人寿保险公司。1905 ~ 1914 年新成立了 288 家公司，保费收入从 200 亿美元增加到 460 亿美元（见图 6）。

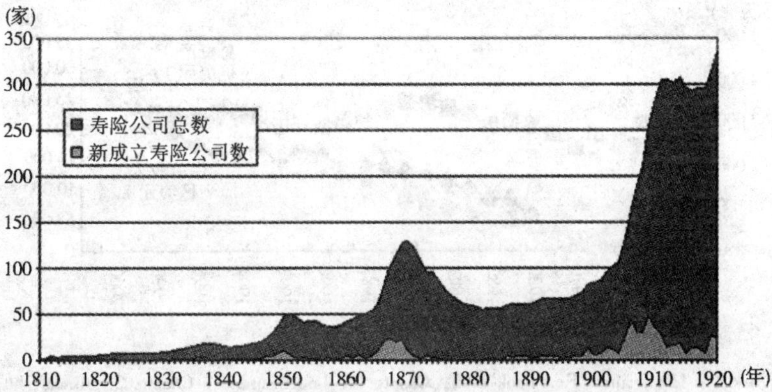

资料来源：Sharon Ann Murphy: Life Insurance in the United States through World War I, http://www.eh.net/encyclopedia/murphy.life.insurance.us.php.

图 6　1810 ~ 1920 年美国人寿保险公司新增数及总数

---

① The Actuary, Vol. 17 No. 10 December 1983, http://www.soa.org/library/actuary/1980 - 1989/ACT8312.pdf.

2. 美国成为保险强国，寿险公司扮演主角。早在1905年，美国人均保险合同价值就超过英国，开始变成保险大国，接着开始向保险强国过渡。2009年，经济合作与发展组织公布其成员国保费收入排名，美国以36%的权重遥居榜首，相当于第2位~第5位国家（英国、日本、法国和德国）保费收入的总和。这当中，人寿保险居功至伟。第二次世界大战后的美国人寿保险业可以分为三个阶段。第一阶段，20世纪40~70年代，是美国生命保险业重新起步时期。到1980年，人寿保险总资产没有超过1万亿美元。第二阶段，20世纪最后20年，是美国人寿保险业发展的重要时期，表现为保单收入的大幅上升，从而带来总资产突破1.5万亿美元。第三阶段，21世纪的新发展。1998~2007年，美国寿险公司的保费收入从4 007亿美元上升到5 690亿美元，增长了42%，占美国全部保费收入的比重从40.3%上升到41.1%。在总资产方面，从1988年的11 670亿美元增加到2008年的46 480亿美元，增长了3倍（见图7和图8）。

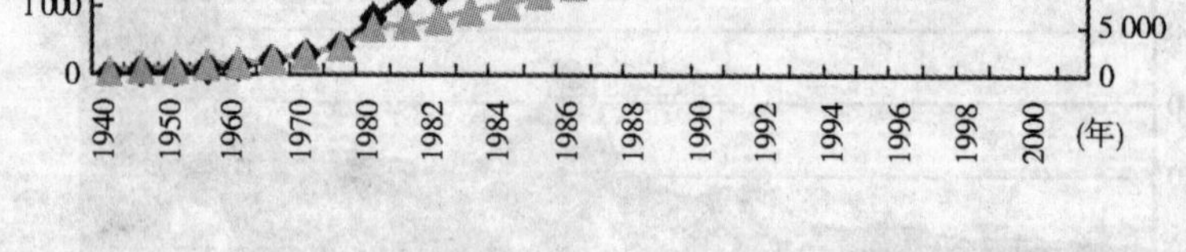

资料来源：Life Insurers Fact Book 2002，Chapter 7 – Life Insurance，Chapter 2 – Assets，http：//www. acli. org/NR/rdonlyres/e4m7untbt63fhl3jveqvbsollxn5lydjzcrrhb7jqsi2z3nwhlji4reltfo5drp742pd5vzyotrr5m/FB02 – 07. pdf.

图7 1940~2001年美国人寿保险公司保单收入及总资产增长情况

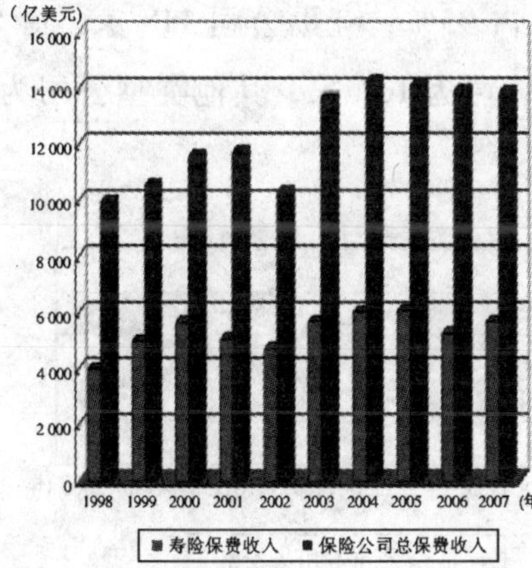

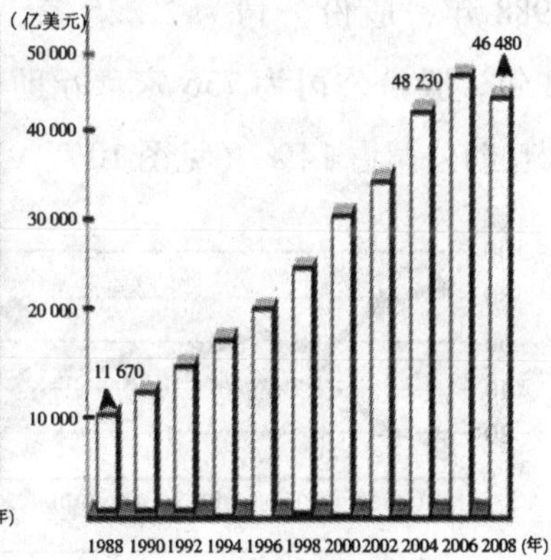

左图为人寿保险公司和全部保险公司的保费收入增长，右图为人寿保险公司总资产的增长

资料来源：http：//www. acli. com/NR/rdonlyres/66E129A1 – 58EA – 4AF2 – BC38 – F568FD185762/16461/FactBook2009. pdf.

http：//www. oecd. org/document/37/0，3343，en_ 2649_ 34851_ 39473765_ 1_ 1_ 1_ 1，00. html.

图8 美国人寿保险公司有力地推动了美国保险业的大发展

3. 互助公司和股份公司交替前行。市场份额是最能说明行业实力的主要计量器。互助保险公司起源早，正是因为互助生命保险公司的成长，它在整个生命保险公司的市场份额中明显扩大，1850 年达到 85% 以上。20 世纪头 10 年，股份制和互助公司各占一半的市场份额。这是两者第一次势均力敌。随着大都会（Metropolitan）、保平（Equitable）和宝德信（Prudential）公司的互助化，互助公司的市场份额又达到 75%。20 世纪 50 年代以后，这一比重逐步下降，1960 年互助公司的份额为 61.2%。20 世纪 70 年代末，两者第二次势均力敌。这一次以股份公司的超出为结果。1980 年互助公司的份额下降为 47.5%，1990 年为 39.4%，2000 年不超过 1/3（见图 9）。就公司数来说，1900 年，互助公司为 33 家，占全部生命保险公司的 40%，1910 年这一比例下降到 20%，并呈继续下降趋势。这主要是因为股份公司的增长速度快于互助公司。1900 ~ 1949 年，美国共成立生命保险公司 1 004 家，其中互助公司只有 208 家，仅占 20.7%。1950 年，互助公司达到 142 家，占 21.9%。不过这种局面没有维持多久，到1988年，股份公司为2 225家，占95%；互助公司118家，占5%。2008年，股份公司为736家，互助公司为137家，其他类型公司为103家，互助公司占14%（见图10）。

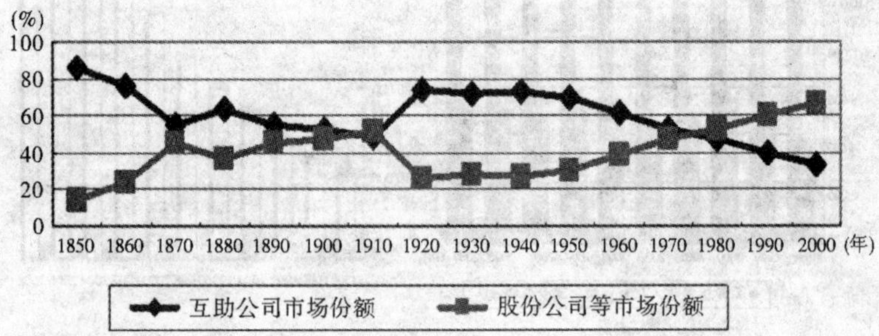

资料来源：Federal Reserve Bank of New York，George Zanjani：Regulation，Capital Structure and Organizational Form in U. S. Life Insurance.

图9　1850～2000年美国互助和股份人寿保险公司市场份额消长图

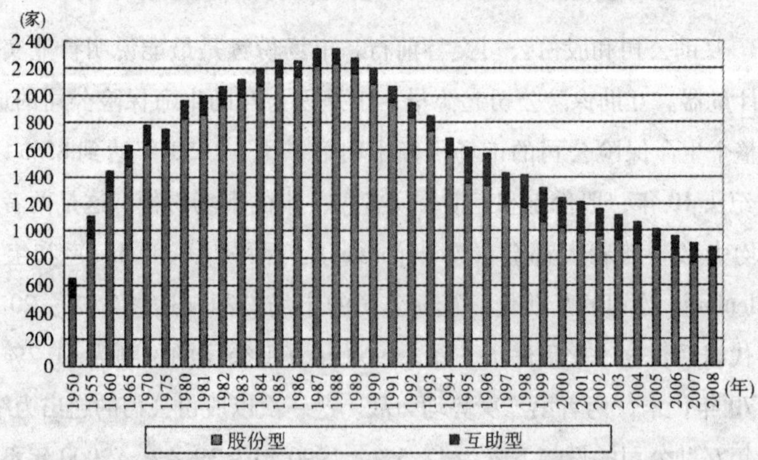

资料来源：American Council of Life Insurers：2009 Life Insurers Fact Book. http：//www. acli. com/NR/rdonlyres/66E129A1 - 58EA - 4AF2 - BC38 - F568FD185762/16461/FactBook2009. pdf.

图10　1950～2008年美国人寿保险公司组织形式中的互助公司

三、互助人寿保险公司的钟摆运动

作为与股份制金融机构相对应的治理结构模式，互助金融机构不仅与股份制金融机构长期共存，而且在人寿保险业中还存在着两种形态相互转化的传统。也就是说，人寿保险公司时而选择或转化为互助治理模式，时而选择或转化为股份制治理模式，犹如时钟作钟摆运动。这种钟摆运动可以作广泛的理解：一是某一时期既有较多的股份公司转化为互助公司，又有较多的互助公司转化为股份公司；二是同一公司在不同时期选择不同的治理结构；三是一些国家为了特定的目的有时鼓励进行股份化，有时鼓励进行互助化。

第一种情况：股份公司与互助公司的相互转化。

这种情况与美国纽约州的阿姆斯特朗（Armstrong）调查委员会有关。20 世纪初，出现了美国保险公司与美国投资银行或银行集团争夺存款的情况。其中保平（Equitable）公司是三大人寿保险公司中唯一的股份公司，它通过投资等方式维持了一个庞大的企业体系，公司总裁海德（Hyde）身兼 48 家企业的董事，并通过这些企业大量投资于证券以营利。这种情况引起其副手的不满，也引起了纽约州议会的注意。1905 年 7 月，纽约州议会成立保险调查委员会，任命威廉·阿姆斯特朗（William Armstrong）为主席，着手对美国保险业的运作情况进行调查。调查结果表明，保险公司存在大量违法贷款、庞大的政治献金、虚假的财务报告、执行官与董事的自谋私利、非常大方的支出，以及不适当地拒绝支付给持单人的红利等。为此，委员会在调查报告中建议实行改革，许多改革措施被纽约《保险法》所采纳。其中一项就是允许股份保险公司互助化为互助保险公司。在这种情况下，美国一些保险公司如宝德信、大都会和保平公司开始由股份公司转化为互助公司。1915 年，大都会保险公司从一个股份公司转化为互助公司，从此，“股东与持单者的利益冲突不再存在，减少对公司储备和盈余的可能攻击。"① 据统计，1900~1936年，至少有15家股份制人寿保险公司转化为互助公司。而同一时期，共有17家保险公司实现了股份化。

20世纪70年代是美国保险公司互助化的又一个高潮时期。1970年6月17日，美国某州通过《股份保险公司互助化法案》，强调在合理的计划和程序下，经过州保险监督委员会听证后，可以批准一个股份保险公司变为一个互助保险公司。其中，州保险监督委员会委员批准的条件主要有6条：（1）转化对股东和持单人是均衡的；（2）至少3/4有投票权的股票持有者和2/3的保单持单人投票赞成；（3）如果保险公司的表决权仅限于持单人，则持单人持有该保单至少已经1年；（4）保险公司股票的赎回价格不得超过由无利益关系的评估员决定的公正的市场价格；（5）依照公司合并或整合原则公平对待不同意收购的股东，以同一方式和相同的申请条件购买任何不同意股东的股票；（6）互助化将留给保险公司合理和足够的盈余基金，以保证持单人的安全，使公司能够成功经营。② 针对这种情况，当时有人在研究互助公司5种形成方式后表示："今天，大部分互助人寿保险公司均是通过股份公司互助化转化而来的。"③

另一方面，有不少互助公司选择进行股份化。1998年，美国经济史学家詹姆斯·M. 卡逊（James M. Carson）对此进行了专门的研究，他们列举了1902~1995年的39个互助人寿保险公司作为股份化案例（见表8）。

---

① Alexander B. Grannis, Chair: The Feeling's not Mutual: An Analysis of Governor Pataki's Proposed Mutual Holding Company Legislation, March 1998.

② http://www.lrc.state.ky.us/.

③ Melvin L. Gold: On the Mutualization of a Stock Life Insurance Company, Transactions of Society of Actuaries, 1975 Vol. 27, http://www.soa.org/library/tsa/1970-79/TSA75V2720.pdf.

表 8　1902～1995 年美国互助保险公司股份化的完成时间与批准时间

公司英文名称	公司中文名称	所在州和城市	成立时间（年）	批准时间（年）
Central Life Assurance Society	中心人寿保险社	爱荷华州得梅因市	1896	1902
Reserve Loan Life Ins. Co.	储备贷款人寿保险公司	印第安纳州印第安纳波利斯市	1897	1909
Dakota Mutual Life Ins. Co.	达科他互助人寿保险公司	南达科他州沃特敦市	1906	1909
Franklin Life Ins. Co.	富兰克林人寿保险公司	伊利诺州斯普林菲尔德市	1884	1910
People's Life Ins. Co.	人民人寿保险公司	印第安纳州法兰克福市	1906	1910
Eureka Life Ins. Co.	尤里卡人寿保险公司	马里兰州巴尔的摩市	1882	1918
Industrial Life and Health Ins. Co.	工业人寿与健康保险公司	乔治亚州亚特兰大市	1891	1918
American Reserve Life Ins. Co.	美国后备人寿保险公司	内布拉斯加州奥马哈市	1924	1925
Northwestern National Life Ins. Co.	西北国民人寿保险公司	明尼苏达州明尼阿波利斯市	1885	1927
National Equity Life Ins. Co.	国民公正人寿保险公司	阿肯色州小石城市	1923	1927
Mutual Life Ins. Co. of Baltimore	巴尔的摩互助人寿保险公司	马里兰州巴尔的摩市	1860	1928
Pyramid Life Ins. Co.	金字塔人寿保险公司	阿肯色州小石城市	1925	1928
National Old Life Ins. Co.	国民尊贵人寿保险公司	阿肯色州小石城市	1926	1930
Republic National Life Ins. Co.	国民共和人寿保险公司	得克萨斯州达拉斯市	1928	1930
St. Louis Mutual Life Ins. Co.	圣路易斯互助人寿保险公司	密苏里州圣路易市	1857	1930

续表

公司英文名称	公司中文名称	所在州和城市	成立时间（年）	批准时间（年）
Farmers Union Mutual Life Ins. Co.	农民联合互助人寿保险公司	爱荷华州得梅因市	1922	1933
Texas Mutual Reserve Life Ins. Co.	得克萨斯互助后备人寿保险公司	得克萨斯州泰勒市	1934	1935
Western Mutual	西部互助保险公司	北达科他州法戈市	1933	1944
California Life Ins. Co.	加利福尼亚人寿保险公司	加利福尼亚州洛杉矶市	1920	1947
Surety Life Ins. Co.	担保物人寿保险公司	犹他州盐湖城市	1936	1950
Washington Life Ins. Co. of America	华盛顿人寿保险公司	路易斯安那州拉斐特市	1952	1953
States General Life Ins. Co.	州立通用人寿保险公司	得克萨斯州达拉斯市	1952	1955
Reliable Life and Casualty Co.	可信赖人寿和伤亡保险公司	威斯康辛州麦迪逊市	1922	1965
National Heritage Mutual Life Ins. Co.	国民传统互助人寿保险公司	伊利诺伊州芝加哥市	1879	1966
Brookings International Life Ins. Co.	布鲁金斯国际人寿保险公司	南达科他州布鲁金斯市	1934	1966
Viking Life Ins. Co.	维金人寿保险公司	明尼苏达州明尼阿波利斯市	1912	1972
West States Ins. Co.	西部州保险公司	加利福尼亚州洛杉矶市	1906	1973
Equitable Beneficial Mut. Life Ins. Co.	保平惠益互助人寿保险公司	宾夕法尼亚州费城市	1898	1977
Utah Farm Bureau Mutual Life Ins. Co.	犹他州种植局互助人寿保险公司	犹他州盐湖城市	1937	1984
Old Equity Mutual Life Ins. Co.	老公正互助人寿保险公司	伊利诺伊州芝加哥市	1950	1984
Inter – State Assurance Co.	跨州保险公司	爱荷华州得梅因市	1908	1985

续表

公司英文名称	公司中文名称	所在州和城市	成立时间（年）	批准时间（年）
National Term Life Ins. Co.	国民期限人寿保险公司	印第安纳州辛恩斯维尔市	1960	1985
Union Mutual Life Ins. Co.	联合互助人寿保险公司	马萨诸塞州波特兰市	1848	1986
Grinnell Mutual Life Ins. Co.	格林内尔互助人寿保险公司	爱荷华州格林内尔市	1965	1988
Rushmore Mutual Life Ins. Co.	拉什摩尔互助人寿保险公司	南达科他州拉皮德城	1937	1989
Equitable Life Assurance	保平人寿保险公司	纽约州纽约市	1859	1992
Midland Mutual Life Ins. Co.	内陆互助人寿保险公司	俄亥俄州哥伦布市	1905	1994
State Mutual Life Assurance Co. of Am.	美国州立互助人寿保险公司	马萨诸塞州伍斯特市	1844	1995
Guarantee Mutual Life Co.	保障互助人寿保险公司	内布拉斯加州奥马哈市	1901	1995

资料来源：James M. Carson, Mark D. Forster, and Michael J. McNamara：Changes in Ownership Structure：Theory and Evidence from Life Insurer Demutualizations, Journal of Insurance Issues, 1998, 21, 1, pp. 1 - 22. http：//www.cob.fsu.edu/rmi/jii/carson/articles/JII1998.pdf.

第二种情况：单个公司的钟摆运动。

20 世纪初宝德信、大都会和保平保险公司由股份公司转化为互助公司，20 世纪末又由互助公司转化为股份公司。这样的案例还有不少。

1824 年，牧师医生（Clerical Medical）保险公司以股份公司的形式成立。公司以每股 100 英镑的票面价格发行了 10 000 股，筹集 100 万英镑。1920 年，该公司被另一个股份制雇主责任保险公司（ELAC）收购。根据当时双方达成的“君子协定”，如果 ELAC 公司被别的公司收购，牧师医生保险公司将保持独立。1960 年，ELAC 公司合并到北部人寿保险公司，于是牧师医生保险公司决定根据英国议会《1961 年私有化法案》（Private Act of Parliament）变成互助公司。35 年后，牧师医生保险公司于 1996 年 12 月 31 日进行了股份化，改名为牧师医生投资集团有限公司，并成为哈里法克斯银行（Halifax）[①]的子公司。

1825 年，英国标准人寿保险公司以合伙的方式建立起来，发行10 000 股，每股面值为 50 英镑。1910 年转化为股份有限公司，每股拆分为 5 股，并在证券交易所上市。1925 年，为了吸收顾客，标准人寿保险公司进行了互助化，改为互助公司。75 年后，标准互助人寿保险公司部分持单人要求将公司股份化。表决在 2000 年 6 月举行，结果只有 43% 参加投票的会员同意股份化，公司仍然保持互助地位。2005 年 10 月 17 日，公司董事会决定给持单人以选择。2006 年，标准人寿保险公司完成股份化和上市，并成为伦敦金融时报 100 指数的成份股。

费城 Provident 人寿与信托（PLT）公司是 1865 年 3 月 22 日成立的股份制保险公司。1922 年，宾夕法尼亚州修改州税法，允许互助人寿保险公司扩大信托业务。PLT 公司原来是将人寿保险与信托分为两个部门，在此种情况下，PLT 股东和宾夕法尼亚州保险委员会都同意公司互助化。

---

① 英国哈里法克斯（Halifax）公司在 1997 年前为互助房屋建筑会，1997 年股份化后转化为上市银行。

1922年12月29日，公司正式改名为费城Provident互助人寿保险（PM）公司。[①] 2001年12月，公司董事会同意公司股份化计划。2002年9月，93%公司持单人投票赞成股份化，10月1日生效。从此，PM公司成为美国Nationwide金融服务公司的全资子公司，合并后的公司改为Nationwide Provident。类似的情况还有美国Clarica人寿保险公司、Phoenix人寿保险公司等。

在第二次世界大战前，日本绝大部分人寿保险公司均是股份公司，只有第一生命保险相互会社（Daiichi）、千代田生命保险相互会社（Chiyoda）和Fukoku保险公司等3家人寿保险公司属于互助公司（日本称互助公司为相互公司）。战后，几乎所有主要的股份制的保险公司都进行了互助化，成为人寿保险相互会社。1947～1948年，有13家公司转化为互助公司，其他一些小的股份保险公司继续存在，不过它们主要是作为非人寿保险公司的分支机构。到2000年，日本相互人寿保险公司在市场中占主导地位，前7家保险公司拥有70%的市场份额，保费收入达26.9万亿日元。美国和英国等国家人寿保险公司的股份化，在日本引起了很大反响。1996年，日本完成《保险法》的修订，允许互助保险公司进行股份化。1998年，在日本财政部支持下，三井生命保险相互会社率先进行股份化，2001年又与住友海上火灾保险共同组成三井住友保险集团公司，成为一家非人寿保险公司。2009年，第一生命保险株式会社董事会同意改变互助公司的地位，2010年4月1日，该公司在东京证券交易所上市（见表9）。

---

① Provident Mutual Life Insurance Company Records 1832－1980，http：//www. hagley. lib. de. us/1930. htm.

表9　2000年和2010年日本名列前茅的人寿保险公司治理结构变化情况

序号	公司名称	中文名称	成立时间（年）	2000年治理结构	2010年治理结构的变化情况	2009财年总资产（亿日元）
1	Nippon Life	日本生命保险相互会社	1889	互助公司	互助公司，并对外宣传不改变公司组织形式	458 258
2	Daiichi	第一生命保险株式会社	1902	互助公司	2010年4月成为股份公司，并在东京证券交易所上市	308 225
3	Sumitomo	住友生命保险相互会社	1907	互助公司	互助公司	230 183
4	Meiji	明治生命保险相互会社	1880	互助公司	互助公司	239 030
5	Asahi	朝日生命保险相互会社	1888	互助公司	互助公司	56 344
6	Mitsui	三井生命保险相互会社	1927	互助公司	1998年股份化，2001年与住友保险共同成立三井住友保险集团公司并上市，从事海上火灾保险	84 447
7	Yasuda	安田生命保险相互会社	1880	互助公司	2004年与明治生命保险相互公司合并	—

资料来源：P. Guijarro and D. J. P. Hare：Corporate Diversity and the Provision of Financial Services，9 May 2002，http：//www. actuaries. org. uk/sessional/smo205. pdf. 2010年数据根据各公司网站整理。

第三种情况：国家鼓励进行钟摆运动。这以加拿大最为典型。

在早期，加拿大绝大部分保险公司都是封闭式的股份公司。1957年，加拿大皇家经济前景委员会在慎重考虑外国投资控制加拿大企业所带来的诸多冲击后认为，在金融机构方面，“全部重要性在于加拿大应该能够控制自己基本的金融机构”。[①] 稍后，加拿大即制定相关法律，包括修订税法，鼓励股份制保险公司赎回它们的普通股，实行互助化。诚如保险公司相关当事人所说：“在加拿大，股份化将是一个令人兴奋的话题。它将使我们自己、我们的持单人和整个行业恢复元气。”在他们看来，人寿保险公司进行股份化的理由主要有5个方面：（1）互助公司需要资本扩大和并购；（2）股份化能帮助公司接受资本市场纪律；（3）吸收和留住优秀的聪明雇员；（4）明晰顾客与所有者的作用；（5）股份化也将使公司向持单人捐献“一大笔财富”。[②] 到2000年，加拿大前7家保险公司中的5家已经完全股份化并上市。历经2008年以来全球金融危机的冲击，截至2010年10月初，有两家公司被并购，剩余3家公司的总股本和总市值经历较大涨幅回调后，仍有所增长（见表10）。

表10 加拿大5家互助人寿保险公司股份化并在多伦多证券交易所上市一览表

	太阳人寿（Sun Life）	Industrial alliance	加拿大人寿（Canada Life）	Manulife 人寿	Clarica 人寿
多伦多交易所代码	SLF	IAG	CL	MFC	CLI
互助化时间	1962年	—	1962年	1968年	—
提出股份化时间	1998年1月28日	1999年4月30日	1998年4月9日	1998年1月21日	1997年12月10日
公司盈余（亿加元）	61	—	26	62	22
有资格会员数（万人）	107	71.4	38.8	67.5	89.7
IPO结束时间	2000年3月29日	2000年2月10日	1999年11月4日	1999年9月30日	1999年7月21日
IPO价格（加元股）	12.50	15.75	15.50	18.00	20.50
2000年8月底股价（加元）	31.00	30.00	35.20	31.80	36.00

① Michael O´Connor; Craig Pinnock: The demutualization future, Canadian Underwriter, Sep 1998.

② Ron Panko: The fleeing is mutual, Best's Review; Oldwick; Jun 1998; http; //global. umi. com/pqdweb.

续表

	太阳人寿（Sun Life）	Industrial alliance	加拿大人寿（Canada Life）	Manulife 人寿	Clarica 人寿
从 IPO 到 2000 年 8 月底的回报率（%）	148	90	101	77	76
同期多伦多交易所 TSE300 的回报率（%）	16	21	55	62	58
IPO 后最低股价（加元）	12. 70	15. 60	18. 50	15. 25	20. 85
IPO 后最高价（加元）	32. 00	30. 00	36. 00	32. 50	36. 40
2000 年 8 月底总股本（百万股）	421. 7	37. 6	160. 4	482. 0	134. 3
2010 年 10 月 3 日总股本（百万股）	569. 20	83. 7	—	1 770	—
2000 年 8 月底总市值（亿加元）	131	11	56	153	48
2010 年 10 月 3 日总市值（亿加元）	150	26. 1	2003 年被并购	225. 3	2001 年被并购
2000 年债务评级（财务稳定性）					
A. M Best	A + +	A	A + +	A + +	A +
穆迪公司（Moody's）	Aa2		Aa3	Aa2	Aa3
标准普尔（S & P's）	AAA		AA +	AA +	AA

注：2010 年各公司的总股本与总市值根据加拿大多伦多交易所网站整理而成。

资料来源：Canadian Demutualization，September 2000，http：//www. towers. com/. The CAIFA Members' Guide to Demutualization，http：//www. caifa. com/industry – relations/demutguide – jun99. html.

新兴市场交易所的股份化*

一、目标和方法

（一）背景

2002 年 10 月，国际证监会组织新兴市场委员会授权“二级市场监管工作小组”进行一项调查，评估证券监管机构关注的新兴市场交易所股份化的问题和挑战。2003 年 2 月，新兴市场委员会咨询委员会同意了相关起草说明。

这一研究项目意在考察新兴市场交易所股份化是否存在先决条件。另外，还研讨了许多交易所股份化过程涉及的战略和监管问题，重点关注交易所股份化对监管安排以及证券监管机构与股份化交易所之间的关系。

（二）方法

成立一个项目小组，成员来自“二级市场监管工作小组”。① 接着就是进行调查，在新兴市场委员会成员市场中，选出已经股份化的交易所，或者正在考虑股份化的潜在交易所。②

调查的问题主要集中在以下地区：

1. 已经股份化的交易所或正在股份化的交易所地区。调查内容包括：股份化的决策过程，股份化过程中和完成后遇到的问题和挑战。

2. 没有考虑股份化的交易所。调查主要基于他们对股份化问题的

---

* 此报告由国际证监会组织新兴市场委员会于 2005 年 4 月发布。2010 年 11 月 1 日翻译定稿。感谢刘辅忠、张荣波提供的初译与校对。

① 印度、印度尼西亚、约旦、马来西亚、巴基斯坦、泰国和土耳其。

② 调查对象为巴西、中国、中国台北、匈牙利、印度、印度尼西亚、马来西亚、巴基斯坦、菲律宾、波兰、南非、斯里兰卡、泰国和土耳其。有些调查对象还提供了包含宏观经济因素的具体案例，这些经济因素对国内资本市场、交易所以及股份化相关问题都有影响。

看法。

2004 年 5 月，[①] 国际证监会组织年会在约旦首都安曼召开，该小组递交了初步调查结果。同年 10 月，在印度尼西亚首都雅加达举行了股份化专题讨论会，邀请几个新兴市场和成熟市场的监管机构参会，讨论股份化带来的监管与挑战，以及这些市场对于股份化的独特思考，[②] 该报告得到了补充。

随着对调查正式回应的逐步回收，相关监管机构又组织了后续讨论，针对回应中需要进一步说明的特定方面，报告获得了更深刻、更具体的见解。

二、股份化——新兴市场监管机构的战略性问题

本部分概述新兴市场推进股份化的进程，回顾这些地区监管机构面临的相关战略性问题。一些监管区域的交易所，经过深思熟虑，最终放弃推进股份化。结合它们的深刻见解，探索股份化现象在成熟市场和新兴市场之间不均匀分布的原因。

另外，本部分介绍了股份化的决策过程。新兴市场中，交易所股份化过程主要是政策推动。除此之外，本部分还研究统一利益相关者意见的有关问题。

总体上，在成熟市场，股份化几乎与全球交易行业的动态变化息息相关。从这个角度来看，交易所股份化与包括收购兼并在内的行业结构重组有密切关系。然而，这些全球因素似乎对新兴市场的影响较低，与成熟市场相比不是一个重量级，新兴市场交易所的结构调整经常还只是出于国内政策上的考虑。

---

① 文章概括的一些由调查结果引起的议题是由兰吉特·阿吉特·辛格（马来西亚证券委员会董事，国际证监会组织新兴市场委员会二级市场监管工作小组主席）提出的。

② 来自澳大利亚、印度、印尼、日本、马来西亚、新加坡、斯里兰卡、泰国和土耳其的证券监管机构和交易所为这个报告的发现提供了有价值的投入和重大的帮助。

本部分还为新兴市场监管机构推动交易所股份化提供了独特视角。交易所股份化可以说是机会与挑战并存，一方面有利于释放价值和推进制度变革，另一方面随着股份化交易所上市又会涌现出新问题。

（一）新兴市场股份化程度

在成熟市场，交易所股份化的进程相当迅猛。自 1993 年第一个交易所股份化之后的 15 年时间里，已有 21 家交易所实现股份化，这意味着世界交易所联合会中几乎 40% 的成员实行了股份化。① 相比之下，新兴市场的股份化步伐相对缓慢。截至本报告发布，在 76 个新兴市场管辖区中，只有 5 个管辖区内完成了交易所股份化。②

在被调查的 15 个新兴市场管辖区中，股份化的选择为绝大多数调查对象所考虑，有 4 个正在进行着股份化改革。目前调查对象主要是相对较大和比较成熟的市场，假设调查对象扩大，支持性的反馈意见会大幅降低（见表 1）。

表 1　　　　被调查的新兴市场中交易所的股份化状况

新兴市场	是否考虑过	现状
巴西	否	未股份化
中国	否	未股份化
波兰	否	未股份化
南非	是	未股份化
斯里兰卡	是	未股份化
泰国	是	未股份化
印度③	是	股份化中
印尼	是	股份化中
巴基斯坦	是	股份化中

① 资料来源：世界交易所联合会 2003 年年报和统计报告。

② 资料来源：国际证监会组织新兴市场委员会二级市场监管工作小组调查报告。

③ 印度国家交易所有限公司自 1993 年成立时就是一个股份化了的营利性组织，但印度其他的交易所正处于股份化进程中。

续表

新兴市场	是否考虑过	现状
土耳其	是	股份化中
智利	是	已股份化
匈牙利	是	已股份化
马来西亚	是	已股份化
菲律宾	是	已股份化
中国台北	是	已股份化

仔细考虑会发现，新兴市场和成熟市场在股份化方面的不同经历不足为怪。但是，这些差异值得进一步分析，为不同地区的监管者提供新的视角，以深刻认识执行股份化可能带来的影响。

概括地说，有些问题正是从这个差异中产生的，其中有 3 个问题在此次调查中已经处理完毕：

1. 政策和条件的差异会影响到新兴市场股份化的进度吗？

2. 这些不同的观点是否意味着新兴市场股份化的好处远少于成熟市场，成本高于成熟市场呢？

3. 新兴市场的经济状况与资本市场环境是否还没有达到股份化要求的程度，是否存在另一个更有效率的路径可以达到股份化所要实现的目标？

（二）新兴市场股份化的动因

调查结果表明，新兴市场之所以选择股份化之路，主要是因为股份化有助于提高它们对全球交易资金的竞争力。更为独特的是，调查对象表达出对本国市场缺乏流动性和日益边缘化的担心。有些调查对象认为，本国市场将被迫直面区域性和国际性的激烈竞争。我们注意到，本国发行人有多种途径进入国际多元化市场融资，紧接着，订单和流动性会加快涌入全球主要市场，而本土小市场却日益萎缩。很明显，这是摆在新兴市场面前的一道难题。在 2003 年，新兴市场只占全球股票市场总市值的 11.1%、股票交易金额的9.8%。①

调查还发现，股份化因此被当作一种催化剂，以推动交易所经营模式的转换，促进交易所治理结构重建，也包括增强对全球交易资金的竞争。

此外，一些新兴市场监管机构推进股份化还有这样一种意图：为本土市场引进拥有专门技术的战略股东，吸收国际技能、知识和技术效率。股份化能够吸引新兴市场的另一个原因，就在于它可以促进与技术相关的基础设施与容纳能力的拓展。

对于新兴市场来说，来自另类交易系统（ATSs）和电子通讯网络平台（ECNs）等股票电子交易平台的竞争，并不构成交易所股份化的主导因素。但巴基斯坦是一个例外，在巴基斯坦证券交易委员会向PEX公司授予股票电子交易平台的营业执照后，② 证券交易所的会员们对股份化表现出相当的兴趣（见表2）。

表2 新兴市场推进交易所股份化的理由

交易所名称	竞争力	所有权改革	促进联盟	拓宽入口	释放价值
匈牙利布达佩斯证券交易所	√	√	√		
马来西亚交易所	√	√	√	√	√
菲律宾证券交易所	√	√			
中国台湾地区证券交易所	从成立时便是一个公司制的交易所				

只有一位尚未推进股份化的调查对象表示，融资是股份化的一个理由，因为交易所的收入太过于依赖交易经手费和上市年费。

与此同时，有些新兴市场把股份化作为推动交易所治理结构改革的一个途径。在有些调查对象看来，经纪人与利益相关者的利益冲突，是他们考虑股份化的一个主要因素。

---

① 资料来源：标准普尔的世界股票市场资料。

② 参考股份化和整合/转换专家委员会报告，2004年9月2日。

在一些区域，交易所治理结构改革被视为首要问题，一旦确认公司治理改革的必要性，把交易所股份化自然就不那么迫切了。

（三）决策的制定和实施

新兴市场交易所股份化有一个有趣的特征，那就是要么由政府主导，要么由监管机构引导，与成熟市场几乎是由交易所或者行业主导形成鲜明对照。

需要说明的是，绝大多数新兴市场只有一个交易所，[①] 即便有多个交易所，也必然有一个交易所占绝对主导地位。[②] 因此，这些交易所很少受到国内竞争的影响，在许多情况下甚至隔离于外部竞争和电子交易平台的竞争。[③] 在这种情况下，尽管法律没有禁止成立另一个交易所，许多新兴市场交易所却能够有效地垄断国内市场。

在一些新兴市场，交易所属于国有机构，被认为是一个“国家交易所”。[④] 在这种情况下，理事会，包括主席，可能都由政府任命。政府也可能给予交易所巨大的税收优惠，为交易所提供资助和补贴。

考虑到交易所在国民经济发展中的战略重要性，在很多新兴市场，交易所的发展被看成是国家政策的一部分。另一个要考虑的因素是，市场主体或者资本市场处于发展初期，要求新兴市场的政府和监管机构提供支持与鼓励创新，而在成熟市场这常常是私营部门发挥作用的领域。这就解释了为何新兴市场在改革初期政府和监管机构扮演着如此重要的角色。[⑤] 事实上，许多新兴市场监管机构在监管和发展上都承担着法定的责任。

---

① 泰国、印度、马来西亚、斯里兰卡、菲律宾和土耳其都只有1个证券交易所。

② 巴基斯坦有3个交易所。卡拉奇交易所处于主导地位，其拥有最多的上市公司和最大的成交额。印度有23个交易所，以孟买证券交易所和国家证券交易所为主导。就算有些行政辖区内有多个交易所，但是它们之间的竞争有限，而且在市场上交易最活跃的公司趋向于在多个交易所上市和交易。

③ 2003年，巴基斯坦证监会认定PEX是电子交易平台，但具备交易所资格。

④ 例如，伊斯坦布尔证券交易所就是一个国有机构。土耳其的资本市场法律规定，所有为资本市场工具提供交易的交易所都必须是公共机构。在泰国，泰国证券交易所是一个公共组织，由泰国政府在特定的法律规定下发起。

⑤ 在一些国家，交易所为政府所有，因此股份化实际上是将国有机构私有化。

在与新兴市场监管机构的讨论中，这样一种关切被表达出来，即如果交易所股份化所必备的先决条件未能成立，这种命令式的方法可能会导致一个相对不成熟的方案。

例如，在资本市场仍然被严格管制、不能享有较充分自由的背景下，如果让交易所以营利为目的，其营运战略必然受到诸多限制，交易所的生存能力甚至会受到威胁。在某个司法管辖区，这个问题如果受到过度重视，推进交易所股份化的所有努力将付诸东流。

毫无疑问，不论谁在努力驱动股份化，政府的支持都是极为关键的，这样的市场已经有很多。在这个过程中，政策支持在许多方面体现出来，包括对各种各样利益相关者管理。

这个经验以压倒性的优势被重新确认。授受调查的 8 个新兴市场表示，股份化进程都是由政府或者是法定监管机构发起的，包括已经完成股份化的和正在推进股份化的。

例如，印度政府宣布了交易所股份化的建议，并成立由前任印度首席大法官主持的小组担任顾问。① 小组随后建议，如果在某一特定的时期后，交易所还没有股份化，那么就要根据 1956 年《证券合同（管理）法》确认会员退出，并最终将会员制交易所予以终结。

在菲律宾，一项立法得以特别执行，命令交易所在某个特定时间范围内②完成股份化。在巴基斯坦，证券交易所股份化与整合专业委员会建议，③ 考虑到交易所一体化和股份化对公共利益的重大影响，证券交易委员会应该作出决定，让 3 家交易所股份化并完成整合。专家委员会还进一步建议，如果现有交易所在 1 年内股份化与整合没有明显进展，一个新证券交易所将要成立并成为国家交易所。

在马来西亚，交易所的合并和股份化被视为实现“资本市场大蓝图”

---

① 印度证券交易所公司化和股份化专家小组。

② 《证券管理法案》第 33 章 2（a）要求，自该法案生效之日起 1 年内必须成立菲律宾证券交易所公司。

③ 股份化和整合/转换专家委员会报告，2004 年 9 月 2 日。

的主要驱动因素，这个“资本市场大蓝图”事关马来西亚未来10年资本市场发展战略。该蓝图提出一条有序的路径，即首先实现5个交易所的合并，接着将合并的交易所上市，以提高国家整个市场体系的核心竞争力。

有些交易所尽管没有选择股份化，但政策制定者在决策制定过程中常常扮演领导角色。在泰国，财政部部长任命组建一个指导委员会，成员包括证券交易委员会、泰国证券交易所、财政部、经纪人和基金管理业的代表。

该指导委员会认为，泰国证券交易所股份化应该搁置，作为一个国家交易所，交易所现有的治理结构能够最大地满足这个目标。由于政府要依赖于交易所来实施资本市场发展政策，[①] 一旦交易所以营利为目的，这个目标就很可能丧失。

指导委员会也表达了这样一个观点：泰国证券交易所资本充足，不需要立即筹集新的资金。此外，对资本流入的境内控制，也减少了交易所跨境战略联盟或跨境协定的可能性，而跨境协议是股份化交易所间经常发生的事情。

然而，可以看到泰国证券交易所能够实践以利益相关者为基础的治理结构，办法是泰国证券交易所与经纪会员联合任命或选举其他利益相关者进入理事会。[②]

与新兴市场监管机构的后续讨论主要涉及应对策略的相对规范性。许多新兴市场监管机构相信，他们不会对交易所股份化采取自由放任的态度，这是因为股份化成本和失败风险会对整个国民经济的发展产生十分深远的影响。

基于对经济发展的观察与经验，新兴市场经济发展主要依赖于国有经济部门，私人部门要么是自身不够成熟，要么是市场机制发育还不够健

① 例如，给那些投资中小企业的和赞助交易所完成建立期货交易所任务的上市公司提供特别税收优惠。

② 泰国证券交易所会员已经将他们之前拥有的5个经纪代表席位缩减至3个，并从其他利益相关者中选了2个。同时，由会员们任命了指导委员会。

全。调查反映出，在某些情况下，新兴市场经济与资本市场的发展环境与前提条件或者缺失，或者发育不充分，这让新兴市场监管机构担心交易所股份化是否有成功的概算。

某一监管机构曾经引述道，资本项目尚未完全开放，可能不会对设立以营利为目的的交易所带来什么帮助，因为这些控制措施可能既会限制商业化交易所实现其经营战略，又会阻碍其跨境联盟的实现。尽管印度、马来西亚和巴基斯坦面临着相似的限制，但是都在继续着各自的股份化进程。

（四）股份化和利益相关者问题

新兴市场股份化决定大都由政策制定者作出，通过一系列安排来实现，比如，咨询与寻求一致意见，关注对社会凝聚力的影响。可以确认的是，各种商业性的利益相关者具有相当的游说能力。也可以确认的是，如果没有基于不同偏好和预期的足够买入量，如果缺乏公众利益相关者的支持，股份化困难重重。

在交易所股份化实践中，如果政府和监管机构是股份化的积极推动者，这种对立情绪可能会更为明显。调查对象引述的事实说明，在一些情况下，会员经纪商会反对股份化，这又引发了实施中的混乱。

比较典型的有，在互助结构的交易所中，作为会员的股票经纪商是明显的和直接的利益相关者。且不说政府和监管者，其他利益相关者包括交易所监管者、交易所理事们、投资者和上市公司。

马来西亚交易所股份化的经验表明，利益相关者的利益和预期需要细致地管理，以确保在股份化过程中得到它们的赞同和支持。这可以总结为以下几点：

1. 股票经纪商。自从 20 世纪 80 年代中期实施监管条例以来，经纪商会员与交易所管理脱钩已经不再是一个主要问题。股票经纪商大都支持股份化，因为它们从股份化得到释放的利益。

2. 交易所管理层。在认识到股份化将开启一个新机遇后，交易所管理层成为支持股份化的主要力量。确实，大约在实施股份化的前两年，为了交易所治理结构的调整，使交易所的运作更有效率，交易所进行了大量的设计和推进工作。

3. 政府与监管机构。在决定将交易所股份化之前，对主要的利益相关者进行了大量的咨询。在得到了主要利益相关者的广泛支持后，监管机构和政府的角色主要集中在公共利益方面，比如交易所监管角色的重新设计，确保存在有效治理机制，能够预防潜在利益冲突。

4. 投资者与发行人。主要机构投资者与发行人不是股份化过程的关注点，但是他们的意见还是应该被采纳，作为股份化决策前更广泛征求意见的一部分。当不同的利益相关者之间发生分歧时，投资者与发行人的意见或许还有用处。

如果那些重要政策与交易所组织结构的变化是必须的，那么在实施过程中，构筑一个稳健的战略构架，概括一个周密计划的转换过程，争取政策制定者的支持，就显得格外重要。不管该决策过程是由公共部门还是私人部门驱动，可以确定无疑的是，政府或监管机构的介入能够在许多方面起到作用，包括加快监管架构调整和审批过程。

在许多场合，交易所要么聘请外部咨询公司①来提供咨询服务，要么建立专家委员会来为交易所股份化作顾问。② 然后，这些建议要由政府或监管机构进行评估，再由两者中的任一机构批准。

通过股份化委员会，菲律宾证券交易所满足了不同监管机构的需要，以便找到如何解决股份化相关问题的建议。在马来西亚，面对国内外各方意见纷争，一个由监管机构牵头的工作小组成立了，小组成员包括交易所会员、股票经纪公司协会和资本市场咨询委员会，③ 以便共同推进股份化。

---

① 在土耳其、马来西亚和泰国，咨询公司的服务由交易所提供。菲律宾证券交易所股份有限公司获得了与澳大利亚交易所有密切联系的股份化专家和咨询人员的技术援助，为交易所的股份化提供合适的方案。

② 在印度和巴基斯坦，监管者任命成立了专门为股份化制定完整规划的委员会。

③ 资本市场咨询委员会是在2001年由马来西亚证券委员会提名组建的，目的在于为完成资本市场蓝图和国际国内资本市场的发展，及其对马来西亚的潜在影响等问题提供指导。该咨询委员会成员由资本市场行业成员组成，包括在资本市场活动方面具有代表性的国内主要专家学者。

（五）通过股份化释放市值

就如前面提到的，股份化也提供了一个释放交易所市值的机会，尽管市值的最终确定有赖于交易所的上市。与交易所上市的相关问题会在后面的章节讨论。市值分配过程需要仔细地对待，因为这是个艰难的过程。需要为解决这些困难问题寻求方案，这包括界定当事各方的资格与权利。

还有个潜在的复杂问题，那就是某些交易所很难确定所有权。如果交易所是一个有限责任公司，股份化之前就很难将其所有权归属于会员。① 此外，会员的利益属性依赖于交易所的备忘录和会员章程。比如，会员交易所解散时剩余财产的分配，可以清晰表明所有权的权属关系。②

可以采用多种方法来确定市值分配，包括交易所的法定所有权，对交易所发展的经济贡献。在大部分地区，交易所市值常常分配给会员经纪商。匈牙利、菲律宾和中国台北的市值分配，就是把会员经纪商直接转变为现成的所有者。③ 因此，随着股份化的完成，这些交易所几乎为以前的会员经纪商所控制。

需要注意的是，这种方法不可能一成不变。在有些地区，股份化的目的就是不再强调经纪商对交易所的所有权，而是要扩大股东的基础，以强化交易所的治理结构与决策效率。

在新兴市场，如马来西亚、巴基斯坦和印度，股份化带来的结果就是不再强调所有权与会员权的重合。

1. 在马来西亚，40% 交易所市值分配给了股票经纪商，其中，30% 是属于经纪公司，10% 属于它们的代理商，30% 划拨给资本市场开发基金，剩余的 30% 归属于财政部。这个分配方案是根据利益相关者不同的历史贡献做出的，在它们看来，交易所的成功和发展，本质上是“公众”

---

① 这是由股份化和整合/转换专家委员会在巴基斯坦组建的。

② 在巴基斯坦和菲律宾，谅解备忘录和交易所公司章程都规定，收入和财产只有在公司清算的时候分发给会员。在马来西亚，谅解备忘录和交易所公司章程禁止将收入和财产在公司清算时分发给会员。

③ 菲律宾证券交易所股份有限公司将其 50 000 股以每股 1 元的面值分配给 184 名会员经纪，股份全部被认购，价款也全部付讫。

努力的结果，所以交易所释放出来的市值也应该分配给利益相关者，包括政府、股票经纪公司及其代理商、发行人和投资者。

2. 在巴基斯坦，60% 的股票由金融机构以现金认购，40% 以取得非现金的方式分配给现有的 3 家交易所会员。

3. 在印度，经与印度政府磋商后，公司化与股份化小组在报告中向监管机构建议，会员们持有的股票表决权由印度证券交易委员会决定。

值得一提的是，分配给资本市场发展基金的市值①可以用来资助一些项目，这些项目具有较高“公共”价值，确保股份化的好处能够为资本市场广大的利益相关者共享。在新兴市场中，马来西亚就建立了这种基金，新加坡在更早的时候也建立了类似的金融发展基金。正在打算推进股份化的交易所也在考虑采用类似的结构。

（六）股份化与交易所重整

在成熟市场地区，交易所股份化是在竞争压力的情境下被讨论的，目的是为了交易所营运方式的重整。评论者往往引用欧洲作为典型例子，迫于竞争压力，伦敦证券交易所和德国交易所集团以及国内交易所之间，已经通过整合成为跨境联盟。比如，1998 年，瑞士期权期货交易所和德国期货交易所合并成为欧洲期货交易所；2000 年，阿姆斯特丹交易所、巴黎交易所、布鲁塞尔交易所、里斯本交易所合并成为泛欧交易所。

从某种程度上讲，新兴市场监管机构分享了这些观点。调查结果显示，新兴市场监管机构高度重视全球对交易资本的竞争。因此，为了达到在国家的范围内把流动性整合到一个市场的目的，股份化为重整交易所运营模式提供了机会。

有些新兴市场监管机构认识到，相对狭小的市场可能缺乏足够的市场深度与流动性，来维持交易所四分五裂的现有格局。多家交易所的存在确

① 在马来西亚建立了资本市场发展基金，目的在于培养资本市场的技术能力、知识、研究和教育能力，以及帮助提高市场的专业化水平。在泰国，指导委员会讨论是否要建立一个由泰国证券交易所提供资金支持的市场发展基金。

实能够创造出一个竞争格局，但也分散了流动性，这个缺点带来经济上的无效率，使中介机构、前端交易系统、信息发布渠道和规则要求等千差万别，难以适应。

一个整合的交易所可以提高规模经济效应，减少各种资源的重复浪费，并随着市场流动性的整合，增强价格发现功能，提高微观结构的效率。整合的其他好处还包括：提高投资者对上市的股份化交易所的投资兴趣，强化这家交易所与其他交易所建立交易联盟时的谈判地位。

应注意的是，在交易所股份化之前，亚太地区成熟市场期货与证券交易所的合并，完成了对现有公司结构和产品系列的全新整合。①

在新兴市场，交易所结构调整属于典型的公共政策问题。在马来西亚，资本市场总体规划建议，合并 5 个交易所，把衍生品清算公司合并到股票清算公司，设立单一结算机构，以适应所有交易所交易产品，这些事项完成后才能推动交易所股份化。交易所完成合并大约需要 2 年时间，然后才能进行这个交易所的股份化工作。

在巴基斯坦，专家委员会建议，交易所的一体化和股份化同时进行，现有的 3 家交易所完全整合为 1 家股份化交易所。委员会还建议监管机构，如果在 1 年之内交易所的一体化和股份化不能有效推进，那么一个由金融机构出资的全新股份制交易所将会成立。

在印度，由印度证券交易委员会组织的咨询小组深切地感受到，让 23 个交易所服从于一个经济目标不大可能，合并与否要根据交易所各自的商业计划决定。但是，咨询小组认为，公司化与股份化将会加速交易所的一体化进程。

在新兴市场和成熟市场之间，关于交易所结构重整，一个明显的差异

① 例如，一个新的股份化整合的交易所——香港交易及结算有限公司，于 2000 年 3 月由香港证券交易所和香港期货交易所以及 3 个清算中心合并而成。新加坡交易所股份有限公司于 1999 年 12 月成立，由新加坡证券交易所以及新加坡国际货币交易所合并而成，前者主要是证券交易，后者主要是期货交易。新加坡交易所同时也保留了中央存管结算公司和新加坡衍生品交易所结算公司，为两家交易所提供结算服务。在澳大利亚，澳大利亚交易所是在 1988 年由 6 个证券交易所合并而成的。

开始显现，那就是把竞争问题强调到什么程度。例如，澳大利亚证券交易所完成股份化 6 个月后，便请求兼并悉尼期货交易所，此举遭到澳大利亚竞争与消费者委员会的反对，理由就是两个交易所可以促进竞争，特别是考虑到公司法对监管框架的新规定。①

但是，将这些方法加以普遍化是困难的，这是因为不同地区有着不同的资本市场和监管结构，方法的选择极有可能会反映出各个地区独特的环境和偏好。

在巴基斯坦，专家委员会强调，境内交易所之间竞争缺乏可能带来无效率，一个一体化的交易所又有可能面临财务危机，从而给资本市场带来风险。委员们尽管担心巴基斯坦的市场规模实在太小，难以承受多家交易所的存在，但出于尽可能减少垄断的需要，还是鼓励建立电子通讯网络平台，甚至计划在将来可能批准建立另一个证券交易所。

在成熟市场，通过跨国并购实现交易所一体化，已经是很平常的事了，但对于新兴市场而言，因为事关国家主权这个敏感问题而变得困难重重。新兴市场交易所一直寻求替代方案，包括推进区域一体化，实施更紧密的整合，更具体地说，与周边交易所建立一个交易链接。② 在某种程度上，这种方法提供了和跨境合并相似的好处，但又允许适当地保留其对交易所的控制力。

（七）股份化交易所的上市

对于成熟市场的股份化交易所来说，股份化实体的上市看起来是一个市场力量驱动的结果。③ 表 3 提供了已经上市的股份化交易所的名单。可以看出，在完成股份化后上市的快慢也有很大的差别。例如，澳大利亚证交所在股份化当天即上市，而有一些交易所在股份化几年后才上市。在新

① 澳大利亚竞争和消费者委员会发布稿，1999 年 6 月 17 日。

② 例如，2001 年 12 月，澳大利亚交易所和新加坡交易所建立了共同交易合作关系，两地投资者可以买卖对方市场上的股票。马来西亚交易所和新加坡交易所也正在探讨建立一个类似的跨境交易合作关系。

③ 应当注意到，纽约证券交易所并不是一个股份化的上市交易所。

兴市场包括马来西亚交易所和菲律宾交易所，都有在自己的交易所上市的强烈趋势。

表 3　　上市交易所

交易所	股份化年份	上市年份
雅典证券交易所	1999 年	2000 年
澳大利亚证券交易所	1998 年	1998 年
马来西亚证券交易所	2004 年	2005 年
德国交易所集团	2001 年	2001 年
泛欧证券交易所	2000 年	2001 年
香港交易与结算所	2000 年	2000 年
伦敦证券交易所	2000 年	2001 年
菲律宾证券交易所	2001 年	2003 年
新加坡交易所	1999 年	2000 年
加拿大多伦多证券交易所	2000 年	2002 年

资料来源：世界交易所联合会 2003 年年报，国际证监会组织新兴市场监管工作小组调查报告。

菲律宾证券交易所在股份化两年后上市。[①] 交易所在股份化时已经将其全部股票分配给经纪会员，但上市时向 5 家机构投资者定向募集发行，大幅降低了经纪商对交易所的所有权。[②] 马来西亚交易所在股份化后 1 年多就上市了。

从新兴市场监管机构的调查中发现，所有的反馈都是关于完成股份化后过快实现上市的“好处”。交易所管理层与市场各方还不能立即适应股份化以后的市场环境和挑战。从这一点考虑，过快上市可能对新兴市场而言，是一个值得关注的问题，因为交易所股份化是政府政策决定的，而非市场主导。

---

① 菲律宾证券交易所股份有限公司于 2001 年 8 月实现股份化，并于 2003 年 12 月上市。

② 菲律宾证券交易所股份有限公司上市，包含了向 5 个国际机构投资者私人配售，配售数量为该交易所现有的公开发行股份的 36.4%。

在审视这些问题之前，有必要来回顾一下股份化交易所上市所带来的好处，普遍引用的有以下几点：

1. 上市引入了必要的公众监督机制，在为交易所管理层提供激励的同时，鞭策他们实施商业驱动的战略，提高经营绩效。上市同样提高了交易所的品牌和形象，以吸引更多的投资者和发行人。

2. 上市为以前经纪会员卖出股权实现退出提供了条件，由此达到扩大交易所股东基础，促进经纪公司与交易所脱钩的目的。此外，上市可以使交易所市值真正得到体现。

3. 交易所还可以借助上市进入资本市场，为其扩张业务融资，提升基础设施水平，推进与其他交易所的合并。

除了筹集资本的需要，其他的理由似乎都仍然是有效的。在调查中，许多新兴市场监管机构认为，筹资不是股份化的一个主要驱动力。[①]

在最近的国际监管论坛上，新兴市场监管机构已经开始对股份化表示担忧，它们怀疑是否低估了股份化后带来的监管问题，而高估了其所带来的利益。

上市要在短期内完成，增加了管理层的压力。在向后股份化转变的过程中，管理层难能调整思维，贯彻以商业意图为主的公司战略，因此不应该对管理层角色的转变有太高的期待。更为关键的是，由于管理层承担着管理的期待，可能忽视监管责任，甚至减少了监管资源。

这个挑战可能上升，包括设计和设法对付股份化后的监管安排（下一部分会有更详细的讨论）和交易所组织的重整（可能包括自愿剥离方案）。

---

① 在发达地区，资本提升也已经被认为不是股份化的主要动因。参考 J. 埃利奥特：“证券交易所股份化：一个监管的视野”，2002 年；以及 B. 斯泰尔：“证券交易所所有权和管理权的变化：原因和结果”，2002 年。

三、监管问题

站在监管者的角度，无论是新兴市场还是成熟市场的监管机构，关于交易所股份化的事实真相的讨论，绝大多数集中在利益冲突上。随着一个交易所从会员拥有的互助制转化为“以营利为目的”的股份制，这个问题自然而然就产生了。当这家交易所上市时，这个问题就变得更加影响深远。

尽管利益冲突是一个很重要的问题，但新兴市场的经验也表明，监管的其他领域也应受到同样程度的关注，以及交易所行业正在发生重大的结构变化，股份化只不过是这一大变化中的小变化而已，这些变化给现存的监管框架和安排带来了压力。

本部分从三个方面对监管进行更为广泛的反思。

第一，检讨新兴市场正在变化中的监管对策怎样推动或影响交易所股份化过程。

第二，站在更广泛的公共利益的角度，全面反思各个新兴市场监管机构采取的不同机制和方法，包括管理利益冲突的目的，致力于说明“利益冲突”问题。

第三，发现一个新兴的问题，也就是监管机构与股份化交易所之间的监管安排及其关系，这是所有监管机构都关心的问题，同时，也要概括来自正在经历深刻变化的交易所行业所带来的监管挑战。

（一）影响股份化的途径

对于每一个监管主体来说，交易所从互助会员组织转变为股份化实体的过程都是独一无二的。由于差异化的交易所会员结构，变化着的法律和监管框架以及各不相同的股份化目标，交易所由会员制企业转化为以营利为目的的公司，变换形式确实花样翻新。

在某些地区，交易所是一个有限责任公司。当交易所破产清算时，会员的债务仅局限于会员各自的出资。在这种情况下，股份化过程将引发把会员资格转化为股票。

在其他地区，交易所可以是一个认购股份的互助实体，会员的债务仅局限于其在公司拥有的未曾分红的股份。在其他场合，有些交易所可能是国有控股公司，它要求的是私有化而不是股份化。

一些被调查者还引申道，应该修订相关法律来推动现有交易所的公司化和股份化。通常，这涉及对现有法律的修改，① 或者是推动单独立法，② 来支持或促进公司结构的转换。例如，从有限责任公司转为股份有限公司，就需要提供一个监管架构，以满足交易所新的治理结构。

还有一些需要修改证券法以外其他法律的例子。③ 从这点上来讲，股份化可能会涉及交易所的资产转换到一个新公司中，相应地，对于交易所免征的印花税和营业税也需要改变。

在监管者根据证券立法为交易所下发营业执照的地区，可以考虑是否需要发放新营业执照，以反映交易所治理结构的变化、营业执照期限和条件的变化；或者，现有的营业执照仍然应该保留，以利于执行。这是因为法律的改变可能需要一个相当长的过程，据被调查者反映，这是交易所股份化进程中的重大挑战之一。

一些交易所考虑通过非立法途径来推动交易所的转变。一个值得参考的案例是中国香港地区的证券交易所与期货交易所，二者都是股份有限公司。该项股份化和兼并由两个平行的方案完成，一个适用于香港证券交易所，另一个适用于香港期货交易所。两个方案相互依赖。随着交易所会员通过了股份化方案，法院也会相应批准。这个过程要求评估交易所转变是

① 在澳大利亚，公司法（管理公司、证券和期货市场的法律）必须进行修正，以适应澳大利亚交易所成为一个营利性机构以及在自己的交易所上市。

② 在新加坡，为了达到新加坡证券交易所和新加坡国际金融交易所的合并，在1999年通过了《交易所（股份化与合并）法案》。在多伦多，安大略湖立法会议通过了一项便利股份化的特别法案。

③ 在印度，要求修正1961年制定的《证券合约（管理）法案》、《所得税法案》以及1989年的《印度印花税法案》，并给予财政税收优惠，以促进交易所的公司化和股份化进程。

否能维持现有香港交易所会员们的相对利益。[①]

一般地讲，新兴市场交易所为推进股份化已经修订了它们的法律。许多新兴市场交易所还依据成熟市场交易所的办法来构建它们的立法框架，显然也做了少量的修改，以体现考虑到了不同国家的特点和顾虑。

在马来西亚，股份化就受到了特定的法律即股份化法案的影响，该法案也称为《吉隆坡证券交易法案》，它就是对现行的证券期货业法律所进行的修改。在南非，正期待着新的法律来引导国内交易所股份化。在印度尼西亚，资本市场法律修正案正在制定中。在巴基斯坦，股份化和整合专家委员会建议制定特定的法律，来促进股份化和整合进程，而且可以覆盖到所有有关的方面。

（二）公共利益关注点

国际证监会组织重申，在股份化环境下，公平有效的交易所会继续维护公共利益。一般地，公共利益关注点在于，股份化交易所是否有度量、自愿地、而且是以一个令人满意的方式来继续履行监管职责，即便是与利润目标相冲突也毫不含糊。

争论常常围绕着“利益冲突”而起，对股东负责，要求“以营利为目的”，为公共利益着想要求把监管职责嵌入交易所所有权中，这样就形成了两者之间天然的对立和矛盾。

利益冲突一般与“以营利为目的”的交易所是否愿意把足够的资源用于监管功能相关联，同时缺乏监管客户的内在动力，可能导致规则的无效执行与上市标准的降低。当交易所处于自然垄断的情况下，滥用垄断地位还可能经常使利益冲突问题扩大到缺乏竞争的问题上去。

从监管机构的视角来看，利益冲突显然是一个被相关文献反复深度讨论的重要话题。这部分重点论述新兴市场监管机构对公共利益问题上的实

---

① 2000年3月颁布了《交易和清算中心（合并）条例》，为香港证券交易公司从一个担保有限公司转变为一个股份有限公司做准备，同时，引入了政府机关彼此制衡的新调整，以及由改革导致的现有监管框架改变所对应的修正案。

践的关注。这包括一些方法和要求，比如交易所治理结构、持股限制和处理利益冲突的程序。然而，交易所治理结构变革的途径，极有可能取决于监管机构对交易所的监管程度与执行力度。

1. 治理结构。治理结构改革被许多新兴市场交易所所引用，被视为股份化诸多理由中的一个方面。但是，诚如前面所提到的，泰国证券交易所没有实行股份化改革，却进行了治理结构改革。例如，在交易所理事会中安排了非会员理事，这证明交易所治理结构的改善，可以通过其他方式而不是非要股份化。

关于治理结构，关注点在于董事会的董事构成及其选举方式。在这样一种情境下，值得注意的是，一个传统互助型交易所理事会的结构组成，就是要防止决策制定过程被操纵，这样就导致了一个令人困窘的结果，按照一个公司一张选票的投票方式，大公司被剥夺了决策制定的权利，结果是理事会有时会被小型股票经纪商所控制。

关于这一点，即便从一个传统的立场上看，暗示着交易所应该比正常情况有更高的治理标准，这是因为交易所是市场的组织者，特别需要讲究公平、独立和透明的标准。为此，向股份化交易所董事会委派“公共利益董事”，作为政策工具体现资本市场的公共利益，香港就是这样做的。为代表公共利益而在交易所董事会中任命公共董事，已经在国际证监会组织技术委员会发表的“关于交易所股份化发布稿”[①] 中进行了讨论。

在实践中，尽管这个话题已经很难听到什么争论，说明这一原则被普遍接受了，但随之而来的一系列难题也出现了。其中的一个难题就是公共利益董事、公共利益存在着法律定义的困难。往好里说，这些概念看起来似乎保持了相当的广泛性。

一个难题是如何区别公共利益董事与独立董事。这种区分很重要，它反映出隐含在两者之间的不同的责任。有代表性的看法是，公共利益董事的责任要高于独立董事，因为独立董事代表性仅限于少数股东的利益。

---

① 参见国际证监会组织技术委员会：“关于交易所股份化发布稿”，2001 年 6 月。

马来西亚就有过相当重要的讨论，其主题就是如何设计董事会结构，确保大股东利益、小股东利益和公共利益的适当平衡。这个讨论有了一个最终结果，那就是交易所董事会应由公共利益董事（包括非执行主席）、[①]独立董事、股东董事各1/3的比例组成。这个结果符合马来西亚公司治理条例对于治理结构的要求，避免了公共利益董事不被视为独立董事时所引起的“并发症”。对于后者，相关的观点都认为，公共利益董事很难兼顾到公共利益和少数股东权益。

建立各方代表相对平衡的董事会结构，就意味着大股东不能有效地控制董事会。尽管这样，董事会结构安排还必须注意到：既要与交易所更高的治理标准这样一个原则相符合，又要与交易所决策过程不被操纵这样一个传统相一致。

另一个难题涉及公共利益董事的任命。在马来西亚，公共利益董事由财政部咨询证券监管委员会后任命。[②]在印度，董事会中的公共利益董事由印度证券交易委员会从一个专门的名单中提名，名单包括学者、专业人员、行业代表、公众人数与投资者协会成员，但任何一个在股票经纪公司中有利益瓜葛的人将被排除在外。

额外的保障措施包括对股份化交易所董事们进行“适当人选”的测试。在马来西亚，证券监管委员会如果对提议的董事不满意，哪怕这位董事是一个正直的人，并且通过了“适当人选”测试，它也可能会拒绝任命这个人为交易所董事。

董事会与关键委员会的构成是需要仔细考虑的。举例来说，提名委员会可能推荐任命董事和主要高管，执行委员会代表董事会快速作出决定，申诉委员会仔细考虑市场参与者提出的、旨在反对交易所监管执法决定的申诉，投资顾问委员会审视和推荐投资决议，风险管理委员会评估风险管

① 需要有1/3公共利益董事的要求已经写入法律中。

② 至于所有其他的董事，要先与证券委员会达成一致，才能让他们接受委员会的任命或者选举。证券委员会的意见是以一系列透明的条件为指导的。

理政策与执行、管理集团风险敞口、保护公共利益。

2. 潜在利益冲突的处理机制。前面已经提到过，潜在利益冲突包括这些可能性：股份化交易所可能不会投入足够资源去优先考虑它的监管功能，滥用它的垄断力量不合理地提价，提供低劣产品与服务，基于偏见不公平地对待竞争对手，给予合作人与搭档以优惠待遇。所有这些都可能影响到市场参与者对交易所的接受度，影响到交易所的执法功能和上市功能。

新兴市场已经注意到这些关系，并采取一系列监管措施，旨在强化对股份化交易所的监管。这些措施包括：要求交易所每年递交年度监管报告；接受履行职责的年度常规审计；在交易所设立冲突委员会，负责向监管机构报告所有的利益冲突情况，强制交易所履行公共利益义务，代表监管机构在公共利益事务中拥有广泛的指导权力。

值得注意的是，从监管机构执行监督的立场出发，一系列敏感性问题可能会引发出来。一个可能引起争议的潜在领域包括：交易所履行监管职能的方式，交易所是否会被监管机构当作恰当地执行监管功能的机构。此外，在某些特定领域，股份化交易所还可能要求监管授权，例如，参与并购和进行战略联盟、改变交易所的收费，这些都是引发监管机构与交易所之间潜在争议的地方。强迫接受所有权限制，也会对一些股份化交易所产生重大影响，比如单一持股者的持股门槛限于5% ~15%之间。① 许多股份化交易所允许解除这些所有权限制，前提是得到财政部或者法定监管机构的批准，而且视情况而定，比如引进战略投资者。澳大利亚就增加了澳大利亚证券交易所投票权，发行股票从5%提高到15%，② 这使得澳大利亚证券交易所在寻求商业伙伴上有更大的灵活性。

所有权限制也可能被用来对付“行业集团”。例如，证券监管条例禁止任何行业团体持有菲律宾证券交易所20%以上的股权。

---

① 包括单个人或一致行动人。

② 考虑到联邦政府必须超过这个限制。

股份化伴随着交易所组织结构的变化，此举可望解决交易所潜在的利益冲突。在马来西亚，交易所经过结构重整，将监管功能从商业角色中剥离出来。而多伦多证券交易所则把监管运作集中到一个独立部门，即多伦多证交所监管服务部。

（三）监管安排和关系

交易所的近期发展，包括交易所的股份化，正在给交易所的监管带来深远的影响。事实上，无论是新兴市场还是成熟市场的监管机构，在它们所关注的许多方面，都在反复考虑一个股份化交易所的自律监管作用，以及它与监管机构的关系。

因此，在反思监管机构与股份化交易所两者之间的监管安排及其关系时，对于影响交易所发展的各种主题，以及有些主题与交易所股份化的内在关联，很有必要形成一个独特的观察视角。

1. 概述。随着技术的进步、全球化和区域化一体化的发展，交易所的功能边界在不停地被反复定义。在成熟市场，通过合并、战略联盟、横向或纵向整合等，许多交易所正处在公司结构的重新组合中。有些交易所还将自己的某些功能外包给国际上的专门机构，有的甚至将其监管功能剥离给为交易所提供监管服务的专业服务商。

交易所近期的这些变化与过去相比截然不同。过去，交易所是在一个相对稳定的环境下运行，注重于自律监管功能，致力于为会员维护一个公平市场。尽管缺乏商业性目的，但是传统交易所的运作模式还是切实可行和安全可靠的。

不断变化着的大环境正在逐渐侵蚀交易所传统营运模式的生存根基，这种紧张局势不是由股份化引起的，但却因股份化而更加引人注目，交易所的商业目的与监管目标本来就难以平衡，股份化使这种平衡的任务更加尖锐和不能完成。

因此，在交易所营运模式正在发生重大变化的时刻，唯一合理的结果就是要对交易所的传统监管模式进行实质性的反思，这种传统监管模式是依附在自律监管组织上的附属产品。相对于股份化交易所的监管责任来说，股份化可能只是一个狭窄的角度，但从外部来看何尝又不是一个更宽广的角度，它可能会要求给出一个清晰的答案。

例如，当不受监管的实体越来越多地提供交易所相关的服务时，交易所就可以不断地扩大它们的服务范围。相应的对策就是通过区分执业要求来减少相关性和操作效用。

对于股份化交易所的监管功能及其安排来说，交易所激烈竞争所表现出来的压力冲击，交易所股份化所可能导致的问题，至今仍难以完全明了，显然是一个需要进一步研究的领域。

有几个方案已经提出来供新兴市场监管者在做监管安排时加以考虑。一种方法是允许交易所拓展与自己经营活动直接相关的功能，注重于这一事业，并使其价值最大化。这就意味着交易所的监管义务会最小化，要么将交易所的监管职能直接移交给监管机构，它们会设立一个独立的机构来承接这一监管功能；要么设立一个行业自律组织，逐步将相关的监管职责从交易所转移到这个自律组织中。

一些新兴市场已经倾向于设立行业自律组织。然而，这个方法有可能行不通，原因就在于这样的行业自律组织还不存在，或者是刚刚成立，没有足够的能力可以让它逐渐发展成行业自律组织。

另一个方法是注重对交易所服务与产品的功能监管。在这里，已经不把交易所视为一个机构来监管，但是根据公共利益的需要，监管会针对交易所特殊的产品或服务。面对为更广泛的产品提供电子交易的未授权机构的快速增长，功能监管可能是一个合适的方法，当然，这里的前提条件就是监管的理念已经延伸到要对所有类型的市场加以监管。

对于监管机构来说，挑战来自如何定义未来的监管责任和范围，这是一个已经发生深刻变化的领域。这也意味着，不管现在采取什么样的方法，很可能都只是临时方案，因为人们正在寻找一个更加全面、更加持久的解决方案。

（四）监管安排和人际关系

本部分主要考察近期交易所行业的发展，包括对交易所监管产生重大影响的股份化。事实上，许多不同市场的论点（无论是新兴市场还是成熟市场），都是围绕股份化实体监管者的角色问题及其与监管者的关系问题。

因此，在考察监管安排和监管者与股份化后交易所之间人际关系的时候，有必要先透视广泛的讨论对交易所行业的影响，以及某些讨论又是如何与股份化环环相扣的。

1. 概述。交易所的界限随着技术的进步以及全球化和区域化的发展不断地重新划分。在许多成熟市场，交易所通过合并、战略联盟、横向和纵向整合等方式进行着公司结构的重新组合。有些交易所还将自己的某些功能外包给国际专家，甚至剥离其监管机构，因为他们认为这个功能可以通过专门的监管服务机构来提供。

和以前的交易所只在一个大致稳定的环境中运行的情况相比，近期的发展更注重于给他们的会员维持一个公平的市场。尽管传统的交易所模式缺乏商业目的，但是在当时还是可行和可靠的。

不断变化着的大环境逐渐侵蚀着传统模式下交易所的生存能力，而且这种力量还在加强。这不同于由股份化所激发的更加尖锐的难题，即商业目的与监管目标两者的平衡关系问题。

因此，由于交易所经营模式正在经历这种大的变化，传统的交易所监管机构——一个由传统的自动调节组织遗留的产物——可能要求有更实质的检查，这完全是一个合理的结果。就股份化了的交易所的监管义务而言，这可能要求有一个更广的、超出股份化的狭小的范围，来获得更大的透明度。

例如，随着交易所服务范围的扩大，为交易所提供相关服务的非管制机构也在不断增加。而由通过许可证要求导致的市场分割所提供的解决方法，也正在降低其关联性和有效性。

新兴市场监管者在做监管安排的时候希望考虑到的方法，其实已经有了。一种方法是允许交易所注重于与自己经营活动直接相关联的功能，从而致力于建立自己的业务以及使自身价值最大化。这就意味着，使得交易所的监管义务最小化，要么通过直接移植法，将由交易所监管者指导的监管任务交与独立的同样具有监管功能的机构，要么建立自律性行业，并将相关的监管义务从交易所转移到这个行业中来。

一些新兴市场偏向于建立自律性组织。但是，这个方法有可能行不通，因为在有些地区，自律性组织行业还不存在或者还未成熟，以至于仍未足以将其融入这个行业。

另一个方法是注重于对交易所的服务和产品的功能监管，不是将之视为一个公共机构监管，而是监管交易所那些公共利益相关的特殊产品和服务。面对非经许可机构的不断增长（这些机构提供着许多不同产品的电子化市场），功能监管可能是一个合适的方法，但前提条件是监管哲学已经延伸到所有市场。

监管者面对的挑战是如何定义未来的监管义务及其不断变化中的监管范围。这也意味着，不管采取什么样的方法，都只是临时的，因为在将来会出现更全面的方法。

2. 监管角色和责任的划分。股份化实践中最为关键的任务之一就是详细说明监管机构和交易所的监管角色与责任。为了精确划分和明晰监管职责，交易所与监管机构之间一般会采取无法律约束力的协议方式来界定监管关系，这些方式包括合作备忘录、行动契约、工作指引等。

把监管功能和流程正规化为一个文件，等于向社会公众明确了在交易所股份化后相关各方的监管责任，包括决策的剥离、监管机构与交易所之间工作关系指引。这对于相关各方实现工作的无缝对接、有效地展开经营活动和开拓市场都是至关重要的，还可以防止潜在的公共消极认知风险。以一种明晰的方式阐述工作关系，不仅有助于交易所和监管机构的具体业务人员开展工作，而且有助于在交易所已经成为公众公司的情况下方便同潜在投资者的沟通，尽可能减少不确定性。

鉴于交易所股份化是一项事关立法和治理结构调整的重大实践活动，一些新兴市场管理当局采取了务实的和循序渐进的方法，通过将监管职责流程化来重新确定各自的定位，明确监管安排。马来西亚就采纳了这种方法，通过对交易所监管职能做出不构成重大变化的重新调整，证券监管委员会收回了交易所的上市审核权，而对经纪人自律监管依然保留在交易所。

也有个别国家或地区选择把交易所的监管职责全部转移到监管机构。例如，在英国，自伦敦证券交易所股份化后，金融服务局从伦敦证券交易所得到了大部分的监管功能，包括交易所的上市审核权。在中国香港地区，股份化交易所不再监管经纪人了，上市公司的监管由法定监管者共同承担。

就这点而言，许多方法在交易所股份化后被采用，有的将上市审核权和经纪商监管权从交易所转移到监管机构，有的则选择维持现状。在这许多方法中，不存在一个被所有监管机构看中的确定的蓝本。但有一点可以普遍接受的是，交易所应该继续担负市场监察的功能，当然似乎确实存在一些犹豫，交易所能够监管好上市公司、监督好交易参与者吗（检查、谨慎控制、对员工的监督）？极为可能的是，个别监管机构只好通过谈判、视实际情况探索各自的选择。

在交易所决定寻求上市的场合，关于自我上市的合作备忘录就进入了人们的视野，应该允许监管机构监督交易所它自己遵守上市规则的情况，这又要求让一个独立实体来监控交易所证券的任何不同寻常的市场活动。

有一些问题被提出来，监管者和被监管者是否需要签订合作备忘录？合作备忘录是否应该在任何情况下都能锁定监管者的权力？这可是需要关注的。对于这些安排的可能影响或冲击，监管机构与交易所的预期是有差异的。为了降低监管成本，交易所可能利用备忘录来减少他们对于监管机构的监管职责和义务。也存在这样的风险，这些备忘录习惯于把约束和义务统统放在监管机构身上。这些发展需要认真仔细地加以梳理，因为监管安排的进一步精练，可能都需要结合交易所运营模式的进一步变化来确认。

概念性描绘监管职责和义务是十分容易做到的，事实情况是，许多功能或者牵涉双方当事人，或者涉及交易所作为监管机构的代表时要更加务实和有效地执行监管。考虑到这些因素，相关的制度安排就必须是基于某些原则，而不允许在内容上和范围上过于具体，这一点尤为重要。

四、总结

本报告致力于调查新兴市场监管机构对于其管辖范围内交易所股份化的相关经验和看法。作为二级市场监管小组的指令中的一部分，本报告试图评估相对于成熟市场监管机构来说，新兴市场监管机构在股份化问题上是否存在着不同的视角和政策含义。

为了适应每个国家不同的监管框架和经济环境，股份化的方法也倾向于有自己的特点，但是本报告仍尝试着寻找它们的共同点和识别出现的问题，这些问题对于监管者特别是新兴市场监管者来说是十分重要的。诚然，报告概括出来的观点和问题，还需要进一步地探讨和分析。

从国际证监会组织第二组工作组起草的关于新兴市场交易所股份化报告中，可以概要得出如下结论：

第一，新兴市场交易所股份化的驱动因素并没有显著不同于成熟市场。然而，由于市场环境的不同，私营部门市场结构和运作机制的差异严重影响到了市场监管机构的理念和行为，导致了新兴市场监管机构不同的战略视角。

第二，国内市场的诸多限制减少了政策的可选择性，新兴市场监管机构不得不采取更多更主动的行动方案来推动。一个由政策主导的交易所股份化方案所面临的问题和挑战，肯定不同于市场主导的交易所股份化方案。

第三，一些监管机构认识到，交易所股份化不是一个适宜的方案，而且交易所需要的改革通过股份化未必能够达到。

第四，有建议提出，交易所应该在完成股份化相当长时间后才允许上市。在这样一个过渡时期，交易所管理层和其他市场参与者可以在后股份化的环境中，做出一个恰当的监管安排。

第五，股份化对于交易所的监管角色与安排有着重大影响。可能的对策包括把监管功能转移给监管机构、独立实体或者行业自律性组织，使交易所的监管义务最小化。

第六，交易所完成股份化的转换时期，需要谨慎处理交易所与监管机构的监管安排及其关系。在这一时期，一系列挑战需要妥善处理，这些挑战包括后股份化时代监管安排的设计与管理、交易所治理结构的调整等。

判断股份化带来的利益还为时过早，因为新兴市场交易所股份化才刚刚开始，截至本报告完稿时，新兴市场也只有一小部分交易所完成了股份化。极有可能出现这样一种情况，在快速变幻的证券期货时代，交易所股份化迅速地展示自己也是这种变化之一。

无论股份化是否真的被认为是一个引擎，或者是一种必然，股份化的成功还要得益于观念的改变，能够容忍“以营利为目的”的交易所，相信它们能够提升竞争力，运作更有效率，以及在确保市场公正的前提下履行其监管职责。

股份化很可能会带来一系列新的监管问题，问题的关键在于，监管机构与交易所管理层应以同样的方式保证自己已经整装待发，随时准备以有效方式去评估和应对新风险。

第八部分

场外市场：把握信息时代与集中统一的主旋律

中国台湾地区柜台市场的起步、发展及新趋势*

中国台湾地区柜台市场是在证券公司的营业柜台以议价方式所形成的市场。它是台湾最早萌芽的证券市场之一，历经艰险、几起几落。截至2003年1月，台湾柜台市场上柜公司达405家、市价总值9 656.5亿元新台币（折合276亿美元），在台湾证券市场体系中居于重要地位。

一、台湾地区柜台市场的艰难起步

台湾地区柜台市场起源于1949年。当年，国民党政府在入台后发行“爱国公债”，就是通过柜台市场进行买卖的。1954年，台湾地区第一批公开发行的“台泥”、“台纸”等股票及土地债券等，也是通过柜台市场得以流通的。1962年，台湾证券交易所正式成立，为发展集中交易市场，政府曾一度禁止证券的场外交易。直到1966年才通过证券

---

* 本文原稿定稿于2003年5月，与张小雪合作。

立法明确规定，台湾岛内的证券市场可以一分为二：证券交易所的买卖采取竞价方式成交，证券商营业处所的买卖即柜台买卖采取议价方式成交。

20世纪70年代末80年代初，为迎接全球第二次新技术革命，台湾地区加快了科技向现实生产力转化的支持力度，实施“科技导向”的经济发展战略。一是制定“科技研究发展专案计划”，拨款1亿新台币，向具有前瞻性、关键性或通用性的产业技术项目提供资金支持，以促进研究成果的转化和科技产业发展；二是设立新竹高科技园区，以政策鼓励方式引导资金向高科技产业投入，使高科技园区成为吸引高技术人才、引进高科技、培育和发展高科技产业的基地；三是落实创业投资的鼓励政策，投入启动资金，给予税收优惠，以推动创业投资事业的发展；四是注重中小企业的发展，继台湾地区设立“经济部中小企业处”之后，又于1991年颁布了台湾地区《中小企业发展条例》，这是台湾地区关于中小企业的第一部条例，以推进中小企业的发展。

正是在这样的背景下，台湾地区开始考虑重新设立柜台交易市场。台湾地区相关部门认为，完整的证券市场体系应包含集中市场和柜台买卖市场，必须效法境外成熟市场扶植本土高科技及新兴产业的做法，建立起与集中交易市场相辅相成的柜台买卖市场，以促进台湾地区的产业升级，为台湾地区创造再一次的经济奇迹。1982年，台湾地区制定了《证券商营业处所买卖有价证券管理办法》，开始正式重新允许柜台市场买卖。但初期仅限于政府公债、金融及“国有企业”债券的买卖，不允许股票的柜台买卖。1987年初，台湾地区相关部门要求加速规划设立股票柜台买卖市场。1988年，台北证券商同业公会成立柜台买卖服务中心，设立了登记审查部、业务监理部、电脑资讯部及秘书室等部门，处理包括债券和股票在内的有价证券柜台买卖业务。1989年，建宏证券投资信托公司成为第一家上柜公司，从此台湾地区柜台股票买卖市场开始运转。

柜台买卖服务中心设立初期，交易制度设计主要参照美国纳斯达克市场。由上柜公司的推荐商担任其做市商，对上柜公司股票进行报价，并以自营商议价的方式来发现最佳市场价格，以期创造流动性。但是，这种制度设计却忽视了台湾地区证券市场以散户投资者为主、机构投资者尚不活跃的特性。当时，投资人必须向经营柜台买卖的证券公司询问报价后，委托该证券公司以电话代为寻找交易对手，交易流程非常不便，买卖撮合十分困难，加上价格形成不透明，成交极不活跃，流动性很差。这就使得公开发行股票的公司不论规模大小都不愿意上柜，以至于在柜台买卖中心成立5年后（即1994年），全部上柜公司只有11家。柜台市场的这种情况，使得投资者对柜台市场也没有什么兴趣，参与柜台市场的投资者人数寥寥。

面对困境，台湾地区不得不对柜台市场进行变革。台北证券商同业公会以问卷形式，征求所属各证券公司对于柜台买卖市场的改革意见。调查的主流意见认为，要改变柜台买卖市场所面临的困境，至少需要在以下两个方面有所突破：一是柜台买卖市场的业务应独立于公会体系之外，建立以公益目的为主的财团法人来从事柜台买卖市场的运作；二是修改相关法令，改变不合时宜的交易方式，采取符合岛内投资人特点的交易方式，以扩大投资者和公开发行公司的参与层面。根据这次问卷调查的意见，台湾地区证券期货委员会于1994年7月20日任命了20位筹备委员，着手规划台湾柜台买卖中心。9月26日，台湾证券交易所、台北市证券业同业公会、高雄市证券业同业公会及台湾证券集中保管公司共同出资3.55亿新台币，成立了独立、公益的财团法人，并完成法人设立登记。10月20日，台湾地区证券期货委员会修正发布了《证券商营业处所买卖有价证券管理办法》，正式确立了柜台买卖中心的法律地位。从11月1日起，财团法人正式接办柜台买卖市场业务，同时为改进成交效率，研制了新的柜台买卖电脑交易系统，12月30日起正式起用。自此，全新的柜台市场成立了。

二、台湾地区柜台市场的迅速发展

全新的台湾柜台市场成立以来，得到了迅猛发展。尽管2000年受纳斯达克市场下跌的影响，股指有所下挫，市值略有减少，但上柜公司家数、筹资额和交易量等各项指标均在继续增长。

（一）上柜公司家数和上柜公司资本额成倍增加

新的柜台市场成立前，上柜公司只有11家，资本额只有39.6亿元新台币。1994年底新的柜台市场成立后，当年新增上柜公司3家，新增上柜公司资本额58.3亿元新台币。1995年，上柜公司家数由1994年底的14家增加到41家，增长1.93倍，上柜公司资本额从97.9亿元增加到1 730.1亿元新台币，增长16.67倍。此后，柜台市场规模持续扩大，截至2003年1月，台湾柜台市场已有上柜公司405家，上柜公司资本额也达6 389.4亿元新台币。

（二）柜台市场股票成交量和成交值显著扩大

1994年柜台市场的总成交量只有0.19亿股，总成交值只有5.68亿元新台币。新的柜台市场成立后，柜台市场股票成交量和成交值迅速增加。1995年，柜台市场的总成交量增加到1.71亿股，总成交值增加到27.96亿元新台币，分别比1994年增长了7.8倍和3.9倍。特别是1996年，柜台市场股票成交量增加到169.6亿股，同比增长98.18倍；柜台市场股票成交值增加到4 535亿元新台币，增长161.18倍。截至2002年，台湾柜台市场总成交值已达27 947亿元新台币，总成交量已达1 018.4亿股。

（三）上柜公司市价总值及证券化率迅速增长

在柜台市场最初成立的1989～1994年期间，上柜公司市价总值很小，相当于GDP比重（即证券化率）始终很低。到1994年，市价总值仅为269.2亿元新台币，证券化率仅为0.42%。新的柜台市场成立后，情况开始有了很大改变。1995年，市价总值达到2 457.3亿元新台币，证券化率上升到3.5%。1997年，市值突破10 000亿元新台币，达到10 268.6亿元，证券化率上升到12.33%。截至2001年底，上柜公司市值占GDP比重已达14.8%（见表1）。

表1 台湾地区柜台市场发展简况

时间（年）	上柜公司家数（家）	资本额（10亿元新台币）	成长率（%）	上柜面值（10亿元新台币）	上柜市值（10亿元新台币）	成交量（10亿股）	上柜市值	
							成交值（10亿元新台币）	占GDP比重（%）
1991	9	3.78	160.69	3.78	10.52	0.01	0.5	0.22
1992	11	4.47	18.25	4.47	9.79	0.02	0.7	0.18
1993	11	3.96	-11.41	3.96	9.61	0.02	0.6	0.16
1994	14	9.79	147.22	9.79	26.92	0.02	0.6	0.42
1995	41	173.01	1 667.21	173.01	245.73	0.17	2.8	3.5
1996	79	264.13	52.67	264.13	833.46	16.96	453.5	10.85
1997	114	314.89	19.22	314.89	1 026.86	43.12	2 310.7	12.33
1998	176	381.39	21.12	381.39	887.63	30.68	1 198.2	9.93
1999	264	513.76	34.71	504.96	1 468.44	49.05	1 899.9	15.81
2000	300	677.19	31.81	667.29	1 050.59	88.40	4 478.3	10.87
2001	333	681.44	0.63	674.70	1 412.19	81.09	2 311.5	14.8
2002	384	627.30	-7.95	624.30	862.25	101.84	2 794.7	N
2003（1月）	405	638.94	N	624.29	965.65	N	N	N

资料来源：台湾“证券柜台买卖中心”网站：http://www.otc.org.tw/。

（四）柜台指数经历了一个由快速增长到调整的过程

1995年柜台指数收于102点，1997年达到245点，增长1.4倍。2000年，受纳斯达克市场下跌的影响，柜台指数收于105点，较上年下跌49%。2001年，柜台指数收于136点，较上年增长29.5%。2002年，柜台指数收于94点，较上年下跌30.7%。这个调整幅度，与全球其他创业板市场的调整幅度相比，应该说是比较小的。同时，柜台指数与台湾主板市场加权指数的调整基本一致。据统计，2000 年，台湾加权平均指数下跌 43. 9%，2001 年上涨 17. 1%，2002 年下跌 19. 8%（见图 1）。

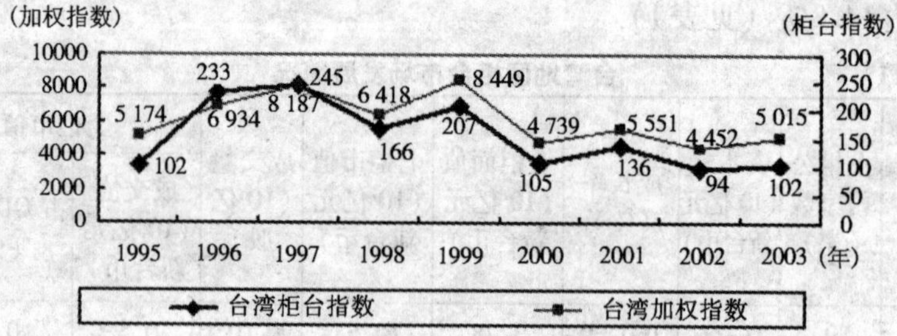

资料来源：台湾“证券柜台买卖中心”网站：http：//www. otc. org. tw/，以及台湾“证券交易所”网站：http：//www. tse. com. tw/home. htm。

图 1　1995 ~ 2003 年 1 月台湾加权指数与柜台指数比较图

三、台湾地区柜台市场的制度建设

台湾地区柜台市场的发展有赖于法规的日益完备。在此基础上，各项制度建设依次展开。

台湾柜台市场经历了相当长的探索过程，在这个过程中，法规的日益完备起到了十分重要的作用。据统计，目前针对柜台市场的法令有 59 部，涉及柜台市场的方方面面。比如说，1966 年的证券交易立法，肯定了柜台市场存在的合法性。1982 年颁布和 1994 年修订的《证券商营业处所买卖有价证券管理办法》，正式确立了柜台买卖中心的法律地位。1994 年全新的柜台市场设立后，台湾地区证券期货委员会针对不同时期柜台市场面对的新问题，不断调整相应的法律法规，每一部法令都经历过多次修正。以《财团法人台湾柜台买卖中心证券商营业处所买卖有价证券审查准则》为例，这一法令最初于 1994 年 10 月 20 日颁布，其后经历了 30 多次修正。2003 年 3 月 21 日，该准则第 5 条、第 15 条又一次被修正。

法令的日益完善，为柜台市场的各项制度建设奠定了基础。按照“上柜从宽，管理从严”的原则，制度建设涉及股票、债券的发行、承销、上柜、交易、股份集中保管、上柜后管理等每一个环节，重点控制市场风险，着重保护投资人权利。下面从四个方面看柜台市场的制度建设。

（一）柜台市场股票买卖制度

柜台市场和集中交易市场的股票买卖制度既有相同之处，也有不同之处。

1. 相同之处主要有：都设立了共同责任制给付结算基金；涨跌幅限制都为7%；都可以进行信用交易；都是次日交割；融资保证金成数都是九成；都建立了监视制度。

2. 不同之处主要表现为：（1）在交易方式上，可以采用与集中交易市场类似的电脑辅助交易，也支持证券商营业处所的议价交易方式；（2）在券款的划拨上，采用电脑辅助交易方式，将强制划拨款项；采取议价交易方式，则自行决定款项划拨；（3）在价格撮合方面，既可以采取接近集中竞价方式的逐笔最合理价格方式，又可以进行议价；（4）柜台市场没有集中交易市场的盘中价格稳定措施和当日券资相抵的规定；（5）集中交易市场的融资比率是六成，而柜台市场是五成。

（二）柜台市场债券买卖制度

柜台市场与集中交易市场债券买卖制度的差异比较大，主要表现在：

1. 在集中市场进行债券交易，可以采取竞价交易和定价交易两种方式，其中转换公司债只能采用竞价交易方式；在柜台市场进行包括转换公司债在内的债券交易，采用营业处所议价或等值成交系统的交易方式。

2. 在开户手续上，集中交易市场必须开立有价证券受托买卖账户、集中保管账户及款项划拨账户；而柜台市场除了转换公司债要求开户以外，其他不需开户。

3. 集中交易市场不可以进行附条件的交易；而柜台市场则可以进行附条件的交易。

4. 在交易单位方面，集中市场竞价交易以面额 10 万元为一交易单位；柜台市场除转换公司债以面额 10 万元为一交易单位外，营业处所议价的以面额 1 万元为一交易单位，等值成交系统的以面额 5 000 元为一交易单位。

除了上述差异外，柜台市场与集中交易市场在债券交易制度方面完全相同。它们都不可以采用信用交易，并且成交价的计算都以除息交易为准。

（三）柜台市场股票上柜制度

柜台市场股票上柜制度与集中交易市场股票上市制度不同，其差异主要表现在：

1. 股票上柜的辅导期一般是 12 个月，而股票上市的辅导期一般是 2 年。

2. 股票上柜的设立年限要求是登记满两个会计年度，且公营事业和科技事业不受此限；而股票上市的设立年限要求是登记后已满 5 个会计年度期。

3. 股票上柜的资本额要求是新台币 5 000 万元以上，而股票上市的资本额要求一般在新台币 6 亿元以上，最低的科技事业也要求在新台币 3 亿元以上。

此外，在以往业绩获利能力记录和股权分散程度的要求方面，上柜的条件明显低于上市的条件，但在对推荐商和承销商的要求方面，上柜的条件则明显高于上市的条件。

（四）柜台市场股票上柜承销制度

柜台市场股票上柜承销制度与集中交易市场股票上市承销制度不同，其差异主要表现在：

1. 上市可以采取包销或代销的方式；但上柜除非是券商申请上柜，否则只能采取包销的方式。

2. 上市对承销商自行认购比率没有要求，但上柜则要求承销商认购总承销股数的 10% ~25% 。

此外，对未达股权分散标准和已达股权分散标准的应承销比率，上柜和上市的标准也各不相同。

四、台湾地区柜台市场建设的新趋势

进入21世纪，台湾地区在柜台市场发展到一定阶段后，又进行了一些制度创新，以协助岛内中小企业、新兴及重要产业及早进入资本市场，提高其市场竞争力。这些创新概括起来主要有以下几个方面：

（一）建立第二类股票制度

1999年初，台湾地区通过"强化经济体制方案"，指示台湾证券柜台买卖中心参考美国纳斯达克等市场，研究规划柜台买卖第二类股票制度，以促进岛内中小企业、新兴及重要产业及早进入资本市场，提升其市场竞争力。2000年3月1日，柜台买卖第二类股票制度正式实施，并将第二类股票命名为"创新成长企业类股"。相对于一般类股票来说，第二类股票主要体现在：

1. 体现了"上柜从宽"的原则。资本额为3 000万元新台币以上；设立满1个完整会计年度；没有获利能力方面的要求；公开发行且至少辅导满6个月；持股1 000股以上的记名股东人数达300人以上。

2. 明确规定不宜上柜条件。如不符合证券法具体条款者，如发生重大劳资纠纷或重大环境污染者，有重大非常规交易者，内部控制和会计制度不健全者，以及董事、监察人、总经理或实质负责人违反诚信原则者等，均属于被拒绝之列。

3. 明确"管理从严"的要求。第二类股票要求2家推荐证券商，其资本充足率达150%以上；推荐证券商对所推荐股票在挂牌后要负责3年，持续督促发行公司进行信息披露；第二类股票没有自营商议价系统，不得采用信用交易方式。

4. 严格信息披露制度，初次上柜公开，比照"科技事业申请上柜时公开说明书应行记载事项"，刊载风险声明，并披露公司营运风险、事业风险及市场风险；上柜后比照上柜股票持续公开，且推荐证券商应督促发行公司充分披露财务业务状况；台湾柜台中心通过网站公告或发行刊物方式，定期公告上柜公司财务、业务变化情况。

（二）着手建立兴柜股票交易市场

2002年1月2日，台湾地区正式启动未上市（柜）股票交易市场，即兴柜股票交易市场。在此之前，台湾的公开发行但未上市（柜）股票一直通过相关中介机构进行交易。这种交易方式难免存在着信息披露不及时、不透明等问题，潜伏着较大的金融风险，也难以保护投资者的利益。对此，台湾地区柜台市场决定正式设立兴柜市场，专门为已公开发行但未上市（柜）股票提供议价交易平台。对于申请到兴柜市场交易的公司来说，一般没有营利等要求，但需符合以下条件：一是已申报上市（柜）辅导；二是有两家以上证券商推荐；三是设有相关服务机构。兴柜股票的交易与上市或上柜股票的交易不同，推荐商需要先行将买进及卖出价输入兴柜股票报价系统，并对外揭示，投资人据此委托经纪商与推荐商议价或直接与推荐商交易。台湾方面规定，自2003年1月1日起，申请上市、上柜的股票，都必须先在兴柜股票市场交易满3个月。截止到目前，兴柜股票市场已经有269家公司挂牌，可以说成绩十分显著。

（三）第二类股票制度的废止

2002年7月31日，台湾柜台中心发布公告强调，第二类股票制度自2000年4月正式开始交易以来，虽然申请条件多有放宽，但并没有吸引广大中小企业的热烈参与，加上2002年1月2日兴柜股票制度正式开始交易，第二类股票制度的存在空间愈益狭窄。故柜台中心经主管部门核准，决定废止第二类股票制度。对于已经存在的12家公司，柜台中心采取了一些善后措施。建兴电子公司已申请上柜台并获得核准，其余11家公司须依现行规定申请股票上柜，或登录为兴柜股票。考虑到上柜仍有获利能力限制，故柜台中心推荐这些公司到兴柜股票挂牌，并给予这些公司较长的缓冲期。按照规定，到2004年6月30日，如该公司尚未提出上市上柜申请的，将终止柜台买卖交易；如在此缓冲期内提出上柜挂牌的申请被确切拒绝者，也将终止其柜台买卖交易。①

（四）重新考虑柜台市场的功能和定位

由于上柜标准的部分规定与上市标准接近，导致柜台市场和证券交易所的同质性愈来愈高，逐渐失去了原先具有的特色。为此，台湾“证期会”决定重新调整证交所和柜台市场的定位，降低上柜门槛，并改为采取实收资本额和净值并行的审查标准，拉大集中交易市场和柜台市场的差距，以利中小型企业筹资。根据规划，实收资本额不到上柜门槛1亿元新台币，成长幅度有限，但每年仍有稳定获利，且净值达5 000万元新台币或者8 000万元新台币的中小企业，也可申请上柜。

五、台湾地区柜台市场对台湾经济的促进作用

台湾地区柜台市场的发展，无论是对于资本市场多层次体系建设，还是对于中小企业的发展、直接融资规模的扩大、产业结构的升级和创业投资的发展，都具有十分重要的意义。

（一）柜台市场在台湾地区多层次资本市场体系建设方面处于重要地位

多层次资本市场结构一直是各国或地区共同追求的一个目标。经过8年多的发展，台湾地区柜台市场逐步形成了由一般类股、第二类股及兴柜股票共同组成的股票市场。同时，柜台市场与台湾交易所一道形成了台湾地区“上市”、“上柜”及“兴柜”三位一体的资本市场体系，既满足了不同规模、不同类型的企业对直接融资的不同需要，又为拥有不同兴趣的投资人提供了合法、安全、透明的投资市场，满足他们的投资需要，同时也极大地促进了高科技产业的发展，促进了产业结构的升级，提升了国际竞争力。它们面向不同类型的中小企业，提供多层次的融资舞台，立足于促进高科技产业发展，为中小企业直接融资服务。

① http：//www. otc. org. tw/c_ index. htm.

（二）对企业直接融资规模的发展起到了促进作用

台湾政府设立柜台市场的一个直接目的是为岛内众多中小企业提供直接融资的渠道。1991 年，企业直接融资的比重只有 10.8%，到 2002 年 5 月底，这一比重已上升到 27%（见表 2）。尽管这一比重的提高是在集中交易市场融资规模的扩大、企业其他直接融资渠道的拓宽等很多因素共同作用下的结果，但柜台市场所做出的贡献也是不可磨灭的。

表 2 **企业直接融资比重**

时间（年）	间接融资金额（亿元新台币）	直接融资金额（亿元新台币）	间接融资比重（%）	直接融资比重（%）	柜台市场筹资额（亿元新台币）
1991	68 016	8 247	89.2	10.8	37.8
1992	85 863	9 973	89.6	10.4	44.7
1993	102 556	11 297	90.1	9.9	39.6
1994	118 065	14 608	89	11	97.9
1995	130 357	19 023	87.3	12.7	1 730.1
1996	141 305	24 024	85.5	14.5	2 641.3
1997	154 956	35 029	81.6	18.4	3 148.9
1998	167 415	44 768	78.9	21.1	3 813.9
1999	174 162	50 660	77.5	22.5	5 137.6
2000	182 296	58 716	75.6	24.4	6 771.9
2001	182 484	62 928	74.4	25.6	6 814.4
2002 年 5 月	179 505	66 491	73	27	6 273.0

注：柜台市场筹资 2002 年系全年数。

资料来源：台湾“行政院主计处”网站：http：//www.dgbas.gov.tw/，以及台湾“证券柜台买卖中心”网站：http：//www.otc.org.tw/c_ index.htm。

（三）促进了高科技产业的发展

如前所述，台湾政府设立柜台市场的初衷是为扶植本土高科技及新兴产业的发展，提升台湾的竞争力。1994 年柜台市场设立以来，截止到 2001 年底，在柜台买卖中心上柜的公司已达 333 家，另外还有申报辅导拟上柜公司 711 家。上柜公司中电子类公司占 78.93%，其余为证券、通讯、软件等行业。而在兴柜市场上首批挂牌的107家公司中，电子类企业最多，达94家；生物科技类居次，为5家；其他只有8家为传统产业。可以说柜台市场本身实际上就是一个高科技市场。柜台市场对台湾高科技产业的发展起到了极大的促进作用。1994年以来，高科技产业的生产总值占全部工业生产总值比重以及全部制造业生产总值比重都不断提高，高科技产业的出口总值占全部商品出口的比重也不断提高（见表3）。在台湾的高科技产业中，资讯产业、电子产业、光电产业格外引人注目，台湾事实上已成为世界资讯、电子、光电产业的生产基地。其中资讯硬件产业生产总值在1997～2001年期间，平均年增长率达9.6%，笔记本电脑的平均年增长率达到16.1%，液晶显示器的平均年增长率达到71.7%。电力电子业产品的出口值占全部出口值的比重由1991年的25.6%上升到2001年的47.6%，几乎已占据台湾全部出口总值的半壁江山。光电产业的生产总值在1998～2001年间，平均年增长率达到32.2%。

表3　1991～2002年台湾地区高科技产业发展概况

年度 高科技产业	1991	1994	1996	1999	2000	2001	2002
生产总值（新台币亿元）	17 554	23 029	29 720	37 923	46 133	39 744	44 301
占工业比重（%）	32.9	36.5	40.9	46.5	50.5	49.4	51.1
占制造业比重（%）	35.3	40.4	44.7	50.6	54.3	53.6	54.9
其中：电力电子器材业	16.1	19	24.3	31.7	35.1	33.4	34.4
化学材料业	7.2	8.7	8.7	7.8	8.5	9.8	9.8
机械设备业	4.6	4.8	4.8	4.7	4.5	4.4	4.3
运输工具业	5.1	5.8	4.9	4.4	4.2	3.9	4.3
化学制品业	1.2	1.2	1.2	1.3	1.3	1.4	1.4
精密仪器业	1.1	0.9	0.8	0.7	0.7	0.7	0.7
出口总值（亿美元）	276	392	531	640	828	628	741
占全体商品出口比重（%）	36.3	42.1	45.8	52.6	55.8	54.4	56.8

资料来源：台湾“行政院主计处”网站：http：//www.dgbas.gov.tw/。

(四) 推动了创业投资的发展

由于上柜公司中几乎都有创业投资资本，柜台市场在促进高科技公司成长的同时，实际上也已成为台湾创业投资的主要退出渠道。将柜台市场的资料与台湾创投公会统计资料对比就会发现，柜台买卖中心市场自1994年成立以来，是台湾创投行业发展最快、最为成功的一个时期。如前所述，1994年底，台湾的创投公司总数仅为28家，平均每年新设创投公司2.5家，累计创投资金也仅为146.98亿元新台币。而1995~2001年7年间，平均仅每年新设的创投公司就达24.4家，每年新增的创业投资资金就达172亿元新台币。1994年之前的5年，台湾创投公司每股平均年营利仅为0.226元新台币，而1994年之后的5年，台湾创投公司平均年营利达到1.64元新台币。上述数据对比表明，柜台市场通过提供退出渠道，给予了台湾创投行业内在发展的驱动力。

(五) 促进了台湾的产业结构升级

台湾柜台市场设立以后，随着高科技产业的发展，台湾的产业结构也走向良性升级的轨道。在全部制造业生产结构中，传统制造业所占的比重由1991年的34.6%下降到2001年的23.1%，而技术密集制造业的比重则由1991年的28.6%上升到2001年的38.8%，其中主要是电力电子器材比重的增长，由1991年的15.6%上升到2001年的25.7%。在全部出口商品金额中，属于高技术密集产业的出口比重也不断提高，由1993年的31.39%上升到2001年的46.34%（见表4）。而柜台市场上的上柜公司，几乎都属于高技术密集度的产业。柜台市场的设立对高科技产业的发展以及台湾整体的产业结构升级起到了重要的推动作用。

表4　高技术密集度产业出口金额占全部出口比重

时间（年）	全部出口金额（百万美元）	高技术密集度产业出口金额（百万美元）	高技术密集度产业出口比重（%）
1984	30 456	5 567	18.28
1986	39 862	7 323	18.37

续表

时间（年）	全部出口金额（百万美元）	高技术密集度产业出口金额（百万美元）	高技术密集度产业出口比重（%）
1989	66 304	16 073	24.24
1990	67 214	17 965	26.73
1991	76 178	20 754	27.24
1992	81 470	24 052	29.52
1993	85 091	26 707	31.39
1994	93 049	30 212	32.47
1995	111 659	40 801	36.54
1996	115 942	46 010	39.68
1997	122 081	48 465	39.70
1998	110 582	45 494	41.14
1999	121 591	51 180	42.09
2000	148 321	63 056	42.51
2001	122 866	56 931	46.34

资料来源：台湾“行政院主计处”网站：http：//www.dgbas.gov.tw/。

关于统一管理代办股份转让系统的报告*

中关村科技园区非上市股份有限公司进入代办股份转让系统试点，引起了社会各界的广泛关注，受到了全国各大科技园区的普遍欢迎，但也暴露出一些问题。

首先，规模太少，难以发挥示范作用。目前，挂牌的园区企业只有3家，相对于中关村园区的企业是少数；对全国53个国家级高新技术园区1 500家左右股份制企业来讲，比例更小。

其次，试点的相关配套政策还不够明确。比如，试点在多层次资本市场中的定位不明确，挂牌标准不完善，转板条件不确定，均影响了市场各方对试点意义和作用的认识。

另外，试点中的交易、结算不够便捷，效率低、环节多、风险大，不便于投资者参与。

出现这种情况的原因是多方面的，但根本在于试点的管理架构存在重大缺陷。现行的多方参与、分散管理的运作模式，实际上是平衡相关利益方的一种妥协，致使政出多门。各组织方对试点的意义、制度设计、市场培育、监管力度等问题认识不一致，对试点工作造成了负面影响。

作为落实《国家中长期科学和技术发展规划纲要》的一项重要措施，试点工作适应了当前自主创新的国家战略，应该坚定不移地加以推动。我们建议，由深交所统一管理代办转让系统。

第一，深交所有技术、人才和监管经验的优势。自股份代办系统建立以来，深交所就一直在参与代办系统的建设，提供技术平台，实施实时监控，通过深交所网站进行信息披露。同时，深交所还参加了制度设计工

* 此文定稿于2006年4月13日，是代深圳市政府起草的相关文件之建议件。

作，并成立专门的代办工作小组。

第二，代办系统依托交易所发展符合国际趋势。从海外的经验和信息时代的要求看，无论是柜台市场还是信息发布平台，均是依托交易所发展。例如，美国 OTCBB 和粉单市场就是依托纳斯达克市场发展起来的。

第三，可以有效地改变一线监管缺位问题。中国证券业协会远离市场一线，无法承担直接监管的职责；主办券商由于存在着不可回避的利益冲突，也难以担当市场监管主体的角色。在中国证监会的领导下，发挥深交所的市场组织和一线监管功能，强化实时监控和信息披露的监管，可以提高市场的吸引力和运作效率，提高投资者对代办股份转让系统的信心。

第四，深圳市政府对深交所统一管理代办系统提供支持。在人才、资金、土地、高管人员待遇等方面，深圳市将给予优惠和支持，进一步优化深交所发展的外部环境。同时，研究把深圳市产权交易中心纳入代办股份转让系统的可行性，配合中国证监会做好相关工作。

第五，推动深圳科技园区企业尽早进入代办股份转让系统。深圳市高新区是国家重点支持的五大科技园区之一，高新技术产业已经成为深圳经济的支柱。试点启动以来，深圳市政府高度关注，市主要领导直接负责相关准备工作。希望中国证监会及时对我们的工作给予全面指导，使深圳市高新区能够尽快进入代办股份转让系统。

多层次资本市场建设应有的共识*

多层次资本市场就是资本市场具有多层级性，以适应融资的差异性和投资的多元化。直观地说，主板市场重在打造蓝筹股市场；创业板或新市场重在为创业和创新企业提供融资平台，为风险资本提供退出渠道；场外市场重在提供一个交易转让场所，作为上市的预演和退市的去处；产权交易所旨在提供一个集中信息交流的平台。

为中小企业提供直接融资的平台，是多层次资本市场建设的关键因素。自20世纪70年代以后，随着《小的是美好的》和《博尔顿报告》的出版，西方国家逐步改变对中小企业的淘汰政策，转为积极扶持政策，设立面向中小企业的资本市场，成为一个不可抗拒的潮流。从这种意义上说，多层次市场体系的核心，是使资本市场能够更好地服务于中小企业。在我国，多层次资本市场建设是党和国家重大的战略决策。考虑到海外多层次资本市场的经验和教训，考虑到信息技术充分发达的时代影响，我国多层次资本市场建设，需要注重中小企业特别是中小科技企业的直接融资问题，宜充分发挥交易所的核心作用，形成依托交易所而不再另设地区性交易所的格局。

海外多层次资本市场建设，有意无意均是围绕交易所进行的。其一，交易所是资本市场的主要存在形式。纽约证券交易所从“梧桐树协议”开始，演变发展为交易所；纽约场外股票交易所在1921年搬进户内，1951年改名为美国交易所；纳斯达克市场从早期的柜台市场联网而成，后形成为两个市场，现在又分为三个市场，并正式申请注册为交易所获得成功。其二，海外新市场的建设是围绕交易所进行的。平行模式的新市场

* 本文是《证券市场导报》2006年第5期“编者絮语”。

由交易所直接设立，如日本、法国、德国和英国新市场的建设，进入21世纪后，这些新市场又被直接整合为交易所的一个板块。独立模式的日本佳斯达克市场注册为交易所，韩国科斯达克市场合并到韩国证券期货交易所，台湾柜台市场也正在打算与台湾交易所合并。其三，场外市场依托交易所市场发展。美国OTCBB市场直接使用纳斯达克市场的报价、交易和清算系统，同时接受纳斯达克和美国证券交易委员会的监管。OTCBB与纳斯达克市场存在着直接的转移机制。在OTCBB上报价的公司只要股东超过300名，价格维持在四五美元左右，净资产达到400万美元以上，就可以申请转移到纳斯达克市场的小型资本市场。

信息技术的发展抵消了地区性交易所的存在价值。一是地区性交易所是信息技术不发达的产物。在“隔山买牛”不可能的情况下，海外证券市场在早期确实出现了许多地区性交易所。在现代信息技术条件下，证券发行、托管、交易、结算的无纸化，强大的网络系统和网络的外部性效应，使地区性交易所已经没有存在的必要。二是地区性交易所是联邦制的产物。以美国为例，当时的每一州均有一部证券法即“蓝天法”，州政府有调控或管辖证券之权。当前，我国无论是《公司法》还是《证券法》，均没有给地区性交易所留下法律依据和空间，地方政府也没有调控或管辖证券之权。三是海外地区性交易所发展现状与前景堪忧。许多年来，绝大部分地区性交易所“门前冷落鞍马稀”，有的已经没有IPO功能，有的靠金融衍生产品等勉强度日，有的成为全国性交易所的交易中心，大部分已经关闭或处于半关闭状况。四是产权交易所只能充当产权买卖的信息发布平台。近年来，我国不少地区新设立了产权交易所，按其章程的规定，它只能是产权买卖的信息发布平台。从严格意义上讲，产权交易所除了发布供求信息外，还可以提供股权托管、过户等服务，但不能提供竞价、拆细交易，特别是不能连续竞价地“为买而卖”或“为卖而买”。

构建多层次资本市场的蓝图*

实施国家自主创新战略，全面建设小康社会，构建社会主义和谐社会，需要最大限度地实现资本、技术、人才、商品、土地等要素的自由流动与优化配置，尤其要充分发挥资本作为连接、调动各项要素桥梁的枢纽性功能，这当中，大力发展多层次资本市场是最为核心与关键的环节。当前，股权分置改革基本完成，证券化时代即将到来，中国资本市场发展面临崭新的起点。与此同时，我国加入 WTO，金融业全面对外开放期限马上到来，这预示着我国资本市场融入国际资本市场体系的步伐会加快，更加激烈的全球化竞争和对市场定价权的争夺在所难免。此时此刻，加快我国多层次资本市场建设步伐的现实性与紧迫性日益凸现。

世界成熟市场发展多层次市场体系的经验表明，建立科学合理的市场层次总体架构是成功的关键。2006 年 2 月，美国纳斯达克市场宣布最新的市场结构设计，初步形成了“三加一”的市场层次体系，以实现“促进资本形成”的本质与宗旨，具体包括：纳斯达克市场全球精选市场、纳斯达克市场全球市场、纳斯达克市场资本市场，以及由非上市公众公司组成的全国性场外市场 OTCBB。

以建设多层次资本市场为历史使命，深交所开展了不懈的探索：2000 年至今，始终以现有主板为依托，积极筹备创业板；2004 年 5 月，中小企业板正式设立；2006 年 1 月，中关村科技园区非上市股份公司进入代办转让系统股份报价转让试点启动。这些尝试奠定了适应中国经济发展需要的多层次资本市场的雏形。根据《公司法》、《证券法》要求，借鉴纳斯达克模式，打造深交所多层次资本市场，已日益成为各界的基本认识，即由主板、中小板、创业板及代办转让系统组成的市场体系。

---

* 本文是《证券市场导报》2006 年第 11 期“编者絮语”。

第一，进一步鼓励和促进主板公司做优做强。以股权分置问题的解决为契机，支持通过定向增发、整体上市、兼并重组等手段，促进其优化股权结构、完善法人治理；要鼓励其采取买壳上市、引入战略投资者等方式增强实力，增加新的利润增长点；要促进公司建立和完善股权激励制度，增强企业的长期持续发展动力。

第二，全力推动中小板市场迅速扩大规模。中小板是整个多层次市场体系中承上启下的核心，而且在创业板开设初期对维护市场稳定具有不可替代的作用。针对当前中小板市场规模小、发行速度慢、制度与中小企业特点不适应等存在的问题，应大力提升中小企业发行上市融资比重，通过强化市场理念提高发审效率，并持续实行批量发行、批量上市，加快市场发展节奏，同时推进“小额再融资机制”等制度创新。

第三，适时尽快新设创业板市场。目前，推出创业板的条件逐步成熟：一是我国科技型中小企业的成长及增强自主创新能力的客观要求，使得依托创业板实现科技与资本结合的呼声与共识日益强烈；二是《公司法》、《证券法》取消了对公司经营业绩等财务指标的明确要求，有利于在上市标准方面有新的突破，设立一套更为宽松、灵活、符合创业企业特点的创业板门槛；三是近年来国际主要创业板市场复苏与发展，尤其是英国 AIM 市场、韩国科斯达克市场的引导与示范效应显现，创业板市场发展的外部环境已得到根本改善；四是深交所多年来在技术系统开发、上市资源培育方面进行了积极筹备，并积累了对中小型上市公司监管的丰富经验，为做好创业板市场各项工作打下了良好基础。

第四，积极稳妥地发展代办转让市场。统一的场外转让市场，对于为较高层次市场输送规范运作的优质上市资源具有重要意义。目前，应尽快解决代办系统定位不清、制度不完善的问题，在总结中关村报价转让试点经验的基础上，将试点范围逐步扩大至其他科技园区，适时将公开发行非上市公司纳入代办转让系统，发展成为统一监管下的非上市公众公司股份转让平台。同时，发挥代办转让系统的技术、信息优势，探索建立和完善与产权市场之间的协调与连通机制。

关于新时期建设我国场外交易市场的基本认识*

一、场外市场发展的世界性新趋势

近年来，伴随着全球交易通信技术的发展和市场监管模式的变革，场外市场的发展呈现出一些新特点。

（一）场外市场的交易所化

一些发展成熟的、已经具备交易所市场特征的场外市场，规范为交易所，按照交易所的标准进行监管，充分保护投资者权益，促进市场健康发展。例如，美国纳斯达克市场、日本佳斯达克市场以及韩国科斯达克市场，近年来均先后申请注册为交易所。

（二）场外市场充分依托交易所发展

一些处于发展初期的场外市场，例如美国 OTCBB 市场直接使用纳斯达克市场交易所的报价、交易、通讯和监管系统；法国的 ALTER NEXT 市场、台湾兴柜市场、北欧的 FIRST NORTH 市场等近年来兴起的场外市场，都是依托交易所已有的技术系统和监管资源运营的。

（三）场外市场与交易所共享登记结算支持系统

近年来，随着证券登记结算行业的竞争加剧，海外市场呈现出市场分层发展、后台日趋统一的趋势。场外市场与交易所市场使用共同的资金结算、账户、股份登记和存管服务系统，美国市场、欧盟市场均已采取这种模式。

（四）场外市场孵化器功能日趋明显，场外市场与交易所市场之间连通机制制度化

例如 OTCBB 与纳斯达克市场存在着直接的转移机制，在 OTCBB 上报

* 本文是受中国证监会多层次资本市场领导小组委托写的材料，定稿于 2007 年 3 月 20 日。

价的公司只要股东超过300名，价格维持在5美元左右，净资产达到400万美元以上，就可以申请转移到纳斯达克市场的小型市场。又如，2001年设立的台湾兴柜市场一开始就定位为交易所市场的孵化器，在2003~2005年3年间，共有449家公司在兴柜市场挂牌，同时为台湾交易所和柜台买卖中心输送了393家新上市上柜公司，成为台湾上市上柜公司的"孵化器"。

场外市场的上述种种变化，是证券金融监管部门防范和化解风险的需要，更是各市场参与主体从效益最大化和成本最小化考量的结果。信息时代，交易所的竞争除了表现为上市资源的竞争外，还表现为信息技术的竞争。场外市场依托交易所发展成为世界性趋势，一是可以节省场外市场庞大的技术投资，实现直接成本的最小化。这些年来，无论是欧洲的德国交易所集团、泛欧交易所、瑞典OM集团，还是纽约证券交易所和纳斯达克市场，均在技术开发和投入上不惜工本，动辄数亿美元，而这是场外市场不愿也无力进行的。二是由交易所外部性决定的。众所周知，每一技术投入后带来的品种越多，数量越大，投资者越集中，其单位投入的负担就愈小，间接成本就越低。因此，交易所也愿意将场外市场涵盖在自己的体系之中。

二、我国场外市场建设的教训与经验

我国场外市场的建设经历了一个曲折的过程，有着惨痛的教训。20世纪80年代中期以来，随着股份制试点的推广，在交易所市场逐步发展为全国性市场的同时，各地非法的场外市场也在滋生蔓延。到1998年，全国各地共设立了41个各类证券交易中心和报价系统，共有520家公司在这些交易场所挂牌，流通股本120亿股，投资者337万人。在各自为政、缺乏集中统一监管、缺乏技术支持系统、缺乏投资者资格认证的情况下，这些交易场所从事非上市公司股票、股权证的场外非法交易活动，扰乱了证券市场的正常秩序，隐藏着很大的金融风险，极易诱发影响社会稳定的事端。针对这种局面，党中央和国务院果断决定进行清理整顿，彻底关闭了各地的证券交易中心和报价系统，严禁各地产权交易机构变相进行股票上市交易。

我国股票市场建立的短短十多年间，交易所充分利用现代交易通信技术，下大力气进行技术开发和投入，取得了明显的后发技术优势。交易所形成了从发行、上市、登记到交易、结算、通讯等无纸化的、覆盖全国的技术支持体系，在国际上率先攻克了异地实时灾难备份、天地实时互备通信等一系列关键技术，使得交易系统具有高达2.1万笔/秒的持续订单处理能力，15分钟内可完成灾备切换且确保数据的零丢失和100%完整性，拥有覆盖全国的天地实时互备通信专网，确保安全可靠的数据传输。据初步统计，仅沪深两个证券交易所在技术开发上的投资累计就达几十亿元，这还不包括庞大的技术开发队伍以及通讯和信息技术的人力资源管理成本。

与此同时，交易所结合市场发展的实际需要，充分发挥技术系统的可拓展性，开发出为主板、中小企业板、创业板、代办股份转让、报价转让等多个不同层次市场提供交易服务的系统。

上述经验和教训，是我国建设场外市场须臾不可忘记的。特别是在交易所国际竞争已经白热化的今天，不能从高起点建设场外市场，而是重走西方场外市场几百年来所走过的老路，是断断不应该的。如果抛开现有的基础，不仅会增加新的投入，而且也是对现有系统的巨大浪费，不仅因资源分散难以形成合力，更徒然增加了整个市场的投资成本和运行成本。

三、新时期建设场外市场的基本思路和原则

（一）基本思路

进入21世纪，我国资本市场尤其注意持续跟踪和借鉴海外市场发展的成熟经验，并结合我国场外市场的现实教训，对我国场外市场建设的路径和方式进行一系列有益的探索。

1. 设立了代办系统。2001 年，为解决 1998 年清理非法场外股票交易被关闭的 STAQ 和 NET 两个交易系统公司和交易所退市公司的股票交易问题，依托深圳证券交易所和中国证券登记结算公司技术系统，建立了代办股份转让系统。

2. 进行股份报价转让试点。2006 年，为落实国家自主创新战略，拓展了代办股份转让系统功能，启动了中关村园区非上市公司股份报价转让的试点工作。

经过挫折、反复的理论论证和谨慎的实践探索，我国资本市场终于逐步找到了一条新技术条件下建设场外市场的基本思路，这就是：构建统一监管下的全国性场外交易市场，探索适应多层次市场建设需要的交易制度创新，建立全国统一的非上市公众公司监管体制和持续监管制度。

（二）原则

可喜的是，这一思路逐渐得到了资本市场参与各方的广泛认同和肯定。这就是说，场外市场发展决不能再走过去的老路，一定要坚持统一监管、统一系统和体系的原则。

1. 要建立统一监管的场外市场。没有规矩，不成方圆，分散监管，形成“五龙治水”局面，更是乱相之源。场外市场实行集中统一的监管体制，就是要建立统一的市场规则体系和监管标准，建立集中统一的证券登记托管结算体系。

2. 要充分利用交易所的技术系统，高起点地建设场外市场。建设场外市场不能完全按照成熟市场发展历史走过的路，利用交易所先进的技术系统发展场外市场，是新技术条件下的必然选择，也是避免重复建设、降低市场建设成本、增强交易所核心竞争力的有效途径。

3. 依托现有市场，循序渐进地推进场外市场建设。代办系统近年来的探索积累了很多有益经验，已经建立起了覆盖全国的交易系统和集中统一的证券登记结算系统，初步建立了适应非上市公司的交易结算制度、信息披露制度和监管制度，培育了一批具有相当业务素质和职业操守的从业人员和监管人员队伍，得到了市场的认可，已经具备发展成为在统一监管下的全国性场外交易市场的条件。

4. 场外市场与交易所市场要协调发展，相互促进。一方面，场外市场在解决非上市公司股份转让基本功能的基础上，要充分发挥上市公司“孵化器”的作用，建立企业培育、筛选和优胜劣汰机制；另一方面，场外市场具有很大的外部经济性，独立生存难度特别是财务支撑难度较大，需要充分发挥交易所现有市场对其的全面支持作用。

美国多层次柜台市场体系基本情况及启示*

1904 年粉单市场出现，标志着美国现代柜台市场初步形成。在之后的一个多世纪里，经过竞争和融合，美国市场逐步发展成为定位清晰的多层次柜台市场体系，包括高端柜台市场、公告牌市场、粉单市场和灰单市场等四部分。柜台市场与交易所场内市场连结互动，共同构筑美国多层次资本市场体系。

一、美国柜台交易市场体系的形成过程

依靠技术进步与强化监管，源于粉单市场的美国柜台市场逐步形成全国性、多层次柜台交易市场体系，这个过程大体可以划分为四个阶段。

第一阶段：柜台市场的自发形成阶段。

1904 年之前美国全国分布着许多柜台交易市场，交易自发进行。由于地域分散，彼此间信息隔绝，缺乏统一信息统计，券商和客户很难全面了解相关股票报价和交易情况。这一阶段为美国柜台市场的自发形成阶段。

第二阶段：柜台市场的自发组织阶段。

1904 年，粉单市场出现，使柜台市场具有了一定的组织性。金融家罗杰·鲍伯森设立公司，开始专门收集各种柜台交易证券的数据信息，并以月刊的形式出版发行。1911 年，一位波士顿的图书出版商亚瑟艾·律特来到纽约，走访所有证券经纪商，终于获得资助出版每日柜台市场报价表。从此，鲍伯森和艾·律特开始合作为经纪商出版柜台市场每日报价。1913 年，两家公司合并成立了国家报价局（National Quotation Bureau），开始向全美证券经纪商和投资者提供报价服务。每天公布的信息包

---

* 本文定稿于 2008 年 2 月。与刘辅忠合作。

括10 000多种柜台交易股票和5 000多种债券的价格和交易量等。他们还将各种证券的报价信息定期制作成刊物发往全国。有了信息流通，美国柜台市场活跃起来。由于当时用粉红色纸张印刷，人们习惯称之为“粉单市场”。

在国家报价局运作之初，刊登报价已经要求审查公司资质，其中银行和纽交所的推荐信必不可少。同时，刊登信息的公司必须提供每个合伙人及主要股东10年的履历表，并明确说明交割结算安排。与当时美国证监会、全美证券商协会及做市商的要求相比，国家报价局的要求更严格。

第三阶段：柜台市场的市场竞争阶段。

1968年，美国证券商协会决定创建“全美证券商协会自动报价系统”，彻底打破了国家报价局的垄断地位。该系统从粉单市场上精选了2 500多只股票进行报价交易，这些股票在规模、业绩和成长性等方面均名列前茅。1971年2月8日，该系统正式启动，纳斯达克市场就此产生。

1990年，纳斯达克证券市场设立了OTCBB市场。由于其全国性电子报价系统的优势，并且同样不强制公司作信息披露，大量粉单报价股票转到OTCBB市场。

由于监管过于宽松，OTCBB市场出现了欺诈行为。从1999年1月起，美国证监会开始整顿OTCBB市场，要求在OTCBB市场报价的公司必须定期提供财务报告，否则将被从OTCBB市场摘牌。在这种情况下，大量在OTCBB市场报价的股票，又重新回到了粉单市场。

经过一年整顿，OTCBB市场报价的股票从6 600多只锐减至3 300余只，而粉单市场报价的股票则有所增加。截止到2005年9月，粉单市场股票有7 821只，其中单独在粉单市场报价的有4 782只，在粉单市场和OTCBB双重报价的股票有3 039只。

第四阶段：柜台市场的电子化交易。

20世纪90年代中后期，电子化交易技术的发展为国家报价局提供了新的机遇。1997年，国家报价局启用电子交易平台提供柜台交易服务，业务有了转机。1999年，粉单电子交易平台上线。2000年，“国家报价局”改名为“粉单公司”，并推出专用网站 www. pinksheets. com，实现了电子化报价的关键转变。2006 年，粉单公司推出高端柜台市场 OTCQX，吸引了多家世界 500 强企业前来挂牌。2008 年，粉单公司再次改名，称为“粉单柜台市场公司”，突出了多层次柜台市场的功能。至此，在美国形成了以粉单市场和 OTCBB 为主体的现代柜台市场体系。

二、美国四个层次柜台市场的总体情况

在长期的发展过程中，不同的场外柜台市场逐渐分工、融合，形成不同的层次。目前，美国场外柜台市场体系主要包括：OTCQX 市场、柜台公告牌交易市场（OTCBB）、粉单市场和灰单市场（Grey Sheets）。根据对信息披露、财务报表审核等监管要求的高低，从高到低如表 1 所示。

表 1　　美国柜台市场的多层次体系

层次	市场名称	层次细分
1	OTCQX	高级市场 PremierQX 国际高级市场 International PremierQX
		优选市场 PrimeQX 国际优选市场 International PremeQX
2	OTCBB	
3	粉单市场	现期信息披露类 Current Information
		有限信息披露类 Limited Information
		无信息披露类 No Information
		高风险类（买者自负） Caveat Emptor
4	灰单市场	

据统计，美国柜台市场现有 9 000 多家挂牌公司，2007 年的交易量为

1 629 亿美元。2008 年前 3 季度，该市场交易量为 1 091 亿美元，成为世界上最大的柜台交易市场（见表 2 和表 3）。下面我们将具体介绍 4 个板块。

表 2　　美国柜台市场挂牌公司数量概览

柜台市场层次	挂牌证券数量（只）
OTCQX	49
粉单/OTCBB 交叉挂牌	3 609
OTCBB	120
粉单市场当期信息披露类	1 292
粉单市场有限信息披露类	669
粉单市场无信息披露类	3 403
总数	9 142

注：统计时间截至 2009 年 1 月 16 日。
资料来源：粉单柜台市场公司。

表 3　　美国柜台市场挂牌公司交易量概览

时间	交易金额（亿美元）	交易股数（亿股）
2008 年前 3 季度	1 091	4 598
2007 年	1 629	7 694
2006 年	1 133	10 585
2005 年	567	59 702
2004 年	506	8 195
2003 年	265	1 875
2002 年	201	841
2001 年	16	721

资料来源：粉单柜台市场公司。

（一）OTCQX 市场

OTCQX 市场成立于 2006 年 3 月，是美国场外柜台市场体系中的高级别市场，由粉单柜台市场公司（Pink Sheets LLC）管理，采取电子化交易手段，由做市商提供流动性。

OTCQX 市场依托粉单市场的报价和交易平台，为具有一定规模的企业提供挂牌交易服务。在这些挂牌公司中，包括世界著名运动品牌运营公司阿迪达斯、世界石化巨头德国巴斯夫集团，以及英国零售巨头马莎百货。

为什么众多颇有实力的公司都选择在 OTCQX 市场挂牌？主要原因在于合规成本。随着美国出台《萨班斯·奥克斯利法案》，内控标准空前提高，合规成本也随之大幅提升。OTCQX 市场虽然也对挂牌公司有较为严格的信息披露要求，但是免除了挂牌公司《萨班斯·奥克斯利法案》的内控要求。

1. OTCQX 市场挂牌对象：

（1）在美国柜台市场挂牌的，并且有能力向投资者披露财务状况的美国国内企业；

（2）在纽约证交所、美国证交所或者纳斯达克证交所上市的小型公司，选择自愿退市，同时又愿意为其现存股东保持二级市场的流通性和透明度；

（3）创业投资支持的成长型企业，目前还没有达到在证交所上市的规模，但是希望通过其成长计划，增强企业对投资者的吸引力；

（4）美国本土外证交所上市的企业，希望进入美国资本市场，获取二级市场流通渠道，利用相关豁免条款，获得美国证监会审核豁免。

2. OTCQX 市场的特点：

（1）为满足中小型企业量身订制的原则性披露要求；

（2）采用美国通用会计制度（GAAP）审计，但不要求满足 404 条款的要求；

（3）提供进入美国资本流通市场的通道；

（4）尊重其所在国对披露的要求；

（5）无须美国证监会登记；

（6）提供国外股东接触美国客户、雇员和投资者的渠道；

（7）提供融资平台，500 家做市商和经纪人提供流动性或交易服务；

（8）提供知名度和可见度：只有报价在 OTCBB 市场上位列前 25% 的企业才有资格进入 OTCQX 市场；

（9）OTCQX 的高端定位，将优质企业与财务不善或者诚信不佳的企业区别开。公司必须是实体企业，特殊目的公司或者破产公司不可能登录 OTCQX 市场。

3. 市场细分。为进一步满足企业的不同挂牌需求，OTCQX 市场又划分为两个板块：高级市场和优选市场。

高级市场的挂牌企业，要求达到美国全国性证券市场上市公司规模和质量。具体的挂牌要求是：最低竞购股价不低于 1 美元；达到全国性证券市场上市公司财务指标；至少拥有 100 名持股数量不少于 100 股的股东；召开年度股东大会；达到优选市场的所有挂牌要求。

优选市场要求挂牌公司运作规范，披露经审计的财务报表，企业规模可以低于高级市场的企业规模。具体的挂牌要求是：披露管理层讨论、公司背景和年度管理层确认函；在 octqx. com 网站上连续公布季报和年报；实质性事件信息披露；年度通用会计准则合规性审核；至少拥有 50 个持股数量不少于 100 股的股东；进入标准普尔公司名录或穆迪手册，符合美国“蓝天法”要求，以便经纪商可以在美国 37 个州内销售股票等。

为吸引海外公司挂牌，OTCQX 专门设立了国际市场块，并取名“国际签证计划”。这项计划针对已经在海外合格交易所上市的公司，仅要求其以英文公布其在本国交易所披露的信息即可，无须在美国证监会注册。

OTCQX 的国际市场也分为两个层次：国际高级市场和国际优选市场。前者要求挂牌公司达到纽约证券交易所要求的上市标准和规模；后者规模要求要小于国际高级市场。

目前，在 OTCQX 国际市场挂牌的公司，包括法国荷兰航空集团、德意志商业银行、三菱集团、雀巢、沃尔马墨西哥公司和苏黎世金融服务公司等等。中国教育资源公司是唯一主营业务在中国的 OTCQX 国际市场挂牌公司。

4. 指定披露顾问。OTCQX 市场的一项核心制度是指定披露顾问制度。这项制度参照了英国 AIM 的指定保荐人制度（Nominated Advisor），但要比后者宽松得多。

OTCQX 市场要求发行人在申请挂牌前必须选定“指定披露顾问”，而且在挂牌期间必须始终保持“指定披露顾问”。后者为发行人提供信息披露和相关规则的合规指导。但与 AIM 市场不同的是，“指定披露顾问”可以较为灵活地帮助企业按其业务发展需要特制披露方案。当然，“指定披露顾问”必须认真指导挂牌公司完成定期的年报、季报、临时公告，或能够影响股价或未来业绩的重大事件披露。

美国的“指定披露顾问”分为两类：美国证券业协会所属的投资银行或证券律师，并规定了不同的资格要求。

（二）柜台公告牌市场（OTCBB）

OTCBB 是全美证券商协会管理的柜台证券交易实时报价服务系统，为不在纳斯达克全国市场和资本市场、纽约证券交易所或美国证券交易所挂牌交易的证券，提供即时报价、成交价和成交量等服务。

1990 年 6 月，在试点的基础上，为增加柜台市场的透明度，OTCBB 开始运作。根据美国证监会 1990 年《便士股票改革法》设立了电子系统，以符合交易法的“17B”规则。该系统设立目的，是为了便于广泛发布最新报价及成交价格信息。从 1993 年 12 月起，所有美国国内的柜台证券在交易后 90 秒内，必须通过自动确认交易服务系统（ACTSM）进行报告。

1999 年 1 月 4 日，美国证监会批准了《OTCBB 监管规则》。要求在 OTCBB 报价的金融品种必须向美国证监会以及有关金融保险监管机构报告当前的财务状况。此前已经在 OTCBB 上的公司，给予一定的宽限期进行报告，以符合新的要求。这项规定从 1999 年 7 月开始执行，要求在 2000 年 6 月前必须都达到这个要求。

在 OTCBB 上市后有多种融资方式，主要为两类：权益性融资和债券融资。权益性融资有新股增发、二级发售、远期凭证、私募等方式；债券融资有银行贷款、债券发行等方式，比较常用的方式是新股增发和私募。

1. OTCBB 市场挂牌对象：

（1）未能达到 NASDAQ 上市标准的新兴成长型公司；

（2）股权集中的私营公司，特别是地区性的银行和保险公司；

（3）因经营业绩下降而从纳斯达克降级到 OTCBB 市场，以及需要进行业务重组的公司。

OTCBB 挂牌的证券包括股票、认购权证、基金单位、美国存托凭证（ADR）以及直接参与项目（DPPs）等。一般而言，任何未在全国市场上市或登记的证券，包括在全国、地方、国外发行的股票、认股权证、证券组合、美国存托凭证等，都可以在 OTCBB 市场上报价交易。OTCBB 对企业没有任何规模或赢利上的要求，只要有做市商愿意为该证券做市即可。

2. OTCBB 市场的特点：

（1）OTCBB 门槛低、费用少，可升级至主板；

（2）挂牌后企业按季度向美国证监会提交财务报表，就可以在 OTCBB 上挂牌流通；

（3）在 OTCBB 上的投资者，包括很多投资基金、投资机构；

（4）上市过程快，仅需要 3～6 个月的时间；

（5）可灵活选择升板时机与市场。

3. OTCBB 的市场操作：

（1）OTCBB 报价。所有在 OTCBB 报价的公司必须通过一家做市商报价。OTCBB 报价受市场监督系统所控制，以确定遵守美国证监会的规则。发行人只有通过做市商才能申请证券报价。

（2）OTCBB 的做市商制度。做市商制度是 OTCBB 市场的核心。做市商是一些独立的股票交易商，由全美证券商协会的 650 多家会员担任，做市商为股票的买卖提供报价，为投资者担任买卖对手方的角色。

做市商通过纳斯达克证券市场工作台的电子终端网络随时动用资金，进行自行买卖 OTCBB 各类报价公司的股票，并且由公司的交易商电子报价。世界各地的其他交易商、经纪人和投资者则可以从计算机终端上看到市场价格和买卖数量的确认报价。

做市商的责任：

维持特定的营业记录和遵守特定的财务标准；不间断地主持买、卖两方面的市场，并在最佳价格时按限额规定执行指令；发布有效的买、卖两种报价；在一笔交易成交后 90 秒内，每位做市商通过计算机终端网络向全国证券交易商协会，报出某一股票有效的买入价和卖出价和已完成交易成交情况、买卖数量和价格的交易信息。

4. OTCBB 的市场监管：OTCBB 的管理由全美证券交易商协会负责。该协会成立于 1939 年，在美国证券交易委员会注册，该协会的职责是：制定纳斯达克证券交易法规、规范及会员行为准则；对违反协会规章或联邦证券法的会员公司及注册的雇员进行惩处；收集和发布在柜台交易市场上的证券报价信息；收集和发布纳斯达克每笔交易成交情况的各种信息；连续不断地对市场上的证券交易活动进行监督。

全美证券商协会负责对 OTCBB 做市商或参加交易的公司的报价行为和交易惯例进行监督，规定 OTCBB 市场做市商的活动和交易法规。

OTCBB 对发行人无最低要求标准，无需任何维持条件，也无需向全美证券商协会提交公司财务报告和披露信息。但是 OTCBB 发行人必须在美国证监会注册。

5. OTCBB 的信息披露要求：做市商所有国内股票发行、加拿大和美国托管凭证（ADR）交易必须在 90 秒内通过 ACTSM 报告，其他交易在 T+1内报告。

所有在 OTCBB 报价的股票发行人应该定期向美国证监会或其他监管机构履行披露职责。发行人应该在生效日前报告公司的重大事项，包括合并、收购、更换名称以及所有重大事项的细节和相关文件。发行人必须提前 10 天向 OTCBB 协调人报送关于股票拆细、并股、分红送股或其他配送信息。

（三）粉单市场

粉单市场是美国柜台市场体系中重要的组成部分，并有自己独立的自动报价系统。粉单市场的功能就是为选择不在交易所挂牌上市或者不满足上市条件的公司提供交易流通和报价服务。

在粉单市场报价的证券属于“未上市证券”（Unlisted Securities），包括：（1）由于已经不再满足上市标准而从 NASDAQ 股票市场或者从其他交易所退市的证券；（2）为避免承担披露义务而从 OTCBB 自愿退到粉单市场的证券；（3）至少有一家做市商愿意为其报价的公司。

粉单市场与其他柜台市场一样，采用做市商交易制度。只有经美国证监会注册、具有全美证券交易商协会会员资格的做市商，才能为粉单股票报价做市。

在粉单市场报价没有特别的准入标准，只要做市商填写一份真实反映发行人当前最新状况的 FORM211 表格提交市场审核即可，并不要求审查发行人的财务状况等。粉单市场是美国唯一对上市既没有财务要求，也无强制性信息披露要求（其中特定板块除外）的市场。

粉单市场具有很大的兼容性。如果做市商在其他市场为某证券报价，则可直接在粉单市场报价。事实上，在此情况下，做市商有义务立即在粉单市场为该证券报价。

粉单市场仅仅是一个报价服务系统，不提供自动交易撮合，也不执行自动交易指令。它不是一个发行人上市挂牌交易系统，没有发行标准，因此它不受美国证监会注册要求的管制，不必向其上交财务信息和其他的公司常规文件，没有信息披露的要求（有特殊规定的除外）。证券发行者在粉单市场报价无须支付费用，做市商仅需为证券报价服务每月支付少许费用。

由上可知，因为粉单市场上市报价的条件很低，在这个市场上报价的许多证券都是资料不全，信息披露不及时，投资风险很大。但粉单市场也为消息灵通的投资者提供了巨大的投资机会，因而主要参与者为风险偏好较高的投资者及风险投资家。

粉单市场进一步分成四个类别：当期信息披露类、有限信息披露类、无信息披露类和买者自负类。粉单市场的分类体现了信息披露程度的不同，有一定的风险揭示作用。

（四）灰单市场

灰单市场没有做市商，股票不在任何交易所或柜台市场挂牌交易。交易由经纪商完成，并呈报给自律组织，再由自律组织将成交信息发送给相关财经网站，向公众发布，以供投资者跟踪交易价格和交易量。因为不进行联网竞价，所以灰单市场是完全的私募市场。因为股票发行是完全自发行为，所以不受美国证监会或其他机构监管，该市场没有任何信息披露要求。

然而，在灰单市场中并非没有佼佼者。巴菲特的中美能源公司（Mid - American Energy）就属于该市场，股价一直维持在 90 美元的高位，2008 年还斥资 18 亿美元收购了深圳比亚迪公司的部分股权。

三、美国柜台市场体系发展给我国的启示

通过对美国柜台市场历史发展的梳理，可以得到以下有益启示：

（一）交易手段的现代化推动证券交易由分散走向集中，统一的柜台市场起着承前启后的作用

早期美国全国各地分布着许多柜台交易市场，没有统一的信息披露和监管制度，券商和客户很难全面了解某种股票的报价和交易情况。1904 年一家从事印刷和出版业务的私人公司“国家报价局”开始提供较为全面和统一的报价服务。1968 年美国证券商协会决定借助电子手段，建立“全美证券商协会自动报价系统”（纳斯达克），系统极大提高了柜台市场的交易效率。交易的电子化不仅推动了新交易所如纳斯达克的产生和发展，也促进了柜台市场交易信息的及时传播，加强了市场的统一。

（二）竞争与监管的强化促使柜台市场逐步发展成为服务差异化和功能互补的多层次市场体系

1975 年美国证券商协会提出了纳斯达克的上市标准，规定只有在纳斯达克上市的股票才能在该系统报价，纳斯达克逐渐定位为受严格监管的场内市场。为满足条件较差的企业交易证券的要求，1990 年纳斯达克设立了自己的柜台市场“OTCBB 市场”，这个市场直接使用 NASDAQ 的报价、交易和清算系统，成为粉单市场的有力竞争者。1999 年美国证监会加强了对 OTCBB 市场的监管，要求在 OTCBB 报价的公司必须报告当前的财务状况，这就使 OTCBB 成为在监管上较粉单市场严格的柜台市场。

为吸引国外企业和满足意图规避《萨班斯·奥克斯利法》监管的企业证券交易的需求，由粉单市场的运营公司在 2006 年 3 月建立了一个新的柜台市场“OTCQX 市场”。这个市场对挂牌企业在信息披露等监管方面的要求高于 OTCBB 市场。这样，在长期的发展过程中，场外柜台市场分工、融合，形成不同的层次，各层次的市场形成服务差异化和功能互补的市场体系。

（三）资本市场各层次定位清晰，柜台市场与交易所市场的自然衔接降低了证券交易的流动性风险

美国多层次资本市场体系中各市场的定位都较为明确，其中主板市场重在打造蓝筹股市场，创业板或新市场重在为创业和创新企业提供融资平台、为风险资本提供退出渠道，柜台市场则重在提供一个交易转让场所，作为上市的预演和退市的去处。各层次市场间存在有机的衔接，各层次资本市场的自然衔接极大地降低了证券交易的流动性风险。

例如 OTCBB 市场与纳斯达克存在着直接的转移机制：在 OTCBB 上报价的公司只要股东超过 300 名，价格维持在四五美元左右，净资产达到 400 万美元以上，就可以申请转移到 NASDAQ 的小型资本市场。

反过来，如果在纽约证交所、美国证交所或者纳斯达克证交所上市的小型公司，不愿意支付遵循《萨班斯·奥克斯利法》的成本，也可以自

愿退出以上市场，并在 OTCQX 上挂牌交易。

（四）顺应世界经济格局的演变，柜台市场发展逐步国际化

顺应世界经济格局的演变，美国资本市场中的柜台市场与交易所市场一样，发展逐步国际化。在柜台市场挂牌的国外企业不断增加，其中中国企业增长迅速。由于新兴市场的发展，美国投资者对政治稳定、增长潜力较大的国家的投资需求不断增长，为满足这一需求，美国柜台市场同场内市场一样逐步国际化，挂牌的国外企业不断增加。粉单市场中的高端市场 OTCQX 更是设立专门条款来吸引国外企业挂牌。

此外，OTCBB 以其低门槛、对企业无净资产和营利限制条件、费用低廉等有利因素，吸引了不少急于上市融资和扩大影响的中国民营企业，如北大科兴生物、深圳比克电池等，都是先在 OTCBB 借壳发行股票。

关于场外市场建立合格投资者制度的探讨*

在海外成熟资本市场，合格投资者制度已十分普遍。但迄今为止，我国资本市场还没有对合格投资者制度作出明确的规定，既不利于广大中小投资者的利益保护，也制约了场外市场等金融创新业务的发展。

一、合格投资者制度的意义

（一）合格投资者制度的建立有利于金融创新的提速

监管机构长期以来对场外市场等金融创新持异常谨慎态度，主要就是担心投资者，特别是一些风险承受能力较弱的投资者，因不了解新产品风险特性而利益受损，为社会不稳定埋下隐患。建立合格投资者制度可为市场创新带来极大便利，通过让不同风险承受能力的投资者购买不同风险类型的产品，降低因风险出现而带来的社会成本。特别是在创新产品推出之初，其风险特征尚未被充分认识，设立一定的准入门槛可以防止投资者购买不了解的产品，有利于控制风险扩散，保护不成熟的投资者。对于产品的设计者而言，也可以集中精力把资源放在产品的创新性和信息披露等方面，不必过多地顾虑能否获得监管部门的认同。

（二）合格投资者制度的建立有利于监管资源的有效分配

随着资本市场的飞速发展和对外开放程度的不断提高，创新产品推出的节奏不断加快，产品结构日趋复杂，市场运行的不确定因素增多，监管的难度不断增加，监管工作的有效性面临越来越严峻的挑战。合格投资者制度可以帮助监管部门从事无巨细的监管模式中解放出来，释放一部分监管资源，把一些市场可以自行解决的问题交还给市场，而专注于解决市场

* 本文定稿于2009年2月25日。

失灵时的问题，提高监管工作的执行效率，满足新形势下监管工作的需求。

（三）合格投资者制度的建立有利于市场的稳定

建立合格投资者制度的目的是为了保护投资者，避免投资者购买超出自己风险承受能力的产品。在我国金融市场，理论上投资风险由买者自负，但在实践中，政府出于维护市场稳定和社会稳定的需要，对投资者存在隐形担保。以前曾多次发生企业债券到期不能偿还，投资者去找代销银行，而最后不得不由银行和政府出面买单的情况。合格投资者制度可在一定程度上避免这些情况，减少社会弱势群体因炒股亏损导致生活困难的案例，消除市场和社会的不稳定因素。

（四）合格投资者制度的建立具有特殊的紧迫性

根据深交所的调查，[①] 我国投资者构成中有 10% 为无业或待业人员，有接近 17% 是离退休人员，风险承受能力极差。根据上交所 2002 年的统计，[②] 家庭收入在 1 万 ~3 万元之间的个人投资者占 31%。这些投资者对股市的动荡较为敏感，加之缺乏投资经验，不设止损点，一旦市场大幅动荡，会给个人和家庭带来严重的经济困难，从而引发社会问题。

二、海外合格投资者制度的实践

合格投资者制度在概念上不难理解，即通过设立一定的门槛，一般是以投资者的财务状况为主要参考指标，同时结合投资者的个人情况如年龄、投资目的以及投资经验等，对投资者的风险承受能力进行区分。缺乏一定风险承受能力和投资经验的个人投资者的投资资格受到限制，不能参与风险程度较高的市场和产品。但在具体的制度设计上，合格投资者的界定存在多种形式。

① 陈斌、李信民、杜要忠：《中国股市个人投资者状况调查》。

② 上证联合研究计划第 3 期课题报告：《中国证券投资者行为研究》。

（一）美国

美国证券市场对合格投资者的规定最为健全，涉及多部法律法规。

1. D条例（Regulation D）的规定。根据美国证监会D条例506规则，有8类投资人被定义为合格投资者（Accredited Investor，也直译为“授信投资者”）。

2. 规则144A（Rule 144A）的规定。根据规则144A的要求，合格投资者被定义为QIB（Qualified Institutional Buyers），中文可译为“合格机构买家”，指投资额在1 000万美元以上的机构或实体。

3.《全国证券市场促进法》的规定。《全国证券市场促进法》（NSMIA，National Securities Markets Improvement Act）规定个人资产达到500万美元，机构资产达到2 500万美元可被视为合格投资者（Qualified Purchaser）。

4.《投资顾问法》的规定。《投资顾问法》（Investment Adviser Act）规定投资额超过75万美元或总资产超过150万美元的客户可被视为合格投资者（Qualified Purchaser）。

对合格投资者的多重定义实际上反映了不同背景下投资者保护的不同要求，但也给监管工作和投资者带来了不便。2002年SEC曾试图统一不同法律法规下合格投资者的定义，并出台了相关的征求意见稿。不过最终因为不同法规下合格投资者的标准差异太大，没有获得通过。

上述规定中，D条例（Regulation D）对合格投资者的界定较有代表性。一方面，D条例的出台本身就是为了鼓励小企业私募和小规模的非公开发行；[①] 另一方面，D条例在合格投资者的制度设计上也最为细化，其合格投资者被细分为8类（见表1）。

---

① SEC于1982年通过了D条例（Regulation D），对私募发行豁免登记进行了司法解释。根据该规则，只要私募发行针对的是合格投资人，或是不超过35名的非合格投资人，均可获得注册豁免。

表1 美国D条例对合格投资者的分类

类别	Regulation D 的定义
第一类合格投资者	机构投资者（Institutional Investor）：（1）银行；（2）注册证券经纪商或自营商；（3）保险公司；（4）经1940年《投资公司法》（Investment Company Act of 1940）注册的投资公司及企业发展公司；（5）小企业投资公司；（6）资产超过500万美元的退休基金。
第二类合格投资者	经1940年《投资顾问法》（Investment Advisers of 1940）注册的私人企业发展公司（Private Business Development Company）。
第三类合格投资者	根据所得税法享受免税待遇的机构，① 其总资产值必须超过500万美元，成立的目的不得为取得私募证券。
第四类合格投资者	发行人的内部人，包括董事或经理人及无限责任合伙人。Rule 501（f）定义的经理人范围，包括总经理、副总经理、任何具有决策权力的经理人。如果发行公司子公司的经理人具有参与发行人决策的权力，亦可视为合格投资人。
第五类合格投资者	拥有净资产超过100万美元的自然人。净资产计算应以认购证券的时点为准。
第六类合格投资者	个人最近2年年所得平均超过20万美元或与配偶最近2年合并所得平均超过30万美元，且当年度所得可合理预期达相同金额者。
第七类合格投资者	总资产超过500万美元的信托财产。除总资产额要求外，该信托成立的目的不得为招募证券，且该信托的投资决策者的资格必须符合Rule506（b）（2）（ii）要求。信托除可符合第七类合格投资人外，还可作为第三类及第一类合格投资人。信托若要符合第一类合格投资人，其受托人必须为银行或其他机构投资人。
第八类合格投资者	任何全部由合格投资人作为权益所有人所组成的机构。权益所有人的类别因其组织而异。对股份有限公司而言，其权益所有人指公司普通股及特别股股东。而有限责任合伙事业的权益所有人指有限责任合伙人。

8类合格投资者中，属于机构的有5类，属于自然人的有3类。从机构的情况看，主要是金融机构和投资公司，以及符合条件的信托理财和养

① 根据《美国所得税法》501c（3）的规定，即一些为宗教、慈善、科学等目的成立的机构。

老金；从自然人的情况看，主要是内部特殊关系人和富裕的自然人。

（二）欧盟

2004 年，为推动金融业的发展、提高竞争力，欧盟委员会通过了《欧盟金融工具市场法规》（MiFID，Markets in Financial Instruments Directive）。由于各国情况不同，在这部法律中对于投资者的分类只作了原则性规定，但是明确各国必须根据投资者的分类进行不同等级的投资者保护。

根据 MiFID 的规定，投资者被分为专业客户、合格对手方和私人三类。其中，专业客户必须满足以下三项中的两项，且由投资者提出申请：

1. 投资者有足够的经验，其客观标准是投资者在过去 1 年中每季度都有 10 笔以上且具备一定规模的交易。

2. 客户投资的资产总额超过 50 万欧元（约为 65 万美元）。[①]

3. 客户有在金融领域中的专业职位 1 年以上的工作经验。

（三）加拿大

加拿大证监会 45 - 501 规则（Rule 45 - 501）的门槛与美国基本持平：

1. 个人或家庭的净资产超过 100 万加元（约为 80 万美元）；

2. 个人税前净收入在过去两年中超过 20 万加元（约为 16 万美元），或家庭税前净收入在过去两年中超过 30 万加元（约为 24 万美元）。

（四）日本

日本于 2007 年底通过了《金融工具和交易法》（Financial Instruments and Exchange Law）。该法于 2002 年起开始起草，历时 5 年多的时间方获通过，旨在全面振兴日本金融业。根据该法案的规定，投资者被分为两大类四小类（见表 2）。

---

① 根据 2009 年 2 月 16 日汇率折算，下同。

表 2 日本对投资者的分类

专业投资者	1. 不能申请转为一般投资者的专业投资者： （1）合格机构投资者； （2）日本政府； （3）日本银行。
	2. 可以申请转为一般投资者的专业投资者： （1）地方政府； （2）公众公司； （3）资本金在5亿日元以上的合股公司； （4）外国公司。
一般投资者	3. 可以申请转为专业投资者的一般投资者个人： （1）1年以上的投资经验； （2）净资产和投资资产均在3亿日元以上（若按1∶100的汇率折算，相当于300万美元）。
	4. 不可以申请转为专业投资者的一般投资者。

（五）百慕大

百慕大交易所（Bermuda Stock Exchange）的夹层市场（Mezzanine Market）主要是为处于成长初期的电子商务、高科技和快速成长公司提供融资服务。由于其特殊的风险性，对个人投资者的准入作出如下相关规定：

1. 投资超过10万美元；

2. 通过了百慕大交易所的"适合性测试"。

（六）中国台湾地区

我国台湾地区也有合格投资者的相关规定，其目的是适用于证券非公开发行。为保护投资者利益，"证券交易法"第四十三条之六第一项规定有三类投资人可以作为非公开发行的对象（见表3）。

表 3 我国台湾可作为非公开发行对象的三类人

类别	定义
第一类：专业投资法人或机构	银行业、票券业、信托业、保险业、证券业或其他经主管机关核准的法人或机构。

续表

类别	定义
第二类：符合主管机关所定条件的自然人、法人或基金	1. 对该公司财务业务有充分了解的自然人，且于应募或受让时符合下列情形之一者： (1) 本人净资产超过新台币 1 000 万元或本人与配偶净资产合计超过新台币 1 500 万元（按美元与新台币 1∶30 的汇率折算，分别相当于 33 万美元和 50 万美元）。 (2) 最近两年度，本人年度平均所得超过新台币 150 万元（5 万美元），或本人与配偶之年度平均所得合计超过新台币 200 万元（6.7 万美元）。 2. 最近期经审计的财务报表总资产超过新台币 5 000 万元（167 万美元）的法人或基金，或依信托业法签订信托契约的信托财产超过新台币 5 000 万元者。
第三类：公司内部人	利用私募制度筹资的公司或其关系企业的董事、监察人及经理人。

台湾的规定与美国 D 条例（Regulation D）类似，不过标准更为宽松。其自然人收入的标准只相当于美国的 1/4；法人的标准是除金融机构外，总资产超过 5 000 万新台币（约合 167 万美元）的法人都可以作为合格投资者。

三、我国场外市场合格投资者制度设计的具体思考

由于场外市场上市公司股票个别性风险较高，主要适合一些具有一定财力和财经知识的成熟投资者投资，需要对参与交易的投资者进行一定的限制，避免一些风险承受能力弱的散户参与场外市场的炒作，保护他们的相关利益，同时也保护场外市场的成长，这一点在初期显得尤为重要。

（一）我国现有合格投资者的相关规定

根据中国银监会 2007 年公布修订后的《信托公司管理办法》、《信托公司集合资金信托计划管理办法》等监管规章，合格的个人投资者应当符合三项条件之一：个人收入在最近 3 年内每年收入超过 20 万元人民币，或者夫妻双方合计收入在最近 3 年内每年收入超过 30 万元人民币，且能

提供收入证明；在认购信托计划时，个人或家庭金融资产总计超过 100 万元，且能提供财产证明；投资一个信托计划的最低金额不少于 100 万元（这一标准实际上是美国 D 条例 Regulation D 的翻版，只不过把美元换成了人民币）。

在资本市场上，目前还处于征求意见阶段的《股指期货自然人投资者适当性标准（讨论稿）》对合格投资者的标准规定得最细，要求也最高，分为硬性指标和弹性指标两类。在硬性指标中，该标准要求客户保证金不低于 50 万元；具备股指期货基础知识，通过相关测试；具有股指期货仿真交易经历（至少有 5 个交易日的交易经历、累计成交 10 笔以上）。即便满足全部的硬性指标，个人投资者若在弹性指标上得分过低，也不能参与股指期货交易。弹性指标满分为 100 分，原则上得分在 70 分以上的投资者才能参与股指期货交易。

（二）场外合格投资者门槛的具体建议

事实上，报价转让系统已经在通过间接方式来限制投资者的准入。间接方式不直接对投资者资格进行要求，而是通过规定最小交易单位、最小成交金额等方式，间接达到排除风险承受能力差的投资者参与的目的。目前报价转让系统的投资标准是“3 万股为 1 手、每次交易最低 1 手”。根据 2009 年 2 月 12 日的数据，报价转让市场股票价格区间是 21 元 ~0. 05 元，最贵的金和软件为 21 元，最便宜的大洋 B1 和金田 B3 的价格都在 0. 05 元，也就是说报价转让市场的资金门槛区间是 63 万 ~0. 15 万元。由于这一区间范围过大，不仅给投资者参与报价转让系统交易造成了不便，也不易达到保护投资者的目的。一些优质的企业因为交易门槛过高，使得中小投资者难以问津：金和软件 3 万手的交易门槛是 63 万元，久其软件的交易门槛是 45 万元，即使一些四五元左右的股票交易门槛也在十几万元。想从事报价转让系统交易股票的中小投资者只能去购买一些价格便宜但风险较高的股票，反而不利于投资者保护。

设立合格投资者的目的是保护投资者，那么谁最了解投资者的风险承受能力？是投资者自己。

1. 投资者充分揭示场外市场特殊的投资风险，使投资者在开户时真正意识到风险，而不是走形式，随随便便在一些方框中打钩。美国证券协会（NASD）要求券商对 OTC 市场上报价低于 1 美元的股票进行特殊的风险提示，相关的电话要录音，相关的文件要留档保存。

2. 除了硬性指标之外引入多维的弹性指标。《股指期货自然人投资者适当性标准（讨论稿）》在这方面做了一些有益的尝试。或许有人会抱怨这一过程的繁琐，增添工作负担，但繁琐过程的本身就是一种筛选，同时也使投资者意识到投资是一件严肃的事情。此外，弹性指标的设立还可以适应我国庞大的、多样化投资者群体的需要。

3. 关于个人投资者财务指标的具体设想。从其他一些国家和地区的情况看，日本的标准最高，要求合格投资者同时满足有 3 亿日元，即相当于 300 万美元的净资产和投资资产；美国、加拿大和欧盟的标准比较接近；而百慕大和我国台湾地区的标准比较低。

（1）以收入为衡量指标。进入 20 世纪 90 年代以来，我国城镇居民的收入增长十分迅速。2002 ~ 2006 年城镇居民的收入水平平均 5 年复合增长率高达 8.83%（见图 1）。

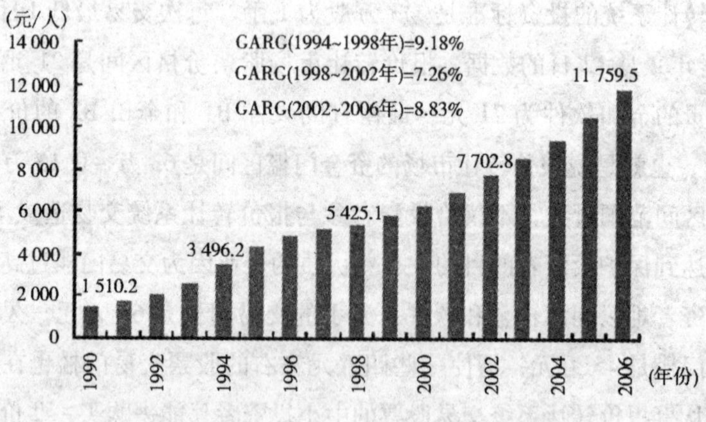

资料来源：国家统计局、银河证券研究所。

图 1　我国城镇居民收入水平平均 5 年复合增长率

根据国家统计局编的《中国统计年鉴 2007》，2006 年我国城镇居民年均收入为 1.2 万元（此为全部城镇居民的平均收入，包括非就业人口）。按收入的分布区间划分，平均收入超过 3.5 万元的城镇居民在 10% 以上。如果换算为就业人口的收入，则为 5.6 万元左右。[①] 如果按 8.83% 的复合增长率推算，2008 年我国大致有 10% 的城镇就业人口的年收入超过6.6 万元。[②]

收入在 10% 以内是一个很高的比率，这一门槛应该能充分达到对场外投资者的资格进行准入的目的。因此，可以考虑把我国场外市场合格投资者的标准定为年收入在 6 万元以上。[③] 在我国，收入的证明文件易于伪造，可同时参考所得税指标。根据我国税法，年收入为 6 万元时，对应的年度最低税负是 3 900 元（收入平均分布时税负最低）。[④]

这一标准与海外其他国家相比如何呢？表 4 美国 D 条例（Regulation D）的相关指标与我国场外市场投资者的门槛水平进行了比较。

表 4　　　合格投资者制度标准比较表

国家	2007 年人均 GDP ①	标准				
		净资产 ②	年收入 ③	所得税 ④	⑤ = ②/①	⑥ = ③/①
美国（$）	46 280					
个人		1 000 000	200 000		22	4.3
中国（¥）	15 732					
个人		300 000	60 000	3 900	19	3.9

注：2007 年人均 GDP 来自 IMF 的测算，美元对人民币汇率采用 1:6.9，美国净资产和年收入指标根据美国证监会 D 条例（Regulation D）的 506 规则。

---

① 34 864.39 ×（2.62/1.62）=56 385.62 元。

② 56 385 ×1.088 ×1.088 =66 745 元。

③ 这个指标似乎不高，但考虑到我国城镇居民收入地区差异明显，实际水平是相当高的。2006 年，全国城镇就业人口的平均工资为 2 万元，北京最高为 3.9 万元，上海次之为 3.7 万元。除了这两个地方外，没有平均工资超过 3 万元的省份，浙江为 2.7 万元，广东为 2.6 万元，江苏为 2.4 万元，最低的江西、湖北人均 1.5 万元。

④ 此处仅以工资收入所得为例，其他来源的收入因为比较复杂，需根据情况换算。

美国非公开发行时合格投资者的年收入标准是 20 万美元（个人）。根据 IMF 公布的资料，美国 2007 年的人均 GDP 为 4.6 万美元，上述标准为美国人均 GDP 4.3 倍。2007 年我国人均 GDP 接近 1.6 万元，如果按 6 万元的门槛，建议的标准是我国人均 GDP 的 3.9 倍。似乎低于美国的水平，但考虑到美国的标准是适用于高风险的非公开发行，而我国场外市场的公司也要经过一定的审核和监管，其公司的个别性风险要远低于私募市场。因此，这个比例系数应该是高于美国水平的，仅相当于把美国的非公开发行时合格投资者的标准打了9 折。

（2）以财产为衡量指标。由于我国尚未建立房产税征税体制，对居民的个人净资产缺乏科学、全面的衡量方法，所以在考虑合格投资者的衡量标准时把净资产这个参数排除在外。此外，耐用消费品和经营资产在我国也都存在难以衡量的特点，因此我们把财产指标定于金融资产（见图 2）。

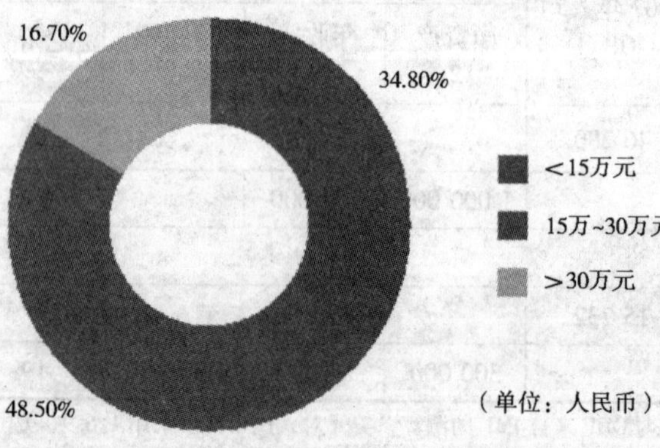

资料来源：国家统计局、银河证券研究所。

图 2　我国金融资产的家庭分布

根据国家统计局和银河证券研究所的资料，城市居民家庭金融资产超过 30 万元的家庭占 16.7%，同时由于家庭近七成的金融资产目前都存放在银行中储蓄，因此建议如果以金融资产作为标准，则门槛可设置为 30 万元，如果以存款金额作为标准，则门槛可设置为 21 万元。这个标准实际上比较高。因为30万元金融资产相当于我国人均GDP的19倍，接近美国非公开发行时22倍的水平。但美国非公开发行时对投资者要求的是总资产，是包含房产概念在内的。

（3）收入指标和财产指标的关系。从其他国家和地区的实践看，收入指标和财产指标一般满足其中一条即可。不过考虑到我国实际情况，建议场外市场的合格投资者既要满足收入指标，又要满足财产指标。这样可以防止造假，给投资者保护加上双保险。从两者简单的数量关系看，根据国家统计局的统计，城镇家庭收入最高户如不考虑资本性支出，家庭年收入余额接近3万元，21万元需要7年的积累，30万元则需要10年的积累。

（4）合格投资者人数估计。根据《中国统计年鉴2007》，我国城镇就业人口大致在2.9亿人左右，10%的概念是有大概3 000万人的人均收入在6万元以上。如果再考虑到只满足收入指标而不满足财产指标的情况，符合标准的投资人大致可能在2 000万人左右。

4. 关于法人投资者的门槛。从其他国家和地区的经验看，一般都对法人投资者设门槛。比如D条例（Regulation D）要求合格的机构投资者应是金融机构和投资公司，以及符合条件的信托理财和养老金，或者为资产超过500万美元的美国税法501c（3）中的机构；中国台湾要求参加私募的机构必须是总资产超过167万美元的法人。设立法人投资者的门槛也可以避免合格投资者制度中存在漏洞。根据《公司法》的规定，设立有限公司的最低注册资本限额只有3万元。当前为鼓励居民创业，广东、上海等地甚至把这一门槛降为零。① 前面已经提到我们建议的合格投资者的门槛应该是比较高的，因此如果不对机构也设置一定的门槛，个人很容易通过注册公司来达到规避合格投资者制度的目的，使得合格投资者的门槛

① 广东：2010年12月31日前设立登记的注册资本为10万元以下的有限责任公司，可免缴首期注册资本，但须在两年内缴足。上海：大学生创业，注册资本50万元以下的可以零首付，自公司注册两年内缴足注册资本。

成为一纸空文。建议可以考虑让合格的机构投资者满足以下指标：注册为银行、证券公司、保险公司、基金等相关的金融机构；或者注册资本在1 000万元人民币以上的企业法人。①

① 目前缺少相关数据，1 000 万元的标准：一是借鉴美国和中国台湾地区的标准；二是参考目前我国对投资公司注册资本的要求。

报价转让系统何去何从需要引起高度关注*

自2006年1月中关村科技园区企业进入代办系统进行股份报价转让（简称“报价转让系统”）正式启动以来，初步形成了依托深交所技术系统实现创新和发展的良好格局。当前，报价转让系统扩大试点初步形成共识，发展即将进入一个关键时期。也就在这个时候，出现了部分省份志在争抢报价转让系统的微妙局面。这种情况无疑会对深圳多层次资本市场产生重大影响，需要引起深圳市委和市政府的高度关注。

一、报价转让系统试点的基本情况

截至2010年3月底，报价转让系统共有65家挂牌公司，总股本25.07亿股，总市值146.19亿元。累计成交2 275笔、2.33亿股和11.8亿元，成交均价5.06元。

（一）企业特征

挂牌公司以高新技术企业为主，覆盖信息技术、生物制药、文化传媒、新材料、新农业等新兴行业。根据2008年年报，平均总资产10 721万元，净资产6 672万元，营业收入9 684万元，净利润1 006万元，净资产收益率16.5%。

挂牌公司具有以下几个方面的突出特点：一是规模小，总资产平均略超1亿元。二是低负债，平均资产负债率不到40%。三是轻资产，固定资产占比不到15%。四是高成长，2008年营业收入增长超过30%的达到18家，净利润增长超过30%的21家。五是波动大，2007年以来利润连

---

* 本文定稿于2010年4月7日，是根据深圳市决策咨询委员会主要领导的要求而写的，送深圳市主要领导决策参考。

续负增长的 3 家，而一年增长一年下跌的企业 20 家。

（二）制度特色

一是采取公司挂牌备案制。申请挂牌的园区企业只要符合存续满两年、主营业务突出、股份发行和转让行为合法合规等基本条件，取得北京市政府试点资格确认函，主办券商按照规定对其进行尽职调查并出具推荐报告后，中国证券业协会进行备案，即可挂牌。二是差异化交易结算制度。实行电子化和终端手工报盘，采取逐笔非担保交收制度等。三是股份分类限售制度。对不同类别的原股东有不同的限售要求。如控股股东及其一致行动人挂牌前所持股份分 3 批，每批 1/3 解除限售等。四是投资者适当性制度。试点只允许机构投资者和特殊自然人投资者进入。五是适度信息披露制度。信息披露标准低于上市公司的标准，鼓励充分披露。如挂牌公司须披露年度报告和半年度报告，鼓励但不一定披露季度报告。六是面向特定投资者的增资制度。增资后股东累计不超过 200 人，新增股东不超过 20 人。七是市场运作以主办券商为核心。中国证券业协会对主办券商进行资格管理。八是市场自律监管制度。主办券商以自律为基础，协会对券商自律监管，交易所进行实时监控，规则报中国证监会审定；地方政府负责防范和化解由于挂牌公司违法违规可能引起的社会风险；各方权利义务和责任以契约形式确定。

（三）基本经验

一是推动了改制、挂牌、上市产业链条的形成。目前，中关村非上市股份有限公司有 310 多家（2006 年初 129 家），正在改制以及拟改制企业 500 多家，大大充实了地方企业挂牌、上市资源。二是加快了资本与中小科技企业对接的速度。目前，中关村园区吸引了一批创业投资机构和战略投资者，有 34 家机构投资者已向挂牌企业定向增资或与挂牌企业达成定向增资意向，其中风险投资 23 家，占比 67%；截至 2010 年 3 月底，挂牌公司中共有 11 家完成 12 次定向增资，共募集资金 5.49 亿元。三是优化了中小企业内部治理和外部服务的综合环境。企业的股份制改造，使股份标准化、公司治理规范化；协议转让平台的运行，使股份定价市场化，中小企业担保、银行贷款审批、债券信用评级等工作的效率因此提高，企业更容易获得银行融资和其他债权融资。

二、以报价转让系统为基础，进一步推进场外市场建设的对策

对策可以概括为三个充分认识，三个战略选择。

第一，充分认识报价转让系统建设是下一步工作的重中之重。2009年10月，创业板的平稳启动得到了中央高层的高度肯定，我国的多层次资本市场体系初步建立。2010年3月31日，融资融券已经平稳推出；4月16日，股指期货也将启动，资本市场的基础性制度建设取得重大突破。下半年，报价转让系统建设必将成为资本市场的战略重点。

第二，充分认识报价转让系统具有广阔的发展前景。我国的股份公司有6万多家，股份流转是天赋之权。根据境外资本市场的历史经验，当主板市场趋于成熟时，场外市场的活跃度会逐步提高，甚至超越主板市场，成为主要市场。美国纳斯达克市场最初就是从柜台市场发展起来的，它现在依然掌握着OTCBB市场。而台湾证券柜台交易中心独立后发展迅速，俨然与台交所形成两雄竞逐格局。正是基于这种认识，我们始终把报价转让系统作为深交所多层次资本市场的“孵化器”和“蓄水池”，承担着为深圳主板、中小板和创业板储备后备上市资源的重大战略任务。一旦失去这种资源，发展的后劲无疑会受到重大影响。

第三，充分认识场外市场建设地点的选择进入白热化阶段。一直以来，以报价转让系统为主体，形成全国集中统一的场外市场建设方案，是中国证监会的主导意见，也充分反映了深交所的声音。目前，这个主导意见变得有些含糊，主要表现为北京市和天津市的争取不遗余力。他们的思路是：（1）利用扩大试点的机会，明确报价转让系统的归属，成立专门机构运作，实现监管和交易等全部业务的整合，并以此为基础，逐步将场外市场确立在北京或天津；（2）如果做不到一步到位，则采取分步走策

略，先成立专门机构负责监管和信息披露等事项，挂牌还是利用深交所现有技术系统，此后再选择适当时机将全部市场功能迁移；（3）如果上述两个方案均不能实现，则力争在报价系统以外成立第三家全国性的场外市场。在创业板顺利推出后，北京和天津大打平衡发展牌，矛头当然是直指深圳，并且成效明显。

对于上述变化，深圳尤其要有紧迫感，实现三个战略选择。

第一，尽快落实深圳高新技术产业园区进入扩大试点名单，充实现有系统的实力。目前，中国证监会与科技部正在就报价转让系统的扩大试点进行最后的收关工作。深圳高新技术产业园区为此做了不少工作，需要进一步把工作做实：明确市一级的领导组织机构，协调市相关部门，制定申请方案和配套制度，出台支持试点鼓励措施，组织中介机构进场做好前期准备工作，确保进入扩大试点名单的万无一失。这样一来，可以为深圳众多自主创新型、创业型企业提供股权转让服务，提高企业股权流动性、商誉和估值水平，促进企业又好又快地发展。更为重要的是，在其他园区观望的时候，深圳和广州的园区可以借助深圳和广州高新技术企业较多的优势，尽可能在较短的时间内做大现有的报价转让系统。挂牌的企业多了，报价转让系统作为全国集中统一市场的基础地位就奠定了，报价转让系统在深圳就难以动摇了。

第二，尽量争取维持或延长报价转让系统的现有格局。报价转让系统在深圳，这是一个不争的客观事实，这是深圳相对于北京和天津的最为重要的独特优势，“拖”字诀或许是最为有利的方案。所谓“拖”，就是要继续保持现有的格局，主动争取，做正面的说服工作。一是要说明报价转让系统依托深交所长期自主开发的技术系统，安全、高效、便捷和唯一，难以在短期内建成同样的系统，更无须另起炉灶。二是要说明深交所在中小板和创业板的监管中积累了丰富而卓有成效的经验，有利于做好场外市场监察、信息披露、挂牌备案等日常监管工作。三是要说明报价转让系统是多层次资本市场的“孵化器”与“蓄水池”，美国纳斯达克就是采取这种模式，这有利于实现我国多层次资本市场的有机互联；相反，资本市场的过分分散，不利于提高我国证券交易所的核心竞争力。

第三，在无法争取最佳方案的情况下，积极争取深圳纳入国家建设场外市场整体布局与规划中。鉴于国家有可能把报价转让系统与场外柜台市场建设分开，而且场外柜台市场建设的中心有可能放在北京或天津，作为备选方案之一，深圳应积极争取被纳入国家建设场外市场整体布局与规划中。具体形式可以是与北京或天津中心市场实现有机连接的分市场，并利用深圳现有优势发挥独特作用。当然，这只是最后的选择，不排除通过争取实现以报价转让系统为基础的场外市场建设的可能性，这是最有利的方案，是最节省成本和高效的方案；也不排除场外市场建设以深圳为中心市场的可能性，一切皆有可能。

第九部分

世界城市：依托深港大都会打造深圳金融中心

深圳主板上市公司重组建设需要深圳市的鼎力支持*

2001 年“9·11 事件”后，美国认识到交易所和金融中心需要适度分散，以防止恐怖袭击、保持竞争态势和增强市场活力，遂于 2006 年 1 月允许纳斯达克市场注册成全国性交易所，确立了纳斯达克交易所和纽约证券交易所“双雄并立”的格局。2006 年 2 月，纳斯达克交易所将其股票市场由原来的两个层次升为三个层次，即纳斯达克全球精选市场、纳斯达克全球市场和纳斯达克资本市场，加上其委托管理的 OTCBB 系统，形成了纳斯达克独具特色的“3+1”多层次市场体系。

美国资本市场的上述变化，给中国资本市场的战略布局带来了深远的影响。一方面，“大国经济”的本质，决定了我国在发展多层次资本市场上应借鉴美国模式。保持现有两个证券交易所并使之适度竞争，就成为中国资本市场不可逆转的战略选择。另一方面，扶持中小企业，满足新经

* 本文定稿于 2007 年 7 月 27 日，是本书作者作为深圳市人民政府决策咨询委员会委员向市委市政府递交的报告。

济、新商业模式企业的直接融资需求，是纳斯达克市场得以兴起、赖以发展壮大的关键。因此，更好地服务于中小企业，是全球多层次资本市场的本质内涵。这就给深交所建设中国的纳斯达克市场提供了难得的机遇和空间。

根据美国证券市场的变化趋势，借鉴纳斯达克交易所的运作模式，深交所认真研究和策划了我国多层次资本市场体系，提出了“3+1”的基本框架，即主板、中小企业板、创业板，加上一个股份转让系统。在这里，主板市场被定位为“高标准的优选市场”，类似于纳斯达克全球精选市场，目的是使它成为多层次资本市场的基石，以推动深圳区域金融中心建设。建设好主板，做优做强主板上市公司，不仅可以留住现有的优秀公司，稳定军心，而且还可望为在其他板块成长起来的优秀公司提供一个优良的转板栖息之地。同时，中小企业板的完善和发展、创业板的推出和建设，需要一个漫长的历史过程。在这个过程中，既需要主板提供必要的财力与技术支持，更需要主板较为成熟的监管经验，换句话说就是“以主板养中小板和创业板”。因此，深圳主板市场建设，是深交所服务于国家自主创新战略、实现其历史使命的坚强支撑，也是深圳打造中小企业融资中心和创业投资乐土的中坚环节。

无论从总市值、流通市值和交易量来说，主板始终是深圳最为重要的市场。在2000~2004年停止新股发行的时期，资金大量流出，深圳资本市场受到重大挫折，银行、保险、信托等金融业受到拖累，金融业对GDP的贡献持续下降，金融中心建设受到较大冲击。即便如此，主板仍是深圳资本市场得以存在的标志和希望。自2004年中小企业板设立以来，随着中小企业板的平稳运行，中关村科技园区企业进入股份代办系统的顺利试点，以及未来创业板的筹备和建设，主板市场依然是不可忽视的稳定力量和主导力量。就对金融中心影响最为直接的交易量来说，目前主板上市公司是中小企业板的3.2倍，但交易量却保持在10倍以上。比如，2007年5月28日是近期市场的第二大交易量，深圳主板交易额为1 334亿元，中小企业板为108亿元，上海市场为2 611亿元，深圳主板是中小企业板的 12.35 倍。5 月 30 日是近期市场的天量，深圳主板成交 1 408 亿元，中小企业板成交 140 亿元，上海市场成交 2 755 亿元，深圳主板是中小企业板的 10.06 倍。7 月 19 日是近期交易额比较清淡的时刻，也是宁波商业银行和南京商业银行分别在深交所和上交所上市的时间，由于宁波商业银行上市并成交 41 亿元，主板成交额是中小企业板的 4.8 倍，扣除宁波商业银行的成交额，这个比例是 12.3 倍。

当前，深交所主板的上市公司有 477 家，以制造业为主，涉及信息技术、批发零售、房地产业和水电煤气等行业。鞍钢、本钢、泛海建设等，均以其骄人的业绩与整体上市，引领深圳资本市场的创新与发展。其中，注册在深圳的上市公司有 68 家，涌现了像万科、华侨城、中兴通讯、盐田港、深圳机场、深能源、深发展、深赤湾、深科技等一大批享誉海内外的上市公司。据统计，深圳本地公司的家数占全部深圳主板上市公司的 14.3%，市值却占到深圳主板市值的 20%，日均交易量占主板的 30%，实现利润占主板全部利润的 30%。因此，深圳本地公司的状况及发展前景，对深圳主板市场的发展影响尤为深远，决不可等闲视之。

令人欣慰的是，深交所打造中国的纳斯达克，使主板市场的发展有了明确的方向，使中小企业板、创业板和三板市场的构建有了依托，使深圳区域金融中心的建设有了依赖。在这样一个历史时刻，在深圳主板依然停止新股发行的今天，深圳作为深交所的驻地、大本营，唇齿相依，有责任和义务积极行动起来，把主板市场建设作为深圳建设区域金融中心的重要战略部署，动员和鼓励深圳属地的中央直属企业、国家国资控股企业、广东省属企业、市国资控股和民营企业，通过整体上市、“借壳上市”等多种方式实现做强做大。具体建议可以归纳为四个“鼓励和引导”。

第一，鼓励和引导未股改的公司尽快实施股权分置改革。股权分置改革的意义不亚于当初新建资本市场，对我国资本市场的长远发展将发挥愈来愈积极的作用。目前，深圳主板市场还有 59 家上市公司没有完成股权分置改革，其中深圳本地企业就有 10 家，如深圳赛格三星、三九医药股份有限公司、广东盛润集团股份有限公司等。另外还有 2 家进入程序未完成股改。深圳本地未完成股改的公司占到全国的1/5，比例之高、形象之差，无以复加。鉴于股改是上市公司进行增发、配股等再融资行为的前提，久拖下去，不仅影响上市公司的发展，更影响一个地区金融竞争力和金融生态环境。因此，亟须市政府及相关部门出面协调，有针对性地加以妥善解决。

第二，鼓励和引导深圳企业和驻深中央与省属企业整体上市。自2003年以来，整体上市已经成为增强证券市场活力、提升投资者信心、推动企业发展的重要载体。从总体上看，深圳本地企业特别是国有控股公司在这方面作为不大，中兴通讯就已经到海外上市，这与上海本地企业争先恐后在上交所整体上市形成鲜明对照。目前，深南光、招商地产、深天马、南玻A、深能源等再融资项目正在进行中，深圳机场、深国商定向增发方案已通过股东大会，均需要市政府及相关部门督促与协调，推动其尽快履行相关程序，加快整体上市步伐。深圳赛格、盐田港、特发信息、深特力、深圳华强、华侨城控股、深赤湾、一致药业等，他们的大股东均有较多的优良资产，宜抓住当前资本市场发展的有利时机，尽快实现整体上市目标。

第三，鼓励和引导深圳辖区内的金融类企业发行上市。经过争取和说服，宁波商业银行已经到深交所中小企业板上市，表现明显好于同一天到上交所上市的南京商业银行。宁波商业银行上市是深圳资本市场值得大书特书的大事。它结束了一段历史，即结束了深圳市场只有深发展一家上市银行的孤立局面，使深圳市场上市公司结构趋向丰富与合理，有利于中小企业板的稳定和持续发展。它开辟了一个时代，即开创了中小金融机构来深圳上市的先河，以后只要商业银行、证券公司、保险公司、基金公司、创业投资公司公开发行股数在5亿股以下，就可以到深交所挂牌。它贡献了一个流量，宁波商业银行上市以来，每天为深圳市场贡献15亿元以上的交易额，使得中小企业板的交易额明显增大。而且这些公司成长以后，可望升到主板，为主板成为“高标准的优选市场”打下坚实的基础。深圳的金融机构比较集中，市政府在激励金融机构方面做了许多工作，如能将引导商业银行、证券公司、基金公司、信托公司、创业投资公司等中小金融机构上市提到重要的议事日程，将会起到事半功倍的作用，包括融资中心、定价中心、基金中心在内的金融中心的建设将会变得更加顺畅。

第四，鼓励和引导深圳大型企业在深圳市场“借壳上市”。深圳上市公司家数在全国位居前列。由于种种原因，一些上市公司的经营陷入困境，难以为继。如主营房地产的ST星源处于亏损边缘，且大股东无资源。再如主营物业管理的宝利来常年处于亏损边缘。主营房地产的深深房业绩不佳，属于微利公司。还有一些公司因严重亏损而无法完成股改。对此，市政府及相关部门宜早日做好“壳资源”的清理工作，结合股改和整体上市，“打扫好房子再请客”，便于深圳有实力的大型公司能够规范和轻装“借壳上市”。在这个问题上，上海市政府及相关部门已经走在前列，比如上海市有关方面就曾规定，海通证券只能在上海本地或上海市场上买“壳”，使海通证券准备在深圳市场“借壳上市”的计划无法实现。可以考虑让华为公司、比亚迪公司以及广东大亚湾核电公司和到香港上市的腾讯公司等，通过在深圳本地或深圳市场上借“壳”，逐步注入全部资产，实现整体上市。这既可以做大现有上市公司，方便国资的退出，树立深圳公司良好的市场形象，又可以避免深圳资产质量较好的大型公司通过IPO方式进入上海市场。另外，还可以考虑将一部分“壳公司”清理干净，或者允许其他股东实施定向增发获得控股权，引进一些外地或外省的实力公司进入深圳市场。比如，深长城大股东为深圳国资委，持有29.7%股份，加上其他股东，居于相对控股地位，而第二、第三大股东为江西联泰实业有限公司和深圳市联泰房地产开发有限公司，两者合并持有28%的股份。联泰房地产开发有限公司是汕头一家很有实力的房地产公司，他们有意“借壳上市”。可以考虑由汕头联泰出面，也可以考虑由深圳市联泰公司出面，通过定向增发，将联泰公司庞大的、优质的资产整体注入深长城，既可避免二级市场超过30%时的要约收购，又可以使联泰公司成为第一大股东，从而极大提高和强化深长城的行业地位。

深港合作深交所行动规划40条*

为贯彻落实党中央、国务院关于促进香港经济发展、拓展内地与香港合作领域、提升合作层次、完善合作机制的精神，增强深交所的竞争力，现就加强深港交易所合作制定如下规划：

一、深港交易所合作意义、目标、原则

1. 战略意义。有利于提高我国金融市场效率，促进金融业和国民经济又好又快发展；有利于防范金融风险，在我国资本市场整体对外开放中建立风险缓冲带；有利于促进香港繁荣稳定，巩固“一国两制”成果。

2. 远期目标。深港交易所合作的最终目标是一体化，实现深港交易所的融合。

3. 近期目标。合作的近期目标是加强两地交易所的业务来往，展开全方位、深层次合作，积极进行股权合作模式的试点。

4. 自身定位。推动深港交易所合作是深交所的重要使命，深交所将全力支持香港打造国际金融中心。

5. 现实优势。与港交所合作，深交所具备天然优势，努力把深交所打造成内地与香港经济合作的桥头堡。

6. 合作原则。本着“互补、互助、互动、互利”的原则，共同构建深港资本市场大平台。

7. 合作步骤。合作的具体步骤采取先易后难、先点后面、先简后繁的原则，规避现行制度障碍。

8. 合作策略。少说多做，发挥自身优势，加强自身建设，夯实合作

* 本文定稿于2007年8月24日。

基础。

二、深港交易所近期合作纲领

1. 体制层面。整合所内现有的多个涉及深港资本市场合作的业务小组，集中有限资源，提高工作效率。

2. 组织机构。对下属公司，特别是通讯公司的产权结构进行调整，为将来的股权合作试点做准备。

3. 人员交流。加强深港交易所方面现有的高层互访制度。建立定期的员工和中层管理人员的交流机制，鼓励双方员工到对方交易所和金融机构学习或实习。

4. 监管合作。充分研究两地市场监管的差异点，加强监管合作，强化信息披露。

5. 证券发行。积极学习港交所在注册发行方面的经验，探索创业板实行注册发行试点。

6. 基础合作。加强两地交易平台合作的前期准备工作，研究建立两地交易所上市证券交叉买卖平台系统。

7. 技术层面。充分研究在实施深港交易所合作中可能遇到的技术方面的困难与障碍。与港方合作开发FIX协议的相关程序系统，研究采用其他端口接入的可行性。

8. 通讯系统。扩容现有DDN线路系统，考虑参照“天地备份”的模式建立深港交易所的全方位通讯渠道。

9. 交易制度。内地与香港市场的交易制度间存在较大差异，包括T+0交易制度、卖空、涨跌幅限制、交易时间等。在深交所力所能及的范围内，研究交易制度与国际制度的接轨。

10. 信息合作。落实已签订的深港交易所信息互换协议，加强深港交易所信息合作，开发信息产品。

11. 会员管理。帮助两地会员学习对方规则。促进两地会员交流，为合作开发相关产品牵线搭桥。

12. 投资者教育。借鉴香港投资者教育方面的有关经验，加大对内地投资者关于香港资本市场的宣传，开设繁体字网页，方便香港投资者。

13. 法律层面。充分研究深港资本市场合作中的法律问题，对可能出现的困难做好充分准备。

14. 结算系统。积极推动中证登记结算公司与香港股票中央结算系统的合作。

三、深港交易所合作产品目录

1. ETF 产品。加快跨境的股票交易所基金（ETF）发展，尽快推出相关产品。备选指数可考虑恒指、国企指数、深成指、中小板指数等。

2. 基金交易。推动两地基金产品的相互挂牌。

3. 存托凭证。包括 HDR 和 CDR，存托凭证产品经过多年在全球的实践，已经形成了一套成熟的操作模式，不存在法律和实际的障碍。

4. 交叉买卖。B 股市场以港币计价，具备实现交叉买卖的先天优势。第一批试点重点考虑 H 股股票和深成指的股票。

5. 债券产品。研究打通两地交易所债券市场的方案，扩大两地债券市场规模。推动两地企业利用对方市场发行相关债券。

6. 指数产品。研究从上海、深圳、香港、台湾 4 个交易所各选择 25 家上市公司作为成份股，编辑“大中华 100 指数”，在 4 家交易所同时挂牌。

7. 股票期权。抓住机遇，借助港交所的政治优势和技术优势，推进深交所股票期权板块建设。

8. 权证产品。研究推出跨境权证产品。

9. REITs 产品。借鉴香港市场在 REITs 立法与监管方面的经验，有步骤、有计划地推进国内 REITs 的开发和培育。

10. 结构化产品。设计统一监管下的协议转让交易制度和市场架构。

在统一的协议转让平台实现资产证券化、结构化产品等创新产品的转让。

11. 外汇期货。考虑外汇（人民币、港币）期货和期权产品上市并在两地交易所挂牌交易的可行性。

四、深港交易所远期合作设想

1. 相互转板。研究深港交易所产品不同板块之间的跨市场转换，如在深交所创业板上市的股票在条件成熟时自由选择转到香港主板或深交所主板。

2. 股权合作。考虑通过通讯公司进行股权合作的可行性。

3. 创业板建设。考虑与港交所以 SPV 的方式共同组建并运营中国唯一的创业板市场（视创业板批复情况而定）。

4. 共同交易。两家交易所共用一个统一的交易平台，与之对应，实现交易规则、会员管理、监管规则的统一。

5. 自由托管。两地上市的股票自由实现两地间的转托管，统一结算规则。

6. 产权融合。以相互参股为试点，研究以控股公司为载体实现深港交易所的合并。

港、深交易所为境内个人投资者交易香港上市证券合作框架*

我国境内居民可以直接投资香港上市证券的政策，意味着资本项目下对外证券投资迈出了实质一步。充分利用香港、深圳证券交易所技术系统互连互通的优势，为国内个人投资者提供方便快捷的服务，是港交所和深交所共同的战略利益。经过反复沟通与协商，我们就相关合作事宜达成共识，即深交所与港交所实现连通，利用深圳现有的技术系统（含交易系统、通讯系统、信息系统和结算系统）为国内个人投资者买卖香港上市证券提供证券交易及相关服务。

一、方案总体设计

深交所与港交所连通，可以沿用深圳与上海跨市场市值配售股票的模式，实现香港上市证券在深交所代理挂牌。国内个人投资者通过深圳市场已有和新建的 A 股账户，向境内符合资格的证券公司下达深交所挂牌港股买卖指令，经深交所交易网络传送至港交所交易系统完成交易的跨境交易。具体业务流程如图 1 所示。

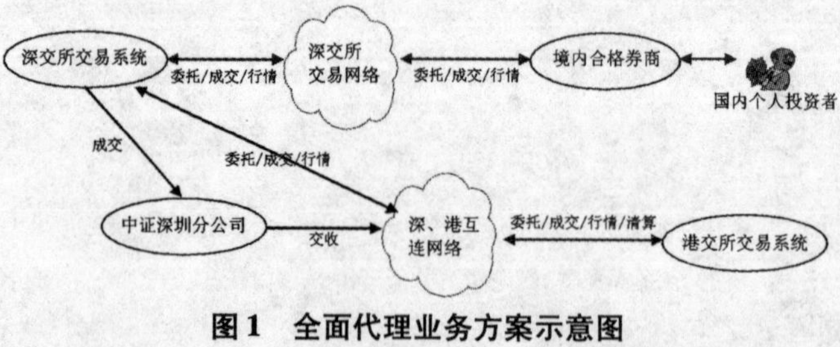

图 1　全面代理业务方案示意图

* 本文写于 2007 年 9 月 5 日，与技术部门合作，最后由笔者定稿。

二、具体方案描述

（一）证券账户设置

个人投资者经过实名申请，可以沿用现有深圳市场证券账户参与港股交易，新开户的个人投资者在实名申请开设深圳市场账户时，可以附带一并申请港股证券业务。中国结算深圳分公司在香港中央结算公司开立参与人账户，统一托管国内个人投资者港股股份；同时，中国结算深圳分公司维护投资者持有证券明细记录，在账簿中将相关证券记录在投资人证券账户中。

（二）资金账户设置

按照外管局个人境外证券投资外汇资金封闭管理的要求，国内个人投资者资金账户可以采用目前 A 股的第三方存管方式，也可以参照天津方案实现指定银行的银证转账方式。在实际业务操作中，香港中央结算公司根据交易清单进行资金结算，禁止个人投资者境外资金存取，禁止个人投资者境内证券转托管活动。

（三）建立特殊目的（SPV）公司

为顺利推进双方的合作，保证双方的权益，实现境内外市场技术系统的风险隔离，可以考虑双方共同出资建立一个 SPV 公司，作为一个独立的法人，制定相关规则，具体承担相关服务与管理事务，对外承担法律责任。双方出资比例及特殊目的公司的重大投资、收益和利益分配关系，经双方协商后，通过正式的法律文件予以确认。

（四）参与券商资格

宜逐步放开、分阶段试点，可以考虑在试点初期，只允许 17 家评为 A 类的证券公司参加。待试点取得初步成效后，再予以推广。具体参与方式是：证券公司向特殊目的公司提出申请，特殊目的公司在进行资格、技术和风险评估后，予以批准，同时报港交所和深交所备案。对于券商资格，特殊目的公司可以实行年检制度。

（五）行情广播

港交所向特殊目的公司提供港交所实时行情数据，深交所向特殊目的公司出让现有行情广播系统，向国内投资者转发港股实时行情。港交所实时行情的广播范围和收费标准，深交所出让系统的范围和收费标准，由深港两所与特殊目的公司协商后通过协议解决。

（六）交易代码设置

因港交所证券代码为 4 位，深交所需在代码区间中划出一段（如 21××××，后 4 位为原港股代码），作为港股在深交所挂牌代码区间，便于投资者直观识别及相关系统较简单地进行代码转换。

（七）交易流程

国内个人投资者选择符合资格的境内券商，通过港股独立交易单元，将港股买卖指令通过合格券商送到深交所单独设立的交易系统，深交所收集到港股买卖指令后，按接口约定自动转发给港交所，由港交所交易系统根据香港市场交易制度完成撮合成交；国内投资者港股实时成交记录，也经同一路径由港交所回传给深交所，并通过深交所通信系统分发给相应合格的境内券商，供国内投资者实时查询。

（八）托管清算

境内投资者买卖港交所上市证券，适用香港市场相关登记结算制度。中国结算深圳分公司作为香港中央结算公司国内代理，负责内地个人投资者的港股股份托管和钱券清算交收，以及与香港中央结算公司的股份、资金清算。

（九）市场监管

1. 在证券公司层面：有资格的证券公司作为经纪商，对个人投资者承担经纪、咨询服务，负有投资者教育和督导义务，要提醒投资者自觉遵守国家关于外汇管理的相关规定，要严格执行个人投资者实名开户的有关规定，要提醒和督促投资者自觉遵守香港交易所关于交易的相关规则。

2. 在交易所层面：深交所和港交所可以根据两地市场既有的监管原则和合作模式，对境内个人投资者跨境交易活动进行管理，如果确有必要，深交所经港交所请求，可以在现有的监察系统中设立相对独立的针对香港证券市场的监察系统。

3. 在证监会层面：中国证监会和香港证监会可以在两地监管合作备忘录的基础上，在重大问题上，共同开展针对个人投资者买卖香港上市证券的合作。

4. 在结算层面：双方结算公司在保证资金平安交收的情况下，确保外汇资金的封闭管理。

（十）法律税收制度

深港两地各自保留当地市场现有法律、税收制度不变；即权益分派税收制度、交易印花税等仍按照当地市场现有制度安排。特殊目的公司设立在深圳，依照中国境内相关法律运作。

（十一）配对服务

在深港技术连通实现并平安运行一定时期后，随着交易量的放大，经双方协商，深交所可在现有技术系统基础上，结合港交所委托规则，建立一个相对独立、风险可控、方便快捷、高效稳定、具有有限配对功能的技术系统。该技术系统根据“价格优先，时间优先”的原则，为境内个人投资者买卖香港上市证券提供配对服务，承担部分香港上市证券的委托交易服务。交易配对系统没有价格发现功能，交易配对应保证投资者委托最优成交，交易配对价格以港交所最近成交价格执行成交，市场绝大部分交易仍然由港交所交易系统完成。具体方式由双方协商。

三、可行性分析

（一）技术可行性

方案沿用了深交所上海跨市场市值配售股票的运作思路，区别在于原来上海股票在深交所只能卖出，而现在港股则既可以买入，也可以卖出。其技术实现模式如图 2 所示。

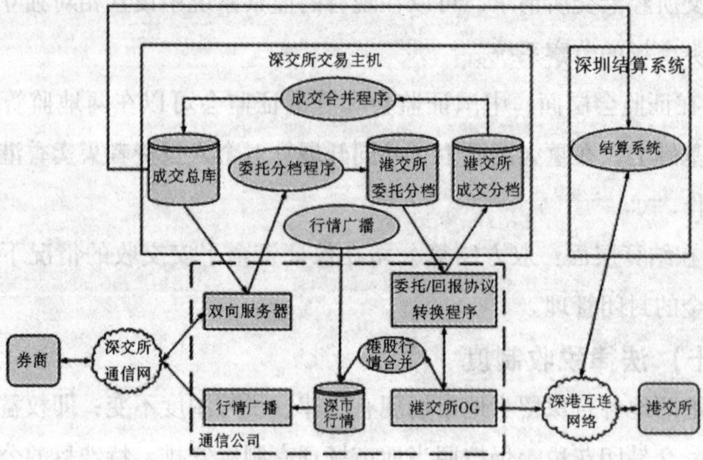

图2 全面代理业务方案之技术实现示意图

从技术系统容量来说，也是没有问题的。深交所交易系统持续订单处理能力为2.1万笔/秒，全天可处理超过1亿笔的成交记录。2007年6月13日为最近日交易峰值，委托笔数1 448万笔，成交笔数1 060万笔，成交金额1 779亿元。

如果按本方案实施，交易所端实施时间需要准备1~2个月，结算公司为1~2个月，券商端已经有接口。预计总体上可以在2个月内完成。

交易所需要进行的改造包括：延长委托接收时间，深交所内部接口与港交所接口的双向转换，行情转发，港股相关的维护、管理功能。

结算公司的改造包括：对境内券商清算交收和登记存管处理的系统改造，修订结算数据接口；与港交所结算系统的连接安排。

券商端改造包括：实现港股交易资金第三方独立存管等。

清算银行端有关技术改造与天津方案相同，在天津方案先行推出的背景下，清算银行有关技术改造估计已有基础。中国银行和工商银行先后在媒体上表示已完成相关准备工作。

（二）法律与政策的可行性

1. 香港法律上允许。2001年，香港起草了《监管自动化交易服务的草拟指引》，并在《证券及期货条例》第571章第95条赋予了香港证监会认可提供自动化交易服务的权利。目前已有十多家机构获得了这一资格，如 Bloomberg、CME、CBOT、Eurex、ICE 等。深港交易所连通，前期只涉及提供香港上市证券的交易服务，不涉及配对业务，无法律障碍。

2. 国内法律和政策支持。这一方案避开了由香港交易所在国内设立终端可能引发的法律问题，没有法律障碍。在政策上，此方案是建立在外汇管理局宣布天津方案的基础上，天津方案解决了境内个人可以外汇封闭式境外投资问题。至于由谁做，可以争取。

3. 国内已经有先例。2007 年 8 月 23 日，美国商品期货交易委员会（CFTC）就中国外汇交易中心暨全国银行间同业拆借中心（CFETS）为本国机构参与芝加哥商品交易所（CME）外汇和利率期货提供清算服务的申请开始征求公众意见。如获批准，则 CFETS 将成为 CME 的首家“超级清算会员”，作为 CFETS 会员的国内金融机构，未来有望通过 CFETS 的平台交易 CME 的外汇和利率衍生产品，管理自身的外汇和债券头寸风险。

四、利弊分析

境内个人投资者通过深港交易所连通买卖香港上市证券，可以充分利用两所现有资源，能够在最快时间内建立两所交易互连，是促进深港合作迈出实质性的一步。

（一）方案优势

与天津方案相比，深港连通方案可以概括为：“三个不变”和“四个有利于”。

1.“三个不变”为市场架构不变、投资者交易习惯不变和经纪代理关系不变。

（1）市场基本架构不变。以深港交易联网模式实现国内投资者跨境集中交易，不需要改变两地市场现有市场架构和基本市场制度，两地市场可保持相对独立。

（2）投资者交易习惯不变。深港两地市场基于现有市场架构运作并遵循各自市场的交易系统，国内个人投资者买卖港股仍完全按照投资者已经熟悉的现行模式进行。

（3）经纪代理关系不变。利用深交所现有交易通道，国内个人投资者仍通过境内证券公司进行委托买卖，一方面有利于香港市场开拓，最大程度开展个人投资者对外证券投资业务；另一方面也有利于境内证券公司的业务发展，避免业务分流至境外券商或集中至设有境外分支机构的境内券商。

2. “四个有利于”指的是有利于保护境内港股投资者利益、有利于提高境内个人跨市场交易便利性、有利于境内证券行业发展和有利于集中监管。

（1）有利于保护境内港股投资者利益。目前，天津模式中，国内个人投资者持有港股股份采用代理人账户进行托管，可能出现境外券商挪用境内个人投资者港股股份的风险。采用深港交易联网模式可以实现国内个人港股份额二级托管，有利于保护境内港股投资者利益。

（2）有利于提高境内个人跨市场交易便利性。天津模式只能局限在境内证券公司的境外分支进行，目前仅有中银国际一家证券公司垄断该项业务。采用深港交易联网模式可以在不改变投资者交易习惯基础上更好地满足A股投资者买卖港股需求，为境内个人跨市场交易提供便利。

（3）有利于境内证券行业发展。由于天津模式存在局限性，可能导致国内证券公司客户分流，使跨境证券投资业务集中在境外券商或境内券商的境外分支。采用深港交易联网模式则有利于全面发展境内证券行业，维持原有证券公司与客户经纪代理业务关系不变。

（4）有利于集中监管。深港交易联网模式克服天津模式中交易通道分散的障碍，同时也保留了两地对投资者及中介机构的管理主权，便于满足当地监管要求和制度设计安排，有利于中国证监会集中统一监管。

3. 对港交所的益处。

（1）国内个人投资者和券商参与港股交易的框架和方式，接近国内市场，很容易、方便地参与，有利于扩大和加速国内投资者的参与。

（2）由中国结算深圳分公司作为结算总代理，提供国内投资者交易港股的结算和担保服务，降低了港交所结算业务操作的复杂度，降低了相应的结算风险。

（二）收益估算

目前港交所证券交易相关收费按以下标准执行：

港交所交易手续费：按成交金额的万分之零点五收取。

印花税：按交易金额的1‰收取。

香港证券公司的经纪佣金一般为交易金额的1.25‰～2.5‰，有最低100港元的门槛，天津方案计划按2.5‰收取；按照全面业务代理方案，深交所能获得的直接收益是手续费分成。手续费用分成需要深港两地交易所协商议定，目前有以下三个方案可供考虑：

方案一：从港交所收取的交易手续费中分成，按20%计算则为万分之零点一。

方案二：比照A股收费标准，从券商佣金中收取交易经手费和监管规费，其中交易经手费按证券公司佣金费率的1.5%计算，取香港佣金标准2‰，则深交所按交易金额的万分之零点三收取交易经手费。

方案三：按方案一和方案二同时向港交所和国内券商收取费用。

香港主板市场2006年成交金额为83 326亿港元，2007年1～7月已达89 761亿港元，按照每天平均成交750亿港元、年成交额18万亿港元估算，假设经过深交所代理的部分可以占到20%，则深交所代理的成交金额为3.6万亿港元，按此估算，深交所收益为：

方案一：36 000亿港元×0.00001×2＝0.72亿港元

方案二：36 000亿港元×0.00003×2＝2.16亿港元

方案三：方案一＋方案二＝2.88亿港元

根据上面估算，可以推算出国内证券行业港股交易收入情况如下：

港股交易收入＝36 000亿港元×天津模式佣金水平×2

＝36 000亿港元×0.0025×2＝180亿港元

另外，如果能够顺利过渡到第二步交易配对，深圳方面还可以有一个稳定的收入来源。

五、需要妥善解决的问题

当然，深交所在境内代理港交所挂牌证券交易可能影响深交所形象，同时可能加速境内个人参与港股交易活动，导致A股资金快速分流；另外，代理模式下深交所参与程度较大，承担的业务运作和技术运行上有较大风险，而收益存在较大的不确定性。

基于内地与香港市场交易、结算制度等方面存在差异，上述业务方案在技术实现上需要考虑以下几个问题：

1. 境内个人投资者买卖香港上市证券的地点选择，现已经成为一个敏感的话题，如何申请说明，需要慎重对待。

2. 深交所、结算公司作为港方的交易和结算参与人是否需要经过中国证监会和香港证监会的许可。

3. 设立特殊目的公司的可行性需要进一步论证。

4. 监管问题。有资格的证券公司属于深交所的会员，但代理港交所的股票，它们与香港交易所没有直接关系，港交所对投资者的监管依托谁来承担，深交所设立市场监察系统的可行性需要进一步论证。

5. 资金账户封闭式管理的要求。资金账户的开设方式，包括外管局如何实施检查。

6. 交易日期、交易时间差异。由于深港两个市场的交易日期、交易时间不同，为了防止对深交所现有证券交易产生影响，深港交易联网涉及通信前端等系统设计需与深交所现有系统相对独立，对境内深市委托和境外港股委托进行区分，并能根据委托类型设定不同的委托接受日期和接受时间。

7. 委托类型差异。深港两所支持的委托类型存在差异，建议两地交易联网试点初期仅支持市场共有的委托种类，即只支持深市限价委托，对应港交所的限价竞价委托（集合竞价阶段）或特别限价委托（连续竞价阶段)，日后可修改系统接口协议，支持港交所所有委托方式。

8. 买空卖空制度。香港市场允许买空卖空，建议两地交易互联试点初期参照天津方案，暂不考虑允许国内个人买空卖空。

9. 结算制度安排。目前港股适用持续净额交收制度（允许跨日结算净额轧差)，而境内股票适用一般的净额交收制度（不允许跨日结算净额轧差)；这虽会增加中国结算深圳分公司的结算业务处理复杂度，但并不会构成根本性的障碍。两方结算公司已经有初步接触，需要进一步论证。

10. 时间问题。目前天津方案只是暂停，时间甚为紧迫，如何抓紧方案设计和技术准备，需要立即决定。

11. 收费方式问题。一是与港交所如何分享交易手续费；二是如何与代理证券公司分享佣金，相关的法律根据是什么，中国证监会是否需要收一定的监管费等。

推动深圳金融生态环境建设需要着力解决的几个问题*

金融生态环境是近年来金融业倡导的一个新概念。它把生态学概念系统地引申到金融领域，阐述了金融主体与金融生态环境之间彼此依存、相互影响和共同发展的关系，强调要通过改善金融生态环境来支持和推动金融系统的改革和发展。在众多影响金融生态环境的因素中，地方政府的行为是决定性因素之一。当前，党和国家对金融市场的重视达到前所未有的高度，大力发展资本市场已经成为基本国策之一。党的十七大报告强调要推进金融体制改革，发展各类金融市场，形成多种所有制和多种经营形式、结构合理、功能完善、高效安全的现代金融体系。可以预期，中国金融业的领先地位，中国资本市场的焕然一新，中国金融中心的重新布局，将成为未来中国经济发展的战略高地和决定性因素。广东省委书记汪洋强调，深圳要向世界先进城市叫板。在这千载难逢的战略机遇与历史责任面前，深圳的当务之急是：尽快明确金融立市战略和建设金融中心的决心；尽快发挥独具特色的战略优势和改善金融生态环境；尽快适应国家经济金融的战略转折和大力发展资本市场的时代要求，使深圳成为最适宜金融业和资本市场发展的先锋城市。

城市发展的经验表明，当人均 GDP 达到 6 000 ~ 8 000 美元后，现代服务业特别是高端金融服务业的加速增长，是一个显著的标志和特征。2006 年，深圳人均 GDP 已经超过 8 600 美元，正好处于这个转折关头。从深圳目前的金融环境看，深圳已具备发展高端金融服务业的良好条件。一是市委市政府高度重视，深圳金融机构品种齐全，金融创新硕果累累，

---

* 此文是深圳市决策咨询委员会财税金融组 2007 年集体课题。笔者为主要起草人和定稿人。2008 年 1 月 3 日定稿后报市决策咨询委员会，由决策咨询委员会递交市领导。

居民金融意识较强，人居环境比较优越，金融业发展有良好基础。二是深圳已成为中国资本市场的两个中心之一，多层次资本市场已经迈出了关键一步，中小企业定价中心、创业投资中心和基金中心正在形成中，这是深圳的独特优势。三是深圳“是中国落实自主创新最好的城市”，本地高科技上市公司表现突出、成长性好、科技含量较高的中小企业数量众多，推动科技与资本结合、金融与实业融合具有比较优势。四是深港合作有着特殊的地缘优势，共建深港世界级大都会与赶超世界一流国际金融中心的目标，香港人民币离岸中心建设和深圳特区先行先试的优势等，客观上均要求深港两地金融合作必须迈出实质性步伐。

但是，我们也必须清醒地看到，与周边市场，如中国香港、新加坡及土地面积大体相当的卢森堡相比，深圳的差距十分明显。目前，中国香港、新加坡和卢森堡金融业增加值占 GDP 比重均在 20% 以上。2006 年全球竞争力年度排名，新加坡、中国香港和卢森堡分别列第 2 位、第 3 位和第 4 位。卢森堡与深圳面积相当，但却是欧洲仅次于伦敦和巴黎的第三大金融中心、世界第七大金融中心，是交易所债券市场十分发达、全球存托凭证（GDR）数量最多的地区和全球仅次于美国的第二大投资基金管理中心。深圳 2006 年底的金融总资产为 1.61 万亿元，金融业增加值占 GDP 比重为 8.1%。加快深圳高端金融服务业的发展，提升其比重，是我们面临的尖锐而又紧迫的历史任务。

一、存在的问题

深圳在建设良好的金融生态环境方面，还存在深层次的矛盾和问题。

（一）金融中心的定位不明确

金融中心按性质可以划分为：功能中心，如伦敦、纽约、东京、中国香港和新加坡；名义中心，如百慕大、巴哈马群岛和开曼群岛。按地理范围可以划分为：国内金融中心，如美国的旧金山；区域性金融中心，巴黎、日内瓦和中国香港；全球性金融中心，如伦敦、纽约和东京；离岸金融中心，如卢森堡和巴哈马。按发展模式可以划分为：自然渐进模式，如伦敦、纽约、法兰克福和多伦多；政府推进模式，如新加坡。我国许多城市均表达过要建设金融中心，但对于建设什么样的金融中心和怎样建设金融中心，心无定数。深圳提出建设区域金融中心，在如何理解“区域”二字上百人百样，没有定论，更多地只是国家一个局部的中心，其国内金融地位甚至还没有旧金山在美国的金融地位那么高。由于金融中心目标不明确、内涵不确定，深圳建设金融中心还没有成为深圳的集体意志，对深圳金融业可持续发展造成一定的影响和制约。

（二）金融决策前瞻性和支持力度还不够

上海早就对长三角地区金融整合与布局进行了调研，对金融中心建设有详尽的规划；北京这几年结合奥运会和金融街的建设，大手笔打造金融聚集区。相比之下，珠三角的整合与布局少人问津，缺乏科学完整的金融中心建设蓝图，在金融聚集区的打造方面明显落后。深圳是全国对金融业支持最早的城市之一。这几年北京、上海步伐加快、举措有力，对机构和人员有很大吸引力。在企业所得税优惠不复存在的前提下，如何体现深圳的优势，确实值得深思。在调研中我们发现，深圳房价领涨全国及相关教育、医疗等条件相对滞后，深圳金融机构招收和留住人才的难度越来越大。

（三）决策的执行力还不强

调研还发现，深圳有关金融的重大决策缺乏相应的机制和保障，与上海、北京等其他城市相比，决策落实方面存在效率不高的问题。这种情况首先在于市金融办的职能、手段、人员和力度明显不够，难以主导有效的组织与资源的调动和整合；其他部门对金融的重要性和金融中心建设认识也不到位，办事不配合、落实不方便时有发生，造成决策及执行机制不顺和效率不高。

（四）金融发展合作环境有待改善

我国还处在转型期，市场经济平等竞争的格局形成还有一个过程，中央金融政策的投放与布局，直接决定着一个城市金融资源的多寡，构成为各地方政府金融工作的着力点。在这种情况下，如何加强深圳与中央各金融部门的联系、沟通，如何充分争取广东省政府及相关部门强化对深圳的支持力度，如何在市政府的协调下汇集各方力量推动深港金融的合作，是深圳金融业发展合作环境面临的严峻挑战，也是区域金融中心建设必须妥善加以解决的问题。与中央相关部门的联系、沟通和协调愈好，深圳金融市场发展会愈主动，产品会更丰富；与香港金融决策部门、监管机构以及金融机构的沟通与联系愈紧密，深港金融市场的实质性联系与合作才有可能；与广东省政府及相关部门请示汇报愈积极，争取广州与深圳强强联合整合珠三角的可能性就愈大。

（五）金融业发展的支持环境

金融业发展的支持环境，主要指政府为发展金融业所创造的良好综合环境、法制环境和信用环境等。综合环境包括：通过金融集聚区的形成，有利于增强金融业的规模效应；通过居住、教育、医疗等环境的改善，有利于对金融人才的稳定和吸引；通过加大金融业的宣传和教育，有利于加强全社会对金融业的认识，为金融业的发展营造良好的氛围。法制环境包括：提高执法效率，保全金融机构担保抵押物的价值，减少诉讼费用；增强司法机关的公正性和独立性，维护金融机构的合法权益；健全地方性法规和政策体系等。信用环境包括：要通过立法，倡导全社会的信用观念；加快推动深圳市信用体系建设，加强信用信息系统连通，做到部门间信息共享，包括对自然人和法人的信用信息共享。

二、对策建议

改善金融生态环境的对策建议如下：

（一）尽快明确金融中心的内涵，并使之成为深圳的集体意志

在港深共建世界级大都会的大背景下，未来15～20年，港深大都会将建设成为可以与伦敦和纽约相媲美的世界级全球金融中心。

深圳是港深大都会世界级全球金融中心的有机组成部分。就深圳金融

中心来说，未来5~10年，深圳将要全面超过新加坡和韩国首尔，成为亚洲重要的区域金融中心、中小企业定价中心、财富管理中心和创业投融资中心。

借鉴新加坡和卢森堡的经验，深圳建设金融中心需要采取政府推动模式。

切实制定适合深圳的金融发展规划，明确金融业发展的战略目标、方向和步骤。

通过行政、法律、经济等多种手段，加强宣传力度，使金融中心建设成为深圳的集体意志。

（二）进一步提高市政府在金融业发展方面的决策力和执行力

成立由市主要领导牵头的“金融发展委员会”，统管全市金融业发展规划、政策制定，调配和整合财政、经营性国有资产（含金融资产）等公共资源支持金融业发展，协调各监管机构与风险处置等。

强化市金融办的功能和权威。市金融办作为金融发展委员会的常设机构，要加强力量，强化职能，增强执行力。

加强各级政府及政府有关部门领导班子中金融人才的引进和培养，力争做到在市政府及其有关部门、各区领导班子中配备懂金融、懂资本市场的干部。

（三）以争取更多金融事权为目标，强化与中央决策部门、广东省政府及香港金融决策部门的沟通与协调

未来几年，金融市场、金融产品创新将层出不穷，创业板市场的推出，代办报价系统试点的扩大，场外市场的重新整合，产权交易所的整顿，公司债券的扩大，市政债券的启动，境内投资者投资于国际市场，境外投资者投资于境内市场，香港资本市场与境内资本市场的连通，人民币自由兑换试点工作，期货、期权等金融衍生产品的试点，证券金融公司的设立，存款保险机构的开设，证券期货保险信托的融合与金融控股公司的大规模出现等，都需要深圳市委、市政府审时度势，站在更高的高度、更

深的层面来统筹、协调和推进，丰富深圳金融中心的内涵。

（四）以支持多层次资本市场建设为重点，全面细化金融业生态环境

多层次资本市场架构已基本成型，即进一步大力发展主板市场，坚持不懈地发展中小企业板，加快推进创业板市场建设，积极稳妥地推进场外市场建设。全力支持深圳多层次资本市场建设，应成为深圳市金融工作的重中之重。

要更积极地加强深圳中小企业上市培育工作。原则上本地企业上市应首选深圳，以起到带动和示范效应。

充分利用资本市场并购、重组和整体上市等工具，推动深圳企业利用深圳资本市场做优做强。

充分发挥深圳风险创业投资机构聚集、高新技术企业云集的优势，采取各种措施进一步形成科技与金融相结合、实业与金融相融合的机制，形成科技业、物流业、创投业与金融业协调发展的势头。

把风险创业投资机构纳入金融机构管理和奖励范围，制定和实施鼓励扶持政策，为私募股权投资基金营造良好的发展环境。

（五）进一步科学规划深圳金融集聚区，形成有规模、分功能、多层次的金融集聚核心区和功能区

金融中心宜集中，不宜分散。纵观国际上的金融中心城市，纽约有曼哈顿，伦敦有金融城，香港有中环，金融业高度集聚必然带来规模效应。

建议将福田中心区明确为深圳金融集聚区的核心区，其他地方明确为功能区。如同上海国际金融中心建设提出“聚焦浦东”战略一样，应明确提出“聚焦福田金融核心区”战略。

用 10 ~ 15 年时间，引进重要国际和国内金融机构进驻，形成代表深圳形象的金融中心区，构建深圳金融城。

（六）以发展总部金融为契机，进一步培育市场主体，重点打造金融控股公司（集团）、证券公司、资产管理公司和创业投资公司

进一步加大引进外资金融机构的力度，尽可能争取大型外资银行、证券、保险和资产管理公司落户深圳，或者将研发中心设立在深圳，鼓励其立足深圳，面向全国拓展业务。

结合我国已经出现的混业经营趋势，积极推进金融综合化经营，重点打造好招商银行、平安保险、国信证券等 2～3 家金融超市式的金融控股公司（集团），构建总部设在深圳市的金融"航母"。

结合证券监管机构准许中小金融机构到深圳上市的机遇，鼓励和推动深圳的银行、证券、基金、保险（含保险经纪、公估）、期货、担保、信托、租赁等金融机构改制上市，打造有实力、有规模的各类金融机构。

港深大都会与深圳金融中心建设*

2007 年，注定在港深合作历史上写下浓重一笔。香港提出“与深圳携手打造国际大都会”；深圳明确“与香港共同发展的国际大都会”。美国学者理查德·佛罗里达借用卫星，发现最亮的连城灯火出现在香港和深圳之间，预测一个世界级大都会将要出现。

世界城市至少有四个方面值得关注：对世界其他地区足够开放性，足以形成有影响力的广阔的地理空间，种类繁多的金融活动，多元文化背景的人口结构。香港、深圳面积为3 000 平方公里，人口2 000 万人，GDP 2 万多亿元人民币。到2020 年，“港深大都会”经济总量将达到 1. 11 万亿美元，仅次于纽约（1. 78 万亿美元）、东京（1. 43 万亿美元），超过伦敦和巴黎，排名世界城市第 3 位，成为全球最大陆路口岸、超级航空港，全球最有活力的金融区、旅游中心和物流中心。

探索“一国两制”下新型世界级大都会建设，港深需要切实强化基础设施对接，打造“港深一小时都会生活圈”；需要经营“港深都会”品牌，落实“深港创新圈”，共同推动人才培养，加强教育和文化合作；需要积极推进电讯、铁路、机场、港口、资源、进出口、服务以及经济和人员的整合等。当然，金融中心建设是题中之意，更是重中之重。深圳是年轻与后进城市，金融立市有比较优势，但与国际先进城市相比，差距依然十分明显，需要痛下工夫，迎头赶上。

一是尽快明确金融中心建设的目标。世界级大都会要求港深要用 15 年左右的时间，建设可以与纽约、伦敦相媲美的世界级全球金融中心。作为全球金融中心的有机组成部分，深圳要明确区域金融中心即是亚洲重要

* 本文是《证券市场导报》2008 年第 1 期“编者絮语”。

的区域金融中心，并为此制定切实可行的金融发展规划，争取用5~10年的时间，全面追赶金融中心新加坡，成为中小企业定价中心、财富管理中心、创业投资中心与金融创新中心。

二是结合总部经济推动产业结构的升级。金融中心要求金融服务业成为城市发展主要的支柱产业。1971年，伦敦制造业和金融服务业就业人数分别为100万人和75万人；到2006年，前者下降为24万人，后者增加到150万人，金融服务业占GDP的比重显著提高。深圳宜以伦敦为榜样，坚定不移地走产业升级和金融立市之路。同时，要借鉴新加坡的经验，用优惠政策吸引大公司将总部入驻深圳，鼓励制造企业在将制造环节外迁时，把总部及科研开发部门留在深圳。

三是以多层次资本市场带动金融市场建设。深圳的银行、证券、保险、基金、信托、期货、担保、租赁等金融机构齐全，金融市场的发育与发展有一定基础。当前尤其要抓住多层次资本市场大发展的历史契机，进一步大力发展主板市场，坚持不懈地发展中小企业板，加快推进创业板市场建设，积极稳妥地推进场外市场建设，使深圳资本市场重新恢复生机与活力，成为金融中心建设的强大驱动力。

四是尽最大努力持续改善金融生态环境。按国际上现有标准，影响金融中心竞争力的因素主要有：人才可得性、监管环境、商业基础设施、公正商业环境、政府响应程度、公司税负、营运成本、生活质量、文化与语言、个人税负等。这些因素共同构成当地金融生态环境。对照国际先进城市找差距，有针对性地改善金融生态环境，是当前深圳最主要的任务。

五是进一步拓展自主创新型城市的功能。作为国家自主创新的试点城市，深圳已经涌现出一大批本土创新企业群，如华为、中兴通讯和中集集团成为世界品牌。一大批科技含量较高的中小企业也在茁壮成长中。推动科技与资本最佳结合，推进金融与实业的融合，打造新时期自主创新型城市，必将成为推动金融中心建设的强大动力。

港交所的国际化战略及其启示*

港交所行政总裁周文耀表示："港交所没有计划，也没有必要跟其他交易所进行股权合作。"周文耀这一表态，是其一以贯之的观点。他曾反复公开表示，香港交易所与其他交易所并购的可能性不大。他认为，现在还没有证据显示整合能够在收入、成本、运营或技术方面产生协同效应，各交易所在"语言、文化、市场结构、规章制度、交易、清算和结算机制、监督、会计准则和货币"等方面都存在很大差异。对此，我们根据相关材料进行了分析。

一、港交所目前没有合适的股权合作伙伴

从世界交易所总体的发展趋势看，股权合作是主旋律，也是被证明最彻底、最有效率和最成功的合作方式。合作备忘录象征意义大于实际意义；连线交易国际上也没有特别成功的案例。而股权合作能迅速、彻底地实现交易所扩张带来的规模经济和外部效应。泛欧交易所整合巴黎、阿姆斯特丹和布鲁塞尔交易所，收购伦敦国际金融期货交易所，是近几年最有效率的交易所股权合作事件。纳斯达克、德意志交易所集团、泛欧交易所以及瑞典 OMX 集团抢夺伦敦交易所的股权，对国际资本市场产生了深远影响。纽约证券交易所与泛欧交易所合并，更是掀起了交易所股权合作的高潮。

交易所股权合作的如火如荼，根源在于世界经济金融的一体化，同时交易所的股份化也为其提供了良好的平台。自 1993 年瑞典斯德哥尔摩交易所开启股份化之先河以来，公司制就一直是一个趋势。按照英国学者罗

* 本文是根据深交所陈东征理事长的批示而进行的研究，定稿于 2008 年 1 月 23 日，与朱海鹏合作。原文有删节。

宾·李的说法，证交所治理结构的“钟摆开始摆向了另一边”。而纽交所股份化与上市的完成，更成为全球交易所治理结构变革的“最后一根稻草”。正因为如此，交易所之间的并购，就成为21世纪风起云涌、引人注目的事件。

纽约泛欧交易所集团副主席 Jean - Francois Theodore 最近预言，10 年内全球证券交易所将演变为四大交易所网络，即纽约·泛欧交易所集团、纳斯达克交易所集团、芝加哥商品交易所集团以及亚洲的主要交易所连接而成的交易所集团。

从港交所现状看，凭其目前的实力，即使与西方主流交易所进行股权合作，在谈判过程中也肯定会处于弱势地位，搞不好反而沦落为别人的附庸。同时，亚洲交易所的格局仍不明朗，东交所“瘦死的骆驼比马大”，上交所异军突起，新加坡和韩国交易所虎视眈眈。与东交所和韩交所合作，对于港交所的实际意义并不大；新交所应该是一个不错的选择，但两边的恩怨始终难以理清；上交所 2007 年在市值、融资额、交易量三项关键指标上均全面超越港交所。

二、拓展内地市场是港交所的重中之重

从交易所产业的发展看，国际化虽然是一个趋势，但国际化的利益却基本为“大鳄”所分食。根据国际交易所联会（WFE）的统计，2007 年上半年，外国公司股份的全球交易，[①] 90% 集中在英国和美国。其中，55% 在伦敦证券交易所，24% 在纽约证券交易所，11% 在纳斯达克交易所。除这 3 家交易所外，外国股份占余下交易所的交易合计仅为 2%。换言之，买卖本土公司的股票，是全球大部分证券交易所无法回避的选择，是收入的主要来源之一。

---

① 按 WFE 的定义，凡在交易所所在地以外国家注册成立的公司视为外国公司，但各交易所的定义有所不同，如新加坡对外国公司的界定为主营业务在新加坡以外的公司，港交所把 H 股和红筹股的上市公司界定为本国公司。

就港交所而言，内地上市的股票市值和交易额均已超半壁江山。截至2007年11月30日，港交所市值的53%是H股和红筹股，交易的63%由H股和红筹股贡献。毋庸置疑，内地上市公司已经成为港交所利润的最重要来源。随着H股的回归和红筹股即将发行A股，进一步拓展内地市场，更成为港交所当务之急。一方面，港交所积极游走于地方政府之间，利用各地政府的力量直接推动当地企业赴港上市，扩大其上市资源；另一方面，港交所尽力在中央政府攻关，扩大QDII份额，力争"港股直通车"，实现内地资金投资港股，丰富其投资者结构。此外，为了应对将来内地投资者带来的交易系统的拥堵，港交所更是未雨绸缪，先后投资2.5亿港元改善交易系统，未来系统的容量将由现在的每天150万笔提升至750万笔。

三、港交所国际化战略的根本点及成效

港交所国际化战略的根本可以归结为两点：一是丰富上市资源，二是扩大投资者群体。这符合港交所的实际，是港交所这些年保持世界市场份额的根本所在。围绕上述战略，港交所一直在紧锣密鼓地布点和工作。

（一）路演

2007年，港交所海外路演就做了29次，地点覆盖到越南、泰国、马来西亚、俄罗斯、韩国、印度、蒙古及美国等地。

（二）签订MOU

2007年，港交所与阿布扎比交易所、莫斯科银行间外汇交易所、胡志明证券交易所和蒙古交易所签订合作备忘录。

（三）参与国际证券期货业事务

港交所广泛参与国际证监会组织、世界交易所联合会、东亚及太平洋交易所联合会的各项活动，并力争做主题或专题发言。

（四）认真做好网站建设

无论是实时行情还是历史数据，无论是上市公司信息披露还是重大违规行为的查处，以及港交所的动态、年报、发展战略、相关文献，港交所均利用网站进行发布，既方便受众，又比较好地达到利用网站宣传自己的目的。

（五）积极拓展境外产品和海外投资者

除了拓展权证产品外，港交所还对存托凭证（DR）、第三方结算及远程交易等展开研究，旨在拓展境外业务，扩大交易量。

港交所另辟蹊径拓展国际业务，取得了良好的成效。从港交所的统计资料看，[①] 外地投资者共占市场成交总额的41%。这当中，机构投资者更是占主导地位，占市场成交总额的39%（“交易所参与者本身的交易”指证券公司用自己的账户进行的交易）（见图1）。

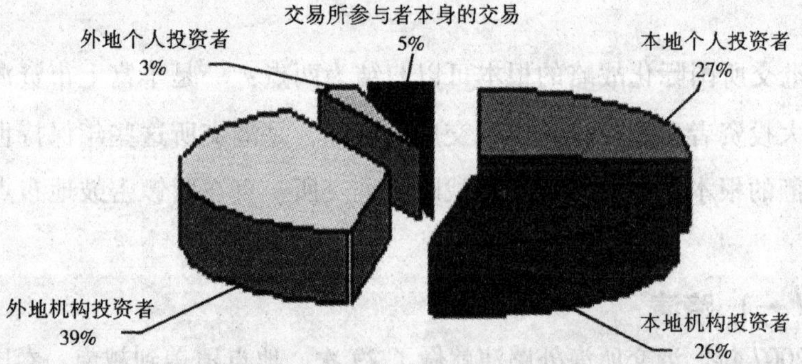

图1　现货市场成交额按投资者类别的分布

从外地投资者的构成上看，美国投资者比重最大，占外地投资者总交易金额的26%，其次为英国（24%）及欧洲其他地区（23%）。来自中国内地投资者的交易比重仅为5%，不及新加坡（9%）（见图2）。

① 港交所：《2005/2006年现货市场调查研究》。

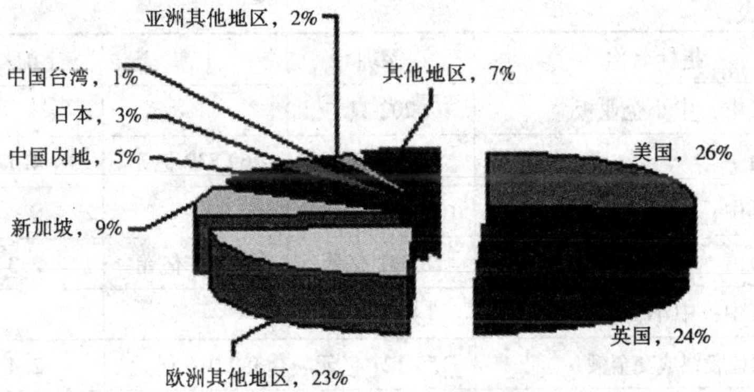

图 2　现货市场外地投资者交易金额按来源地的分布

四、港交所国际化战略对深交所的启示

（一）埋头苦干，力争在短期内迅速扩大规模

无论国际化也好，股权合作也罢，交易所要想赢得主动权，关键的一点还是要靠自身的雄厚实力。否则，就会在这场强者的博弈中丧失话语权。交易所行业很重要的一个特点就是“以大为美”，市值大的交易所将统治整个行业，强者愈强，弱者愈弱。深交所已确立了建设多层次资本市场的目标，这是时代赋予我们的使命和机遇，大有作为，但面临的挑战也相当严峻。

1. 规模上与上海的差距在加大。截至 2007 年底，上交所总市值是深交所的 4.7 倍，流通市值是 2.3 倍，成交金额是 2.4 倍，筹资额是 5.5 倍（见表 1）。

表 1　　　　2007 年深圳、上海证券市场比较

指标名称	深圳	上海	上海/深圳
上市公司数	670 家	860 家	1.3 倍
其中：中小企业板	202 家		
上市股票数	712 只	904 只	1.3 倍

续表

指标名称	深圳	上海	上海/深圳
其中：中小企业板	202 只		
总市值	57 302 亿元	269 839 亿元	4.7 倍
其中：中小企业板	10 646 亿元		
流通市值	28 532 亿元	64 532 亿元	2.3 倍
其中：中小企业板	3 823 亿元		
本年累计股票成交金额	155 121 亿元	380 015 亿元	2.4 倍
其中：中小企业板	16 173 亿元		
本年累计股票筹资额	1 175 亿元	6 520 亿元	5.5 倍
其中：中小企业板	448 亿元		
总市值占 GDP 比重	27%	129%	4.7 倍

注：资料统计截至 2007 年 12 月 28 日。

2. 世界各大交易所纷纷逐鹿中原。这其中不仅有纽交所、伦交所、港交所这些传统的境外上市地，一些新兴力量如德交所、韩交所等也加入到这场上市资源大战中。他们不仅在市场优势上不可小觑，而且也越来越会利用政治资源进行推广活动。2007 年以来，纽交所、纳斯达克交易所、东京交易所、伦敦交易所和新加坡交易所相继在北京设立办事处，目的十分明确。

3. 国际资本市场仍然动荡不安。随着人民币的持续升值和资产价格的迅速膨胀，市场已经到了一个微妙阶段。与此同时，次债问题及美国经济衰退的潜在威胁也对国际金融市场产生重大影响。国际金融市场一旦发生重大动荡，中国难以独善其身，有可能对交易所发行上市工作造成影响。

在较短的时间内实现深交所规模的迅速扩张，主要是围绕多层次资本市场做文章，深交所已经做了周密的部署。在这里特别想强调的是：要进一步尽全所最大努力，做优做强主板上市公司。数据告诉我们，深交所主板总市值和交易金额分别为 4.7 万亿元和 13.9 万亿元，是中小板的 4.4

倍和8.6倍，交易量和利润主要还是来源于主板。由此我们可以判断，依靠主板养中小板和创业板的格局可能长期存在。2007年主板再融资700多亿元，做优做强迈出了一大步，2008年需要进一步强化这一工作。借鉴中小企业板推广的经验，可以考虑把这一机制引入到主板上市公司的资产重组、整体上市等方面来。

（二）客观分析，制定科学的国际化步骤

仔细分析一下港交所国际化方面的举措，其实暗藏乾坤。随着第三次中美战略经济对话的结束，我国资本市场国际化的进程明显加速，上交所国际板的建设已经进入了中央的视野。那么深交所的国际化如何在这种情况下突出重围呢？

1. 合作伙伴的考量。无论从哪方面讲，深港交易所的合作都是最好、最经济的选择。毗邻的地理环境、相似的人文文化、便利的资金流动、互补的产品线和投资者结构等，深港交易所的合作应该是一个完美的结合。2007年，深港明确两地建立战略伙伴关系，共建世界级大都会，深港合作将进入一个全新阶段。资本市场或许取得重大突破，如打通渠道，实现跨境交易、跨境互换、双重挂牌、两地上市、联网交易等。果然如此，则不仅对两地金融业意义巨大，对整个中国金融业的对外开放也意义重大。

2. 海外上市资源的培育。在红筹股即将发行A股，以及境外企业到中国上市的步伐加快时，深交所需不需要类似的国际板需要认真考量。我们认为，小的红筹公司在深交所上市，依然有可能性，依然需要争取。但从上市资源的角度分析，根据深交所和中央相关研究部门的沟通，东盟和上合组织国家应该是我们的战略重点。一方面是深交所区位优势使然，另一方面，东盟和上合组织国家独特的政治、军事和资源意义也大有文章可做。吸引这些国家的中小企业上市和已上市公司第二上市，有利于巩固中央和这些国家已有的政治联系，有利于加强双方的经济合作，有利于增强我国金融市场在开放条件下的运行弹性。下一步要针对这些国家的不同情况，尽快形成一个可操作性强的方案。

3. 国际化的产品创新。产品创新对于交易所而言意义重大，2007年

深交所权证的交易额高达2.8万亿元，基金的交易额也有4 000多亿元，成为新的利润增长点。港交所2009年把存托凭证和第三方结算及远程交易作为重点。目前，中国人民银行牵头成立了内地与香港合作小组，分别研究红筹股发行A股、存托凭证、跨境ETF和两地技术系统的差异。从实际情况看，存托凭证和ETF产品已经经过多年的全球实践，初步形成了一套成熟的操作模式。从目前的条件分析，跨境ETF产品的研究和准备已经进行得比较充分，可以作为深交所实施产品国际化的突破口。

4. 股份化改革。从海外交易所的发展趋势看，公司化是一个趋势。第一，公司制解决了会员利益分化的问题，使交易所决策机制得到改善。第二，公司制促成了交易所管理机构的改革和运作效率的提升。第三，公司制为交易所之间的股权合作提供了一个基本的平台。如果不实现公司制，深层次的国际合作无从谈起。尽管当前内地交易所的股份化改革仍缺乏进展，但我们要积极做好这方面的准备。事实上股份化改革操作起来并不复杂，涉及的利益关系也相对清晰，一旦决策层下定决心，进展会很快。

5. 国际业务的准备。2007年，深交所在国际业务的开拓方面进行了诸多探索：第一，拓展合作伙伴。先后与日本佳斯达克、莫斯科银行间货币交易所、北欧交易所集团、美国纳斯达克交易所及合并后的韩国交易所等5家海外交易所签署了合作备忘录，使深交所长期合作伙伴增至18家；并结合各种参加国际会议的机会，进行海外路演，扩大影响。第二，加强英文网站的建设。深交所英文网站在内容的时效性以及丰富程度等方面都有较大改善。2007年完成了《中小企业板股票暂停上市、终止上市特别规定》和《上市公司社会责任指引》等若干最新法律法规的翻译与上网。第三，培育国际化金融人才。在全球金融市场加速整合、资本市场的发展进入多方博弈的格局下，对国际化人才的需求日益强烈。这些年来，我们先后组织派送18批60名员工赴海外交易所进行岗位培训，有力地推动了人才培训。

总而言之，资本市场已成为21世纪大国金融博弈的核心平台，交易所之间的竞争又是这场博弈的重中之重。为迎接即将到来的挑战，深交所的国际化应以深港合作为核心，以东盟和上合组织国家为重点，以跨境ETF产品为突破，以股份化改革为方向，全面、积极做好国际化准备。

伦敦：浴火重生的世界金融中心*

21世纪，或许该是伦敦重现辉煌的世纪。2000年，英美学者在《伦敦、纽约研究》系列报告中宣布，全球顶级金融中心只有伦敦和纽约。2005年，伦敦金融城发布《伦敦作为国际金融中心的竞争性地位》报告，比较全球金融中心排名指数（GFCI）相关指标，伦敦以微弱优势领先于纽约。2007年，万事达卡国际组织发布新一轮全球商业中心指数，伦敦城和英国《独立报》先后推出全球金融中心评价报告，再次肯定伦敦超过纽约成为全球首位金融中心，被中国台湾地区《天下》杂志称为“新世界之都”。

伦敦超过纽约基于：（1）足够的开放性。伦敦地铁爆炸案与纽约“9·11事件”的善后迥然不同，伦敦开放如故，纽约则相对自我封闭。（2）全球资金集聚地。中东的钱、政治家族的钱等汇集伦敦，除伊斯兰教国家外，全球最大伊斯兰教金融中心在伦敦诞生。（3）全球企业融资中心。巧借美国《萨班斯法案》增加企业融资成本之机，吸引包括美国在内的全球企业到伦敦上市，伦敦交易所连续几年全球IPO融资第一。（4）衍生性金融商品兴盛。运用保险、航运的优势，伦敦设计出包括货运、天气等多种避险性金融衍生产品，使伦敦金融衍生产品场外交易占到全球的43%。（5）外汇、债券等传统项目继续领先。全球20%跨境借贷、32%外汇交易、70%二级市场国际债券交易在伦敦完成，对冲基金份额占全球的1/4，也是全球最大的保险市场等。（6）国内经济发展的引擎。伦敦创造了英国1/5的国民生产总值，提供全英15%的就业、1/5的英国政府税收收入。

---

* 本文是《证券市场导报》2008年第2期“编者絮语”。

曾经渐趋没落与萎缩的伦敦浴火重生，走上复兴之路，重新占据世界金融中心的宝座，其做法大有可圈可点之处。

第一，明确战略目标，大胆改革，是“新世界之都”形成的前提。从20世纪80年代开始，“日不落”在过去的辉煌与现实的衰落中痛定思痛，毅然决然地举起了改革大旗，推动了伦敦历史上两次著名的金融“大爆炸”。第一次以Parkinson－Goodison协议为蓝本，突出金融自由化，对内放松管制，对外开放市场，最终确立了伦敦国际资本市场的地位。第二次重在建立混业经营的金融监管体制，将几家监管机构合并为金融服务局，统一监管标准，提高监管效率。以此为契机，英国重新定位伦敦：世界城市、欧洲的领导者、英国首都和大都市区中心城市，廓清伦敦在不同空间层次上的角色和责任。

第二，引进世界资金、人才与机构，是伦敦金融兴盛的发展策略。“就是对世界开放”，道出了伦敦金融复兴的关键。过去20年，伦敦经历了大规模的移民浪潮，置身于伦敦街道，多元面孔成为平常景象。移民强化了伦敦世界城市的形象，带来了专业人才、资金与机构，使伦敦充满生机与活力。据统计，伦敦金融城人口平均年龄31岁，超过20万人持非英国护照，超过50%的资产为外国人所拥有。世界企业500强和欧洲500强，分别有79家和100多家总部在伦敦；有500多家外国银行在伦敦设立机构。

第三，重点发展金融服务业和创意产业，强化城市基础建设，是伦敦复兴的关键环节。金融服务业每年为伦敦创造5%以上的国民生产总值，金融从业人员达36万人以上，这是伦敦金融中心建设的重大成绩。注重发展创意产业是伦敦的得意之笔，它不仅拓展了个人创造力、技能与才华，发挥了创造财富与就业的成效，更使附加值低的产业从中心区顺利转移出去。如伦敦的出版业占到金融城工业产值的1/2强。良好的城市基础设施是世界城市须臾不可或缺的，伦敦公共支出占全英公共支出的15%，21世纪每年均在700亿英镑以上；在20世纪90年代，6年中基建支出累计达到430亿英镑。伦敦得以充当欧洲的枢纽，就端赖于斯。

纽约：与众不同的资本之城*

“如果你爱他，把他送到纽约，因为那是天堂；如果你恨他，把他送到纽约，因为那是地狱。”天堂与地狱之别，核心就在于纽约是一个不同凡响的资本之城。从“梧桐树协议”到“骗子民族”绰号，从“进步时代”“耙粪”到罗斯福新政立法，从“沸腾的岁月”后台危机到纳斯达克信息技术平台的开发、运用与升级，从安然公司轰然倒地到《萨班斯法案》超级内控，人间的悲欢离合、阴晴圆缺、否极泰来在此表演得淋漓尽致。

世界银行一位经济学家分析道：美国早期银行不允许跨州设立分支机构，极大地限制了美国银行业的发展，决定美国的发展主要靠外资，企业融资主要靠资本市场。国债和公司债是早期资本市场的主要投资品种，外资特别是英资持有相当比重。接着，银行、保险、铁路和运河等股票为投资者所钟爱。后来，电报、电话、计算机和互联网等公司为人们所追逐。自1792年以来，美国资本市场先后有近3万家公司上市，目前上市公司有6 000家，总市值达20万亿美元，占全球2/3，证券化率达145%。一部美国资本市场史，就是高科技与资本最佳结合的历史，它既创造经济增长的奇迹与神话，更是创业与创新的不竭动力。美国历史学家托马斯·科斯纳在《资本之城》中写道：“在纽约发展的每一步中，纽约激发了最具创新性的技术，吸引了最具才华的专门人才，造就了最具有冒险精神的企业家。”

资本市场跨越式发展，使纽约取代伦敦成为20世纪世界首位金融中心。这首先体现在纽约人口变迁与移民高潮。1870年纽约城市总人口突

* 本文是《证券市场导报》2008年第3期“编者絮语”。

破100万人，移民比例达50%；1920年为562万人，移民比例为33.3%；2006年为808万人，移民比例为46.7%。纽约被美国中部地区视为“外国”，真正是异国人种相伴为邻，各种宗教同存并荣，白人、黑人、黄种人摩肩接踵。其次体现为纽约的金融业发展。纽约市每9个工作岗位就有1个岗位是金融业，金融业从业人员达32.84万人。纽约金融业占到城市总产出（GCP）的15%，为仅次于房地产的第二大产业；金融业也是增长最快的部门，1995～2005年，金融业城市总产出年均增长6.6%，其他城市仅为3.6%。

21世纪伊始，纽约遭遇“9·11”恐怖袭击和上市公司造假事件，殃及资本市场，金融市场活力受到重大影响。纽约市长布伦伯格就认为，纽约金融中心面临三大挑战：（1）监管架构犹如复杂规则的“灌木丛”，远不如英国和其他国家那样清晰明了，被监管者无所适从，《萨班斯法案》有瑕疵地执行，产生了超出预期的、更加沉重的企业成本；（2）大量无益的证券诉讼提升了企业内外部成本，赶走了潜在投资者，而高度复杂和琐碎的法律体系，让人感到处罚是武断的和不公正的，国际公司望而却步；（3）美国一直是吸引世界顶级人才的宝地，如今却面临着欧洲和亚洲强有力的挑战，吸引本国及外国合格工人的优势正在消失，对移民的限制又把高技术人才挡在门外。

面对伦敦战后首次超过纽约成为全球首位金融中心，纽约市政府于2007年1月发布《维持美国及纽约的全球金融领导地位》报告，警告纽约的金融中心地位将会落后于英国伦敦和中国香港，向美国国会和美国政府及金融监管机构提出了庞大的改革计划：一是要求提供更加清晰的《萨班斯法案》的执行指南，使美国资本市场在不恶化投资者保护和公司治理水准的前提下，对中小公司和外国公司更加有吸引力；二是推动证券诉讼制度改革，美国证监会应运用广泛的规则制定权和豁免权，阻止绝大多数有疑义的证券诉讼；三是构建金融服务共同的愿景和一整套监管规则体系，形成共同的价值取向，致力于监管者与被监管者的合作与信息共享，致力于营造一个更加平衡、更加一致和更加可预期的监管环境，方便金融机构、顾客、投资者和其他市场参与者，等等。可以预期，伴随着纽约的危机感与改革，纽约继续保持国际金融中心的领先地位、重新恢复资本之城的生机与活力将指日可待。

深港资本市场合作的目标、原则与中长期关注点*

一、深港资本市场合作的必然性与紧迫性

香港和深圳两地紧密相连，唇齿相依，深港两地经济的合作甚至融合具有必然性。胡锦涛总书记多次强调，中央关于香港大政方针的宗旨，就是为了香港好，为了香港的明天更好，要求“切实实施并继续采取有利于促进香港经济发展的政策、措施，不断拓展合作领域、提升合作层次、完善合作机制，努力使内地同香港的合作更加富有成效”。新任广东省委书记汪洋明确要求推动“粤港澳特别合作区”的规划与建设。香港和深圳方面就共建世界级大都会达成共识，并在基础设施建设、科技创新圈等方面进行了具体部署。

在金融与资本市场方面，两地合作迈出实质性一步。继中国证监会、银监会与外管局批准了 QDII 产品后，外管局宣布了境内居民可以直接投资香港上市证券的政策。2007 年 10 月，中央政府与香港特区政府共同成立两地金融工作小组，下设 4 个专题小组，共同研究推动相关合作事项。

据相关信息，香港、深圳及广东省政府均在谋求把深港合作或粤港合作提到国家战略的层面，中央或有把深港合作或粤港合作提升到战略高度的可能。如果能在某一环节形成共识，必将对深港大都会建设产生深远的影响。从近期看，深港将成为中国经济腾飞的重要一极，彻底改变东亚地区的竞争格局；从远期看，将对全球城市体系进行排序，港深大都会将成

---

* 本文是在共建深港大都会的背景下对深港资本市场合作问题进行的梳理，定稿于 2008 年 3 月 31 日，与傅德伟、朱海鹏、于延超合作。原文有删节。

为中国真正意义上的世界金融中心。据测算，到2020年，“港深大都会”经济总量有可能超过伦敦和巴黎，排名世界城市第3位，成为全球最大陆路口岸、超级航空港以及全球最有活力的金融区、旅游中心和物流中心。到时香港服务、广东制造的特色将更加鲜明。

在这样的背景和条件下，我们有理由对深港资本市场合作的前景持乐观的态度。应把握好深港经济融合的必然趋势，运用好深港资本市场合作带来的历史性机遇，增强紧迫感，做到未雨绸缪，认真、仔细地做好相关规划和准备。

二、深港资本市场合作的目标与原则

深港合作是倡导多年的课题。现在有人提出，现阶段深港合作重在推进深港经济融合，其总体目标应该是以深港经济一体化为基础，建立在全球城市体系中有较大影响力的世界级大都会。其中，金融合作的具体目标是把深港地区建设成以人民币为主要结算货币的全球金融中心。深港证券业合作的目标，是整合两地证券业资源，发挥各自优势，逐步实现技术连通、上市资源共享和交易所战略联盟，打造统一的、规模和水平居世界前列的国际资本市场。

上述的目标定位具有战略高度，是合理的和可行的。在此基础上，深港资本市场合作的目标应该是：通过深化深港资本市场合作，支持香港国际金融中心建设，推进中国资本市场对外开放，提高两地资本市场规模、实力和国际影响力，打造规模和水平居世界前列的国际资本市场。对于深圳资本市场而言，就是要通过合作学习香港，丰富产品线，拓展境外上市资源，全面担负起交易代理商的角色，完善治理结构，提升开放程度，使深圳资本市场成为全球最有活力和竞争力的多层次资本市场。为完成上述目标，应遵循以下四项原则。

（一）做到服务学习与成长壮大的统一

服务香港，巩固香港国际金融中心地位，是中央的战略安排，也是深圳市政府的既定方针，应该体现在深港资本市场合作实践中。同时，合作给予了深圳资本市场引进产品和拓展资源的机会，要切合自身的发展目标，在合作中充实自己、壮大自己，努力谋求实现共赢。

（二）做到借鉴国际经验与立足大都会共建的统一

国际资本市场合作已经有了许多成功的经验；同时，深港资本市场合作还有特殊的背景，即共同构建世界级大都会的现实需要，这是驱动深港资本市场深度合作的强大动力。

（三）做到项目合作与技术合作的有机统一

一方面，要以项目合作带动技术连通，切实做好技术准备工作，确保合作项目的万无一失；另一方面，要充分注意美国、欧洲资本市场中二级市场份额共享的发展趋势，率先规划技术连通工作，以技术先行推动项目合作，为连线交易与最优价交易创造条件，把深圳资本市场打造成为国内投资者投资香港及周边乃至国际资本市场重要的代理商。

（四）做到深港合作与全面对外开放的统一

巩固和强化深港合作，是深圳资本市场对外开放和合作的重点。同时，还应以深港资本市场合作为契机，配合国家外交战略，推动与东盟及上合组织的合作，吸引这些国家的中小企业上市和已上市公司第二上市，谋求与上述国家资本市场更深层面的合作关系，把深圳资本市场建设成面向世界的国际性资本市场。

根据上述目标与原则，深港资本市场合作的操作思路可以概括为：一是积极稳妥，跟踪国家相关政策，配合深圳市政府，借助广东省和民间的力量，做香港方面的工作，寻求突破口。二是突出重点，在充分尊重市场规律的前提下，先易后难，成熟一项，推进一项。

三、深港资本市场合作的中长期关注点

从中长期来看，随着内地与香港资本市场的进一步合作，可以重点关注以下问题：

（一）探讨与香港创业板市场合作的模式

深圳的创业板市场启动后，应持续重点关注深港创业板市场合作的模式。一方面，可以探讨香港创业板中的部分优质上市公司如何在内地创业板市场再次上市；另一方面，可探讨如何确定一个统一标准，使得符合标准的企业可同时在内地与香港创业板市场发行上市。

（二）与香港交易所合作开发衍生产品

香港交易所是综合性的交易所集团公司，产品开发经验丰富，且一直希望开发人民币衍生产品以及商品衍生产品。深圳市场没有衍生产品。深圳方面可以与香港交易所合作开发衍生产品，比如期权、人民币衍生产品、二氧化碳排放权等，共同推动证券市场的发展与完善。

在外部条件有利的情况下，比如粤港澳建立特别合作区、深港将河套地区作为金融试验区等，依赖于广东各级政府、香港特区政府的推动，合作或合资成立一个公司制交易所，用于交易衍生产品或其他新产品。

（三）探讨香港市场投资者直接投资国内 A 股市场的模式

香港市场有着大量的机构投资者及个人投资者，如何使他们能够便利地投资国内 A 股市场，也是需要特别关注的。可探讨香港本地证券经纪商如何成为深圳交易所结算会员的方式，使得香港市场投资者不必经过 QFII 直接投资内地证券市场，扩大参与深圳市场投资者的范围。

（四）探讨深港资本市场连线交易的可行性

2001 年 12 月新交所与澳洲交易所建立了连线交易，成为世界上第一个跨国连线交易系统。

实现跨境交易并非易事，涉及方方面面，包括投资者的交易习惯、外汇、结算等多方面问题以及技术限制。从海外市场实施效果来看，都没有达到预期目标。新交所与澳洲交易所是采取双方交易所在本地成立特殊目的公司方式建立连线交易，各自选取部分股票共同交易。后来由于交易非常清淡，终结了连线交易。

深圳与香港资本市场合作有着无可比拟的地缘优势，从技术角度来看，连线交易更容易实现。

（五）研究参股或交叉持股的可能性

参股是交易所之间非购并战略联盟的一种有效方式，有助于交易所扩大国际影响力、与其他交易所开展更密切的合作。在海外市场，这种情形也比较普遍，比如纽约－泛欧交易所集团拥有印度证券交易所5%的股份；东京证券交易所拥有新交所5%股份等。

香港交易所是在其自身交易所上市的公司，目前市值大约为1 270亿港币。香港特区政府持有港交所5.88%的股份，是港交所最大单一股东。这样方便特区政府以股东身份推动港交所的策略发展，为今后港交所与内地交易所的合作甚至换股做准备。

在适当时机，内地相关方面可以持有港交所部分股权，香港交易所可以持有深交所下属公司等的股权，为日后进一步合作提供便利条件。

共建港深大都会就是共建世界城市*

人类最伟大的成就始终是她所缔造的城市。城市代表了我们作为一个物种具有想像力的恢弘巨作，证实我们具有能够以最深远而持久的方式重塑自然的能力。

城市表达和释放着人类的创造性欲望。从早期开始，当仅有少量人类居住在城市之时，城市就是积聚人类艺术、宗教、文化、商业、技术的地点。

那些曾经不可一世的庞然大物今天成了微不足道的；那些曾经微不足道的，在我们这个时代却成了荦荦大者。

——乔尔·科特金："神圣、安全、繁忙之地"，《全球城市史》之序言

一、共建港深大都会是港深经济融合的必然结果

2007年2月，香港特区行政长官曾荫权提出，"与深圳携手打造国际大都会"；11月，《深圳市城市总体规划（2007～2020）》首次从政府角度定位深圳："与香港共同发展的国际大都会"。无独有偶，美国学者理查德·佛罗里达将港深大都会命名为"香圳"，他强调，用卫星观察世界各地区夜间的灯光，发现地球上最亮的连城灯火出现在香港和深圳之间，预测这是一个世界级的大都会将要出现的先兆。于是共建世界级大都会，就成为香港、深圳两地政府和民间的共识。共建大都会最早起源于深圳学者的倡导，被香港特区政府接受，列入施政纲领。它表明深圳经过26年的发展，已经成为影响香港发展的重要一极。据香港特区中央政

* 本文是2007年4月7日在中国科学技术协会与深圳市人民政府主办的"2008深港共建经济大都会金融高层论坛"上的演讲，根据PPT与演讲录音整理。

策研究室负责人介绍，此前，在香港的地图里，香港北部是一片空白。现在深圳高科技产业发展神速，香港与深圳的互补越来越明显，越来越重要。

同时，港深大都会的提出，也意味着深港经济融合需要迈出新步伐。改革开放以来，深港经济往来经历了3个发展阶段，而新时期深港经济融合的总体目标是：把深港建设成为依托珠三角都市圈、对全国经济发挥重要引领作用、在全球城市体系中有较大影响力的世界级大都会。

需要特别强调的是港深大都会，不是港深都市圈，而是依托珠三角都市圈或城市群的世界级大都会，是以纽约、伦敦等为目标的世界城市。

二、世界城市要有世界城市的规模与气度

既然港深共建世界级大都会就是共建世界城市，那么什么样的城市才算得上世界城市呢？世界城市是全球经济、社会、文化活动的中心区域。

“世界城市”这个概念是1915年由西方城市和区域规划先驱杰德斯最早提出来的。1966年，英国地理学家、规划师彼得·霍尔（Peter Hall）做了经典解释，称世界城市专指已对全世界或大多数国家发生经济、政治、文化影响的国际第一流城市。在他看来，世界城市应该是政治中心、贸易中心、金融中心、人才中心、信息中心、人口中心和娱乐中心。依据这个标准，彼得·霍尔当时指定了7个城市和地区为世界城市：伦敦、巴黎、莱茵－鲁尔区、荷兰的兰斯塔德、莫斯科、纽约和东京。

1991年，美国芝加哥大学教授丝奇雅·沙森（Saskia Sassen）在《全球城市》一书中提出“全球城市三角”：纽约、伦敦、东京。针对为什么这些城市拥有不同的历史和文化背景，却经历了类似的社会和经济变迁，沙森从世界经济变革的角度进行了回答，她分析道，经济活动空间分散与全球一体化的组合，赋予主要城市一个新的战略角色。首先，经济活动的区域分散带来了强化中心控制与管理的必要性，经济越是全球化，中心功

能在少数几个城市（即全球城市）集聚的程度越高，通讯技术促进了地区分散化，才使某些中心化活动的集中得以迅速发展。其次，全球城市不仅仅是协调过程的节点，还是特殊的生产基地，即专业化服务（国际法律、会计服务、管理咨询和财务服务）的供给基地，金融创新产品和市场要素的生产基地。

沙森认为，“全球城市有能力进行全球控制”，[①] 城市高度控制着丰富的资源，金融和服务行业重塑了城市的社会和经济秩序。全球市场除了具有作为国际贸易和银行业中心的悠久历史之外，现在还起着四方面的作用：（1）世界经济组织高度集中的控制中心；（2）金融机构和专业服务公司的主要聚集地，其已经替代了制造生产部门而成为主导经济部门；（3）高新技术产业的生产和研发基地；（4）作为一个产品及其创新活动的市场。

值得一提的是，沙森在中译本序结尾中说：“与本书的三个城市一样，上海曾经有着作为世界城市的悠久历史，它现在重新站起，并且与多种全球循环回路接轨。同时，也与这三个城市一样，世界对于上海的想像似乎已超过了她真实的力量。那么，像书中的三个城市一样，可以说上海是一个象征性的全球城市。”[②]笔者认为，这段话同样适用于新生的深港大都会。

1995 年，美国著名经济学家约翰·弗里德曼（John Friedmann）提出“世界城市假设”，从国际劳动分工角度，考察了城市在全球经济体系中的地位，描述了 18 个核心和 12 个半外围的世界城市的等级结构和布局。在弗里德曼的世界中，世界城市主要有 7 个指标：（1）主要的金融中心；（2）跨国公司总部；（3）国际性机构的集中度；（4）商务服务部门的快速增长；（5）重要的制造业中心；（6）主要的交通枢纽；（7）人口上规模与人口迁移地。

2007 年 10 月，伦敦金融城推出《伦敦在英国经济中的地位》的报

---

① ② 丝奇雅·沙森（Saskia Sassen）：《全球城市》，上海社会科学院出版社 2005 年版。

告，认为世界城市能比国内其他城市享有更高的人均资本产出，尽管目前对世界城市没有共识的定义，但有四个方面特别值得关注：一是对世界其他地区的足够开放性；二是足以形成有影响力的广阔的地理空间；三是种类繁多的、重大的金融活动；四是多元文化背景的人口结构。对于致力打造全球城市的建设者来说，以下四个方面特别重要：（1）吸引国际移民者，容忍大量的、多种族的外籍人；（2）重要的国际观光目的地，为国际商务服务提供基地；（3）鼓励深度创新，维持国际市场的地位；（4）高等教育国际领先，文化资源国际认可。

当然，对世界城市的阐述还远不止这些。但仅从上面的列举中，我们可以看出世界城市应有的王者之气。

三、移民：世界城市的活力源

移民是世界城市的一个重要因素。纽约和伦敦用事实证明了移民是世界城市充满活力的力量源泉。

伦敦历史上就是一个移民城市。过去 20 年，伦敦更是经历了大规模的移民浪潮。世界企业 500 强和欧洲 500 强，分别有 79 家和 100 多家总部在伦敦，有 500 多家外国银行在伦敦设立机构。对此，有人精辟地概括道：英国温布尔敦网球赛的精髓，在于开出一流场地，邀请世界一流赛手来竞技。伦敦金融复兴，就是对世界开放中，通过实施引进世界资金、人才与机构的发展策略来实现的。

1820 年，纽约不过是人口只有 12 万人的小镇。1870 年纽约城市总人口突破 100 万人，移民比例达 50%；1920 年为 562 万人，移民比例为 33.3%；2006 年为 808 万人，移民比例为 46.7%。纽约被美国中部地区视为“外国”，真正是异国人种相伴为邻，各种宗教同存并荣，白人、黑人、黄种人摩肩接踵（见图 1）。

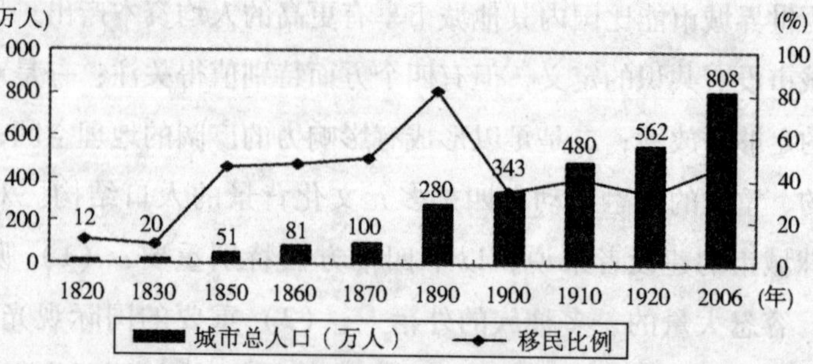

图1　移民成为纽约资本之城的重要表现

在1949年前，我国内地动荡，香港成为资金、企业和人们的避难所。1949年，上海企业家移居香港，开厂设铺，吸纳大陆廉价劳工，开启香港工业化。①

深圳还算不上世界城市，26年来，从边陲小镇发展到常住人口432万人的大城市，成为一个典型的移民城市，是中国最大的移民城市。深圳成为中国内地比较有活力的城市，移民是一个十分重要的因素。据分析，深圳的人口结构有四种：一是原住民，即特区成立之前的当地人，约31万人；二是户籍人口，165万人左右；三是常住人口，有432万多人；四是包括来深圳做小工、当保姆等滞留人员，约有600多万人。总的算起来，深圳的管理人口已经突破1 000万人，而承载这上千万人的深圳总的土地面积只有1 953平方公里。

四、资本市场：世界城市的关键点

从世界城市的各项指标看，金融中心的位置越来越靠前，弗里德曼甚至把金融中心列为第一位因素。这是由金融市场特别是资本市场在现代经济生活特别是世界城市的作用决定的。纽约和伦敦都是全球顶级金融中心，资本市场的殿堂。

在纽约，每9个工作岗位就有1个岗位是金融业，金融业从业人员达

① 郑宏泰、黄绍伦：《香港股史1841～1997》，东方出版公司2007年版。

32.84万人；金融业占到城市总产出（GCP）的15%，为仅次于房地产的第二大产业；1995~2005年，金融业城市总产出年均增长6.6%，其他城市仅为3.6%。在伦敦，金融服务业每年为伦敦创造5%以上的国民生产总值，金融从业人员达36万人以上；1971~2006年，伦敦制造业和金融服务业就业人数分别从100万人和75万人变为24万人和150万人，金融服务业占GDP的比重显著提高。

再看资本市场，仅从股票总市值、交易额和IPO融资额来看，纽约和伦敦在全球占有十分重要的地位。

按总市值计算，2007年，纽约证券交易所和纳斯达克交易所接近20万亿美元，稳居全球榜首；伦敦证券交易所为3.85万亿美元，排名第5位；上海证券交易所为3.69万亿美元，排名第6位；香港交易所为2.65万亿美元，排名第7位；深圳证券交易所为0.78万亿美元，排名第20位；中国台湾证交所0.66万亿美元，排名第21位（见表1）。

表1　2007年底全球主要证券交易所股票总市值排名　（单位：亿美元）

排序	交易所	市值
1	纽约证交所	156 508
2	东京证交所	43 309
3	泛欧交易所	42 226
4	纳斯达克	40 136
5	伦敦证交所	38 517
6	上海证交所	36 943
7	香港交易所	26 544
8	多伦多证交所	21 865
9	法兰克福证交所	21 051
10	印度孟买证券交易所	18 191
11	西班牙证交所	17 811
12	印度国家证券交易所	16 600
13	巴西圣保罗证交所	13 697

续表

排序	交易所	市值
14	澳大利亚证交所	12 983
15	瑞士证交所	12 710
16	OMX 北欧交易所	12 425
17	韩国交易所	11 226
18	意大利证交所	10 725
19	南非约翰内斯堡证券交易所	8 281
20	深圳证交所	7 845
21	中国台湾证交所	6 637
22	新加坡交易所	5 391

按交易金额计算，纽约证券交易所和纳斯达克交易所达 44.5 万亿美元，远远地把其他交易所抛在后面；伦敦证券交易所为 10.32 万亿美元，排名第 3 位；上海证券交易所为 4.07 万亿美元，排名第 7 位；香港交易所为 2.14 万亿美元，排名第 10 位；深圳证券交易所为 2.1 万亿美元，排名第 11 位；中国台湾证交所为 1.01 万亿美元，排名第 17 位（见表 2）。

表 2　2007 年全球主要证券交易所全年累计股票基金交易额排名（单位：亿美元）

排序	交易所	交易额
1	纽约证交所	292 099
2	纳斯达克	153 201
3	伦敦证交所	103 243
4	东京证交所	64 757
5	泛欧交易所	56 484
6	法兰克福证交所	43 236
7	上海证交所	40 701
8	西班牙证交所	29 706
9	意大利证交所	23 118

续表

排序	交易所	交易额
10	香港交易所	21 386
11	深圳证交所	21 024
12	韩国交易所	20 109
13	瑞士证交所	18 860
14	OMX 北欧交易所	18 633
15	多伦多证交所	16 486
16	澳大利亚证交所	13 785
17	中国台湾证交所	10 105
18	印度国家证券交易所	7 611
19	巴西圣保罗证交所	6 075
20	南非约翰内斯堡证券交易所	4 253
21	新加坡交易所	3 816
22	印度孟买证券交易所	3 476

按 IPO 融资额计算，2006 年伦敦证券交易所位居全球第 1 位，港交所为第 2 位，纽交所为第 3 位，上交所为第 6 位，深交所为第 10 位（见图 2）。

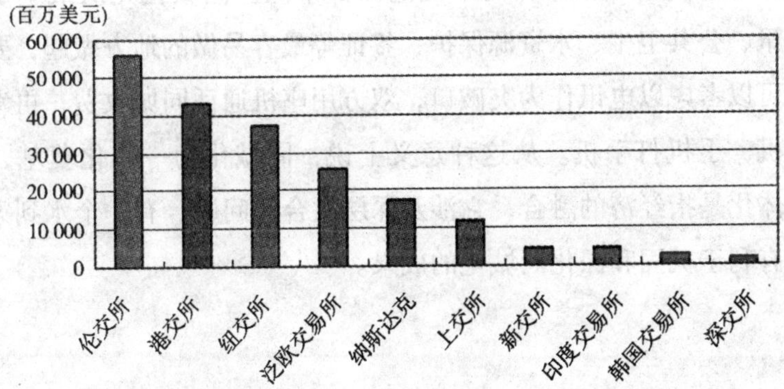

图 2 2006 年证券交易所 IPO 融资额全球排名

五、共建港深大都会重在突破、重在行动

有比照才会有鉴别。通过对比，我们明白，港深作为一个整体，与世界城市有着巨大的差距。为此，需要发挥各自的优势：香港服务+广东制造+珠三角的群体优势。

有人做过这样的测算，说到2020年，“港深大都会”经济总量将达到11 100亿美元，仅次于纽约（17 800亿美元）、东京（14 300亿美元），超过伦敦、巴黎、芝加哥和洛杉矶，排名世界城市第3位，成为全球最大的陆路口岸、超级航空港，全球最有活力的金融区、旅游中心和物流中心。

目标是令人鼓舞的，但目标不等于现实。探索“一国两制”下新型世界级大都会建设，港深需要做的事情太多太多。在这个问题上，切忌太多的空喊与口号，而是重在行动，旨在突破。希望深港两地更加务实，共同理解和把握这样一个原则，从最基础的地方做起，从最容易做到的地方做起，从两地政府同意即可以做的地方做起，从两地百姓最容易受益的地方做起。

比如说，同城化与一体化的关系。同城化先解决大都会的认同，即港深大都会是迈向世界城市，而不是港深都市圈。同城化先从最基础的公交、通讯、公共卫生、水资源保护、签证等最容易做的地方做起，要尽快启动。可以考虑以电讯作为突破口，双方用座机通话同城收费，再考虑座机打手机，手机打手机。从这种意义上说，同城化为一体化奠基，宜先行；一体化是指经济的融合，它涉及深层次合作问题，有一个水到渠成的过程，有利于巩固和深化同城化的成果。

深圳建设开放型经济体系的战略部署与金融思考*

一、深圳进行开放型经济体系建设试点具有得天独厚的条件

党的十七大报告提出要建设“内外联动、互利共赢、安全高效开放型经济体系”。开放型经济与外向型经济有着显著的不同，外向型经济以引进外资为特点，开放型经济体系以内外融合为特征，开放型经济体系是外向型经济的升级和发展。

深圳建设开放型经济体系有着坚实的经济基础和便利的发展条件。

（一）依托广东制造和珠三角群体优势

广东省作为改革开放的先行者，市场意识与创新意识比较强，经济总量居全国首位，珠江三角洲仍然是中国经济最有活力的地区之一。目前，全国 13 个 GDP 超过 3 000 亿元的非直辖市中，广州、深圳、佛山和东莞位列其中。广东省 GDP 2008 年赶超台湾，2015 年赶上韩国。2020 年，广东 GDP 将达到 11 万亿元，按 1 美元兑 3. 98 元人民币计算，合 2. 76 万亿美元。

（二）深圳已经成为中国第一个自主创新城市和设计之都

在落实自主创新战略中，深圳抓得好、抓得实，是中国落实自主创新比较好的城市，涌现了像华为、中兴通讯、大族激光、腾讯公司等一大批有自主创新品牌的高科技公司。2008 年，深圳成为联合国教科文组织全

* 深圳市决策咨询委员会财政经济组，本文定稿于 2008 年 10 月。

球创意城市网络组织的成员，成为国际上著名的“设计之都”。目前，深圳拥有较有实力的设计企业6 000多家，专业设计师6万余人，涵盖平面设计、工业设计、建筑设计、动漫设计、软件设计等10多个领域。深圳的工业设计在全国城市中规模最大，实力最强，珠宝产品设计总值占全国70%。

（三）深港合作的巨大潜力

香港、深圳目前面积为3 000平方公里，人口为2 000万人，GDP为2万多亿元人民币，机场吞吐量为4 000万人次，港口吞吐量为4 000万标箱。据相关方面预测，GDP保持年均8%增长率，到2020年，“港深大都会”经济总量将达到11 100亿美元，仅次于纽约（17 800亿美元）、东京（14 300亿美元），超过伦敦、巴黎、芝加哥和洛杉矶，排名世界城市第3位，成为全球最大的陆路口岸、超级航空港，全球最有活力的金融区、旅游中心和物流中心。

（四）深圳金融业相对集中和发达

深圳是中国金融市场的重镇，交易所多层次资本市场体系初具规模，银行、证券、保险、信托和风险投资机构聚集。截至2008年，注册在深圳的基金公司共计17家，管理基金份额约占中国基金业份额的35%，基金管理规模最大的前10家基金公司中，有4家是深圳的基金公司，正在打造中国的“基金之都”和“财富管理中心”。深圳市是全国创投最活跃的地区之一，有250多家备案的创投机构，管理资金规模达到600亿元，约占全国的1/3；累计投资项目近1 000个，累计投资额400多亿元，其中240亿元已投资于深圳本地高科技企业。

二、深圳建设开放型经济体系宜以“世界城市”为目标

世界城市，有的说是全球城市、超级城市、信息城市或金字塔尖城市，它是全球经济、社会、文化活动的中心区域，更是开放型经济体系的

典型代表。

1915 年，西方城市和区域规划先驱杰德斯（Patrick Geddes）最早提出世界城市概念。

1966 年，英国地理学家、规划师彼得·霍尔（Peter Hall）的经典解释是：世界城市专指已对全世界或大多数国家发生经济、政治、文化影响的国际第一流城市。

1981 年，美国经济学家科恩（R. B. Cohen）基于经济全球化迅猛发展的背景，首次提出了全球城市（Global City）的概念。科恩设计使用跨国指数和跨国金融指数来衡量，只有当跨国指数和跨国金融指数均位于前列的时候，这个城市才能被认定为全球城市。

跨国指数的本意是指跨国公司海外资产、海外销售和海外雇员与总资产、总销售和总雇员的比例。根据联合国贸发会议的资料，全球 100 个大跨国公司当中，到 1994 年的时候，跨国指数超过 50% 的只有 43 家，超过 70% 的只有 16 家；到 2005 年跨国指数超过 50% 的达到 70 家，超过 70% 的达到 31 家。世界城市的跨国指数：某一城市拥有的全球 500 强公司的海外销售额占全球 500 强海外销售总额的比重。指数大于 1，则该城市为国际中心城市；大于 0.7 小于 0.9，为国内经济中心城市。跨国金融指数：指某个城市拥有的全球最大的 300 家银行发生的海外存款与国内存款的比重。

1991 年，美国著名学者沙森在《全球城市》（2001 年版中译本）一书中提出“全球城市三角”：纽约、伦敦、东京。她从世界城市生产服务业出发定义世界城市。

1995 年，美国著名经济学家弗里德曼提出“世界城市假说”。他认为世界城市应该是这样的中心：主要的金融中心；跨国公司总部；国际性机构的集中度；商务服务部门的快速增长；重要的制造业中心；主要的交通枢纽；人口上规模与人口迁移地。

2007 年 10 月，伦敦金融城推出《伦敦在英国经济中的地位》的报告，提出目前对世界城市没有共识的定义，有四个方面特别值得关注：一是对世界其他地区的足够开放性；二是足以形成有影响力的广阔的地理空间；三是种类繁多的、重大的金融活动；四是多元文化背景的人口结构。报告强调指出，世界城市能比国内其他城市享有更高的人均资本产出，在多方面具有明显优势。

三、当前金融危机下人民币走向国际的战略思考

2007 年以来，美国次债危机由于雷曼兄弟破产保护，引发了全球金融动荡，在本质上说是美元信用危机和美元霸权危机，必将对全球经济金融的格局产生深刻的影响。危机暴露出不负责任的美元作为国际主要储备货币的危害，国际社会要求建立国际经济金融新秩序的呼声增强了。

中国政府提出，国际社会应该认真总结这场金融危机的教训，在所有利益攸关方充分协商的基础上，对国际金融体系进行必要的改革。国际金融体系改革，应该坚持建立公平、公正、包容、有序的国际金融新秩序的方向，努力营造有利于全球经济健康发展的制度环境。国际金融体系改革，应该坚持全面性、均衡性、渐进性、实效性的原则。

无论是传统外汇市场还是场外外汇市场，美元的主导地位尚未明显动摇。截至 2007 年 4 月，美元与非欧元的其他货币的货币对占到整个外汇市场交易量的 61%，而欧元与非美元的其他货币的货币对仅占整个外汇市场交易量的 10%。如此悬殊的数字差距清楚地表明了全球外汇市场中美元的使用程度远比欧元广泛。1999 ~ 2007 年间，美元在外汇储备中的比重从 55% 下降到 41%，同期欧元在外汇储备中的比重从 13. 86% 上升到 16. 82%。美元在传统外汇市场上仍然是交易最多的国际货币，2001 ~ 2007 年美元在传统外汇市场交易量中的占比从 45. 15% 仅下降了 2 个百分点到 43. 15%；在外汇市场交易量上，欧元和日元是仅次于美元的主要币种，但是 2007 年两者在传统外汇市场交易量上 18. 50% 和 8. 25% 的占比，表明这两种货币目前尚没有能力取代美元的主导地位。伴随着危机的演变、救助及善后，作为国际储备货币的美元、欧元和日元在国际金融体系

中的地位肯定要发生变化。

有人说，美元迟暮，霸权末路，沉闷的欧洲，残缺的欧元，嘈杂的日元。这就为人民币走向国际提供了便利的条件。开放型经济体系建立之日，人民币已经成为国际货币。在这过程中，资本项目的逐步开放，则是一个需要认真探索的问题。鉴于人民币走向国际有一个过程，深圳如何利用建立开放型经济体系的机会，进行这方面的尝试，就显得尤其重要。我们认为，人民币走向国际需要做好四个方面的工作。

(一) 边贸使用人民币结算

人民币的区域内流通已初具规模。从近年来国际支付和结算来看，人民币已成为与周边国家和亚洲地区贸易支付和结算的硬通货。2002 年 6 月，中国和尼泊尔签署了两国中央银行双边结算与合作协议。人民币可与边境国家和地区的货币自由兑换，一些国家甚至正式承认和公开宣布人民币为自由兑换货币，并逐日公布人民币与本币的比价。在中国香港和澳门、泰国、越南、缅甸、朝鲜、蒙古、俄罗斯等国家和地区，人民币可以在全境或局部通用。据推算，在港澳和东南亚地区大约有 200 亿元人民币流通。因此，在一定程度上说，人民币已经成了一种事实上的区域性货币。虽然这是一种自发的市场现象，但自发流通的增多，反映了亚洲区域市场对人民币需求的客观状况，为人民币的区域化创造了良好的条件。

(二) 与中国前两位贸易大国商定 30% 按人民币结算

中国经济增长，人民币在国际舞台上的地位不断攀升。如欧洲中央银行从 2005 年 4 月 1 日起，在每日统计并公布的欧元指导汇率体系中加入人民币；印度储备银行在 2005 年 11 月 5 日宣布调整汇率指数，将人民币和港币纳入“一篮子”货币；俄罗斯中央银行从 2006 年 5 月 11 日开始，将人民币、美元、欧元、日元，列入每月公布于卢布兑换汇率的“一篮子”外国货币之中；菲律宾货币委员会也从 2006 年 12 月 1 日起接纳人民币为储备货币。此外，美国 First Alliance 银行的子公司 Everbank World Markets 自 2003 年 7 月 1 日起提供了以人民币计价的新储蓄账户服务。账户内的存款是美元，但与人民币汇率挂钩。该公司此举在一些客户中产生了很大反响，不到 1 个月，逾 650 万美元投入该类账户。在这个基础上，经过谈判，可以争取与主要贸易国在一定程度和一定范围内，使用人民币作为结算货币。开始的比例可以为 10%，再扩大为 30%。

（三）发挥香港的优势，建设香港人民币离岸中心

当前香港人民币业务正处在转折关口，在已经积累一定经验的基础上，在不影响人民币政策范围的大前提下，可以考虑适当加快香港人民币业务的开放步伐，包括人民币资产债务多元化、以人民币计算和结算经常项目，以及发行人民币债券、股票等，而无须等待人民币汇率机制改革到位后，才扩大香港人民币业务范围，这将有助于提前释放一些风险，且增加管理的经验。

通过香港人民币业务的发展，人民币进一步扩大其流通范围，促使香港成为境外人民币的集散中心和离岸市场，将有利于进一步巩固其国际金融中心的地位；有利于为人民币逐步成为区域性清算和储备的主流货币创造条件，打好基础，进而推动人民币走向国际化；有利于增强包括香港在内的“大中华”经济圈对亚洲和世界经济的影响力和辐射力；也有利于加快内地金融体系改革开放的进程，实现两地在经贸与金融领域的一体化进程，达到多赢的目标。

（四）中国对外援助逐步实施人民币支付

这些年，中国对外援助的比重愈来愈大，金额越来越多，特别是对非洲。根据国际惯例，结合我国与非洲的实际情况，可以考虑在对外援助中逐步实施人民币支付。一方面，非洲国家愿意接受；另一方面，也便于非洲接受援助的一方利用人民币购买我国的设备和物资。

四、深港金融合作的目标与措施

（一）深港金融市场合作

深化深港金融市场合作的目标包括：通过货币市场合作，拓展两地互设金融机构的范围，支持香港发展人民币业务，促进香港人民币离岸业务

中心建设，推进人民币国际化进程；通过资本市场合作，推动两地资本市场互连互通，提高两地资本市场规模和国际影响力；通过两地保险市场合作，积极探索双方在业务合作、培训、后援服务外包等多个领域的交流，提升内地保险业的整体水平，促进香港保险业的发展；通过共建“港深金融城”，为巩固香港全球金融中心地位和提高深圳金融发展层次提供新的亮点和动力。

（二）深港资本市场合作

1. 深港资本市场合作的目标应该是：通过深化深港资本市场合作，支持香港国际金融中心建设，推进中国资本市场对外开放，提高两地资本市场规模、实力和国际影响力，打造规模和水平居世界前列的国际资本市场。对于深圳资本市场而言，就是要通过合作学习香港，丰富健全产品线，拓展境外上市资源，全面担负起交易代理商的角色，完善治理结构，提升开放程度，使深圳资本市场成为全球最有活力和竞争力的多层次资本市场。为完成上述目标，应遵循以下四项原则：

（1）做到服务学习与成长壮大的统一。服务香港，巩固香港国际金融中心地位，是中央的战略安排，也是深圳市政府的既定方针，应该体现在深港资本市场合作实践中。同时，合作给予了深圳资本市场引进产品和拓展资源的机会，要切合自身的发展目标，在合作中充实自己、壮大自己，努力谋求实现共赢。

（2）做到借鉴国际经验与立足世界城市共建的统一。国际资本市场合作已经有了许多成功的经验，可作为深港资本市场合作的借鉴。同时，深港资本市场合作还有特殊的背景，即共同构建世界城市的现实需要，这是驱动深港资本市场深度合作的强大动力。

（3）做到项目合作与技术合作的有机统一。一方面，要以项目合作带动技术连通，切实做好技术准备工作，确保合作项目的万无一失；另一方面，要充分注意美国、欧洲资本市场中二级市场份额共享的发展趋势，率先规划技术连通工作，以技术先行推动项目合作，为连线交易与最优价交易创造条件，把深圳资本市场打造成为国内投资者投资香港及周边乃至国际资本市场重要的代理商。

（4）做到深港合作与全面对外开放的统一。巩固和强化深港合作，是深圳资本市场对外开放和合作的重点。同时，还应以深港资本市场合作为契机，配合国家外交战略，推动与东盟及上合组织的合作，吸引这些国家的中小企业上市和已上市公司第二上市，谋求与上述国家资本市场更深层面的合作关系，把深圳资本市场建设成面向世界的国际性资本市场。

2. 根据上述目标与原则，深港资本市场合作的操作思路可以概括为：一是积极稳妥，跟踪国家相关政策，配合深圳市政府，借助广东省和民间的力量，做香港方面的工作，寻求突破口。二是突出重点，在充分尊重市场规律的前提下，先易后难，成熟一项，推进一项。

（1）探讨与香港创业板市场合作的模式。深圳的创业板市场启动后，应持续重点关注深港创业板市场合作的模式。一方面，可以探讨香港创业板中的部分优质上市公司如何在内地创业板市场再次上市；另一方面，可探讨如何确定一个统一标准，使得符合标准的企业可同时在内地与香港创业板市场发行上市。

（2）与香港交易所合作开发衍生产品。香港交易所是综合性的交易所集团公司，产品开发经验丰富，且一直希望开发人民币衍生产品以及商品衍生产品。深圳市场没有衍生产品。深圳方面可以与香港交易所合作开发衍生产品，比如期权、人民币衍生产品、二氧化碳排放权等，共同推动证券市场的发展与完善。

（3）探讨香港市场投资者直接投资国内A股市场的模式。香港市场有着大量的机构投资者及个人投资者，如何使他们能够便利地投资国内A股市场，也是需要特别关注的。可探讨香港本地证券经纪商如何成为深圳交易结算会员的方式，使得香港市场投资者不必经过QFII直接投资内地证券市场，扩大参与深圳市场投资者的范围。

（4）探讨深港资本市场连线交易的可行性。2001年12月新交所与澳洲交易所建立了连线交易，成为世界上第一个跨国连线交易系统。

深圳与香港资本市场合作有着无可比拟的地缘优势，从技术角度来看，连线交易更容易实现。

(5) 研究参股或交叉持股的可能性。参股是交易所之间非购并战略联盟的一种有效方式，有助于交易所扩大国际影响力、与其他交易所开展更密切的合作。

在适当时机，内地相关方面可以持有港交所部分股权，香港交易所可以持有深交所下属公司等的股权，为日后进一步合作提供便利条件。

五、深圳宜比较世界城市找差距，明确定位，确定发展目标

(一) 确立城市治理模式、完善城市治理体系

城市治理是城市主体或城市利益相关者之间的关系，是城市主体之间的运行机制。不断完善城市治理结构的制度性框架，是打造世界城市的关键因素之一。目前，全球城市治理方式主要有4种模式：管理模式、社团模式、支持增长模式和福利模式。深圳是一个新兴城市，小政府大社会有其深厚的根基，同时又是最有影响力的政府，具有可支配的财力。这就决定深圳市可以充分借鉴几种模式的优点，形成自己独特的治理模式。在城市治理模式创新的过程中，要充分调动市场参与各方的积极性和主动性，注重与城市治理利益相关者的沟通与互动，运用和依赖于市场机制的作用，既重视经济长远的发展和可持续的增长，又下大力气实现生态、环境、文化、社会福利等众多方面的目标。

(二) 抓住机遇强化硬件、软件和“心件”建设

深圳应该抓住当前国家正在采取的一系列宏观经济对策的契机，运用自己的财力，强化公共工程和基础设施建设，大幅度增加教育和医疗支出，缓解基础教育严重滞后、高等教育严重缺乏、医疗条件严重短缺的局面，绿化山川，治理河流，美化环境，打造与世界城市相适应的滨海城市和花园城市，打击犯罪，改善治安状况，优化市场秩序和投资环境。除此之外，政府公共服务还要强化“心件”建设，想方设法改变深圳没有文

化、没有凝聚力和认同感的局面，逐步形成深圳的集体意志和共同价值观，发挥这些社会无形资源的作用，使“我是深圳人”成为深圳建设的精神动力。

（三）全力支持金融中心建设的相关配套工程

一是要全力整合深圳IT的金融支持系统。深圳IT产业起步早，金融业运用IT在全国也处于领先水平，比如说深交所系统、招商银行系统、深圳人民银行中心支行系统。但深圳金融业IT条块分割，难以形成合力，更没有品牌效应。面对建设金融中心的新任务，面对香港金融技术支持系统内迁的新情况，这种分割状况难以为继，必须打破而整合。二是要全力整合金融信息业，打造中国具有国际竞争力的信息服务商。金融服务信息业的发展需要发挥新媒体的作用，特别是要重视电视传媒与信息的结合，打造立体的、全方位的信息平台。当前尤其需要借助于深圳信息公司的平台，推动广电和信息公司的结合，抢占信息发布最高点，形成深圳品牌，辐射全国甚至全世界。三是要大力发展会计、律师等金融服务业。

深圳证券市场20年的回顾与前瞻*

2010年是深圳经济特区成立30周年，深交所在深圳这块改革开放的热土上也走过了20年的发展历程。现将深交所的发展情况及下一步的打算汇报如下：

一、发展历史

深圳证券交易所成立于1990年12月。20年的发展历程可分成4个阶段。

（一）初创期（1990年12月~1995年9月）

这个阶段由于交易所和证券市场尚属新鲜事物，构建了股票发行、上市、交易、监管等一系列运作框架，实现了从手工交易到电脑交易再到集中托管无纸化交易。

（二）成长期（1995年10月~2000年9月）

1993~1995年间，深圳证券市场发展速度明显慢于沪市，市场成交占比滑落至26%。面对困局，在深圳市委和市政府的正确领导和大力支持下，深交所奋力拼搏，积极采取措施拓展市场，提高服务意识，全国性市场地位得以巩固和扩大。期间深市成交84 000亿元，期末总市值19 400亿元，与沪市同期水平相当。

（三）探索期（2000年10月~2004年4月）

世纪之交，深交所受命承担创业板市场的筹备任务，在停发新股后，筹备工作全面启动。经过对创业板市场资源、发行制度、交易制度和监管

* 本文定稿于2010年8月26日，是提供深圳市政府给中央领导的书面汇报文件。8月24日，笔者曾接受中央二台的采访，谈深圳经济特区成立30年和深交所20年的关系。

制度的不懈探索，提出了分步建设的战略构想。中小企业板的成立迈出了关键性步伐，打开了希望之门。

（四）多层次资本市场初步形成期（2004 年 5 月至今）

继 2004 年 5 月中小企业板顺利启动后，2009 年 10 月又成功推出创业板。目前，深交所已逐步构建起主板、中小板、创业板和股份报价系统为主体的多层次资本市场，上市公司 1 056 家，总市值 6.78 万亿元（见图 1）。

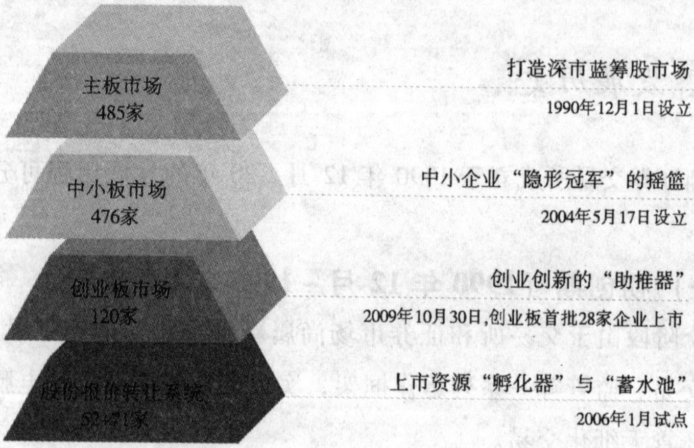

注：数据截至 2010 年 8 月底。

图 1　深交所多层次资本市场体系

二、定位：打造多层次资本市场

在党中央、国务院的正确领导下，在中国证监会的统一部署下，在深圳经济特区的大力支持下，深交所以服务国民经济平稳快速发展为己任，推动经济结构调整和产业升级，引导资源优化配置，促进国有资产保值、增值，鼓励创业创新，完善投资者财富管理平台，强化资本约束和投资者保护，打造和谐资本市场。经过 20 年的发展，深交所实现了与深圳经济发展的良性互动，并从深圳走向全国，成为全国性证券交易所。

根据虚拟经济服务于实体经济的总体部署，深交所逐渐探索形成了中国特色的市场定位：一是中小企业成长之家，不断拓展中小企业直接融资平台，培育细分行业的“隐形冠军”；二是科技与资本的纽带，利用资本市场促进科技成果转化，培育优秀科技企业，大力支持国家自主创新战略；三是为非上市股份制公司提供股权转让平台，2006 年股份报价转让系统在北京中关村科技园区开始试点，为资本市场储备了优质上市资源。

三、市场地位

（一）上市公司数量显著增加

截至 2010 年 8 月 26 日，深交所上市公司有 1 056 家（上交所是 884 家）。2009 年，首发企业数量达 90 家，居全球首位；2010 年上半年，深交所首发家数达 164 家，蝉联全球首位。20 年来，一大批创新能力强的中小企业和创业企业通过资本市场成为行业龙头和“隐形冠军”，如中兴通讯、万科、大族激光、苏宁电器、金风科技、华南生物等。

（二）融资能力不断增强

20 年来，深交所为各类企业实现股票融资超过 1 万亿元，债券融资达到 1 000 亿元。其中 2010 年上半年，为中小企业和创业企业首发融资 1 543亿元，居全球首位。

（三）市场规模迅速扩大

截至 2010 年 8 月 25 日，深交所上市公司总市值为 67 831 亿元，相当于 2009 年 GDP 的 20%。按市值算，深交所居亚洲第 4 位，仅次于上海、东京和香港市场。2010 年前 8 个月，深交所股票交易金额超过 13 万亿元，为 2006 年的 4 倍，在全球居第 5 位。

（四）市场品种不断完善

除股票外，尚有债券市场，包括国债、企业债券、公司债券；基金市场发展十分迅速，共有封闭式基金 28 只，3 只交易所交易基金（ETF），

45只上市开放式基金（LOF）。目前，跟踪恒生指数的跨境ETF已经准备就绪，5项资产证券化已经挂牌。

（五）技术系统日益完善

深交所自主研发适合我国国情的电子化交易系统，在安全性和市场容量等方面具有世界领先水平。这套技术平台以交易通讯系统为核心，以市场监察、中心数据库和业务管理系统为支撑，以办公系统为内部运作平台，加上专用通信平台和互联网平台作为关键通信纽带，服务于广大的市场参与者。

（六）一线监管的规则体系逐步完善

按照《公司法》和《证券法》的要求，深交所逐步完善了以上市规则、交易规则和会员规则为主体的规则体系，建立了适应多层次资本市场需要的、一线监管的制度框架。

四、深交所未来发展战略

（一）大力推进中小企业板优化结构

积极争取适合中小企业板定位的金融类企业和新经济、新商业模式企业挂牌上市，改善结构缺陷。

（二）全力推进创业板健康发展

加强协调，全力配合，促进创业板尽快形成市场规模，强化板块特色，推动国家新兴产业发展和经济结构转型。

（三）加快推进园区企业进入报价系统扩大试点

依托中关村金融服务联盟平台，形成范本和模板。总结中关村试点经验，推动国家级重点高新区扩大非上市公司股份报价转让试点范围工作尽快启动。

（四）继续推动主板公司做优做强

促进上市公司通过重组、整体上市等方式实现结构调整和产业升级，优化整合现有上市资源。

（五）探索推进资本市场对外开放

配合国家对外开放的总体部署，以深港合作为契机，立足于资本市场国际化的先行先试，探索人民币国际化和资本项下对外开放有机结合的途径和方式。

（六）深交所与深圳特区共成长

深交所在改革开放的浪潮中不断成长，它的发展与深圳的发展密不可分。深交所培育了万科、中集、中兴通讯等世界知名企业，也得益于深圳企业勇于创新、敢为天下先的进取精神。深圳是全国落实自主创新战略较好的城市，市场发育比较健全，金融发展的环境很好，使深圳的科技型中小企业的上市后备资源和创业投资均居于全国前列。目前深圳拥有 136 家上市公司，在中小企业板中深圳以 52 家上市公司名列全国第 1 位，在创业板中深圳以 8 家企业名列全国第 2 位。

后记

献给读者的这本书，是笔者关于资本市场重大问题进行战略和理性思考的结晶。1997 年 11 月，我从财政部财政科学研究所到中国证监会工作，至今已 14 年了。14 年白驹过隙，人生一跬步，资本市场一大步。这期间正赶上中国资本市场的飞跃变化，市场规模急剧扩大，制度创新层出不穷，股权文化大为普及，资本市场与社会经济和人民生活越来越密切。置身于这个如梦如幻、亦真亦假、神奇刺激的环境中，仿佛又回到了 35 岁以前有使不完劲的年月。对于花样翻新的证券市场来说，学习是第一位的，向实践学习，向西方学习，向同事学习，向网络学习，向数字学习。在日新月异的资本市场，新问题、新矛盾层出不穷，新产品、新制度不断推出，学习的过程，也就是思考的过程，更是在实践中检验真理、修正错误的过程。

14 年的证券市场生涯，主要是围绕战略和策划进行的。比起实务工作者来说，笔者有更多时间来进行更系统和更深入的战略思考；比起纯学者来说，笔者又多一份一线的感性，多一些政策的洗礼，多一份现实的调查。14 年，创新激发活力，问题催人奋进；14 年，勤奋有加，思索不断，笔耕不辍，集腋成裘。趁中国资本市场成立 20 周年，笔者把过去的所思所想集结起来，出版这本文集。文集按专题分类，以内容为纬，以时间为经，共分为 9 个部分，以反映思想的演进脉络。内容涉及资本市场发展的理论向导（取中国共产党早期机关报《向导》之意）、实践先声、基础建设、市场对价（股权分置改革）、产品创新、公司治理、互助裂变（交易所股份化与上市）、场外市场与世界城市（深港共建国际大都会）等。2004 年 5 月 ~2008 年 3 月，作为《证券市场导报》的负责人，每月上旬，笔者要负责终审定稿，还要花费很大精力创作和改定“编者絮语”。紧跟时事，快速反应，语言生动，内容深刻，是“编者絮语”对文风的基本要求。这次精选出31篇，按其内容编入相关篇目中。

需要特别说明的有3点：一是本书的整理断断续续历时4年，选与不选、篇章安排，反复斟酌，颇费工夫。为真实反映当时的思想状况和认识水平，大部分稿件保持原样，只作一些文字处理或删节。为了使本书结构更合理、内容更新颖，有不少章节作了大量的补充。特别是第一部分，大部分文章已经焕然一新，重点回答了直接融资在国民经济中的独特作用，这是笔者始料不及的。它使笔者对金融市场的认识更加全面、更加系统化，也为本书奠定某些理论基础，符合“向导”的本意，同时也说明理论是灰色的以及理论之树的常青与常新。二是科技与资本的最佳结合，是资本市场的生存之本，也是资本市场永恒的主题，是多层次资本市场最为重要的本质，这方面的论文，已经收入中国财政经济出版社出版的《守望创业板》一书中，本书不再重复。三是美国次贷次债及全球金融危机的勾画，是近3年来笔者跟踪和研究的一个重点，已经有了一部近60万字的初稿，内容涉及美国银行体系、住房政策、住房金融、华尔街金融机构混业危机与全球金融危机等，以后会精心修改择机出版，相信一定会是一个全新的角度。这次收入本书的只有3篇相关论文或译稿，它们是“布什总统主持白宫少数族裔住房会议”、“美国拍卖利率证券（ARS）遭遇‘二月惨案’”和“美国华多德—弗兰克尔街改革与消费者保护法案初步分析”。“小荷才露尖尖角，早有蜻蜓立上头”，期望读者能够喜爱。

在全国证券从业人员和投资者庆贺资本市场20周年的时刻，笔者从事财经工作也满21周年。20年，用一句最简要的话来总结，就是改革开放的中国开始从计划步入市场，并得以迈向资本时代。资本时代，是点子、智慧、技术、知识、专利等物化为资本的时代，是市场经济充分发育的时代，是点石成金、财富倍增的时代，更是中国经济腾飞和中华民族伟大复兴的时代。在这个时代，资本的“普照之光”照耀神州大地，市场千变万化，竞赛美轮美奂，创新应接不暇，人生丰富多彩。身处这个时代，先知先觉的企业家和地方政府领导人，要把握这一千载难逢的时机，先进地区利用资本市场赶超甚至引领国际潮流，后进地区利用资本市场实现“乌鸦变凤凰”。对于有思想有见地的知识分子来说，投身资本时代的市场一线，实现人生抱负，尝试“修身、齐家、治国、平天下”，可以充分体现完美的资本人生。鉴于此，本书取名为《资本时代——中国资本市场的战略思考》，既是对我国资本市场的追踪记录，又是笔者工作以来阶段性的体验和总结；既是对我国资本市场20周年的纪念，又是对自身人生的真实写照。常言说得好：“寻求智慧的人一向明智，自认找到智慧的人却是愚不可及。”本书涉及资本市场许多重要方面，倾注了深厚的思想感情，更是寻求智慧的一个缩影，希望广大读者能够喜欢它，期待今后的工作更顺利，思维更敏捷，行动更有效，生活更美好。

在本书即将付梓之际，笔者首先要对湖南师范大学、北京师范大学、财政部财政科学研究所研究生部表示感谢。母校务实、上进的学风，深厚的历史文化涵养，视野开阔的研究思维，使学生受益终生。同时，我还要对我的导师王桧林教授、许毅教授表示衷心的谢意，对他们的逝世表示沉痛哀悼。20多年来，笔者先后在财政部财政科学研究所、中国证监会和深圳证券交易所工作，我为自己工作的机构感到自豪。我身边的同事都很优秀，简单、充实、灵感、沉着、睿智，笔者用这10个字来形容他们，来鞭策自己。收入本书的不少文章，就是与他们合作的结晶。笔者还要再一次感谢中国财政经济出版社裴兰英女士的一贯支持，感谢责任编辑翁晓红女士的精心编辑与剪裁。本书凝结着她们这个团队的智慧、心血和无私贡献。出版之际，陈哲源先生为本书题写了书名，在此一并表示感谢。

隆武华

2010年12月于深圳云顶翠峰